쉽게 읽는 무역과 WTO 이야기

나희량 저

도서출판 두남

이 저서는 2016년 대한민국 교육부와 한국연구재단의 지원을 받아 수행된 연구임.
(NRF-2016S1A6A4A01017367)

프롤로그

"우리나라는 무역으로 먹고 사는 나라다."라는 말이 있다. 맞는 말이다. 우리나라의 무역규모는 국민총생산의 80~90%에 이르고 경제성장의 2/3이상이 수출부문에서 비롯된다. 무역업에 종사하는 크고 작은 기업이 12만여 개에 이르고 수출을 통한 고용창출은 직간접적으로 수백만 명에 이르는 것으로 알려져 있다. 2008년 9월 시작된 글로벌 금융위기로 인해 이후 전 세계적으로 저성장시대가 도래하면서 경제성장을 위해 내수의 중요성이 강조되고는 있지만 무역이 우리나라 경제에서 차지하는 위상과 그 미치는 영향은 여전히 지대하다.

그러다보니 언제든지 신문을 들여다보거나 뉴스를 듣다보면 경상수지, 환율, FTA, WTO 등과 같은 무역, 통상과 관련된 용어나 이슈를 접하게 되는 것이 일상이 되었다. 하지만 무역이나 통상에 대해 체계적으로 공부해보지 않은 일반인들에게는 이러한 문제들이 생소하고 어렵게 느껴지는 것이 사실이다. 그러다보니 남의 일인 것처럼 지나쳐버리고 무시하는 일이 많다. 무역이 실제로 우리의 삶에 직간접적으로 얼마나 큰 영향을 주고 있는지 잘 실감하지 못하고 있는 것이다.

하지만 한 가지 예만 들어보아도 무역의 중요성을 쉽게 깨닫게 된다. 우리나라가 겪었던 미증유의 경제위기라고 하면 1997년 12월 시작되었던 소위 IMF 외환위기라는 것은 이미 상식이 되었다. 벌써 20년 정도 지난 사건이라 정서적으로 멀게 느껴질 수도 있겠지만 IMF 외환위기 이후 우리나라의 경제적 구조와 국민들의 삶의 모습은 확연히 달라졌다는 것은 그것의 공과 여부를 따지기 전 대부분의 사람들이 공감하는 사실이다. IMF 외환위기 이후 대한민국의 모습은 이전에 비해 정말 많이 달라졌다.

IMF 외환위기의 원인에 대해서는 많은 논란들이 있지만 위기이전 수 년 간의 무역수지 적자로 인한 국가신인도 하락과 외환보유액의 감소가 중요한 원인 중 하나였다고 알려져 있다. 무역수지 적자란 수출보다 수입을 많이 한 결과, 다시 말해 대외부문에서 우리가 버는 것보다 쓰는 것이 더 많았고 이것이 당시 국내외적인 상황과 맞물려져 대외신인도 하락과 급격한 외환의 부족으로 이어지게 되었고 국가부도 상황에까지 몰리게 되었다. 이를 피하기 위해 IMF로부터 구제 금융을 받는 대가로 우리나라는 혹독한 구조조정과 이로 인한 급격한 경제와 국민의 삶의 변화를 겪을 수밖에 없는 상황이 되었다. 결국 무역부문에서 발생했던 불균형이 우리나라의 위기를 불러오게 된 중요한 원인으로 작용하였던 것이다.

무역은 우리에게 너무나도 중요하다. 그래서 무역에 대해 알아야 한다. 그래야만 무역을 통해 우리가 어떻게 더 잘 먹고 잘 살 수 있을지를 알 수 있게 된다. 무역을 이해하는 것이 생각만큼 어려운 것은 아니다. 차근차근 풀어서 이야기하고 생각하다 보면 어느새 어렵게만 느껴지던 것도 쉬워진다. 아는 만큼 보이는 법이다. 그 원리를 알고 현실에서 어떻게 작동되는지 알게 되면 무역이 우리의 삶과 얼마만큼 밀접하게 연관되어 있는지가 보이게 된다. 정부가 왜 그렇게 FTA를 한다고 외쳐왔는지, WTO 협상과 분쟁결과에 목을 매는지 이해할 수 있다. 기업들이 왜 끊임없이 기술혁신과 생산성 증대를 위해 노력해야 하는지도 이해할 수 있다.

이 책은 제목과 같이 크게 무역과 WTO에 대한 이야기로 구성되어 있다. 무역의 원리와 이상이 실제로 현실에서 이루어진 것이 WTO이기 때문에 무역과 WTO를 이 책의 중요한 두 개의 키워드로 잡았다. 아마 이 책의 주된 독자층은 앞으로 우리나라의 무역일군이 될 꿈을 갖고 대학 캠퍼스에서 학업에 매진하고 있는 무역, 통상 전공 학생들일 것이다. 물론 전공학생이 아니어도 좋다. 이 책은 무역을 전공하는 학생뿐만 아니라 무역에 대해 처음 공부하는 사람도 무리 없이 이해하고 따라올 수 있도록 되도록 쉽게 작성하고자 하였다. 무역이론에 나오는 많은 복잡한 수식과 현란한 그래프는 하나도 사용하지 않았다. 대신 그 핵심적인 내용을 중심으로 이야기하듯이 글로 풀어서 썼다.

기존의 무역, 통상 관련 저서들의 경우 일반인이 이해하기 어려운 전문적이거나 학술적인 내용으로 구성되어 있다. 그렇지 않은 경우라도 많은 사실들을 백과사전식으로 나열하여 중요한 내용을 놓치기 쉽고 핵심적인 내용을 체계적으로 공부하기가 어려운 경우가 많다. 처음 무역에 대한 공부를 하려고 사람들에게는 이러한 내용의 책들은 끝까지 읽기가 여간 쉽지 않을 것이다. 설사 다 읽는다 하더라도 그 내용을 온전히 소화하기는 쉽지 않다.

이 책은 이러한 부담을 가지지 않고 초보자도 읽고 이해할 수 있을 정도의 쉬운 내용을 담고자 노력하였다. 한번만 읽어도 책에서 이야기하고자 하는 바를 충분히 이해할 수 있도록 하는 데 목표를 두었다. 또한 이론적 차원의 설명에 그치기보다는 실제로 이러한 원리들이 현실에서 어떻게 적용되고 작동되는지에 대한 이해를 돕기 위해 각 절 뒤에 그와 관련된 적합한 사례, 신문기사, 연구기관의 보고서 등과 같은 다양한 참고자료들을 선별하여 추가하였다. 독자들 중에 이러한 사례들이 읽기 번거롭고 이해하기 어렵다면 본문만 읽고 건너뛰어도 무방하다.

아울러 본 저서에 포함된 참고자료들은 자료의 출처를 밝힌 것 외에 해당 참고자료를 작성한 연구자, 전문가, 언론사들로부터 일일이 허락을 받아 수록해야 마땅한 도리일 것이지만 집필일정의 한계로 그렇지 못한 점에 대해 해당 작성자들의 너른 양해를 구한다. 본 저서는 오로지 교양과 교육을 위한 목적으로만 사용될 것이다. 참고자료로 본 저서의 내용은 한층 풍부해지고 독자들이 무역에 대해 보다 구체적이고 현실감 있게 이해하는 데 도움을 받을 것임에 틀림없다. 지면을 빌어 참고자료의 저자들과 제공자들께 감사의 마음을 표한다.

또한 본 저서는 기존 저서들의 일반적 목차에서 벗어나 무역의 원리부터 시작하여 그것이 어떻게 WTO의 출범으로 이어지게 되었는지 그리고 WTO 협상 및 의사결정구조의 특성 및 WTO 협정의 의의와 우리나라 무역에 미치는 영향 및 의미에 대한 내용을 중심으로 서술하고자 하였다.

이 책은 크게 7부로 구성되어 있다. 1부에서는 무역의 기본적 원리에 대해서 기술하였다. 2부에서는 무역의 중심기구인 WTO의 기본원칙에 대해 설명하고 3부에서는 WTO의 모든 성과들을 가능하게 하는 다자간 협상과 의사결정구조에 대한 내용을 중심으로 기술하였다. 4부에서는 WTO가 당면하고 풀어야할 과제에 대해서, 5부에서는 우리나라와 WTO의 관계 및 의미에 대해 설명하였다. 6부에서는 WTO 협상과는 별개의 사안이지만 ISD, FTA 등 우리나라 통상 이슈 및 과제들에 대해 기술하였다. 그리고 마지막으로 7부에서는 우리나라와 미국, EU, 일본 등 주요국들의 통상정책 결정과정과 관련 기관에 대한 비교 및 설명을 부연하였다.

아무쪼록 이 책을 통해 독자들이 무역과 WTO 및 통상이슈에 대해 보다 잘 이해하고 우리의 삶에 있어 무역이 갖는 의미와 앞으로 우리나라의 무역이 나아가야 할 방향에 대해 다시 한 번 생각할 수 있는 기회를 갖게 되길 바란다. 그렇다면 이 책은 그 소명을 다한 것이라는 생각을 하며 이 책의 서문에 가름하고자 한다.

2018년 7월

부경대학교 국제통상학부 교수

나 희 량

차례

I부 무역: 원리와 적용

II부 WTO: 원칙

I부

무역: 원리와 적용

그가 또 가인의 아우 아벨을 낳았는데 아벨은 양 치는 자이었고
가인은 농사하는 자이었더라. 아디는 야발을 낳았으니 그는 장막에
거하여 육축 치는 자의 조상이 되었고 그 아우의 이름은 유발이니
그는 수금과 퉁소를 잡는 모든 자의 조상이 되었으며 씰라는
두발가인을 낳았으니 그는 동철로 각양 날카로운 기계를 만드는 자요

－창세기 4:2, 4:20~22－

핀 공장에서 일하는 노동자의 경우 만약 한 사람이 하나의 완성된 핀을 만드는 모든 과정을 수행한다면 그는 하루에 20개도 만들 수 없다. 그러나 하나의 완성된 핀을 만들기 위해 공정들을 10명으로 나누어 분업을 시킨다면, 이 10명은 하루에 48,000개 이상의 핀을 만들 수 있고 한 사람은 하루에 4,800개의 핀을 만들게 되는 것이다.

－Adam Smith, 국부론(1776)－

1장
무역 밑그림 그리기

1. 무역의 궁극적 목적

무역이라고 하면 조금은 어렵고 딱딱한 주제라고 생각하고 긴장부터 하게 되는 경우가 많다. 물론 무역실무와 관련된 복잡한 규칙이나 법규, 무역에 대한 이론적 측면 등과 같은 전문적인 분야로 들어가게 된다면 일반인들이 쉽게 이해하기 어려울 수 있다. 물론 모두가 그럴 필요도 없다. 우리가 보고자 하는 것은 무역의 기본적 원리를 이해하는 것이다. 그리고 만약 더 필요하다면 그 위에 전문적 지식을 쌓아가면 될 것이다. 따라서 본격적으로 무역에 대해 이야기를 시작하기 전에 본 절에서는 어떻게 보면 당연한 이야기일 수도 있지만 가장 근본적인 질문인 무역을 왜 하는가, 즉 무역의 목적에 대해 한번 생각해 보는 시간을 가지고자 한다. 이는 책을 시작하는 데 있어 긴장감을 풀고 자유로운 상상을 자극하기 위해서도 필요하다.

무역의 목적이 무엇인지 생각해 보면 멀리서 찾을 필요 없이 우리나라의 사례를 살펴보면 쉽게 이해할 수 있다. 우리나라는 왜 그렇게 무역, 그 중에서도 수출에 목을 매고 중요하게 여기는가? 우리가 수출을 해야만 하는 목적을 알면 그 답을 알 수 있을 것이다. 수출이 우리나라의 경제에 무역이 중요하다는 이야기는 귀에 못이 박힐 정도로 많이 들었을 것이다. 하지만 왜 우리가 수출을 해야만 하는지에 대해서는 그리 진지하게 생각해보지 않는 경우가 많다. 그래서 마치 수출 자체가 우리나라 경제의 중요한 목적 중 하나인 것처럼 여겨지기 쉽다.

하지만 수출도 결국은 우리의 일상생활에서 일어나는 수많은 경제현상 중 하나에 불과하다. 수출의 실질적인 주체는 국가가 아니라 기업들이다. 기업들이 수출하는 것은 기업의 경영활동 중의 하나의 형태라고 할 수 있다. 결국 수출을 하는 목적도 기업의 궁극적 목적인 이윤의 창출에서 크게 벗어날 수 없는 이유이다. 하지만 기업의 이윤창출은 그 자체로서 끝나는 것이 아니라 국가경제 전체적인 측면에서는 국민들의 부유하고 풍족한 삶으로 이어진다고 할 수 있다.

수출을 포함한 우리의 경제활동은 단순히 먹고 사는 문제로부터 시작하여 더 나아가서는 좀 더 풍족하고 행복한 삶을 영위하는 데 그 목적이 있다. 우리에게 수출이 필요한 것은 수출 자체가 목적이 된다기보다는 수출을 통해 경제적 성장을 이루고 이에 따라 우리의 삶이 보다 더 나아지고 풍족해지는 데 있다고 할 수 있다. 지속가능한 경제성장은 국민들이 현재의 사회 및 경제 시스템을 기꺼이 수용하고 더 나아가 현재의 자원을 바탕으로 미래의 부를 창출할 수 있다는 희망을 갖게 하는 필요조건이다.

또한 이것은 짧게는 정권의 유지, 길게는 국가의 전반적이고 지속적인 발전과도 밀접하게 연관되어 있다. 일본이 최근 극단적인 양적완화정책인 아베노믹스와 같이 디플레이션에서 탈출하기 위해 미증유의 시도를 하고 있는 것도 소위 잃어버린 20년 동안 경제성장이 정체, 퇴보하면서 일본경제에 더 이상 희망은 없을 것이라는 위기감에서 시작된 것이라고 할 수 있다. 즉 빈사상태에 빠진 환자에게 마지막 처방으로 극약을 쓰는 것과 마찬가지이다. 국민의 행복한 삶이 지속되기 위해서는 이를 충족시킬 만한 경제성장이 필요하고 수출은 이를 달성하기 위한 효과적인 방안이 된다고 할 수 있다. 결국 무역의 목적은 경제적으로 우리의 삶이 풍요하고 행복할 수 있도록 하는 데 있다.

이와 관련해서 무역을 이해하는 데 많이 활용되는 경제학적 관점을 통해 좀 더 깊이 들어가 보자. 경제학에서는 인간의 욕구는 무한하다고 가정한다. 여기서의 욕구란 상품(재화와 서비스)을 소비함으로써 얻는 효용(만족감)을 얻고자 하는 것이다. 누구든지 배가 고프면 밥이나 빵 같은 식품을 소비함으로써 만족감을 얻게 된다. 따라서 인간은 상품의 소비가 많아질수록 거기서 얻는 효용이 커지게 되고 이를 통해 더 많은 만족감을 얻는다. 이러한 만족감은 인간이 행복한 삶을 살 수 있는 물적 토대를 제공한다.

물론 인간의 행복은 상품의 소비를 통해 생기는 만족감에서만 얻어지는 것은 아니다. 인간은 물적인 만족감뿐만 아니라 정신적, 사회적, 종교적 욕구 등 다양한 욕구를 가지고 있고 이러한 다양한 욕구들은 단순히 상품의 소비에서만 얻어질 수 있는 성질의 것이 아니다. 하지만 인간의 삶의 만족도와 상품의 소비를 정(+)의 관계로 설정하는 것은 그렇게 무리한 것은 아니다. 일반적인 인간의 삶의 만족도는 대부분 필요로 하는 상품을 얼마만큼 많이 소비할 수 있느냐에 따라 결정된다고 해도 크게 과언은 아니다.

그렇다면 우리가 원하는 만큼 소비를 하려면 무엇이 필요한가? 당연히 돈이 필요하다. 경제학에서는 이를 구매력(purchasing power)이라고 한다. 즉 상품을 구매, 소비할 수 있는 능력이다. 구매력이 크다면 그만큼 더 원하는 상품을 구매, 소비할 수 있다. 결국 우리의 경제활동은 우리 각자의, 더 나아가 개인의 총합인 사회적 차원의 구매력을 증가시키는 데 그 활동의 원천이 있다.

하지만 구매력이 크다 하더라도 살 수 있는 상품이 제한되거나 한정되어 있다면 개인의 만족도를 높이는 데 한계를 가질 수밖에 없다. 예를 들어 동일한 100만원의 구매력을 가진 사람이라 하더라도 그 금액으로 10가지의 상품만을 살 수 있는 상황과 그 보다 10배가 많은 100가지의 상품을 살 수 있는 상황을 놓고 비교해보면 당연히 100가지의 상품을 놓고 선택할 수 있는 상황이 소비자의 만족도를 더 높일 수 있다. 다시 말해 동일한 구매력을 가진 소비자라도 소비할 수 있는 상품의 다양성의 차이에 의해 그 만족도의 크기가 커질 수도 작아질 수도 있다. 당연히 상품의 다양성이 크면 클수록 만족도의 크기는 커지게 된다. 결국 경제학적 개념으로 생각해 보면 우리의 만족도(효용)는 구매력이 커질수록, 그리고 선택할 수 있는 상품이 다양할수록 증가한다.

이러한 전제를 놓고 볼 때 우리가 수출을 하는 이유도 쉽게 유추할 수 있다. 위에서 이야기한 상황을 국내경제에 국한하지 않고 세계경제로 그 범위를 넓히게 되면 국가는 수출을 통해 외화를 벌어들일 수 있고 벌어들인 외화를 가지고 국내에서 생산된 상품뿐만 아니라 외국에서 생산된 상품을 소비할 수 있다. 대표적인 외화로는 기축통화인 달러, 유로, 엔화 등을 예로 들 수 있다. 서로 다른 통화를 가지고 있는 국가 간의 무역거래는 달러 등 주요 기축통화로 결재된다. 우리나라의 원화가 기축통화로 인정되지 않는 한 수출은 외화를 획득할 수 있는 가장 중요한 통로가 된다. 수출을 통해 외화를 많이 획득하게 되면 세계시장에서의 구매력이 증대되고 또한 세계에서 생산되는 다양한 상품을 구매(수입), 소비할 수 있다. 따라서 수출과 수입을 통해 개인의 만족도와 더 나아가 개인의 총합으로서의 사회적 효용은 증대되고 국민의 삶은 좀 더 풍족해지고 행복해 질 수 있다.

부존자원이 풍부하고 내수만으로도 경제성장이 가능한 나라의 경우 국내 산업의 다각화를 통해 자국의 수요를 충족시킬 수 있다. 이런 나라들은 굳이 무역을 하지 않아도 큰 아쉬움이 없다. 미국, EU, 일본, 중국, 인도, 브라질 등 영토가 넓고 많은 인구를 가진 나라들의 대외의존도(국민총소득 대비 무역액 비중)는 30% 내외이고 높아도 50%를 넘지 않는 것을 보면 알 수 있다. 하지만 우리나라의 경우는 이와는 상황이 다르다. 부존자원이 빈약하고 인구도 상대적으로 크지 않기 때문에 내수만을 의지해서 경제성장을 하는 데는 한계가 있다.

따라서 우리나라가 외화를 획득하고 이를 통해 세계시장에서 생산되는 다양한 상품을 소비(수입)하려면, 그래서 개인과 사회적 차원의 효용을 증대시키기 위해서는 대한민국이라는 국경의 한계를 넘어 세계시장으로의 진출과 무역은 불가피하다. 우리나라의 급격한 경제성장의 시기가 수출의 비약적 증가와 함께 맞물려져 있음은 이러한 우리나라의 경제적 특성을 잘 말해주고 있다.

요약하면 수출은 그 자체가 목적이 아니라 수출을 통하여 세계시장에서 상품을 구입(수입)할 수 있는 구매력(외환)을 획득하고 이를 통해 보다 많은 다양한 상품을 소비할 수 있게 되어 개인적, 사회적 효용을 증대시키는 데 있다. 이는 WTO 설립의 기초가 된 마라케쉬(Marrakesh) 협정에도 반영되어 있는데 동 협정의 서문은 아래 참고와 같이 무역의 목적을 국민들의 생활수준 향상, 실질소득의 증대라는 점을 명시하고 있다.

수출과 수입은 국민의 행복을 증진시키는 하나의 수단이다. 엄밀하게 따지면 앞에서 이야기했듯이 수출은 이를 통해 보다 더 많은 수입을 할 수 있다는 점에서 필요하다. 이렇듯 무역은 무역 그 자체가 목적이 아니라 개인과 국민의 행복을 증진시키기 위한 수단이라는 개념이 전제가 되어야 수출지상주의에 경도되지 않고 균형 잡힌 시각으로 무역의 현상을 이해할 수 있다.

참고: 세계무역기구(WTO) 설립을 위한 마라케쉬 협정

이 협정의 당사자들은, 상이한 경제발전단계에서의 각각의 필요와 관심에 일치하는 방법으로 환경을 보호하고 보존하며 이를 위한 수단의 강화를 모색하면서, 지속가능한 개발이라는 목적에 일치하는 세계자원의 최적이용을 고려하는 한편, 생활수준의 향상, 완전고용의 달성, 높은 수준의 실질소득과 유효수요의 지속적인 양적 증대 및 상품과 서비스의 생산 및 무역의 증대를 목적으로 무역 및 경제활동 분야에서의 상호관계가 이루어져야 한다는 점을 인식하고, 개발도상국, 그리고 특히 그중 최빈개도국이 국제무역의 성장에서 자기나라의 경제를 발전시키는데 필요한 만큼의 몫을 확보하는 것을 보장하기 위하여 적극적인 노력을 기울여야 할 필요성이 있다는 점을 인식하고, 관세 및 그 밖의 무역장벽의 실질적인 삭감과 국제무역 관계에 있어서의 차별대우의 폐지를 지향하는 상호 호혜적인 약정의 체결을 통하여 이러한 목적에 기여하기를 희망하며, 따라서 관세 및 무역에 관한 일반협정(GATT), 과거의 무역자유화 노력의 결과 및 모든 우루과이라운드 다자간무역협상 결과 전체를 포괄하는 통합되고 보다 존속가능하고 항구적인 다자간 무역체제를 발전시켜 나갈 것을 결의하고, 이러한 다자간 무역체제의 기초가 되는 기본원칙을 보존하고 목적을 증진하기로 결정하여, 다음과 같이 합의한다. (이하 생략)

출처: WTO 설립을 위한 마라케쉬 협정 서문 중

2. 무역의 원인

본 절에서는 무역이 일어나는 원인에 대해 이야기하고자 한다. 무역은 국가 간의 상품의 교환 또는 화폐를 매개로 한 매매 등의 경제활동과 이와 관련되어 나타나는 일련의 행위의 총체를 의미한다. 따라서 무역은 기본적으로는 국가를 그 분석대상으로 삼는 것이 일반적이다. 또한 무역은 국내 차원의 상품거래가 국가 간(국제적)으로 확장된 것으로 그 기본적 원인은 국내에서 일어나는 일반적인 상거래와 본질상 크게 다르지 않다. 따라서 무역의 원인에 대한 이해를 위해서는 경제주체인 개인 및 기업 간에 이루어지고 있는 '교환' 및 '매매' 등의 상거래 행위에 대한 설명이 필요하다. 이를 토대로 국가 간 차원으로 확장해서 무역이 발생하는 원인을 조명해 볼 수 있다.

먼저 '교환'은 인간이 사회적 존재로서 삶 전체에 걸쳐 생산하고 소비하는 경제활동을 하면서 자연스럽게 배우고 습득하는 가장 기본적인 경제적 행위 중 하나이다. 인간은 학습과 경험 등 여러 경로를 통해 자신이 풍부하게 가지고 있는 것과 희소하게 가지고 있는 것을 타인과 서로 맞바꿈으로써 더욱 큰 만족감 또는 행복감(효용)을 얻게 됨을 지각하게 된다. 물론 화폐가 결제수단이 되는 현재와 같은 화폐경제시스템 하에서는 상품과 상품이 직접 맞교환되지는 않는다. 화폐와 상품의 교환이 이루어지는 '매매'를 통해 이루어진다. 하지만 화폐의 중요한 기능 중 하나가 '교환의 매개수단'이기 때문에 화폐는 상품 간 교환을 편리하게 해주는 수단일 뿐 매매라 하더라도 교환을 통한 효용의 증가라는 기본적인 경제원리는 변하지 않는다. 선사시대의 (물물)교환이든, 현대의 화폐를 매개로 한 매매이든 인간은 교환이라는 경제행위를 통해 보다 행복하고 풍족한 삶을 영위할 수 있다.

앞에서 이야기 하였듯이 무역은 국내적 차원의 교환이 국가적 차원의 교환으로 확대된 것이라는 점에서 그 기본적 성격은 동일하다. 따라서 국가 간의 무역이 일어나는 이유도 왜 개인이 타인과 교환을 하는지를 살펴보면 쉽게 이해할 수 있다. 가장 단순한 예를 들어 보자. A는 농사를 짓는 사람이고 B는 목축을 하는 사람이다. 만약 두 사람이 교환을 할 수 없다면 A는 자기가 재배한 농산물로만 먹고 살아야 하고 B는 자기가 키운 가축으로만 먹고 살아야 한다. 빵이나 채소만 먹고 사는 삶이나 우유나 고기만 먹고 사는 삶이 과연 행복할 수 있을까? 채식주의자나 육식주의자가 아닌 한 사람은 빵과 스테이크를 곁들여 같이 먹을 수 있어야 더 만족스럽고 행복할 수 있다.

그렇다면 A와 B가 빵과 스테이크를 함께 먹을 수 있는 방법은 무엇일까? 두 가지 방법을 생각해 볼 수 있다. 그 한 가지는 폭력으로 상대방을 제압하고 그가 생산한 농산물 또는 가축을 탈취하는 방법이다. 이러한 방법은 인류가 선사이래로 오랫동안 의존해온 방법으로 개인과 집단적 차원에서는 폭력이 되고 국가적 차원에서는 전쟁이 되는 것이다. 하지만 인간은 폭력과 전쟁에 의해 비참한 희생양이 되는 불확실성을 피하면서 서로에게 이익이 되는 다른 방법을 찾아내었는데 그것이 바로 가격을 매개로 한 '교환'이다.

각자가 생산한 농산물과 육류 중 남는 부분(잉여)을 적정한 가격(우리는 보통 이를 시장가격이라고 부른다.)으로 서로 교환하면 A, B 모두 빵과 스테이크를 얻을 수 있다. 자급자족 때에 비해 보다 많은 만족감(효용)을 얻을 수 있다. 또한 교환이 더 합리적이고 모두에게 유익한 이유는 폭력 또는 전쟁인 경우 한쪽 상대방이 제거되거나 큰 손실을 입게 되어 두 가지 상품 모두의 지속적인 생산과 소비가 가능하지 않지만 가격에 의한 교환은 다른 외부적인 충격이나 변수가 없는 한 영속적으로 지속될 수 있기 때문이다.

물론 인간이 모든 것을 잘하는 슈퍼맨이어서 필요한 모든 물건을 자급자족할 수 있다면 굳이 교환이 필요하지 않을 수 있다. 또는 무인도에 갇힌 로빈슨 크루소와 같이 격리되어 교환자체가 불가능해진다면 어쩔 수 없이 필요한 것을 스스로 생산해야할 것이다. 하지만 이러한 상황은 아주 예외적인 것이다. 인간은 사회적 존재이고 또한 그 소질과 능력도 다 다르다. 잘하는 것이 있다면 못하는 것도 있기 마련이다. 개인 혼자 자기가 만족할 만큼 필요한 모든 것을 생산하는 것은 불가능하다.

그러므로 각 개인은 교환을 통해 자신이 필요하거나 부족한 것을 다른 사람으로부터 얻게 된다. 이상적으로는 개인은 자신의 소질과 능력을 가장 잘 발휘할 수 있는 분야에 자신의 능력을 특화하여 생산 활동을 하게 된다.(우리는 이를 직업이라고 부른다.) 이렇게 될 때 사회적으로 자원이 가장 효율적으로 사용되어지고 바람직한 상태가 된다. 특화된 분야에서 자신의 생산량을 극대화한다면 그 만큼 잉여도 많이 창출할 수 있고 또 그에 상응하는 만큼 자신이 생산하지 못한 것과 교환할 수 있기 때문이다.

예를 들어 A는 목축보다는 농사를 짓는데 소질이 있다. 반대로 B는 농사보다는 목축에 소질이 있다. 자급자족할 경우 A, B 모두 혼자의 힘으로 농산물과 육류를 얻을 수 있지만 A는 가축을 잘 키우지 못해 만족할 만큼의 육류를 얻지 못할 수 있다. B도 농사를 잘 짓지 못하기 때문에 만족할 만큼의 농산물을 얻기 어렵다. 만약 A와 B가 각각 상대적으로 더 잘 할 수가 있는, 다시 말해 '비교우위'가 있는 농사와 목축에 자신의 노동력과 시간을 특화하여 생산을 극대화하고 그 잉여를 교환하게 된다면 더 많은 생산과 그에 상응하는 소비가 가능하다.

이를 수치를 활용하여 좀 더 구체적으로 살펴보자. A와 B국이 무역을 하지 않고 자급자족을 할 경우 A국은 자신이 가지고 있는 생산요소(생산에 필요한 노동, 자본, 기술, 자원 등)를 활용하여 농산물 10단위, 육류 5단위를 생산하고 B국은 반대로 농산물 5단위, 육류 10단위를 생산한다고 하자. 만약 A국이 농업에 특화하여 농산물 20단위, B국은 목축에 특화하여 육류 20단위를 생산한 후 각국의 수요보다 많은 잉여분(수요보다 많은 초과 공급량)에서 인 농산물 10단위와 육류 10단위를 교환(무역)하게 되면 결과적으로 A, B국 모두 농산물 10단위, 육류 10단위를 소비할 수 있다.

이는 자급자족의 경우보다 A국은 육류를 5단위, B국은 농산물을 5단위 더 소비할 수 있다는 의미이고 따라서 양국 모두에게 무역의 이익이 발생한다. 자국이 상대국보다 잘 하는 분야(위의 예에서는 A국은 농업, B국은 목축)에 특화 및 생산을 하고 그 잉여를 교환함으로써 A, B국 모두 더 큰 만족감(효용)을 얻을 수 있다. 이와 같이 개인은 생산의 특화와 잉여의 교환을 통해 효용을 증가시킬 수 있는데 이를 국가 간 무역으로 확대한 것이 '비교우위론(comparative advantage theory)'의 핵심이라고 할 수 있다.

국가는 국민, 영토, 주권의 세 가지 요소로 이루어진다. 각 국가는 자원과 기후 등 자연적 조건이 상이하고 서로 다른 경제적, 사회적, 역사적 배경과 민족성을 갖는 것이 일반적이다. 따라서 국가도 개인과 같이 비교우위를 갖고 있는 분야가 각각 다르다. 국가도 개인이 교환을 통해 효용을 증가시킬 수 있듯이 다른 국가들과 무역을 통해 국민 전체(국가)의 만족도(사회적 효용)를 증가시킬 수 있다.

위의 사례를 다시 인용한다면 A국은 고온다습한 기후와 넓은 평야지대를 갖고 있어 농업에 유리한 자연조건을 갖고 있다. 반면 B국은 온대성 기후와 초원지대 등 목축에 좋은 자연조건을 갖고 있다. A국은 농업에, B국은 목축에 특화, 생산하고 국내 수요보다 많은 잉여 농산물과 육류를 상호 무역하게 되면 양국 모두 생산과 소비가 증가하고 그만큼 사회적 효용은 증가된다. 이를 '무역의 이익(gains from trade)'이라고 부른다. 결국 무역이 발생하는 이유는 무역에 참여하는 국가들 모두 무역에 참여하기 이전보다 더 큰 효용, 다시 말해 무역의 이익이 발생하기 때문이다. 만약 무역 상대방 국가가 무역을 해서 오히려 손해이거나 무역의 이익이 발생하지 않는다면 해당 국가는 무역에 참여할 원인이 없기 때문에 무역은 발생할 수 없다.

위의 내용을 요약하면 무역은 무역에 참여하는 국가들이 모두 무역의 이익을 누릴 수 있기 때문에 가능하다는 것이다. 무역의 이익은 위에서 든 예와 같이 한 국가가 다른 국가에 비해 상대적으로 잘하는 분야(산업)에 가용한 생산요소를 투입 생산하고 국내수요를 초과하는 잉여를 다른 국가에 수출하게 됨으로써 발생한다. 결국, 무역은 보다 다양하고 많은 상품을 소비하고자 하는 인간의 욕구에서 비롯된 교환(거래)이 국가적 단위로 확대된 것이라고 할 수 있다. 또한 무역과 관련된 많은 역사적 사례를 통해 인류는 무역을 통한 국가와 개인의 효용의 증가, 즉 무역의 이익을 실현해 왔음을 알 수 있다.

참고1: 침묵무역

인류는 유사 이래로 무역의 이점을 인지해왔다. 심지어 적대적인 부족 간에도 무역은 이루어졌는데 그 대표적인 사례가 침묵무역이다. 침묵무역(silent trade)이란 서로 다른 두 집단이 직접 만나지 않고 대신 관례의 교환율로 물건을 거래하는 형태이다. 가장 잘 알려진 예가 중앙아프리카의 피그미(Pygmies)족과 반투(Bantu)족 간의 무역이다.

피그미족은 수렵과 채집생활을 하고 반투족은 농경생활을 하는 부족들이다. 피그미족은 반투족에게 고기와 가죽, 야생의 과실 및 기타 물자를 공급하고, 그 대가로 반투족은 피그미족에게 재배한 곡물과 철기를 공급한다. 그런데 두 집단의 교역은 상호간 충돌을 피하기 위해 접촉이 거의 없거나 전무한 상태에서 이루어지기 때문에 이를 침묵무역이라고 부른다. 반투족이 쌍방 간에 약속이 되어 있는 장소에 자신의 생산물을 놓아두고 가면 밤중에 피그미족이 숲속에서 나와 그것들을 가져가고, 그 대신 반투족에게 필요한 물건을 대등한 가치만큼 가져다 놓는다. 피그미족이 다시 숲속으로 돌아간 다음에 반투족이 그 물건을 가져감으로써 쌍방 간에 대면 없이 침묵 가운데 무역이 이루어지게 된다.

이와 비슷한 침묵무역은 이외에도 종종 나타난다. 헤로도투스(Herodotus)의 기록에 의하면 아프리카 북부 해안의 고대국가였던 카르타고인과 아프리카의 다른 부족들 간에 침묵무역이 있었다. 또한 셀리그만(Seligman)은 스리랑카 사람들이 유럽에서 생산된 상품과 인도 베다(Vedda)족이 생산한 꿀과 육포가 19세기 중엽까지 침묵무역으로 교환되었다는 사실을 밝혀냈다. 그밖에도 알타이산맥, 지브랄타, 중국, 수마트라, 시베리아, 모로코, 가나 등지에서도 그러한 사례들이 있었다고 알려져 있다.

출처: 저자 정리

참고2: 대항해 시대를 열게 한 향료무역

16세기 이후 400여년에 걸쳐 이루어진 유럽 동남아시아 간 향료무역은 단순한 상품 교역의 차원을 벗어나 세계사의 흐름이 서구 세력을 중심으로 재편되는 역사적 흐름의 전환을 가져오는 중요한 요인으로 작용하였다. 유럽 동남아시아 간 교역은 16세기 이후, 이전의 중국, 인도 및 아랍 상인 등을 통한 간접 교역에서 벗어나 향료무역으로 대표되는 직접 교역의 형태로 변화되었다. 이는 향료무역을 통해 일확천금을 꿈꾸던 유럽 상인들의 동남아시아로의 항로 개척 및 교역 참여, 그리고 중상주의적 방식의 부국강병을 추구하던 유럽 열강들의 적극적 지원 및 개입에 따라 더욱 강화되고 확대 재생산되었다.

향료(香料, spice)는 정향(clove), 육두구(nutmeg), 후추(black pepper) 등과 같이 주로 요리에 첨가하여 맛을 더해 주고 식욕을 증진시키기 위해 사용되는 기호품을 통칭한다. 향료는 이외에도 부패를 방지하는 방부제 및 의약품 등으로도 활용되었다. 특히 오래 전부터 고기와 생선을 많이 먹어온 유럽인들에게는 이동, 월동 등을 위한 고기와 생선의 장기 보존을 위해 향료는 필수적이었다. 하지만 향료의 공급은 극히 제한되어 있어 일부 상류층 및 부유층에서만 소비가 가능했다. 향료의 가격은 부르는 것이 값일 정도로 비쌌으며 이로 인해 상인 더 나아가 국가권력까지도 향료의 확보를 위해 향료생산지로의 직접적 진출을 모색하게 된다. 결과적으로 향료는 유럽 제국의 동방으로의 진출을 자극하게 된 것이다.

유럽 열강들의 동남아시아 진출 과정은 향료 및 향료 생산지에 대한 쟁탈전이라 해도 과언이 아닐 정도로 치열했으며 이들의 향료에 대한 집착은 통상적으로 행해지던 교역의 상식과 수준을 훨씬 뛰어넘는 것이었다. 국가의 사활을 걸다시피 한 유럽 열강들의 동남아시아 진출은 결코 순탄하고 평화롭게 진행된 것이 아니었다. 유럽 열강들은 단순한 교역 참가자로서 향료시장에 참여하는 것으로부터 시작하여 향료시장에 대한 독점적 영향력을 확보하기 위해 식민지 지배를 포함하는 물리적, 폭력적

방법까지도 광범위하게 동원하였다.

이러한 방식은 동남아시아 토착세력들의 대응 및 저항과 맞물려져 두 지역, 두 세력 간의 공존, 대립 및 충돌이라는 복잡하고 다양한 역사적 사건들을 남기게 되었다. 유럽 동남아시아 간 교역의 과정에서 나타난 크고 작은 수많은 역사적 편린들은 현재까지도 정치학, 역사학, 인류학 등 다양한 학문분야의 연구 주제로 다루어지고 있다. 향료무역은 이전까지 지역적 의미에서 뿐만 아니라 경제적으로도 분리되어 있던 유럽과 (동남)아시아가 하나의 경제권(시장)으로 통합되게 하는 가장 중요한 추동력이 되었다.

출처 : 나희량. 2012. "유럽 동남아시아 간 향료무역 전개과정에 대한 고찰: 소비자, 생산자 잉여 및 유통이익의 변화를 중심으로". 『동아연구』 제31권 2호. pp260~261. 서강대학교 동아연구소.

참고3: 교환을 통한 이익

사람과 사람 사이의 교환이든 아니면 나라와 나라 사이의 교환이든, 교환은 이에 참여하는 모든 경제주체들에게 이익을 가져다준다. 물론 강압에 의해 억지로 교환에 응해야 하는 경우에는 손해를 보는 경우가 생길 수 있다. 그렇지만 모두가 자발적으로 교환에 참여하는 한 어느 누구라도 손해를 보는 일은 생길 수 없다. 합리적인 경제주체라면 손해를 보게 되는 교환에 결코 응할 리 없기 때문이다.

교환은 오늘날 우리가 누리고 있는 물질적 풍요를 가능하게 해준 기본적 원동력이라고 말할 수 있다. 교환이 이루어지지 못하고 모두가 스스로 생산한 것만 소비해야 한다면, 우리의 물질적 생활은 그야말로 빈약하기 짝이 없는 것이 되고 말 것이다. 얼핏 보기에 교환이라는 것은 우리 주변에서 언제 어디서나 볼 수 있는 지극히 평범한 행위에 불과할지 모른다. 그러나 교환은 우리 인간이 생각해낸 사회적 행위 가운데 가장 위대한 것 중 하나라고 말할 수 있다.

교환에서 나오는 이득은 교환이 이루어지는 범위가 커질수록 한층 더 커진다. 가까운 친척들 사이에서만 교환이 이루어진다면 거기서 나오는 이득이 별로 크지 않을 것이다. 비슷비슷한 물건들을 생산하는 사람들끼리 교환을 해보았자 별다른 이득이 생기지 않을 것이기 때문이다. 교환의 범위가 마을 사람들 전체로 넓혀지면, 교환의 내용이 더욱 다양해지고 이에 따라 교환에서 생기는 이득도 훨씬 더 커지게 된다.

이와 같은 논리를 계속 적용해 보면 세계의 모든 나라가 교환에 참여할 때 우리가 얻는 이득이 극대화될 수 있다는 결론에 이르게 된다. 국경의 존재에 구애 받지 않고 세계의 모든 사람들이 자유로이 물건을 사고파는 상황이 최선의 결과를 가져온다는 말이다. 바로 여기서 자유무역을 지지하는 강력한 논리적 근거를 찾을 수 있다. 자유무역에 대해 거부감을 갖고 있는 사람들이 많지만, 자유무역을 통해 교환의 이득을 극대화할 수 있다는 논리 그 자체를 부정하기는 어렵다.

출처: 이준구. 2009. 『이준구 교수의 쿠오 바디스 한국경제 '이념이 아닌 합리성의 경제를 향하여'』 6장. 한미 FTA: 걸어 볼 만한 도박인가. 푸른숲.

참고4: 비교우위란

비교우위(比較優位)는 1815년 로버트 토런이 처음으로 도입해, 1817년 데이비드 리카도가 정립한 개념입니다. 데이비드 리카도는 잉글랜드와 포르투갈 간의 교역을 예로 들어 비교우위 개념을 설명했습니다. 포르투갈은 포도주와 옷감 모두를 잉글랜드보다 적은 비용으로 생산할 수 있습니다. 반면 잉글랜드는 옷감 생산에 상대적으로 비용이 적게 듭니다. 두 나라 간의 생산비용의 절대치만 생각하면 잉글랜드는 무역을 통해 이익을 볼 수가 없겠죠. 하지만 포르투갈은 상대적으로 적은 비용으로 생산할 수 있는 포도주를 수출하고 잉글랜드는 상대적으로 비용이 적게 드는 옷감을 수출하는 방법으로 두 나라가 서로 무역을 통한 이익을 거둘 수 있습니다. 리카도는 이와 같이 나라마다 비교우위가 있는 상품을 특화(特化)해 생산할 필요가 있다고 주장했습니다.

경제학자들은 국제무역에서 한 나라의 특정 상품이 비록 상대국의 상품에 비해 절대적으로 우위에 있지는 않아도 생산에 따른 비용을 감안했을 때 상대적으로 우위를 지니는 경우에 비교우위를 가진다고 표현합니다. 최근 일부 경제학자는 선진국과 개도국 간의 무역에서 비교우위론은 선진국의 발달된 산업의 이익만을 가져오게 된다는 비판을 내놓기도 합니다. 고전경제학자들의 비교우위론에 입각한 자유무역 주장이 사실은 기술적으로 우위에 있는 선진국의 이익만을 보호하기 위한 것이라는 지적입니다. 또 영국과 미국 등 선진국들도 자신들의 산업이 경쟁력을 확보할 때까지 보호무역제도를 유지했다고 비판하기도 합니다.

출처: "세계 각국은 FTA를 왜 앞 다투어 체결할까요?" 조선일보, 2009.4.3.일자

3. 무역의 패턴(방향)

위에서 우리는 무역이 일어나는 이유가 국가 간 비교우위의 차이에 따른 무역의 이익이 발생하는 데 있음을 이야기하였다. 본 절에서는 무역의 패턴 즉 무역의 방향이 결정되는 원리를 알아보고자 한다. 예를 들어 A국은 왜 농산품을 수출하고 육류를 수입하는지, 반대로 B국은 왜 육류를 수출하고 농산물을 수입하게 되는지에 대한 논리적 추론을 시도해 보는 것이다. 무역의 패턴이 결정되는 원리를 알면 현실에서 일어나고 있는 선진국과 개도국 간의 무역, 선진국 내에서의 무역, 산업 간 무역, 산업 내 무역 등 다양한 무역의 형태를 이해하는 데 도움이 된다.

우선 무역의 패턴을 결정하는 원인으로 들 수 있는 것은 국가 간 '기술수준 또는 생산성의 차이'이다. 국가 간 기술수준 또는 생산성이 다른 이유는 일률적으로 단언

할 수는 없다. 그 차이는 국가가 가지고 있는 자연조건, 역사적 경험, 자본의 축적 정도, 인적자본의 수준, 경제발전단계 등과 같은 다양한 요인들에서 비롯되기 때문이다.

위에서 예를 들었던 A국과 B국의 경우에는 자연조건의 차이로 인해 A국은 농업에 유리하므로 상대적으로 농업기술이, B국은 목축에 유리하므로 목축기술이 발달하였을 가능성이 크다. 따라서 A국과 B국이 각각 상대적으로 기술수준이 높은 농업 및 목축에 특화하여 생산하면 농산물과 육류의 생산량을 극대화할 수 있다. A국은 농산물을 B국에 수출하고 그 대가로 B국으로부터 육류를 수입할 것이다. 동시에 B국은 육류를 A국에 수출하고 그 대가로 A국으로부터 농산물을 수입할 것이다. 이와 같이 각 국가가 가지고 있는 비교우위는 기술수준의 차이에 의해 결정된다. 이는 다시 말해 무역의 패턴이 기술수준의 차이에 의해 결정됨을 의미한다.(기술수준은 생산성을 결정하기 때문에 생산성의 차이라고 해도 무방하다.)

또 다른 예를 들어보자. 우리나라는 1980년대 이후 철강, 자동차, 반도체, 석유화학, 조선 등의 5가지 산업을 전략적으로 선택하여 집중적인 자본투입을 통해 괄목할만한 성장을 이루었다. 이에 따라 우리나라는 위 5대 산업분야의 상품의 개발 및 생산에 필요한 높은 수준의 기술력을 갖게 되었다. 반도체의 경우만 보아도 삼성전자, 하이닉스 등 대기업을 중심으로 세계 각국에 수출하고 있다. 그 대가로 획득한 외화는 우리가 필요로 하는 상품들을 외국에서 수입할 수 있는 원천이 된다. 특정한 상품 생산에 필요한 기술을 갖고 있거나 그 수준이 상대적으로 높은 국가는 그 상품 생산에 특화, 생산, 수출하고 그 대가로 그렇지 않은 상품들을 수입하게 된다.

위에서 이야기한 기술수준의 차이로 인한 무역의 패턴은 시간의 흐름을 고려하지 않은 채 정해진 기술수준을 전제로 설명되어지고 있다. 하지만 기술수준 또는 생산성은 연구개발(R&D), 기술혁신 등을 통해 시간의 흐름에 따라 변화, 향상되는 경우가 많다. 따라서 이러한 시간의 흐름을 고려한 기술진보와 이에 따른 무역패턴의 변화도 고려해야 한다.

특히 최근 인터넷을 비롯한 정보통신기술(ICT)의 발달은 기술진보와 기술의 전파를 가속화시키고 있고 이는 무역에도 적지 않은 영향을 미치고 있다. 특히 20세기 중반 이후에 제기된 포스너(M. Posner)의 기술격차설(technology gap theory), 버논(R. Vernon)과 웰스(L. Wells)의 제품수명주기설(product life cycle hypothesis) 등은 각 국가들의 기술진보와 이에 따른 무역패턴의 변화를 설명하고 있다. 기술혁신을 주도적으로 이루어나가는 국가가 우월한 기술수준 및 생산성 증가를 통해 비교우위를 확보하고 이를 수출로 연결시킬 수 있다는 것이다. R&D의 확대 등을 통한 끊임없는 기술혁신의 필요성이 제기되는 이유이다.

위에서 우리는 무역의 패턴이 국가 간의 기술수준(생산성)의 차이로 인해 결정된다는 것을 이야기하였다. 하지만 여기서 또 하나의 반전이 있다. 스웨덴의 두 경제학자인 헥셔(E. Heckscher)와 오린(B. Ohlin)은 무역의 패턴은 기술수준이 동일하다 하더라도 각 국가가 갖고 있는 노동과 자본 등 생산요소의 부존비율의 상대적 차이에 의해서도 결정될 수 있음을 이론적으로 보여주었다. 이를 요소부존이론(factor endowment theory)라고 하는데 두 학자의 이름을 따서 헥셔-오린 이론이라고도 한다. 헥셔-오린 이론은 리카도의 비교우위론과 더불어 무역이론의 중요한 두 축을 이루고 있다고 해도 과언이 아닐 정도로 중요한 이론으로 평가되고 있다.

예를 들어 A국은 생산요소 중 자본에 비해 노동이 풍부하다. 반대로 B국은 노동에 비해 자본이 풍부하다. 이 경우 A국에서는 자본이 노동에 비해 희소하므로 자본의 가격(자본에 대한 보수, 이자율)이 노동의 가격(노동에 대한 보수, 임금)보다 상대적으로 높을 것이다. B국은 이와 반대로 노동의 가격이 자본의 가격보다 상대적으로 높을 것이다. A와 B국이 동일한 기술수준을 갖고 있다 하더라도(현실적으로 그럴 가능성은 적지만) A국은 상대적으로 저렴하고 비용 면에서 유리한 노동이 많이 투입되는 노동집약적 산업에 특화할 것이다. 반면 B국은 같은 이유로 자본집약적 산업에 특화할 것이다. 노동이 풍부한 나라는 노동집약적 상품을 생산, 수출하는 대신 그 대가로 자본집약적 상품을 수입한다. 자본이 풍부한 나라는 자본집약적 상품을 생산, 수출하는 대신 노동집약적 상품을 수입하게 된다. 헥셔-오린 이론은 무역의 패턴이 기술수준이 동일하다 하더라도 두 국가 간 생산요소부존비율의 상대적 차이에 의해서도 결정될 수 있음을 보여준다.

이러한 요소부존의 차이에 따른 무역의 패턴 변화는 우리나라 무역의 전개과정에도 잘 부합한다. 우리나라는 본격적인 산업화와 경제개발이 시작된 1960년대 이후 초기에는 자본에 비해 풍부하고 저렴했던 노동력을 활용하여 의류, 신발, 봉제 산업 등과 같은 노동집약적 산업을 발전시켰다. 1970년대까지 우리나라의 주요 수출품은 이런 노동집약적 상품들이었다. 1980년대 이후부터는 자본의 축적으로 인해 상대적인 자본의 가격은 하락하고 노동의 가격은 상승하면서 점차 노동집약적 산업은 사양화되고 중화학공업 등 자본집약적 산업이 주를 이루게 된다. 주요 수출상품도 이전의 노동집약상품 또는 경공업 상품에서 석유화학, 철강, 조선, 전기 · 전자, 자동차 등 자본집약적 상품으로 변화되었다. 특히 2000년대 이후에는 이러한 자본집약적 상품에 더해 정보통신기술이 접목된 스마트폰을 비롯한 고부가가치 IT상품들이 우리나라의 주력 수출상품으로 자리 잡게 되었다.

그렇다면 한 발 더 나아가 위에서 이야기한 무역의 발생과 패턴을 결정하는 요소인 국가 간의 기술수준도 동일하고 노동, 자본과 같은 생산요소의 부존비율도 동일하다면 이제 무역은 일어나지 않는 것인가? 라는 질문을 던질 수 있다. 비교우위론이나 요소부존이론의 측면에서 보면 무역이 일어날 이유가 없다. 이러한 질문에 대한 연구가 최근까지 무역이론의 중요한 부분을 차지하고 있다. 무역의 패턴을 결정하는 다른 요소들에 대한 연구가 진행되었는데 그 대표적인 예가 산업내무역(intra-industry trade)이다.

일반적인 이종상품(산업)의 무역을 산업간무역(inter-industry trade)이라고 하고 동종상품(산업) 간의 무역을 산업내무역이라고 부른다. 산업간무역은 전통적인 무역으로 간주되는 데 예를 들어 자동차가 수출되고 의류가 수입된다면 이는 두 국가 간 산업간무역이 된다. 하지만 같은 자동차인데 세단을 수출하고 SUV(Sports Utility Vehicle)가 수입된다면 이는 동일한 자동차산업에서 일어나는 무역이므로 산업내무역이 된다. 산업내무역에 대한 분석은 기술수준과 생산요소의 부존비율이 비슷한 선진국들의 경우에도 동종상품의 무역이 활발하게 일어나고 있는 현실을 해석하는 데 도움을 준다. 산업내무역은 세계무역의 40% 이상을 차지하고 있고 선진국 간의 무역에서도 그 비중이 70% 이상으로 산업간무역보다 월등히 많은 비중을 차지하고 있다.

산업내무역이 일어나는 이유는 동종의 상품이라 하더라도 각 개별상품이 갖고 있는 디자인, 색깔, 기능, 브랜드 등에 따른 수요가 다르기 때문이다. 이는 다양성과 개성을 추구하는 인간의 욕구에서 기인한다. 예를 들어 자동차의 경우 상품군의 측면에서 보면 동종상품이지만 그 안에서도 세단, SUV, 왜건 등 다양한 디자인, 색깔, 기능, 브랜드에 따라 개별 자동차에 대한 소비자의 구매욕구와 수요가 다르다. 이로 인해 자동차 생산을 위한 기술격차 및 요소부존의 차이가 크지 않더라도 수요에 맞춘 다양한 자동차들이 생산되게 되고 동종상품군으로 분류되는 자동차가 수출되고 동시에 수입될 수 있는 것이다.

또한 글로벌 차원의 공급사슬의 확대로 인해 무역에서 다국적기업의 역할이 증대되고 있고 이에 따라 산업내무역 또한 증가하고 있다. 공급사슬이란 한 국가에서 모든 생산공정이 이루어지는 것이 아니라 최종재에 필요한 중간재, 부품 등의 생산라인을 가장 효율적으로 생산할 수 있는 최적의 국가와 지역에 배치하여 생산하고 최종재가 완성되는 국가는 단순히 이들 중간재와 부품을 조립하여 완성품을 만들어 수출하는 곳이 되는 생산방식을 의미한다. 공급사슬의 글로벌화가 진행되면 생산공정이 여러 국가로 분산됨으로써 자연스럽게 관련 산업내 부품, 중간재, 최종재 등의 무역이 증가하게 된다.

산업내무역은 공산품의 생산과정에서의 특성에서도 그 원인을 찾아볼 수 있다. 농수축산물은 일반적으로 한 지역에서 완성품 그 자체로 생산되는 데 비해 공산품은 대부분 최종재를 생산하는 과정에서 다양한 부품과 중간재 등을 필요로 하게 된다. 특히 다국적기업들의 국경을 넘어서는 생산라인의 구축에 따라 동종상품군 내의 상품들의 수출과 수입도 빈번하게 발생하게 된다. 최근 다국적기업들은 최적화된 공급사슬의 구축을 위해 생산과정을 다수의 국가와 지역으로 분절화하고 있다. 다국적기업들의 국경을 넘어서는 경영활동과 공산품이 가지고 있는 생산과정의 특성은 산업내무역을 증가시키는 또 하나의 요인이다.

산업내무역이 발생하는 또 하나의 중요한 이유는 '규모의 경제'이다. 규모의 경제(economies of scale)란 생산규모가 증대될수록 한 단위의 상품생산에 들어가는 평균비용이 지속적으로 감소하는 현상을 의미한다. 생산방식에 있어 '규모의 경제'가 발생하면 생산자의 입장에서는 다수 상품의 소량생산 보다 소수 상품의 대량생산이 비용측면에서 유리하다. 하지만 소비자들은 자신들의 다양한 취향과 기호를 충족시킬 수 있는 다수의 차별화된 상품을 원한다. 이러한 상품의 차별화와 관련하여 생산자와 소비자 간의 이해의 차이는 산업내무역을 통해 보완될 수 있다.

무역 당사국들은 동종상품군에서 소비자의 다양한 취향과 기호를 만족시킬 수 있는 차별화된 상품을 나누어 특화, 생산, 수출한다. 이 경우 한 국가가 동종상품군 내에서 다양한 특성을 가진 상품들을 모두 생산할 필요가 없다. 즉 동종상품군에 속하기는 하지만 차별화된 소수의 상품들을 특화가게 되면 대량생산 및 수출이 가능하고 이를 통해 규모의 경제를 실현할 수 있는 것이다. 생산자의 측면에서는 생산비용을 절감함으로써 효율적인 생산이 가능하다. 이와 동시에 소비자들도 자신의 취향과 기호에 맞는 상품을 수입, 소비할 수 있게 된다. 이는 소비자의 후생을 증대시킨다. 산업내무역을 통해 생산자, 소비자가 모두 무역의 이익을 누릴 수 있게 된다.

마지막으로 대표수요이론(represent demand theory)을 이야기할 수 있다. 앞에서 보았듯이 산업내무역은 선진국과 개도국 간 보다는 선진국 간의 무역에서 활발하게 일어나고 있다. 린더(S. Linder)의 대표수요이론은 그 이유에 대해 설명하고 있다. 소득수준(구매력)이 비슷한 국가 간에는 소비자들의 동종상품군 내에서의 다양한 상품에 대한 수요의 중복이 발생한다. 기업들은 자국 소비자의 수요의 범위를 고려하여 소비가 집중될 수 있는 대표수요상품을 특화, 생산한다. 선진국들처럼 국가 간에 소득수준과 구매력이 비슷하고 이러한 수요가 중복되는 범위가 크면 클수록 산업내무역이 증가할 가능성이 크다.

위에서 산업내무역이 발생하는 요인에 대해 살펴보았다. 산업내무역을 이해하는 것은 선진국 간의 무역의 패턴을 설명하는 데 유익하다. 하지만 그렇다 하더라도 한 가지 궁금증은 남는다. 동종상품군 중 어떤 국가가 어떤 상품을 특화하여 수출하고 그렇지 않은 상품을 수입하는가? 라는 의문이다. 하지만 이에 대해서는 아직 이론적 체계가 확립되어 있지 않다.

예를 들면 석유와 철광석이 거의 나지 않는 우리나라가 어떻게 정유산업, 철강산업을 발전시킬 수 있었고 또 관련 상품들을 수출하면서 동시에 수입하게 되는 지에 대해 기존의 이론으로는 특정할 수 없고 그 인과관계도 정립하기 어렵다. 시계의 경우에도 왜 스위스는 기계식 정밀시계를 수출하고 일본은 전자식 시계를 수출하는 지 기존의 이론만으로는 설명하기 어렵다. 다만 산업내무역의 경우 무역의 패턴이 결정되는 메커니즘을 그 나라가 특정한 상품을 특화해서 생산하게 된 역사적 배경이나 사건 등 우연한 계기에서 찾거나 특정산업 부문에 대한 정부의 지원 등과 같은 산업정책의 측면 등에서 찾고 있다. 우리나라의 경우 정부의 집중적 지원과 투자를 통해 정유, 철강산업을 발전시킬 수 있었고 스위스의 경우 종교개혁 이후 전란을 피해 프랑스, 스페인, 이탈리아 등 유럽의 여러 나라에서 세공업, 정밀기계 등 관련 전문기술자들이 이민을 오게 되면서 시계산업이 발전하게 된 것으로 알려져 있다.

이처럼 서로 다른 국가들 간에 다수의 상품과 서비스가 다양한 방식으로 교환되는 무역의 패턴을 하나의 이론으로 설명하기는 현실적으로 불가능하다. 앞에서 이야기하였듯이 비교우위론, 요소부존이론 등은 무역의 패턴을 설명하기 위한 고전적 이론으로 많이 활용되어 왔다. 하지만 이러한 고전적 이론만으로는 산업내무역 등을 포함한 최근 무역의 특성과 패턴을 온전히 설명하기에는 한계가 있다. 무역패턴의 결정 메커니즘에 대한 연구는 지금도 여러 가지 모양으로 진행되고 있다. 하지만 무엇보다도 무역이 발생하고 또 무역의 패턴이 결정되는 가장 근본적인 원인은 보다 다양하고 보다 많은 상품을 소비하고자 하는 인간의 끊임없는 욕구라는 점은 부정할 수 없다.

참고1: 기술격차설, 제품수명주기설이 주는 의미

먼저 두 이론에 대해서 간략히 설명해보자면 기술격차이론은 각국 간 생산기술상의 격차가 무역발생의 원인이 되고 무역패턴 결정에 지배적 작용을 한다는 이론이다. 그리고 제품수명주기설은 제품수명주기가 달라짐에 따라서 무역형태가 변화하는 과정을 말하여준다. 즉 다시 말해 기술격차이론은 국제무역에서 각국 간 생산기술상의 격차가 발생됨으로서 신기술을 개발한 나라는 그 산업의 상품을 독점적으로 생산하여 수출이 가능하나 시간이 지나면서 수출했던 상대적 후진국으로부터 후진국만의 저임금과 모방기술에 의해 입장이 역전되어서 무역형태가 바뀔 수 있음을 말해주는 동태적 무역이론이다. 한마디로 국가 간의 기술수준차이로 발생한 무역이 언젠간 모방으로 역수입과 역수출이 가능해진다는 것을 보여주는 것이다.

기술격차이론에서 말하는 무역수출품은 주로 공장에서 기술을 집약해 생산해내는 공산품으로 보면 될 것이다. 제품수명주기설은 한제품의 수명주기를 개발단계, 성숙단계, 표준화단계, 쇠퇴단계의 4단계로 구분해준다. 전형적인 제품수명주기(product life cycle/PLC)는 개발단계, 성숙단계, 표준단계, 쇠퇴단계거치면서 점점 수출의존도 낮아지는 S자 그래프를 볼 수 있다. 제품수명주기는 아주 단순한 개념이지만 여러 가지 특성을 보이는 각 단계는 중요한 전략적 시사점을 보여준다. 이를 바탕으로 시장에서 제품의 판매량, 지속기간, 이익 등을 예측하고 마케팅 전략을 수립하는 데 유용하게 사용할 수 있다.

개발단계는 판매량이 적고 매출 증가율도 낮다. 또한 개발, 촉진, 유통 등의 비용이 많이 소요되므로 이익이 없거나 적자가 발생한다. 이 시기에는 신제품을 소비자에게 인지시키는 것이 중요하다. 수요자는 대부분 신제품구매에 따른 위험을 기꺼이 부담하는 혁신층이 중심이 된다. 성숙단계에는 제품이 다수의 소비자에게 채택되면서 수요와 매출이 급속도로 커지고 경쟁자가 등장하기 시작한다. 이익이 점점 늘어나 성장기 말기나 성숙단계 초기에는 최대이익이 실현되고, 많은 경쟁자가 등장하면서 전체시장도 점점 커지게 된다. 조기 채택자들이 제품을 구매하는데 이들의 구전효과가 시장확대를 가속화한다. 표준화단계에는 개발단계나 성숙단계보다 오랜 기간 지속되는데, 제품구매의욕이 있는 소비자들은 대부분 제품을 구매한 상태이므로 판매량이 떨어진다. 대량생산과 극심한 경쟁으로 제품가격이 낮아지고 이익도 줄어든다. 또한 성장률이 떨어져 기업 간에 극심한 경쟁이 생기고 이로 인해 경쟁력이 약한 기업은 도태된다. 쇠퇴단계에는 수요가 줄어 가격이 떨어지고 매출과 이익이 감소한다. 소비자의 대부분은 최종 채택층이다. 대체제품이 등장하고 소비자의 기호가 변화하므로 시장 재검토가 필요하다. 쇠퇴단계를 제외한 앞의 3단계를 정리해서 말해보면 개발단계에서는 선진국에서 제품개발하여 다른 선진국과 개발도상국에 수출한다고 볼 수 있다. 성숙단계에서는 다른 선진국에서도 생산하고 나중에는 개발도상국도 생산을 시작하게 된다. 표준화단계에는 다른 선진국과 개발도상국이 수출하고 선진국은 수입을 하게 되는 것이다.

기술격차이론과 제품수명주기설 두 이론은 모두 처음에 비교우위를 점한 국가에서 나중에는 비교우위에서 처져있던 국가들이 수입의 입장에서 수출로 무역입장을 바꾼다는 것을 공통점으로 꼽을 수 있다. 그렇다면 두 이론의 차이점은 무엇인가? 두 이론을 놓고 보면 차이점이라기보다는 제품수명주기설에 기술격차이론의 내용을 포함하고 있다고 보면 된다. 거기에 여집합으로 보는 것은, 기술격차이론에다가 바로 해외직접투자자라는 개념을 추가했다고 보는 것이다. 제품수명주기설을 좀 더 풀어보면 제품의 개발, 성숙, 표준화이라는 단계를 거치게 되는데 이때 처음의 단계 바로 제품의 개발단계에서 새로운 제품이 생산되면서 기술집약도 혹은 연구집약도에 의한 기술격차로서 발생한다고 할 수 있다. 새로운 제품은 내놓는다는 것 자체가 새로운 기술의 탄생을 의미한다는 것으로 해석할 수 있기 때문이다.

개발단계에서 이처럼 기술을 가진 국가가 무역시장에서 비교우위를 점하게 되고 수출국으로서 입지를 다지게 되는 것이다. 이런 역할을 하는 것이 연구집약도를 많이 가지게 되는 선진국임을 알 수 있다. 연구집약도는 기업의 연구개발지출 혹은 국민총생산(GNP) 국내총생산(GDP)으로 나눈 비율이기 때문에 선진국일수록 연구개발지출이 높게 되어 연구집약도가 높아지게 된다. 그리고 성숙단계에서 기술이 국제시장에 보편화되면서 다른 선진국가들과 개발도상국들이 연이어 제품을 개발하게 되면서 연달아 수출을 시작하게 된다. 여기서 이제 해외투자개념이 발생하게 된다. 개발단계 때처럼 기술은 이제 뜨거운 감자가 아니라 보편화가 되어버렸기 때문에 생산시의 임금 등을 고려하게 된다. 좀 더 노동집약도가 큰 국가로 눈을 돌려 해외투자를 실시하여서 타 국가에서 생산설비를 갖추고 저임금으로 수출을 하게 되는 것이다. 선진국들은 자연스럽게 표준화단계와 쇠퇴단계를 거치면서 수출을 줄여나가게 되는 것이다.

예를 들면 애플에서 개발한 아이패드는 한동안 태블릿PC라는 센세이션을 일으키며 전 세계로 기하급수적으로 판매수치를 늘리면서 메가히트를 달성했다. 이를 통해 각 국가들의 전자회사들 아수스, 삼성, 소니 등의 후발주자들이 너나 할 것 없이 비교우위에 있는 애플을 따라잡기 위해서 연달아 태블릿PC를 개발해내었다. 이제 태블릿PC시장에서는 기술로 우위를 치기 힘들 정도로 포화상태에 이르고 있고 지금은 표준화단계까지 온 것으로 보인다. 이제는 각 회사에서는 새로운 로드맵을 제시하여야 할 것이다. 또 다른 혁신을 일으킬 것인지 보완해나가면서 시장을 지켜낼 것인지 말이다. 바로 이런 것이 기술격차로 발생하는 기술격차이론이자 제품의 수명을 통해 알아볼 수 있는 제품수명주기설로 설명이 가능한 것이다.

보았듯이 두 이론은 기술 즉 시장선점의 개념을 두고서는 일맥상통하게 가지만 기술격차를 제품수명주기설에서 제품수명주기라는 좀 더 세분화적인 개념을 이야기했다는 점에서 차이를 보여준다. 결국 두 이론 모두 요점은 무역패턴 결정에 있어서 연구개발활동이 너무나 큰 비중을 차지하고 있으며 연구개발활동이 곧 수출실적을 이야기 해줄 수 있으며 국가의 경쟁력이 좌우된다는 이론으로 볼 수 있을 것이다. 즉 수출수입도 단순히 그 나라가 잘 만드는 것을 사고파는 행위에 그치는 것은 구사고적인 생각이고 이제는 국제적인 흐름의 시각을 갖고 세계화의 발맞추어 세계시장을 판치고 선점할 수 있는 새로운 대안을 제시하는 것이 국가경쟁력을 제고하는 길이 될 것이다. 그 예로서 너무나 적합한 것이 앞서 말한 애플일 것이다. 애플의 제품들은 탄탄한 연구개발과 창의성으로 누구도 따라올 수 있는 시장을 개척해내고 있고 시장을 좌지우지할 수 있는 힘을 갖고 있다. 이는 곧 미국이라는 자국의 경쟁력을 다시 한 번 제고하게 하는 결과를 만들었다. 우리나라의 삼성전자를 비롯한 많은 다국적기업들도 앞 다투어 제각각의 시장을 위해 고군분투 하고 있는데 기술격차이론과 제품수명주기설의 관점에서 봤을 때 조금 더 연구개발에 힘을 쏟아야 우리나라의 국제경쟁시장에서 앞서 나갈 수 있을 것으로 예상이 된다.

출처: http://pianocture.tistory.com/25

참고2: 스위스가 시계산업이 경쟁력을 갖게 된 역사적 이유

스위스의 시계는 대표적인 수출상품으로 세계적으로도 유명하고 그 경쟁력도 매우 높다. 그러면 스위스는 어떻게 시계산업을 지금처럼 발전시켜서 주력 수출산업으로 성장시킬 수 있었을까. 스위스의 시계산업의 발전은 다른 어떤 무역이론을 활용한 설명보다도 스위스가 겪었던 역사적 경험과 밀접히 연결되어 있다. 스위스의 시계산업은 16세기 중반 제네바에서 시작되었다. 16세기에는 유럽에서는 탑시계와 같이 큰 시계만이 아니라 가정용 탁상시계나 벽걸이시계, 가지고 다닐 수 있는 휴대용시계도 이미 만들어졌다. 당시 시계산업의 중심지는 북부 이탈리아, 독일, 프랑스였다. 하지만 17세기에 들어와 이 지역의 시계산업은 퇴색하고 대신 스위스의 제네바가 시계산업의 중심지로 성장하였다.

그러면 어떻게 제네바에서 시계산업이 발전하게 된 것일까? 이 배경에는 16세기 초 유럽에서 일어났던 종교개혁이 있다. 종교개혁은 루터가 가톨릭교회의 부패를 비판하면서 시작되있고 이는 진 유립에 전해졌다. 프랑스어권의 종교 개혁 중심인물이었던 존 캘빈은 제네바에서 1541년 개혁의 횃불을 올렸다. 이로 인해 프랑스에서는 캘빈파의 신교도인 위그노와 가톨릭교회와의 대립으로 1562~1598년 위그노전쟁이 발발하였다. 이 전쟁은 1598년 신교도에게 신앙의 자유를 인정하는 낭트칙령이 발표되면서 종결되었다. 하지만 전쟁과 혼란 중에 많은 위그노가 종교적 박해를 피해 프랑스를 떠나 외국으로 피난하게 되었다. 이 중 많은 사람들이 이주한 곳이 캘빈의 마을인 제네바였다.

그리고 위그노는 대부분 직물, 염색 기술, 인쇄술 및 시계제조기술을 익힌 수공업 숙련기술자들이었다. 당시 제네바에서는 뛰어난 보석세공품이 만들어지고 있었다. 하지만 캘빈의 종교개혁으로 인해 장신구 등의 사치품은 엄격히 제한되었다. 이 때문에 생계가 어려워진 금 세공사들은 시계제조기술을 가지고 있던 위그노의 도움을 받기 시작하였다. 이후 보석세공기술은 시계제작기술과 융합되어 그 독보적 위치를 확보하게 된다. 1685년 낭트칙령이 폐지되면서 다시 많은 위그노들이 제네바로 들어오게 되고 이미 조직화되어 있던 스위스의 시계산업은 더욱 발전하게 된다. 시간이 흐르면서 캘빈파의 종교적 계율이 약화되자 제한되어 있던 장식공예는 부활하게 되었다. 이는 다시 시계제작기술과 결합해 아름답고 정교하게 장식된 시계가 스위스를 대표하는 상품으로 정착하게 되는 역사적 배경을 제공하였다.

출처: 저자 정리

참고3: 가발에서 휴대전화까지: 반세기 한국무역 변천사

2013년 12월 5일 제50회 무역의 날을 기념해 서울 코엑스에서 열린 '한국무역 50년 특별 전시회'는 지난 반세기 한국 산업의 발전사를 고스란히 보여준다. 저임금을 근간으로 한 노동집약적 산업에서 장치 · 첨단산업으로 변천하는 과정이 제품을 통해 생생히 전달돼 관람객들의 관심을 끌었다. 한국전쟁의 폐허를 딛고 막 경제개발에 나선 1960년대 우리나라 주요 수출품은 합판, 가발, 철광석 등이었다. 합판은 1957년 주한유엔군에 납품한 것을 계기로 외화벌이를 시작해 1961년부터는 본격적인 수출이 이뤄지며 질과 양에서 급성장했다. 1968년에는 수출액이 6천 800만 달러에 달해 당시 총수출의 10%가 넘는 제1의 수출품이었다. 가발도 초창기 한국 경제를 견인하는 수출품이었다. 2차 세계대전 이후 미국에서 영화산업이 번창하며 수요가 폭발적으로 늘어난 게 우리에게 호재로 작용했다. 미국의 한인교포들이 가게를 열었다하면 열에 아홉은 가발가게였고 유학생들도 가발장사로 학비를 보탤 정도였다. 가발은 1970년에는 전체 수출의 10%를 차지할 정도로 성장했다가 주시장인 미국에서의 가발 유행이 퇴조하면서 사양길에 들었다.

1960년대는 금성사(현 LG전자)가 국내 최초로 'A-501'이라는 모델의 국산 라디오와 국산 흑백 TV를 차례로 개발하며 '전자강국'의 가능성을 연 때이기도 하다. 1970년대는 경공업의 대명사로 통하던 섬유 · 신발산업의 전성기였다. 섬유 수출은 1970년대 문턱에 들어 비약적인 성장을 거듭했고 1973년에는 수출 10억 달러를 달성해 '수출한국'의 첨병으로 나섰다. '전축'이라고 불리던 오디오도 수출품으로 이름을 올렸다. 1970년대 국내 TV 보급률이 60%를 넘어서면서 국내에서 선진국형 오디오 수요가 급증했고 내수시장을 발판으로 본격적인 오디오 수출이 시작됐다. 당시 동원전자는 미국 가전사에 주문자상표부착(OEM) 방식으로 오디오를 수출하기 시작해 국내에서도 고가의 브랜드 이미지 구축에 성공했다.

1970년대는 우리나라가 조선업에 진출한 기억될만한 시기이기도 하다. 특히 정주영 회장의 현대그룹은 1970년 유럽회사의 자문 · 설계와 정부 보증을 토대로 26만t급 초대형 유조선 두 척을 수주했고 이를 토대로 1972년 울산에 조선소를 건설해 '조선한국'의 서막을 열었다. 1980년대는 우리나라 산업이 경공업에서 기술집약적 고부가가치 산업으로 옮겨가는 과도기였다. 반도체 · PC · 휴대전화 등 현재 우리나라 주력 수출품들이 모두 이 시기 성장기를 맞았다. 반도체 기술은 1960년대 중반 소개됐지만 이를 상품화하는데 꼬박 20년이 걸렸다. '반도체 신화'의 주역은 삼성전자였다. 삼성전자[005930]가 1983년 세계 3번째로 개발에 성공한 64K D램(DRAM)은 손톱만한 크기의 칩 속에 6만4천개의 트랜지스터 등 15만개의 소자를 집적한 최초의 상용화 반도체로, 한국이 이 분야에서 세계 정상에 오른 계기가 됐다. 기계공업의 꽃으로 불리는 자동차 역시 1980년대 대표적인 수출품이었다. 현대자동차가 1976년 포니 6대를 에콰도르에 수출한 이후 1982년에는 포니2를 출시해 세계시장 진출을 본격화했다. 1986년 나온 엑셀은 이듬해 미국 시장에서만 26만대가 판매되며 현지 수입소형차 시장에서 1위를 차지하는 기염을 토했다. 국산 1호 휴대전화인 삼성 SH-100은 1988년 9월 서울올림픽 개막에 맞춰 첫 선을 보인 뒤 전 세계에 1천만대 이상 판매되며 주력 수출품으로서의 가능성을 보였다.

1990년대에는 우리 수출품에 드디어 '세계 최초', '세계 1위'라는 수식어가 붙기 시작했다. 삼성전자는 64K D램에 이어 1992년 세계 최초로 64M D램을 개발했고 이어 1993년에는 메모리 반도체 부분에서 세계 1위에 등극했다. 이듬해에는 256M, 1996년에는 1G D램을 잇달아 최초 개발하며 반도체를 국내 대표산업으로 키웠다. 조선업도 수주량에서 줄곧 세계 1위를 점하던 일본을 제치고 세계 최고의 자리에 올랐고 휴대전화 역시 국내 업체들이 세계 최초로 코드분할다중접속(CDMA) 방식의 단말기를 개발하며 미국 모토롤러, 핀란드 노키아 등과 어깨를 나란히 했다.

출처: 연합뉴스. 2013.12.5.일자.

참고4: 우리나라가 중화학공업강국이 될 수 있었던 이유

중화학공업은 산업 생산성의 증가율이 높을 뿐만 아니라 부가가치가 높아서 국민소득을 늘리는데 유리한 부문이다. 국제적인 여건도 희망적이었다. 1970년대 세계시장에서는 중화학제품에 대한 수요가 꾸준히 늘고 있었지만 공급은 이를 따라가지 못했다. 중화학공업이 먼저 발전했던 선진국에서는 중노동이 필요한 분야에서 일하기 싫어하는 사람들이 늘어나면서 노동력 확보가 어려워지고, 생산과정에서 발생하는 공해문제로 인하여 중화학공업 시설을 늘리기 어려웠기 때문이다. 따라서 중화학공업을 육성하여 생산품을 수출하게 된다면 획기적으로 수출이 증가할 가능성이 높았다. 그러나 10년 이후를 바라봐야 하는 중화학공업화는 쉽지 않은 과제였다. 중화학공업 분야를 일으키려면 상당한 자본 투자와 발전된 기술, 대형 기업이 필요하다. (중략)

먼저 산업 전반의 성장을 이끌어내는 데 효과가 크고 부가가치가 높으며 국제적 수준에 도달할 가능성이 큰 철강, 비철금속, 기계, 조선, 전자, 화학 등이 6대 중화학공업으로 선정되었다. 그리고 정부 주도하에 의욕적으로 중화학공업화가 추진되었다. 주오업종을 정하는 기준은 공업별로 이미 상당한 수준으로 발달한 업종, 정부의 지원이 특별히 필요하지 않은 업종, 육성시키는데 애로가 많은 업종은 제외하고, 반드시 정책적으로 포함시켜 육성해야 할 업종을 선택하여 개발하도록 하였다. 예를 들면 철강공업에서는 종합제철소 건설을, 화학공업에서는 석유화학공업과 관련 공업만을 중화학공업화 정책 사업으로 추진하였다. (중략)

중화학공업화정책으로 철강, 자동차, 조선, 석유화학이 빠른 속도로 발전하여 1970년대 초에 40퍼센트 미만이었던 중화학공업화 비율이 1979년 말에는 50퍼센트 이상이 되었다. 또한 중화학공업화 비율이 높아지면서 수출상품의 구조도 바뀌기 시작하였다. 개발도상국은 엄두도 못 낸다고 하는 중화학공업화를 예정보다 빨리 달성하여 한국은 1977년 수출 100억 달러, 1인당 국민소득 1,000달러 시대를 맞이하게 되었다.

출처: 석혜원. 2008.『이야기로 읽는 대한민국 경제사: 한국경제에서 꼭 알아야 할 72 장면』. pp.78~80. 미래의 창.

참고5: 우리나라 철강산업의 모태가 된 포항제철의 탄생에 얽힌 이야기

여름 더위가 고개를 드는 6월 말 어느 날 박태준은 대통령의 부름을 받았다. "니시야마 사장을 만나 본 느낌은 어떤가?" 대통령을 조심스럽게 물었다. "예, 종합제철소 건설이 시급함을 더 절실히 느꼈습니다." "그래, 시급하지. 경제개발 5개년계획 1차가 끝나가고 있는 시점에서 국민들의 기대는 커졌지, 산업화 바람으로 철강 수요는 해마다 폭증하고 있지, 철을 직접 생산하지 못하면 농업국에서 공업국으로 전환시킬 수는 없지, 서두르지 않으면 안 될 시점이야." "예, 그런데 막대한 건설비 조달이 큰 문제입니다." 박태준의 얼굴에 그늘이 스쳤다. "그 문제 전에 해결해야 할 더 큰일이 있네. 그 막중한 일을 총괄적으로 책임지고 추진해 나갈 수 있는 사람이 필요해. 자네가 그 일을 맡게." 박태준을 부른 이유였다. "예에....?" "조금도 어렵게 생각할 것 없네. 자네 능력과 열성이면 그 일 열 번도 해낼 수 있네. 내 자리가 자리라서 다른 사람들 앞에서는 차마 얘기를 못 꺼냈는데, 자넨 내가 생각했던 것보다 열배는 더 능력이 뛰어난 사람이야. 대한중석을 1년 만에 흑자로 돌려놓다니, 살려낼 줄은 알았지만 그렇게 빨리 해내리라고는 상상도 못했지. 자넨 한 마디로 경영의 귀재야! 그 능력으로 다시 종합제철소 건설을 맡으라는 거야. 철이 산업의 쌀이고 비약적 경제발전을 도모하는 데는 종합제철소의 역할이 절대적이라는 사실을 자네만큼 분명히 인식하고 있는 사람도 없어. 자네는 유일한 적임자야. 정치는 내가 할 테니까, 자넨 경제들 맡아. 종합제철소에서 직접 쇠를 만들어내야만 우리가 꿈꾸는 공업국가가 실현되는 것이고, 경제건설도 이루어지는 것이네. 어때, 할 수 있지?" 박태준은 큰 짐 진 마음이면서도 뿌듯한 가슴으로 청와대를 나섰다. 대통령이 한 달 전 미국에 가면서 일본 철강계를 파악하라고 했던 것이며, 가와사키 제철의 니시야마 사장을 모셔오게 할 때에 대통령의 심중을 대충 짐작하기는 했었다. 대통령은 처음에 경제개발 5개년계획을 세울 때부터 종합제철소 건설을 포함시켰던 것이다. 그러나 건설비가 워낙 막대해서 외국 차관을 성사시키지 못하고 몇 년을 허송하며 지금까지 지연되어 왔던 것이다. 종합제철소 건설은 경제개발을 내세우고 있는 박 대통령의 가장 큰 꿈인 동시에 가장 큰짐일 수도 있었다. "정치는 내가 할 테니까, 자넨 경제들 맡아." 대한중석 사장을 시킨 것도 결국 이 일을 맡기기 위한 연습이고 시험이었다는 것을 박태준은 느끼고 있었다. (중략)

인류의 문명사란 바로 철을 지배한 역사이며, 철을 잘 지배한 민족과 국가는 흥했고 그렇지 못한 민족과 국가는 쇠락했다. 박태준은 철강에 대해 쓴 글을 다시금 떠올렸다. 그 사실을 입증이라도 하듯이 세계의 철강 강국 미국, 소련, 독일, 프랑스, 영국, 일본은 모두 강대국이었다. 사실 철이란 현대인의 생활 속에서 떼려야 뗄 수 없도록 깊이 얽혀 있었다. 작은 바늘과 핀에서부터 날마다 쓰는 숟가락 젓가락은 말할 것 없고, 선풍기며 냉장고 같은 모든 가전제품과 기차, 자동차, 조선을 물론이고 이 세상의 모든 기계, 모든 무기, 그리고 비행기와 우주선까지 전부가 철이었다. 그래서 철은 '산업의 쌀'일 수밖에 없었다. (중략)

영일만의 황량한 모래벌판에는 겨울의 매서운 바닷바람이 휘몰아치고 있었다. 박태준은 그 바람 속에 전 사원들을 집합시켰다. "우리는 이제 대일청구권 자금으로 제철소를 짓게 되었습니다. 여러분, 대일청구권 자금이란 무엇입니까. 그것은 다름 아닌 식민지 36년 동안 우리 조상들이 일제에 핍박당하며 흘린 피의 대가입니다. 우리는 조상의 핏 값으로 제철소를 짓는 것입니다. 그러니 실패하면 조상들께 영원히 씻을 수 없는 죄를 짓는 것입니다. 그러므로 우리가 할 수 있는 것은 오직 하나, 목숨을 걸고 치열하게 일해야 합니다. 우리 앞에는 실패란 있을 수 없습니다. 오로지 성공이 있을 뿐입니다. 만약 실패한다면 우리는 모두 우향우 해서 저 영일만 바다에 빠져 죽는 길밖에 없습니다. 조상들이 흘린 피의 대가로 쇠를 만들어 조국과 조상의 은혜에 보답하는 제철보국! 지금 이 순간부터 여러분의 가슴 속에다 이 네 글자를 아로새기십시오. 우리의 목표요 철학인 그 정신을 한순간도 잊지 마십시오. '우향우' 정신으로 무장하고, 제철보국의 각오로 단결하면 우리는 반드시 성공할 것입니다. 우리 다 같이 힘차게 출발합시다. 새 역사를 향해!" 세찬 바닷바람 속에서 박태준의 외침은 비장하였고, 사원들은 결연한 침묵 속에서 한마음이 되고 있었다.

출처: 조정래. 2007. 『박태준』. pp.99~101, pp.125~127. 문학동네.

참고6: 우리나라 수출의 과제

기본적인 경제활동조차 하기 힘든 폐허가 된 땅에서 한국은 노동집약적(60년대), 자본집약적 (70년대), 기술집약적(80년대) 산업을 육성하면서 오늘의 수출 강대국을 일궈냈다. 이런 성과 뒤에는 열약한 환경가운데서도 저임금을 받으며 묵묵히 일한 수많은 노동자들의 땀, 야심찬 계획아래 과감한 투자를 감행한 정부, 끝까지 포기하지 않는 기업인들의 도전정신이 있었다.

그러나 지금 한국의 수출시장은 새로운 국면을 맞이하고 있다. 기술혁신을 통한 자국기업 활성화 정책을 펼치며 투자 중심의 고성장에서 소비중심의 안정적 성장으로 전환하는 중국, 2000년내 세계 무역에 크게 기여했던 유럽의 저성장 기류, 글로벌 금융위기 이후 확장적 정책을 통해 우리에게 새로운 수출시장을 제공해 주었던 신흥국들의 상실되어가는 성장 동력, 미국의 정상화정책에 따른 불확실성 등이 우리 수출의 지평을 바꾸고 있다.

또한 계속 증가하고 있는 세계 노동 인력과 보편화된 제조 기술은 한국이 일반 수출상품 시장에서 더 이상 경쟁력을 유지하기 힘들게 만들고 있다. 풍부한 글로벌 금융자금은 중화학 및 선박과 같이 거액의 투자를 필요로 하는 시장의 진입장벽을 낮추었고 그 결과 이 분야에서 우리가 가지고 있던 상대적 우위를 상실케 했다. 이에 더하여 미국에는 이미 10년 이상 상품화할 수 있는 신기술 특허들이 줄서 있고, 중국은 매년 700만 명의 대학졸업생을 배출하고 있으며, 유럽은 경기침체임에도 마이스터 정신으로 품질다변화를 노리고 있다.

우리나라 수출에 적신호가 켜진 것은 사실이나 아직은 시간이 있다. 세계무역이 둔화되는 가운데 우리 상품의 글로벌시장 점유율은 적게나마 성장세를 유지하고 있기 때문이다. 다만 수출이 소수 15개 품목에 집중되어 있다는 점과 그 중 30% 가량에서 이미 시장점유율이 하락하고 있음을 인지해야 하는 상황인 것만은 분명한 사실이다. 최근 수출의 하락은 수출단가하락과 중국의 일시적 수요부진에 기인한 것이며, 엔저의 영향은 일부 특정 산업을 제외한 전체적 수출에는 아직까지는 나타나고 있지 않다.

세계 50여 개 국과 FTA를 체결한 지금 추가적으로 제3의 시장을 개척하는 것은 한계가 있다. 따라서 현 시장에서의 점유율 확대에 집중할 필요가 있다. 이를 위해 중・고가품의 특성화・다양화 및 서비스 산업 진출(가치사슬 고도화 전략), 지역별로 차별화된 전략을 바탕으로 한 시장공략(차별화된 지역전략), 규제 및 노동시장 개혁을 통한 외국인투자 유치확대 및 한국형 중소기업 하이테크 전략 수립(중소기업의 글로벌 가치사슬에의 재진입 촉진), 기초과학분야 및 미래 유망 상품의 집중 투자(우주과학, 에너지 절약기술, 바이오 기술 등 신기술 분야)를 유도하여 30년 후를 내다봐야 할 것이다.

앞서 제시한 4가지 전략을 추진하기 위해서는 정부와 민간기업, 그리고 국민 모두가 생각의 패러다임도 바꿔야 한다. 규제보다는 국제규범 및 관행도입, 수출총액보다는 역내・외에서의 부가가치 창출, 고등교육보다는 적정교육, 민간 기업과는 구별되고 차별화 된 기초과학 등으로의 선별적인 정부투자, 제조보다는 콘텐츠, 그리고 단순 노동력 및 자본 확보보다는 창조적 생각을 펼칠 수 있는 환경조성 등이 바로 우리가 바꾸어야 할 중요한 생각의 패러다임이다. 생각이 바뀔 때 비효율적 시장구조・규제를 과감히 제거할 수 있을 것이고, 또한 이를 통해 '질서 있는 시장경제'가 뿌리를 내리게 될 것이다.

또한 금융을 포함한 창업 환경과 융합의 창을 열어주어 노동・자본・기술 집약적 산업에 의존해 온 우리에게 아직 남아있고 또 비교우위의 강점인 '창의성'이 재대로 발휘될 수 있도록 더욱 노력하게 될 것이다. 1970년대 승패가 불확실했던 중화학설비에 과감하게 투자했던 용기를 다시 한 번 발휘할 때가 된 것 같다.

출처: "한국 수출의 새로운 지평." 이일형 KIEP 원장. 헤럴드경제. 2015.6.18.일자.

4. 무역의 이익

앞에서 우리는 국가 간 무역의 결과 무역에 참여하는 국가 모두 무역의 이익을 누릴 수 있음을 이야기하였고 무역의 패턴이 결정되는 요인들에 대해서도 알아보았다. 무엇보다도 '무역의 이익'은 무역이 발생하는 가장 중요한 원천으로 이에 대해 좀 더 자세히 살펴볼 필요가 있다. 위에서 설명한 무역의 이익이란 주로 무역의 결과 즉각적으로 발생하는 경제적 후생의 증가를 의미한다. 이를 일정 시점을 기준으로 한다는 의미에서 '정태적(static)' 무역의 이익이라고 말한다. 하지만 무역의 이익은 정태적 이익 외에 시간의 흐름에 따라 줄어들기도, 늘어나기도 하고 또한 급격하게 나타날 수도 있고 점진적으로 나타날 수도 있다. 따라서 실제적인 무역의 이익을 확인하려면 시간의 흐름에 따라 나타나는 이익의 변화까지도 고려해야 한다. 우리는 이를 시간의 흐름을 포함한다는 의미에서 '동태적(dynamic)' 무역의 이익라고 한다.

보다 구체적으로 동태적 무역의 이익은 시장의 개방으로 인한 기업의 경쟁력 강화, 기술이전을 통한 생산성 증가 등 무역으로 인해 주로 장기간에 걸쳐 나타나는 경제적 효과를 의미한다. 무역을 하게 되면 국내기업들은 외국에서 수입된 상품과의 경쟁에서 살아남기 위해 기술혁신, 비용절감, 구조조정 등 경쟁력 향상을 위한 노력을 경주하게 된다. 한편 수출상품을 생산하는 국내기업들은 무역을 통해 해외로 시장이 확장되기 때문에 생산량의 증가를 통한 규모의 경제를 실현할 수 있게 된다. 하지만 수출기업도 외국기업들을 상대로 수출시장을 확보하기 위해서는 국내기업과 마찬가지로 경쟁력 향상을 위해 노력할 수밖에 없다. 또한 무역을 통해 해외기술이 국내로 이전되는 기회가 생긴다. 국내 수입업자와 외국 수출업자가 접촉할 수 있는 기회가 많아지면 기술이전의 가능성도 그만큼 커진다. 과거에 많이 활용되었던 수입상품의 모방 또는 복제를 통한 기술발전이 그러한 예이다.

그리고 무역을 통해 외국기업들의 국내로의 직접투자도 증가하게 된다. 외국인직접투자의 증가는 선진화된 외국기업들의 경영노하우와 마케팅 전략 등을 배울 수 있는 기회를 제공한다. 예를 들어 외국기업은 상품의 품질 면에서 높은 기준과 조건을 요구한다. 따라서 외국기업에 부품이나 중간재를 납품하는 국내기업들은 이 기준과 조건에 맞추기 위한 노력을 기울일 수밖에 없고 그만큼 국내기업들의 경쟁력과 생산성은 향상될 수 있다.

이렇게 동태적 무역의 이익에 따른 기업의 경쟁력강화, 기술이전에 따른 생산성 향상 등은 경제성장에 긍정적 역할을 한다. 이러한 의미에서 무역은 단기적인 차원에서 경제적 후생을 증가시킬 뿐만 아니라 중·장기적인 차원에서도 무역의 이익을 발생시킴으로써 국가경제의 성장과 발전에 중요한 역할을 한다고 할 수 있다. 우리나라를 포함해서 적지 않은 개도국들이 무역을 통해 성공적인 경제성장과 발전을 추진해온 사례들은 이를 반영한다. 이러한 의미에서 국가경제에서 차지하는 무역이 가지는 중요성을 다시 한 번 생각해 볼 수 있다.

위에서 본 바와 같이 무역은 무역의 이익을 토대로 생산자의 생산성 향상, 소비자의 후생 증가, 기술혁신 등을 통해 경제성장에 기여한다. 하지만 모든 것에는 밝은 면이 있으면 어두운 면이 있듯이 시장을 개방하면 무역의 이익을 둘러싼 이해집단 간의 갈등과 충돌이 발생하는 것은 불가피하다. 무역으로 인해 시장이 개방되면 무역의 이익을 누리는 승자(winner)가 있는 반면 손실을 입는 패자(loser)도 생기기 마련이다.

예를 들어 자급자족 상태에 있던 A국이 비교우위론을 전제로 B국과 무역을 시작하였다고 하자. A국은 목축업보다 기술수준 또는 생산성에서 비교우위에 있는 농업에 특화하기로 결정하였다. A국의 기존 목축업자와 노동자들은 이제 목축업을 떠나 농업에서 새로운 일자리를 찾아야 한다. 전직을 위한 비용이 없거나 있더라도 무시할 만큼 작다면 목축업 종사자들도 비교우위 산업에 대한 특화를 통한 무역의 이익을 누릴 수 있다.

하지만 현실적으로 목축업 종사자들의 전직과 재교육을 위해서는 농업지역으로의 이사, 직업훈련 등에 필요한 비용 등 소위 이전비용이 적지 않게 들 수밖에 없다. 이 비용이 무역의 이익보다 작다는 보장이 없고 또 크다면 목축업 종사자들은 무역으로 인한 특화 및 산업의 조정 과정에서 손실을 입게 될 것이다. 결국 무역으로 인해 국가 전체적 차원에서 순이익이 발생하는 경우라도 목축업 종사자들은 이익과 손실의 크기가 확정적이지 않다. 만약 손실이 이익보다 크다면 목축업 종사자들에 대해 그에 상응하는 보상 없이는 무역을 통한 시장개방의 정당성은 약화될 수밖에 없다.

헥셔-오린 이론(요소부존이론)을 활용하면 승자와 패자의 윤곽이 좀 더 뚜렷해진다. A국은 노동풍부국, B국은 자본풍부국이라고 하자. 헥셔-오린 이론에 따르면 A국과 B국이 무역을 시작하게 되면 노동의 가격이 상대적으로 저렴한 A국은 노동집약적 산업에, 자본의 가격이 상대적으로 저렴한 B국은 자본집약적 산업에 특화한다. A국에서 노동과 자본이 노동집약적 산업으로 집중되면 노동에 대한 수요는 증가하고 자본에 대한 수요는 감소한다. 노동에 대한 수요 증가는 임금의 상승을 가져오고 자본에 대한 수요 감소는 이자율을 하락시킨다. 결국 무역의 결과 A국 노동자들은 임금상승으로 인한 무역의 이익을 보고 자본가들은 이자율 하락으로 인한 손실을 입게 된다. 같은 논리로 B국은 노동자들은 손실, 자본가들은 이익을 보게 된다.

이러한 논리를 근거로 생각해 보면 A국에서는 자본계급이, B국에서는 노동계급이 무역을 통한 시장개방을 반대할 가능성이 클 것이다. 예를 들어 선진국의 경우 개도국과의 무역을 위해 시장개방을 하게 되면 섬유산업 등과 같은 노동집약적 산업은 경쟁력을 잃고 사양화될 가능성이 크다. 따라서 섬유산업에 종사하는 자본가들과 노동자들은 모두 시장개방을 반대할 것이다. 또한 섬유시장의 개방에 대한 이들의 반발이 크다면 시장개방을 위한 정부정책은 연기될 가능성이 크고 시장을 개방하더라도 그에 상응하는 섬유산업에 지원 및 보호조치가 마련될 수 있다. 실제로 대부분의 선진국들이 오랫동안 섬유산업에 대한 보호정책을 실시해 오고 있는 것은 이를 반증한다.

요약하면 무역으로 인해 비교열위에 있는 산업의 종사자들, 또는 상대적으로 빈약하게 부존되어 있는 생산요소를 집약적으로 사용하는 산업의 종사자들은 손실을 입을 가능성이 크고 이들의 반발이 거세질 수밖에 없다. 이러한 이유로 시장개방을 하게 되면 일반적으로 정부는 이에 따른 국내 이해집단들의 반발 등을 고려하여 경쟁력을 잃게 되는 사양산업에 대한 보호정책, 구조조정을 위한 재정적 지원 등의 후속조치들을 마련하게 되는 것이다.

참고1: 선진국들의 섬유산업보호를 위해 대표적으로 활용되었던 다자간섬유협정의 사례

이전의 GATT 체제에서도 그랬듯이 섬유는 농산물과 함께 WTO 체제에서 가장 논란이 많은 이슈 중 하나였다. 그러나 우루과이라운드에서 합의된 것과 같이 참여국들은 10년에 걸쳐 국제 섬유 무역 관행과 규범을 개선했다. 결과적으로 1960년대 초 이래로 섬유 무역을 주름잡았던 수입 쿼터제도는 이제 사라지게 되었나. 1974년부터 우루과이라운드가 끝날 때까지 국제 섬유 무역은 '다자간섬유협정'(MFA: Multifibre Arrangement)에 의해 지배되었다. 다자간섬유협정은 다른 국가로부터의 수입이 급격히 증가하여 그 국가의 섬유산업이 심각한 피해에 직면하는 경우, 수입되는 섬유의 양을 제한하는 양자협정이나 일방적 조치를 위한 틀이었다.

수입 쿼터는 이 협정의 가장 두드러진 특징이었다. 수입 쿼터는 일반적으로 수량제한에 비해 관세를 선호하는 GATT 원칙에 상치되는 것이었다. 또한, 수입 쿼터는 수입국이 각각의 수출국으로부터 얼마나 수입할 것인지를 구체화하기 때문에, 모든 회원국들을 동등하게 대우해야 한다는 GATT 원칙에 대한 예외이기도 했다. 1995년 이후로 WTO의 섬유 및 의류에 관한 협정(ATC: Agreement on Textiles and Clothing)이 다자간섬유협정의 역할을 대신하게 되었다. 2005년 1월 1일부터 섬유 부문은 정상적인 GATT 체제에 완전히 통합되었다. 특히, 수입 쿼터는 없어지고, 수입국은 수출국들 간에 더 이상 차별을 할 수 없게 되었다. 섬유 및 의류에 관한 협정은 더 이상 존재하지 않는다. 이 협정은 일정기간 이후 스스로 종료되도록 초기에 설정된 유일한 WTO 협정이다.

출처: 외교통상부. 2011. 『WTO 이해하기』. pp.31~32.

참고2: 개방 이익 극대화하자.

우리가 그동안 개방을 통해서 어떠한 이익을 얻었는가를 한번 되짚어보자. 우선 '관세 및 무역에 관한 일반협정(GATT)'과 '세계무역기구(WTO)' 체제에 편입될 수 있었기 때문에 수출 상대 국가들의 개방에 따라서 우리의 해외시장도 확대됐다. 이는 수출 주도의 경제성장을 실현하는 데 있어서 필수불가결한 요인으로 작용했고 우리 국민들도 이점에 대해서는 분명히 인식하고 있는 것으로 보인다.

다음으로는 우리의 경쟁력이 강화됐다. 일본의 부품을 수입해서 완성재를 만들 수 있었기 때문에 다른 나라보다도 빨리 시장을 선점할 수 있었다. 첨단 정보기술(IT) 제품에 들어가는 부품을 전부 우리 스스로 만들어야 했다면 지금처럼 IT 수출 강국이 되기 어려웠을 것이다. 수입품과 경쟁하다 보니 우리 제품의 품질이 고도화되는 눈에 보이지 않는 효과도 컸다.

외환위기 이후에 대일 수입선 다변화제도가 폐지되면서 캠코더와 전기밥통도 일제가 밀려들어오기 시작했는데 몇 년이 지나니까 그전에는 거의 존재도 없던 국산제품이 나타나서 제3국은 물론 일본에까지 수출하는 일이 벌어졌던 것이다.

외환위기 이후에 외국기업과 주식투자자들이 대거 국내시장에 진출했다. 부도 위기에 빠져 있던 많은 국내기업과 금융기관들이 외국인들의 손으로 넘어갔다. 위급한 상황에서 그들이 아니었더라면 더욱 많은 기업들이 부도가 났을 것이고 경제침체는 훨씬 더 심각해졌을 것이다. 국내 주식시장도 외국기관투자가들의 진출 이후에 양적으로나 질적으로 발전하는 계기를 맞이했다. 코스피지수가 1,000포인트를 돌파하고도 과거처럼 도로 주저앉지 않고 항진을 계속하는 것은 우리 주식시장의 종심이 깊어졌다는 것을 반영하는 것이다.

농산물의 개방 때문에 농민들의 삶이 피폐해졌다고 한다. 부분적으로는 맞는 이야기이지만 산업화 단계에서 농업의 위축과 도시화가 진행되는 것은 피할 수 없고 만약에 우리 국민들이 국산식품으로만 식탁을 채운다면 생계비가 엄청나게 늘어날 것이다. 그런데 경쟁력 강화 효과에 대해서는 국민들의 인식이 불충분하고 오히려 개방의 피해만을 강조하는 경향이 강하다.

홍콩에서 열렸던 WTO 각료회의는 성공도 아니고 결렬도 아닌 어정쩡한 상태로 끝났지만 도하개발어젠다(DDA) 협상이 타결돼야 한다는 공감대를 만들어내는 성과를 이룩했다. 농업 부문은 어떤 형태로 타협되더라도 우루과이라운드(UR) 때보다 훨씬 폭 넓은 개방이 불가피할 것이기 때문에 쌀 관세화 유예가 만료될 때까지 남은 9년 동안 구조조정을 확실히 해야 하는 중차대한 과제를 안게 됐고 서비스 부분은 우리 스스로의 활로를 뚫기 위해서 개방을 확대해야 하는 상황에 처하게 됐다.

제조업에서 새로운 일자리를 만들어내기가 어려우므로 지식집약적이고 전문적인 서비스업을 발전시켜 좋은 일자리를 창출해내는 것만이 양극화 해소의 첩경이고 개방은 이를 위한 전략적 필수인 것이다. 우리는 UR 타결 이후에 제조업 기준 관세를 8%에서 거의 내리지 않았지만 고부가가치화를 통해 중국의 추격에서 벗어나려면 향후 5년간 선진국 수준인 5% 미만으로 관세를 인하해나가야 한다.

아세안과 자유무역협정(FTA)에 관한 기본 협상을 마무리함으로써 이제 거대 경제권과의 본격적인 FTA 시대로 접어들게 됐다. 현재 예비협의 중인 미국과의 협상을 조속히 개시하고 1년 동안 교착 상태에 빠져 있는 일본과의 협상도 재개의 방안을 강구해야 하며 중국과도 더욱 적극적인 자세로 임할 필요가 있다. 이 모든 것이 원활히 추진되면 우리나라는 동북아경제공동체의 주도적 역할을 할 수 있게 되고 이를 바탕으로 해서 동아시아경제공동체를 지향하면서 미국과도 연결되는 개방적 지역주의의 촉진자 기능을 수행하게 되는 것이다.

대외 개방은 대내 개혁과 병행될 때 비로소 그 이익이 실현된다. DDA 협상과 본격적 FTA를 계기로 규제혁파, 노동시장 유연화, 미래 성장동력산업 육성 등 구조개혁의 돌파구를 마련함으로써 잠재성장률을 5% 이상으로 끌어올려야 할 것이다.

출처: "개방이익 극대화하자." 이경태 KIEP원장. 서울경제. 2006.1.2.일자.

2장
무역의 비용

1. 공짜점심은 없다

1장에서 우리는 무역의 목적, 무역이 발생하는 원인, 무역의 패턴 그리고 무역의 경제적 효과 등을 통해 무역의 밑그림을 그려보았다. 무역을 하게 되면 정태적, 동태적 무역의 이익이 발생하여 경제적 후생의 증가와 경제성장이라는 긍정적 효과를 얻게 됨을 보았다. 하지만 이와 함께 비교열위산업에 종사하는 자본가, 노동자 등은 손실을 입는다. 어떤 의사결정이든 그에 따르는 기회비용이 발생한다는 경제학의 원리가 무역에도 예외 없이 적용됨을 알 수 있다. 무역에도 '공짜점심은 없는 것이다.'

경제학에서는 가장 작은 비용이 발생하는 선택할 할 때 발생하는 비용을 '기회비용'이라고 하고 이때의 의사결정을 효율적이라고 한다. 우리가 어떤 선택을 할 때 비용이 가장 작게 발생하는 선택지를 고르기 위해 애쓰는 것처럼 무역의 경우에도 정부는 국가경제 전체적 차원에서 비용을 최소화하기 위한, 즉 경제적으로 효율적인 의사결정을 위해 정책적 노력을 기울일 수밖에 없다. 본 절에서는 무역으로 인한 비용의 발생과 이를 최소화하기 위한 정부의 정책 등에 대해 좀 더 자세히 알아보고자 한다. 왜냐하면 무역의 비용은 무역과 관련된 정부의 정책결정과 시행에 적지 않은 영향을 미치기 때문이다.

먼저 무역의 비용을 이해하기 위해서는 무역의 이익의 경제학적 측면을 살펴보는 것이 필요하다. 무역의 이익은 위에서 언급한 '효율성(efficiency)'이라는 경제학적인 가치를 적용하여 이해할 수 있다. 무역이 개시되면 수입상품과의 경쟁이 발생하고 또 수출을 통한 해외시장 확보 및 규모의 경제 실현을 위해 비교우위가 있는 산업분야로 특화되게 된다. 이 과정에서 국내의 생산요소 등 가용자원의 투입의 재조정이 불가피하다. 이는 무역을 개시 한 후에 비교우위산업을 중심으로 특화 및 산업의 재배치 또는 구조조정이 일어나게 되고 이에 맞는 '효율적'인 자원배분의 조합도 바뀌기 때문이다.

효율적인 자원배분이란 투입요소비용을 최소화하면서 생산량을 최대화하기 위한 생산요소 투입의 조정을 의미한다. 일반적으로 무역을 통한 시장개방의 정당성은 이러한 효율적 자원배분을 통해 발생하는 무역의 이익이 무역으로 발생하는 손실을 상쇄하고도 남을 만큼 충분히 클 때 얻어진다. 즉 시장개방을 통한 무역이 국내적으로 정당성을 확보하기 위해서는 기본적으로 자원배분의 효율성이 담보되어야 한다.

효율성은 이익과 비용의 차이인 순이익의 극대화를 추구하는 것과 맥을 같이 한다. 따라서 최대한의 순이익, 즉 효율성을 극대화하기 위해서는 이익의 증가뿐만 아니라 비용의 감소도 고려해야 한다. 이러한 의미에서 무역의 궁극적 목적은 무역의 이익에서 무역의 손실을 뺀 무역의 순이익을 극대화하는 것이다. 최대한의 순이익을 얻기 위해서는 우선 무역의 이익을 증가시키는 방법을 생각해 볼 수 있을 것이다. 무역의 이익을 증가하기 위해서는 생산성의 향상을 통한 가격경쟁력 확보, 해외시장의 확보 등 단기적 차원보다는 중 · 장기적 차원의 시간과 노력이 필요하다. 이와 함께 무역의 손실을 최소화하는 방안도 동시에 고려된다. 손실의 감소는 무역의 이익을 증가시키는 측면에 비해 비교적 단기적 차원의 방안 또는 국내적 여건의 조정을 통해 그 효과를 누릴 수 있다. 따라서 후자 즉 무역의 손실이 발생하는 이유와 그 손실을 최소화할 수 있는 방안에 대해 주안점을 두고 이야기할 필요가 있다.

우선 무역의 손실이 발생하는 주된 이유는 비교우위산업으로의 특화를 위한 자원의 재배분 과정에서 매몰비용(sunk cost)과 조정비용(adjustment cost)이 발생하기 때문이다. 매몰비용이란 현실적으로 회수가 불가능한 비용으로 비교열위산업의 구조조정 시 이미 투자된 비용을 회수하기 어려울 때 발생한다. 조정비용이란 보다 효율적인 생산부문으로 자원이 재배분될 때 발생하는 비용으로 노동자의 전직, 재교육 등을 위한 비용, 기업의 퇴출 및 구조조정 등을 위한 비용 등이 포함된다. 비교열위산업에 속한 기업들의 경우 무역으로 인한 새로운 시장환경 및 경쟁구도에서 불리한 위치에 처할 수밖에 없다. 따라서 이들 기업들이 비교우위산업으로의 진입하기 위해서는 기 투자된 비용을 회수하기 어려운 매몰비용과 신규투자, 구조조정 등을 위한 조정비용의 발생이 불가피하다.

예를 들어 A국은 자동차산업에 비교우위가, 신발산업에 비교열위가 있다. B국은 그 반대이다. A국과 B국이 무역을 개시하게 되면 A국과 B국은 각각 비교우위가 있는 자동차산업과 신발산업에 특화할 것이다. 이제 A국의 기존 신발기업들은 B국으로부터 수입되는 기존 신발가격보다 저렴한 가격의 수입신발과 경쟁을 해야 한다. 극단적인 경우 A국의 모든 신발기업들은 경쟁력을 상실한 신발생산을 포기하고 비교우위가 있는 자동차산업으로 업종을 변경하고자 할 것이다.

신발과 자동차는 상품의 특성, 생산에 필요한 기술, 생산시설 등에서 매우 다른 특성의 상품이다. 따라서 A국의 신발기업들이 신발생산을 위해 사용하던 기존의 생산기술, 기계 및 설비, 경영노하우 등을 자동차생산을 위해 그대로 활용하는 것은 거의 불가능하다. 신발기업들이 갖고 있던 경제적 자원은 거의 쓸모가 없게 될 것이고 이는 매몰비용이 되어 그 자체만으로도 사회적으로 큰 부담이 된다. 더 나아가 신발기업이 자동차기업으로 업종을 전환하기 위해서는 새로운 기계 및 설비의 구입, 자동차 관련 경력노동자 및 기술자의 채용 등 신규투자와 고용이 필요하다. 이렇게 볼 때 기존 신발기업들이 자동차산업으로 새롭게 진입하기 위해 필요한 총비용은 위의 내용을 근거로 계산된 매몰비용과 조정비용의 총합이다.

A국의 신발산업에서 종사하던 노동자들에게도 자동차산업으로의 전직은 결코 쉬운 일은 아닐 것이다. 자동차생산에 필요한 기술과 노하우 등을 새롭게 습득해야 한다. 또한 자동차기업이 있는 곳으로 거주지를 옮기기 위한 이전비용도 필요하다. 다시 말해 신발산업의 노동자도 기업과 마찬가지로 매몰비용과 조정비용을 지불해야 한다. 또한 무역으로 인해 손해를 입는 신발산업관련 이해집단이 정부의 정책에 반발할 수 있다. 이들이 신발산업의 보호와 구조조정을 위한 지원을 요구하는 집단적 시위 또는 로비를 할 경우 사회적 갈등으로 인한 비용도 추가적으로 발생할 수 있다.

요약하면 무역으로 인한 비교우위산업으로의 특화 및 비교열위산업의 구조조정 과정에서 기업, 노동자, 정부는 매몰비용과 조정비용, 이해집단의 반발과 갈등으로 인한 비용이라는 사회적 비용을 부담하게 된다. 무역은 무역의 이익이라는 긍정적 측면도 있지만 무역으로 인한 비용(손실)도 불가피하게 발생할 수밖에 없다. 무역에도 공짜점심이 없음을 알 수 있다.

참고1: 2008년 광우병 사태로 인한 촛불시위의 사회적 비용 논란

2008년 7월 한국경제연구원은 「촛불시위의 사회적 비용」이라는 보고서를 통해 촛불집회가 장기화되고 불법화되면서 인근지역의 통행권과 영업권 침해 등 제3자에 대한 피해가 급증하고 있으며, 나아가 국가이미지 훼손, 주요 국정과제의 지연 등 막대한 국가적 손실을 초래하고 있다고 지적하였다.

보고서는 촛불시위로 발생하는 비용을 항목별로 구분하여 추정하고 있는데, 먼저 사회 불안정에 따른 거시경제적 비용이 1조 3,520억 원, 공공개혁 지연에 따르는 비용이 5,708억 원으로 총 국가적 손실이 1조 9,228억 원에 달해 GDP의 0.2%를 상회하는 것으로 추정하고 있다. 또한 민노총 파업에 따른 생산손실 356억 원, 경찰비용 등 공공지출비용 585억 원, 인근지역 사업체의 영업 손실 등 제3자의 손실이 5,744억 원으로 직접피해비용만도 6,685억 원에 달할 것으로 추정하고 있다.

보고서는 이러한 비용이 최대한 제한적으로 추정된 값이라고 밝히면서, 만약 불법 촛불시위가 장기간 지속된다면 사회적 비용이 7조 원을 상회할 수도 있다고 전망하고 있다. 즉 공공개혁 과제가 1년 이상 지연된다면 개혁의 지연으로 인한 국민경제적 비용은 약 3조 4천억 원으로 증가하고, 촛불시위로 인한 사회 불안정이 1년 이상 지속될 경우 사회적 혼란으로 인한 거시 경제적 비용은 약 3조 7천억 원까지 상승할 수 있다고 보고 있다.

또 보고서는 대외적 이미지 훼손과 개혁과제의 지연에 따라 나타날 잠재적인 경제적 손실이 장기적인 성장기반을 잠식하고 선진국 진입을 어렵게 만들 수 있다는 점에 촛불시위의 심각성이 있다고 보고 있다. 보고서는 촛불시위가 장기화된다면 막대한 유무형의 국가적 손실을 야기할 수 있기 때문에 촛불시위에 대한 인식전환과 국회와 정부의 역할 재정립이 시급하다고 주장하고 있다. 국회는 미국산 쇠고기 수입문제를 제도권 내에서 논의할 수 있는 기반을 조성해야 하며, 서민생활 안정과 국가발전을 위해 국회 개원을 더 이상 미뤄서는 안 될 것이라고 지적하고 있다.

마지막으로 보고서는 촛불시위의 여파로 현 정부 출범 초기에 계획한 각종 개혁과제가 지연되고 있어 막대한 국가적 손실이 초래되고 있다고 지적하고, 정부는 공공개혁, 민영화, 규제개혁, 교육개혁, 한미 FTA 비준 등 초기의 개혁과제를 계획대로 일관되게 추진해야 한다고 강조하고 있다.

출처: 한국경제연구원. 「촛불시위의 사회적 비용」 2007.7. 저자 정리

참고2: 한미 FTA의 비용 논란

자유무역에 관한 지금까지의 논의를 우리 사회에서 크게 논란이 되고 있는 한미 FTA의 문제에 그대로 적용할 수 있다. 한미 FTA는 최소한 우리나라와 미국 사이의 무역만이라도 완전히 자유화하자는 협정을 뜻한다. 따라서 자유무역에서 오는 이득이 생길 수 있는 반면에 앞에서 말한 여러 가지 문제점이 그대로 나타날 수 있다. 그렇기 때문에 한미 FTA에 찬성하는 의견이나 이에 반대하는 의견이 모두 나름대로 일리를 갖는 것이다.

한미 FTA의 구체적 내용이 무엇으로 드러나든 간에 한 가지 분명하게 예상할 수 있는 것이 있다. 이 협정의 체결과 더불어 그렇지 않아도 어려운 처지에 있는 우리 농업이 더욱 심각한 위협에 직면하게 되리라는 것이다. 우리의 영세한 농업이 압도적인 경쟁력을 갖춘 미국 농업의 적수가 되지 못한다는 것은 누구나 다 잘 아는 사실이다. 이론적으로 말하면 경제의 다른 부문에서 생긴 이득을 농업부문으로 이전해 줌으로써 농민들이 입는 피해를 보상해줄 수 있다. 그러나 현실에서 이것을 실천에 옮기는 것은 말처럼 쉬운 일이 아니다.

사실 한미 FTA에 의해 누가 얼마만큼 큰 이득을 얻는지 파악하는 것 그 자체가 어려운 일이다. 자유무역에서 나오는 이득은 그 본질상 생산자와 소비자들에게 광범하게 분산되어 실현되는 것이 보통이기 때문이다. 자유무역으로 인한 손실의 경우에는 그 당사자가 분명하게 드러나지만, 이득의 경우에는 그렇지 못한 특징이 있다. 더군다나 이득을 얻는 당사자들은 자신이 이득을 얻고 있다는 사실 그 자체를 인식하지 못할 가능성이 크다. 그렇기 때문에 소득재분배를 통해 농업의 문제를 해결하려는 방안은 대중적인 지지를 받기 어렵게 되어있다.

한미 FTA 추진이 탄력을 받기 위해서는 무엇보다 우선 농업 문제를 어떻게 해결할 것인 지에 대한 뚜렷한 청사진이 제시되어야 한다. 협정이 체결된 후 농민의 삶이 최소한 지금보다는 더 나아질 수 있다는 믿음을 심어 주는 것이 중요하기 때문이다. 지금처럼 협정이 체결된 후 생존의 기반마저 무너질지도 모른다는 걱정을 해야 하는 처지에서는 몸을 던져 협정 체결 반대를 외칠 수밖에 없다. 이들에게 대승적 차원에서 국가 시책에 협조해 달라고 부탁하는 것은 공염불에 지나지 않는다.

농업과 더불어 어려움을 겪을 것으로 예상되는 또 하나의 부문이 바로 서비스산업이다. 막강한 경쟁력을 갖춘 미국의 서비스산업이 물밀 듯 밀려오면 우리 서비스산업이 고전을 하게 되리라는 것은 누구나 충분히 예상할 수 있는 일이다. 미국의 서비스산업이 세계 최강의 경쟁력을 갖추고 있다면 우리의 서비스산업은 그야말로 걸음마 단계를 벗어나지 못하고 있다. 우리 서비스산업의 경쟁력은 경제의 전반적 경쟁력 수준에도 못 미치고 있는 실정이다. 그러나 서비스산업을 농업과 똑같은 차원에서 논의하는 것은 매우 잘못된 일이다. 농업의 경우에는 좁은 국토에 많은 사람들이 몰려 살고 있는 우리로서 어찌 해볼 도리가 없는 본질적인 핸디캡을 안고 있다. 그러나 서비스산업의 경우에는 그런 본질적 핸디캡이라는 것이 존재하지 않는다. 문화적 배경이 중요한 역할을 하는 서비스산업의 성격상, 우리 시장에서는 우리 업체가 오히려 더 유리한 위치에 있다고 말할 수 있다.

서비스산업의 구성이 다양하기 때문에 일부 업종에서는 한미 FTA가 상당한 어려움을 가져다줄 수 있을지 모른다. 그러나 서비스산업 전반을 놓고 볼 때는 한미 FTA가 경쟁력 강화를 위한 좋은 기회가 될 수 있다. 그 동안 도토리 키 재기 식의 경쟁만 이루어지는 국내시장에 안주해온 탓에 우리 서비스산업의 경쟁력이 약해질 수밖에 없었다. 경쟁력이 강화될 때까지 보호장벽을 유지해 주어야 한다는 주장은 영원히 보호장벽을 구축해 달라는 주장과 전혀 다를 바 없다.

우리 경제의 입장에서 서비스산업의 경쟁력 강화는 한시도 늦출 수 없는 시급한 과제다. 세계 경제의 진화과정에 비추어 볼 때, 지금과 같은 제조업 위주의 수출은 언젠가 한계에 도달할 것이 분명하다. 과거에는 제조업에서 경쟁력을 갖는 나라가 선진국이었지만, 이제는 서비스산업에서 경쟁력을 갖는

나라가 선진국이 되는 구도로 바뀌어 가고 있다. 아니, 상당히 오래 전에 이미 그런 구도로 바뀌었다고 말할 수 있다. 제조업 위주의 수출에 안주해 서비스산업의 경쟁력 강화를 소홀히 하다가는 세계 경제의 흐름에서 뒤처지고 마는 결과가 빚어질 수 있다.

농업이든 서비스산업이든, 한미 FTA로 인해 손해를 보는 부문은 반드시 생겨날 수밖에 없다. 이 세상의 어떤 일에서도 그렇듯, 모든 사람이 이득을 보는 변화라는 것은 있을 수 없다. 경제의 어떤 부문이 어려움에 처할 것이라는 사실 그 자체만으로 한미 FTA를 거부하는 명분을 삼을 수는 없다. 이런 논리가 받아들여질 수 있다면 자유무역을 추구하는 그 어떤 합의도 이루어낼 수 없을 것이다. 문제의 핵심은 우리 경제 전체가 얻는 이득이 손해보다 더 큰지의 여부이며, 논의의 초점은 바로 여기에 맞춰져야 한다.

경제학자의 예측이 얼마나 정확한 것인지에 대해서는 나 자신 별로 확신이 없다. 그러나 내가 본 대부분의 예측은 한미 FTA가 가져오는 이득이 손해보다 더 크다는 쪽으로 결론을 내고 있다. 사실 이것은 어느 정도 예상할 수 있는 결과인데, 무역을 자유화함으로써 생기는 손실이 이득보다 더 크다는 결과가 나오기는 본질상 어려운 점이 있기 때문이다. 한미 FTA에 반대하는 입장에 서 있는 사람이라 해도 이 결론을 뒤집기는 어려울 것으로 보인다.

협정 체결로 인해 어려움이 예상되는 부문, 특히 농업에 대한 적절한 대책이 마련된다는 것을 전제로 한다면, 한미 FTA를 반대해야 할 분명한 이유는 찾기 힘들 것으로 보인다. 물론 그 전제가 매우 큰 의문을 내포하고 있는 전제임을 인정하면서 하는 말이다. 그렇다고 해서 그와 같은 적절한 대책의 마련이 어려울 테니 아예 한미 FTA를 하지 말자고 하는 것은 합리적인 주장이 될 수 없다. 지금 이 단계에서는 한미 FTA가 갖는 잠재력에 기초해 이것의 타당성을 평가할 수밖에 없다.

많은 어려움이 따를 것으로 예상하면서도 한미 FTA에 끌릴 수밖에 없는 이유는, 우리 경제의 체질상 미국이라는 거대한 시장을 포기할 수 없기 때문이다. 우리처럼 수출에서 성장의 동력을 찾아온 나라의 입장에서 보면 미국시장을 최대한 활용할 수 있는 길을 모색하는 것이 무엇보다 중요한 과제가 된다. 경제의 규모나 구조의 측면에서 볼 때 미국이 자유무역협정 체결의 대상으로서 이상적인 나라가 아닐지 모른다. 그러나 자유무역협정을 통해 미국시장을 더욱 효과적으로 활용할 수 있는 길이 열린다는 점 그 자체는 부정할 수 없는 사실이다.

또 하나 생각해 보아야 할 점은 한미 FTA를 하지 않기로 결정했을 때의 손익계산서다. 세계 각국이 경쟁적으로 자유무역협정 체결을 추진하는 상황에서 우리만 이 흐름에서 빠져있는 데서 나오는 비용이 결코 만만치 않다. 그렇기 때문에 한미 FTA를 하는 경우의 이득이 별로 크지 않다 해서 하지 않는 경우의 손실 역시 작다고 말할 수는 없는 상황인 것이다. 이득을 얻는다는 적극적인 입장이 아니라, 손해를 줄인다는 소극적인 입장에서 볼 때도 한미 FTA에는 어느 정도 불가피한 점이 있다.

한미 FTA를 반대하는 사람들은 협정 체결과 함께 미국 상품들이 우리 시장을 휩쓸 것처럼 말하고 있다. 미국 상품들이 과거보다는 더 많이 진출하겠지만, 그렇다고 이들이 싹쓸이를 하는 일은 결코 생기지 않을 것이다. 우리 기업들의 경쟁 환경이 더욱 험난해질 것은 사실이나, 그것이 반드시 나쁘다고만 말할 수는 없다. 그와 같은 경쟁의 압력이야말로 우리기업들이 현실에 안주하지 않고 더욱 높은 생산성과 효율성을 추구하게 만드는 자극제가 될 수 있기 때문이다. 심지어 농업같이 절대적으로 불리한 입장에 처해 있는 산업에서도 경쟁의 압력이 유용한 역할을 수행할 수 있다.

이 점과 관련해 몇 년 전 우리가 가전제품 시장을 개방한 경험을 다시 되새겨 볼 필요가 있다. 그때 가전제품 시장 개방에 반대하는 사람들은 우리의 가전제품 산업이 궤멸의 위기를 맞을 것이라는 어두운 예언을 서슴지 않았다. 그렇지만 그 뒤의 경험은 그와 같은 예언이 전혀 근거가 없었음을 생생하게 입증해 주고 있다. 현재 우리 가전업체들은 세계 최강을 자랑하던 일본의 가전업체와 맞상대를 할 수 있을 정도로 막강한 경쟁력을 갖추고 있다. 현실의 경험에 비추어 볼 때, 시장 개방이 국내 산업의 궤멸을 가져올 것이라는 우려는 별 근거가 없다.

또한 지금 우리 사회에서는 한미 FTA를 추진하는 과정에 대한 비판의 소리도 높은데, 이 점에 대해서도 좀 더 냉철한 자세가 필요하다고 본다. 우선 정부가 국민의 알 권리를 무시하고 협상을 비밀리에 진행시키고 있다는 비판에 대해 생각해 보기로 하자. 협상 과정에서 우위를 점하기 위해서는 자기가 가진 카드를 상대방에게 보여주지 말아야 한다. 비록 우리 국민에게 알려주는 것이라 하더라도 우리의 협상전략을 노출시키는 것은 결코 바람직한 일이 되지 못한다.

협상이 끝나고 본격적인 체결 절차에 들어갈 때는 모든 것을 정직하게 국민에게 알리고 협조를 구해야 한다. 그 단계에서 하나라도 감추는 부분이 있다면 엄격하게 그 책임을 물어야 할 것이다. 그러나 협상이 진행 중에 있는 상황에서 모든 것을 알려주고 협상에 임하라는 요구는 우리 스스로의 손발을 묶자는 말이나 다름없다. 물론 협상이 진행 중에 있을 때라도 어느 정도의 여론 수렴은 해야 하겠지만, 모든 것을 투명하게 밝히는 것은 어려운 일이다. 일단은 정부를 믿고 맡겨두는 수밖에 없다는 점을 인정해야 한다.

또 하나 생각해볼 점은 협상이 진행되는 과정에서 미국의 요구 하나하나에 민감한 반응을 보이는 것이 바람직한 일이냐는 문제다. 협상 과정에서는 누구든 전략적으로 이런저런 요구를 늘어놓게 마련이다. 상대방이 수긍할 수 있는 요구만 내놓는 사람은 협상을 자기에게 유리한 방향으로 이끌어갈 수 없다. 우리가 수긍하지 않을 것을 뻔히 알면서도 전략적인 이유에서 내세우는 요구사항이 분명히 섞여 있을 것이다. 이런 것에까지 민감한 반응을 보이면서 전반적인 분위기를 거부의 방향으로 몰고 가는 것은 그리 바람직하지 못한 일이다.

지금 이 단계에서 한미 FTA가 우리 삶에 어떤 영향을 미칠지를 자신 있게 예측할 수 있는 사람은 하나도 없다. 구체적인 협정의 내용이 무엇이며 협정이 발효된 후에 어떤 일들이 일어날 것인지에 따라 그 영향이 크게 달라질 것이기 때문이다. 지금 이 단계에서는 장밋빛 청사진이나 암울한 예언 그 어느 것도 객관적인 입증이 불가능하다. 찬성하는 쪽과 반대하는 쪽이 마치 홀로 진실을 알고 있는 것처럼 떠들어대고 있지만, 그렇게 될 수 있다는 가능성을 마치 확실한 일인 양 과장하고 있을 뿐이다.

그러나 한 가지 조심스럽게 예측할 수 있는 것은, 적절한 후속조치가 마련되기만 한다면 자유무역에서 오는 이득이 상당히 클 것이라는 점이다. 이 점에서 볼 때 한미 FTA가 충분히 걸어 볼 만한 가치가 있는 도박이라는 판단에 이르게 된다. 사전적으로 보면 그 성패가 불분명하다는 의미에서 모든 정책은 도박의 요소를 포함하고 있다. 기업의 투자계획 역시 불확실한 미래에 대한 일종의 도박이라고 말할 수 있는데, 시장경제의 놀라운 역동성의 근원을 바로 이 위험부담 행위에서 찾을 수 있다는 것은 누구나 다 잘 아는 일이다.

한미 FTA를 거부하고 예전처럼 살면 아무 문제가 없는데 왜 위험한 도박을 하느냐는 반론이 나올 수 있다. 현상을 유지하는 것이 안전한 방법이 될 수 있을지 모르지만, 그런 안일한 태도로는 획기적인 발전의 계기를 잡을 수 없다. 지난날을 뒤돌아보면 결정적인 순간에 과감한 승부를 걸었던 덕택에 오늘의 우리가 있을 수 있음을 새삼 깨닫게 된다. 성패가 불분명한 정책에 나라의 운명을 맡길 수 없다고 한다면, 자연적인 도태의 길을 걸을 수밖에 달리 도리가 없다.

다시 한 번 강조하지만, 한미 FTA라는 도박에서 승리를 걸머쥐게 될 관건은 농업 등 어려움을 겪게 될 부문에 대한 적절한 대책이다. 그것이 마련되지 못한다면 자유무역으로부터 얻는 이득은 '빛 좋은 개살구'에 지나지 않게 될 것이다. 우리 경제가 비약적으로 발전하는 계기를 잡기는커녕, 양극화의 심화로 치유하기 힘든 상처만 남기는 결과를 가져올지도 모른다. 지금 우리가 진정으로 고민하고 해법을 찾기 위해 머리를 맞대야 할 것은 바로 이 점이라고 말할 수 있다.

출처: 이준구. 2009.『이준구 교수의 쿠오 바디스 한국경제 '이념이 아닌 합리성의 경제를 향하여'』 6장. 한미 FTA: 걸어 볼 만한 도박인가. 푸른숲.

참고3: 우리나라의 중국, 베트남, 뉴질랜드 FTA에 따른 수산업 손실에 대한 논란

우리나라의 중국, 베트남, 뉴질랜드와의 자유무역협정(FTA) 발효로 앞으로 15~20년 간 수산업 손실 규모가 3,200억 원에 이를 것으로 보인다. 5일 해양수산부에 따르면 중・베트남・뉴질랜드 3개 FTA 발효되면 앞으로 15~20년 간 국내 수산물 생산 감소액이 3,201억 원에 달할 것으로 전망됐다.

해수부는 한・중 FTA가 발효될 경우 앞으로 20년 간 국내 수산물 생산 감소액이 2,080억 원에 이를 것으로 전망했다. 한편 한・베트남 FTA 발효에 따른 수산물 생산 감소액은 앞으로 15년 간 810억 원에 달할 것으로 보인다. 한・뉴질랜드 FTA 발효에 따른 국내 수산물 생산 감소액은 311억 원에 이를 것으로 예상된다. 특히 연안어업이 가장 큰 손실을 입을 것으로 보인다. 해수부에 따르면 연안어업 손실 규모가 1,660억 원으로 가장 많고, 근해어업 204억 원, 해면양식 698억 원, 내수면 324억 원, 원양어업 150억 원, 소금 165억 원 등의 순으로 나타났다.

이에 따라 해수부는 매년 320억 원, 앞으로 10년 간 3,188억 원의 자금을 수산업 분야에 지원할 계획이다. 지원 분야는 어업인 소득・경영 개선 674억 원, 어선 및 양식어업 지원 1,573억 원, 수산물 수출확대 434억 원, 수산물 가공・유통인프라 507억 원 등이다. 맨손・나잠 어업 및 종묘생산어가의 자금 차입 부담을 덜어주기 위해 정책자금 금리를 3%에서 2%로 인하하고 가격 급락 등 일시적 경영 위기에 처한 어업인의 단기 운영자금인 '긴급경영안전자금'을 운영한다. 양식어가의 경영 불안을 해소하기 위해 어업재해보험을 현재 21개에서 2025년까지 35개로 확대하고 어가 수입이 일정 수준 유지될 수 있도록 보장하는 '수입보장보험'도 도입한다.

어선어업 분야 피해를 지원하기 위해 연안어업 생산자들의 품목별 생산자 단체를 육성하고 자조금을 지원하기로 했다. 소형 어선의 안전 조업을 위해 노후어선 개량 사업을 확대하고 폐어구 유실로 인한 어장오염을 방지하기 위해 생분해성 어구 보급도 확대한다. 양식어업 분야 피해 지원을 위해서는 친환경 생산으로 증가하는 생산비 일부를 보전하는 친환경 직불제를 도입하고 친환경 양식기술을 개발 · 보급해 친환경 양식어업을 육성한다. 이밖에도 주요 소비지에 수산물 앵커숍, 냉장 · 냉동 물류센터 확충 등 현지 수출 지원기반을 강화하고 중소업체의 해외 인증취득 등을 지원하기로 했다. 원산지 특별단속도 강화해 FTA 피해 품목을 중심으로 수산물 이력제를 확대하기로 했다.

해수부 관계자는 "적극적 해외시장 개척과 비관세장벽 해소로 수출을 확대할 것"이라며 "양식어업의 규모화와 첨단화, 노후어선 현대화를 통해 안정적 생산 기반을 조성해 FTA에 따른 피해를 최소화하겠다"고 말했다.

출처: 뉴시스, 2015. 6.15.일자.

2. 무역으로 인한 비용 줄이기

위에서 이야기하였듯이 무역으로 인해 발생하는 매몰비용이나 조정비용은 불가피한 것이다. 현실적으로 비용이 불가피한 것이라면 비용을 가능한 줄이는 것이 무역의 (순)이익을 증대시킬 수 있는 하나의 방안이 될 것이다. 무역으로 발생하는 비용의 크기는 국내시장의 구조, 특성, 개방정도 등에 따라 달라진다. 일반적으로 조정비용의 경우 시장이 효율적으로 작동할수록 감소한다. 금융시장, 자본시장, 노동시장 등에서 경제주체들이 경제적 환경의 변화에 따른 합리적 의사결정이 가능하도록 제도적 여건과 시스템이 충분히 조성되어 있다면 비용을 줄일 수 있다.

예를 들어 무역으로 인한 비교우위산업으로의 특화로 인해 기존 국내 신발산업 노동자들이 자동차산업으로 재배치(전직)된다고 하자. 이 과정에서 일시적인 실업이 발생할 수 있다. 노동자들은 실업으로 인한 경제적 손실을 입게 될 가능성이 크다. 이때 보험을 비롯한 금융시장이 발달되어 있다면 전직 노동자들에 대한 효율적이고 다양한 자금의 중개기능이 가능하다. 노동자들은 일시적 소득감소에 대처할 수 있는 다양한 보험이나 대출상품을 활용하여 전직에 필요한 조정비용을 줄일 수 있다. 이러한 조정비용의 감소는 노동시장이 발달되어 있을 경우에도 가능하다. 노동시장이 효율적으로 작동되고 있다면 임금은 노동시장의 수요와 공급이 일치하는 균형임금수준에서 결정된다. 임금이 시장상황을 반영하여 신축적으로 결정될수록 노동의 초과공급으로 인한 실업문제는 줄어든다. 자본가들의 경우에도 자동차산업으로의 신규 투자 및 진입을 위해 필요한 자금을 금융시장에서 효율적으로 조달함으로써 비용을 최소화할 수 있다. 시장이 효율적으로 작동할수록 조정비용은 줄어든다.

또한 금융시장과 노동시장 외에도 필요한 정보를 효율적으로 탐색, 전달, 공유할 수 있는 사회정보망 등의 사회간접자본도 비용을 줄이는 데 중요한 역할을 한다. 예측가능하고 정확한 정보가 적시에 제공되면 경제주체들은 보다 효율적인 의사결정이 가능하고 그만큼 불확실성 및 정보의 부재로 인한 경제적 비용은 감소한다. 예를 들어 실업이나 전직을 위한 사회정보망이 잘 구축되어 있다면 신발기업의 노동자들이 자동차산업으로 전직하는데 필요한 정보를 시의 적절하게 제공받을 수 있고 전직에 따라 나타날 수 있는 여러 가지 비효율성이나 비용을 줄일 수 있다.

정부의 정책실행에 대한 의지와 능력도 조정비용을 줄이는데 중요한 요소로 작용한다. 왜냐하면 정부정책에 대한 신뢰도가 높을수록 산업 재편을 위한 구조조정 시 발생할 수 있는 불확실성을 줄일 수 있다. 이는 경제주체들의 예측가능성을 높이고 조정비용을 줄이는 역할을 한다. 또한 정부의 재정적, 제도적 지원은 전직에 필요한 기술교육과 직업훈련 등을 제공해 줌으로써 노동자들의 소성비용을 줄일 수 있다. 국내기업들의 구조조정능력과 관련 법적, 제도적 시스템도 중요한 요소이다. 국내기업들이 구조조정 과정을 충분히 수용, 극복할 수 있는 역량이 갖추어져 있다면 그만큼 조정비용을 줄일 수 있다. 또한 기업들의 원활한 구조조정을 가능하게 하는 법적, 제도적 시스템이 잘 갖추어져 있다면 그만큼 조정비용은 줄 것이다.

요약하면 무역의 손실, 다시 말해 무역으로 인한 조정비용을 줄이려면 국내 금융시장, 노동시장 등이 효율적으로 작동해야 한다. 또한 관련 정보가 투명하고 효율적으로 제공될 수 있는 사회정보망 등 사회간접자본의 구축도 필요하다. 정부의 정책과 지원에 대한 신뢰도를 높이고 기업의 구조조정을 효과적으로 지원할 수 있는 법적, 제도적 장치가 마련되어야 한다. 이러한 여러 가지 조건들이 잘 갖추어져 있을수록 무역 및 시장개방으로 인한 경제주체들, 특히 비교열위산업 종사자들이 감당해야 하는 조정비용은 감소하고 이는 자연스럽게 무역의 (순)이익의 증가로 귀결될 수 있다.

무역을 통해 경제적 후생의 증가와 같은 무역의 이익을 누릴 수 있다는 사실은 이론적으로 타당하며 이를 뒷받침하는 사례들도 많다. 선진국들뿐만 아니라 대부분의 개도국들도 이를 인정하고 시장개방과 무역의 확대에 동참하고 있다. 하지만 각 국가들은 그 경제구조 및 시장특성이 다르고 경제적 발전단계도 다르다. 따라서 무역으로 인한 비용의 크기는 각 국가마다 다를 수밖에 없다. 선진국은 대체로 금융시장, 노동시장, 사회간접자본 등이 잘 발달되어 있고 정부정책의 신뢰도도 높으며 구조조정에 필요한 법, 제도가 잘 마련되어 있다고 할 수 있다. 따라서 선진국의 경우에는 무역으로 인한 비용이 상대적으로 작을 것이다. 하지만 이와는 반대로 이러한 조건이 열악한 개도국의 경우 선진국에 비해 무역으로 인한 비용이 클 수밖에 없을 것이다.

이러한 측면에서 볼 때 선진국은 자유무역, 시장개방 등에 호의적이고 적극적이다. 반면 개도국은 수세적이고 소극적이다. 특히 개도국은 무역의 이익이 조정비용 등 무역의 손실을 충분히 상쇄하고도 남을 만큼 크다는 확신이 없다면 상대방 국가와의 무역을 적극적으로 추진할 이유가 없으며 그만큼 시장개방에 주저할 것이다. 일반적으로 자유무역과 시장개방은 주로 선진국의 주도와 요구에 개도국이 응대하는 형태로 이루어져왔는데 이는 이러한 선진국과 개도국의 상반된 이해득실과 국내적 상황의 차이가 반영된 것이다. 예를 들어 WTO협정에서도 개도국의 시장개방과 무역규범의 준수의무에 있어 선진국에 비해 유리한 조건과 탄력적인 이행기간을 허용하고 있다. 이는 무역으로 인한 조정비용의 측면에서 불리한 개도국이 다자적 국제무역질서에 안정적으로 편입될 수 있도록 하기 위한 배려라고 할 수 있다.

참고1: 무역의 이익과 비용에 대한 논고

물론 이론과 현실은 크게 다를 수 있다. 현실에서 자유무역이 많은 문제점을 안고 있다는 것은 누구나 다 잘 아는 사실이다. 모든 상품이 아무런 방해도 받지 않고 자유롭게 국경을 넘나드는 상황이 언제나 최선의 결과를 가져오지는 않는다. 설사 어떤 나라가 자유무역에서 이득을 얻을 수 있다 하더라도, 그것이 그 나라 국민의 경제적 복지 향상으로 이어질지의 여부는 별개의 문제다. 한 나라가 이득을 얻는다는 것이 그 나라의 모든 국민이 이득을 얻는다는 것을 뜻하지는 않기 때문이다.

자유무역의 이론적 토대가 되고 있는 비교우위이론은 두 가지 중요한 전제가 충족되어 있는 상황에서만 설득력을 갖는다. 하나는 어떤 나라가 비교우위를 갖고 있는 산업으로 특화하는 과정에서 생산자원의 이동이 순조롭게 이루어진다는 것이다. 예를 들어 우리나라가 IT산업으로 특화하려 한다고 할 때, 다른 산업들에서 사용되고 있는 노동과 자본 등의 생산자원이 별 문제 없이 그 산업으로 흡수될 수 있다는 가정이다.

또 다른 중요한 전제는 자유무역에서 발생하는 분배상의 문제를 적절하게 처리할 수 있다는 것이다. 앞에서 말한 것처럼, 자유무역을 통해 모든 국민이 이득을 얻을 수 있는 것은 아니다. 전체적인 관점에서 보면 자유무역에서 이득을 얻는다 해도, 개인적으로는 손해를 보는 사람이 반드시 생기게 마련이다. 따라서 자유무역은 필연적으로 분배상의 문제를 일으키게 된다. 이 문제를 적절하게 처리하지 못한다면 이로 인해 발생하는 사회적 비용이 자유무역에서 나오는 이득보다 더 큰 결과를 빚을 수 있다.

이 두 가지 전제가 충족되는 것은 그리 쉽지 않기 때문에 현실은 비교우위이론이 그리고 있는 장밋빛 구도와 매우 다를 수 있다. 따라서 자유무역이 과연 바람직한지에 대해 심각한 의문이 제기될 수 있는데, 이와 같은 의문을 제기하는 것은 당연한 일이며 또한 바람직한 일이기도 하다. 단지 무역을 자유화한다고 해서 이득이 저절로 굴러들어오는 것은 아니라는 점을 잊어서는 안 된다. 사실 정말로 중요한 것은 무역 자유화 그 자체보다 자유화를 한 이후의 상황에 어떻게 대처해 나가느냐 라고 말할 수 있다.

자유무역에 따르는 문제점이 있는 것은 사실이지만, 그렇다고 해서 자유무역을 포기해야 한다고 주장하는 것은 너무 성급한 결론이다. 이에 따르는 모든 문제에도 불구하고, 자유무역의 장점이 너무나도 크고 분명하기 때문이다. 자유무역이 나라를 망치는 지름길이라도 되는 듯 반대의 소리를 높이는 사람이 있는데, 이것은 균형 잡힌 생각이라고 말하기 힘들다. 뿐만 아니라 자유무역에 대한 반대 의견에는 집단이기주의적인 요소가 섞여 있기 쉽기 때문에 이 점에 대해서도 특별한 주의가 필요하다.

출처: 이준구. 2009.『이준구 교수의 쿠오 바디스 한국경제 '이념이 아닌 합리성의 경제를 향하여'』 6장. 한미 FTA: 걸어 볼 만한 도박인가. 푸른숲.

참고2: 무역조정지원제도

무역조정지원제도(Trade Adjustment Assistance: TAA)는 FTA 추진에 따라 상대 국가로부터의 수입이 증가해 피해를 입었거나 또는 피해를 입을 것이 확실한 산업의 구조조정과 해당 기업의 업종 전환, 또는 해당 근로자의 전직(轉職)이나 재취업을 지원하기 위해 만든 제도입니다. 우리나라도 지난 2004년 FTA로 인해 농업 부문이 입을 피해를 지원하고, 또한 구조조정을 원활히 하기 위해 'FTA 농어업특별법'을 제정한 바 있지요. 2006년에는 제조업 및 관련 서비스업에 속한 기업의 구조조정과 소속된 근로자의 전직이나 재취업을 지원하기 위해 '무역조정지원법'을 제정하기도 했습니다.

이 법에 따라 FTA 체결로 상대국으로부터의 상품이나 서비스 수입 증가로 인해 6개월 이상 매출액이나 생산량이 25% 이상 감소하는 피해를 입거나 또는 그럴 가능성이 농후한 기업들 가운데 제출한 구조조정 계획이 경쟁력 확보 등에 적합하면 무역조정기업으로 지정됩니다. 무역조정기업으로 선정되면 단기 경영자금 융자, 경영 및 기술 상담, 경쟁력 확보자금의 융자 등 해당 기업의 구조조정 전 과정에 대해 지원을 받게 됩니다. 또한 실직 또는 근로시간 단축이 이뤄지거나 그럴 가능성이 큰 무역조정기업에 고용되어 있는 근로자나 수입상품 증가로 제조시설을 해외로 이전한 기업 등에 고용된 경우 소정의 절차에 따라 무역조정근로자로 지정될 수 있습니다. 물론 이와 유사한 무역조정지원제도는 우리나라뿐 아니라 미국이나 유럽연합(EU) 및 일본 등 주요 선진국에서도 운용되고 있습니다.

출처: 무역위원회, www.ktc.go.kr

3. 수출에 목을 매는 이유

위에서 우리는 무역으로 인한 비용은 불가피하지만 각 국가의 시장의 효율적 기능 정도, 정부의 무역정책 운영 및 사회적 갈등의 조정 능력 등에 따라 달라질 수 있다는 점을 이야기하였다. 특히 시장기능이 미성숙한 개도국의 경우는 조정비용을 줄이는 데 불리한 경제사회적 여건을 가지고 있고 이에 따라 무역으로 인한 비용을 줄이는 데도 어려움이 있다. 또한 이들 국가들이 무역으로 인한 비용을 줄이기 위한 경제구조의 개혁, 사회간접자본의 확충, 법적 · 제도적 시스템의 구축 등 필요한 여러 가지 조건들을 갖추기 위해서는 적지 않은 시간과 노력이 필요하다.

따라서 개도국은 무역의 손실을 줄이는 노력과 동시에 무역의 이익을 단기간 내에 극대화하기 위한 정책적 지향점을 갖게 된다. 무역의 손실을 충분히 감수할 만큼 무역의 이익 실현 및 축적을 강조하고 이를 통해 빠른 경제성장을 달성하는 것을 국가적 목표로 삼는 경우가 많다. 우리나라의 경우에도 1970년대 본격적으로 이루어진 경제성장의 요인을 설명함에 있어 수출의 역할은 그 무엇보다도 압도적이었다. 따라서 개도국은 장기적인 차원보다는 단시간 내에 무역의 이익을 극대할 수 있는 방안을 선호한다. 또한 무역을 통해 단기간 내에 성과를 낼 수 있다면 무역의 손실로 인한 국내적 비판에도 불구하고 시장개방과 관련된 정부정책의 정당성과 타당성을 확보하는데 유리하다. 이는 정권의 정당성 확보와 유지 및 강화에도 도움이 된다는 면에서 더욱 그러하다. 우리나라의 경우에도 1970~80년대 군사독재정권이 정권의 정당성 확보 및 유지를 위해 수출확대를 통한 경제성장을 독려하고 이를 적극 활용했다는 것은 많이 알려진 사실이다.

그러므로 개도국은 수입부문에서의 조정비용을 줄이는 데 힘쓰는 것보다는 수출부문에 대한 정책지원 및 특혜 등을 통해 무역의 이익을 증가시킬 유인이 더 크다.

한 나라가 가지고 있는 경제적 자원은 한정되어 있기 때문에 경제성장을 위해 비교우위가 있는 산업 중 일부를 선택하여 집중적으로 육성하는 것이 보다 유리하다. 국내 자원을 집중 투입할 산업을 선택하여 육성함으로써 해외시장에서 상품 경쟁력을 확보하고 수출확대를 통해 무역의 이익을 증가시킬 수 있다. 이의 성공 여부는 바로 경제성장과 직결된다. 물론 이렇게 확보된 무역의 이익은 무역으로 인해 손실을 입는 산업 및 계층에 대한 보상 및 산업구조조정에 필요한 재원으로 활용될 수 있다. 물론 개도국의 경우 현실적으로는 그 이익이 일부 산업과 계층에게 집중되어 계층 간 소득 격차의 확대, 산업 간 경쟁력 격차의 심화 등 부작용이 발생하는 것을 부정할 수 없다.

예를 들어 우리나라는 1970년대 이후 '수출입국(輸出立國)'이라는 슬로건 아래 수출주도형 경제발전전략을 채택하였다. 선택과 집중, 그리고 이를 통한 수출확대는 급속한 경제성장의 원동력이 되었다. 수출을 활용한 성장전략은 성공적이었다고 평가되고 있다. 하지만 시장개방으로 인해 손실을 입는 계층에 대한 보상과 지원, 그리고 무역의 비용을 줄이기 위한 과제는 '수출입국'이라는 화려한 수사와 '한강의 기적'이라고 불리는 경제발전의 신화 속에서 더디게 진행되었다. 우리나라가 최근 겪고 있는 계층 간, 기업 간 양극화 문제도 이에 기인한 바가 크다는 것은 주지의 사실이다.

물론 이러한 문제는 우리나라의 사례만은 아니다. 많은 개도국들이 경제성장을 위해 수출주도형 성장전략을 채택하였다. 특히 1990년대 이후 냉전체제의 붕괴와 함께 구소련, 동유럽 및 동남아시아의 체제전환 국가들과 오랫동안 내수지향형 성장전략을 지속해온 브라질, 아르헨티나, 인도 등 주요 개도국들도 수출주도형 성장전략으로 선회하였다. 이러한 변화는 경제성장이 급선무인 개도국의 입장에서 수입부문의 비용을 줄이는 것보다는 수출에 승부를 걸어 무역의 이익을 극대화하는 것이 보다 유리하다는 현실적 상황과 정책적 의사결정을 반영하고 있다. 또한 나라마다 차이는 있지만 전반적으로 시장개방과 무역이 경제성장에 긍정적 영향을 주고 있음도 알려진 사실이다. 하지만 이는 다시 무역의 이익의 계층 간, 산업 간 재배분 문제를 더욱 부각시키고 있음도 부인할 수 없는 현실이다.

참고1: 한국무역 60년의 회고

1950, 60년대 세계의 어떤 경제학자도 한국이 오늘날과 같은 경제적 기적을 이룩하리라고는 상상하지 못했다. 그 당시 세계은행(World Bank)의 보고서가 한국보다는 미얀마와 필리핀의 앞날을 오히려 희망적으로 보고 있는 것도 무리는 아니다. 천연자원이 부족하고 에너지원도 없이 한국전쟁의 상흔이 깊이 새겨진 한국의 경제적 희망은 전혀 없는 것처럼 보였기 때문이다.

그러나 무역은 한국을 세계 역사상 유례가 없는 짧은 시간에 경제대국으로 변모시켰다. 1960년대 초반 인구의 40%가 절대적 빈곤에서 허덕이며 '빈곤의 악순환'에서 벗어나지 못하던 전형적인 개발도상국에서 불과 40여 년 만에 무역은 6,000억 달러를 넘어서고, 1인당 국민소득(GNI)도 2만 달러 달성을 목전에 둔 세계 10위권의 경제대국이 된 것이다.

이러한 한국무역의 놀라운 성과는 국내외에서 수출과 경제성장 사이의 인과관계에 주목하게 만들었으며, 외형적 경제개발의 성공사례로 널리 인식되어 왔다. 또한 우리나라의 성공에 고무되어 1970, 80년대 중국을 비롯하여 태국, 인도네시아 등 동남아 개발도상국들이 채택하여 역시 성공을 거둔 바 있으며, 최근에는 서남아, 중남미, 아프리카까지도 확산되고 있다.

(중략) 무역은 한국의 경제발전을 이끌어 왔다. 세계에서 한국만큼 경제개발과정에서 무역의 역할이 지대한 나라도 찾기 어렵다. 경제발전의 기본요소를 노동, 자본, 자원, 기술, 시장 등 다섯 가지로 크게 분류한다면, 경제발전 초기의 한국은 이 중에서 노동을 제외한 네 가지를 해외부문에 전적으로 의조날 수밖에 없었다. 외국에서 도입한 자금과 기술을 이용하여, 수입한 자원을 국내노동력과 결합하여 생산하고, 이를 다시 해외시장에 수출함으로써 경제성장을 이끌어 내는 것이 전형적인 한국의 성장 방식이었던 것이다.

무역이 한국경제에 어느 정도 중요한 역할을 했는지는 무역의존도가 1960년대 초반 17% 내외에서 70년대 이미 50%를 넘어서고, 현재에는 70% 내외를 기록하고 있는 것을 보아도 확연히 드러난다고 하겠다. 또한 한국무역협회가 산업연관효과분석(Input-Output Analysis)을 통해 추정한 바로는 수출의 경제성장에 대한 기여율은 2005년 69%로 대단히 높은 수준을 보이고 있다. 수출의 취업에 대한 기여도도 과거에 비해 수출구조의 고부가가치화에 따라 크게 낮아졌지만, 여전히 전체 취업인원의 20% 이상을 점유하고 있는 것으로 추정되고 있다.

출처: 한국무역협회. 2006. "한국무역 60년의 회고". 『한국무역사』 pp.12~13, 17.

참고2: 2013년 수출의 국민경제 기여

2013년 우리 수출은 세계경제 회복세 지연이라는 어려운 무역환경 속에서도 전년대비 2.1% 증가로 양호한 성장세를 나타냈다. 2013년 한국경제는 소비 회복세가 다소 완만했던 가운데 수출 및 투자가 전체 경제성장을 견인하며 전년 대비 3.0% 성장했다. 세계교역 침체로 수출이 소폭 증가에 그치면서 2013년 기준 수출의 경제성장 기여율(수출의 경제성장 기여율(%) = 수출에 의한 실질부가가치 증가액 / 실질GDP 증가액 × 100)은 37.7%로 전년의 51.0%에 비해 13.3%p 하락했다. 지난 10년간 수출의 경제성장 기여율은 평균 71.6%에 달했으나 최근 세계경기 침체의 여파로 2012, 2013년 모두 평균치를 하회하며 다소 부진한 양상이다.

한편 수출을 통해 창출된 전체 일자리 수는 예년 대비 확대됐다. 2013년 수출에 의한 취업유발인원은 최초로 400만 명을 상회(400.2만 명)한 것으로 나타나 수출이 경제성장 뿐만 아니라 일자리 창출에도 기여한 것으로 조사됐다. 이중 제조업 부문의 취업유발인원은 368.2만 명으로 세부 산업별로는 조립가공업(248.7만 명), 기초소재업(80.2만 명), 소비재업(39.2만 명) 등의 순으로 높은 것으로 나타났다. 2013년 수입유발률(총수출액 대비 수입유발액 비중)은 51.3%로 전년대비 1.4%p 하락한 것으로 나타난 가운데 수입유발효과 하락의 영향으로 외화가득률(총수출액 대비 부가가치유발액 비중)은 48.7%로 전년대비 1.4%p 상승하며 다소 개선된 것으로 조사됐다.

최근 저성장이 일상화(new normal)되고 있는 세계경제 여건과 부진한 내수 회복세를 고려해 볼 때 수출 확대를 통한 일자리 창출과 경제성장이 긴요하다. 소비재 및 서비스 산업의 수출산업화와 더불어 내수기업의 수출기업화, 중소, 중견기업 수출 확대 등을 중심으로 지속적인 수출 확대 노력이 필요하다.

출처:국제무역연구원. 2015.『2013년 수출의 국민경제 기여』트레이드 포커스 65호. 요약.

3장
자유무역이냐 보호무역이냐

1. 관세 논쟁

위에서 우리는 무역의 목적과 원인, 무역패턴의 결정 메커니즘, 그리고 무역의 이익과 비용 등의 주제에 대해 이야기하였다. 이와 관련하여 빼놓을 수 없는 또 하나의 중요한 주제는 정부의 '무역정책'에 관한 것이다. 여기서 우리는 정부의 무역정책은 궁극적으로 '경제발전'을 목표로 한다고 가정한다. '경제발전'은 협의의 의미로 '경제성장'과 동의어로 쓰이는 경우도 있지만, 일반적으로는 국가경제의 규모 또는 일인당 소득의 양적 증대뿐만 아니라 국민의 삶의 질의 향상 등과 같은 질적 변화까지 포함한다.

따라서 경제발전의 개념은 단순히 소득이 증가하는 것뿐만 아니라 교육, 보건, 안전, 행복 등을 포괄하는 인간의 전체적인 삶의 수준이 향상되는 것을 의미한다. 하지만 경제발전을 통한 국민들의 삶이 향상되기 위해서 무엇보다 중요한 필요조건 중 하나는 물질적으로 풍족한 삶을 뒷받침할 수 있는 소득의 증가라는 것은 부인할 수 없다. 예를 들어 1인당 국민총소득(GNI)은 경제성장을 측정하는 지표로 활용되지만 동시에 그 나라의 경제발전의 수준을 보여주는 지표로도 받아들여지고 있다. 소득의 증가를 의미하는 경제성장은 경제발전을 위한 필요조건이다. 무역이 경제성장에 중요한 역할을 한다면 경제발전에도 긍정적 영향을 준다고 할 수 있다. 정부의 무역정책은 경제성장이라는 경로를 통해 국민의 총체적 삶의 질이 향상되는 것을 의미하는 경제발전에 긍정적 역할을 할 때 비로소 그 의미가 있다.

위에서 우리는 무역을 하게 되면 비교우위 분야로의 특화, 규모의 경제 실현, 선진기술의 전파 등으로 무역의 이익이 발생하고 이를 통해 무역이 경제성장에 긍정적 영향을 줄 수 있음을 이야기하였다. 무역은 경제성장에 긍정적 영향을 줌으로써 국가의 궁극적 목표인 경제발전에도 도움을 준다고 할 수 있다. 실제로 적극적인 시장개방과 자유무역을 통해 수출주도 성장전략을 실시한 국가들은 빠른 경제성장과 그에 상응하는 경제발전을 이룬 사례가 많다. 반대로 내수를 중심으로 한 수입대체 성장전략을 실시한 국가들은 대부분 수출주도형 국가들에 비해 경제성장의 속도와 정도가 만족스럽지 못하였다.

그런데 무역이 경제성장 및 경제발전에 긍정적 영향을 준다하더라도 정부의 정책은 완전한 자유무역과는 거리가 먼 경우가 많다. 현실에서는 정부가 자유무역을 저해하는 다양한 보호무역조치들을 빈번하게 실시하는 것을 볼 수 있다. 그 예로는 관세, 수량할당, 수출보조금, 그리고 이외에도 비효율적이고 투명하지 못한 통관절차와 관련 규정 등과 같은 행정상의 애로점 등 다양한 비관세장벽을 들 수 있다. 이러한 보호무역조치들은 단기적으로는 효과를 볼 수 있겠지만 결국 시장가격을 왜곡하고 자원의 효율적 배분을 저해한다. 따라서 경제적 후생도 감소한다. 다시 말해 정부의 궁극적 목적인 경제개발에 도움이 되지 않는다.

그럼에도 불구하고 다수의 보호무역조치들이 실시되고 있다는 것은 그만한 합당한 이유가 있어서일 것이다. 우선 시장개방으로 인해 손실을 입는 이익집단의 반발과 로비를 생각해 볼 수 있다. 특히 비교우위열위 산업이나 수입부문에 종사하는 기업들은 무역으로 인해 수입상품과의 경쟁이 심화되고 손해를 입을 가능성이 커진다. 따라서 이들 부문에서 종사하는 사용자와 노동자를 포함하여 그와 관련되어 있는 이익집단들은 시장개방에 대해 반발하고 관련 당국 및 입법기관에 대한 로비를 강화할 것이다. 이러한 반발과 로비가 지속되면 여론의 추이를 생각할 수밖에 없는 정부로서는 부담이 될 수밖에 없고 이들의 요구를 받아들여 일정 수준의 보호무역조치를 실시할 여지가 커지게 된다.

여기서 우리는 자유무역의 이점에도 불구하고 현실적으로는 광범위하게 시행되고 있는 보호무역조치가 경제적 후생에 어떠한 영향일 미치는지에 대해 살펴볼 필요가 있다. 이를 통해 보호무역을 비판하고 자유무역을 주장하는 입장과 보호무역의 정당성을 주장하는 입장 간의 차이와 이로 인한 정부 정책의 현실적 한계에 대해서 이해할 수 있을 것이다.

우선 보호무역조치의 가장 전형적인 예인 관세에 대해 이야기해보자. 관세는 국내 산업을 보호하기 위해 보편적으로 활용되는 보호무역조치이다. 관세는 관세선을 통과한 수입상품에 세금을 부과하는 것으로 즉각적인 수입상품가격의 인상을 가져오는 효과가 있다. 또한 부가가치세 등의 내국세는 관세부과 후의 상품가격을 기준으로 부과되므로 수입상품의 가격인상이 더욱 증폭되는 효과가 있다. 그러므로 관세는 국내 산업을 직접적으로 보호하는 효과가 있다. 또한 정부는 관세수입으로 세수를 확보할 수 있다. 특히 세수가 부족한 개도국의 경우 관세수입은 중요한 정부수입원의 역할을 할 수 있다. 관세를 통해 경쟁력이 상이한 국내 산업들에 대한 탄력적이고 효과적인 보호조치도 가능하다. 산업별로 경쟁력이 높은 상품에 대해서는 낮은 관세율을, 경쟁력이 낮은 상품에 대해서는 높은 관세율을 부과할 수 있기 때문이다.

하지만 관세는 기본적으로 수입상품의 가격을 관세부과만큼 또는 그 이상(부가가치세 등의 내국세까지 포함하면) 인상시킴으로 인위적인 가격의 왜곡현상이 발생한다. 이로 인해 비효율적인 자원배분이 발생하고 경제적 후생이 감소하게 된다. 예를 들어 A국은 관세를 철폐하고 신발시장을 개방하였다. 이에 따라 국내산 신발보다 저렴한 외국산 신발이 무관세로 수입되기 시작하였다. 세계에는 무수히 많은 신발기업들이 있고 따라서 신발시장은 특정 국가나 기업이 신발가격에 영향을 미칠 수 없는 완전경쟁 상태에 있게 된다. 시장을 개방한 A국 신발의 균형가격도 완전경쟁시장의 신발가격, 즉 수입신발 가격으로 수렴할 것이다. 왜냐하면 무역은 국내시장이 완전경쟁 상태에 있는 세계시장으로 통합됨을 의미하므로 국내 신발의 균형가격도 세계시장가격과 일치할 것이기 때문이다. 결국 수입신발의 가격 내지는 그 이하로 판매가 가능한 국내기업들만이 신발 생산을 지속할 수 있다. 이제 신발도 생산비용 면에서 경쟁력 있는 기업만이 생산하게 되기 때문에 생산 측면에서 효율성이 제고된다. 또한 소비자들은 시장개방 이전에 비해 저렴한 신발을 소비할 수 있게 되어 신발 소비자들의 경제적 후생은 증가한다. 여기서 경제적 후생은 종종 소비자잉여라는 개념으로 측정되는데 소비자잉여는 각 소비자들이 상품을 구매하기 위해 기꺼이 지불하고자 하는 가격수준과 시장가격의 차이를 의미한다. 따라서 시장가격의 하락은 자연스럽게 소비자잉여의 증가를 가져온다.

하지만 국내 신발기업들의 반발 등 어떤 이유로 인해 A국이 다시 신발에 대한 관세를 부과하게 되면 수입신발의 가격은 관세만큼 인상되고 국내의 균형 신발가격도 관세인상분만큼 상승한다. 신발가격의 상승으로 이전보다 높은 가격을 지불해야 하는 신발 소비자들은 손실을 입는다. 가격의 인상으로 수요량이 줄어들고 동시에 지불해야 할 가격도 높아졌기 때문에 소비자의 경제적 후생(소비자잉여)은 감소한다. 반면 국내 신발생산자는 균형가격의 인상으로 이윤이 증가한다. 그리고 초과이윤의 발생으로 새로운 신발기업들의 시장진입도 가능하게 된다. 따라서 생산자의 경제적 후생(생산자잉여)은 증가한다. 생산자잉여도 소비자잉여의 개념과 같이 시장가격과 생산자가 기꺼이 받고 판매하고자 하는 가격과의 차이로 시장가격이 올라가면 생산자잉여는 증가한다. 정부는 관세수입(신발의 수입량×관세)으로 인한 세수가 증가하므로 정부의 재정정책의 확대 또는 재분배 정책의 강화로 경제적 후생이 증가한다.

이와 같이 A국의 관세부과는 소비자후생의 감소, 생산자와 정부후생의 증가를 가져온다. 그렇다면 소비자, 생산자, 정부를 포괄하는 국민경제 전체의 후생수준은 어떻게 될까. 여기서는 관세부과 후 나타나는 후생 변화의 결과를 중심으로 소개하고 이에 대한 자세한 분석은 생략하고자 한다. 대부분의 경제학 교과서에서 소개하고 있는 수요와 공급곡선을 이용한 정태적 분석의 결과를 보면 관세는 우선 가격의 왜곡과 소비감소에 따른 소비자 후생의 감소를 가져온다. 또한 관세는 비효율적인 생산증가로 인한 생산 측면에서의 후생 감소를 초래한다. 정태분석의 결과를 보면 생산자의 후생증가와 정부의 관세수입 증가 등의 긍정적 효과보다 가격의 왜곡과 자원의 비효율적 배분으로 인한 생산과 소비 측면의 후생 감소가 더 크다는 것을 알 수 있다. 결국 관세부과로 인해 국민경제 전체적 차원에서 후생은 감소한다.

이렇게 관세는 국내산업의 보호와 세수증대라는 목적에서 본다면 효과적인 보호무역조치일 수 있다. 하지만 관세의 부과는 동시에 가격의 왜곡과 비효율적인 자원의 배분으로 인해 국민경제 전체차원에서 보면 경제적 후생을 감소시킨다. 이러한 측면에서 관세부과를 통한 국내산업의 보호는 소탐대실(小貪大失) 즉 '작은 것을 얻고 큰 것을 잃을 수 있다.'라고 자유무역 옹호론자들로부터 비판을 받아왔다.

참고1: 관세인하의 사례

2009년 4월 1일은 우리나라와 칠레 간의 자유무역협정(FTA)이 발효된 지 5주년이 된 날이었습니다. 우리나라는 2002년 칠레와 FTA 협상을 타결한 뒤 2004년 싱가포르와 FTA를 체결했습니다. 이어 유럽자유무역지대(EFTA: European Free Trade Association), 그리고 동남아국가연합(ASEAN)과도 잇따라 FTA를 체결했지요. 2007년 4월에는 미국과의 FTA 협상도 타결했습니다. 2003년까지만 해도 세계에서 FTA를 전혀 맺지 않은 나라는 한국과 캄보디아뿐일 정도로 우리나라는 세계적인 FTA 흐름에 뒤처져 있었지요. 그러던 것이 이른바 동시다발적 FTA정책을 추진한 끝에 지금은 인도와 FTA 타결에 이어 유럽연합(EU)과의 FTA 협상을 통해 불과 5년 만에 세계 44개 국가와 FTA 체결을 앞두게 됐으니 그야말로 격세지감입니다.

FTA 체결의 급속한 확대는 우리나라에만 나타나는 현상은 아닙니다. 전 세계적으로 볼 때도 1990년대 중반 이후 FTA 체결이 급속도로 늘어났습니다. 1990년만 하더라도 전 세계적으로 발효되고 있었던 FTA가 50여개에 불과했지만, 2008년에는 무려 227개의 FTA가 체결 · 발효됐지요. 이제 세계 무역의 절반 이상이 FTA를 체결한 국가들 사이의 무역이 됐습니다.

세계 각국은 왜 앞 다투어 FTA를 체결하는 걸까요? 그 이유는 간단합니다. FTA를 체결한 국가끼리는 서로 상대방의 상품을 수입할 때 세금을 매기지 않기 때문에 무역이 증진됩니다. 이를 통해 경제를 성장시키고 일자리를 만들어내는 이득을 보게 됩니다. 이런 기회를 마다할 이유가 없겠죠.

FTA를 통해 체결국 간에 무역이 늘어나는 효과를 '무역창출효과(trade creation effect)'라고 합니다. 우리나라와 칠레 간의 FTA가 발효돼 만 5년이 지난 지금 양국 간의 무역은 19억 달러에서 72억 달러로 거의 4배로 늘어났습니다. FTA 체결이 무역창출효과만을 가지고 있는 것은 아닙니다. FTA를 체결하지 않은 국가에는 해가 될 수도 있는 '무역전환효과(trade diversion effect)'도 일어나게 됩니다. 무역전환효과란 FTA를 체결하기 이전에는 특정 상품을 A라는 국가로부터 수입하다가, 이제는 FTA를 체결한 B라는 국가로부터 수입하게 되는 현상을 말합니다. A국가 입장에서는 수출 대상 국가를 잃게 되는 거죠.

이렇게 FTA 체결로 수입선이 바뀌는 이유는 관세가 그만큼 중요한 역할을 하기 때문입니다. 예를 들어 봅시다. 현재 우리나라는 자동차 수입에 8%의 관세를 부과하고 있습니다. 일본차나 독일차를 우리나라에 들여올 때 똑같이 차 가격의 8%에 해당하는 세금을 내야 하지요. 이제 우리나라가 유럽연합(EU)과의 FTA를 체결해 독일산 차가 우리나라에 들어올 때 관세를 전혀 내지 않아도 된다면 생각해 봅시다. 8%의 세금만큼 독일산 차의 가격은 싸지고 일본산 차의 가격은 상대적으로 그만큼 비싸지겠지요. 자연히 독일산 차의 수입이 늘어나고 일본산 차의 수입은 줄어들게 될 겁니다. 이렇게 FTA 체결에 따라 협정을 맺지 않은 일본산 차의 수입물량이 협정을 체결한 독일산 차의 수입물량으로 대체되는 것이 무역전환효과입니다.

이렇게 무역전환효과에 따른 불이익을 피하기 위한 것이 FTA를 체결하는 또 하나의 이유가 되지요. 일본과 멕시코가 FTA를 체결한 이후 우리나라가 멕시코로 수출하는 자동차 수가 현저히 줄었다고 합니다. 무역전환효과로 우리나라가 불이익을 보는 것이지요. 그래서 우리나라는 2006년부터 멕시코와 자유무역협정을 체결하기 위한 협상을 하고 있습니다.

이와는 반대로 한 · 칠레 FTA를 통해 우리나라의 자동차는 이득을 보고 있기도 합니다. 한 · 칠레 FTA 발효 이전에 칠레의 수입 자동차 시장에서 우리나라의 점유율은 일본보다 낮았습니다(한국 18.8%, 일본 23.5%). 그러나 FTA 발효 4년째인 2007년에는 우리나라 차의 점유율이 일본차의 점유율을 추월하면서 시장 1위로 부상했고, 2008년에도 부동의 1위 자리를 지키고 있습니다(한국 29.2%,

일본 25.1%). 그러자 일본이 부리나케 칠레와 자유무역협정을 추진해 2007년 9월 FTA를 발효시켰습니다. 그렇지만 한번 떨어진 일본차의 시장점유율은 아직까지 회복되지 않고 있습니다. 일본 엔화의 가치가 높은 탓도 있겠지만 그만큼 우리나라가 칠레시장을 선점한 효과가 큽니다. 그래서 FTA 체결에 따른 시장선점 효과도 중요한 겁니다. FTA가 가져오는 무역전환효과는 협정을 체결하지 않은 국가에 상대적인 불이익을 가져다 줄 수 있다는 점에서 비판의 대상이 되기도 합니다. 그러나 FTA를 통하여 세계 무역이 확대될 수 있다는 점을 인정해서 세계무역기구(WTO)도 FTA를 허용하고 있지요.

우리나라의 경제는 대외의존도가 매우 높습니다. 작년에 우리나라에서 1년 동안 경제활동을 통해 생산해 낸 국내총생산(GDP)이 9,287억 달러(잠정)였는데, 대외교역(수출과 수입의 합계)은 8,573억 달러였지요. GDP 대비 대외교역의 비중이 92%나 되는 겁니다. 따라서 우리나라와 주요 경쟁국들이 FTA를 앞 다투어 추진하고 있는 통상환경 속에서 우리나라가 기존의 수출시장을 지키고 새로운 시장에 진출하기 위해서 FTA를 확대하는 데 전력을 다하는 것은 당연하다고 할 수 있습니다.

특히 요즘같이 세계적인 경기침체로 주요국들이 자국 산업 위주의 보호무역주의 성향을 띤 정책을 추진하고 있을 때 우리나라와 같이 대외의존도가 높은 국가는 더욱 큰 타격을 입을 수 있습니다. 이런 관점에서 볼 때 최근에 우리나라가 EU와의 FTA 협상을 사실상 타결했다는 것은 우리 경제의 조기회복에도 도움이 되겠지요. 한편 경쟁력이 약한 국내 산업은 FTA 체결로 생산이 축소되고 일자리도 줄어들게 됩니다. FTA 체결에 따라 피해가 예상되는 산업에 대해서는 합리적인 보상과 구조조정과 같은 보완대책도 필요합니다.

출처: "세계 각국은 FTA를 왜 앞 다투어 체결할까요?" 서진교, KIEP 무역투자정책실장, 조선일보, 2009.4.3.일자.

참고2: 국가 명운은 관세에 달렸다! 불리할 땐 닫고, 유리할 땐 열고

미국과 일본이 환태평양경제동반자협정(TPP)을 최종 타결하면서 구체적인 협정 내용이 잇따라 공개됐다. 2017년부터 협정이 발효되면 향후 30년간 역내(域內) 12개국은 96~100% 수준의 무역 자유화 조치 혜택을 볼 전망이다. 미국, 일본, 캐나다, 호주, 베트남, 멕시코 등 참가국 국내총생산(GDP)을 모두 합하면 30조 달러를 넘는다. 세계 총생산량의 40%에 달하는 수준이다. 미국에 이어 중국과 자유무역협정(FTA)을 체결하면서 안도하던 한국도 지난해부터 뒤늦게 TPP 가입에 적극 뛰어들었다. '다자간 자유무역경제권'이라는, 한 차원 높은 국제무역 체제에 뒤처지지 않기 위해 TPP 2차 교섭국으로 참가하려고 미국과 일본을 상대로 치열한 외교전을 벌이고 있다.

양자 간이든 다자간이든, 자유무역협정이란 쉽게 말해 관세장벽 철폐를 약속하는 것으로, 국가 간 자유경쟁을 부양하자는 데 그 취지가 있다. 한국처럼 수출 비중이 높은 나라들은 특히나 그간 지불한 세금만큼의 비용이 빠지고 수익성이 개선된다는 측면에서, 일부 '자국 농산물 보호'라는 명분을 빼면 참가하지 않을 이유가 없다.

봉건영주들의 '돈줄'

관세는 고대부터 '국가' 개념이 확립되기 전인 중세까지 유럽 봉건영주들에게 일종의 돈줄 노릇을 했다. 일본에서도 막부시대 때 지방의 번주(藩主)인 다이묘가 관할 지역에서 상인들이 상행위를 하면 '자릿세'를 징수했다. 영국 경제학자 애덤 스미스는 1767년 출간한 '국부론'에서 과도한 지방별 관세가 국내 상업의 발달을 저해한다며 일찌감치 부작용으로 지적한 바 있다. 상인들은 동서양을 막론하고 안정적 상행위가 가능하도록 지원해줄 '정치적 실세'를 찾고 의존하는 측면이 있다. 유력한 봉건영주가 다른 영지(領地)를 병합 또는 통합해 최대한 큰 단일 시장을 조성해야 상업도 발전하고 자신의 이윤도 크게 남을 수 있다는 판단 때문이다.

거대 시장의 영주는 곧 지역을 관할하는 왕국의 왕이 되고, 이 통합경제권은 자연스럽게 근대적 의미의 국가로 발전했다. 왕국 내에서 관세가 폐지되면 물류의 원활한 네트워크 형성, 화폐 통일 및 수송 인프라 작업이 수반되며 시장이 커지고 부(富)가 축적된다. 왕국 간 부의 불균형이 생기면서 외교적으로는 침략전쟁, 경제적으로는 관세의 부활과 폐지가 반복되는 형태로 국가의 통합과 분단이 이뤄졌다고 볼 수 있다. 독일은 현재 유럽연합(EU)에서 경제우등생으로 압도적 존재감을 과시하고 있지만, 19세기 초만 해도 유럽 내에서의 위상은 영국이나 프랑스에 훨씬 못 미쳤다. 당시는 프로이센, 바이에른, 작센, 하노버 등 6개의 개별 영주들이 따로 관리하는 연방의 느슨한 연합 형태였기에 단일 경제권도 확립되지 않았다.

독일 경제학자 프리드리히 리스트는 1820년대에 "독일이 정치적으로 통일되는 것이 어렵다면 연방 간의 관세장벽만이라도 철폐해 물류 및 시장 통합화를 조기 실현해야 한다"고 제창했으나, 당시 연방의 영주들은 지배계급의 주 수입원인 관세를 포기할 처지가 아니었다. 다만 '이대로 가다가는 영국, 프랑스와의 국제경쟁에서 뒤떨어질 수밖에 없다'는 공감대가 커져가며 당시 연방 중 가장 영향력이 컸던 프로이센이 먼저 총대를 멨다. '전체 파이를 키워 같이 더 잘살자'는 대의명분은 오늘날 최강대국이랄 수 있는 미국, 일본이 TPP 협정을 위해 내세운 캐치프레이즈와도 같다.

같이 더 잘살자

프로이센은 베를린을 중심으로 18세기부터 번영을 구가했는데, 19세기 들어 독일 연방 전체 인구의 절반을 점했으며 GDP도 다른 연방을 압도하기 시작했다. 다른 연방들은 우수한 프로이센 수입 물자에 고액의 관세를 부과하면서 맞섰는데, 결과적으로는 독일 전체 경제의 성장 정체를 부추길 뿐이었다. 결국 프로이센은 다른 연방과의 관세를 상호 폐지하는 조건으로 거액의 자금을 지원하기도 했고, 수입 목표를 세워 각 연방으로부터 일정량 이상의 물자를 반드시 수입하는 등의 특혜적 대우를 약속했다. 이를 통해 1834년에 오늘날의 FTA와 비슷한 관세동맹이 연방 내에 체결됐다. 관세동맹을 통한 전체 경제권 성장 및 노동인구 증가의 혜택을 맛본 독일은 이런 뒷심을 촉매로 마침내 1871년 최초의 통일제국을 출범하게 된다.

관세장벽 철폐를 통해 자유무역을 실현한다는 이상은 상품과 서비스의 경쟁력이 일정 수준의 '체급'에 도달했을 때 얘기다. 경쟁할 수 있는 인프라가 없는 상태에서의 개방은 종속의 다른 말에 불과할 수도 있다. TPP 단어 중간에 '파트너십(Partnership)'이 들어간 이유도 그만큼 상대국과의 호혜적 동반 발전을 의식했다는 점을 강조하려는 심산이다. 최근 일본이 TPP 협상을 진행할 때도 그렇고, 한국이 미국과 중국을 상대로 FTA를 타결할 때도 비슷했지만 무역 비중이 높은 선진 공업국들의 경우 상대적으로 자국 농업의 위축을 걱정할 수밖에 없다. 자원이 부족한 상황에서 불가피하게 고비용 구조일 수밖에 없는 자국 농산물 시장에 갑자기 값싸고 맛 좋은 수입 농산물이 들어오면 해당 산업 자체가 무너지는 것 아니냐는 우려다.그런 점에서 일찍이 관세 폐지를 실험하고 자유무역 체제로 진입했다가 일정 부분 성과를 맛본 뒤 다시 보호무역체제로 회귀한 영국의 사례는 비록 200년 전 일이지만 지금도 시사하는 바가 크다.

영국은 1815년 나폴레옹 전쟁 후 프랑스를 견제할 심산으로, 수입 곡물에 고율의 관세를 부과하는 내용을 골자로 하는 곡물법을 제정했다. 풍족하고 값싼 프랑스 농산물 수입을 관세장벽으로 막지 않으면 가뜩이나 경쟁력이 약한 자국 농가를 보호할 자신이 없었기 때문이다. 더구나 전쟁이 끝나면서 영국에 대한 경제제재 조치이던 프랑스의 대륙봉쇄령이 해제돼 프랑스로부터의 농산물 수입량도 증가세를 보이던 터였다.

'뜨거운 감자' 곡물법

반면 산업혁명 덕분에 면직물, 철, 기계 생산 등에서 압도적 우위를 점하게 된 상공업자들은 해외시장을 좀 더 활발하게 개척하기 위해서는 곡물법 폐지가 필요하다고 주장했다. 외국에 관세장벽을 걷어내라고 요구하려면 자국의 장벽부터 제거해야 협상이 진전될 것이기 때문이다. 적어도 상공업자들에게는 보호무역을 표방하고 자급자족에 만족하는 '우물 안 개구리'가 될 것이냐, 아니면 자유무역 정책으로 '세계무역의 중심국'이 될 것이냐는 게 선택의 이슈였던 것이다.

고전 경제학자 데이비드 리카도는 당시 곡물법 폐지를 이끌어낼 수 있도록 이론적 토대를 제공했다. "각각의 나라가 우위에 있는 산업에 자본을 중점 투입하고 성장시킨다면 서로에게 부족한 산업 분야를 보충하게 되고 나아가 호혜적인 국제분업 관계를 구축할 수 있다"는, 이른바 '비교우위론'이다. 경쟁력이 높은 국가에서 낮은 국가에 많이 수출하고 적게 수입하는 방식으로 국부를 축적하자는 중상주의, 각국이 생산비가 절대적으로 적게 드는 재화 생산을 전문화해 서로 무역을 하면 상호 간에 이득이 발생한다는 '절대우위론' 등 기존 이론보다 진보한 것이었다.

1846년 곡물법을 폐지하자 영국은 리카도의 예상처럼 공업화가 더욱 가속화했고, 수출 물량도 급증했다. 자신감을 얻은 영국은 1860년 프랑스와 오늘날의 FTA와 같은 자유무역협정을 체결(영불통상협정)하기에 이른다. 당시 공업 분야의 경쟁력이 강화됐을 뿐 아니라 프랑스와 러시아에 비해 한참 수준이 낮던 농업 분야에서도 양과 질 모두 기술력이 높아져 자급 환경이 갖춰지는 새로운 전기가 마련됐다. 관세라는 보호막이 걷혀 위기의식을 느낀 농업 경영자들이 비료와 농기구 개선, 경작기술 개발 촉진 등을 통해 스스로 혁신에 나선 덕분이었다. 시간이 지날수록 초기의 예상에서 조금씩 틀어진 분야는 오히려 공업이었다. 면제품이나 기계류를 포함한 내구재 등에서 일정 수준까지는 계속 수출량이 늘다가 어느 순간부터 매출 정체 현상이 나타났다. 가령 면 셔츠가 아무리 좋아도 한 사람이 100장 넘게 살 필요는 없고 옷이 낡아서 못 입게 될 때까지는 절대적 시간이 필요한데, 끊임없이 계속 팔리리라 기대한 것이 오산이었다.

▌쉽지 않은 '호혜적 성장'

이 시기 공급경제학의 선구이던 프랑스의 장 바티스트 세이는 "공급이 수요를 낳는다"는 취지의 이른바 '세이의 법칙'을 내놓고 낙관론을 지폈지만, 어느 시점 이상에서는 아무리 가격을 낮춘 제품이 공급돼도 초과 수요가 발생하기 어려웠다. 한편 농업 분야에서 영국이 경쟁력을 갖춘 것과는 별개로, 해외로부터의 수입 농작물은 영국에서 안정적인 점유율을 계속 기록했다. 공업 제품과 달리 농산물은 특별히 과잉 공급될 여지가 적었고, 이미 확보된 수요는 비교적 유지하기 쉬웠기 때문이다. 결국 영국은 1870년대에 들어서며 자유무역 노선에서 탈피, 다시금 기존의 보호무역 체제로 회귀하기 시작했다. 이때부터 점차 상승 곡선을 그리기 시작한 국가 간 관세율은 제2차 세계대전 때까지 이어졌다. 이 시기 선진국 대열에 시차를 두고 편입한 영국, 프랑스, 러시아, 독일, 일본, 미국 등에서 각각 다른 분야의 산업과 시장이 발달한 까닭에 쌍방 호혜적 성장도 이론처럼 쉽지 않았다.

현재 미국은 거의 모든 무역 분야에서 압도적 억지력을 지녔다고 해도 과언이 아니다. 자유무역의 최대 신봉국이기도 하다. 하지만 불과 2세기 전만 해도 상황은 사뭇 달랐다.'건국의 아버지' 중 한 명이자 1787년 초대 재무장관을 지내면서 미국 금융세제 제도의 전반적인 기틀을 확립한 알렉산더 해밀턴. 미국 관세제도의 개념을 체계적으로 정립한 것 역시 그의 업적으로 알려져 있다. 그는 재무장관 시절 의회에 제출한 '제조업에 관한 보고서(Report on Manufacturers)'에서 보호관세 정책의 필요성을 적극 주장했다. 영국 및 유럽 선진국에 비해 미국의 산업이 뒤져 있었기 때문이다.

독립 직후의 미국은 지주계급에 의해 경영되는 농업이 경제의 중심이었고, 공업력은 낮은 수준이었다. 미국 상무성 통계에 따르면 1830년만 해도 수출에서는 제1차 산품(가공하지 않은 원재료)의 비중이 62.7%, 식품이 22%였으며 공업 부문은 반제품과 완제품을 합쳐 15.3%에 지나지 않았다. 반면 수입 비중에선 공업 제품이 65%나 됐다. 요컨대 담배와 면 등 상품 작물과 원료를 낮은 마진으로 유럽으로 수출하면 유럽에서 부가가치 높은 완성품을 다시 비싸게 미국에 수출하는 식이다. 수출 비중이 높은 농업의 경우 대부분 미국 남부지역 중심의 대농장에서 아프리카로부터 사온 노예를 부려 농작물을 대량생산하는 방식으로 이뤄졌다.

▌해밀턴의 보호무역 관세

해밀턴은 이런 상황에서 보호무역 관세야말로 미국의 장래 명운을 좌지우지할 키워드라고 인식했다. 영국 수입품에 관세를 대폭 부과해 시장을 위축시키는 동안 자국 산업을 서둘러 육성해야 한다는 논리였다. 3대 대통령인 토머스 제퍼슨이 취임하면서 상황은 더욱 악화됐다. 그의 정치 노선이 현상유지를 바라는 남부 지주계급 이익을 대변하는 쪽이었기 때문이다. '원료 수출국=미국' '가공 수출국=영국' 형세는 더욱 진전됐고, 미국의 영국 경제 종속화에 대한 우려의 목소리도 점차 커져갔다. 다행히 19세기 중반부터는 미국도 북부 공업가들의 노력으로 기술혁신을 이루며 산업혁명의 속도를 내기 시작했다. 때마침 인구 증가와 호경기의 선순환 주기가 찾아오고, 철도와 도로 등 인프라가 정비되면서 북부 제조업 지대의 설비 투자도 급속히 진행됐다. 정치적으로도 남부 민주당 계열의 농업지주 세력에 대항하기 위한 북부 중심의 공화당 세력이 세를 불려나갔다.

남북전쟁은 '관세전쟁'

1860년에는 공화당 후보 에이브러햄 링컨이 대통령으로 당선되며 북부 산업자본가와 상공업자를 밀어주기 위한 보호무역 중심의 정책이 한층 강화되기 시작했다. 그러면서 남부 농업지주들과의 대립이 정점으로 치달았다. 갈등은 결국 남북전쟁(1861~65)의 도화선이 되고 만다. 국내 우호 세력 확대와 국제적 여론전을 위해 '노예해방 선언'이 명분으로 등장했지만, 실제적으로는 관세와 무역정책의 방향 및 그에 따른 이권을 둘러싼 투쟁이나 다름없었다. 60만 명의 사망자를 낸 참혹한 내전을 겪으며 미국의 관세 정책도 비로소 확고한 방향성을 갖추게 됐다. 남북전쟁에서 승리한 북부 세력은 이후부터 해밀턴이 건국 초기에 내세운 보호무역 정책을 하나씩 집행해나갔다. 미국의 고관세 부과로 영국 공업은 점차 경쟁력을 잃었고, 정부 주도의 기민한 근대 공업화를 통해 그 빈자리를 미국 기업이 채워나갔다. 미국은 이를 통해 '경제적 독립'을 이루며 그때껏 남아 있던 영국 식민지의 그늘도 깨끗이 씻는 계기를 마련했다.

제국주의 및 강대국 편의적인 폐쇄적 보호무역 정책 등에 대한 반성이 본격화하면서 2차대전 후 부터는 전후 질서의 한 축으로 자유무역 체제에 대한 세계적 공감대가 확산됐다. 1948년에는 미국이 주축이 된 '관세와 무역에 관한 일반 협정(GATT, General Agreement on Tariffs and Trade)' 체제가 발족, 자유무역에 대한 세계적 질서를 새로 정비했다. 1990년대 소련 붕괴로 냉전체제가 종결되자 GATT는 발전적 해체를 하고, 1995년부터 세계무역기구(WTO, World Trade Organization) 체제가 탄생한다. 예전보다 한층 더 자유무역에 초점을 맞추고, 관세율 인하 및 규제 철폐에 노력을 기울였다. 다만 회원국이 160개국이 넘으면서 선진국과 신흥국 간의 이해 상충이 현저하게 드러났고, 개별 국가 간 상황을 하나의 기준으로 단일화하기는 점점 더 어려워졌다.

WTO가 전 회원국을 포괄적으로 엮는 교섭을 단념하며 WTO 체제도 서서히 영향력을 상실했다. 21세기부터는 2개 국가 이상의 국가가 개별적이고 부분적인 교섭을 통해 상품과 서비스의 무역장벽을 낮추는 FTA 체제가 도입됐다. 지역이 인접하거나 무역거래가 많은 국가 사이에서 관세율 추가 인하 여지가 있는 무역 품목을 선정해 실행하는 방식이다.

TPP는 또 다른 EU?

FTA 체제의 보조 혹은 확장적 기능 측면에서 경제제휴협정(EPA, Economic Partnership Agreement)도 등장했다. 일반적인 FTA에 비해 기업 간의 협동, 투자 및 인적 교류, 지적재산권과 특허 결정 및 상호인정 여부 등을 좀 더 세부적으로 정의하는 체제로 보면 된다. 다만 최근 맺어지는 국가 간 FTA에는 EPA와 비슷하게 무역 외 경제협정, 지적재산권 보호, 노동자 수입, 기술협력, 의료 서비스 시장 개방, 공동투자 확대 등의 항목이 추가되면서 FTA와 EPA의 구분이 희미해지는 추세다.

FTA와 EPA가 12개국의 다국 간 협정으로 승화된 것이 바로 TPP라고 보면 된다. 워낙 국가 간 규제 장벽이 많이 허물어져, 심지어 일본 경제계에서는 역내(域內) 주력 통화인 미 달러에 엔화 가치가 1

대 1로 연동되는 시기가 가까워진 것 아니냐는 분석도 내놓을 정도다. TPP와 비슷한 기존 체제로는 동남아시아국가연합(ASEAN)을 들 수 있다. 경제협력뿐 아니라 군사동맹이라는 정치적 요소까지 가미돼 TPP보다 강력한 연대로 볼 수도 있지만, 현재 TPP 역시 대부분 미국의 우방국가(또는 중국의 견제국가)로 구성되었다는 점을 간과해선 안 된다. 유럽연합(EU)이나 북미자유무역협정(NAFTA)처럼 견고한 역내 체제로서의 부상도 대비해야 한다는 것이 많은 전문가의 의견이다.

출처: 신동아 675호(pp.280~87). 2016.02.16.

2. 최적관세율 및 관세수입 논쟁

위 1절에서 우리는 관세를 부과할 경우 결과적으로 사회 전체적인 후생은 감소함을 보였다. 이는 자유무역옹호론자들이 보호무역을 비판하는 근거로 활용되었다. 하지만 위의 예에서 A국이 세계 신발수요에 영향을 미칠 만큼 큰 경제규모를 가진 대국(大國)이라면 이러한 결과는 달라질 수 있다. 경제학에서의 대국의 개념은 일반적으로 활용되는 기준인 국가의 인구, 크기, 경제규모 등이라기보다는 그 국가의 수요의 변화가 세계시장가격에 영향을 미칠 만큼 클 때 대국으로 분류한다. 예를 들어 중국의 쇠고기에 대한 수요가 증가하여 세계시장에서의 쇠고기 가격 인상의 요인으로 작용한다면 중국은 쇠고기 시장에서 대국이라고 할 수 있다.

A국이 세계시장가격에 영향을 줄 만큼 큰 수요를 가지고 있다고 하자. 이제 A국이 시장개방 후 수입신발에 관세를 부과한다고 하자. A국의 균형 신발가격은 관세만큼 인상될 것이고 A국의 신발 수요량은 감소한다. 그런데 A국은 대국이라고 가정했으므로 A국의 신발수요량 감소는 세계 신발가격에 영향을 미칠 수 있다. 세계 신발수요량의 감소로 세계 신발가격은 하락할 것이다.

이때 A국의 여타 수출상품의 가격이 일정하다면 세계 신발가격의 하락으로 A국의 교역조건은 개선된다. 교역조건은 대외 거래에 있어서 수출품과 수입품의 교환비율을 나타낸다. 즉 교역조건은 수출 1단위로 수입할 수 있는 수입량을 의미하고 가격으로 표시되었을 때는 수입상품가격 대비 수출상품가격의 비율을 의미한다. 따라서 교역조건이 개선된다는 것은 동일한 1단위의 상품을 수출할 때 더 많은 상품을 수입할 수 있다는 것으로 후생의 증가를 의미한다. 즉 교역조건의 개선으로 A국의 경제적 후생은 증가한다.

이렇게 보았을 때 A국이 대국인 경우 후생의 변화를 정확하게 분석하기 위해서는 관세부과로 인한 교역조건개선 효과도 함께 추가적으로 고려해야 한다. A국의 국민경제 전체적 차원의 후생은 앞에서 본 소규모 개방경제와는 달리 교역조건개선의 효과를 추가적으로 고려해야하기 때문에 증가될 수도, 감소될 수도 있는 불분명한 상황이 된다. 만약 교역조건 개선효과가 일반적인 소규모 개방경제의 후생감소를 상쇄할 만큼 크다면 A국은 시장개방으로 인해 후생이 증가한다. 물론 그렇지 않다면 감소할 것이다.

이처럼 관세부과의 후생효과는 당사국이 대국인지 소국인지에 따라 그 최종적 후생의 변화가 달라질 수 있다. 대국의 경우에는 교역조건의 개선으로 전체적인 후생수준이 오히려 증가할 수 있다. 보호무역을 주장하는 입장에서 보면 관세부과로 인한 국민경제의 후생이 감소한다는 자유무역 옹호론의 비판을 다시 재반박할 수 있는 근거가 된다. 아래에서는 이와 관련하여 후생을 극대화할 수 있는 관세율에 대한 보다 자세한 내용을 이야기해 보고자 한다.

관세를 활용한 보호무역조치가 경제적 후생을 오히려 증가시킬 수 있다는 무역이론의 예로는 위에서 언급한 교역조건개선 효과와 관련된 최적관세율이론(theory of optimal level of tariff)을 들 수 있다. 최적관세율은 이론적으로 상정된 관세율로 교역조건의 개신으로 인한 후생수준을 극대화시키는 관세율을 의미한다. 동 이론은 '최적관세율'의 부과로 교역조건이 개선되면 국민경제의 후생수준이 증가한다고 주장한다.

그 메카니즘은 이렇다. 관세인상분만큼 수입상품의 가격인상으로 국내 균형가격이 상승하면 그만큼 수요량이 감소한다. 그런데 수요량의 감소로 인한 수입상품의 가격인하폭이 관세인상으로 인한 가격인상폭보다 크다면 수입상품의 가격은 오히려 관세부과 이전에 비해 하락할 것이다. 이처럼 수입상품가격이 인하되면 수출상품가격은 변동이 없다고 가정하기 때문에 수출상품가격과 수입상품가격의 상대적 비율인 교역조건은 개선된다. 교역조건의 개선은 수출상품의 가격이 수입상품의 가격에 비해 비싸진다는 것을 의미한다. 이는 다시 말해 동일한 양을 수출하더라도 더 많은 양의 수입이 가능하다는 것을 의미한다. 따라서 최적관세율 부과로 인한 교역조건개선은 국민경제의 후생수준을 증가시킬 것이다. 한편 관세를 부과하면 가격의 왜곡과 비효율적 자원배분으로 인해 후생수준은 감소하는 측면이 존재한다.

결국 '최적관세율'이란 교역조건개선의 효과로 나타나는 후생증가와 가격의 왜곡 및 이로 인한 비효율적 자원배분으로 인한 후생감소를 상쇄한 최종적인 후생의 순증가를 극대화하는 관세율을 의미한다. 물론 이것은 교역조건개선으로 인한 긍정적 효과가 가격왜곡 및 비효율적 자원배분의 부정적 효과를 상쇄하고도 남을 만큼 충분히 크다는 것을 전제로 한다. 결국 이론적으로는 최적관세율을 부과하면 국내 산업을 보호할 수 있는 동시에 국민경제의 후생수준도 향상되는 두 마리 토끼를 잡을 수 있다. 이처럼 최적관세율이론은 관세를 통한 보호무역조치의 정당성을 주장할 수 있는 논리적 근거로 활용된다.

최적관세율이론은 이론적으로는 타당해 보이지만 실제로 현실에서 적용되는 데는 어려운 문제가 있다. 우선 최적관세율의 적용은 수요의 변화가 세계가격에 영향을 줄 수 있을 만큼 큰 경제적 규모를 가진 대국을 전제로 한다. 그렇지 못할 경우 최적관세율이론이 적용되기 어렵다. 실제로 세계시장가격에 영향을 미칠 수 있는 대국은 중국, 인도와 같은 인구가 많고 경제규모가 큰 국가나 미국, EU와 같은 선진국이 포함될 수 있다. 개도국을 포함한 대부분의 국가들은 세계시장가격에 영향을 미치지 못하는 소국에 속한다. 하지만 이미 개도국은 선진국에 비해 평균관세율이 높은 편이고 더 나아가 선진국에 비해 관세를 활용한 보호무역조치를 실시하는 경우가 많다. 최적관세율이론은 그 전제인 '대국'에게만 해당이 되기 때문에 '소국'인 개도국들을 포함하는 대다수 국가들의 상황에는 적용되지 않는다. 따라서 최적관세율이론은 개도국들의 관세를 활용한 보호무역조치에 대한 현상을 적절하게 설명하지 못하는 한계가 있다.

또한 대국의 경우라 하더라도 최적관세율을 산출해 내기란 현실적으로 쉽지 않다. 실제로 어느 수준의 관세율을 부과할 때 후생의 순 증가분이 극대화되는지를 사전적으로 계산하는 것은 현실적으로는 불가능에 가깝다. 한 가지 방법이 있다면 여러 수준의 관세율을 부과해 가면서 그 결과에 대한 평가를 통해 사후적으로 최적관세율을 계산해 내는 것이다. 하지만 이 또한 동일한 상품에 대해 다수의 관세율을 적용해 보아야 하는데 이는 관세정책의 비일관성으로 인한 적지 않은 혼란과 불확실성을 가져올 수밖에 없다. 최적관세율의 부과는 이론적으로는 존재하지만 현실에서 이를 찾아내고 적용하기는 어렵다.

설령 이러한 부작용을 무릅쓰고 최적관세율을 산출하여 부과한다 하더라도 그것으로 끝나는 것이 아니다. 왜냐하면 당사국은 교역조건의 개선으로 후생이 증가되지만 상대방 국가(들)은 상대적으로 교역조건의 악화로 인해 손실을 입게 된다. 대국의 최적관세율 부과는 자국의 이익을 증가시키면서 동시에 상대방 국가의 후생을 잠식하는 인근궁핍화정책(beggar-your-neighbor policy)의 성격을 갖는다. 손실을 입는 상대방 국가(들)이 이에 대한 대응으로 대국에 대한 상응하는 조치 예를 들면 관세인상, 수량제한 등의 무역보복조치를 실시할 가능성이 크다. 그리고 이에 대응하기 위해 다시 대국이 최적관세율을 인상한다든지 또는 그에 상응하는 보호무역조치를 실시하면 보복적 보호무역조치의 악순환에 빠지게 되어 결국 대국을 포함한 모든 국가들의 후생수준은 하락할 수밖에 없다.

최적관세율이론은 관세부과를 통해 국내 산업을 보호하는 동시에 국민경제 후생의 증가도 가능하다는 논리적 근거를 제공해준다. 하지만 현실적으로는 위에서 이야기 한 여러 가지 문제점과 한계를 안고 있다. 최적관세율이론이 보호무역을 위한 관세부과의 정당성을 주장하는데 활용될 수는 있지만 모두가 타당하다고 수용할만한 논리는 될 수 없다.

다음으로 관세를 통한 보호무역의 정당성을 주장하는 내용으로 정부의 세수(fiscal revenue)와 관련된 것을 들 수 있다. 경제발전을 위해서는 교육, 치안, 국방 등 공공재의 적절한 공급, 산업에 필요한 도로, 철도, 항만 등 사회간접자본의 건설, 그리고 공공정책의 집행과 운영 등 정부의 재정지출이 중요한 역할을 한다. 일반적으로 개도국의 경우에는 세금징수를 위한 세원의 종류가 다양하지 않고 또 세수의 확보가 어렵다. 징세를 위한 세무 인프라, 금융시스템 등의 미비로 내국세를 통한 세수의 확보가 충분하지 않을 수 있다.

개도국 정부의 입장에서는 국경 간 조세인 관세를 활용하여 세수를 확보할 필요성과 욕구가 증대한다. 국경을 넘어오는 수입상품은 그 액수나 규모를 파악하기가 상대적으로 용이하다. 관세는 세원의 확보가 용이하고 탈세의 가능성을 줄일 수 있는 이점을 가지고 있다. 개도국의 관세수입은 전체 조세수입에서 상당히 큰 비중을 차지한다. 개도국의 입장에서 관세는 국내 산업을 보호하는 목적뿐만 아니라 정부의 재정지출을 위한 중요한 재원이 된다. 따라서 경제발전에 필요한 재원의 확보가 관세부과의 또 하나의 논리적 근거로 활용될 수 있다.

하지만 자유무역을 주장하는 입장에서는 관세인상을 통한 세수증가에는 한계가 있고 이보다는 관세체계의 단순화 및 관세인하가 오히려 세수증가에 도움이 된다고 반박한다. 복잡한 관세체계를 단순화하면 관세부과의 투명성과 예측가능성이 확보되어 오히려 더 많은 세원의 확보가 가능하다는 것이다. 또한 관세의 인하를 통해 수입량이 증가되면 교역량 자체가 증가하는 물량효과가 가격효과보다 커지게 되어 결국 관세수입도 증가된다고 주장한다. 관세인상을 통한 세수증가는 일시적으로는 성과가 있겠지만 장기적으로 지속가능하지 않다는 것이다. 또한 WTO협정 등으로 인한 양허관세의 적용으로 평균관세율이 지속적으로 인하되고 있는 현실을 감안하면 관세인상은 유효한 정책이 될 수 없다. 개도국이 자유무역을 통해 무역의 이익을 극대화하고 경제성장을 위한 동력으로 활용하기 위해서는 단순한 조세수입 증가를 목적으로 한 관세인상은 어렵다.

요약하면 자유무역을 주장하는 입장에서는 관세부과는 국내산업의 보호라는 소기의 목적은 달성할 수 있지만 국민경제 전체차원의 후생감소를 가져온다고 주장한다. 보호무역을 옹호하는 입장에서는 이에 대한 반론으로 최적관세율이론을 활용하거나 관세부과를 통한 세수증가를 통해 경제성장에 도움이 될 수 있다고 주장한다. 하지만 위에서 보았듯이 최적관세율은 실현가능성 및 상대방 국가의 보복적 보호무역조치의 가능성으로 인해 현실적으로 타당성을 의심받을 수밖에 없다. 또한 경제성장을 위해서는 오히려 관세인상보다는 관세인하가 타당하다는 것이 중론이다. 선진국의 관세부과를 통한 세입이 전체에서 차지하는 비중은 개도국에 비해 현저히 낮다. 이러한 여러 가지 측면을 종합적으로 살펴 볼 때(물론 완전히 결론을 내릴 수는 없겠지만) 관세를 둘러싼 자유무역과 보호무역의 논쟁에서 자유무역이 좀 더 타당하고 현실적으로 설득력이 있는 위치를 차지하고 있다고 판단해 볼 수 있다.

참고: 한미 FTA 폐기, 美 더 손해…더 높은 관세율 부담해야

도널드 트럼프 미국 행정부가 이르면 이번 주 한미 자유무역협정(FTA) 폐기 절차를 돌입할 것이라는 언론 보도 이후 협정 폐기 시 양국 경제에 미치는 영향을 놓고 이목이 집중되고 있다. 한미 FTA 폐기 시, 미국의 대(對) 한국 수출기업이 한국의 대 미국 수출기업보다 더 높은 관세율을 부담해야 한다는 점을 감안, 미국이 더 손해라는 주장도 제기되고 있다. 한국경제연구원은 지난 4월 한미 FTA 재협상이 추진돼 관세율이 새롭게 조정될 경우 우리나라는 앞으로 5년 간 자동차, 기계, 철강 등 세 분야에서 최대 170억 달러(약 19조 2,000억 원)의 수출 손실이 생길 수 있다고 분석했다.

한경연은 관세율 재산정을 통해 적자 폭을 2012년 이전 수준으로 복귀시킨다는 가정 아래 자동차 등 세 분야의 수출손실액을 계산했다. 자동차산업의 수출손실이 101억 달러로 가장 클 것으로 예상됐다. 일자리 손실 9만 명, 생산유발손실 28조 원, 부가가치유발손실 7조 원 등으로 추정됐다. 기계산업의 수출손실액도 55억 달러나 될 것으로 전망됐다. 철강산업의 수출손실액은 14억 달러로 추산됐다.

일자리 손실은 기계와 철강산업 각각 5만 6,000명, 8,000명으로 분석됐다. 조사 대상 산업 규모를 넓히면 예상 피해액도 더 늘어난다. 한국경제연구원은 지난해 12월 다른 보고서에서 한미 FTA 전면 재협상이 이뤄지면 2017년부터 5년간 수출손실 269억 달러(약 30조 4,000억 원)에 일자리손실은 24만 개에 이를 것으로 내다봤다.

같은 기간 생산유발손실은 68조 원, 부가가치유발손실 18조 원에 달할 것으로 추정됐다. 역시 자동차산업의 피해가 가장 클 것으로 예상됐다. 자동차산업은 수출손실 133억 달러, 일자리손실 11만 9,000명에 이를 것으로 보인다. 이어 기계산업 수출손실 예상액이 47억 달러였고 정보통신기술(ICT, 30억 달러), 석유화학(18억 달러), 철강(12억 달러) 순이었다. 일자리 손실은 기계산업(4만 8,000명), 법률서비스(2만 7,000명), ICT(1만 8,000명) 순으로 추정됐다.

현대경제연구원도 이와 관련해 올해 1월 보고서에서 한미 FTA를 폐기할 경우 수출은 2020년까지 4년간 130억 1,000만 달러(약 14조 7,000억 원) 줄어들고 고용은 12만 7,000명 감소할 것으로 추정한 바 있다. 다만, 양국 교역구조가 상호보완적이라 한미 FTA가 폐기되면 미국의 피해가 더 클 것이라는 분석도 있다. 협정이 종료되면 미국의 대(對) 한국 수출기업이 한국의 대 미국 수출기업보다 평균적으로 더 높은 관세율을 부담해야 하기 때문이다. FTA가 종료될 경우 양국은 세계무역기구(WTO) 규정에 따라 최혜국대우(MFN) 관세율을 적용받는다.

산업연구원은 6월 보고서에서 이 경우 미국의 대 한국 관세율은 1.6%, 한국의 대미국 관세율은 최소 4%로 미국 기업들이 부담할 관세가 더 높다고 설명했다. 이 때문에 보고서는 협정이 종료될 경우 우리 기업의 수출 감소보다 미국 기업의 수출 감소가 클 것으로 전망했다. 2015년 산업별 수출입 구조를 가정하면 FTA 종료 시 한국의 대미 수출 감소 효과는 13억 2,000만 달러지만, 수입 감소는 15억 8,000만 달러로 수입이 더 줄어들 것으로 추산했다. 다만 양국 간 교역 감소는 소비자 후생과 총생산 감소로 이어지기 때문에 결국 양국 경제에 부정적인 영향을 줄 것으로 예상했다. 아울러 일각에서는 한국의 주요 수출품은 미국의 수출경쟁력이 부진한 품목에 집중돼있기 때문에 FTA 폐기가 우리 수출입에 미칠 영향은 제한적일 것이라는 주장도 제기되고 있다.

출처: 해럴드경제, 2017.9.4.일자

3. 유치산업보호론을 둘러싼 논쟁

위에서 우리는 관세를 둘러싼 자유무역과 보호무역의 입장과 그 이론적, 현실적 타당성을 살펴보았다. 본 절에서는 자유무역과 보호무역 양측 간 치열한 논쟁이 진행되어 온 또 하나의 이슈인 유치산업보호론(infant industry protectionism)에 대해 이야기하고자 한다. 유치산업보호론은 상당히 오랜 역사적 연원을 갖고 있다. 이 이론은 18세기 후반 미국의 초대 재무장관 알렉산더 해밀턴(A. Hamilton)과 독일의 역사학자인 프리드리히 리스트(F. List) 등이 주장한 것으로 가장 고전적인 이론임에도 불구하고 현재까지 보호무역의 논리적 근거로 활용되고 있다.

유치산업보호론은 미국의 해밀턴에 의하여 처음 주창되고 독일의 리스트에 의하여 체계화되었다. 리스트는 경제발전단계설과 생산력 이론을 바탕으로 하여 보호무역주의를 주장하였다. 리스트가 주장한 단계설은 원시적 농업의 제1단계, 개량된 농업과 상업의 증가 및 공업의 발흥이라는 제2단계, 공업이 발달한 제3단계로 나누어진다. 제3단계는 각국이 추구하여야 할 이상이겠으나, 1단계에 있는 나라는 필요한 공업생산품을 선진국으로부터 싸게 수입하는 한편 과잉 생산된 농산물을 수출함으로써 자유무역정책을 취하는 것이 유리하다고 보았다. 2단계에 있는 나라는 국내에서 유치산업이 발흥하고 있어 이 공업의 육성과 발달의 조성이 필요하므로 보호정책을 취하지 않을 수 없다고 주장하였다. 이는 당시의 독일이 영국에 비해 낙후된 공업국이라는 사실을 전제로 성립한 것으로 비교우위산업의 육성보다는 수입대체산업을 보호함으로써 단기간 내에 공업화를 성취하고 경제발전을 이룰 수 있다는 점을 제시한 것이다.

이러한 리스트의 주장은 이후 유치산업보호를 위한 선정 기준에 대한 연구 등을 중심으로 이론적인 발전을 보았다. 유치산업보호 대상이 될 수 있기 위해서는 우선 일정 기간의 보호에 의해 기술의 습득과 생산성이 향상되어 비교우위 산업이 될 수 있어야 한다. 또한 이를 체계화하여 일정 기간의 보호에 의해 자립(비교우위에 놓임)할 수 있을 뿐만 아니라 성숙한 산업으로의 전환 후 발생할 미래이득의 현재가치가 그 산업의 육성을 위해 투자된 사회적 비용을 상쇄하고도 남음이 있어야 한다.

유치산업보호론에서는 다음과 같이 기업에 대한 보호의 필요성을 주장한다. 기업이 경영활동에서 얻어진 기술과 경험이 경쟁기업으로 유출되지 않는다면 기업은 정부의 보호 없이도 자생적인 발전을 기대할 수 있다. 하지만 선발기업의 기술이 경쟁기업에 의하여 모방된다면 생산성 향상의 효과는 기업의 수만 증가시킬 뿐이며 선발기업의 이윤을 증가시키지 않을 수 있다. 이 경우 선발기업은 현재의 손실을 미래의 이득으로 커버할 수 없게 된다. 따라서 선발기업이 투자를 계속할 수 있도록 하기 위해서는 정부가 기업의 현재적 손실을 부담하는 보호정책을 시행해야 한다는 것이다. 또한 유치산업보호론은 공업화가 뒤처진 개도국은 아직은 경쟁력은 없지만 성장가능성이 큰 유치산업을 먼저 보호하고 이후 공업부문이 성숙해지면 자유무역으로 전환하는 것이 바람직하다고 주장한다. 이와 같이 유치산업보호론은 이래나 저래나 정부의 보호정책이 필요하다는 점을 강조하고 있다.

이처럼 유치산업보호론은 경제성장 또는 발전을 위한 정부의 산업정책과 밀접하게 관련되어 있다. 개도국의 경우 성장전략으로 특정 산업을 선택, 집중적으로 지원하여 비교우위산업으로 육성하는 경우가 많다. 문제는 동 산업분야가 아직 경쟁력을 확보하지 못하여 시장개방을 하면 도태될 수밖에 없다는 데 있다. 정부는 이러한 유치산업이 시장개방에도 살아남을 수 있는 충분한 경쟁력을 가질 때까지 보호해야 한다. 유치산업보호론은 수출을 통한 경제성장을 추구하고 있다는 측면에서 자유무역의 요소를 내포하고 있다. 하지만 그보다 더 중요한 것은 그러한 여건이 마련될 때까지는 정부의 보호가 필요하다는 보호무역주의를 옹호하는 데에 있다.

유치산업보호론이 타당한지 그렇지 않은지는 일률적으로 판단하기는 어렵다. 왜냐하면 사례와 시기에 따라 유치산업보호를 통한 성장전략이 유효할 수도 있고 그렇지 못할 수도 있기 때문이다. 예를 들면 일부 학자들은 19세기까지 후발국에 머물러 있었던 미국과 독일이 급속한 산업화와 경제성장을 이룩할 수 있었던 이유 중 하나를 유치산업보호와 보호무역정책에서 찾고 있다. 우리나라의 경우에도 1970년대 이후 본격적인 경제개발을 시행하면서 철강, 조선, 자동차, 석유화학 등 당시 경쟁력이 전무했던 산업들이 수력 수출산업으로 급성장하게 되있다. 정부의 유치산업보호와 보호무역조치 등을 통한 정책적 지원이 동 산업분야가 단기간 내에 빠르게 성장할 수 있었던 주요인이라는 데 큰 이의가 없다. 하지만 이러한 사례가 모든 나라에 적용되는 것은 아니다. 전통적으로 내수를 기반으로 한 유치산업보호정책 내지는 수입대체 성장전력을 시행해 온 브라질, 아르헨티나, 인도 등의 경우에는 상대적으로 경제성장률이 낮거나 정체되어 온 점을 생각해 보면 유치산업보호가 모두에게 성공적인 결과를 가져온 것은 아님을 알 수 있다.

또한 여기서 한 가지 염두에 두어야 할 것은 현재는 유치산업보호가 이전처럼 국가의 정책적 자율성이 온전히 허용되지 않는 등 결코 용이하지 않다는 점이다. 유치산업보호는 정부정책의 자율성을 전제로 한다. 하지만 최근 세계경제의 통합 현상이 가속화되고 WTO협정 등 국제무역규범이 전 세계적 통상질서의 기준이 되면서 정부의 시장개입 특히 특정 산업 또는 기업에 대한 보호조치는 제한되는 추세이고 그 제한의 범위도 확대되고 있다. 유치산업보호를 위한 정부의 개입은 WTO 협정 등 국제무역규범 위반으로 이어지고 이로 인해 국가 간 무역분쟁을 유발할 수 있다.

그러므로 시간이 지날수록 정부가 유치산업보호를 위한 보호무역조치를 전면적으로 시행하는 것은 더욱 어려워지고 있다. 앞에서 잠깐 언급하였듯이 오랫동안 유치산업보호의 한 형태인 수입대체 성장전략을 시행해 왔던 국가들과 체제전환국들이 냉전체제가 종식된 1990년대 이후 수출주도형 성장전략으로 선회하였다. 이는 유치산업보호가 시장개방과 자유무역을 토대로 하는 국제무역질서의 흐름 속에서는 더 이상 유효하지 않거나 시행되기 어렵다는 점을 반영한다.

마지막으로 유치산업보호의 문제점 중 하나는 정부가 유치산업보호를 근거로 특정산업을 선택, 육성할 때 그 선정의 기준은 무엇인지에 대한 객관적이고 합리적인 근거를 찾아내기가 실제로 어렵다는 점이다. 설사 정부가 합리적 근거를 가지고 유치산업을 선정, 육성하더라도 언제까지 얼마만큼 보호를 해야 할 것인지에 대한 객관적인 근거도 부재하다. 다시 말해 유치산업보호의 정당성이 논리적으로 미약하게 된다.

유치산업보호론은 보호무역을 위한 근거로 오랫동안 활용되어 온 이론으로 그 역사도 길고 내용도 일견 그럴듯하게 보인다. 하지만 유치산업보호를 통한 성장전략의 성공 여부는 국가마다, 사례와 시기마다 다르다. 또한 유치산업의 선정기준과 보호기간에 대한 객관적 근거가 부족하다. 무엇보다도 시장개방과 자유무역의 확대로 세계경제의 통합현상이 가속화되고 있는 현재의 세계경제여건 속에서 유치산업보호론에 근거한 성장전략과 보호무역정책은 그 만큼 한계를 가질 수밖에 없다. 개도국의 경제성장 사례에서도 대체로 수입대체 성장전략보다는 수출주도형 성장전략이 성공적이었음을 알 수 있다. 이러한 여러 가지 점들을 고려해 볼 때 유치산업보호론은 가속화되고 있는 세계경제의 통합 현상과 자유무역의 시대적 대세 속에 점점 그 입지가 약화되고 있는 것으로 보인다.

참고: 사다리 걷어차기

"사다리를 타고 정상에 오른 사람이 그 사다리를 걷어차 버리는 것은 다른 이들이 그 뒤를 이어 정상에 오를 수 있는 수단을 빼앗아 버리는 행위로, 매우 잘 알려진 교활한 방법이다. (중략) 보호관세와 항해규제를 통해 다른 국가들이 감히 경쟁에 나설 수 없을 정도로 산업과 운송업을 발전시킨 국가의 입장에서는 정작 자신이 딛고 올라온 사다리(정책, 제도)는 치워 버리고 다른 국가들에게는 자유무역의 장점을 강조하면서, 지금까지 자신이 잘못된 길을 걸어왔고 뒤늦게 자유무역의 가치를 깨달았다고 참회하는 어조로 선언하는 것보다 더 현명한 일은 없을 것이다."(프리드리히 리스트)

"한 세기 동안 미국은 보호주의의 가장 성공적인 사례로 남았고, 이후 세계 최강의 산업국이 됨으로써 리스트가 수행한 연구의 정당성이 증명되었다. 일련의 역사적 사건들 역시 리스트의 '사다리 걷어차기' 논리의 정당성을 증명했다. 2차 세계대전 이후 자국이 최강의 산업국임이 확연해지자 강력한 보호주의를 토대로 경제성장을 이룬 미국 역시 19세기의 영국처럼 자유무역주의의 이점을 선언하게 된 것이다."라고 말했다.

출처: 장하준. 『사다리 걷어차기』. 2004년.

4. 전략적 무역정책 논쟁

위에서 살펴본 유치산업보호를 둘러싼 논쟁이 역사적으로 오랫동안 이어진 이슈였다면 비교적 최근인 1990년대 이후에는 미국의 저명한 경제학자인 폴 크루그먼(Paul Krugman)을 시작으로 보호무역에 기반을 둔 '전략적 무역정책(strategic trade policy)'과 관련된 논쟁이 새롭게 진행되었다. 전략적 무역정책은 불완전경쟁시장을 전제로 한다. 완전경쟁시장에서는 무수히 많은 생산자들이 존재하므로 특정 또는 소수의 기업이 시장을 과점 또는 독점할 수 없다. 따라서 초과이윤도 획득할 수도 없다. 하지만 제품생산을 위한 초기 투자비용이 많이 소요되는 산입의 경우 생산자의 자유로운 진입이 어렵다. 이 경우 보조금 등 정부의 지원을 통해 특정기업이 시장에 진입, 시장을 독점하게 되면 초과이윤을 획득할 수 있게 된다. 이러한 특성을 가진 시장을 불완전경쟁시장이라고 한다. 시장이 이러한 불완전경쟁시장의 특성을 가지고 있다면 정부의 지원 등 전략적 차원의 무역정책이 유효할 수 있다.

예를 들어 A국의 A′ 기업과 B국의 B′ 기업이 항공운수산업에 진입할 의사가 있다. 하지만 항공운수산업에 진입하기 위해서는 항공기 구입, 공항건설 등 막대한 초기 투자비용이 들어간다. 동시에 A′ 기업이든 B′ 기업이든 이 시장을 독점한다면 초과이윤을 획득할 수 있다. 하지만 A′ 기업과 B′ 기업이 동시에 시장에 진입하게 되면 이윤은 어느 기업도 투자비용을 만회할 만큼 크지 않다. 이제 A′ 기업과 B′ 기업은 시장에 진입할지 아닐지에 대해 고민에 빠질 것이다. 독점이 확실하지 않다면 시장진입이 어렵다.

이 경우 정부가 해결사로 나설 수 있다. 만약 A국 정부가 A′ 기업에 대해 B′ 기업이 진입하든 그렇지 않든 이익이 발생할 만큼의 충분한 보조금을 지원하게 되면

A′ 기업은 B′ 기업의 시장진입 여부와 관계없이 항공운수사업을 시작할 것이다. A′ 기업이 시장에 진입하게 되면 결국 B′ 기업은 시장진입을 포기하게 되고 결과적으로 A′ 기업이 시장을 독점하게 될 것이다. 결국 불완전경쟁시장의 경우 정부의 전략적 지원이 기업의 의사결정 및 독점에 결정적 역할을 하게 된다.

이러한 점을 근거로 전략적 무역정책의 옹호론자들은 시장이 불완전경쟁시장의 특성을 가질 경우 정부의 보조금지원 등과 같은 보호무역조치가 필요하다고 주장한다. 하지만 여기에는 문제점도 지적되는데 예를 들어 보조금을 지급하더라도 그것이 경쟁기업의 시장진입을 포기하게 할 만큼 크지 않다면 경쟁기업이 시장에 진입할 가능성이 있다. 현실적으로 충분한 보조금이 어느 정도 될지 산출하기 어렵다.

만약 A국 정부가 보조금을 지급하더라도 그 보조금의 크기가 충분히 크지 않다면 B′ 기업은 시장에 진입할 것이고 이렇게 되면 두 기업 모두 손실을 보게 된다. 보조금을 지급한 국가는 후생이 감소하게 되는 결과를 가져오게 되는 것이다. 또한 전략적 무역정책은 경쟁기업 또는 상대국의 이익을 정부의 개입을 통해 인위적으로 박탈하는 인근궁핍화정책의 성격을 가지고 있다. 따라서 국가 간 무역분쟁을 일으킬 소지가 크고 더 나아가 상호 보복적 보호무역조치가 이어지게 되면 양 국가의 후생은 모두 감소할 수밖에 없다.

5. 소득재분배 논쟁

마지막으로 본 절에서는 무역을 둘러싼 중요한 이슈 중 하나인 소득재분배 문제에 대해 이야기하고자 한다. 자유무역과 보호무역 간의 논쟁이 시장개방을 해야 하느냐 그렇지 않느냐의 문제에 집중되어 있다면 소득재분배의 문제는 일단 시장개방을 전제로 무역의 결과 발생한 무역의 이익을 어떠한 방식으로 재배분해야 하는지에 대한 논의이다. 이는 위에서 이야기한 자유무역과 보호무역 간 논쟁과는 성격이 다르다고 할 수 있다. 하지만 자유무역이든 보호무역이든 시장의 개방 정도의 차이일 뿐이라는 측면에서 볼 때는 동일한 논점에서 이야기할 수 있는 것이기에 무역의 이익의 재분배 문제는 공통적으로 해당되는 중요한 이슈이다.

먼저 위에서 무역의 결과 어떤 형태로든 소득의 재분배가 이루어짐을 이야기하였다. 비교우위론과 헥셔-오린 이론을 전제로 할 때 시장이 개방되면 비교우위산업에 종사하는 자본가와 노동자의 소득 또는 상대적으로 풍부하게 부존되어 있는 생산요소에 대한 보수는 증가한다. 반대로 비교열위산업과 상대적으로 적게 부존되어 있는 생산요소에 대한 보수는 줄어든다. 이에 따라 무역으로 인해 손해를 보는 산업 또는 계층을 보호해야 한다는 주장이 제기될 수 있다.

우선 자유무역을 주장하는 측은 시장개방과 무역으로 인해 손실을 입는 산업 또는 계층에 대해서는 정부의 적절한 소득재분배정책이 효과적이라고 주장한다. 왜냐하면 시장개방으로 인해 특정산업이 어려워진다고 해서 동 분야에 대한 보호무역조치는 상대국의 반발과 무역분쟁을 초래할 소지가 크고 비교우위분야로 자원이 효율적으로 활용되는데 걸림돌이 되기 때문이다. 이러한 문제를 해결하면서 소득재분배의 효과를 크게 하기 위해서는 재정정책을 통한 간접적 지원이 보다 현실적이고 합리적이라는 것이다.

하지만 만약 정부의 적절한 재분배정책이 시행되지 않거나 실패한다면 정부가 다시 직·간접적인 보호무역조치를 시행해야 한다고 주장하는 목소리가 커질 것이다. 특히 무역으로 인해 손실을 입는 산업 또는 계층의 반발과 로비가 강력해지게 되고 정부의 무역정책은 동력을 잃게 될 가능성이 높아진다. 최근 미국, EU 등 선진국을 중심으로 반세계화의 여론이 증가하고 기존의 자유무역질서에 대한 비판과 제편 요구가 거세지고 있는데 이는 자유무역의 결과 무역의 이익이 제대로 재분배되지 않았다는 불만이 표출된 결과라고 할 수 있다. 예를 들어 2016년 미국 대선에서 예상을 깨고 도널드 트럼프가 당선되었다. 그는 기존의 다자주의에 입각한 자유무역질서와 그에 상응하는 무역정책과는 상당히 다른 미국 우선주의(America First), 양자간 무역협정의 재협상 및 개정 등을 주장하였다. 이처럼 향후 자유무역의 이익을 경제주체들 간에 어떻게 재분배할 것인가의 문제가 가장 중요한 화두로 제기될 것으로 보인다.

위에서 우리는 자유무역과 보호무역을 둘러싼 몇 가지 중요한 논쟁에 대해 이야기하였다. 보호무역주의의 논리와 이에 대한 자유무역주의의 반론 등을 살펴보았다. 전체적으로 보면 이론적 차원뿐만 아니라 현실적 차원에서도 자유무역주의의 논리가 보호무역주의의 논리에 앞서는 형국이다. 자유무역의 기조가 급속하게 확산되고 있는 국제무역질서의 큰 흐름 속에서 보호무역조치는 그 정책의 정당성, 지속가능성, 정책의 효과 등의 차원에서 불분명한 측면이 크다.

하지만 최근 미국을 중심으로 한 반세계화 경향과 자유무역질서에 대한 비판 등이 제기되고 있는 것은 기존 무역질서가 만족스럽게 작동하지 못하였다는 것을 반증하는 것이라 우려스럽다. 우리가 기억해야 하는 것은 자유무역이 경제발전과 공정한 재분배를 위한 보증수표가 아니라는 점이다. 무역이 경제발전을 위한 선순환적인 역할을 위해서는 시장이 효율적으로 작동되어야 하고 무역의 이익에서 소외된 산업과 계층에 대한 정교한 재분배정책이 시행되어야 한다. 또한 경제주체들이 합리적 경제적 의사결정을 할 수 있도록 법적, 제도적 제반 시스템이 갖추어져야 한다. 다시 말해 시장의 왜곡을 가져오는 불합리적한 요소들을 제거하고 예측가능하고 지속가능한 경제적 환경과 사회적 인프라를 함께 구축해야 한다.

앞에서 이야기하였듯이 자유무역이 대세라 하더라도 각 국가들은 자국의 이익을 극대화하기 위한 선별적인 보호무역조치를 시행하는 경우가 빈번하게 일어나고 있다. 1970년대의 석유파동 이후 선진공업 국가들을 중심으로 채택되었던 신보호무역주의적 경향은 자유무역을 주창하는 선진국이라도 필요에 따라 보호무역으로 회귀할 수 있다는 것을 보여주었다. 또한 개도국들을 중심으로 활용되는 비관세장벽은 자유무역에 큰 장애 요인으로 등장하고 있다. 현재 WTO를 중심으로 한 자유무역이 대세로 정립되어 가고 있음에도 불구하고 보호무역주의는 그 형태를 바꾸어가면서 국제무역의 흐름에 적지 않은 영향을 주고 있음은 부정할 수 없다.

참고1: 보호무역 확산이 세계경제 회복에 왜 나쁠까요?

1980년대 초만 해도 바나나는 쉽게 사먹기 힘든 귀한 과일이었습니다. 어쩌다 부모님이 바나나를 한 두 개 사 오시면 서로 먹겠다고 동생들과 승강이를 벌이던 기억이 선명합니다. 지금은 흔한 바나나가 그 시절엔 왜 비싸고 귀한 과일이었을까요. 여러 가지 이유가 있겠지만 가장 큰 원인은 바나나의 공급이 충분하지 못했기 때문이지요. 그 시절에는 바나나와 같은 열대과일은 국내에서 생산하기 어려웠습니다. 열대지방에서 수입하지 않는 한, 우리나라에서는 바나나를 구경하기 어려웠지요. 공급이 부족함에도 불구하고 당시 정부는 국내 농가 보호를 위해 바나나 수입을 제한했답니다. 공급이 충분하지 않으니 자연스럽게 희귀 과일 취급을 받게 될 수밖에 없었겠지요.

하지만 요즘은 사정이 완전히 달라졌습니다. 바나나는 흔하고 값싼 과일 목록 '제1호'에 올라 있다 해도 과언이 아니지요. 바나나가 이렇게 싸진 이유는 수입제한을 풀어 자유화하고, 관세(關稅)도 내렸기 때문입니다. 원하면 누구나 바나나를 수입할 수 있고, 관세도 그리 높지 않으니 소비자들은 전보다 싼 가격으로 바나나의 달콤한 맛을 즐길 수 있게 된 것이지요.

물론 국내에서 과일을 생산하는 과수농가는 피해를 봅니다. 하지만 국가 전체적으로는 이러한 피해보다 국민 전체가 누리는 혜택이 더 증가하지요. 경제학에서는 이걸 '사회적 후생(welfare)'이 커졌다고 표현합니다. 수입제한을 풀고 무역을 자유화하는 중요한 이유 가운데 하나가 사회적 후생을 증가시키기 위해서랍니다. 최근까지 세계경제의 방향은 바로 이 자유무역의 확대였지요.

하지만 최근엔 상황이 약간 달라졌습니다. 경제가 어려워지자 각국은 위기 극복을 위해 다양한 경기부양책을 내놓고 있습니다. 그런 중에 보호무역주의 경향이 있는 조치가 섞여 들어가고 있지요. 예를 들어 미국은 경기부양책의 일부로 추진되는 공공사업에 미국산(産) 철강제품 사용을 의무화하는 'Buy American' 조항을 상원에서 통과시킨 적이 있습니다. 프랑스도 자국산 비행기를 구매한 항공사에 대해서 혜택을 주기로 했고, 중국은 조선업에 대해 융자를 확대했습니다. 러시아와 인도도 일부 외국산 제품에 대한 수입관세를 인상했지요. 또한 많은 국가들이 다른 나라가 지나치게 싼 가격으로 덤핑수출하고 있는지 조사하고 있으며, 그 결과에 따라 필요한 경우 무역보복조치를 취하려고 합니다.

보호무역의 폐해를 잘 알면서도 국가들은 왜 보호무역주의적 정책을 쓸까요? 유치(幼稚)산업 보호나 국내 정치적인 사정도 이유가 될 수 있는데, 재미있는 경제이론을 소개해보겠습니다. 흔히 '죄수의 딜레마(prisoners' dilemma)'라고 불리는 이론이지요. 예를 들어 볼까요. 조커와 펭귄이 절도죄로 체포되었습니다. 검사는 조사를 하다가 이들이 이전에 해결되지 않은 살인사건도 저질렀다는 심증을 갖게 됩니다. 하지만 두 사람이 범인이라는 점을 입증할 수 없었지요. 검사는 둘을 격리된 독방에 가두고 각각 심문해서 자백을 받기로 마음먹었습니다. 검사는 둘에게 제안을 합니다. 어느 한 사람이 살인죄를 자백하고 다른 사람이 묵비권을 행사할 경우 살인죄를 자백한 사람은 풀어주고, 묵비권을 행사한 사람에게는 살인죄를 적용하여 10년형을 구형하기로 했습니다. 둘이 함께 살인죄를 자백하면, 한명만 자백한 경우에 비해 큰 혜택을 주기 어렵다고 생각해 두 사람 모두에게 3년형을 구형하기로 했습니다. 마지막으로 둘 모두 묵비권을 행사할 경우 범행을 입증할 수 없으므로, 절도죄에 해당하는 1년형만 구형하기로 했습니다.

조커와 펭귄은 어떤 결정을 할까요? 조커는 여러 가능성을 생각해 볼 겁니다. 펭귄이 어떤 결정을 할지 모르기 때문이지요. 먼저 펭귄이 살인죄를 자백할 가능성이 있지요. 이때 조커도 같이 자백을 하면 3년형을 살아야 하고, 자백을 하지 않으면 살인죄로 10년형을 살아야 합니다. 다음에는 펭귄이 자백을 하지 않는 경우를 생각하겠지요. 만약 이때 조커가 자백을 하면 그는 석방되고, 자백을 하지 않으면 1년형을 살게 되겠지요.

그렇다면 조커의 입장에서 볼 때 펭귄이 어떤 결정을 하든 항상 자백이라는 의사결정을 해야 최선이 됩니다. 이러한 상황은 펭귄에게도 마찬가지겠지요. 결국 조커와 펭귄은 상대방이 어떤 의사결정을 할지 모르는 상황에서 서로 믿을 수 없기 때문에 자기 입장에서 최선인 자백을 하게 되고, 결국 둘 다 3년형을 살게 됩니다. 그러나 그 둘이 서로를 믿는다면 모두 묵비권을 행사할 겁니다. 조커와 펭귄은 1년형을 살게 되는 그들 나름으로는 최선의 결정을 했을 것입니다.

보호무역정책의 확산의 논리도 이와 비슷합니다. 각 나라들은 서로가 자유무역을 하는 것이 최선인 줄 알고 있습니다. 하지만 상대국이 자유무역을 이행하겠다는 약속을 어기고 보호무역정책을 실시함으로써 이익을 독차지할 가능성이 있지요. 따라서 최선인 자유무역정책 대신에 차선책인 보호무역정책을 선택하게 됩니다. 이 때문에 어느 한 국가에서 보호무역주의 정책을 사용하면 다른 나라도 이를 사용하게 되어 보호무역주의가 확산되는 것입니다.

그래서 보호무역주의의 확산을 막기 위해서 국제 협력체제가 중요합니다. 이 때문에 기사에서 나온 것처럼 4월 초 주요 20개국 정상들이 G20 회의에서 현재의 보호무역 수준을 더 이상 높이지 말자는 '동결(stand still)' 선언을 한 것은 보호무역주의 확산을 막기 위해 국제적 공조체제를 마련했다는 점에서 중요한 의미가 있습니다.

출처: 조선일보, 2009.4.17.일자.

참고2: 보호무역이 글로벌 경제위기 해법 될까요?

최근 미국에서 발생한 금융위기가 유럽·아시아 등으로 번지면서 세계경제가 소용돌이치고 있습니다. 우리나라에서도 환율이 치솟고 주가는 떨어지는 어려움을 겪고 있습니다. 미국에서 시작된 경제위기에 왜 우리나라도 영향을 받게 되는 걸까요? 미국은 지리적으로 보면 태평양을 건너 있는 먼 나라지만 경제활동에서 보면 매우 가까운 나라이기 때문입니다. 우리나라는 무역·투자·금융 등 여러 방면에서 미국과 서로 연결돼 있습니다. 우리나라 기업은 미국과 물건을 사고 파는 무역거래를 많이 하고 있습니다. 우리나라 은행도 미국에 지점을 내고 있고, 미국 보험회사도 한국에서 보험상품을 팔죠. 게다가 달러화는 세계의 모든 나라에서 통용되는 소위 '기축(基軸)통화'이기 때문에 미국의 금융위기가 우리나라에 더욱 직접적으로 영향을 끼치는 것입니다.

그 동안 미국은 감세와 저금리를 통해 경기침체를 극복하려고 했지만 오히려 정부와 가계의 과소비로 이어졌어요. 또 투자은행 등 금융사는 수익이 높은 만큼 위험도 큰 금융상품을 시장에 경쟁적으로 내다 팔면서 경제위기를 악화시킨 것으로 보입니다. 아무튼 최근의 위기를 극복하기 위해 미국·유럽 등 주요국들은 이자율을 떨어뜨리고 시중에 돈을 풀고 있습니다. 그동안 지나치게 규제가 풀린 금융상품에 대해 감독을 강화하는 처방도 할 것으로 보입니다.

국내외 일각에서는 세계화 또는 경제자유화가 최근 경제위기를 확산시킨 원인이라는 주장도 있습니다. 하지만 근본적인 원인은 미국의 금융 감독 및 정책이 제대로 이뤄지지 못했고, 미국 경제의 구조적인 문제가 해결되지 못했기 때문입니다. 그렇다면 우리나라가 그동안 택해온 세계화, 규제완화, 자유화 등 정책이 잘못된 것이 아닙니다. 시장에 대한 규제가 거의 없고 발전 속도도 너무 빨라서 감독을 제대로 못했던 미국과 달리, 우리나라는 오히려 규제가 너무 많아 효율성을 떨어뜨린 걸로 알려져 있습니다. 따라서 우리나라는 앞으로 세계화 및 경제자유화를 체계적으로 추진하되, 혹시 있을 수 있는 부작용도 미리 살펴야 할 것입니다.

1930년대 세계공황이 발생했을 때 미국 등 주요국들은 수입을 규제하는 보호무역주의를 택했습니다. 미국이 도입한 '스무트-할리 관세법(Smoot-Hawley Tariff Act)'이 좋은 예입니다. 이 법은 당시 2만 개 이상의 수입품에 대해 최고 400%에 이르는 관세를 부과해 국내 산업을 보호하려 한 것입니다. 경제가 어려울 때 국내 산업을 보호한다는 것은 얼핏 생각하면 올바른 정책인 것 같습니다. 그런데, 실제 결과는 어땠을까요? 모든 나라들이 경쟁적으로 자기 나라 산업을 보호하자 무역 흐름이 둔화되면서 오히려 세계적 공황이 더욱 악화되고 말았죠. 세계경제가 안 좋을수록 보호무역을 완화하는 것이 필요하다는 역사적 교훈을 얻은 셈입니다.

현재 세계 여러 나라가 진행 중인 다자(多者) 무역협상 중 대표적인 것이 DDA(도하개발어젠다, Doha Development Agenda) 협상입니다. WTO(세계무역기구)가 지난 2001년에 시작한 DDA협상은 세계적 차원의 무역 · 투자 자유화를 통해 시장을 확대하고, 환경 · 지적재산권 등 무역 규범을 새롭게 만드는 것입니다. 그런데, 금년 7월에 주요국들은 협상을 마무리 짓기 위해 핵심 사항에 대해서 대체적으로 동의하면서도 최종 합의는 하지 못했습니다. 미국 · 유럽 등 주요국의 정치 일정이 마무리되는 내년 상반기 이후에 우리나라는 주요국들과 협력해서 DDA협상을 다시 추진할 필요가 있습니다. 아울러 주요국들과 개별적으로 추진하는 양자(兩者) 무역협상인 FTA(자유무역협정)에도 힘을 기울일 필요가 있지요.

출처: 조선일보, 2008.12.12.일자.

Ⅱ부

WTO: 원칙

If goods don't cross the borders, soldiers will.
상품이 국경을 오가지 않으면 병사들이 건너게 된다.

―프랑스 경제학자 Frederic Bastiat(1801~1850)―

1장
다자간 무역협정의 이점

1. 시장개방의 용이성

위 1부에서 우리는 무역의 기본원리와 자유무역과 보호무역 간의 논쟁에 대해 이야기하였다. 논란의 여지는 분명히 있지만 이론적인 타당성이나 현실적인 사례에서 세계경제의 통합과 더불어 자유무역의 기조가 더욱 강화되어 왔음을 알 수 있다. 자유무역의 흐름은 두 번의 세계대전과 대공황 그리고 냉전 및 오일쇼크, 그리고 최근의 글로벌 금융위기 등을 거치면서 역사적 부침을 겪었지만 세계무역질서의 기저를 이루는 기본원리로 자리 잡아 왔다. 1부에서 보았듯이 이론적으로 보면 개별국가는 일방적인 관세인하 등의 무역자유화조치를 통해서도 무역의 이익을 누릴 수 있다. 하지만 실제로 20세기 중반 GATT 체제의 출범이후 진행되어 온 관세인하와 이를 통한 시장개방 및 무역자유화의 진전은 개별국가들의 일방적(unilateral) 무역자유화보다 오히려 상대방 국가와 주고받는 식의 양자간(bilateral) 또는 다자간(multilateral) 무역협정의 관계 속에서 이루어져 왔다는 것이 보다 더 정확하다.

그러면 왜 무역자유화가 개별국가 차원이 아닌 다자간 협정을 통해 진전되어 왔을까? 그 이유를 알 수 있다면 FTA 중심의 지역주의(regionalism)와 WTO 중심의 다자주의(multilateralism)의 필요성과 정당성에 대한 논의도 가능할 것이다. 우선 글로벌 차원의 무역자유화가 대부분 다자간 무역협정을 통해 이루어져 온 이유에 대해 살펴보자. 기본적으로 무역자유화가 상호간 무역협정을 통해 이루어져 온 것은 무역의 속성 자체가 상호성을 토대로 한 경제적 의사결정의 과정 및 결과물이라는 특성을 갖고 있기 때문이다.

시장개방을 위한 정부의 자율성 제한이라는 측면에서 독자적인 시장개방보다는 무역협정을 통한 자유화가 더욱 효과적일 수 있다. 다자간 무역협정은 상대방 국가에 대한 정부차원의 공식적 약속으로 현실적으로 이를 쉽사리 취소하거나 유예할 수 없다. 만약 독자적으로 시장개방을 했다면 언제든지 상황에 따라 시장개방을 취소하거나 보호무역조치를 시행하고 싶은 유혹이 따르기 마련이다. 따라서 지속적이고 예측 가능한 시장개방을 원한다면 무역협정을 통해 국가 스스로 정책적 자율성을 제한함으로써 이러한 유혹에서 벗어나도록 하는 것이 유리하다.

다음으로 다자간 무역협정은 정책시행의 예고와 시행 간의 시간적 차이로 인해 발생하는 정부정책의 신뢰도 저하를 방지하는 효과가 있다. 예를 들어 A국 정부는 무역자유화를 위해 1년 후부터 수입신발에 부과하는 관세를 현재의 100%에서 20%로 인하한다고 발표하였다. A국 정부가 1년 동안의 유예기간을 둔 것은 자국기업들이 이 기간 동안 생산성향상, 비용절감, 구조조정 등을 통해 경쟁력을 갖추기를 희망하기 때문이다. 하지만 A국 신발기업들은 개별국가 차원의 일방적 관세인하가 실제로 추진되기는 어려울 것으로 판단하고 경쟁력 향상을 위한 노력대신 정부정책에 대한 반발과 로비에 집중할 수 있다.

특히 정부의 정책적 신뢰도가 낮은 상황에서는 1년 후에 신발관세를 인하하기 어려운 상황에 처할 수 있다. 왜냐하면 국내신발기업이 경쟁력을 확보하지 못한 상태에서 무리하게 시장개방을 시행하면 국내신발기업은 경영상 어려움에 처하게 될 가능성이 크다. 더 나아가 기업퇴출, 실업, 경제성장율 저하 등 경제전반에 부정적으로 작용할 여지가 크다. 결국 A국 정부는 무역자유화정책의 원래 목적을 이루지 못한 채 예고했던 관세인하 약속을 철회하거나 유예할 수밖에 없는 상황에 이를 수 있다. 자동차를 수입하는 B국 정부도 위에서 설명한 A국과 동일한 상황에 처할 것이다.

A국과 B국은 개별국가 차원의 정책 예고와 시행의 시간적 격차로 인한 정책실행의 난점을 해결하기 위해 1년 후 A국은 신발관세, B국은 자동차관세를 동시에 인하하는 협정을 체결한다. 무역협정은 당사국 정부의 정책을 구속하는 효과가 있다. 따라서 A국 신발기업들과 B국 자동차기업들은 1년 후 정부가 실제로 관세인하를 단행할 것으로 확신하게 된다. 관세인하정책에 대한 신뢰도가 높아지면 기업들은 로비보다는 1년의 유예기간 동안 경쟁력 향상을 위해 더 노력할 것이다.

이렇게 정책에 대한 신뢰도가 높아지고 기업들이 경쟁력 향상을 위해 노력한다면

1년 후 A국, B국 정부 모두 원래 계획했던 대로 관세인하와 시장개방을 달성할 수 있다. 또한 양국이 합의한 타임 테이블에 맞추어 관세인하 등 무역자유화의 조치도 큰 저항과 어려움 없이 실행할 수 있다. 이처럼 다자간 무역협정은 예측가능성 및 정책시행에 대한 신뢰도를 높이게 되고 이에 따라 정부는 보다 용이하게 무역자유화 정책을 추진할 수 있다.

또한 무역협정을 통해 손해를 입는 자국 이해집단들의 반발과 로비에 효과적으로 대응할 수 있다. 예를 들어 A국은 B국으로 자동차를 수출하는 대신 신발을 수입하고 있다. A국이 무역의 이익을 실현하기 위해 관세인하를 통한 일방적인 자유무역을 시행한다고 하자. 신발가격은 하락하고 A국 신발 소비자의 경제적 후생은 증가한다. 하지만 국내 신발가격의 하락으로 국내 신발기업은 가격경쟁에 처하게 되고 무역으로 인해 손실을 입게 된다. 당연히 국내 신발기업은 관세인하에 반대할 것이다. 국내 신발기업들은 관세인하 철회를 적극적으로 주장할 것이다.

반면 소비자는 가격인하로 이익을 보지만 그 이익은 그 상품을 구입하는 불특정 다수에게 동일하게 부여된다. 하지만 현실적인 측면에서 보면 각 개인은 적극적으로 나서서 관세인하에 찬성을 표명할 정도로 무역의 이익이 크게 체감되지는 않는 경우가 대부분이다. 그리고 A국 수출기업은 A국이 부과하는 관세와는 무관하므로 관세인하에 대해 중립적이다. 그러므로 소비자와 수출기업은 수입관세를 인하하는 시장개방 또는 무역자유화에 대해 적극적으로 지지하는 의사표명을 하지 않을 가능성이 크다.

결국 A국 정부는 시장개방으로 직접적으로 손실을 입게 되는 국내 신발기업들의 적극적이고 강력한 반발과 로비에 부딪힐 수밖에 없고 이 경우 무역자유화를 일관되게 추진할 수 없다. 이렇게 되면 결과적으로 A국은 관세인하를 통한 무역의 이익을 효과적으로 실현하기 어렵다. B국도 A국과 동일한 상황이라고 하자. B국 정부도 수입자동차에 대한 관세를 인하하려고 한다. A국의 경우와 같은 이치로 당연히 B국 국내 자동차기업들은 반대할 것이다. 소비자나 수출업자는 관세인하에 찬성에 미온적일 것이다. 따라서 B국도 관세인하를 통한 무역의 이익을 실현하기 어렵게 된다.

이제 A국과 B국이 무역협정을 통해 A국은 수입신발의 관세를 인하하고, B국은 대신 수입자동차의 관세를 인하한다고 하자. 협정에 따라 A국과 B국이 동시에 관세인하를 단행하면 A국 국내 신발기업은 손해를 보게 되지만 자동차기업은 B국에서의 자동차 수요증가로 인해 수출이 늘어날 것이고 이로 인한 무역의 이익을 얻는다. 이렇게 되면 A국의 자동차기업은 적극적으로 자유무역을 지지할 것이다. 무역자유화에 대한 신발기업들의 반대를 자동차기업들의 찬성으로 일정부분 희석시킬 수 있는 여지가 있게 된다. 그만큼 A국은 무역자유화정책을 지속적으로 추진할 수 동력을 확보할 수 있다. B국도 동일한 논리로 무역자유화정책을 계속 시행할 수 있다.

이처럼 개별국가 차원의 독립적이고 일방적인 무역자유화정책은 다시 보호무역으로 회귀할 수 있는 유혹이 늘 존재하고 또한 비교열위산업 등 국내 이해집단의 반대로 일관되게 추진하기 어렵다. 하지만 양자 또는 다자간 무역협정을 통해 두 개 이상의 국가가 동시적으로 시장개방을 하게 되면 자유무역을 위한 정부정책에 대한 신뢰도가 향상되고 이에 따라 정부정책의 실현을 위한 유리한 여건 및 여론조성이 형성될 가능성이 크다. 이를 통해 자유무역을 위한 정부정책의 일관된 추진이 용이하고 무역자유화의 실현이 보다 빠르게 진행될 수 있다.

참고: 중국과 러시아의 WTO 가입 사례

그런데 중국과 인도는 사다리 없이도 유유히 부상하고 있다. 중국은 2001년에 WTO에 가입하였다. 최근에 열린 세미나에서 파스칼 라미 사무총장은 자기가 EU의 통상장관을 할 때 중국의 WTO가입이 이루어졌다면서 이런 일화를 소개하였다. 당시 중국의 통상장관이 이렇게 말했다는 것이다. "우리가 WTO에 가입하는 것은 내부 개혁을 위해서입니다. 이를 위해 상당한 비용을 치르더라도 WTO를 사야겠습니다." 라미 총장의 이 말은 청중들에게 커다란 감동을 주었다. 중국은 두말할 필요도 없이 WTO 체제의 최대 수혜국이다. 물론 WTO가 중국에 돈을 갖다 준 것은 아니다. 중국은 WTO 핑계를 대며 내부 개혁을 단행할 수 있었다. 개혁은 어려운 일이다. 수많은 이해관계가 얽혀 있어서 개방정책을 채택하는 것이 쉽지 않았다. 중국은 'WTO에 가입하려면 개혁을 해야 한다.'고 반대자들을 설득했다.

2011년에는 러시아의 WTO 가입이 이루어졌다. 그런데 러시아는 중국이 WTO에 가입할 당시와 비교하면 훨씬 잘사는 나라임에도 불구하고 시장개방의 폭은 중국보다 훨씬 낮은 수준으로 가입하였다. 중국의 시장개방 폭은 우리나라와 비교해도 뒤지지 않을 정도이다. 중국의 자신감을 반영하는 것이다. 파스칼 라미 총장은 이와 관련하여 이렇게 말하였다. "지금 WTO에는 여러 가지 소프트웨어가 혼재하고 있습니다. 선진국과 개도국이라고 하는 소프트웨어, 중국과 러시아라고 하는 소프트웨어, 홍콩과 싱가포르라고 하는 소프트웨어들이 그것입니다." 알쏭달쏭한 말이지만 무역에 대한 인식의 차이를 이렇게 표현한 것 같다.

출처: 김의기, 『국제통상 전문가 김의기 WTO에서 답하다』, pp.185~186, 다른세상, 2012.

2. 보복적 보호무역조치의 감소

위에서 우리는 양자간 또는 다자간 무역협정은 시장개방을 위해 활용될 수 있음을 살펴보았다. 위의 논의를 다자간 무역협정으로 좀 더 좁혀보자. 다자간 무역협정은 두 국가 또는 복수의 몇 개 국가 간의 무역협정이 아닌 전 세계 대부분의 국가가 참여하는 무역협정을 의미한다. 그 대표적인 것이 WTO협정이다. WTO는 다자간 무역협상을 위한 대표적인 국제무역기구로 2017년 말 기준 총 164개국이 회원국으로 참여하고 있다. 이는 전 세계 대부분의 국가들이 참여하고 있다는 의미이고 회원국 164개국은 원칙적으로 WTO협정에 구속되게 된다.

역사적으로 보면 다자간 무역협정은 1948년 GATT(General Agreement on Tariff and Trade)의 출범과 더불어 시작되었다고 볼 수 있다. 1995년 단순한 국가 간의 조약이었던 GATT는 명실상부한 법인격을 갖는 WTO로 탈바꿈하게 된다. 이후 다자간 무역협정은 WTO를 중심으로 발전되어 왔는데 기본적으로 다자간 무역협정은 각 국가들의 시장개방의 조건과 예외 등에 대해 사전적으로 모든 회원국들의 총의(consensus)와 그 결정에 대한 구속을 전제로 이루어진다. 총의란 투표 없이 의사결정이 이루어지는 방식으로 WTO의 의사결정 시 많이 활용된다. 만장일치가 모든 회원의 명시적인 찬성을 의미한다면 총의는 모든 회원들이 명시적인 반대 의사가 없다면 안건을 채택하는 방식이다. 모든 회원국들의 총의로 결정된 WTO 협정문의 조항을 개별국가가 임의로 위반할 수 없도록 하는 것이다. WTO는 개별 국가가 WTO 협정을 위반한다면 그에 상응하는 제재가 강제될 수 있도록 하는 장치를 가지고 있다.

따라서 개별국가들은 WTO에서 탈퇴하거나 제재를 감수하지 않는 한 WTO 협정을 임의적으로 위반하기 어렵다. WTO는 기본적으로 자유무역을 추구하고 있다는 차원에서 WTO 회원국이라는 그 자체로 기존의 보호무역조치를 활용하는 데 제약을 받을 수밖에 없다. 또한 WTO 협정은 협정을 위반하는 보호무역조치에 대해서는 그에 상응하는 제재와 보복이 뒤따르도록 하고 있기 때문에 개별국가의 입장에서는 협정을 위반하는 자의적 보호무역조치 시행에 더욱 소극적일 수밖에 없게 된다.

이는 더 나아가 개별국가들이 협정을 위반함으로써 발생하는 무역분쟁의 소지를 미연에 방지하거나 줄일 수 있는 역할을 한다. 왜냐하면 개별국가들의 입장에서 보호무역조치를 통해 무역의 이익을 극대화하고자 하는 합리적 행동이 오히려 불리한 결과를 낳게 되는 '죄수의 딜레마'를 가져올 수 있다. 다시 말해 다자간 무역협정을 통한 회원국 간 총의와 개별국가들에 대한 구속력이 없다면 개별국가들은 자신의 무역의 이익을 극대화하고자 할 것이고 이는 다분히 보호무역정책으로 이어질 가능성이 커지게 될 것이다.

경쟁적인 보호무역정책 시행은 결국 세계경제질서와 이익에 가장 안 좋은 결과를 가져오게 된다. 왜냐하면 개별국가들의 보호무역조치의 시행은 결국 여타 국가들에게는 불이익이 되고 불이익을 당하는 나라들은 다시 그에 상응하는 무역보복 및 보호무역조치 등을 시행할 것이다. 이로 인해 무역보복이라는 악순환의 고리에 빠지게 되고 오히려 무역의 이익이 감소하게 되는 최악의 결과를 가져올 수 있게 된다. 개별국가들의 합리적 행동이 동시에 모든 국가들에게도 최선의 결과가 되기 위해서는 이러한 '죄수의 딜레마'의 오류를 방지할 수 있는 다자간 무역협정을 통한 무역자유화가 무엇보다 효과적이라고 할 수 있다.

참고: 스무트-할리관세법(Smoot-Hawley Tariff Act)

미국이 자국의 불황을 타개하기 위해 1930년에 제정한 관세법. 이 관세법의 제정 후 세계공황은 확대되었다. 1929년 10월24일 뉴욕증시의 대폭락에서 발단된 불황으로 세계 각국의 생산은 급감하고 실업은 급증했다. 이처럼 내수기반이 붕괴되자 미국이나 유럽의 기업들은 수입품 규제에 눈을 돌렸고, 각국 업계와 의회는 수입제한을 위해 높은 관세를 매기도록 정부에 압력을 가했다. 그 첫 조치로 미국에서는 스무트와 홀리 의원이 주도해 '스무트-할리 관세법(Smoot-Hawley Tariff Act)'을 제정, 관세율을 대폭 인상했다. 미국의 이 같은 조치에 자극 받은 영국과 프랑스 등의 유럽 국가들도 잇달아 경쟁적으로 수입관세를 높였다. 1930년 통과된 스무트-할리 관세법은 관세율을 100년 내 최고치인 59%로 인상해 전 세계에 보호무역주의 연쇄효과를 일으켰고, 1929~1932년 간 국제무역이 무려 63% 감소했다.

출처: 매경시사용어사전

3. 무역전환효과의 감소

위에서는 다자간 무역협정에 대해서 이야기하였지만 현실에서는 다자간 무역협정 외에 양자간 또는 복수국간 무역협정이 다수 존재한다. 양자간 또는 몇 개의 국가가 참여하는 복수국간 무역협정은 회원국인 역내 국가들에 대해서 시장개방과 자유무역조치가 주어진다는 점에서 자유무역의 확대에 일정부분 공헌을 해 온 것은 사실이지만 회원국이 아닌 역외 국가들에 대해서는 차별적 무역조치를 시행한다는 점에서 자유무역을 저해하는 성격도 가지고 있다.

양자간 또는 복수국간 무역협정은 위에서 이야기한 것과 같이 개별국가 차원의 독자적인 무역자유화에 비해서는 무역의 이익을 담보하는 데 효과적이다. 하지만 역외국에 대한 차별적 (보호)무역조치로 인해 '무역전환효과(trade diversion effects)'가 발생한다. 양자간 또는 복수국간 무역협정이 체결되면 회원국에게 적용되는 역내관세는 철폐 또는 인하되지만 비회원국에 대한 역외관세는 그대로 유지되기 때문에 회원국과 비회원국 간 무역차별이 발생한다.

관세의 차별로 인해 회원국으로부터의 수입이 가격경쟁력을 갖게 될 여지가 커지게 된다. 무역협정 이전 비회원국으로부터 저렴한 가격으로 수입되던 상품이 이제 역내 회원국에서 수입되는, 다시 말해 수입선이 바뀌는 현상이 발생할 수 있다. 이와 같이 관세차별로 인해 수입선이 전환되고 이로 인해 나타나는 경제적 후생의 변화를 무역전환효과라고 한다. 무역전환효과는 무역협정을 체결한 역내국들, 특히 관세인하로 인해 수출이 가능하게 된 회원국에게는 유리할 수 있겠지만 세계경제 전체 차원에서 볼 때 상대적으로 높은 비용으로 상품이 생산, 수출되는 것을 의미하기 때문에 비효율적이다. 세계경제 전체 차원에서는 자원의 효율적 배분이 왜곡되고 경제적 후생은 감소하는 것이다.

구체적으로 보면 무역전환이 발생하는 이유는 관세부과로 가격의 역전이 발생하기 때문이다. 예를 들어 세계에 A, B, C국이 있다고 하자. 이제 A국과 B국이 양자간 무역협정을 체결한다고 하자. A국은 자동차를 수입하고 있다. B국은 자동차 한대 생산에 $25,000의 비용이 들어가고 C국은 $20,000의 비용이 든다. A국의 수입자동차에 대한 관세율은 100%이다. 무역협정 체결 이전에는 A국이 B국, C국 모두에 대해 동일한 관세율인 100%를 부과한다. 따라서 B국에서 생산된 자동차의 수입가격은 $50,000(=$25,000+$25,000×100%), C국에서 생산된 자동차의 수입가격은 $40,000(=$20,000+$20,000×100%)이 된다. A국은 생산비용이 가장 낮아 수입가격이 낮은, 즉 자원의 배분측면에서 자동차를 가장 효율적으로 생산하는 C국로부터 자동차를 수입한다. 이것은 세계 전체 차원에서도 효율적인 자원배분을 가능하게 한다.

하지만 이제 A국과 B국이 무역협정을 체결한다고 하자. 무역협정으로 두 국가 간 관세가 철폐되게 되면 B국에서 생산된 자동차수입가격은 원래의 생산가격인 $25,000이 되고 이는 기존 C국에서 수입되는 자동차가격 $50,000보다 훨씬 낮아지게 된다. 당연히 A국의 자동차의 수입선은 B국으로 바뀌게 되고, 기존 자동차 수출국인 C국은 수출시장을 잃게 되어 손실을 입게 된다. 이렇게 되는 경우 C국은 자동차생산을 포기할 수밖에 없고 세계 전체적으로 보았을 때 자동차를 효율적으로 생산할 수 없게 된다. 이렇게 양자간 무역협정으로 인해 무역전환이 발생하고 이로 인해 수입선의 전환 및 자원의 효율적 배분에 왜곡이 생기게 된다. 이는 세계 전체적 차원의 후생에 부정적인 영향을 준다.

물론 무역협정으로 보다 저렴한 가격으로 자동차를 구매할 수 있게 된 A국 소비자와 A국으로의 자동차 수출이 증가한 B국은 이익을 보게 된다. 하지만 관세수입이 감소하게 된 A국 정부와 보다 더 저렴한 자동차수입으로 인해 더 치열한 경쟁에 노출되게 되는 A국의 자동차기업 그리고 수출이 감소한 C국은 손실을 입게 된다. 세계경제 전체로 보았을 때 이러한 무역의 이익이 위에서 언급한 무역의 손실을 상쇄하고도 남을 만큼 충분히 크다면 세계 후생수준은 증가할 수도 있다. 하지만 그렇지 못할 경우 후생수준은 낮아지게 된다. B국은 수출의 증가로 후생은 증가하기 때문에 당연히 A국과의 무역협정에 찬성할 것이다. 하지만 A국의 경우 이익과 손실의 상대적 크기가 불명확하기기 때문에 선불리 지역무역협정에 찬성하기 어렵다. 세계경제 전체적 차원에서도 그 이익과 손실의 크기를 면밀히 따져보기 전까지는 불명확하다.

요약하면 양자간 또는 복수국간 무역협정은 무역전환효과로 인해 자원의 비효율적 배분을 야기하고 이익과 손실의 크기가 불확정적이다. 따라서 무역자유화의 효과가 명확하지 않을 수 있는 양자간 또는 복수국간 무역협정에 비해 무역전환효과가 원천적으로 제거되는, 다시 말해 모든 국가들이 자유무역에 참여하는 다자간 무역협정이 자유무역의 확대에 보다 효과적이라고 할 수 있다.

참고: FTA의 경제적 효과, 무역창출 효과 VS 무역전환 효과

대공황 이후 나타난 무역의 위축으로 인해 세계 경제는 성장 둔화를 겪었고, 이를 반성하는 취지에서 1947년 10월 GATT(관세와 무역에 관한 일반 협정)가 타결됐다. GATT는 무차별원칙에 입각한 최혜국대우 조항을 기본으로 한다. 최혜국대우(most favoured nation treatment)란 '한 국가가 제3국(최혜국)에게 과거에 부여한 또는 앞으로 부여할 특혜(권리와 이익)를 타 국가(수혜국)에게도 동일하게 부여한다는 것'이다. 이는 거래하는 국가 사이에 차별이 있어서는 안 된다는 원칙으로, 11~12세기 이래 지속된 다자간 무역협상의 기본원칙이었다. GATT는 8차 협상인 우루과이 라운드를 거쳐 WTO(세계무역기구)로 재탄생되었는데, WTO도 최혜국대우 조항을 근간으로 하고 있다. 그러나 서로 다른 상태에 놓인 모든 국가를 동일하게 대우하는 다자간 협상 방식은 합의 도출에 어려움이 많다. 이런 어려움을 피하는 하나의 방법으로 '회원국 사이'에 관세·비관세 장벽을 완화함으로써 상호간 교역 증진을 도모하는 FTA와 같은 지역경제 통합이 추진되고 있다.

다자간이 아닌 회원국 사이에서만 관세 등의 장벽을 완화하는 경우 두 가지 경제적 효과가 나타난다. 우선 회원국에 대한 무역 장벽(관세 등)이 철폐되면 저렴한 비용으로 생산하는 회원국으로부터의 수입이 증가하여 소비자는 더 낮은 가격에 더 많은 재화를 소비할 수 있어 좋다. 반면 국내 생산자들은 더 낮은 가격에 더 적은 수량만 판매할 수 있고, 정부는 관세 수입이 줄어든다. 그러나 소비자의 후생 증대 효과는 생산자와 정부의 후생 감소를 넘어서는 것으로 알려져 있다. 이를 '무역창출효과'라고 한다.

그런데 B국(효율적 생산)과 C국(비효율적 생산)에 동일하게 부과되던 관세가 지역경제 통합으로 인해 C국에서만 철폐되면, 과거에 저렴한 비용에 효율적으로 생산하는 비회원국(B국)으로부터 수입하던 재화를 높은 비용에 비효율적으로 생산하는 회원국(C국)에서 수입할 수도 있다. 만약 관세가 동일하게 적용되었다면 소비자들은 더 싼 가격에 B국 재화를 소비할 수 있었지만 지역경제 통합이 이를 가로막게 된 것이다. 이 같은 현상은 '무역전환효과'라고 한다.

바이너(Jacob Viner) 전 시카고대 교수는 FTA와 같은 지역경제 통합은 무역창출효과와 무역전환효과가 동시에 나타나며, 무역창출효과의 경우 경제적 후생 증대가 명백하나 무역전환효과 측면에서는 비효율성이 나타나고, 경제적 후생이 감소한다고 주장하였다. 그러나 바이너의 가정을 완화한 립시(Richard Lipsey)는 무역전환효과가 경제적 후생에 미치는 영향은 불분명하며, 오히려 경제적 후생이 증대될 수 있음을 보였다. 립시 이후에도 많은 학자들이 지역경제 통합은 동태적·장기적으로 경쟁과 시장 확대를 가져와 경제성장을 견인한다는 연구 결과를 내놓았고, 경제 통합으로 인한 회원국들의 소득증대가 비회원 국가들로부터의 수입을 증가시켜 무역전환효과를 상쇄할 것이라는 주장이 제기되기도 하였다.

두 가지 경제적 효과 측면에서 본다면 다자간 무역협상을 근간으로 하는 WTO는 최혜국대우에 따라 무역창출효과만을 유발할 것이며, 지역 간 경제통합을 근간으로 하는 FTA는 무역창출효과와 무역전환효과를 모두 유발한다. 무역전환효과에 대한 학자들의 논란이 있음에도 FTA를 추진하는 이유는 앞에서 밝힌 바와 같이 지역경제통합을 협상에 어려움이 많은 WTO로 나아가는 중간단계로 보고 있기 때문일 것이다. 물론 FTA와 같은 지역주의를 WTO와 같은 세계화 현상에 대한 방어수단으로 보는 견해도 있다.

출처: KDI, 차성훈, KDI 경제정보센터, 2011.11월호.

4. 투명성과 예측가능성

마지막으로 무역자유화를 위해 다자간 무역협정이 일방적 무역자유화, 더 나아가 양자간 및 복수국간 협정에 비해 보다 우월한 이유는 투명성과 예측가능성이 보장되기 때문이다. 무역이 원활하게 이루어지기 위해서는 무엇보다도 무역 관련 제도, 절차, 규정 등에 대한 정확한 정보가 이해당사자들에게 특별한 제한 없이 제공되어야 한다. 정확하고 투명한 정보의 제공으로 경제주체들은 자신의 의사결정에 따른 결과를 예측할 수 있고 이러한 예측가능성이 높아질 때 국제무역은 더욱 확대될 수 있기 때문이다.

양자간, 복수국간 무역협정의 경우에는 회원국 간의 정보공유가 가능하더라도 비회원국에 대해서는 제한과 차별이 있을 수 있다. 이러한 '정보의 비대칭성'으로 인해 비회원국까지를 모두 포괄하는 진정한 의미의 자유무역은 위축될 수밖에 없다. 이에 비해 다자간 무역협정은 다수국간의 정보가 동시적으로 제공, 교환되도록 함으로써 무역에 참여하는 경제주체들의 필요한 정보에 대한 접근성을 높여 자유무역을 확대하는 데 더욱 효과적이다.

참고: 무역정책검토제도(TPRM, Trade Policy Review Mechanism)

WTO의 핵심 역할 중 하나는 회원국 무역정책에 대한 검토이다. 국제무역에 참여하고 있는 개인이나 기업은 당사자 간의 교역조건에 영향을 미칠 수 있는 것에 관해서 될 수 있는 대로 많은 것을 알고 싶어 한다. 이러한 측면에서 볼 때 국제무역에 영향을 미칠 수 있는 규정과 정책의 투명성은 매우 중요한 부분이라고 할 수 있다.

WTO에서 회원국의 무역정책과 규칙에 관한 투명성 문제는 두 가지 방법을 통해 해결되었다. 첫 번째는 해당국 정부로 하여금 자국의 특정조치나 정책, 법규 등을 '통지(notification)'라는 절차를 통하여 WTO에 통보하도록 한 것이다. 두 번째로 WTO로 하여금 개별국가에 의해 통지된 무역정책을 검토하도록 한 것이다. 결국 회원국의 무역정책이나 규범에 대한 투명성 문제는 관련 법, 제도, 규정, 조치 등에 대한 회원국의 자발적 통지와 WTO의 검토에 의해 어느 정도 달성된다고 볼 수 있는 것이다.

무역정책검토제도는 UR 협상의 중요 협상분야였지만, UR이 타결되기 이전부터 이미 수행되기 시작되었다고 볼 수 있다. 이렇게 볼 때 무역정책검토제도는 UR 협상의 첫 합의물이라고 볼 수 있는 것이다. 실제 UR의 중간평가의 성격을 갖고 개최된 1988년 10월의 각료회의에서 협상 참가국들은 무역정책검토제도의 실시에 합의하였다.

무역정책에 관한 최초 검토는 각료회의의 합의 다음 해인 1989년에 실시되었다. 그러나 당시의 무역정책검토제도는 상품무역의 분야에 초점을 둔 GATT분야에서만 실시되었다. WTO가 출범한 현재에 와서는 서비스 분야와 함께 지적재산권 분야까지도 무역정책검토제도의 통지 대상이 되고 있다.

무역정책검토제도의 도입목적은 다음과 같다.

- 각 국의 법, 제도, 규정, 조치 등에 대한 감시를 통하여 일국의 무역정책과 관행에 대한 이해와 투명성 증대
- 통상문제에 대한 공공간 또는 정부간 논의의 효율성 제고
- 전 세계에서 실시되는 각종 무역제도의 효과에 대한 정기적이고 집단적인 평가

출처: 여택동, 전정기, 장동기. 2014.『WTO체제하의 국제통상론』. pp.140~41. 두남.

2장
WTO, 다자간 무역질서의 결정체

1. WTO의 연원

위에서 다자간 무역협정이 독자적인 시장개방, 양자간 또는 복수국 간 무역협정 등에 비해 자유무역의 확대를 위해 유리한 조건을 제공함을 살펴보았다. 다자간 무역협정이 대표적인 사례가 WTO협정이고 현 다자적 차원의 자유무역질서는 대부분 WTO에서 논의되고 결정되고 있다. WTO협정은 현존하는 사실상 유일하면서 동시에 역사적으로 가장 강력한 다자간 무역협정이다. 따라서 다자적 차원의 무역질서에 대한 이해를 위해서는 WTO에 대한 이해가 필수적이다.

WTO는 자유무역과 다자적 무역질서를 추구해온 인류가 이룬 인내와 끊임없는 노력의 산물이자 결정체이다. 먼저 본 절에서는 WTO의 연원, 즉 WTO가 어떻게 시작되었는지 즉 그 기원을 찾아보고자 한다. 이를 통해 과거와 현재를 관통하는 WTO가 갖는 의미에 대해 이해할 수 있을 것이다. WTO를 중심으로 하는 현재의 다자간 무역체제(multilateral trading system)의 형성은 하루아침에 이루어진 것이 아니다. 세계의 무역질서를 관장하는 국제기구 설립을 위한 시도는 지금부터 70여 년 전으로 거슬러 올라간다. WTO의 청사진은 제2차 세계대전이 연합국의 승리로 거의 끝나갈 무렵인 1940년대 초 연합국의 대표주자인 미국과 영국을 중심으로 대공황과 전쟁으로 인해 무너진 세계경제와 무역질서를 어떻게 새롭게 구축할 것인가라는 고민으로부터 시작되었다.

당시 대다수의 정책 결정자들과 경제학자들은 대공황과 1, 2차 세계대전의 원인이 자국의 경제적 이익의 확보를 위해 타국의 경제적 이익을 훼손시키는 인근궁핍화정책에 있음을 지적하였다. 타국의 이익을 배제하는 제로섬 방식의 이익추구로는 종국적으로 모두가 공멸할 수 있다는 교훈을 통감하게 된 것이다. 20세기 전반 두 번의 세계대전과 대공황 등의 뼈아픈 역사적 전철을 반복하지 않기 위해서는 패권국가의 일방적 독주를 견제하는 것이 필요했다. 다시 말해 일부 국가의 일탈행위가 다시 다른 국가들의 동조로 이어져 결국 모든 국가들이 손해를 보게 되는 '죄수의 딜레마'를 원천적으로 차단해야 한다는 인식이 퍼지게 되었다. 이러한 필요를 현실적으로 반영할 수 있는 방안이 바로 다수의 국가가 다수의 국가를 동시적으로 감시, 견제할 수 있는 다자간 협정이다.

종전 후 국제금융질서의 근간이 된 브레튼우즈(Bretton Woods)협정도 미국이 주도하기는 했지만 연합국을 비롯한 세계 주요 국가들이 한 테이블에 모여 무수한 협상을 통해 만들어낸 다자간 협정이다. 또한 브레튼우즈협정을 근거로 창설된 국제통화기금(IMF)과 세계은행(World Bank)은 세계 다수국가들의 참여와 협력을 통해 가능하게 되었다. 브레튼우즈협정은 1944년 7월 미국 뉴햄프셔 주의 휴양도시인 브레튼우즈에서 44개 연합국 대표들이 모여 개최한 연합국통화금융회의에서 체결한 협정으로 정식명칭은 연합국통화금융최종의정서이다. 연합국은 이 협정에서 은(銀)문제, 국제결제은행의 청산, 적국재산과 피탈재산에 대하여 합의함과 동시에 국제통화기금(IMF)과 국제부흥개발은행(IBRD, 세계은행)이 창설에 합의하였다. 이것은 제2차 세계대전 이후의 국제통화금융에 대한 방침을 정한 것으로 이후의 국제금융질서를 브레튼우즈체제라고 한다. 브레튼우즈협정에 따라 국제통화기금(IMF)은 1947년 3월, World Bank의 전신인 국제부흥개발은행(IBRD)은 1946년 6월 업무를 개시하였다. 이후 IMF와 World Bank는 국제금융질서의 중심기구로 중요한 역할을 해오고 있다.

국제금융과 함께 세계경제질서의 한축을 이루는 무역부문에 있어서도 다자간 무역체제의 구축을 위한 시도가 이루어졌다. 종전 후 명실상부한 패권국가로 부상한 미국은 "상품이 국경을 오가지 않으면 병사들이 건너게 된다.(If goods don't cross the borders, soldiers will.)"라는 슬로건을 들고 자유무역을 통한 국제무역질서의 필요성에 대해 적극적으로 선전하기 시작하였다. 이 슬로건 자체는 프랑스의 자유주의 경제학자인 Frederic Bastiat(1801~1850)가 처음 사용했다고 알려져 왔으나 자유무역을 주장하기 위한 문구로 많이 활용되고 있다.

미국은 이미 1945년 다자적 차원의 관세인하협정을 제안하였다. 1946년에는 이

보다 한발 더 나아가 '국제무역기구(International Trade Organization, ITO)'의 창설을 위한 헌장(Charter)의 초안까지 제시하기에 이른다. 그리고 이러한 미국의 적극적인 주도로 1947년 8월말 쿠바의 수도 하바나(Havana)에서 자유무역을 근간으로 하는 세계무역질서의 구축과 ITO 창설을 위한 하바나 헌장(Havana Charter)이 채택되었다. 원래 ITO는 국제연합(UN)의 산하기구의 하나로서 무역관련 업무를 포함, 국가 간 경제협력을 총괄하는 명실상부한 중심기구로서의 역할을 담당할 계획이었다.

ITO 창설을 위한 노력이 어느 정도 마무리되는 가운데 ITO의 핵심내용이 될 관세인하부문에 대한 협상도 동시에 진행되었다. 협상 결과 1947년 10월, 23개 국가가 회원국으로 참여한 '관세 및 무역에 관한 일반협정(General Agreement on Tariffs and Trade, GATT)'이 체결되었다. 이때의 GATT를 1994년 WTO 출범 직전 최종적으로 개정된 'GATT 1994'와 구별하기 위해 'GATT 1947'이라고 부른다. GATT는 각 회원국의 국내법적 인준 절차를 거쳐 1948년 1월 1일부로 국제협정으로서의 효력을 갖게 되었다. 형식적으로 보면 GATT는 법인격을 가진 국제기구로서 출범예정이었던 ITO헌장의 일부분이었지만 실제로는 ITO가 GATT를 뒷받침하기 위한 실체적 존재로서의 국제기구의 역할을 하는 것이었다고 할 수 있다.

이렇듯 ITO 설립 절차가 큰 어려움 없이 순조롭게 진행됨에 따라 자유무역을 중심으로 한 다자간 무역체제의 성립이 조만간 이루어질 듯 보였다. 그런데 야심차게 추진되었던 ITO 설립은 뜻밖의 난관에 봉착하게 되었다. 미국 행정부가 추진하고 있던 ITO 설립과 관련하여 미국 의회가 비준을 거부한 것이다. 당시 미국 의회는 ITO 설립이 대외정책 특히 무역정책과 관련된 미국 의회의 권한을 제한할 수 있다는 점과 ITO헌장의 내용이 현실에 비해 너무 이상적이고 미국의 국익을 침해할 수 있다는 이유로 비준을 거부하였다.

미국 행정부는 의회를 설득하기 위해 노력하였으나 무의로 돌아가고 1950년 의회에 더 이상 ITO헌장의 비준요구를 하지 않기로 방침을 정하였다. 이처럼 ITO 출범은 그 꿈은 원대하였으나 ITO 설립의 주창자이자 가장 중요한 후원자로 자처하였던 미국 의회의 비준 거부로 그 구심력을 잃고 결국 폐기되었다. 당시 자유무역의 실현을 위한 야심찬 꿈을 가지고 진행되었던 ITO 설립 노력은 아쉽게 실패하고 말았다.

하지만 ITO 출범의 실패 그 자체가 곧 원래 목표로 했던 다자간 무역체제의 실패라고 하기는 어렵다. 왜냐하면 ITO라는 법인격을 갖는 실체로서의 국제무역기구가 존재하진 않았지만 그 근간을 이루는 핵심내용인 GATT는 국제무역을 관장하는 협정으로 그대로 존속하였기 때문이다. 1948년 발효 이후 GATT는 1995년 실질적으로 ITO를 계승한 WTO가 출범하기까지 50여 년 가까운 기간 동안 다자간 무역체제의 근간을 이루는 협정으로 중요한 역할을 하게 된다. 23개국으로 시작되었던 GATT 회원국은 1995년 WTO 출범 시에는 76개국으로 3배 이상 증가하였다. 그 협정 내용도 8차례의 다자간 협상을 거치면서 관세인하 및 상품무역 관련 내용에서 비관세장벽, 서비스, 지적재산권, 환경 등 무역과 직간접적으로 연관되어 있는 다양하고 광범위한 주제로 확대되었다. 그리고 이러한 노력이 드디어 WTO 출범으로 이어지게 되었다.

이와 같이 비록 2차 세계대전 후 야심차게 기획되고 준비되었던 ITO의 설립은 아쉽게 실패로 끝났지만 그럼에도 불구하고 다자간 무역체제의 실현은 GATT를 통해 이루어지게 되었다. 이후 반세기 동안 자유무역은 세계경제 환경 변화에 따라 부침을 겪게 되지만 점차 세계무역질서의 주류로 자리 잡게 되었다. 지금의 WTO는 ITO가 GATT를 통해 실현된 것이라고 할 수 있다.

그러면 현 WTO는 GATT와 어떻게 연결되어 있을까. WTO와 GATT는 별개로 생각할 수도 있지만 실제로 GATT는 WTO 협정문의 일부로 엄연히 WTO안에 살아 숨 쉬고 있다. WTO 협정문은 크게 상품무역, 서비스무역, 그리고 지적재산권에 대한 규율을 기술하고 있는 세 개의 부문(Annex I, II, III)으로 구성되어 있다. 이 중 상품무역협정이 바로 GATT 협정문이다. GATT 협정문은 1947년 최초로 체결된 GATT 협정문(GATT 1947)이후 개정된 내용을 포함하여 1994년 우루과이라운드의 타결과 함께 되고 최종 개정되었다. 따라서 동 협정문은 최초의 협정문인 'GATT 1947'과 구별하기 위하여 'GATT 1994'로 명명한다. 이처럼 GATT는 ITO의 이상을 계승한 WTO의 근간을 이루는 여러 협정들 중 가장 핵심적인 내용으로서 다자간 무역체제를 통한 자유무역의 발전에 크게 이바지하였다.

참고1: ITO 설립협정 비준의 실패 이유

당시 미 의회는 무역관련 법안의 제정을 통해 미국 통상정책의 권한을 통제해 온 미 의회의 권한이 ITO에 의해 제한을 받을 수 있기 때문에 ITO협정의 비준을 반대하였다. 그러한 상황에서 ITO협정 내에 포함된 경쟁정책과 국제투자정책, 긴급수입제한 조치 등에 대한 미국산업계의 불만이 폭발하면서 미국에서의 ITO 비준은 실패하였다. ITO 설립협정에 대한 불만은 미국만의 것은 아니었다. 영국의 경우 영국령 국가에 대한 우대조치의 허용을 주장하였고, 그 외의 기타 유럽 국가들은 ITO협정 내에 긴급수입제한조치의 허용과 강화를 주장하였기 때문에 기존의 ITO에 대해 불만을 가지고 있었다. 이러한 상황에서 많은 개도국들은 ITO협정 내에 존재하는 경제개발과 관련된 조항에 대해 개도국에 대한 예외조항의 허용을 주장하면서 불만을 가졌다. ITO협정의 비준은 미국의 비준포기선언 이후에 다른 많은 국가들의 불만이 표출되면서 결국은 실패하게 되었다.

출처: 여택동 외. 2014. 『WTO체제하의 국제통상론』. p.50. 두남.

참고2: 국가 간에 상품이 흐르지 않으면 탱크가 지나간다.

WTO는 무엇을 하는 곳일까? 한마디로 정의하자면, 국가 간 무역의 장벽을 낮추어서 무역을 증진시키는 일을 한다. 제2차 세계대전이 일어나기 전에 국제질서는 큰 혼란을 겪었다. 각국이 대공황을 이겨내고자 수입을 억제하고 수출을 증대하려 했기 때문이다. 많은 나라가 관세를 올리고 환율을 내리는 보호주의 정책을 택했다. 이 보호주의 정책은 몇몇 나라만 이를 시행하고 대부분의 나라가 관세나 환율을 그대로 유지할 때는 효과를 발휘한다. 그 나라의 생산과 고용이 늘어나는 것이다. 하지만 모든 국가가 보호주의 정책을 시행하면 누구도 이익을 보지 못하고, 혼란만 일으키게 된다. 보호주의는 국가 간의 갈등을 낳았고 제2차 세계대전의 원인이 되었다. 제2차 세계대전을 겪은 사람들은 국가 간에 상품이 흐르지 않으면 탱크가 지나간다는 교훈을 얻었다. 그래서 국제통화기금(IMF)을 설립하여 환율을 규율하고, GATT를 통하여 공산품 관세 인하를 추진하였던 것이다.

출처: 김의기. 2012. 『국제통상 전문가 김의기 WTO에서 답하다』. p.161. 다른세상.

2. WTO의 설립목적

1절에서 이야기하였듯이 1995년 WTO의 출범은 ITO에 그 뿌리를 두고 있고 반세기 가까운 GATT체제 기간 자유무역의 다자간 무역체제의 발전을 위한 오랜 인내와 지속적인 노력을 통해 맺어진 결실이다. 본 절에서는 WTO는 궁극적으로 무엇을 위해 존재하는지, 즉 그 설립목적에 대해 이야기하고자 한다. WTO의 설립목적에 대한 이해를 위해서는 우선 그 근간인 GATT의 목적을 살펴보는 것이 필요하다. GATT 1947의 협정서문에는 다음과 같이 GATT의 목적이 기술되어 있다.

> "… 무역과 경제활동분야에서의 회원국들의 관계가 국민의 생활수준을 향상시키고, 완전고용 및 지속적으로 증가하는 실질소득과 유효수요를 확보하고, 세계자원의 완전한 이용을 확대하며, 재화의 생산과 교환의 확대를 위하여 이루어져야 한다는 것을 인정하고, 관세 및 그 밖의 무역장벽을 실질적으로 감축하고 국제상거래에 있어서의 차별적 대우를 철폐할 것을 지향하는 상호적이고 호혜적인 약정을 체결함으로써 이러한 목적에 기여할 수 있기를 바라며, …"

위의 밑줄 친 부분을 중심으로 GATT의 목적을 요약해보면 생활수준의 향상, 완전고용, 실질소득과 유효수요의 증대, 자원의 완전한 이용, 재화의 생산 및 교환의 확대 등 다섯 가지 정도로 구분해 볼 수 있다. 이러한 GATT의 설립목적은 WTO에도 대부분 그대로 수용되었다. 이제 WTO의 설립목적을 살펴보자. WTO의 설립목적은 'WTO설립을 위한 마라케쉬 협정'의 서문에 기술되어 있다. 그 내용은 이렇다.

> "이 협정의 당사자들은 상이한 경제발전단계에서 각각의 필요와 관심과 일치하는 방법으로 환경을 보호하고 보존하며 이를 위한 수단의 강화를 모색하면서 지속가능한 개발이라는 목적에 부합하는 세계자원의 최적사용을 고려하는 한편, 생활수준의 향상, 완전고용의 달성, 높은 수준의 실질소득과 유효수요의 지속적인 양적 증대 및 상품과 서비스의 생산 및 무역의 증대를 목적으로 무역 및 경제활동 분야에서의 상호관계가 이루어져야 한다는 점을 인식하고, 개발도상국, 특히 최빈개도국이 국제무역의 성장에서 자국의 경제를 발전시키는데 필요한 몫을 확보하는 것을 보장하기 위하여 적극적인 노력을 기울여야 할 필요성이 있다는 점을 인식하고, 관세 및 그 밖의 무역장벽의 실질적인 삭감과 국제무역 관계에 있어서의 차별대우의 폐지를 지향하는 상호 호혜적인 약정의 체결을 통하여 이러한 목적에 기여하기를 희망하며…"

위의 내용 중 밑줄 친 부분이 WTO의 목적을 서술한 것이라고 할 수 있는데 '자원의 완전한 이용'을 제외하면 GATT의 목적과 거의 동일함을 알 수 있다. 하지만 GATT의 '자원의 완전한 이용'이라는 목적도 삭제된 것이 아니라 '지속가능한 개발이라는 목적에 부합하는 세계자원의 최적사용'이라는 표현으로 수정된 것을 알 수 있다. 또한 지속가능한 개발을 위해서는 환경보호와 보전이 필요하다는 점에서 이에 대한 내용이 포함된 것은 당연하다.

이와 함께 GATT에는 없는 WTO 설립목적 중 하나는 '개도국의 경제발전'이다.

위 내용에서 보듯이 WTO는 개발도상국, 특히 최빈개도국의 경제발전을 위한 국제무역의 기여를 강조하고 있다. 이는 WTO 회원국의 75% 이상을 차지하는 개도국의 참여와 이들에 대한 지원과 배려 없이는 성공적인 다자간 무역체제의 구축과 자유무역의 확대가 어렵다는 현실적 판단에 따른 것이다. 또한 이러한 현실적 측면과 함께 자유무역의 궁극적 목적은 자유무역 그 자체가 아니라 무역을 통해 개도국을 포함한 모든 회원국 국민의 생활수준 향상이라는 보편적인 염원이 포함된 것이다.

GATT가 WTO협정의 한 부분으로 이미 포함되어 있다는 것을 생각해 보면 GATT의 목적이 WTO의 설립목적에 수용되었다는 것은 자연스러운 일이다. 하지만 WTO의 설립목적은 GATT의 설립목적 이외에 '지속가능한 개발'과 '개도국의 경제발전'을 포함하고 있다는 점에서 그 중요한 차이점이 존재한다. 이처럼 WTO의 목적이 GATT 출범 후 50년 가까이 지나는 동안 변화된 세계경제질서와 지속가능한 발전을 위한 환경문제를 반영한 것일 뿐만 아니라 선진국과 개도국의 공존공영의 가치를 포함하였다는 점에서 의의가 있다고 할 수 있다.

참고: [제네바통신] 제네바의 환경 관련 국제기구

제네바와 인근 도시에는 환경 관련 국제기구 본부와 협약 사무국이 다수 위치해 있다. 이들 단체간 파트너십을 증진하기 위해 1999년 제네바 환경 네트워크(Geneva Environment Network, GEN)가 창설되었는데, 현재 이 네트워크에 등록된 정부간 기구만 해도 약 50개에 이른다. 이에 따라 제네바를 중심으로 국제사회의 주요 환경 담론이 만들어지고 있으며, 이를 바탕으로 한 각종 이니셔티브도 이행되고 있다. 현재 제네바를 중심으로 논의되는 주요 환경 이슈는 크게 아래 네 가지를 들 수 있다.

첫째, 무역 측면에서의 환경 논의이다. 이는 제네바에 본부를 둔 세계무역기구(WTO)와 유엔 무역개발회의(UNCTAD)를 중심으로 특히 활발하게 이루어지고 있다. 1994년 WTO 각료회의 결정에 따라 무역과 환경 위원회(CTE)가 설립되어, WTO 내에서 무역과 환경 간 연관성에 대한 다양한 논의가 진행되고 있다. UNCTAD도 국제사회의 환경 담론이 개도국의 경제 개발에 긍정적으로 활용될 수 있도록 다양한 연구 분석 활동을 진행하고 있으며, 그 대표적 결과물로 '무역과 환경 리뷰'를 3년 주기로 발간하고 있다.

둘째, 인류에게 유해한 화학 물질의 관리다. 제네바에는 유엔 환경계획(UNEP)의 화학물질국, 바젤·로테르담·스톡홀름 협약 사무국이 있다. UNEP의 화학물질국은 2006년 제1차 국제화학물질관리회의에서 채택된 국제 화학물질 관리 전략 접근 이니셔티브(SAICM) 이행에 중추적 역할을 하고 있다. 바젤·로테르담·스톡홀름협약은 각각 유해폐기물의 불법 이동 억제, 잔류성 유기 오염물질의 생산·사용·배출의 관리, 특정 유해물질과 농약의 정보교환 및 적절 수출입 절차 마련을 주요 목적으로 하고 있으며, 3개 협약 간 시너지 제고 차원에서 2013년부터 2년에 1회 제네바에서 당사국 총회를 연계 개최하고 있다.

셋째, 기후변화 대응이다. 세계기상기구(WMO)와 기후변화에 대한 정부간 패널(IPCC) 사무국이 제네바에 있다. WMO는 지구 대기 및 대양, 수자원, 기후간의 상호작용 연구를 담당하는 유엔특별기구로, 기후변화와 관련해서는 WMO 총회 결정에 따라 세계 기후 프로그램(WCP), 세계 기후 연구 프로그램(WCRP)을 운영하고 있다. 또한, WMO는 UNEP와 공동으로 1988년 IPCC를 설립하였는데, IPCC 평가보고서(AR, Assessment Report)는 기후변화에 관한 과학적 근거와 정책 방향을 제시함으로써 국제사회의 기후변화 대응 노력에 큰 영향력을 갖고 있다.

넷째, 생물다양성과 자연 보전이다. 물새 서식지로서 국제적으로 중요한 습지에 관한 협약(일명 람사르 협약), 멸종위기에 처한 야생동식물종의 국제거래에 관한 협약(CITES)은 이 분야의 대표적 다자환경협약으로, 스위스 글랑과 제네바에 각각 사무국이 있다. 2017년 현재 전 세계의 2280개 습지가 람사르 습지로 등록되어 국제적 중요성을 인정받고 있으며, 약 5600종의 동물과 3만종의 식물이 CITES의 3개 부속서에 등재되어 국제거래가 규제되고 있다.

우리 정부는 앞서 언급한 모든 국제협약에 가입하여, 제네바를 중심으로 한 환경 논의에 관심을 가지고 참여하면서 환경 관련 국제사회의 각종 노력에 동참하고 있다.

출처: 대한변협신문. 임혜림 주제네바대표부 2등서기관. 2017.9.4.일자.

3. WTO의 기능

본 절에서는 WTO의 목적에 이어 WTO의 기능 또는 역할에 대해 이야기하고자 한다. WTO의 기능은 결국 위에서 이야기한 WTO의 설립목적인 자유무역을 통한 삶의 수준 향상이라는 목적을 달성하기 위한 다양한 방안들의 조합이다. 우선 WTO는 무역규범 및 통상 관련 문제와 관련하여 회원국 간 크고 작은 협상의 장을 마련하고 주관한다. WTO협정을 비롯한 WTO의 모든 성과들은 회원국들 간의 협상과 합의의 결실들이다. 예를 들어 현재의 WTO협정 자체도 어느 날 갑자기 이루어진 것이 아니라 1986~94년의 8년간에 걸쳐 진행된 다자간 협상인 우루과이라운드(Uruguay Round, UR)협상을 포함, 50여 년 동안 여덟 번에 걸쳐 진행된 다자간 무역협상의 결과물이다. 또한 WTO는 우루과이라운드협상 결과를 토대로 2001년부터 2018년 현재까지 WTO체제하의 첫 번째 다자간 무역협상인 "도하개발아젠다(Doha Development Agenda)"를 주관하고 있다.

다음으로 WTO는 회원국들이 협상을 통해 만들어진 일련의 무역 관련 규범과 협정들을 국제법적 차원에서 잘 운용되도록 하는 일종의 파수군 또는 가이드라인의 역할을 한다. 협상을 통해 아무리 유용한 규범과 협정을 만들더라도 실제적인 운용측면에서 원활하게 이루어지지 않는다면 협정의 의미가 퇴색될 수밖에 없다. WTO의 목적인 자유무역의 확대와 이를 통한 회원국 국민들의 삶의 수준 향상을 위해서는 무역규범과 협정의 원활한 운용이 반드시 선행되어야 한다.

세 번째 WTO의 중요한 역할 중 하나는 무역분쟁의 해결을 위한 중재 및 조정이다. 무역이 확대될수록 회원국 간 무역분쟁은 빈번하게 일어나기 마련이다. 따라서 무역분쟁에 대한 적절한 사전적, 사후적 해결방안이 마련되지 않고서는 WTO에 대한 신뢰도가 떨어질 수밖에 없다. 이는 다시 자구책을 위한 개별국가 차원의 무역제제 또는 보복을 가져온다. 이에 대응한 상대방 국가의 연이은 무역보복은 보복의 악순환을 가져오게 되고 결국 당사국 모두가 손해를 보는 결과를 낳게 된다. 따라서 다자적 차원의 무역분쟁의 해결 방안 또는 절차 없이는 다자간 무역체제의 발전과 자유무역의 확대는 요원한 일이 된다. 이를 방지하기 위해 WTO는 WTO협정 하에 마련된 무역분쟁 해결절차를 토대로 무역분쟁의 발생 시 논란이 되는 쟁점사항 및 관련 협정들에 대한 해석을 포함하여 회원국 간의 이견과 갈등을 조율함으로써 투명하고 합리적인 무역분쟁의 해결을 위해 노력하고 있다.

네 번째로 WTO는 각 회원국의 무역정책에 대한 검토와 평가를 통해 회원국의 무역정책이 다자간 무역질서와 WTO협정에 부합한지를 판단하고 이에 대해 권고한다. 회원국들이 작성한 무역정책보고서는 WTO에 정해진 기간에 맞추어 제출하도록 되어있다. 또한 각 회원국이 제출한 무역정책보고서(Trade Policy Report)와 WTO가 검토 · 평가한 제안서(Trade Policy Review)모두 다른 회원국들이 자유롭게 열람할 수 있도록 하고 있다.

마지막으로 WTO는 개도국의 경제발전을 돕기 위한 무역 관련 인적, 기술적 훈련과 지원을 제공하고 있다. 개도국은 회원국 수로 보면 75% 이상을 차지하고 있고 세계경제 및 무역에서 차지하는 비중과 위상도 갈수록 커지고 있다. 따라서 WTO가 추구하는 자유무역이 성공적으로 확대되기 위해서는 개도국의 참여와 역할이 매우 중요하다. 이러한 차원에서 볼 때 WTO차원에서 이루어지고 있는 무역과 관련된 개도국에 대한 지원은 개도국들이 스스로 자유무역에 참여할 수 있는 마중물의 역할을 한다고 할 수 있다.

이처럼 WTO는 그 설립 목적을 달성하기 위해 다양하고 중요한 역할을 수행하고 있다. 지금 이 시간에도 스위스 제네바에 있는 WTO 본부에서는 무역과 관련된 다양한 주제와 이슈에 대한 무수한 논의와 협상이 활발히 진행 중에 있다.

참고: WTO의 기능

1995년 출범한 WTO는 현재 164개 회원국으로 구성된 다자무역기구로 회원국간 교역은 세계교역의 99%를 차지하고 있습니다. WTO는 무역자유화 및 규범 개선(입법), 협정이행 및 개선(행정), 분쟁해결절차 운용(사법)을 3대 핵심 업무로 다루고 있습니다.

최고의사결정기구인 각료회의는 최소 2년에 한 번 개최되고, 각료회의 비회기 중 각료회의 기능을 수행하는 일반이사회가 제네바에서 분기 1회 정도 개최됩니다. 상품, 서비스, 지식재산권 등 WTO 소관 분야별 이사회(Council)와 그 아래 각 분야별 산하위원회/작업반이 정기적으로 개최되어 WTO 협정 이행 및 제도 개선 등을 협의하고 있습니다.

각국의 무역정책 및 관행을 주기별로 종합 검토하는 무역정책검토(TPR) 회의는 세계무역에서 차지하는 비중에 따라 3개 그룹(최상위 2년, 차상위 4년, 기타 6년)으로 구분하여 시행하고 있고, 우리나라는 4년 주기로 TPR 회의를 통해 무역정책을 검토하게 되어 있습니다.(2016년 10월 7차 우리나라 TPR 개최) 그 외 회원국간 무역 관련 분쟁이 있을 경우 WTO 분쟁해결절차를 활용하여 이를 해소하는 장치를 마련하고 있습니다.

출처: 수 제네바 대한민국 대표부 홈페이지. http://che-geneva.mofa.go.kr/. 2017.9.21.일 검색

3장
WTO의 원칙

1. 최혜국대우

'최혜국대우(Most Favored National Treatment, MFN)원칙'은 GATT와 WTO협정의 가장 중요한 기본원칙으로 WTO협정을 이루는 상품, 서비스 및 지적재산권 협정 등 대부분의 분야에 일반적으로 적용되는 WTO협정의 토대가 되는 근본원칙이다. 최혜국대우원칙은 한마디로 말하면 WTO의 회원국은 국가 간에 무역기회를 평등하게 보장하고 차별을 두어서는 안 된다는 것이다. 최혜국대우원칙에 의하면 WTO회원국은 특정 무역상대국에 대해 우대관세 등 어떤 형태이든 특별한 대우(소위 최혜국대우)를 할 경우 동일한 수준의 최혜국대우를 다른 회원국 모두에게도 동등하게 적용해야한다. 예를 들면 수입상품 제한을 위한 관세와 같은 국경조치 등이 최혜국대우원칙에 적용될 경우 동 국경조치가 WTO 모든 회원국들에게 차별 없이 동일해야 시행되어야 함을 의미한다.

최혜국대우원칙의 필요성이 대두된 이유는 제2차 세계대전의 원인을 통해 쉽게 알 수 있다. 전쟁의 원인으로는 일부 유럽 소수 국가들에 의한 무역의 이익 독점과 독일, 이탈리아 등이 이러한 혜택으로부터 소외되어 있었다는 점, 그리고 미국 역시 일부 국가들과의 양자간 협상을 통한 일방적인 무역행위에 의존함으로써 국가들 간의 차별이 더욱 심화되었다는 점 등을 들 수 있다.

이러한 무역에 있어서의 국가 간 차별과 이로 인한 경제적 이익으로부터의 소외가 대공황 이후 세계경제를 더욱 악화시켜 결국 세계경제의 지속적 성장을 저해하는 요인으로 작용하였다. 또한 독일이 전쟁이라는 극단적 선택을 하게 만든 원인 중

하나로 작용하였다는 인식이 공감대를 얻게 되었다.(물론 그렇다 하더라도 독일이 전쟁을 일으킨 것을 합리화하는 것은 절대 아니다.) 이러한 공감대를 바탕으로 GATT의 회원국들은 무역에 있어서의 차별을 원천적으로 차단하기 위해 최혜국대우원칙을 다자간 무역체제의 가장 첫 번째 기본원칙으로 채택하게 되었다.

이러한 역사적 배경 외에 최혜국대우원칙은 양자간 협상을 통한 관세인하 등의 무역자유화의 이익을 협상국 간에만 한정하는 것이 아니라 회원국 모두에게 동일하게 적용함으로써 무역자유화의 혜택이 다자간 무역체제 전반으로 확산되게 하는 효과가 있다. 예들 들어 WTO회원국인 A국이 수입자동차에 대해서는 예외 없이 100% 최혜국대우관세율을 부과하고 있다고 하자. 이제 A국이 B국과의 양자간 무역협상을 통해 B국에서 생산된 자동차에 대해서는 100%가 아닌 50%의 관세율을 부과한다고 하자. 다른 WTO 회원국인 C국과 D국의 자동차에 대해서는 100%의 관세율을 그대로 유지한다.

이 경우 C국과 D국은 B국에 비해 가격경쟁력 측면에서 불리한 조건을 갖게 되어 A국으로의 수출이 감소할 수 있다. 또한 E국은 비록 자동차를 생산하지 않고 있어 현재로서는 자동차에 대한 관세문제는 해당되지 않지만 미래에 자동차생산을 계획하고 있기 때문에 이 문제에서 예외는 아니다. 이러한 상황에 대해 C국과 D국은 A국에 대해 최혜국대우원칙을 준용하여 관세율을 B국에 적용하는 것과 동일하게 50%로 인하해 줄 것을 요구할 것이다. E국도 향후 자동차생산을 시작하고 A국으로 수출을 개시할 경우 A국에 대해 B국과 같은 조건으로 수출할 수 있도록 요구할 수 있게 된다. A국은 최혜국대우원칙을 준수해야 할 의무가 때문에 결국 B국에 대해 적용하는 50%의 관세율을 다른 C, D, 더 나아가 E국에게도 동일하게 적용해야 한다. 결국 B국에 대한 관세율 인하는 B국에게서 그치는 것이 아니라 회원국 모두에게 적용되어 수입자동차에 대한 관세율이 전체적으로 100%에서 50%로 인하될 것이다. 이는 무역의 확대를 가져올 뿐만 아닐 가격의 왜곡을 줄여 자원의 효율적 배분에 긍정적인 영향을 주게 될 것이다.

이처럼 최혜국대우원칙은 무역 당사국들이 양자간 협상을 통한 자유무역의 혜택을 협상 당사국들에게만 한정하는 것이 아니라 다른 회원국 모두에게 무역의 이익을 확장시켜 다자간 무역체제를 공고화할 수 있는 이점이 있다. 또한 시간적으로도 그 혜택의 확장을 현재시점뿐만 아니라 미래시점으로 확장시켜 미래의 시장참여자에 대해서도 다자간 무역체제를 통한 무역의 이익을 보장해준다는 점에서 그 의미가 크다. 위에서 E국이 그러한 예가 될 것이다. 이처럼 미래 시점의 시장개방에 대해서도 최혜국대우를 적용하는 것을 미래 최혜국대우라고 한다. 이는 향후 더 높은 수준의 시장 개방을 할 경우 현재의 회원국뿐만 아니라 미래에 협정에 참여하는 무역상대국에게도 동일한 시장개방을 약속하는 것도 포함한다. 이는 다시 다자간 무역협정으로 많은 국가들이 참여할 수 있도록 하는 인센티브를 부여하는 역할을 하게 된다.

하지만 양자간 협상의 이익이 다자적 차원으로 확산되는 최혜국대우원칙의 특성으로 인해 무임승차문제(free rider problem)에 대한 우려가 있는 것도 사실이다. 왜냐하면 양자간 협상의 결과가 다른 모든 회원국들에게 적용된다면 굳이 먼저 자발적으로 나서서 협상을 주도할 필요가 없다. 따라서 시간과 비용이 드는 양자간 협정을 추진하고자 하는 동기가 줄어들고 반대로 손쉽게 최혜국대우혜택을 누리고자 하는 무임승차의 욕구가 증가할 수 있다. 이러한 무임승차문제를 적절히 해결하지 않는다면 회원국들이 자발적으로 상호간의 무역자유화를 통해 경제적 이익을 창출하고자 하는 노력을 감소시키는 결과로 이어지게 될 것이다.

무임승차문제를 해결하는 방법 중 하나는 양자간 또는 복수국간 협상을 통한 무역자유화를 지역무역협정(Regional Trade Agreement, RTA)의 형태로 실행하는 것이다. WTO협정은 지역무역협정의 경우 최혜국대우원칙의 예외로 인정되고 있는데 이는 위의 무임승차문제를 방지하면서 양자간, 복수국간 자유무역협정을 확대시키기 위한 노력의 일환이라고 볼 수 있다. 지역무역협정은 최혜국대우원칙 위반으로 인한 분쟁 및 혼란의 염려 없이 양자간, 복수국간 협상을 통한 자유무역의 확대와 이에 따른 무역의 이익을 역내 당사국들만 향유할 수 있다. 따라서 지역무역협정은 최혜국대우원칙에서 발생할 수 있는 무임승차문제를 일정부분 해소할 수 있다. WTO가 지역무역협정을 최혜국대우원칙의 예외로 인정되는 이유는 비록 지역무역협정 당사국들에게만 무역의 이익이 돌아갈 수도 있지만 적어도 세계무역질서 전체의 구도에서 보면 무역자유화의 진전에 도움이 된다고 믿기 때문이다.

요약하면 최혜국대우원칙은 무역상대방 국가에 대해 호혜적이고 비차별적인 대우를 보장하는 WTO협정의 가장 근본이 되는 원칙이다. 또한 최혜국대우원칙은 GATT 이후 자유무역의 확대와 다자간 무역체제의 발전에 핵심적 역할을 해왔다. 하지만 최혜국대우원칙은 혜택의 비차별적 적용으로 인해 무임승차문제를 발생시켜 회원국들의 자발적인 무역자유화의 노력을 저해할 수 있다는 문제점이 있다. 이러한 이유로 WTO는 양자간 또는 복수국간 지역무역협정의 경우 최혜국대우원칙의 예외를 허용함으로서 다자간의 자유무역이 정체되어 있는 상황에서도 무역자유화의 진전이 이루어지도록 하고 있다.

참고1: 최혜국대우원칙 해설

통상 · 항해조약 등에서 한 나라가 특정국가 조약을 새로 체결 또는 갱신하면서 지금까지 다른 나라에 부여한 대우 중 최고의 대우를 그 나라에 부여하는 것을 의미한다. 1920년대 대공황의 여파로 각국이 자국의 산업보호를 위해 고율관세 등 무역장벽을 쌓자 양국간 해결 방편으로 각종 조약이 맺어졌고 이것이 새로 조약을 맺는 나라에도 확대 적용되면서 제도화되었다. 전후 등장한 GATT는 회원국 간의 차별대우를 금지하고 있기 때문에 MFN은 오늘의 통상관계에서 일반적이 되어 회원국 간에 동일하게 적용되고 있다. 그러나 非GATT회원국과의 거래에는 선택적으로 적용되기도 하는데 특히 미국은 월등한 경제력을 바탕으로 자신의 국익에 반하는 국가에 MFN대우를 부여치 않음으로써 그 나라에 대한 경제적 제재를 가해왔다. 미국은 중국의 인권문제를 이유로 1992년에 대중국 MFN연장에 제동을 건 바 있다.

출처: 산업통상자원부. 「통상관련용어집」. 2013.

참고2: 한 · 중 FTA '미래 최혜국대우' 조항 빠졌다

한 · 중 자유무역협정(FTA) 서비스 · 투자 분야에서 '미래 최혜국대우(MFN)' 조항이 빠진 것으로 확인됐다. 다만 양국은 2년 내 시작될 서비스 · 투자 분야 후속협상에선 이 조항을 포함시키기로 합의했다. 산업통상자원부 고위 관계자는 17일 경향신문과의 통화에서 "한 · 중 FTA 서비스 · 투자 분야 2단계 협상 진행 시 미래 최혜국대우 조항을 넣기로 했다"며 "현재로선 해당 조항은 빠져 있다"고 밝혔다. 이 조항은 한 · 미 FTA에 처음 포함됐고 한 · 유럽연합(EU) FTA, 한 · 페루 FTA 등에도 포함돼 있다.

미래 최혜국대우 조항이 한 · 중 FTA에서 빠진 것은 양국이 서로 부담스러운 측면이 있기 때문이다. 중국으로선 한 · 중 FTA에 미래 최혜국대우 조항을 넣으면 중 · 미 투자보장협정(BIT) 협상 타결에 따른 서비스 · 투자 분야 개방 혜택을 한국에도 줘야 한다. 중 · 미 BIT 협상을 하면서 한국까지 고려해야 하는 복잡한 상황과 맞닥뜨리게 되는 셈이다. 앞서 중국은 중 · 미 BIT에 대비해 지난해 11월 18기 3중전회에서 서비스 · 투자 분야의 네거티브 방식 개방확대 정책을 천명했다. 이후 중국은 국내법 정비와 상하이 자유무역시험구 지정 등 후속 조치들을 추진하고 있다. 한 · 중 양국은 2년 내 후속협상을 열 예정이다.

한국도 부담스럽기는 마찬가지다. 향후 미국 주도의 환태평양경제동반자협정(TPP)에 참여할 경우 12개 회원국에 개방하는 만큼 중국에도 개방을 해줘야 한다. 산업부 관계자는 "중국은 의료시장이 개방돼 있어 외국계 의료기관이 들어갈 수 있다"며 "또 중국 전통의학을 다루는 중의와 한국 한의사 간 인력 교류가 이뤄지면 경쟁이 격화할 것"이라고 말했다. 그는 "금융 분야 역시 중국 은행들이 덩치가 크기 때문에 카드 영업 등을 열어주면 한국으로선 부담"이라고 설명했다.

후속협상 때 이 조항을 넣는 것이 한국에 유리하게 작용할지 미지수다. 중국은 향후 TPP 가입까지 고려하면서 개방을 추진하지만 TPP만큼 높은 수준으로 개방하기는 힘들 것이라는 관측이 지배적이다. 산업부 관계자는 "서비스 · 투자 분야 후속협상에서 모든 분야에 미래 최혜국대우 조항이 적용되도록 협상이 이뤄지진 않을 것"이라며 "다만 한국이 취약한 의료, 금융 분야 등은 적용 대상에서 빼는 방법도 있다"고 말했다.

출처: 경향신문. 2014.11.18.일자.

2. 내국민대우

최혜국대우과 더불어 WTO협정의 또 하나의 핵심적인 기본원칙은 '내국민대우원칙(National Treatment)'이다. 최혜국대우원칙과 내국민대우원칙 두 가지 모두 무역상대국에 대하여 호혜적이고 비차별적인 대우를 보장한다는 것이다. 이러한 의미에서 일반적으로 최혜국대우원칙과 내국민대우원칙을 비차별원칙이라고 한다. 최혜국대우원칙은 물품의 국경 통과 시 동일상품의 수입에 대해 회원국들 간에 차별을 두지 않는다는 약속이다. 이에 비해 내국민대우는 일단 국경을 통과하여 국내로 수입된 외국상품의 유통, 판매 및 내국세 부과 등에 대해서 국내에서 생산된 상품과 적어도 동등하게 대우하겠다는 약속이다.

다시 말해 국경을 기준으로 최혜국대우원칙은 수입상품의 국경진입 이전 회원국들 간에 차별을 두지 않는 것이라면 내국민대우원칙은 일단 국경을 통과해 국내로 수입된 상품에 대해 국산상품과 차별을 두지 않겠다는 것이다. 최혜국대우를 '외부적 비차별원칙', 내국민대우를 '내부적 비차별원칙'이라고 부르는 이유이다.

내국민대우원칙은 기본적으로 상품무역을 다루고 있는 GATT 제3조에 기술되어 있다. 또한 최혜국대우원칙과 마찬가지로 서비스무역협정(제17조)과 지적재산권협정(제3조)에도 적용된다. GATT 제3조는 회원국들로부터 일단 국내로 수입된 상품은 국산 동종상품에 비해 내국세(internal taxes) 및 국내법(internal regulations) 등에 의거하여 불리한 대우를 받아서는 안 되도록 규정하고 있다. 예를 들어 A국이 국내에서 생산되는 자동차에 대해 10%의 판매세를 부과하고 있는 반면 B국에서 수입되는 자동차에 대해 10% 이상의 판매세(예를 들어 20%)를 부과하는 것은 내국민대우원칙을 위배하는 것이다. 이 경우 B국은 A국에 대해 수입자동차의 판매세를 10%로 인하해 줄 것을 요구할 수 있고 양자적 차원에서 해결이 되지 않을 경우 WTO에 제소할 수 있다.

내국민대우원칙은 무엇보다도 자유무역으로 위장된 보호무역조치를 차단하는 역할을 한다. 왜냐하면 최혜국대우원칙을 통해 수입상품의 국내진입에 대해 비차별적인 조치를 한다 하더라도 수입된 외국상품에 대해 국산 동종상품에 비해 불리한 조건을 부여한다면 최혜국대우원칙을 통한 비차별적 조치는 무력화되기 때문이다. 따라서 내국민대우원칙이 적용되지 않는다면 대외적으로는 최혜국대우원칙을 외치면서 대내적으로는 보호하는 보호무역조치를 적용하는 모순적 행태가 발생하고 그만큼 자유무역은 저해될 수밖에 없다.

예를 들어 A국이 최혜국대우원칙에 따라 B국, C국 등 외국에서 수입되는 자동차에 대해 동일한 관세를 부과한다고 하자. B국과 C국의 자동차기업은 A국으로의 수출 시 동일한 관세율을 부과받기 때문에 A국 자동차시장에서 충분한 가격경쟁력이 있을 것으로 예상하고 A국으로의 수출을 결정한다. 하지만 A국은 내국민대우원칙을 따르지 않고 있다. 국산 자동차에는 10%의 판매세를 부과하면서 수입된 자동차에 대해서는 50%의 판매세를 부과하고 외국인회사의 경우에는 자동차 판매를 위한 대리점 개설을 제한하고 있다고 하자. B국과 C국은 A국 자동차시장에서 불리한 상황에 처할 수밖에 없고 실제로 A국이 B국과 C국에 적용하는 최혜국대우만으로는 자유무역의 확대라는 목적과 의미를 상실하게 된다. 따라서 다자간 무역체제와 자유무역의 실제적인 확대를 위해서는 최혜국대우원칙만으로는 부족하며 내국민대우원칙이 반드시 함께 적용되어야 한다. 실제로 무역분쟁을 관장하는 WTO 상소기구(Appellate Body)는 내국민대우원칙은 보호무역을 방지하기 위한 방안임을 공개적으로 천명하였다.

그런데 여기서 한 가지 궁금해지는 것은 동종상품의 '동종(like)'의 의미가 무엇인가라는 점이다. 내국민대우원칙의 전제가 되는 것이 바로 동종상품이기 때문에 동종상품의 정의가 무엇인지에 따라 내국민대우원칙의 합치여부가 달라질 수 있다. WTO 상소기구는 동종상품을 규정하는데 있어 가장 중요한 조건으로 수입상품과 국산상품이 동일시장에서 서로 경쟁하는 관계에 있는가라는 점을 들고 있다. 또한 상품을 구매하는 소비자의 입장에서 보았을 때 수입상품과 국산상품이 직접적으로 대체가능하다면 동종상품으로 규정할 수 있다.

왜냐하면 수입상품과 국산상품이 동일시장에서 경쟁하는 관계에 있을 경우 내국민대우원칙이 적용되지 않는다면 수입국 정부는 국산상품을 보호하기 위해 최혜국대우원칙은 준수하더라도 수입상품에 대해서 국내적 차원의 차별적 조치를 취할 가능성이 커지기 때문이다. 또한 수입상품에 비해 국산상품에 유리한 조건이 부여되면 소비자들은 두 상품 간 대체가 가능하기 때문에 국산상품에 대한 수요가 증가하고 수입상품의 수요는 감소한다. 이러한 상품 간 대체가능성은 무역에 영향을 주기 때문에 동종상품 여부의 기준이 되는 것이다.

이렇게 동종상품 여부의 기준이 중요하기 때문에 WTO협정은 동종상품을 규정하기 위해 상품의 물리적 특성, 최종 사용용도, 대체가능성에 대한 소비자의 인식, 상품의 관세구분 등 네 가지의 구체적인 기준을 제시하고 있다. 이러한 구체적인 기준을 통해 동종상품의 여부 및 내국민대우원칙의 적용에 대한 판단여부를 결정하게 된다. 하지만 앞에서도 이야기하였듯이 가장 중요한 판단기준이 되는 것은 상품 간 경쟁관계의 여부라고 할 수 있다. 내국민대우원칙의 가장 중요한 목적은 위장된 보호무역을 차단하기 위한 것이다. 수입상품과 국산상품 간 경쟁관계가 없다면 국산상품에 대한 보호의 필요성도 없고 내국민대우원칙의 여부를 따질 상황도 형성되지 않기 때문이다.

내국민대우원칙과 동종상품의 판단 여부는 최근 뜨거운 논쟁의 대상이 되고 있는 무역과 환경, 무역과 인권, 무역과 노동 등과 같은 분야에 있어서도 중요한 이슈가 되고 있다. 예를 들어 '무역과 환경' 분야에서 주요 의제로 논의되고 있는 환경상품에 대한 사례를 생각해 볼 수 있다. 환경상품은 같은 용도의 다른 상품에 비하여 자원절약에 기여하고, 환경오염을 줄일 수 있는 상품이다. 따라서 환경관련 NGO 등 환경보호를 주장하는 입장에서는 기존의 기준으로 보았을 때 동종상품인 경우라도 생산과정이 친환경적이고 사용과정에서 환경을 보호하는 기능을 가진 환경상품의 경우에는 동종상품의 예외를 인정해야 한다고 주장하고 수입 환경상품의 내국민대우원칙의 적용에 있어 예외를 요구하고 있다. 그래야만 환경상품이 이종(異種)상품으로 인정되어 생산, 유통, 소비에서 보다 유리한 대우를 받을 수 있고 환경상품이 시장경쟁력을 확보하는 데 도움을 줄 수 있기 때문이다.

예를 들어 A국이 친환경 자동차를 생산한다고 하자. 이 자동차는 에너지 효율적이고 배기가스 배출이 적고 폐차 후에도 재활용이 용이한 소재로 만들어져 친환경적이다. 반면 B국에서는 종전 방식대로 자동차를 생산하여 A국으로 수출한다고 하자. 이 경우 A국의 친환경 자동차와 B국의 기존 자동차가 과연 동종상품인가에 대한 논쟁이 가능하다. 기존 기준에 따르면 두 자동차가 동일시장에서 경쟁하는 상품이기 때문에 A국은 B국의 수입자동차에 대해 내국민대우원칙을 보장해야 한다. 다시 말해 친환경 자동차이든 그렇지 않든 국산자동차와 수입자동차에 대해 내국세라든지 판매 및 유통조건 등에서 차별을 두어서는 안 된다. 차별을 둘 경우 내국민대우원칙을 위반하게 되어 B국으로부터 제소를 당할 수 있다.

하지만 이렇게 되면 A국의 자동차회사는 비용이 많이 드는 친환경 자동차를 굳이 생산할 인센티브를 상실하게 되고 결국 친환경 자동차의 생산은 어려워질 수밖에 없다. 따라서 환경보호를 중시하는 입장에서는 기존 동종상품 결정 기준을 따를 때 국산 친환경자동차와 수입자동차가 동종상품이라 하더라도 환경에 미치는 영향을 고려하여 내국민대우원칙의 예외를 인정하여야 한다고 주장한다. 아니면 아예 두 자동차를 동종상품으로 인정해서는 안 된다고까지 주장할 수 있다. 이러한 예는 비단 '무역과 환경' 분야뿐만 아니라 인권, 노동, 개발 등과 같은 최근 새롭게 부각되고 있는 신통상의제들에도 동일하게 적용될 수 있다.

참고: 대법원은 왜 뜨거운 'WTO 감자' 삼켰나?

지난 9일의 대법원 전북 급식조례 관련 판결문과 소송기록을 전체적으로 해석할 때, 대법원은 학교급식에 우리농산물을 "우선적으로 사용하도록 하고" 이를 지키는 학교를 "선별하여 지원하는" 방식에 대해 가트(GATT) 위반이라고 지적했다. 따라서 앞으로는 지방자치단체들이 보다 구체적인 우리농산물 학교급식 정책을 개발하고 운영할 필요가 있게 됐다. 미국의 연방급식프로그램(National School Lunch Program)과 같이 중앙 정부, 특히 농림부가 주관하는 우리농산물 급식프로그램을 법률적 근거 아래 체계적으로 시행해서 지금의 과도기적 상황에서 제기되는 여러 문제를 해결하는 것이 중요하게 됐다는 말이다. 그러나 이번 판결로 인해 우리농산물 학교급식 지원 정책이 불가능하게 된 것은 결코 아니다. 또한 전북 이외의 다른 지역의 우리농산물 조례가 바로 무효화 되는 것도 아니다.

〈프레시안〉은 이번 학교급식조례와 관련한 대법원의 판결을 긴급 분석키로 하고, 우선 다소 전문적인 통상법적 쟁점을 먼저 소개한다. 왜냐하면 대법원의 판결은 단지 우리 농산물 급식에만 영향을 주는 것이 아니고, 이른바 수출로 먹고 산다는 한국사회 모두에 큰 파장을 예고하기 때문이다. 다음 글에서는 이번 판결을 어떻게 읽을 것인가, 우리농산물 학교급식 정책은 과연 WTO체제와 양립불가능한가, 그리고 정부와 자치단체가 우리농산물 학교급식 정책을 어떻게 추진할 것인가의 통상법적 대안을 모색할 예정이다.

한국의 대법원이 국내 법령을 가트 협정 위반이라는 이유로 무효로 선언한 것은 역사상 처음이다. 박정희 정권이 가트에 가입한 1967년부터 지금까지 35년 동안 한 번도 없었던 일이라는 얘기다. 대법원은 판결문에서 "가트는 헌법에 의해 국내법령과 동일한 효력을 가지므로 조례가 이에 위반되는 경우는 그 효력이 없다"고 명시적으로 설시했다. 이로써 대법원은 통상법학의 오랜 쟁점인 '세계무역기구(WTO) 협정의 직접 효력(direct effect)'을 보다 명확히 인정했다. 이는 무엇이고 왜 문제가 되는 것일까. 예를 들어 설명하자. '유에스 비프'라는 미국 쇠고기 수출회사의 한국 지사가 한국 정부로부터 쇠고기 수입 금지조치를 받았다고 하자. 한국 정부의 금지 조치는 명백히 WTO 위생검역협정을 위반했다고 하자. 이때 '유에스 비프'는 한국 정부의 조치가 WTO 협정 위반이라는 이유만으로 한국 행정법원에 제소해 한국 정부의 조치를 무효로 만들 수 있을까. 이번 대법원 판결은 바로 이것이 가능할 수 있음을 보여주고 있다.

'가트 회원국 정부가 아닌 사적 주체가 각 국의 법원에서 가트 협정을 원용할 수 있는가'라는 가트 협정의 직접 효력의 문제는 세계 통상법학의 오랜 쟁점이었다. 미국은 1994년 WTO에 가입하면서 'UR이행법'(Uruguay Round Agreement Act of 1994)을 제정해 미국 정부가 아닌 그 누구도 WTO 협정 위반을 이유로 미국 법원에 소를 제기할 수 없도록 한 바 있다.

그 의미를 예를 들어 풀이하면 이렇다. 만일 삼성전자가 미국 정부로부터 반도체 덤핑 판정을 당했다고 하자. 그런데 미국 정부의 판정은 명백히 WTO 반덤핑 협정을 위반한 부당한 것이었다고 하자. 그러나 삼성전자는 WTO 협정 위반이라는 이유만으로 미국 법원에 제소할 수 없다. 유럽에서는 어떤가. 유럽연합(EU)은 1994년 WTO에 가입하면서 WTO 협정은 '그 본질상(by its nature)' EU나 회원국의 사법부가 직접 원용할 수 없다고 규정했다. 그러므로 유럽에서 삼성은 WTO 협정 위반의 조치를 당하더라도 WTO 협정 위반을 이유로 유럽재판소에 제소할 수 없다.

일본도 마찬가지다. 일본 최고재판소는 1990년 가트위반에 대한 구제조치는 GATT 제23조에 규정한 분쟁해결절차에 따라야 하고, 위반이 있으면 일본은 기타 가입국으로부터 위반을 추궁 받게 되기 때문에 GATT 위반을 이유로 당시 문제가 된 일본의 견사가격안정법이 국내법으로 무효가 되는 것은 아니라고 판결한 하급심 판례들을 긍정했다. 중국의 판사들도 WTO 협정 위반을 이유로 중국 법원에 제소할 수 없다는 견해를 가지고 있다.

반면 한국의 경우는 아무런 입법적 장치도 없는 상황에서 이번 대법원 판결을 통해 WTO 협정의 직접효력을 명시적으로 인정했다. 앞으로 한국 정부가 미국의 GE, 유럽의 노키아, 일본의 미쓰비시, 중국의 하이얼 등으로부터 WTO 협정 위반이라는 이유만으로 한국법원에 제소당할 가능성이 매우 높아진 것이다.

한국사회는 이러한 불균형을 어떻게 받아들여야 하는가. 아니, 이 상황을 제대로 인식하고 있느냐는 것이 필자가 제기하고자 하는 첫 번째 질문이다. 이러한 불균형은 국회가 1995년 〈세계무역기구협정의 이행에 관한 특별법〉을 제정하면서 애초 법률안 원안에 있던 "우루과이라운드 협정은 이 법에 특별한 규정을 두거나 개별 국내법을 개정하지 않은 사항에 관해 국내법의 효력을 상실 또는 배제하지 못한다."라는 제3조를 최종 심의과정에서 삭제한 데에서 비롯된 것이다.

우리와 달리 UR 협정이 행정협정(executive agreement)에 지나지 않은 미국에서조차 UR이행법에서 UR 협정이 미국의 법에 저촉될 경우 무효라고 규정할 때 한국의 국회는 이 조항을 삭제하고 있었던 것이다. 이러한 구조적 취약성이 있음에도 불구하고 우리 정부는 오히려 시종일관 화를 자초하고 있었다. 교육인적자원부 장관은 2003년 9월 6일 전북도교육감에게 보낸 공문에서 '전북 급식조례가 WTO 협정에 위반되니 계획대로 조치해 주기 바란다.'고 통보했다. 나아가 행정자치부는 다른 광역자치단체에게 제소를 직접 지시했다. WTO 협정을 담당하는 외교통상부조차 WTO 협정 위반을 이유로 한 제소 행위가 WTO 협정의 직접 효력이라는 심각한 쟁점이 있다는 사실조차 제대로 알리지 않았다.

이제 어떻게 할 것인가. 필자가 대법원 판결문 전문과 소송기록을 소송 당사자에게 구해서 검토한 결과 이러한 직접 효력의 쟁점과 의미는 이번 소송에서 충분히 다뤄지지 못했다. 그러므로 대법원이 아직 대법원에 제소 중인 다른 급식조례사건에서는 이 문제를 충분히 다뤄주길 기대한다. 그리고 입법적 해결을 위해 국회는 속히 앞에서 본 WTO 이행법을 개정해 WTO 협정의 직접 효력을 부인하고 대한민국 정부가 아닌 한 WTO 협정 위반을 이유로 대한민국 법원에 제소할 수 없도록 규정해야 할 것이다. 알다시피 전북급식조례 판결에는 그 어떠한 외국 국적의 주체도 직접 관여하지 않았다. 출연진은 모두 한국인이다. 이처럼 세계화의 문제는 결코 한국의 의지와 무관하게 외부에서 주어지는 것이 아니다. 이미 한국 내부의 갈등구조에 온전히 편입된 국내 문제가 되어 있는 것이다.

세계화 구조의 기득권 세력만이 세계화가 외부에서 주어지는 움직일 수 없는 외부문제라고 강변할 뿐이다. 그런 점에서 세계화는 우리 내부의 선택과 대응의 문제이기도 한 것이다.

출처 : 프레시안, 송기호 변호사 기고, 2005.9.12.일자.

3. 양허관세

오랫동안 자유무역의 확대를 저해하는 가장 큰 난제이자 걸림돌 중 하나는 국내산업 또는 기업을 보호하기 위한 임의적이고 예측불가능한 관세의 운용 및 부과였다. 최근에는 지속적인 관세인하와 관세제도의 규범화를 통해 이러한 무분별한 관세부과로 인한 문제는 거의 해소되었다고 해도 과언은 아니다. 하지만 GATT 출범 이전에는 임의적인 관세부과를 통한 보호무역조치가 난무했고 이로 인해 자유무역은 심대하게 훼손되었다. 예를 들어 A국이 B국으로부터 자동차를 수입한다고 하자. 기존에는 수입관세율을 100% 부과하고 있었다. 그런데 두 국가 간의 외교적 마찰이 생겼다는 이유로 A국이 갑자기 수입관세율을 200%로 두 배 인상한다면 B국의 자동차기업은 가격경쟁력을 상실하고 수출에 큰 어려움을 겪게 될 것이다. 이러한 상황이 반복, 지속된다면 무역은 위축되고 그 누구도 무역의 이익을 누릴 수 없다.

개별국가들은 국제법에 따라 주권국가(sovereign state)로서 수입상품에 대한 조세 결정권을 가지고 있다. 다시 말해 주권국가는 필요에 의해 외부의 간섭 없이 자유롭게 관세를 운용, 부과할 수 있는 권리를 가지고 있다. 국제법적 지위를 부여받은 주권국가들의 자의적이고 예측하기 어려운 관세운용과 부과를 그나마 억제할 수 있는 방법은 그 주권을 강제적으로 제한하든지 아니면 주권국가가 자발적으로 자신이 가진 조세결정권을 제한하게 하는 것이다. 하지만 전자의 방법은 현실적으로 거의 불가능하다고 할 수 있으므로 후자인 자발적인 주권제한이 유일한 대안으로 남는다.

그렇다면 어떻게 자발적인 주권의 제한이 가능할까? 그것은 무역 당사국들이 관세를 임의적으로 운용하지 않고 무역협정을 통해 사전적으로 정해진 관세율을 초과하여 관세를 부과하지 않겠다고 서로 약속하고 또 약속의 위반에 대한 제재가 보장될 때 비로소 가능하다. 여기서 무역협정을 통해 사전적으로 정해진 관세율의 최대치가 바로 '양허관세율(bounded tariff)'이다. 일반적으로 당사국 행정부가 협정을 체결하고 이를 국회가 동의 또는 비준함으로써 국가 간의 협정은 그 효력을 갖게 되는데 이렇게 될 때 비로소 양허관세율은 주권을 자발적으로 제한하는 구속력을 갖게 된다.

GATT 제2조에서는 양허관세에 대해 기술하고 있다. 회원국은 상대 회원국에 대해 양허관세율보다 불리한, 다시 말해 양허관세율보다 높은 관세를 부과하지 않도록 규정하고 있다. 이는 수입상품에 대해 양허관세율보다 낮은 관세율인 실행관세율(applied tariff rate)을 부과하는 것은 언제든 가능함을 의미한다. 실제로 관세의 최고한도가 되는 양허관세율과 실제로 부과되는 실행관세율은 서로 다른 경우가 많다. 이는 무역협정을 맺을 당시 당사국들이 관세율을 가능한 탄력적으로 운용할 수 있기 위해 양허관세율을 실행관세율보다 높게 책정한데에 기인한다. 또한 협정체결 이후 자유무역의 확대를 위한 회원국 간 추가 협상 및 조율을 통해 실행관세율이 양허관세율 이하로 인하되었기 때문이기도 하다. 실제로 GATT 출범 시 70%를 넘었던 평균관세율은 50여 년 동안의 지속적인 관세인하의 노력에 힘입어 최근 선진국 기준으로 4% 이하로 하락하였다.

그렇다면 국가 간에 양허관세율의 설정이 가능한 이유를 간단한 예를 통해 이야기해 보자. 자동차를 생산하지 않는 A국은 B국으로부터 자동차를 수입한다. 세수확보를 위해 A국은 수입자동차에 100%의 관세율을 부과한다. B국에서의 자동차가격이 $20,000라고 하면 A국에서의 자동차가격은 두 배인 $40,000이 된다. A국이 자국의 필요에 따라 관세율을 임의적으로 높이게 되면 B국의 자동차기업은 영업활동에 막대한 피해를 받게 된다. 하지만 만약 관세율의 최고상한이 보장(약속)되면 B국의 자동차기업은 A국으로의 수출시 보다 안정되고 예측 가능한 생산 및 영업 활동이 가능하다. 더 나아가 실행관세율이 양허관세율보다 낮아지게 되면 B국의 자동차의 수입가격 하락으로 수출은 증가하고 기업의 이윤은 증가할 것이다. 따라서 B국의 자동차기업은 예측 가능한 생산 및 영업활동과 A국으로의 수출증대를 위해 자국 정부에게 A국 정부에 대해서 양허관세율, 즉 관세율의 최고상한을 설정하도록, 또한 실행관세율의 인하를 요구하도록 로비할 것이다.

하지만 B국 정부가 A국 정부에 대해 양허관세율과 실행관세율의 인하를 요구하더라도 A국 입장에서는 이를 반드시 따를 이유가 없다. A국 국민이 자동차가격이 너무 높다고 가격인하를 적극적으로 주장하지 않는 한 A국 정부는 세수확보와 국내자동차기업의 육성을 위해 양허관세율도 관세인하도 약속하지 않을 것이다. 그렇다면 A국이 양허관세율과 관세인하를 약속할 수 있게 하는 방법은 오직 하나이다. 그에 상응하는 어떤 대가가 주어져야 할 것이다. 일반적으로 무역관계에서 그 대가는 A국에서 B국으로 수출되는 상품에 대해서 그에 상응하는 양허관세율과 관세인하를 허용하는 것이다. 국가가 온전히 수입만 또는 수출만 할 수 없고 항상 수출과 수입이 양방향에서 이루어지기 때문이다.

예를 들어 B국은 A국에 자동차를 수출하지만 A국으로부터 신발을 수입한다고 하자. 수입되는 신발에 대해 50%의 관세율을 부과하고 있다면 B국은 A국에 대해 50% 관세율 이상을 받지 않기로, 또 1년 안에 관세율을 30% 이내로 인하할 것을 제안한다. 동시에 그에 상응하는 조치로 A국 정부에게 자동차에 대한 양허관세율과 실질관세율의 인하를 요구할 수 있다. B국으로의 신발수출 확대를 바라고 있는 A국의 입장에서는 이 제안은 수용할만한 조건이 될 수 있다.

협상을 통해 양국 모두 이를 받아들이게 되면 A국과 B국은 모두 상대방으로부터의 수입상품에 대해 양허관세율과 관세인하를 약속하는 협정을 체결하게 된다. 그리고 두 국가 중 누군가가 먼저 이 협정을 파기하지 않는 한 협정은 두 국가의 조세

결정권을 스스로 제한하게 하는 법률적 근거로 작동하게 된다. 이것이 국가 간 양허 관세율을 중심으로 한 무역협정이 이루어지는 기본적인 원칙이라고 할 수 있다.

일반적으로 이러한 원칙을 '상호성(reciprocity)의 원칙'이라고 한다. 상호성의 원칙은 GATT체제에서 관세인하를 위한 기본적 원리로 작용하였다. 또한 상호성은 50여 년에 가까운 기간 동안 거듭되는 다자간 무역협상에서 크고 작은 시행착오를 거치면서 보다 현실적이고 구체적인 방식으로 진화되었다. 기존에는 국가 간의 상호성을 등가적 관계로 간주하는 단순하고 기계적인 방식이었다. 하지만 점차 국민소득, 경제적 발전단계 등과 같은 개별국가마다 상이한 경제상황을 반영하여 양허를 허용하는, 즉 부등가적 관계도 인정하는 방식으로 발전하였다.

이러한 사례는 선진국과 개도국 간의 양허에서 많이 나타나는데 개도국의 경제발전을 위한 수출촉진을 위해 일반특혜관세(Generalized System of Preferences: GSP)와 같은 선진국의 개도국 수입상품에 대한 특혜관세율 허용 등을 들 수 있다. 이러한 부등가적 양허방식은 1979년 소위 권능조항(Enabling Clause)으로 처음 현실화되었고 1994년 최종 GATT개정안에 명시적으로 도입되었다. 권능조항은 직접적으로는 선진국이 개도국에게 개도국 자신의 경제발전정도, 재정 및 무역의 필요를 초과하는 무리한 등가적 기여를 하도록 요구해서는 안 된다는 취지로 도입되었다. 이는 개도국의 경제발전을 지원하기 위해 개도국에 부등가적 기여를 허용한 것이다.

이처럼 상호성의 원칙을 전제로 한 양허관세는 GATT가 출범한 이후 현재까지 다자간무역체제를 지탱하고 발전시켜 온 중요한 원칙이라고 할 수 있다. 양허관세를 통해 비로소 기업들은 세계시장에서 예측 가능한 생산 및 영업 활동이 가능하게 되었고 이에 따라 국제무역은 비로서 본격적으로 발전할 수 있게 되었다고 할 수 있다.

참고1: 자국産 수출 제한조치도 WTO 규정 위반이죠.

얼마 전 캐나다는 캐나다산(産) 쇠고기 시장 개방을 요구하며 우리나라를 세계무역기구(WTO)에 제소했습니다. 당시 캐나다는 자국 쇠고기의 안전성을 뒷받침하는 과학적인 증거가 있는데도, 한국이 계속해서 캐나다산 쇠고기의 수입을 금지하고 있다고 주장했죠. 이렇게 수입을 제한하는 행위가 국제통상규범에 위배된다고 주장하는 논리는 쉽게 이해가 갑니다. 하지만 오늘 살펴볼 기사는 그 반대입니다. 수출국이 자국 상품의 수출을 제한해, 수입국들이 이를 WTO에 제소한 것이지요. 수출을 제한하는 행위도 국제통상규범에 위배되어 세계무역기구에 제소당한다고 하니 약간은 어리둥절하시죠?

흔히 있는 경우가 아니라서 우리가 자주 보지는 못했지만 특정 상품의 수출을 제한하는 행위도 WTO의 통상규범에 위반되는 무역왜곡조치입니다. 이에 따라 WTO는 수출제한조치를 수입제한조치와 동일하게 취급해 양자 모두를 엄격히 규제하고 있지요. 사실 수출제한조치와 수입제한조치는 동전의 앞뒷면 같은 것입니다. 예를 들어 볼까요? 어떤 수출국이 특정 상품의 수출을 억제하기 위해 혹은 재정수입을 증가시키기 위해 해당 상품의 수출에 수출세(稅)를 부과했다고 가정합시다. 수출세를 부과하면 대개는 해당 상품의 수출가격이 함께 따라서 올라갑니다. 그런데 수출가격이 올라간다는 것은 수입국 입장에서 수입가격이 올라간 것과 같은 것이 되지요. 마치 수입가격이 올라간 만큼 수입국이 해당 상품의 수입에 관세(關稅)를 부과한 것과 같은 현상이 발생하게 됩니다. 따라서 수출세를 부과하여 수출을 제한하는 행위는 수입관세를 부과하여 수입을 억제하는 행위와 유사한 것이라고 할 수 있죠.

수출세 부과는 수입관세 부과와 마찬가지로 해당 상품의 국제무역을 축소시킵니다. 이런 이유에서 세계무역기구는 수출제한조치를 수입제한조치와 같은 비중으로 다루며 엄격히 규제하고 있습니다. 위의 기사에서 중국이 보크사이트, 아연 등 희소 광물에 대해서 수출세를 부과함으로써 이들 광물에 대한 수출물량을 제한해 국제거래를 위축시켰기 때문에 미국과 유럽연합은 중국의 수출세 부과가 WTO 규정 위반이라고 제소한 것입니다.

수출세 부과는 위에서 말한 것처럼 해당 상품의 수출가격을 올리는 효과도 있습니다. 하지만 뒤집어 보면 수출국의 국내가격을 떨어뜨리는 효과도 있습니다. 왜냐하면 수출세가 부과되면 이전에 비해 수출물량이 줄어들게 되는데, 국내에서 생산한 상품의 물량이 일정하다면 수출하지 못한 만큼의 물량이 국내시장에 공급되기 때문입니다. 예를 들어 수출세 부과 이전에는 100t을 생산해 80t을 수출하고 20t을 국내시장에 공급했다면, 수출세 부과 이후에는 수출물량이 50t으로 줄고 수출하지 못한 30t(=80t-50t)이 추가로 국내에 남아 총 50t이 국내시장에 공급될 수 있기 때문이지요. 공급량이 늘어났으니 가격이 떨어지는 것은 당연하겠지요.

위의 기사에서 미국과 유럽연합이 중국의 수출세 부과가 WTO 규정 위반이라고 제소한 두 번째 이유가 바로 수출세가 갖는 수출국의 국내가격 하락효과 때문입니다. 중국이 아연 등 광물 수출에 수출세를 부과하면 중국 내 아연 가격은 앞에서 설명한 대로 수출세를 부과하기 이전에 비해 떨어지게 되겠지요.

수출세 부과의 효과가 여기서 끝나는 것은 아닙니다. 만일 아연을 원료로 최종제품을 만들어 세계시장에 수출하는 중국기업이 있다고 생각해 봅시다. 이 중국기업은 아연에 대한 수출세 부과로 인해 최종제품 생산에 필요한 원료구입 비용을 절감할 수 있겠지요. 원료구입비용이 낮아지는 만큼 최종제품의 수출가격도 그만큼 낮출 여유가 생기고 자연히 해당 최종제품의 수출경쟁력도 높아집니다.

반면 다른 나라에서 해당 제품을 생산해 수출하는 기업, 특히 아연을 수입해서 최종제품을 만들어 수출하는 기업이라면 중국의 수출세 부과로 인해 손해를 보게 됩니다. 아연의 수입비용이 올라갔으니 그만큼 원료 구입에 더 큰 비용을 지불해야 하고, 이는 수출경쟁력 하락으로 이어지지요. 바로 이러한 수출세 부과의 2차 효과에 대해서도 미국과 유럽연합이 이의를 제기하고 있는 것입니다.

하지만 이러한 수출제한조치가 항상 WTO 규정에 위반되는 것은 아닙니다. 식료품이나 또는 수출국의 입장에서 볼 때 필수 불가결한 상품의 국내 공급이 부족할 경우 이를 완화하기 위하여 일시적으로 수출을 제한하는 경우는 예외로 인정해 주고 있습니다. 또한 공급이 한계가 있는 천연자원을 보존하기 위한 경우에도 예외적으로 수출제한을 인정해 주고 있지요.

작년 초 세계적으로 식량가격이 2배 이상 급등했을 때 일부 식량수출국들이 자국 내 식량가격의 안정을 위해 곡물 수출을 금지했습니다. 이 때문에 곡물가격은 천정부지로 뛰어 곡물 수입국, 특히 곡물 수입 개도국들은 많은 고통을 받았습니다. 그러나 곡물 수출을 금지했던 수출국들은 모두 자국의 곡물 수출 제한조치가 자국의 공급 부족 때문에 일어난 예외적인 상황으로 일시적인 조치임을 주장하고 있지요. 중국도 주요 천연광물에 대한 수출세 부과 등의 수출제한조치가 환경과 자원을 보호하기 위한 조치였다고 주장하고 있습니다.

이러한 제소국(미국 · EU)과 피제소국(중국)의 주장에 대하여 세계무역기구가 어떠한 판결을 내릴까 궁금해집니다. 세계무역기구에 제소된 사안에 대한 최종 판결은 통상 약 15개월의 기간이 소요되는데, 그 사이 어느 때든 패널(법정) 밖에서 양자협의를 통해 합의에 도달할 수도 있습니다. 만일 최종 판결이 났는데도 패소국이 이를 이행하지 않으면 승소국이 보복조치를 취할 수도 있습니다.

출처: 조선일보, 2009.7.3.일자.

참고2: 왜? 한 · 캐나다 FTA 발효 후 수출품 관세 되레 올라

한국과 캐나다의 자유무역협정(FTA)이 협상 개시 10년 만인 올해 발효됐다. 그런데 FTA 관세 혜택 대상 품목 중에도 일부 품목은 도리어 지난해보다 관세가 높아진 것으로 나타났다. FTA가 발효되자마자 수출품 가격이 비싸진 이유는 뭘까. 21일 코트라(KOTRA) 토론토 무역관 보고서를 보면 캐나다 관세청은 올 1월1일부터 한국, 중국, 인도, 브라질 등을 일반특혜관세 대상국에서 제외했다. 일반특혜관세는 선진국이 개발도상국 품목 관세를 다른 국가보다 낮게 적용하는 특혜 제도다. 캐나다 측은 올해부터 한국을 "무역 경쟁력을 갖춘 고소득 국가"로 분류하면서 특혜 대상국에서 제외했다.

이 때문에 올해 국내에서 캐나다로 수출하는 일부 품목 관세가 지난해보다 높아졌다. 한 · 캐나다 FTA가 적용되지만 관세 인하가 연도별로 '단계적으로' 이뤄진다. 이런 이유로 어떤 품목은 지난해 일반특혜관세 혜택도 못 받고, FTA의 특혜도 아직은 못 받아, 가격이 오르게 됐다.

대표적으로 설탕과자에 적용되는 관세가 지난해 5.0%에서 올해 6.0%로 높아졌다. 음료류는 5.0%에서 7.0%로, 기초화장품은 3.0%에서 4.0%로 변경된 관세가 적용된다. 정부만 믿고 FTA 효과를 기대했던 해당 기업들로서는 난감해진 상황이다. 수출품목 가격을 올리거나, 아니면 그만큼 이익을 적게 보고 팔아야 하기 때문이다. 다만 내년부터 설탕과자에 적용되는 관세는 3.0%가 된다. 지난해 5.0%보다 낮아진다. 음료류와 기초화장품도 각각 4.0%와 2.0%로 지난해 적용된 관세보다 각각

1.0%포인트씩 낮아진다.

산업통상자원부 관계자는 "올해가 한·캐나다 FTA 발효 첫해인 만큼 기존 일반특혜관세보다 높은 관세율이 적용되는 품목이 있을 수 있지만 일시적인 현상으로 향후 관세가 철폐되면 연차적으로 관세 인하 효과가 커질 것"이라고 말했다.

출처: 경향신문. 2015.5.21.일자.

4. 수량제한 금지

시장접근(Market Access)과 관련하여 양허관세와 더불어 중요한 원칙이 '수량제한금지원칙'이다. 수량제한금지원칙은 GATT 제11조에 명시되어 있는데 이는 GATT 제2조의 양허관세 관련 조항과 상호 보완적 관계를 이루고 있다. 최혜국대우원칙과 내국민대우원칙이 상호 필요한 것과 같다고 볼 수 있다. WTO는 수입상품의 양허관세를 통한 국경조치만을 인정하고 수량제한 등 비관세조치를 금지한다. 왜냐하면 수입국이 양허관세를 약속한다 하더라도 수량제한에 대한 규율이 미비하다면 수입국이 수입수량자체를 제한하는 비관세조치 등을 활용하여 임의적으로 수입을 제한할 수 있다. 무역량 자체가 제한을 받는다면 양허관세를 통한 자유무역을 위한 노력 자체가 무력화될 가능성이 크다.

예를 들어 A국에 자동차를 수출하는 B국은 양허관세와 관세인하를 위한 A국과의 협상을 통해 50%의 양허관세율을 인정받았다. B국의 자동차기업은 이제 A국이 50% 이상 관세율을 인상하지 않을 것이라고 확신할 수 있다. 그리고 50%의 관세율이라면 충분히 A국에서 B국 자동차에 대한 수요가 발생할 것으로 예상한다. 이제 B국 자동차기업은 수출을 위해 자동차 생산량을 10,000대로 증가시켰다. 그런데 A국은 양허관세율은 인정하지만 자동차수입은 1년에 5,000대로 제한한다고 발표하였다. B국의 5,000대 이상의 자동차수출은 불가능하게 되고 오히려 손실을 입게 될 것이다. 이렇듯 양허관세와 관세인하를 통한 자유무역의 발전은 수량제한금지원칙의 적용 없이는 실현되기 어렵다.

원칙적으로 수량제한은 금지되지만 예외를 허용하는 경우가 있다. 수량제한을 금지하는 GATT 제11조 2항에서는 예외적인 사항에 대해서도 열거하고 있다. 예를 들면 농산물이나 수산물 등의 수입에 있어서 수량제한을 허용하고 있다. 특히 농산물의 수입제한에 대해서는 사안의 중요성에 비추어 WTO의 농산물협정에서 다루고 있다.(농산물의 경우에도 원칙적으로는 관세 이외의 국경조치를 금지하고 있다.) 또한 동 조항에서 국내수요를 위한 해당 상품의 공급이 부족할 경우 한시적으로 수출제한을 허용하고 있다.

GATT 제13조에서는 제11조에 해당하는 예외적인 상황으로 인한 수량제한 등과 같은 비관세조치라 하더라도 최혜국대우원칙이 여전히 적용됨을 명시하고 있다. 예를 들어 A국이 자동차수입의 급증으로 인해 자동차기업이 심대한 피해를 입었을 경우 수량제한금지의 예외적 상황으로 인정하여 일정기간 자동차수입을 제한하는 세이프가드(Safeguard) 조치를 발동할 수 있다. 하지만 이 경우라도 수량제한조치는 회원국 모두에게 동일하게 적용되어야 한다. 수량제한이 예외적으로 인정되더라도 특정 국가(들)에게만 불리하게 적용하여서는 안 된다는 것이다.

한편 GATT 제13조 2항은 수량제한의 할당(allocating)에 대해 기술하고 있다. 현실적으로 수입상품이 모든 국가로부터 동일한 수량($\frac{1}{N}$)으로 수입되는 것이 아니라 실제로는 일부 국가(들)에서 수입되는 경우가 많은 것을 반영해 수량제한 시 이들 국가들에 대한 배려를 요구하고 있는 것이다. 예를 들어 A국은 수량제한 실시 전 자동차를 B국으로부터 1,000대, C국으로부터 2,000대, D국으로부터 3,000대 등 총 6,000대의 자동차를 수입하고 있었다. A국이 수량제한을 실시하여 자동차의 수입량을 3,000대로 제한한다고 발표하였다. 이 경우 A국이 그 이상의 아무 조치를 취하지 않는다면 B, C, D국은 수출량을 최대한 확보하고자 노력할 것이다. 만약 B국과 C국이 각각 수량제한 이전대로 1,000대와 2,000대를 수출한다면 D국은 A국에 단 한 대도 수출하지 못하는 상황이 될 것이다. 반대로 D국이 3,000대를 모두 수출하면 B국과 C국은 A국에 단 한 대도 수출하지 못하는 상황이 된다. 즉 A국의 수량제한조치로 인해 그 동안 자동차를 수출해왔던 B, C, D국은 수출량 확보를 위한 경쟁을 벌여야 하는 등 예상치 못한 손실을 입게 된다. 이는 결국 자유무역을 위축시키는 장애요소로 작용한다.

이러한 부정적 영향을 최소화하기 위해 동 조항에서는 A국에 대해 수량제한 이전 수입량(금액) 등 여러 상황을 종합적으로 판단하여 수출국들에게 수입물량을 할당해 주도록 요구하고 있다. 예를 들어 A국은 수량제한조치 이전의 자동차수입과 관련된 자료와 통계를 근거로 수입비중(B국 $\frac{1}{6}$, C국 $\frac{2}{6}$, D국 $\frac{3}{6}$)에 비례하여 수입제한물량의 최대한도인 3,000대 중 B국에는 500대, C국에는 1,000대, D국에는 2,000대의 수입을 할당할 수 있다. 이렇게 되면 자동차기업들에게는 그나마 예측 가능한 생산 및 판매가 가능하여 수량제한으로 인한 부정적 영향을 최소화할 수 있다.

이와 같이 수량제한금지원칙은 양허관세와 보완적 관계로서 다자간 무역체제와 자유무역의 실질적 발전과 확대를 위해 필수적인 원칙이다. 농수축산물 등 민감품목의 수량제한, 수입량의 폭증 등으로 국내 기업의 심대한 피해 발생 등으로 인한 세이프가드조치 발동 등과 같은 예외적인 사항을 제외하면 수량제한금지원칙은 준수되어야 하며 이는 모든 회원국에게 동일하게 적용된다.

참고1: WTO, UN, OECD 공동보고서, "G20 무역제한 줄고 무역원활화 늘어"

선진국들의 무역제한조치는 줄어드는 대신 무역원활화조치는 지속적으로 늘어나는 것으로 집계됐다. 국내서 먹을거리를 찾기 어려운 선진국들이 무역에 사활을 걸고 있다는 분석이다. 산업통상자원부는 22일 이 같은 내용을 담은 G20(주요20개국) 무역 및 투자조치 13차 보고서를 공개했다. 이는 WTO(세계무역기구), OECD(경제협력개발기구), UNCTAD(국제연합무역개발회의) 사무국이 G20 간 무역 · 투자 제한조치에 대해 분석해 공동 발간하는 보고서다. 대상 기간은 지난해 10월부터 올 5월까지 7개월여다.

이에 따르면 이 기간 G20 국가들의 신규 무역제한조치는 이전 조사기간(2014년 5월~10월)과 비교할 때 감소세를 유지한 것으로 집계됐다. 이 기간 G20 국가들의 신규 무역제한조치는 월 평균 17건이었다. 이전 조사기간에는 월 평균 18.6건의 신규 무역제한조치가 도입됐다. 월 평균 1.6건 줄어든 셈이다. 전체 무역제한조치는 119건이었는데, 무역구제가 전체의 60%를 차지하며 이전 대비 비중이 약간 늘어났다. 수입제한조치는 27%로 예전 수준을 유지했으며 수출제한조치는 8%로 이전 대비 줄었다. 대체로 이전 조사기간과 비교할 때 비중은 비슷했지만 수출제한은 줄이는 양상을 보였다. 무역구제 및 수입제한조치 금액은 약 1,351억 달러였다. G20 국가 상품수입의 0.8%, 세계 상품 수입의 0.7% 규모다.

같은 기간 신규 도입된 무역원활화조치는 늘어났다. 관세감축과 철폐, 무역구제(Trade Remedy)종료, 수량제한 철폐 등이 이에 속하는데, 월 평균 16건 도입됐다. 이전 조사기간의 월 평균 15.8건에 비해 소폭 증가했다. 새로 도입된 무역원활화 조치는 반덤핑 조사철회, 반덤핑 관세 적용 중단 등이 대부분이었다. 수입을 원활하게 하기 위해 도입된 제도를 금액으로 환산하면 1,376억달러로 G20 국가 상품수입의 1.0%, 세계 상품수입의 0.7%에 달한다.

이번 집계는 선진국들이 보호무역에서 탈피해 무역 규제를 줄이고 무역원활화를 유도하는 방향으로 나서고 있다는 해석을 가능케 한다. 같은 기간 G20 국가들이 FDI(외국인 직접투자) 제한을 완화하고 있다는 점도 활로를 해외서 찾아야 한다는 분위기가 확산되는 신호로 읽힌다.

보고서에 따르면 호주, 인도, 멕시코, 캐나다가 농지, 건설, 의약품, 보험, 방송 등의 분야에서 투자절차 간소화, 투자한도 확대 등을 시행했다. 중국은 특히 외국인 투자 산업지도 목록을 개정해 외국인 투자산업 확대에 나서고 있다. 기존 상해 이외에 광동, 텐진, 푸젠 등 자유무역시범구를 추가하는 외국인투자 확대조치를 4월 도입했다. 보고서는 2008년 경제위기 이후 무역제한조치가 누적되는 것은 사실이나 정도가 완화되고 있음에 주목한다. 다자통상체제가 보호무역주의에 대한 효과적인 견제장치로 작동하고 있다는 의미라는 것이다. 또 글로벌 경제 불확실성이 여전한 가운데 선진국들이 보호무역을 완화해야 한다고 강조했다.

산업부 관계자는 “중국 등을 중심으로 한 외국인투자 확대조치는 우리 해외 진출기업들에게도 긍정적인 요인이 될 것”이라며 “하지만 인도네시아 등은 보호무역 조치를 강화하는 것으로 나타나 현지 진출을 계획 중인 우리 기업들의 면밀한 사전검토가 필요하다”고 밝혔다.

출처: 머니투데이. 2015.6.22.일자.

참고2: 한국산 수입규제, 비관세장벽 ‘이중고’

한국 수출품이 해외에서 수입규제와 비관세장벽의 ‘이중고’에 시달리고 있다. 반덤핑・상계관세, 세이프가드(긴급수입제한조치) 등 수입규제 조치는 신흥국을 중심으로 꾸준히 부과되고 있다. 관세와 연계되지 않는 수입금지와 수량규제 등 비관세장벽은 중국이 압도적으로 많아 대중 수출의 걸림돌이 되고 있다. 21일 한국무역협회에 따르면 한국 수출품에 대한 외국의 수입규제 조치는 지난해 말 현재 26개국에서 167건이 진행 중이거나 조사단계에 있다. 진행 중인 규제가 125건이고, 나머지 42건은 규제조치를 취하기 위한 조사단계에 있다. 작년 들어 우리 수출품에 새로 부과된 수입규제는 29건(11개국)에 달한다. 같은 기간 풀린 규제는 3건에 그쳐 1년 전보다 26건(18.4%)이 늘었다.

무역협회 관계자는 “세계적인 경기침체가 장기화되면서 철강금속, 석유화학 등에서 고전하는 자국의 기간산업을 보호하기 위해 전략적으로 수입규제를 활용하는 국가가 늘고 있다”고 분석했다. 국가별로 보면 중국, 인도네시아, 인도 등 내수시장이 크고 대외 영향력이 커진 신흥국들이 자국 전략산업을 보호하기 위해 이처럼 수입규제를 적극 활용하는 추세다.

지난해 신규 수입규제 29건 중 인도가 8건으로 가장 많았고, 말레이시아 4건, 인도네시아와 터키 각각 3건이다. 권역별로는 동남아시아가 16건으로 과반을 차지했다. 미국과 캐나다 등 선진국도 철강 등 특정 산업분야를 보호하는 데 동원하고 있다. 한국 수출의 발목을 잡고 있는 비관세장벽 또한 신흥국이 주도하고 있다.

출처: 세계일보, 2015.1.21.일자.

5. 개도국 배려 원칙

GATT와 WTO협정문에는 개도국이 처하고 있는 여러 어려운 상황을 고려하여 '개도국에 대한 보다 유리한(more favorable) 조치'를 취할 수 있게 하는 조항들이 산재되어 있다. 이에 대한 해석으로 WTO가 제시하고 있는 기본원칙들의 예외라는 측면에서 WTO의 핵심적 원칙이라고 하기는 어렵다는 의견이 있다. 하지만 개도국에 대한 배려는 WTO원칙의 예외로서 해석하는 것보다는 그 자체가 WTO의 기본원칙 중 하나로 인정하는 것이 바람직하다.

왜냐하면 위에서 이야기하였듯이 WTO의 설립목적에서 "생활수준의 향상, 완전고용의 달성, 높은 수준의 실질소득과 유효수요의 지속적인 양적 증대 및 상품과 서비스의 생산 및 무역의 증대를 목적으로 무역 및 경제활동 분야에서의 상호관계가 이루어져야 한다는 점을 인식하고, 개발도상국, 특히 최빈개도국이 국제무역의 성장에서 자국의 경제를 발전시키는데 필요한 몫을 확보하는 것을 보장하기 위하여 적극적인 노력을 기울여야 할 필요성이 있다는 점을 인식하고," 라고 하여 개도국에 대한 배려에 대해 명문화하고 있기 때문이다. 따라서 개도국에 대한 배려는 WTO원칙의 예외사항이라기 보다 그 자체로서 WTO의 중요한 원칙이 됨을 의미한다.

개도국 배려의 가장 대표적인 사례가 앞에서 언급한 '권능조항'으로 선진국의 개도국에 대한 무역특혜조치에 대해 GATT 제1조의 최혜국대우원칙의 예외를 허용하는 것이다. 예를 들어 A국은 선진국, B국은 개도국이라고 하자. A국은 B국에서 신발을 수입하는 대신 100%의 관세율을 부과하고 있다. 이제 A국은 B국이 개발도상국임으로 감안하여 신발에 대해 관세율을 기존 100%에서 50%로 인하하기로 결정하였다. 최혜국대우원칙을 적용하면 A국은 B국 이외의 다른 회원국들로부터의 신발수입에 있어 관세율을 동일한 50% 수준으로 인하해 줄 것을 요구받게 될 것이다. 이를 거부할 경우 A국은 최혜국대우원칙 위반으로 WTO 제소 등 무역분쟁에 휘말릴 가능성이 크다.

하지만 예외를 인정하는 권능조항으로 인해 A국은 무역분쟁의 염려 없이 개도국인 B국의 신발수입에 대해서만 특혜관세 혜택을 부여할 수 있다. 이러한 권능조항의 적용을 통해 선진국은 실제적으로 개도국들의 수출증대와 경제발전에 기여할 수 있는 기회를 가질 수 있다.

여기서 한 가지 기억해야 할 것은 권능조항은 상품무역에만 적용이 되고 서비스무역과 지적재산권에는 적용되지 않는다는 것이다. 이는 권능조항의 도입 당시 서비스무역 및 지적재산권에 대한 논의가 충분하지 않았고 그 필요성도 크지 않았기 때문이다. 하지만 WTO협정에 이미 포함된 서비스무역과 지적재산권에 대한 권능조항의 적용도 향후 충분히 검토될 만한 주제가 될 것으로 예상되고 있다.

참고1: 정부, 개도국 기술지원 위해 35만 달러 출연

정부가 지난해에 이어 올해도 세계무역기구(WTO)의 개도국 기술지원 사업 지원을 위해 'WTO 도하개발어젠다 신탁기금'에 35만 달러를 출연키로 했다. 외교통상부 통상교섭본부는 8일 스위스 제네바에서 이 같은 내용에 관한 양해각서(MOU)를 체결했다고 밝혔다. 이날 양해각서에는 이성주 주제네바대사와 파스칼 라미 WTO 사무총장이 참석했다. 통상교섭본부 관계자는 "이번 기여금 공여로 DDA 협상 진전 및 다자무역체제 확대를 위한 긍정적 여건이 조성됨과 동시에 우리나라의 개도국에 대한 입지가 제고될 것으로 기대한다."고 밝혔다. WTO 도하개발어젠다 신탁기금은 WTO 차원의 개도국 기술지원 및 능력배양 활동을 지원키 위해 2001년 설립됐다. 그동안 개도국 공무원들의 연수 · 훈련, WTO 및 국제무역 문제에 대한 세미나 개최, 개도국 WTO규범 이행입법 과정 등에 사용돼 왔다. 한편 우리나라는 2001년 29만 달러를 처음 공여한 이래 매년 20만 달러 이상을 공여해왔으며 지난해부터 지원금을 35만 달러로 늘렸다.

출처: 뉴시스, 2008.7.8.일자.

4장
WTO 원칙의 예외

1. 세이프가드(Safeguard)

위에서 이야기한 WTO의 기본원칙들은 다자간 협정을 통한 다수의 다수에 대한 견제와 감시를 통해 특정국가의 전횡과 보호무역으로 인한 폐해를 막고 자유무역을 통한 무역의 이익을 극대화하는 것에 초점이 맞추어져 있다. 하지만 개별 국가의 입장에서는 양허관세와 수량제한금지원칙 등 WTO 기본원칙의 준수 및 이를 통한 자유무역의 확대는 양날의 칼로도 작용할 수 있다. 왜냐하면 자유무역의 확대 자체가 전체적인 또는 장기적인 차원에서 보면 무역의 손실보다는 이익이 클 수 있지만 단기적 차원에서 수입상품과 경쟁해야 하는 국내 산업 또는 기업에게 예상했던 것보다 큰 손해를 입힐 수 있기 때문이다.

예를 들어 A국은 자국의 자동차산업을 보호하기 위하여 100%의 관세율을 부과하는 동시에 수입량도 1년에 10,000대로 제한하고 있다고 하자. 이제 WTO 가입을 위한 협상과정에서 양허관세율을 50%로 인하하고 수입물량제한은 철폐하기로 약속하였다. 이는 A국의 자동차시장 개방이 자국 자동차기업에게는 불리하게 작용할 것이나 그 손실 자체가 국가 전체 차원의 무역의 이익보다는 크지 않을 것이라는 판단에 근거한 것이다.

그런데 자동차관세율을 50%로 인하하고 수입물량 제한을 풀자 A국의 예상과는 달리 외국으로부터의 자동차 수입이 급격하게 늘어난다고 하자. A국의 자동차기업들은 경영상 심대한 타격을 입을 수 있다. 또한 이러한 부정적 영향이 확산되면 실업의 증대, 외국자동차기업의 독점 등 적지 않은 부작용이 발생하게 될 수 있다. A

국은 이전처럼 관세율을 임의로 인상할 수도 없고 수입물량을 제한할 수도 없기 때문에 진퇴양난에 빠지게 된다. 결국 A국을 중심으로 자유무역에 대한 비판이 증대될 것이다. A국은 이러한 상황이 발생하지 않는다는 보장이 없기 때문에 시장개방에 소극적일 수밖에 없을 것이다. 이는 자유무역의 위축으로 이어지게 된다.

이러한 상황에 대한 A국의 대응방안 또는 대안으로는 다음의 세 가지 정도를 생각해 볼 수 있다. 첫째는 WTO를 탈퇴하는 것이고, 둘째는 회원국들과의 무역분쟁을 무릅쓰고 다시 양허관세율 이상으로 관세율을 인상하거나 수입수량제한을 하는 것이다. 그리고 마지막으로는 모든 회원국들로부터 양허관세 및 수량제한금지에 대한 예외를 인정받는 것이다. 첫째와 셋째 방안은 상당히 극단적인 해결책이다. 비용도 많이 들뿐더러 실현 가능성도 희박하기 때문에 유용한 방안이라고 할 수 없다. 둘째 방안도 상황에 따라서는 고려해 볼 수 있겠지만 십중팔구 다른 회원국들의 반발과 제소 등 무역분쟁, 더 나아가 무역보복이 이어지게 될 것이다.

따라서 해당 회원국이 WTO 탈퇴와 무역분쟁도 피하면서 국내산업을 보호하기 위한 실질적인 조치를 취하기 위해서 일시적으로 A국에게 예외를 허용할 필요가 있다. WTO는 GATT 제19조에서 수입물량이 급격하게 증가될 경우 일정한 조건과 기간을 전제로 제2조의 양허관세와 제11조의 수량제한금지원칙을 준수하지 않아도 됨을 명시하고 있다. 이것을 세이프가드(Safeguard)라고 부른다. 세이프가드를 통하여 A국은 양허관세율보다 높은 자동차 관세율을 부과하거나 수량제한 등을 통해 일정기간(최대 8년)동안 수입으로 인한 국내산업의 예상치 못한 피해를 막고 대응할 수 있는 기회를 얻게 된다.

세이프가드는 이처럼 양허관세와 수량제한금지원칙의 예외를 허용하고 있지만 그렇다 하더라도 최혜국대우원칙 및 내국민대우원칙 등의 비차별원칙은 준수되어야 한다. GATT 제1조의 최혜국대우원칙과 제13조의 수량제한금지의 비차별원칙 등은 그대로 유효하다. 세이프가드를 실시하더라도 그 관세율 및 수량제한의 적용에 있어 모든 회원국들에 대해 동일해야 하고 차별적이어서는 안 된다는 것이다. 하지만 개도국 배려를 위해 개도국으로부터의 수입에 대해서는 세이프가드의 예외를 인정할 수 있도록 하고 있다. 예를 들어 개도국 개별국가 차원에서 그 수입상품의 시장점유율이 3% 미만이고 개도국 전체 차원에서 시장점유율이 9% 미만인 경우 세이프가드를 적용하지 않도록 규정하고 있다.

한편 세이프가드는 수입물량의 현저한 증가로 인해 국내 산업에 심대한 피해가 발생하거나 그러한 위협이 있을 경우 발동될 수 있지만 국제수지 문제와 같은 보다 거시경제 차원의 문제일 경우에도 적용이 가능하다. 예를 들어 A국이 지속적인 국제수지적자 및 외화유동성의 감소로 인해 원활한 수출입결제가 어려워졌다고 하자. 이 경우 A국은 외화유동성의 확보를 위해 불가피하게 수입제한을 실시할 수밖에 없는 상황에 이를 수 있다. GATT 제19조는 이러한 상황에서 A국이 국제수지방어를 위한 세이프가드를 발동할 수 있도록 허용하고 있다. 다만 회원국들은 A국의 세이프가드 조치에 대한 적절성 여부를 포함한 조건과 기간에 대한 협의가 가능하다. 만약 합의에 이르지 못할 경우 A국의 세이프가드로 인해 피해를 입은 당사국은 A국에 대해 WTO 제소 등 분쟁해결절차를 시작할 수 있도록 하고 있다.

또한 GATT 제18조에서는 개도국의 산업발전을 도모하기 위해 소위 유치산업을 육성하는데 필요한 관세 및 비관세 조치에 대한 폭넓은 예외조치도 허용하고 있다. 세이프가드도 이 가운데 포함되는 것으로 해석할 수 있다. 마지막으로 우루과이라운드협상을 통해 WTO협정에 포함된 농업협정에는 일반적인 공산품보다 더 빈번하게 발생할 수 있는 농산물 수입에 있어서의 세이프가드에 대한 내용을 구체적으로 기술하고 있다.

참고1: 한중 마늘무역분쟁

한・중 마늘교역분쟁은 2000년 6월 한국 정부의 중국산 마늘에 대한 세이프가드 발동으로 시작되어 한국산 휴대용 무선전화기와 폴리에틸렌에 대한 중국의 보복 조치로 이어지고 여러 차례의 재협상 과정을 거치며 3년을 끌다가 2003년에 종료되었다. 우루과이라운드(UR) 이후 시장개방에 따라 중국으로부터 양파, 고추, 마늘, 참깨 등 농산물의 수입이 급증하였다. 특히 국내주요 작물인 마늘 수입이 급증하였다. 1993년 UR 협상 당시 50%의 저율관세가 부과되는 최소시장접근(Minimum Market Access, MMA) 물량 초과분에 대해 396%의 고율관세를 부과했음에도 불구하고 양국 간 생산비 차이로 인해 신선마늘의 수입은 1996년과 1998년 2년 사이에 4배 가까이 증가하였다. UR협상 당시 국내 수요가 없거나 미미할 것으로 판단하여 30%의 저율관세를 허용한 냉동마늘과 초산제조마늘의 경우 1999년에는 1996년 대비 9배 이상으로 수입이 급증하였다. 중국산 마늘의 약 70%가 생산되는 산동성에서 한국시장을 겨냥하여 적극적으로 마늘을 재배하고 냉동설비 등을 설치하는 등 적극적인 수출 전략을 도입하였기 때문이었다.

중국산 마늘의 수입급증으로 수입 마늘의 국내시장 점유율은 1996년 3.3%에서 1999년 12.2%로 크게 증가하였다. 수입급증으로 국내의 농가판매가격과 도매시장가격은 1999년 전년 동기 대비 42.4%와 37.9%씩 하락하였다. 중국산 마늘의 수입급증에 따라 우리나라 마늘재배농가의 피해가 확산되자 농협중앙회는 1999년 9월 「대외무역법」 제26조 산업피해조사를 산업자원부 산하 무역위원회에 신청하였으며, 무역위원회는 마늘수입의 급증으로 관련 국내산업이 심각한 피해를 받고 있으며 긴급히 구제조치를 취하지 않으면 관련 국내산업의 피해가 회복하기 어려울 것으로 판단하여 1999년 10월 냉동마늘과 초산제조마늘에 한해 200일 동안 285%의 잠정긴급관세(30%에서 315%로 인상)를 기본관세에 추가하여 부과해 줄 것을 재정경제부 장관에 건의하였다.

무역위원회의 세이프가드 발동 건의 후 한국정부는 2000년 4월 24일과 5월 18일 두 차례에 걸쳐 중국정부와 실무협상을 진행하였다. 한국정부는 중국 정부에 옥수수, 참깨 수입을 늘리고 조정 관세부과 품목의 관세를 인하시켜주는 타협안을 제시했으나 합의점을 찾지 못하고, 5월 26일 세이프가드 조치를 WTO에 정식 통보했다. 이에 따라 재정경제부 장관은 2000년 6월 1일 중국산 마늘에 대해, WTO 협정과 「대외무역법」 및 「관세법」에 근거하여 긴급관세를 부과하였다. 예컨대 냉동마늘 및 초산조제마늘의 경우 30% 기본관세에 추가하여 285%의 긴급관세를 부과하였다. 이에 대한 보복으로 중국정부는 2000년 6월 7일부터 우리나라산 휴대용 무선전화기와 폴리에틸렌에 대해 잠정수입 금지 조치를 취하였다. 양국 정부는 2000년 6월 29일 북경에서 3차 한・중 마늘 협상을 재개하였다. 협상을 통해 세이프가드 기간은 당초보다 6개월 줄여 2002년 말에 종료하고, 한국산 휴대용 무선전화기와 폴리에틸렌에 대한 수입 금지조치를 중국이 해제하는 대신, 한국은 중국에서 수입되는 냉동마늘과 초산조제마늘을 매년 2만여 톤씩 수입하는 관세율쿼터(TQR)를 실시하며, 저율의 기본관세 50%로 수입 가능한 최소시장접근(MMA)물량 1,895톤을 중국산 마늘로 도입한다는 합의에 도달하였다.

이 같은 합의에 따라 일단락된 듯했던 한・중 마늘 분쟁은 2001년 4월 6일 한중 실무협상에서 중국정부가 보복조치를 재개할 것을 경고하면서 재연된다. 중국 정부는 한국 정부가 2000년에 32,000천 톤을 수입해주기로 약속하고 22,000천 톤 밖에 수입하지 않았기에 협정 위반이라고 주장한다. 이에 대해 한국 측은 2000년도 예정된 수입물량이 미소진된 이유는 도입기간이 4개월 정도(2000년 8월 2일부터 발효)였기 때문이라고 설명했다. 하지만 한국은 2000년 4월 21일 북경에서 열린 한・중 통상장관회담에서 미소진 물량(약 1만 톤)을 2001년 8월 31일까지 전량 수입하고 2001년, 2002년 쿼터물량 수입도 보장하겠다고 약속했다. 중국 측 주장에 일방적으로 굴복한 통상 협상이라는 국내적 비난이 있었지만 한・중 마늘 협상은 종결된 듯했다.

그런데 2002년 6월 28일 농협중앙회가 마늘 세이프가드를 2006년 말까지 4년 연장해줄 것을 무역위원회에 요청하면서 파문이 다시 확산된다. 한국 정부가 2000년 7월 한・중 마늘협상 타결 시 "2003년부터 마늘 세이프가드를 해제하고, 마늘수입을 민간에 맡긴다."라는 내용의 부속서에 합의하고 이를 공개하지 않은 것이다. 이에 정치권과 농민단체는 "정부가 책임을 지고 중국과 재협상을 해 세이프가드를 4년 더 연장해야 한다."고 주장했으나 정부가 마늘 재배 농가에 대한 지원을 약속하고 2000년 7월 한・중 마늘합의 부속서에 따라 2003년부터 중국산 마늘이 수입자유화 되었다.

한・중 양국간 교역규모가 커지면서 무역분쟁이 발생하는 것은 당연한 일이라고 할 수 있으나, 농업부문에서 양국간에 심각한 분쟁이 발생한 이유는 다음과 같다. 첫째, 산업구조적 요인이다. 중국이 값싼 농산물을 대량으로 생산할 수 있는 반면, 우리는 그렇지 못할 뿐 아니라 농업구조조정이 빠른 속도로 이루어지지 않고 있기 때문이다. 가격경쟁력의 차이와 함께 산업구조적인 측면이 근본적인 요인으로 작용하고 있다. 둘째, 제도운영적 요인이다. WTO의 수입규제수단으로 반덤핑관세와 세이프가드를 들 수 있다. 그런데 일반적으로 세이프가드는 수입피해국이 수입급증이라는 발동조건을 만족시키기가 용이하지 않으며, '수입과 피해간의 인과관계'도 입증하기 어렵다. 또한 무역당사국으로부터의 보복을 당하거나 보상을 해줘야 할 위험성도 있다. 셋째, 무역분쟁 대응체제에 관련된 요인이다. 무역분쟁은 재화, 서비스, 생산요소의 국제교역과정에서 국익을 극대화하려는 각국의 정책들이 조정되지 못할 때 발생한다.

결국, 무역분쟁은 각국의 정책이 통합 · 조정되어 운영되지 않는 한, 계속 발생할 수밖에 없는 불가피한 측면이 있다. 이는 통상정책이 결국 국익을 극대화하려는 수단이기 때문에 정책수행의 여하에 따라 이익과 손실이 극명하게 엇갈리므로 당사국으로서는 양보가 용이하지 않다는 속성 때문이다. 우리나라가 겪은 과거의 무역 분쟁의 사례들처럼 이번 한 · 중 마늘 교역분쟁에서도, 분쟁이 불거졌을 때에 부처간 협조 원활화가 신속히 이루어지지 못했다는 문제점이 제기되었다. 우리 정부는 언제든지 발생할 수 있는 무역분쟁에 대한 효율적이며 체계적인 대응시스템을 구축해야 한다.

출처: 국가기록원, 한중 마늘교역 분쟁 2006.12.1.

2. 지역무역협정(Regional Trade Agreement)

앞에서 간단히 살펴본 바가 있지만 WTO협정에서 비차별원칙의 예외로서 허용되는 또 하나의 사례는 특혜무역협정(preferential trade agreements) 또는 지역무역협정(regional trade agreements)이다. 특혜무역협정과 지역무역협정은 당사국들간의 관계에서 차이가 있다. 특혜무역협정은 당사국 간 차별적(부등가적) 교환을 허용하지만 지역무역협정은 대등한 입장에서 동등한(등가적) 교환을 전제로 한다. 예를 들어 특혜무역협정은 A국이 B국에 대해 허용하는 양허관세 및 수량제한금지의 수준에 비해 B국의 A국에 대한 무역자유화 수준이 상이한 특성을 갖는다. 이에 반해 지역무역협정은 B국이 A국에 대해 동등한 수준의 무역자유화조치를 시행하는, 즉 등가적 교환을 전제로 하는 경우가 해당된다.

특혜무역협정은 주로 선진국과 개도국 간 또는 종주국과 식민지국 간에 이루어지는 경우가 많고 GATT가 시작되기 이전부터 이미 존재했던 경우가 대부분이다. 왜냐하면 종주국이 식민지에 부여하였던 특혜조항들은 이미 제국주의시대부터 존재해 왔기 때문이다. 이러한 조항들을 조부조항(grandfather clause)이라고 하는데 이를 근거로 GATT의 원칙에서 예외로 인정되는 경우가 많았다.

일반특혜협정(General Preferential Agreement, GPA)도 특혜무역협정의 하나라고 할 수 있는데 이는 선진국이 개도국에 대해서 특혜관세율을 부여한다든지, 또는 개도국에 대해 일정한 수입할당을 통해 수입량을 보장해준다든지 하는 일방적 특혜협정이다. GATT 이전에 존재했던 특혜무역협정의 경우는 어쩔 수 없다 하더라도 GATT 이후에 형성된 지역무역협정에 대해서는 WTO 원칙의 예외를 허용하는 근거는 무엇인지 알아보아야 한다.

최근에는 특혜무역협정보다는 지역무역협정이 주류를 이루고 있고 두 개를 구분하지 않고 지역무역협정으로 부르는 것이 일반적 추세이다. FTA를 대표로 하는 지역무역협정은 GATT/WTO의 다자간 무역협정과 더불어 국제무역질서를 이루는 중심축으로 자리잡아가고 있다. 지역무역협정이 자유무역의 확대에 긍정적 영향을 주는지 아니면 부정적 영향을 주는지에 대한 논의는 이미 폭넓게 진행되어왔다. 학자들의 연구결과들을 보면 시기와 지역에 따라 차이가 있기는 하지만 대체적으로 지역무역협정은 자유무역의 확대에 긍정적인 영향을 주는 것으로 의견이 모아지고 있다. 또한 지역무역협정 그 자체로는 자유무역에 어떠한 영향을 주는지는 판단하기 어렵고, 지역무역협정이 실제로 어떻게 적용되고 운용되는가에 따라 자유무역 확대를 위한 긍정적, 부정적 영향이 결정된다는 의견도 다수 존재한다.

많은 경우 지역무역협정은 보다 강화된 자유무역의 여건 마련을 위해 현재의 다자간 무역체제에서 수용하지 못하고 있는 이슈들을 FTA 등 지역무역협정을 통해 당사국 간에 적용하는 WTO+ 방식을 취하고 있다. WTO+ 방식을 취하게 되면 협정 당사국 간에는 현 다자간 무역체제의 무역자유화 수준을 넘어서는 무역의 확대가 이루어질 수 있다. 이는 WTO의 목표라고 할 수 있는 자유무역의 확대에 부합한다. 하지만 지역무역협정은 그 원리상 근본적으로 WTO의 기본원칙을 위배하게 된다. 왜냐하면 지역무역협정 자체가 당사국들에게만 그 무역자유화의 내용이 적용되므로 WTO의 가장 중요한 기본원칙인 비차별원칙을 위배하기 때문이다.

결국 지역무역협정은 자유무역의 발전에 충분히 긍정적 영향을 미칠 수 있다는 긍정적 측면과 최혜국대우원칙 등 비차별원칙을 위배한다는 부정적 측면을 모두 포함한다. WTO협정은 이 두 가지 상충되는 특성을 고려하는 동시에 지역무역협정의 긍정적 측면을 반영하고자 GATT 제24조에서 일정한 조건을 전제로 지역무역협정의 최혜국대우원칙의 예외를 인정하고 있다.

GATT 제24조에서는 외부적 조건과 내부적 조건을 제시하고 있다. 먼저 외부적 조건은 지역무역협정이 당사국들 간의 무역을 증진함과 더불어 비회원국들에 대해서는 지역무역협정이 체결되기 이전의 자유무역조치보다 더 후퇴해서는 안 된다고 규정한다. 내부적 조건으로는 지역무역협정이 당사국들 간의 실제적인 모든 무역(substantially all the trade)에 적용되어야 한다고 규정하고 있다.

또한 지역무역협정의 체결 시 당사국들은 WTO 회원국들에게 이를 알리고 WTO의 지역무역협정위원회(Committee on Regional Trade Agreements)에서는 지역무역협정이 GATT 제24조의 내용들과 합치되는지 검토한다. 총의(consensus)를 통해 이에 대한 여부를 결정하는데 지역무역협정이 제24조에 위배된다고 판단하는 회원국이 있다면 총의는 무산되고 각 회원국들의 의견을 담은 보고서가 채택된다. 지역무역협정이 제24조를 위배한다고 판단하는 회원국(들)은 WTO에 제소할 수 있다.

하지만 제소국(들)은 지역무역협정이 왜 제24조에 합치하지 않음을 밝혀야 하고 이에 대한 대응방안에 대해서도 설명해야 할 의무가 있기 때문에 제소국의 입장에서는 적지 않은 애로가 존재한다. 이러한 이유로 지역무역협정위원회의 역할에 대한 우려와 비판이 제기되어 왔다. 또한 WTO에서 지역무역협정에 대한 제소 및 분쟁해결절차가 진행되는 예는 거의 볼 수 없다. 어쨌든 지역무역협정의 폭발적 증가는 WTO차원에서 제한하기 어려운 상황이 되었다. 다만 지역무역협정이 WTO+ 차원에서 자유무역의 확대와 다자간 무역제체의 발전에 도움이 될 것이라고 기대할 수 있다.

참고: 세계화냐 지역화냐, 묘한 동거

21세기는 세계화와 더불어 지역화의 시대다. 세계화는 상품들이 국가의 경계를 마구 넘나들 수 있게 만들었다. 국가의 경계 안에 가두어 두고 독점적으로 사용되던 자본이나 인력도 값을 많이 쳐주는 곳이면 어디든 간다. WTO체제는 이러한 세계화를 제도적으로 뒷받침해주는 역할을 하고 있다. 세계화와 함께 강화되고 있는 또 하나의 조류는 지역화다. 지역화는 특정지역 국가들 간 통합을 먼저 진행하는 것이다. 그 결과 필연적으로 외부지역에 대해 차별적 대우가 발생한다. 얼핏 보면 지역화는 세계화에 역행하는 조류이다. 그러나 지역화가 세계화로 가기 위한 징검다리라는 '열린 지역주의'의 이름으로 양자 간의 묘한 동거가 이루어지고 있다.

관세 및 무역에 관한 일반협정(GATT) 24조는 지역경제통합을 허용하면서 1조에서 규정하고 있는 무차별원칙의 예외를 공식적으로 인정하고 있다. 이 구조를 잘만 활용하면 세계화로 세계시장을 공략하고 지역화로는 자국시장을 보호할 수 있는 여지가 있기도 하다. 지역화는 수혜 면에서의 비대칭성 때문에 상대적으로 지역화가 더딘 국가들에 부담을 주고 있다. 세계적으로 지역화가 가장 더딘 곳은 동아시아이다. 동아시아의 무역규모나 국내총생산(GDP) 규모는 미국이나 유럽보다 적지 않다. 상호투자나 역내교역에서 나타나는 기능적인 시장통합의 진척은 여타지역보다 통합여건이 성숙되어 있다. 그럼에도 불구하고 협력이 제도화되지 못한 탓으로 동아시아는 세계시장에서 경제력에 상응하는 영향력을 행사하지 못하고 있다. 더구나 지역 통합이 진척된 유럽 등과의 교역을 위해서는 통합체와 개별국 차원의 이중협상을 해야 하는 부담을 안게 된다.

뿐만 아니라 지역화에 늦어질 경우 실제 시장을 상실하기도 한다. 한국은 멕시코와 자유무역협정(FTA) 논의를 진행하다가 중단한 사례가 있다. 반면 일본은 멕시코와 FTA 합의에 도달하였다. 당시 멕시코로 타이어를 수출하던 한국의 모기업은 이 소식을 듣고 태평양 한 가운데에서 배를 돌려 다시 한국으로 수출품을 회수하였다고 한다. 관세면제를 받게 된 일본의 수출품과 경쟁이 불가능하였기 때문이다. 역내외를 막론하고 지역화는 우리 경제에 막대한 영향력을 미치는 국제조류이다. 싫건 좋건 받아들이지 않으면 우리의 시장이 사라지고 국제사회에서 영향력은 더욱 감소한다. 주변국과의 선린우호를 위해서라도 지역화는 비켜갈 수 없는 선택지가 되고 있다. 개방을 강요하다시피하고 있는 세계화추세가 그 바람막이로서의 지역화를 강제하게 되는 것은 참으로 묘한 결탁이다

출처: 경향신문. 2007.3.5.일자.

3. GATT 제20조의 일반적 예외 사항

위에서 세이프가드와 지역무역협정이 WTO의 원칙의 예외로 인정되고 있음을 이야기하였다. GATT 제20조에서는 WTO의 원칙에서 예외로 인정될 수 있는 일반적이고 포괄적인 사항들에 대해 나열하고 있다. 예를 들어 공중도덕, 동식물과 인간의 보건, 천연자원의 보존 등과 같은 모든 회원국들의 공통적 관심사가 될 수 있는 사항들이다. 또한 제21조에서는 국가안보를 위한 무역조치는 WTO의 원칙에서 예외로 인정될 수 있다고 밝히고 있다.

회원국은 WTO의 원칙을 위배하는 무역조치의 시행을 원하는 경우에는 이에 대해 반드시 사전적으로 회원국들의 승인을 받을 필요는 없다. 국내산업의 피해 등 사태의 심각성으로 인해 회원국들의 승인을 받을 때까지 기다릴 시간적 여유가 없을 때를 배려한 것이다. 하지만 이러한 경우에도 보호무역조치 시행으로 인해 다른 회

원국(들)이 무역상의 피해를 입은 경우 원칙적으로 해당 피해국들에 대해 보상을 해야 하며 그렇지 않을 경우 피해국들은 당사국을 대상으로 WTO 제소 등 분쟁해결절차의 개시도 가능하다.

물론 당사국이 전 회원국들로부터의 승인을 얻어 일정한 조건과 기간 동안 WTO 회원국으로서의 의무에서 회피할 수 있다. 이러한 결정을 '유예(waiver)'라고 부른다. 당사국의 요청과 WTO 최고의사결정기구인 각료회의(Ministerial Conference) 또는 그 권한을 위임받은 일반이사회(General Council)의 검토를 거쳐 유예결정을 받게 되면 당사국은 일정한 조건 및 기간을 전제로 WTO의 기본원칙의 준수의무에서 벗어날 수 있게 된다. 하지만 이러한 경우라도 매년 그 유예의 타당성에 대한 검토가 이루어지고 그 유예기간도 일반적으로 2년을 넘지 않도록 하는 등 엄격하게 운용되고 있다.

III 부

WTO: 의사결정

Nothing is agreed, until everything is agreed.
모든 것이 타결되어야 비로소 타결된 것이다.

The WTO was born out of negotiation,
everything the WTO does is the result of negotiations.
WTO는 협상을 통해 탄생했다. WTO가 하는 모든 것은 협상의 결과이다.

—Understanding the WTO (2005)—

1장
WTO 의사결정원리

1. WTO 의사결정구조

WTO는 협상의 장인 동시에 다수의 국가들이 협상을 통해 합의한 일련의 협정들의 총합이자 결과물이다. 이렇게 볼 때 협상은 WTO의 시작이자 마지막이다. 강대국의 이해와 논리가 우선되는 냉엄한 국제현실에서 개별국가들은 WTO에서 협상을 통해 자국의 이익을 다자적 차원으로 반영할 수 있게 된다. 따라서 WTO의 의사결정원리를 이해하기 위해서는 개별국가들이 자국의 이익을 극대화하기 위한 협상전략이 어떻게 WTO의 의사결정에 작용하는지에 대한 분석이 필요하다. 또한 이러한 개별국가들의 협상결과가 포괄적인 차원에서 어떻게 세계의 경제적 후생을 증가시킬 수 있는지에 대해 이해할 수 있어야 한다. 본 절에서는 먼저 WTO의 '의사결정'의 원리에 대한 이해를 위해 다자적 차원의 협상 메커니즘, 즉 WTO의 의사결정구조에 대해 살펴본다.

어떤 조직이든 구성원들의 의사를 반영하기 위한 의사결정구조가 존재한다. 의사결정구조는 ①의사결정방식, ②의사결정절차, ③의사결정기구 등으로 나누어 볼 수 있다. WTO라는 특수한 국제기구의 의사결정방식에 대한 이해를 위해 우선 일반적인 의사결정방식에 대해 이야기해보자. 의사결정방식과 관련해서는 두 가지 가치가 충돌하게 된다. 하나는 찬성이든 반대이든 전체 구성원의 의사가 적절히 반영될 수 있는, 즉 구성원들의 다양한 의사를 반영하는 '포용성(comprehensiveness)'이다. 하지만 구성원의 다양한 의사를 반영하기 위해서는 그만큼 의사결정을 위한 시간과 비용은 커지기 때문에 '효율성(efficiency)'은 저하된다. 결국 의사결정방식은 '포용성'과 '효율성'이라는 서로 상충되는 두 개의 가치 사이의 스펙트럼 중 한 지점에서 결정되게 된다.

두 번째로 협상의제를 둘러싼 의사결정방식은 크게 개별협상방식(individual negotiation)과 일괄타결방식(single undertaking, package deal)으로 나누어 볼 수 있다. 개별협상방식은 각 구성원들이 갖고 있는 다양한 개별의제들에 대해 이해관계가 있는 당사자들끼리 상호성(reciprocity)을 전제로 합의를 이끌어내는 방식이다. 또한 합의의 효력은 해당 구성원들에게만 적용되며 다른 구성원들은 그 효력으로부터 자유롭다. 따라서 개별협상방식은 개별 구성원들의 의사를 최대한 반영할 수 있다는 차원에서 '포용성'이 큰 협상방식이다. 하지만 협상의제들에 대한 합의를 모든 구성원들 간의 개별협상을 통해 이루려면 그만큼 시간과 비용이 증가할 수밖에 없고 협상의 결과들이 모든 구성원들에게 적용되지 않는다는 점 등의 한계가 있다.

이에 반해 일괄타결방식은 모든 의제들을 동시에 상정하고 상호성을 바탕으로 구성원들 간의 주고받기식(give and take) 협상을 통해 한꺼번에 타결을 짓는 의사결정방식이다. 일괄타결방식은 일단 합의된 사항에 대해서는 모든 구성원들에게 그 효력이 발생하며 원칙적으로 권리와 의무가 동등하게 주어진다. 그러므로 일괄타결방식은 다양한 구성원들의 복잡한 이해관계를 충분히 반영하는 데는 한계가 있고 그렇다 보니 타결에 이르기까지 상당히 어려운 점이 많다는 단점이 있다. 하지만 만약 가능하기만 하다면 모든 구성원들이 참여하는 다자간 협상을 통해 모든 협상의제들을 빠른 시간 내에 타결될 수 있기 때문에 효율성 측면에서 개별협상방식에 비해 훨씬 우월하다.

이러한 포용성과 효율성이 서로 상충되는 문제는 의사결정방식에만 국한되는 것이 아니라 의사결정절차 및 의사결정기구의 결정에도 동일하게 적용된다. 의사결정절차의 경우 포용성의 측면에서 가장 부합하는 것은 '총의'(consensus)를 통한 의사결정이다. '만장일치'가 '모든 구성원이 찬성하는' 적극적 차원의 동의라면, '총의'는 그 의제를 결정하는데 있어 '어떤 구성원도 적어도 반대하지는 않는' 소극적 차원의 동의라고 할 수 있다. 또한 만장일치는 투표(voting)을 전제로 하는데 비해 총의는 투표가 필요 없이 협상과정에서의 의사표현 만으로도 가능한 의사결정절차이다. 하지만 '총의'는 모든 구성원의 (적어도 소극적인) 동의를 전제로 하기 때문에 포용성이 극대화되지만 단 하나의 구성원이라도 적극적으로 '반대'를 표시할 경우 총의에 이르지 못하게 된다. 따라서 모든 구성원들의 동의를 이끌어 내기 위해서는, 다시 말해 모든 구성원들 모두가 적어도 적극적인 반대의사를 표시하지 않을 정도로의 진전된 합의가 이루어지기 위해서는 그만큼 많은 시간과 비용이 들어가기 때문에 효율성 측면에서는 떨어지는 단점이 있다.

이에 비해 '투표'는 일단 투표절차를 통해 일단 의사결정이 이루어지면 설사 반대표를 던졌더라도 그 의사결정을 따라야 한다. 투표는 신속하게 의사결정절차를 진행할 수 있기 때문에 시간과 비용이 적게 든다는 장점이 있다. 따라서 투표는 모든 구성원의 합의를 전제로 하는 총의에 비해서는 포용성 측면에서는 떨어지지만 효율성 측면에서는 우월하다. 투표는 각 구성원이 동등한 권한을 갖는 1인 1표의 방법, 구성원의 능력, 소득(부), 지위 등에 따라 가중치 정하고 그 가중치를 투표결과에 적용하는 방법 등 다양한 결정방식이 존재한다. 결정기준에 있어서도 과반수, 2/3, 3/4, 만장일치 등의 다양한 기준을 둘 수 있다. 가장 일반적으로 활용되는 방식은 1인 1표 및 과반수 방식이다. 1인 1표에 가까울수록, 결정기준이 만장일치 쪽으로 강화될수록 포용성은 강화되고 효율성은 저하된다. 그러므로 투표의 방식에 있어서 기계적인 1인 1표보다는 구성원의 능력에 따른 가중치를 두고, 과반수를 의사결정의 기준으로 하는 투표방식이 가장 효율적인 의사결정절차라고 할 수 있다.

한편, 의사결정기구에 대해 생각해보자. 모든 구성원들이 동일한 권리와 의무를 부여받고 의사결정기구에 동등한 자격으로 참여한다면 포용성은 극대화될 것이다. 하지만 구성원들의 의사가 다양할수록 의사결정에 필요한 시간과 비용은 증가할 수밖에 없다. 이 경우 효율성은 저하될 수밖에 없다. 반대로 제한된 몇몇 구성원들(극단적으로 오직 한 사람)만이 의사결정기구에 참여하게 된다면 의사결정의 시간과 비용이 줄어들기 때문에 효율성은 커지지만 포용성은 저하된다. 〈표 1〉은 위에서 이야기한 의사결정구조를 포용성과 효율성을 기준으로 분류해 정리한 것이다.

〈표 1〉 '포용성' 및 '효율성' 기준의 의사결정구조

	포용성	효율성
① 의사결정방식	개별협상방식	일괄타결방식
② 의사결정절차	총의	과반수 기준 투표 (가중치 부여)
③ 의사결정기구	모든 구성원이 참여	일부(단일) 구성원만 참여

위의 일반적 의사결정구조는 주권국가들을 회원으로 하는 WTO의 의사결정구조에도 그대로 적용될 수 있다. 다만 이 경우 위에서 언급한 의사결정의 두 가지 가치인 포용성과 효율성과 더불어 한 가지 더 고려해야 할 사항이 있는데 그것은 개별 회원국들이 가지고 있는 주권적 요소이다. WTO는 주권(sovereignity)을 가지고 있는 국가(관세영역)가 그 회원국이 되므로 일반적인 의사결정구조의 참여자인 개인이나 단체(기업)만을 고려할 때와는 다른 성격을 갖는다. WTO의 원칙을 준수하기 위해 개별 회원국들은 자신의 주권을 스스로 제한해야 할 필요가 있다.

따라서 일반적인 경우와는 다르게 포용성과 효율성도 이 주권적 요소와 연결하여 고려하여야 한다. 왜냐하면 WTO는 개별 국가를 대표하는 정부가 회원으로 참여하는 국제기구이고 또한 각 정부는 일반적인 조직의 회원과는 달리 자국의 이익에 상충되는 국제기구의 의사결정은 적극적으로 반대할 수 있고 또 따르지 않아도 되는 주권적 권리를 행사할 수 있기 때문이다. 이러한 점을 고려하면 WTO의 의사결정구조의 중요한 쟁점은 "어떻게 하면 개별 회원국들이 주권적 권리를 스스로 제한하면서 동시에 국제기구의 의사결정에 참여할 수 있게 할 것인가"가 된다.

주권적 권리를 포용성과 효율성, 두 가지 가치와 접목해 보면 포용성이 커질수록 주권적 권리가 보장되는 반면 효율성이 증가할수록 주권적 권리는 침해된다고 할 수 있다. 왜냐하면 포용성은 구성원의 다양한 의사를 의사결정에 최대한 반영될 수 있는 것을 의미하므로 그만큼 개별 회원국 주권적 권리에 대한 침해의 소지가 작아지기 때문이다. 반면 효율성 측면에서는 비용절감을 위해 조직의 의사결정이 구성원의 의사를 온전히 반영하지 못할 수 있기 때문에 개별 회원국의 주권침해의 소지가 커지게 된다. 따라서 〈표 1〉의 포용성과 효율성을 각각 주권적 권리의 인정, 주권적 권리의 침해로 바꾸어 〈표 2〉처럼 표현할 수 있다.

〈표 2〉 '주권적 권리' 기준 의사결정구조

	(포용성) 주권적 권리 인정 (주권적 권리의 침해가능성 小)	(효율성) 주권적 권리 침해 (주권적 권리의 침해가능성 大)
① 의사결정방식	개별협상방식	일괄타결방식
② 의사결정절차	총의	과반수 기준 투표 (가중치 부여)
③ 의사결정기구	모든 회원국이 참여	일부(단일) 회원국만 참여

실제로 WTO의 의사결정구조는 포용성 즉, 회원국들의 주권적 권리를 최대한 인정하는 차원에서 이루어져왔다고 할 수 있다. 예를 들어 WTO는 기본적으로 의사결정절차에 있어서는 '총의'를, 의사결정기구에 있어서는 '모든 회원국들이 참여'하도록 하고 있다. 총의가 이루어지지 않을 경우 예외적으로는 투표를 통한 의사결정도 허용하고 있기는 하지만 대부분의 중요한 결정들은 원칙적으로 모든 회원국들이 참여하는 협상장에서의 총의에 따라 결정되어 왔다.

이러한 '총의'를 통한 의사결정절차에 대한 내용은 'WTO 설립을 위한 마라케쉬협정' 제9조 '의사결정'과 제4조 'WTO의 구조'에 명시되어 있다. 먼저 동 협정 제9조 1항에서는 "WTO는 1947년도 GATT에서 지켜졌던 총의(consensus)에 의한 결정의 관행을 계속 유지한다.(관련 기구는 결정을 하는 회의에 참석한 회원국 중 어느 회원국도 공식적으로 반대하지 않는 한 검토를 위하여 제출된 사항에 대하여 총의에 의하여 결정되었다고 간주된다.)" 라고 규정하고 있다.

또한 WTO의 의사결정기구와 관련하여 모든 회원국이 참여하도록 명시하고 있다. 'WTO설립을 위한 마라케쉬협정' 제4조 1항에서는 "모든 회원국 대표로 구성되며 최소 2년에 1회 개최되는 각료회의가 설치된다. 각료회의는 세계무역기구의 기능을 수행하며 이를 위하여 필요한 조치를 취한다. 각료회의는 회원국이 요청하는 경우, 이 협정과 다자간무역협정의 구체적인 의사결정 요건에 따라 다자간무역협정의 모든 사항에 대하여 결정을 내릴 권한을 갖는다."라고 하고 있다. 제4조 2항에서는 "모든 회원국 대표로 구성되며 필요에 따라 개최되는 일반이사회가 설치된다. 일반이사회는 각료회의 非회기 중에 각료회의의 기능을 수행한다. 일반이사회는 또한 이 협정에 의하여 부여된 기능을 수행한다. 일반이사회는 자체적인 의사규칙을 제정하고 제7항에 규정된 위원회의 의사규칙을 승인한다."라고 규정하고 있다.

이렇게 WTO는 개별 회원국들의 주권적 권리를 인정하는 차원에서 포용성을 중시하는 의사결정절차와 의사결정기구를 채택하고 있다. 반면 의사결정방식에 있어서는 일괄타결방식을 채택함으로써 포용성보다는 효율성의 추구에 더 무게를 두고 있고 또한 주권적 권리 침해의 가능성을 열어두고 있다. GATT에는 일괄타결방식에 대한 의무화된 명문 규정은 없다. 하지만 일괄타결방식은 1994년 GATT의 최종협상인 우루과이라운드협상 때부터 채택되었던 방식으로 이후 WTO에서 이루어지고 있는 협상의 주된 의사결정방식으로 활용되어 오고 있다.

GATT출범 이후 초기에는 협상에 참여할 의사가 있는 회원국들만 협상결과인 협정의 내용이 적용되도록 하였다. 이것은 그만큼 다자간 무역체제와 관련된 무역관련 의제들이 적고 단순했기 때문에 현재에 비해 협상타결이 용이했다는 점이 반영된 것이다. 하지만 무역규모와 품목의 증가, 다자간 무역체제의 진전 등에 따라 무역과 관련된 다양한 의제들에 대한 의사결정이 효율적으로 이루어지기 위해서는 기존의 개별협상방식보다는 협상타결 시 그 효과가 회원국 모두에게 적용될 수 있는 일괄타결방식이 선호되게 되었다. 일괄타결방식은 GATT의 마지막 다자간 협상인 우루과이라운드협상을 거치면서 비로소 공식적으로 채택되었다. 이러한 일괄타결방식에 대한 내용은 WTO체제의 첫 다자간 협상인 2001년 DDA의 출범을 알리는 도하각료선언문에 명시되어 있다. 동 선언문 제47항에서는 "분쟁해결협정의 개선 및 명료화를 제외한 협상결과의 실행, 결정, 발효는 일괄타결(single undertaking)의 일부로 간주한다."고 함으로써 DDA의 협상이 일괄타결방식으로 진행됨을 공식화하였다.

위에서 보았듯이 WTO의 의사결정구조는 의사결정방식에서는 효율성을, 반면에 의사결정절차와 의사결정기구에서는 포용성에 더 무게를 두고 있다. 이렇게 볼 때 현재의 WTO의 의사결정기구는 포용성만을 강조하면 비효율성이 발생할 수 있고, 효율성만 강조하면 회원국들의 의사를 충분히 반영하지 못하고 주권 침해의 가능성을 높여 결국 회원국들의 반발을 가져올 수 있는 난점을 함께 고려한 포용성과 효율성을 절충한 절묘한 의사결정구조라고 할 수 있다.

하지만 지금도 급격하게 변화하고 발전하고 있는 다자간 무역체제의 다양한 의제들에 대한 의사결정에 있어 WTO가 채택하고 있는 의사결정구조가 과연 적절한 것인가에 대한 비판과 의문이 제기되고 있다. 특히 WTO의 첫 다자간 협상인 DDA가 뚜렷한 성과 없이 계속 공전되면서 현 WTO의 의사결정구조가 가지고 있는 여러 가지 문제점과 한계에 대한 비판과 이를 해결하기 위한 방안들이 제기되기 시작하였다. 2013년 인도네시아 발리에서 개최된 제8차 WTO각료회의에서는 그동안의 모든 이슈에 대한 일괄타결방식 대신 일부 이슈에 대한 일괄타결방식 즉 조기수확방식(Early Harvest)을 채택하여 소위 발리패키지(Bali Package)의 타결을 이끌어냄으로써 WTO 의사결정구조의 변화의 가능성을 보여주었다.

참고1: WTO는 협상의 장

어쨌거나 WTO는 협상의 장이다...(중략)... 원칙적으로 WTO는 회원국 정부들이 다른 회원국들과의 통상 문제를 해결하기 위해 찾는 곳이다. 그러므로 첫 단계는 대화다. WTO는 협상으로 탄생했으며 WTO가 하는 모든 것은 협상의 결과이다. 현재 WTO 업무의 상당부분이 1986~94년간 우루과이라운드(Uruguay Round)라는 협상과 그 이전 관세 및 무역에 관한 일반협정(GATT: General Agreement on Tariffs and Trade) 체제하에서 이루어진 일련의 협상결과에서 비롯된 것이다. WTO는 지금도 2001년부터 시작된 "도하개발아젠다(Doha Development Agenda)"라는 새로운 협상을 주관하고 있다.

협상은 회원국들이 직면한 무역장벽을 낮추어 무역자유화를 이루도록 도와주었다. 하지만 WTO는 단순히 무역자유화만 추구하는 것은 아니다. 어떤 경우에는 WTO 규범들이 무역장벽을 유지하는데 도움을 주기도 한다. 소비자를 보호하기 위해서나 질병을 예방하고 환경을 보호하기 위해서가 그런 경우이다. WTO는 규범의 집합체이다... WTO의 핵심은 다수의 무역 국가들이 협상을 통해 합의한 일련의 협정들이다. 이 문서들은 국제상거래의 기본적인 법규범을 제공하며, 각국의 무역정책을 회원국간에 합의한 범위 내에 두기 위한 구속력 있는 계약의 집합이다. 각국 정부가 협상하고 서명했지만 그 목적은 상품과 서비스의 생산자들, 수출입업자들의 사업을 돕기 위한 것이다. 물론 다른 한편으로는 정부가 각자의 사회적 또는 환경적 목표를 달성하기 위해 노력하는 것을 허용하기도 한다.

출처: 외교통상부. 『WTO 이해하기』 2007. p.9.

참고2: 위기의 WTO … "70여 년 된 낡은 협상 방식 뜯어고치겠다"

사공일 본사 고문 겸 세계경제연구원(IGE) 이사장(왼쪽)과 호베르투 아제베두 세계무역기구(WTO) 사무총장은 최대한 자유롭게 세계 무역을 할 수 있어야 한다는 데 뜻을 같이했다. 하지만 요즘 무역증가율은 세계총생산증가율에도 미치지 못한다. 국제 교역이 세계 경제성장을 이끄는 주력 엔진이 아닌 셈이다. 두 사람은 20일 스위스 제네바 WTO 본부에서 만나 차세대 교역 질서에 대해 논의했다.

세계무역기구(WTO)가 위기다. 지역 차원의 자유무역협정(FTA)만 무성하다. 이런 흐름 속에서 WTO를 중심으로 한 다자주의의 활성화가 절실하다. 이 화두를 놓고 사공일 본사 고문 겸 세계경제연구원(IGE) 이사장과 호베르투 아제베두 WTO 사무총장이 스위스 제네바에서 마주했다.

▶ 사공: 올해로 WTO가 출범한 지 20년 됐다. 사무총장이 많이 노력해 80개 나라가 참여한 정보기술협정(ITA)이 거의 성사됐다. 축하한다. 한국이 중요한 역할을 한 것으로 안다.

▶ Azevêdo: 한국의 역할이 컸다. 이달 24일 모든 당사국이 ITA에 최종 합의해 주기를 바란다(ITA는 IT제품에 붙는 관세를 폐지하기로 한 합의). ITA는 WTO가 추진한 빅딜이다. 지난해 11~12월에 미국과 중국이 ITA 세부 상황에 대해 의견 차이를 많이 좁혀 합의 가능성이 커졌다. 이후 다른 회원국들이 참여했다. 이제는 협상 대표들이 자국 정부의 OK 사인을 기다리고 있다. 24일이 바

로 그날이다.

▶ 사공: ITA가 성사되면 WTO의 미래를 위해 역사적 사건이 될 수 있다. 우선 한꺼번에 모든 사항을 합의해야 하는(Single Undertaking) WTO의 낡고 경직된 협상 방법이 변화된 시대 상황에 적응해 바뀔 수 있음을 시사한다. 앞으로 중요해질 IT산업과 관련된 합의를 통해 WTO의 향후 협상 방식의 변화 가능성을 보여 더욱 의미 있다.

▶ Azevêdo: 그렇다. ITA는 WTO 협상에서 실용주의적 접근이 가능함을 보여준다. 모든 회원국이 준비되지도 않았는데 (협상과 합의 과정에) 반드시 다 참여해야 하는 것은 아니다. 물론 해당 분야에 관련된 회원국이 많이 참여할수록 좋긴 하다.

▶ 사공: 그런데 요즘 세계 무역 상황이 좋지 않다. 세계 경제가 잘 돌아갈 때에는 교역증가율이 세계국내총생산(GDP)성장률보다 거의 두 배 높았다. 무역이 세계 경제 성장과 회복을 이끌었다. 그런데 최근 몇 년 동안 무역증가율이 주춤할 뿐 아니라 세계GDP성장률을 밑돌았다. 다행히 국제통화기금(IMF) 최신 전망을 보면 내년도 세계경제성장률은 3.8%, 세계무역증가율은 4.4%로서 조금씩 나아지나 아직도 세계무역증가율은 시원찮다. WTO는 이 현상을 어떻게 보고 있는가. 단기적인 것인가, 아니면 구조적 현상으로 보는가.

▶ Azevêdo: 정말 중요한 문제를 제기했다. 그러나 WTO는 아직까지 명확한 해답이 있지 않다. 현재 전문가 그룹의 연구 결과를 기다리고 있다. 최근 세계 무역이 많이 바뀌고 있는 게 사실이다. 몇 가지 요인 탓이다. 우선 중국 등 신흥국이 수출 주도 성장모델에 의존하다 새로운 모델로 전환 중이다. 또 브라질 등 원자재 · 농산물(상품) 수출국이 원자재 가격 하락으로 충격을 받고 있다. 세계 무역의 3분의 1을 차지하는 유럽연합(EU) 경제가 부진하다. 이 요인들이 세계 무역과 경제성장 간의 관계에 어떤 영향을 미치고 있는지 자세히 분석할 필요가 있다.

▶ 사공: 미국 등 주요 회원국들이 환태평양동반자협정(TPP)이나 범대서양무역투자동반자협정(TTIP) 같은 지역무역협정(RTA)을 적극 추진하고 있어 많은 전문가가 WTO 체제가 무색하게 된 것을 우려하고 있다. 그런데 사무총장은 최근 RTA 등을 반대하기보다는 환영하는 입장을 피력했다. 물론 RTA가 그 자세한 내용을 투명하게 WTO에 알려주는 등 몇 가지 전제조건을 강조했지만 말이다. 이 기회에 RTA에 대한 당신의 설명을 듣고 싶다.

▶ Azevêdo: 줄곧 얘기해 왔지만 RTA가 여러 군데서 추진되는 현실을 받아들여야 한다. 오는 비를 막을 수 없다. 자연이 비의 도움을 받듯이 (WTO가 추진한 도하개발어젠다(DDA) 같은) 다자주의 협상에 도움이 되는 측면이 있다. RTA가 또 다른 방법으로 다자주의 무역자유화를 가능하게 하기도 한다. 문제는 RTA 자체보다 지금까지 다자주의 협상(WTO 중심의)이 제대로 되지 않는 현실에 있다. 물론 앞서 살펴본 ITA와 2013년 WTO의 발리회의에서 채택된 무역원활화에 관한 합의처럼 다자주의 협상이 부분적으로 이뤄지고 있기는 하다. 다시 말해 (무역자유화로 가는 데) 여러 가지 방법과 채널이 있을 수 있다는 것을 보여준다.

▶ 사공: 최근 당신은 이달 말까지는 DDA 에 관해 자세한 작업 계획(Work Program)을 마련하는 게 불가능하다고 말했다. 그렇다면 오는 12월 케냐의 나이로비에서 개최될 WTO 장관회의에 대

한 당신의 기대는 어느 정도인가.

▶ Azevêdo: 이달 말까지 며칠 남지 않았다. 나는 회원국들이 자세한 작업 계획을 마련하는 데 시간을 낭비하지 말고 곧바로 12월 나이로비 회의에서 상당한 수준의 합의를 이뤄내겠다는 자세가 필요하다고 본다. 실행 계획은 최종 합의를 위한 수단에 지나지 않는다. 이런 작업 계획의 한 문장 한 문장을 두고 회원국들이 논의하다 시간을 허비하는 일은 바람직하지 않다고 본다.

▶ 사공: 다시 말하지만 WTO도 과거 관세와 무역에 관한 일반협정(GATT) 체제 때부터 내려오는 협상 방식(모든 회원국이 모든 분야에 관한 합의문 하나하나를 토의하고 동의하는 방식)을 변화된 여건에 맞는 새로운 방식으로 전환해야 한다. 작업 계획을 마련하는 과정에서 최종 합의를 원치 않는 일부 회원국들은 의도적으로 지연작전을 쓸 수도 있지 않은가.

▶ Azevêdo: 정말 의미 있는 말이다. 회원국들이 심각하게 고려할 문제다.

▶ 사공: WTO에 새로운 입김을 불어넣기 위해 당신에게 한 가지 권고하고 싶다. 올 11월 터키에서 개최될 주요 20개국(G20) 정상회의를 잘 활용하라는 것이다. 2008년 세계 금융위기 와중에 미국 워싱턴에서 열린 제1차 G20 정상회의에서 한국이 주도한 보호무역조치에 관한 스탠드스틸(Standstill: 추가적인 무역장벽 쌓지 않기)과 이듬해인 2009년 런던에서 열린 제3차 정상회의의 롤백(Roll-back: 일부 국가가 도입한 무역장벽을 2008년 수준으로 되돌리기) 합의가 G20 국가들의 새로운 보호무역조치를 자제하게 하는 데 크게 기여했다고 본다. 각국은 정상들이 합의한 사실에 반하는 일은 일단 조심스러울 수밖에 없다. 올해 G20 정상회의에서 각국 대표들이 자유무역에 대한 새로운 의지를 재확인할 수 있도록 당신이 적극 움직여야 한다고 본다. G20 정상들의 정치적 지도력 없이 복잡하게 얽힌 각국의 이해관계를 실무선에서 해결하고 큰 합의에 이르기는 불가능하다.

▶ Azevêdo: 아주 좋은 제안이다. 주요국 정상 차원의 정치적 결단은 무엇보다 중요하다. 다만 G20 정상들이 수사적 차원에서만 합의하고 선언문에 한두 문장을 넣는 정도는 의미가 없다.

▶ 사공: 중요한 지적이다. 나는 최근 G20 정상회의 결과에 대해 적잖이 실망했다. 각국 리더들이 정상회의에서 합의한 내용이 제대로 실행되지 않고 있다. 올해 G20 정상회의에서 WTO의 DDA에 대한 새로운 의지가 결집되면 이어서 회원국 통상장관에게 구체적 임무가 주어지고 실행이 곧바로 시작돼야 한다. 그리고 실행 결과를 다음 G20 정상회의에 보고해야 한다.

▶ Azevêdo: 전적으로 동감이다. 나는 오는 12월 나이로비 통상장관회 이후에 해야 할 일도 생각하고 있다. 그중 하나가 바로 당신이 앞에서 지적한 WTO와 다자무역협상 자체에 대한 논의다. 요즘 세계 경제는 GATT(WTO 전신)가 이뤄진 1947년보다 훨씬 복잡하고 긴밀하게 통합돼 있다. 이런 변화에 맞는 새로운 조직과 협상 방법이 모색돼야 한다.

▶ 사공: 재삼 강조하지만 세계 경제 여건 변화에 맞는 다자무역체제의 WTO 조직과 운영, 협상 방법이 만들어져야 한다. 그렇지 않으면 여기저기에서 추진되는 RTA와 현재 진행 중인 TISA(서비스무역 합의)와 같은 WTO 밖에서 이뤄지는 교역 합의가 늘어날 수밖에 없다. 물론 RTA 등은 차선책에 지나지 않다는 점을 우리 모두 잊지 말아야 한다. 세계는 제2차 세계대전 이후 등장한 브

레턴우즈와 GATT 체제하에서 큰 번영을 누렸다. 한국은 그 대표적 사례다. 이제 달라진 세계 경제에 맞게 브레턴우즈 체제뿐 아니라 WTO도 변해야 한다.

출처: 중앙일보. 2015.7.24.일자.

참고3: WTO 협상방식의 사례

WTO는 무역정책의 입법부라고 칭할 수 있다. 대부분의 국제기구가 내리는 결정은 회원국에 대한 권고사항이지 구속력이 있는 게 아니다. 하지만 WTO협약은 그 내용을 국내법으로 전환해야 하기 때문에 구속력을 갖는다.

각국 대표들은 WTO에서 협약문의 자구 하나 하나를 협상을 통하여 결정한다. WTO 사무국에 속한 법률가들이 곁에서 도와주지만, 많은 경우 협약문은 정치적 타협의 산물이다. 극히 예외적이긴 하지만 각종 협약문을 비교하다보면 법적 일관성이 부족한 부분을 발견할 때가 있다. 협약문이 정치적 타협의 산물이기에 빚어지는 결과다. WTO협약은 자국에서 입법 절차를 걸쳐 국내법으로 변경된다. 이 입법 과정에서 회원국들은 WTO협약을 그대로 반영해야할 의무가 있다.

WTO의 모든 의사결정은 전원 합의를 원칙으로 한다. 어떤 안에 대해 154개 회원국이 모두 동의해야 하는 것이다. 하지만 미국과 EU가 먼저 합의를 하고, 후에 일본, 캐나다, 중국, 인도, 브라질 등 주요국의 양해를 구하면 사실상 합의가 도출된다. 우리나라도 무역규모가 크기 때문에 무시할 수 없는 중요한 나라이다.

우루과이라운드의 어떤 위원회에서는 한 대표가 "나는 반대합니다! 합의는 이루어지지 않았습니다!"라고 외치는 데도 의장이 의사봉을 치고 협상 종결을 선언하는 것을 본 적이 있다. 회의가 끝나고 의장이 그 대표를 불러 미안하다고 사과하면서도, 내일이면 협상이 끝나는데 언제까지 토론만 할 거냐고 격앙된 어조로 말하는 모습을 보였다. 대세가 결정되면 어쩔 수가 없는 것이다.

WTO는 또한 국제무역정책의 사법부 역할을 한다. 회원국들은 다른 회원국이 WTO협약을 준수하지 않을 때, WTO에 제소할 수 있다. 이것을 분쟁해결절차라고 부른다. WTO가 해당국이 협약을 위반했다고 판정하면 피해국은 보복을 단행할 수 있다. 때문에 대부분 판정 결과에 승복하고 그 제도를 고치게 된다. 어느 나라든 새로운 무역제도를 시행할 때는 WTO의 눈치를 볼 수밖에 없다.

따라서 WTO는 국제기구 가운데 거의 유일하게 실제 물 수 있는 이빨을 가진 기구이다. 2008년 금융위기 속에서 세계가 보호주의의 유혹에 빠지지 않고 자유무역을 지켜낸 것은 WTO가 무너지면 안 된다는 기본원칙에 공감했기 때문이다.

WTO는 1992년 소련의 붕괴로 냉전이 종식된 이후 설립된 최초의 국제기구이다. WTO가 새로운 국제질서를 상징한다고 말하는 이유도 여기에 있다. 새 질서는 국가 주권의 상당 부분을 국제기구에 넘겨주면서 시작되었다. 국가 주권에 대한 예외가 인정되는 것이다.

WTO는 국가 이익에 막대한 영향을 미친다. 때문에 각국 통상교섭본부의 수많은 인재들이 WTO와 관련된 업무에 종사하고 있다. 많은 나라가 자국민이 WTO사무국에 진출하도록 압력을 넣는 등 다양한 노력을 기울이고 있다. 가능한 많은 한국인이 WTO사무국에 진출해야 하는 이유가 여기에 있다.

출처: 김의기. 2012.『국제통상 전문가 김의기 WTO에서 답하다』. pp.162~164. 다른세상.

참고4: WTO안의 또 다른 WTO: 그린 룸(Green Room)

그린 룸이라는 것이 있다. 2015년 제레미솔니에 감독, 패트릭 스튜어트와 안톤 옐친 주연의 미국 스릴러 영화를 말하는 것이 아니다. 초록색 방으로 직역(直譯)되는 그린 룸은 세계무역기구(WTO) 안에 위치한 작은 방 하나를 가리키는데, 10명 정도가 착석하면 꽉 찰 정도라고 알려진 바로 이 '작은' 방에서 글로벌 통상 현안과 규범에 관한 '큰' 그림이 그려지고 그 협상이 이뤄진다는 사실은 새삼 흥미롭다. 과연 그린 룸에는 누가 초대되고 그 안에서는 어떤 대화가 오고 가는 것일까.

스위스 남서부에 위치한 스위스 제3의 도시, 제네바에는 약 300여 개가 넘는 국제기구가 자리잡은 것으로 알려져 있지만, 그 중에서도 WTO는 유독 아름다운 경관을 자랑하는 장소에 자리잡은 것으로 유명하다. 스위스라는 국가 자체가 원래 청정자연, 그리고 나라 안 온 구석구석이 하나의 화폭과도 같은 것으로 명성이 자자하지만, 그 중에서도 제네바는 특출나다. 금융과 상업도시이며 관광도시로써, 보석과 시계 거래의 중심지인 제네바는 도시 자체가 하나의 보석과도 비견될 수 있는데, 그 중에서도 특히 아름다운 레만 호수 어귀에 WTO가 위치해있다.

이렇듯 경관이 아름다운 WTO의 사무국 3층에는 특별한 관심을 끄는 장소가 또 하나 있다. 바로 WTO의 대표라 할 수 있는 사무총장의 집무실 바로 옆에 위치한 회의실, 이른바 그린 룸이다. 이 방이 그린 룸이라고 이름 붙여진 배경은 실제 그 내부에서 다뤄지는 복잡, 다양한 의제 및 협상 현안들에 비하면 비교적 단순명료하다. 그린 룸의 '그린'은 바로 회의실 내에 초록색 카펫과 벽지 등 그 방의 전체적 색조가 '초록색'이라는 사실에서 유래했던 것. 세월이 많이 흐른 지금, 그 인테리어가 초기와는 많이 달라졌다고 하니 이제 '그린'이라는 명칭이 조금은 무색하지만, 지금도 '그린 룸 회의'는 하나의 상징성을 지닌 고유명사로써 널리 쓰이고 있다.

WTO의 공식 홈페이지는 기구의 역할에 대하여 5가지 정도로 분류해놓고 있는데, 그 중 눈에 띄는 것 중 하나가 바로 '무역협상의 포럼(forum for trade negotiations)'으로서의 역할이다. 실제 WTO는 최고의사결정기구인 각료회의(Ministerial Conference)를 중심으로 매 2년마다 회원국 전체가 모여 협상 회의를 하게 되는데 가장 최근에는 지난 2013년과 2015년 각각 인도네시아 발리와, 케냐 나이로비에서 도하개발어젠다(Doha Development Agenda, DDA) 협상을 개최했던 바 있다.

WTO의 건물 내에 그린 룸이 존재하듯이 이러한 WTO 주요 회의 내부에는 그린 룸 회의가 존재한다. 산업통상자원부의 공식적인 정의에 따르면 '그린 룸 회의'라 함은 각 국의 협상대표가 참석하여 주요 안건들을 다루는 회의를 말하는데, 특히 정치적인 판단을 요구하는 의제에 대하여 토론, 그리고 나아가 최종 결정을 하기 위해 개최된다. 여기서 그림 룸 회의의 참가국은 WTO 전체 회원국의 대표가 아닌 주요 국가로 한정되며, 회의는 WTO 사무총장의 초청 형식으로 이루어지게 된다. 보통은 그린 룸의 좌석 수에 따라서 30개국을 넘지 않고 약 20여 개국의 초청 대상국가가 유동적으로 결정된다(일각에선 그린 룸의 크기가 워낙 작아 참석 대표들은 서로 어깨가 부딪힐 지경이라고도 한다). 실례로 지난 2003년 멕시코 칸쿤에서 개최되었던 DDA 제5차 각료회의에서도 막판까지 미국, EU와 개도국 간의 대립이 계속되자 주요국들을 초청한 그린 룸 회의가 개최되었던 바 있고, 당시 초청된 국가는 미국, EU, 일본, 캐나다, 호주, 뉴질랜드, 브라질, 아르헨티나, 인도, 모리셔스, 방글라데시, 말레이시아, 온두라스, 스위스 등으로 국한되었던 기억이 있다.

그린 룸 회의를 이해하는 데에 더 없이 정확하고 간결한 해석과 예시이지만, 그간 알아왔던 WTO의 민주적인 성격과는 다소 거리가 먼 내용이다. 그간 WTO는 국제기구로서는 예외적으로 민주적인 절차와 참여방식으로 찬사를 받아온 바 있다 그도 그럴 것이 IMF나 세계은행과는 다르게 회원국 1개국당 1개의 투표권이 주어지고, 분쟁해결기구와 통상협정 내에서 개도국들의 목소리를 적극 수용하고 배려하기 때문이다.

그러나 실제 그린 룸 회의에서는 보통 전체 162개 회원국(2015년 11월 기준) 중 이른바 '주요국'들의 협상대표 1명씩만이 선발되어, 협상 내용 중 특히 정치적인 판단을 요구하는 의제들이나 국가 간 합의가 어려운 현안들에 대해 수시로 회동을 갖고 소규모로 토론하며 결정하는 형태가 취해진다. 특히 분야별로 협상국가들이 막판까지 이견 차를 좁히지 못할 때에 시도된다. 그리고 여기서 결정된 사안들은 이후 전체 회의에서 최종 결정되게 되는데, 이미 해당 안건과 관련한 대부분의 주요 국가들(통칭 '프렌즈그룹')이 그린 룸 내에서 합의에 이른 뒤의 절차이기 때문에 결국 그 대세에 힘입어 최종 결정에 이르는 경우가 많다는 게 일반적인 이해다. 심지어 "그린 룸 회의에서 모든 것이 결정된다."고까지 할 정도다.

WTO뿐만 아니라 기타 통상 협상의 자리에서도 각 국가의 통상장관들은 수시로 식당, 복도 등에서 만나며 세부 현안에 대하여 논의하는 것은 일상적인 풍경이다. 즉, 다시 말해 전체 회원국의 대표들이 아닌 일부 국가들의 대표들끼리 회의를 하는 것은 그리 낯설거나 특별한 연출은 아니라는 것이다.

그럼에도 불구하고, WTO의 그린 룸 회의는 엄연한 밀실회의로써 투명성을 저해한다는 반대와 비난의 목소리가 결코 적지 않다. 분야별로 찬반그룹의 주요국들만이 초청되는 소규모 회의로, 최종 의사결정과정에서 배제된 국가들의 불만이 고조된 탓이다. 호베르토 아제베도(Roberto Azevêdo) 현 WTO 사무총장도 이러한 그린 룸 회의의 발전 및 개선의 필요성에 대해 공감한 바 있다. 그렇다고 그린 룸 회의가 매번 성공적인 것 또한 아니다. 실제 1999년 시애틀 각료회의 당시에도 첨예한 의견 대립과 지속되는 괴리로 그린 룸 회의에 대한 기대가 고조되었지만, 결국 농업 수출보조금 문제 등에서 이견을 좁히지 못하여 별다른 성과를 도출해내지 못했던 경험이 있다.

그린 룸 회의에 초대받지 못한 100여 개 이상의 회원국들은 자연스레 소외감을 느낄 수밖에 없다. 인도의 상공장관이었던 무솔리 마란(Musoli Maran)은 과거 그린 룸 회의에 대하여 크게 비난하며, 몇일간 지속된 회의에서 어마어마한 양의 논의 자료들이 한 시간 단위로 쏟아져 나왔지만, 그린 룸 회의에 참석하지 못한 대부분의 회원국들은 이들을 제대로 검토할 시간조차 갖지 못했으며 특히 개도국들은 마지막 순간에 거의 강제로 주요 분야의 초안들을 받아들이게 된다고 불만을 토로했다.

잘 알려져 있다시피 WTO의 협정 조항들과 합의문의 내용들은 그 양이 매우 방대할 뿐만 아니라, 기술적으로도 굉장히 까다롭게 만들어져 있다. WTO 회원국의 대부분을 차지하는 개도국들은 WTO에 대사를 파견하지 못하는 경우도 있고, 파견하더라도 1명 정도만을 파견하는 게 다반사다. 반면, 미국과 같은 경우는 회의 때마다 250여명의 전문 변호사를 대거 파견, 협정 조항들을 꼼꼼히 분석하고 자국의 경제에 조금이라도 불리한 내용이 있으면 바로 이의를 제기하며 협상을 최전방에서 주도한다. 이러한 현실과 더불어 암묵적으로 이를 지지하는 그린 룸 회의는 'WTO는 회원국들이 주인'이라는 표제나, 파스칼 라미(Pascal Lamy) 전 WTO 사무총장이 "WTO는 민주적이고, 누구나 똑같이 합의할 수 있는 권한, 그리고 합의하지 않을 권한을 가진다."라고 발언했던 것을 다시 한 번 생각해보게 한다.

출처: 산업통상자원부. 함께하는 FTA, [FTA Study] WTO안의 또 다른 WTO-그린 룸(Green Room). 제48권. 2016.5.

2. 선진국과 개도국의 줄다리기

위에서 일반적인 의사결정구조의 원리에 대해 포용성과 효율성의 두 가지 가치를 활용하여 설명하고 이를 WTO의 의사결정구조에 적용하여 이야기하였다. 이와 더불어 WTO 회원국은 일반 개인이나 기업이 아닌 주권을 가진 국가라는 점에서 주권적 권리의 인정 또는 침해라는 측면에서 WTO의 의사결정구조의 특성을 살펴볼 수 있음도 이야기하였다. WTO의 의사결정구조는 의사결정방식에서는 효율성을, 의사결정절차와 의사결정기구에서는 포용성에 더 무게를 두고 있는 두 가지 가치를 절충한 의사결정구조임을 살펴보았다.

이와 함께 WTO의 의사결정구조에서 고려해야 하는 또 하나의 중요한 특징이 있다. 현재의 WTO의 의사결정구조가 단순한 회원국 간의 합의를 넘어 선진국과 개도국 진영 간의 오랫동안의 밀고 당기기의 결과라는 점이다. 국제무역의 전반적인 발전과정을 살펴보면 기본적으로는 미국, EU 등 선진국진영을 중심으로 다자간 무역체제가 형성되어 왔음을 알 수 있다. 반면 개도국들은 일반적으로 국내산업의 보호를 위해 시장개방과 자유무역에 있어 수세적이고 보수적인 측면이 강하다. 또한 개도국들의 입장에서 볼 때 설사 다자간 무역체제 편입을 위한 협상을 시작하더라도 현실적으로 보면 정치적, 경제적 영향력이 큰 일부 선진국들이 협상을 좌지우지

할 가능성을 염려하기 때문에 적극적으로 협상에 응하지 않게 될 가능성이 크다.

다자간 무역체제에서 선진국의 역할이 중요하지만 그렇다 하더라도 개도국의 역할을 무시할 수 없다. 세계경제에서 차지하는 개도국들의 경제규모가 이미 선진국들의 경제규모를 넘어서는 등 개도국들의 경제적 영향은 날로 커지고 있다. 특히 그 경제적 규모가 큰 BRICS, ASEAN 등의 신흥개도국들의 참여와 협력 없이는 다자간 무역체제의 지속적인 발전은 어렵다. 무역은 국가 간 상호성을 전제로 이루어지는 특성이 강하므로 어느 일방(선진국)의 참여만으로는 발전할 수 없기 때문이다. 따라서 다자간 무역체제의 발전을 위해서 선진국의 입장에서는 개도국을 다자간 무역체제를 위한 협상의 장으로 이끌어내기 위한 보다 적극적인 방안의 모색이 필요하다.

여기서 생각해 볼 수 있는 것이 개도국들이 선호할 수 있는 의사결정구조를 형성하는 것이다. 일반적으로 UN, IMF, World Bank 등과 같은 다른 국제기구들의 경우에는 선진국은 지원하고 개도국은 수혜를 입는 성격이 강하고 이에 따라 의사결정구조가 일부 주요 선진국들에게 유리하도록 되어있다. 즉 모든 회원국들의 의사를 아우를 수 있는 포용성이 약하다고 할 수 있다. 예를 들어 IMF와 World Bank와 같은 국제금융기구의 경우 출자금의 공여자는 대부분 선진국들인 반면 그 자금을 필요로 하는 수요자 또는 수혜자는 개도국들이다. 따라서 그 의사결정구조에 있어 개도국과의 논의와 협상은 크게 필요하지 않고 선진국들 간의 합의와 주도로 일방적으로 결정되고 개도국들의 의사는 수용되지 않거나 큰 의미를 두지 않는다. 하지만 이러한 경우라도 선진국의 지원으로 경제적 수혜를 받는 개도국의 입장에서는 위 국제기구에 참여하지 않는 것보다는 개발재원을 크든 적든 공여 받을 수 있다는 점에서 참여할 동기가 충분히 있다.

하지만 국가 간 무역은 상호성의 성격이 강하기 때문에 수혜의 성격이 강한 원조나 금융부문과는 다른 특성을 갖는다. 다시 말해 국제무역은 국가 간의 지원과 수혜라는 측면보다는 수출과 수입이라는 등가적 교환의 성격이 강하다. 따라서 개도국들의 입장에서는 선진국의 논리와 이익이 일방적으로 관철되는 국제무역기구 또는 무역체제라고 할 때 이에 적극적으로 참여할 동기가 적어진다. 설사 개도국들의 입장이 반영될 수 있는 상황이 허락된다 하더라도 국내적인 이유로 시장개방과 자유무역에 수세적인 개도국들은 충분한 이익이 보장되지 않는 한 다자간 무역협상에 참여하지 않을 가능성이 크다고 할 수 있다.

그러므로 개도국들이 다자간 무역체제에 참여하기 위해서는 다음의 두 가지 조건이 전제되어야 한다. 첫째, 앞에서 이야기한 다자간 무역체제의 의사결정구조와 관련된 것으로 정치, 경제적 영향력이 큰 일부 선진국들에 의한 일방적인 의사결정구조가 완전히는 아니더라도 개도국들이 수용할 수 있을 만큼은 해소되어야 한다. 둘째, 경쟁력 측면에서 열세에 있는 개도국들의 국내시장과 산업이 시장개방과 무역자유화를 시행하더라도 시간을 두고 경쟁력을 확보할 수 있도록 충분한 수준의 예외조항, 유예기간 및 보호조치 등이 마련되어야 한다.

이러한 두 가지 전제조건이 만족되면 개도국은 다자간 무역체제에 참여할 수 있는 동기를 얻게 된다. 특히 1980년대 말 이후 동서독 베를린 장벽의 붕괴와 소련의 해체로 시작된 냉전체제의 종식과 이에 따른 동유럽 등 구 사회주의국가들의 시장경제로의 체제전환은 다자간 무역체제의 발전이 가속화되는 동기가 되었다. 냉전종식 이후 미국, EU 등 선진국 진영은 자유시장 질서를 토대로 한 세계경제의 통합을 위해서는 개도국들의 참여와 협조가 필요하다는 것을 더욱 인지하게 되었다. 이에 따라 냉전종식의 시기에 진행되었던 다자간 무역협상인 우루과이라운드협상(1986~94) 및 WTO의 출범(1995)을 거치면서 위 두 가지의 전제조건이 중요한 의제로 부각되었고 이의 실현을 위한 다양한 노력과 방안이 시행되어 왔다. WTO의 첫 다자간 무역협상이 이전의 라운드(Round)라는 용어대신 개도국의 개발을 의미하는 개발 아젠다(Development Agenda)로 변경된 것은 이러한 변화와 흐름을 반영한 것이라고 할 수 있다.

이러한 여건 속에서 출범한 WTO의 의사결정구조는 앞에서 이야기한 것과 같이 첫째 전제조건인 일부 선진국들에 의한 일방적인 의사결정을 배제하는 동시에 개도국들의 의사가 충분히 반영될 수 있는 구조를 갖추게 되었다. 또한 둘째 전제조건인 개도국의 경제적 상황을 고려한 예외 허용 및 개도국 국내산업의 보호를 위한 배려 등은 WTO의 첫 다자간 협상인 DDA에도 반영되었다.

DDA 협상은 기본적으로 개도국의 경우 협정의 준수에 있어서 의무사항의 유예 및 예외의 허용, 이행기간의 연장 등 탄력적인 운영이 가능하도록 하고 있다. 또한 개도국에 대해 무역관련 기술적인 지원과 협력을 하도록 하고 있다. 다자간 무역체제의 진정한 발전을 위해서는 선진국뿐만 아니라 개도국의 적극적인 참여와 협력이 필수적이기 때문이다. 이러한 차원에서 볼 때 WTO의 의사결정구조는 개도국과 선진국 진영 간의 오랫동안의 협상과 타협의 산물이다. WTO의 의사결정구조는 선진국의 개도국의 참여를 유도하기 위한 노력과 이에 대응해서 자국의 이해를 다자간 무역체제 안에서 최대한 반영하고자 하는 개도국들의 이해가 절충된 구조라고 할 수 있다. 지금도 WTO 안에서는 양 진영 간의 밀고 당기기가 소리 없이 진행되고 있고 이를 통해 WTO의 의사결정구조는 앞으로도 변화되어 갈 것임에 틀림없다.

참고1: 높아지는 개도국 위상 … 세계무역 · GDP 절반 차지

대한민국을 포함한 개발도상국이 전 세계 경제에서 차지하는 비중이 절반에 육박, 선진국과 어깨를 나란히 했다. 26일 산업통상자원부에 따르면 세계무역기구(WTO) 사무국이 최근 발표한 '세계무역 보고서 2014: 무역과 개발 관련 최근 동향과 WTO의 역할'을 보면, 2000년 이후 선진국의 1인당 GDP는 연평균 0.9% 성장한데 비해 개도국은 4.7%씩 성장하며 선진국과 개도국의 격차가 축소됐다. 덕분에 세계생산에서 개도국이 차지하는 비중이 2000년 39%에서 2011년에는 51%까지 늘었다. 세계무역에서 개도국이 차지하는 비중도 같은 기간 32%에서 47%로 늘었다. 2013년 세계무역 성장률은 2.2%로 지난 20년간 연평균 무역성장률인 5.3%를 크게 밑돌았다. 유럽의 경기침체, 고실업률, 미국의 통화정책 불확실성 등이 전 세계 무역침체를 불러온 것이다. 작년 세계 국내총생산(GDP) 성장률도 2.2%를 기록했다. 지난 수십 년 동안 세계무역성장률이 세계 GDP성장률을 두 배 정도 앞서며 무역이 경제성장을 이끄는 구도가 이어졌는데, 지난해 이런 구도가 깨졌다.

최근 경제계에서 중요한 개념으로 떠오른 글로벌 가치사슬(GVC)에서도 개도국의 역할이 부각되고 있다. 글로벌 가치사슬은 상품이나 서비스의 생산이 한 국가에 국한되지 않고 비용 경쟁력이 있는 여러 국가에서 이뤄지도록 해서 부가가치를 높이는 것을 의미한다. WTO는 "세계 총 수출의 절반이 글로벌 가치사슬과 연관돼 있다"며 "앞으로 이 비중은 더 커질 것"이라 내다봤다. 특히 글로벌 가치사슬을 기초로 한 개도국간 교역이 빠르게 증가하고 있다. 개도국간 글로벌 가치사슬 관련 교역 비중은 최근 25년 동안 4배나 늘었다.

WTO는 개도국 중에서도 대만, 중국, 한국이 글로벌 가치사슬에서 차지하는 역할이 빠르게 커지고 있다고 분석했다. 대만, 중국, 한국은 1995년과 2008년을 비교했을 때 글로벌 가치사슬 참여도가 가장 많이 증가한 개도국이기도 하다. WTO는 한국의 경우 삼성, 현대 같은 글로벌 기업들의 해외생산 공장 이전이 글로벌 가치사슬 참여도 증가에 큰 역할을 했다고 밝혔다. WTO는 "글로벌 가치사슬은 세계경제에 낮은 비용으로 편입될 수 있는 기회를 제공한다."며 "개도국이 글로벌 가치사슬에 적극적으로 참여할 수 있도록 WTO 차원에서 지원하는 것이 중요하다."고 말했다.

또 세계경제에 제대로 편입되지 못한 일부 최빈개도국을 위한 지원을 강화할 필요성도 제기됐다. 최빈개도국의 1인당 소득은 선진국의 4% 수준에 머무르고 있다. WTO는 "개도국에 선진국보다 낮은 관세 감축율, 유예기간 부여 등 다양한 형태로 지원을 할 필요가 있다."고 지적했다. 특히 개도국은 거시경제 변화에 대한 대응능력이 떨어지기 때문에 국제공조를 통해 이를 해결해야 한다고 밝혔다. 한편 WTO는 당분간 금속·광물과 농산물 가격이 높은 수준으로 유지될 것이라고 전망했다. 최근 10년간 금속·광물 가격 지수는 2배 이상 증가했고, 농산물 가격도 2배 정도 올랐다. WTO는 이런 추세가 계속 이어질 것으로 본 것이다.

출처: 조선비즈. 2014.10.26.일자.

참고2: 선진국의 개발도상국 원조는 왜 중요한가요?

이달 초 글로벌 경제위기의 해법을 모색하기 위해 런던에 모인 세계 주요 20개국(G20) 정상들이 개발도상국에 대한 원조 확대 문제를 주요 의제로 다뤘다고 합니다. 글로벌 경제위기는 선진국에서 터졌는데, 자기 앞가림하기에 바쁠 선진국들이 왜 개도국 지원에 발 벗고 나섰을까요. 미국 발 금융위기에서 시작된 글로벌 경제위기와 개도국에 대한 원조가 무슨 관계가 있을까요.

여러 가지 이유가 있을 수 있지만 그중 하나는 세계가 서로 밀접히 연계되어 있기 때문입니다. 개도국 경제가 침체를 거듭한다면 선진국들도 이 여파를 받아 경기를 회복하는 데 더 많은 시간과 노력이 들기 때문이지요. 현재 전 세계 무역의 약 3분의 1은 개도국들이 차지하고 있습니다. 그러니 개도국들의 무역 활성화 없이 세계 무역이 활성화되기를 기대하는 것은 무리가 있겠지요. 더욱이 수적으로 본다면 전 세계 독립국가의 약 4분의 3이 개도국이기 때문에 유엔과 같은 국제무대에서 개도국들의 힘은 미국이나 유럽연합 등 그 어떤 선진국과도 어깨를 나란히 하고 있지요.

개도국 원조 문제는 1990년대 들어 세계적으로 해결해야 될 중요한 문제 가운데 하나로 부각됐습니다. 세계화의 혜택에서 소외된 대부분의 개도국들은 경제적으로 부채가 늘어나고, 절대적 빈곤에서 빠져 나오지 못했습니다. 이 과정에서 선진국과의 경제발전 격차가 더욱 벌어지자 국제사회에서 선진국과 개도국 간의 갈등과 대립이 표면화되었고, 결국 국제사회는 개도국들의 발전과 빈곤문제에 관심을 갖지 않을 수 없게 되었지요.

세계무역기구(WTO)의 다자간(多者間) 무역협상의 이름이 바뀌는 것도 이와 관련이 있습니다. 2001년 11월에 출범한 세계무역기구의 다자간 무역협상의 명칭은 도하개발아젠더(DDA)지요. 기존에 우루과이라운드 등 '라운드'로 부르던 이름이 '개발아젠더'로 바뀐 것도 개도국 개발문제의 중요성을 반영하고 있는 것입니다. 세계은행은 최근 보고서에서 식량가격이 급등하면서 세계적으로 만성적 기아인구가 2007년 8억5,000만 명에서 2008년 9억 6,000만 명으로 늘어났으며, 2009년에는 10억 명을 넘어설 것으로 전망하고 있습니다. 이들 절대 빈곤층은 하루에 1달러 미만으로 생활하고 있기 때문에 개도국의 빈곤퇴치는 오늘날 세계가 직면한 가장 시급한 과제라고 할 수 있지요.

이런 문제들을 해결하기 위해 선진국들은 개도국에 원조를 합니다. 개도국에 대한 원조를 국제적으로는 개발원조나 대외원조 등으로 부르고 있지만 정확한 공식 명칭은 '공적개발원조(ODA)'입니다. 최근 개도국 원조확대를 위한 국제협력의 큰 흐름은 개도국의 빈곤퇴치에 초점을 두면서 원조규모를 양적으로 확대하는 방향입니다. 국제연합(UN)은 새천년개발목표(MDG: Millennium Development

Goals) 달성을 위해 각국이 개발 재원을 확대해 달라고 촉구하고 있지요. 극심한 빈곤과 기아 퇴치, 초등교육의 완전보급, 여성 권리 신장, 유아 사망률 감소, 임산부 건강, 에이즈와 말라리아 등 질병과의 전쟁, 환경 지속 가능성의 보장, 발전을 위한 전 세계적 동반 관계 구축이 그 목표지요.

또 2002년 멕시코 몬테레이에서 개최된 개발재원 정상회의에서 선진국의 원조목표로 공적개발원조를 국민소득(GNI) 대비 0.7%까지 확대하기 위해 노력할 것을 결의한 바 있습니다. 하지만 실제 선진국들의 원조규모는 1,035억 달러(2007년)로 국민소득대비 공적개발원조의 비율은 0.28%에 불과한 실정입니다. 특히 개도국들은 선진국의 원조를 받는 지원절차가 까다롭고 복잡할 뿐만 아니라, 선진국이 개도국의 개발 우선순위를 고려하지 않고 일방적으로 지원해 원조 효과가 저하되고 있다고 불만을 토로하고 있기도 합니다.

우리나라도 1980년대 후반부터 개도국에 대한 원조를 본격적으로 추진하기 시작했지요. 이에 따라 외환위기 이후 2억~3억 달러에 불과하던 대외원조 규모가 2008년에 8억 달러 규모로 크게 증가했습니다. 그러나 이러한 공적개발원조의 수준은 우리의 경제규모와 비교할 때 아직도 많이 부족한 것이 사실입니다. 우리나라의 국민소득 대비 공적개발원조의 비율은 2008년에 0.09%에 불과하고, 국제적인 평균 수준의 3분의 1에 불과하지요.

과거 우리나라는 경제개발과정에서 국제기관과 선진국으로부터 대규모 원조를 받았습니다. 우리나라는 현재 개도국들이 처해 있는 여건과 비슷한 상황에서 출발해 짧은 기간 내에 높은 경제성장과 빈곤퇴치를 달성한 대표적인 국가가 됐습니다. 따라서 우리나라의 이 같은 개발경험은 개도국들에 성공적인 모범사례가 되고 있지요. 우리나라는 이제 신흥공업국의 선두주자로서 개도국과 선진국을 잇는 중간자적 리더십을 발휘할 위치에 와 있습니다. 우리나라가 세계화의 심화과정에서 나타난 지구 공동의 빈곤퇴치 노력에 적극 참여하는 것은 궁극적으로 우리 자신에게도 이익이 되는 좋은 전략이기도 합니다. 지난해 말부터 세계적인 경기침체로 우리나라의 수출이 급격히 감소했을 때도 개도국으로의 수출은 상대적으로 크게 줄지 않았습니다. 3월 수출의 경우 선진국으로의 수출은 30.8% 줄었는데, 개도국으로는 17.7% 줄었답니다. 개도국에 대한 원조확대를 통해 국제 금융위기의 돌파구와 새로운 성장기회를 마련할 수 있고, 이를 위해 국제적 공조가 필요하다는 점을 단적으로 보여 주는 예겠지요.

출처: 조선일보. 2009.5.4.일자.

2장
WTO 의사결정구조의 변화

1. 일괄타결방식

1장에서 우리는 WTO의 의사결정구조가 어떻게 형성되어 왔는지에 대해 일반적인 의사결정구조에 대한 논의를 기초로 주권국가들로 구성된 WTO가 갖고 있는 특수성을 고려하여 이야기하였다. 단순한 협정 차원으로 유지되어 왔던 GATT체제하에서 그 실효성이 의심받아 왔던 WTO의 의사결정구조는 우루과이라운드협상의 성공적 타결을 통해 그 타당성과 정당성을 일정 부분 확보할 수 있었다. 또한 WTO의 의사결정구조의 특성은 현재 진행 중인 DDA에도 동일하게 적용되고 있다.

하지만 앞에서 언급하였듯이 2001년 시작하여 2005년 타결을 짓기로 했던 DDA가 현재까지도 뚜렷한 성과 없이 공전되면서 지금의 WTO 의사결정구조, 특히 일괄타결방식에 대한 비판과 문제점이 부각되기 시작하였다. 본 절에서는 그 중에서도 가장 핵심적인 이슈라고 할 수 있는 일괄타결방식의 채택과정에 대해 알아보고 또한 그 문제점과 대안은 무엇인지 이야기하고자 한다. 우선 일괄타결방식은 협상당사자들이 모든 의제를 한꺼번에 동시에 협상 테이블 위에 올려놓고 이해관계가 엇갈리는 사안들을 중심으로 상호 간에 주고받기 식 협상을 통해 협상의 최종적 타결을 이끌어내는 방식이다. 또한 일괄타결방식은 모든 협사당사자들이 합의한 것이므로 협상의 결과가 모든 회원국들에게 예외 없이 적용된다.

이론적인 측면에서 일괄타결방식은 다양한 협상방식 중 하나이며 GATT/WTO하의 다자간 협상방식도 이론적 틀에서 체계적으로 분석해 볼 수 있다. 먼저 협상의제들의 협상방식은 크게 두 가지로 나눌 수 있는데 하나는 각각의 협상의제들에 대해 개별적으로 협상하는 방안과 다른 하나는 다수의 협상의제들을 한꺼번에 동시적으로 협상하는 방안으로 나눌 수 있다. 또한 그 협상결과의 적용방식을 기준으로 나누면 협상에 참여한 회원국에게만 적용되는 경우와 그와는 상관없이 모든 회원국들에게 적용되는 경우로 나눌 수 있다. 이러한 기준으로 가지고 다자간 협상방식을 분석하면 아래 〈표 3〉의 네 가지 형태로 분류할 수 있다.

〈표 3〉 다자간 협상방식의 분류

		협상의제의 수	
		개별의제별 협상	패키지 협상
협상 결과의 적용	개별 협정	① 개별의제별 협상결과가 협상에 참여한 회원국들에게만 적용(미 참여국들에게 최혜국대우원칙 적용 가능): 정보통신협정, 환경상품협정 등	② 패키지 협상결과에 대한 기속여부를 회원국 스스로 결정: 케네디라운드, 동경라운드
	일괄 협정	③ 개별의제별 협상 결과를 모든 회원국이 조건 없이 수용: 사례 없음	④ 패키지 협상결과를 모든 회원국이 조건 없이 수용: 우루과이라운드, DDA

먼저 네 가지의 협상방식 중 세 번째 방식인 개별의제별 협상결과를 모든 회원국이 수용하는 방식은 실현가능성이 없고 사례도 없기 때문에 현실적으로 협상방식으로 채택되기 어렵다. 첫 번째 협상방식은 개별의제별로 이해당사국들이 협상에 참여하고 그 협상결과는 협상 참여국들에게만 적용되도록 하는 방식이다. 이러한 방식은 기본적으로 다양한 의제들에 대해 다수의 회원국들이 협상을 진행해야 하는 다자간 무역체제의 협상방식으로는 적절하지 않다.

위 첫 번째 협상방식은 주로 FTA 등 지역무역협정을 위한 양자간 또는 복수국간 협상방식에 활용될 수 있다. 또한 위 협상방식의 경우 다자간 무역협상의 보완적 역할을 할 수 있다. 예를 들어 우루과이라운드협상 이후 진행되어 온 일부 회원국들간에 타결된 복수국간 협정이 그 사례이다. 복수국간 협정의 경우 특정한 협상의제에 대해 이해관계가 있는 일부 회원국들만 참여하고 그 협상결과는 참여한 회원국들에게 적용된다. 현재 WTO 차원에서 타결된 복수국간 협정으로는 정부조달협정, 민간항공기협정, 정보통신협정, 환경상품협정, 복수국간 서비스협정 등을 들 수 있다.

한 가지 기억할 것은 FTA 등 지역무역협정의 경우 역외국에 대해 최혜국대우가 적용되지 않는 반면 WTO의 복수국간 협정의 경우 해당 품목에 있어 참여국의 무역비중이 전 세계무역비중에서 절대적으로 큰 비중(예를 들어 80% 이상)을 차지할 경우 이 협정에 참여하지 않는 회원국에 대해서도 협정의 결과로 인한 최혜국대우의 적용을 가능하게 하였다는 점이다. 이를 critical mass(영향력 있는 다수) 방식이라고 한다. critical mass 방식의 협정은 복수국간 협정의 혜택이 일부 회원국들에게만 돌아가는 것이 아니라 모든 회원국들에게도 돌아가게 함으로써 자유무역의 확대를 목표로 하는 WTO의 다자간 무역체제에 기여할 수 있도록 하는 데 목적이 있다. 예를 들어 정보통신협정의 경우 현재 40여개 회원국만 참여하고 있지만 정보통신분야가 발전한 국가들의 대부분이 참여하고 있기 때문에 동 협정 참여국들의 정보통신분야 상품의 무역비중은 전 세계의 80% 이상을 차지하고 있다. 따라서 이들의 정보통신 관련 상품에 대한 관세인하 등의 협상결과에 따른 최혜국대우는 참여국에게만 적용되는 것이 아니라 미 참여국들에게도 동일하게 적용되도록 하고 있다.

두 번째 협상방식은 협상의제를 한꺼번에 동시에 상정하고 패키지 딜(Package Deal)을 통해 타결을 짓는 대신 그 협상결과에 대한 채택여부는 회원국 스스로가 결정하도록 하는 것이다. 이 방식은 GATT체제의 다자간 무역협상이었던 케네디라운드와 동경라운드에서 채택한 방식으로 일부 회원국들이 일괄타결협상방식에 대해 부담감을 갖고 있었던 것을 고려한 현실적인 타협안이었다. 이러한 방식을 통해 현재의 일괄타결협상방식이 자리 잡을 수 있었다는 측면에서 동 협상방식은 다자간 무역체제와 자유무역의 진전을 이루는데 상당한 기여를 하였다고 평가된다.

하지만 협상결과의 적용여부를 개별회원국이 자율적으로 결정할 수 있게 되면서 선진국들로부터 개도국들이 자유무역의 권리(이익)은 누리면서 의무는 회피하고 있다는 무임승차문제가 제기되었다. 이에 따라 우루과이라운드협상부터는 무임승차를 차단하기 위한 방안이 고려되었고 이 협상방식은 우루과이라운드협상 이후부터는 적용되지 않게 되었다.

위에서 논의한 케네디라운드와 동경라운드의 협상방식의 문제점을 시정하기 위해 우루과이라운드협상에서는 두 번째 방식에서 한 단계 더 나아갔다. 협상의제를 한꺼번에 동시에 상정하고 패키지 딜을 통해 타결을 짓고 또한 원칙적으로 그 협상결과를 모든 회원국들이 수용하게 하는 네 번째 협상방식을 채택하게 되었다. 이러한 일괄타결방식을 통해 우루과이라운드협상이 성공적으로 타결되면서 일괄타결방식은 DDA 등 WTO 다자간 무역협상의 주된 협상방식으로 자리 잡을 수 있게 되었다.

요약하면 현 WTO의 주된 협상방식인 일괄타결방식은 GATT체제 하에서 많은 회원국들의 오랫동안의 협상과정과 시행착오를 겪으면서 만들어진 노력의 산물이며 미 참여국들의 무임승차문제를 최소화하기 위한 노력의 산물이다. 또한 동 방식은 다양한 협상의제들과 다수의 회원국들을 포함하는 복잡한 매트릭스를 포함하는 다자간 협상에서 협상결과를 효과적으로 이끌어낼 수 있는 다자간 무역체제에 가장 적합한 협상방식으로 채택된 것이라고 할 수 있다.

물론 이러한 일괄타결방식에 대한 비판과 문제제기가 전혀 없는 것은 아니다. 우루과이라운드협상에서는 선진국과 개도국 간에 지적재산권, 섬유·농업 부문의 비관세장벽의 해소 등 서로 주고받을 수 있는 핵심의제가 있었다. 또한 협상결과에 대한 신뢰성의 제고가 필요하다는 공감대가 형성되어 있었기 때문에 일괄타결방식이 유효한 방식이었고 성공적으로 타결될 수 있었다고 할 수 있다.

하지만 협상의제가 더욱 광범위해지고 선진국과 개도국, 선진국과 선진국, 개도국과 개도국 등 회원국 간의 이해관계가 복잡해지고 다층화 되면서 일괄타결방식이 더 이상 현재의 상황을 적절하게 충족시킬 수 없을 것이라는 비판과 우려가 증가하고 있다. 의제가 다양해질수록 회원국의 입장에서는 그 만큼 일괄타결방식의 협상결과를 수용할 때 그로 인한 영향에 대한 불확실성이 증가하기 때문에 일괄타결방식을 통한 협상에 소극적이 될 수밖에 없다. 그리고 우루과이라운드협상과 같이 선진국과 개도국 진영이 서로 적극적으로 협상에 임해서 주고받을만한 주요한 의제가 뚜렷이 존재하지 않는다는 점도 현재 일괄타결방식을 통한 협상방식이 비판을 받는 이유 중 하나이다.

이러한 협상방식과 관련된 문제의식을 바탕으로 최근 주목받고 있는 것이 조기수확방식(early harvests)이라고 할 수 있다. 조기수확방식은 위에서 설명한 네 가지의 협상방식 중 첫 번째인 복수국간 협정을 위한 협상방식과 네 번째인 다자간 협정을 위한 일괄타결방식의 중간 형태라고 할 수 있다. 조기수확방식은 일괄타결협상을 위한 의제 중에서 타결 가능성이 크고 회원국들 간의 이해가 크게 엇갈리지 않는 일부 의제들을 중심으로 소위 부분적 일괄협상을 통해 타결을 짓고 조기에 회원국 전체에 그 효과가 발효되도록 하는 방식이다.

조기에 타결된 의제들은 이후 전체 의제에 대한 일괄타결이 이루어졌을 때 협정에 자동적으로 귀속되도록 하고 있다. 이러한 조기수확방식은 오랫동안 정체되어있는 DDA 협상의 숨통을 틔우고 협상의 끈을 계속 이어갈 수 있게 한다는 데서 그 의미를 부여할 수 있다. 하지만 조기수확방식의 경우에도 그 협상의제의 선택에서부터 회원국들 간에 이견이 존재할 수 있다. 또한 그 협상의제도 실제적으로 중요하고 핵심적인 내용들에서 많이 벗어나 있다는 비판이 있다.

따라서 조기수확방식은 일괄타결방식을 보완할 수 있는 역할은 할 수 있겠지만 그것을 완전히 대체할만한 협상방식으로는 한계를 갖는다. 결국 지체되고 있는 현 WTO의 다자간 무역협상에 새로운 활력을 불어넣기 위해서는 기존 일괄타결방식을 그대로 유지하되 조기수확방식의 확대 등 보완적인 역할을 할 수 있는 다른 방안들을 적극적으로 활용해야 할 필요가 있다. 기존의 일괄타결방식에 기계적으로 얽매이기 보다는 효과적인 협상진행을 위해 유연하고 다층적인 협상방식에 대한 고민과 회원국들의 보다 적극적인 노력이 필요한 시점이라고 할 수 있다.

참고: 최석영 대사 "다자무역 신뢰회복 모멘텀, 비결은 조기수확"

"조기수확(early harvest) 방식을 택한 '발리패키지'의 타결은 국제무역에서 의미 있는 진전입니다. 도하개발어젠다(DDA) 성공의 핵심 열쇠가 될 겁니다." 최석영 주제네바국제기구대표 대사는 8일 서울대 국제대학원에서 특강에 나서 이 같이 말했다. 조기수확 방식이란 우선 합의 가능한 분야에서 협상을 진전시키는 것을 뜻한다. 그는 이른바 발리패키지 타결이 세계무역기구(WTO) 출범 이후 거둔 첫 성과임을 강조했다. 일괄타결 방식을 고수해 2001년 출범 후 줄곧 난항을 겪은 DDA가 선택과 집중을 통해 가시적 결과물을 내놨다는 것. 다자간 무역체제 신뢰회복의 계기가 됐다는 평가도 뒤따랐다.

발리패키지는 지난해 12월 인도네시아 발리에서 열린 제9차 WTO 각료회의에서 타결이 쉬운 분야부터 우선 논의키로 한 합의물을 가리킨다. 일괄타결을 고집하지 않는 대신 △무역 원활화 △일부 농업 협상 △개도국 협상 등 3개 사항을 골자로 했다. 최 대사는 "WTO가 다자간 무역체제에 대한 신뢰와 자신감을 회복하게 된 계기가 됐다"며 "무엇보다 새로운 협상 모멘텀을 얻은 점이 긍정적"이라고 강조했다. 이어 "따라서 올해는 DDA 협상에 대단히 중요한 해"라며 "발리의 성공을 발판으로 WTO가 다자간 무역체제 구축에 본격 나서야 한다."고 덧붙였다.

그는 "DDA의 핵심 분야인 농산물, 비농산물(NAMA) 시장 접근, 서비스 등이 협상 대상으로 남아 있다"며 "특히 농업 분야는 각국 무역 이익과 직결돼 협상 과정에서 핵심 쟁점으로 부상할 것"이라고 예상했다. 다자간 협상이 난항을 겪는 요인으로는 '균형'을 꼽았다. 최 대사는 "사실 외교관계에서 균형은 주관적 개념"이라며 "입장에 따라 같은 사안이 180도 다르게 받아들여질 수 있다. 특히 선진국과 개발도상국 간 이익불균형 문제는 쉽게 해결되기 힘든 경우가 많다."고 말했다.

최근 선진국들이 주도한 메가 자유무역협정(FTA) 트렌드에도 주목했다. 미국 중심의 환태평양경제동반자협정(TPP)과 중국 위주의 역내포괄적 경제동반자협정(RCEP)이 대표적이다. 그는 "역내 강대국의 경제패권 다툼에서 한국은 중립적 위치를 견지할 필요가 있다."고 조언했다.

출처: 한국경제. 2014.4.8.일자.

2. 관세인하방식

위에서 우리는 WTO의 의사결정구조 및 이와 관련한 협상방식에 대해 논의하였다. 우루과이라운드협정의 협상방식이었던 일괄타결방식은 DDA에서도 동일하게 적용되고 있다. 하지만 일괄타결방식이라 하더라도 현실적으로 모든 회원국들이 동일한 권리와 의무를 부여받는 것이 아니다. 각 회원국들이 각 국의 경제발전수준과 개방정도 등에 따라 그 권리와 의무는 상당히 큰 편차를 갖는다. 일괄타결방식은 회원국이 모두 기계적으로 동일한 권리와 의무를 갖는 것이라기보다는 회원국의 상황에 따른 서로 다른 권리와 의무에 대해서 회원국 간 협상을 통해 총의를 이루고 이를 각 회원국이 수용하는 방식이라고 할 수 있다.

이러한 협상의 특성이 가장 잘 반영되고 있는 분야가 관세인하와 관련된 협상이다. GATT/WTO 등 다자간 무역협상의 협상의제 중 무엇보다도 기본적이면서도 중요한 것은 무역확대를 위한 관세인하 문제이다. 대부분의 나라들이 무역확대를 위한 관세인하의 필요성에 대해서는 큰 이견이 없다. 따라서 관세인하를 해야 한다는 당위성에 대해 의견의 일치를 보았다고 해도 과언은 아닐 것이다. 그렇다면 그 다음 고려되어야 할 이슈는 관세인하(철폐)의 방식, 관세의 인하폭, 관세인하(철폐)의 이행기간 등에 대한 문제일 것이다. 이러한 관세인하의 사례를 통해 일괄타결방식이 다자간 무역체제 가운데 구체적으로 어떻게 실현되고 적용되는 지 살펴볼 수 있다.

우선 쉽게 생각해 볼 수 있는 관세인하의 방식으로는 회원국들 간에 양자간 또는 복수국간의 요청/제안방식(request/offer approach)을 통해 관세인하대상 품목, 인하폭, 이행기간 등에 대해 합의하는 방식을 들 수 있다. 요청/제안방식은 1948년 GATT 출범 이후 케네디라운드(1963~1967)가 시작되기 직전인 1960년대 초까지의 GATT협상에서 채택되었던 방식이다.

이 방식의 경우 관세인하 협상은 주요 품목 간 이해관계가 엇갈리는 회원국들 간에 다수의 양자간 협상들을 통해 이루어지게 된다. 또한 이러한 양자간 협상을 통해 관세인하의 내용이 결정되면 이는 최혜국대우원칙에 의거 다른 회원국들에게도 동일하게 적용되게 된다. 요청/제안방식은 위에서 이야기한 협상방식 중 첫 번째 방식인 복수국간협상방식과 일맥상통한다고 할 수 있다.

요청/제안방식은 협상대상 상품의 숫자와 회원국의 수가 적은 경우 효과적인 관세인하방식이 될 수 있다. 하지만 관세인하 대상 상품의 수가 급증하고 협상 대상국인 회원국이 비약적으로 증가함에 따라 협상을 위한 시간과 비용도 증가한다. 양자간 협상을 기본으로 한 요청/제안방식의 관세인하는 그만큼 비효율성이 증가한다. 이에 따라 케네디라운드부터는 요청/제안방식을 포기하고 사전적으로 합의된 공식(formula)에 의한 관세인하방식을 채택하게 되었다.

회원국들이 관세율인하를 위한 공통된 공식(formula)을 채택하게 되면 모든 회원국은 채택된 공식에 따라 일률적으로 관세율을 인하한다. 공식에 따른 일률적인 관세인하로 요청/제안방식에서 나타난 비효율성의 문제를 일정부분 해결할 수 있게 되었다. 공식에 의한 관세율인하는 일단 모든 회원국이 그 공식에 대해 찬성한다는 차원에서 위에서 이야기한 협상방식 중 일괄타결방식과 맥을 같이한다. 공식에 의한 관세율인하가 일괄타결방식이었던 우루과이라운드협상이나 DDA에서 동일하게 채택되고 있음은 우연의 일치가 아니다.

공식에 따른 관세율인하는 케네디라운드에서 처음 사용되었다. 당시 관세인하를 위한 공식은 일률적인 인하폭을 적용하는 선형인하방식(linear tariff reduction)이 사용되었다. 공산품에 대한 양허관세율을 일률적으로 50% 인하하는 것을 포함 전체 교역 품목의 평균관세율을 30% 감축하는데 합의하였다. 선형인하방식은 적용하기 쉽고 간단한 장점이 있지만 기존에 큰 차이가 있는 국가 간, 품목 간 관세율의 차이를 좁히는 데는 한계가 있다. 이러한 문제점을 해결하기 위해 케네디라운드 이후 동경라운드(1973~1979)에서는 높은 관세율의 인하폭은 크게 하는 대신 낮은 관세율은 인하폭을 작게 하는 비선형인하방식(non-linear tariff reduction)이 적용되었다. 여기서 사용된 공식을 스위스 공식(Swiss formula)라고 하는데 이러한 비선형인하방식을 통해 상품 간, 국가 간 관세율의 격차를 좁히기 위한 노력이 진행되었다.

이와 같이 케네디라운드 이후 다자간 무역협상에서는 선형이든, 비선형이든 공식에 의한 일률적인 관세율인하가 관세인하를 위한 원칙으로 작동하였다. 경우에 따라서 요청/제안방식이 보완적으로 활용될 수 있다. 예를 들어 평균관세율인하폭을 30%라고 한다면 개별 회원국들은 해당 상품의 관세율을 동일하게 30%씩 인하하는 것보다는 자국의 상품경쟁력에 따라 품목별로 관세율을 차등화하고 그 대신 전체 관세율인하폭의 평균을 공식에 근거한 30%에 맞추는 것이 유리할 수 있다. 다시 말해 경쟁력이 떨어지는 상품의 경우 관세율인하폭을 작게(예를 들어 20% 인하) 하는 대신 경쟁력이 높은 상품의 경우 관세율인하폭은 크게(예를 들어 40%) 하면 평균관세율인하폭은 30%를 유지하면서 자국에 보다 유리하게 관세율인하를 조율할 수 있다. 이때 각 개별 품목별 관세율인하폭의 결정과 관련해서는 이해관계가 있는 다른 회원국과 요청/제안방식을 통해 관세율인하폭의 조율이 가능하다.

이렇게 다자간 무역체제의 관세인하는 공식을 이용한 방식을 기본으로 하고 요청/제안방식을 보완적으로 활용하는 방식으로 발전되었다. 이는 위에서 논의한 DDA가 일괄타결방식을 기본적인 의사결정절차로 채택하면서도 필요에 따라서는 복수국간 협정, 조기수확방식 등을 활용하는 것과 일맥상통한다고 할 수 있다. 일괄타결방식은 협상결과가 모든 회원국에게 동등하게 적용되는 것으로 원칙으로 하지만 현실적으로는 각 회원국별로 서로 다른 양허안이 제출되고 이를 근거로 세부협상이 진행되기 때문에 최종 협상결과와 그 적용은 회원국 간에 차이가 나게 된다. 물론 모든 회원국들은 양허를 통해 자신에게 부여된 권리와 의무는 일률적으로 수용해야 한다.

마찬가지로 관세인하의 궁극적 종착지는 관세철폐 또는 모든 회원국이 동일한 품목에 대해 최대한 저율의 동일한 관세율을 부과하는 것이라고 할 수 있다. 하지만 국가별로, 품목별로 실행관세율이 서로 다른 것이 현실이다. 또한 관세인하를 개시하는 수준 자체도 서로 다르기 때문에 공식을 이용한 관세율인하방식을 적용한다 하더라도 국가 간에, 특히 선진국과 개도국 간에 관세율의 차이가 상존하고 있는 것이 현실이다.

예를 들어 아래 〈표4〉는 선진국과 개도국의 양허관세율과 실제관세율을 나타낸 것이다. 먼저 EU, 미국 등 선진국의 경우를 보면 농산물의 양허관세율, 실행관세율 모두 각각 비농산물 및 전체품목의 양허관세율 및 실행관세율에 비해 높다는 것을 알 수 있다. 이는 선진국의 경우 경쟁력이 높은 공산품 등 비농산물에 비해 경쟁력이 상대적으로 약한 농산물에 대한 보호성향이 강하다는 것을 의미한다. 또한 대체적으로 실행관세율과 양허관세율에 차이가 그렇게 크지 않음을 알 수 있다. 실행관세율과 양허관세율의 차이가 크지 않다는 것은 이미 실행관세율이 허용된 최고관세율 수준에 근접해 있다는 의미로 관세율을 더 이상 올리기 어렵다는 것을 의미한다.

한편 개도국의 경우를 보면 대체적으로 선진국과는 다르게 농산물 및 비농산물에 대한 관세율이 모두 상대적으로 높다는 것을 알 수 있다. 이는 개도국의 경우 농산물과 공산품 등 비농산물 모두에서 보호무역적 성향이 강하다는 것을 의미한다. 한

〈표 4〉 선진국과 개도국의 양허관세율 및 실행관세율

	농산물			비농산물			모든 상품		
	실행 관세율(A)	양허 관세율(B)	차이 (B-A)	실행 관세율(A)	양허 관세율(B)	차이 (B-A)	실행 관세율(A)	양허 관세율(B)	차이 (B-A)
선진국									
EU	12.8	12.3	-0.5	4.0	3.9	-0.1	6.1	5.0	-0.1
미국	4.9	4.8	-0.1	3.3	3.3	0.0	3.5	3.5	0.0
일본	17.3	20.9	3.6	2.5	2.5	0.0	4.4	4.9	0.5
스위스	27.2	48.2	21.0	1.9	2.0	0.1	5.2	8.1	2.9
캐나다	11.3	16.7	5.4	2.6	5.3	2.7	3.7	6.8	3.1
호주	1.3	3.4	2.1	3.0	11.0	8.0	2.8	10.0	7.2
뉴질랜드	49.4	131.0	81.6	0.5	3.1	2.6	7.0	20.1	13.1
개도국									
중국	15.6	15.7	0.1	8.7	9.2	0.5	9.6	10.0	0.4
남아프리카	9.0	39.5	30.5	7.5	15.8	8.3	7.7	19.0	11.3
브라질	10.3	35.4	25.1	14.2	30.7	16.5	13.7	31.4	17.7
멕시코	21.5	44.2	22.7	7.1	34.9	27.8	9.0	36.1	27.1
인도	31.8	113.1	81.3	10.1	34.6	24.5	13.0	48.7	35.7
최빈개도국									
하이티	8.0	21.1	13.1	4.2	18.2	14.0	4.7	18.7	14.0
네팔	14.1	41.1	27.0	12.0	23.7	11.7	12.3	26.0	13.7
앙골라	10.0	52.9	42.9	6.9	60.1	53.2	7.3	59.2	51.9
모잠비크	13.8	100.0	86.2	9.5	11.3	1.8	10.1	97.5	87.4
잠비아	16.5	104.3	87.8	13.7	57.6	43.9	14.0	102.6	88.6

자료: WTO Database. 양허관세율은 2011년 기준, 실행관세율은 2010년 기준.

가지 더 주목할 것은 개도국의 경우 실행관세율과 양허관세율의 차이가 크다는 것이다. 다시 말해 양허관세율이 실행관세율에 비해 높은 경우가 많은데 이는 농산물의 경우에서 더욱 현저하게 나타난다. 이러한 현상은 최빈개도국으로 갈수록 더 강하게 나타난다. 이처럼 실행관세율과 양허관세율의 차이가 큰 것은 현재 적용되고 있는 실행관세율에 비해 허용된 양허관세율이 상당히 높다는 것으로 상황과 필요에 따라 실행관세율을 인상하기가 그만큼 용이하다는 것을 의미한다.

이처럼 다자간 무역체제는 GATT 출범 이후 50여 년 동안 관세인하를 위한 노력을 계속해 왔다. 이러한 노력의 결과 평균관세율이 현저하게 낮아진 긍정적인 결과도 있었지만 아직까지도 국가 간, 상품 간 관세율의 격차는 결코 작지 않다. 이러한 관세율의 격차를 좁히기 위한 방안으로 공식을 활용한 방식이 채택되었다. 하지만 공식을 활용한 방식 외에 요청/제안방식 등 필요할 경우 다양한 관세인하방식이 활용될 수 있다.

이러한 관세인하방식의 의미는 위에서 살펴본 WTO의 협상방식 또는 의사결정구조의 변화와 동일선상에서 찾아볼 수 있다. 다자간 무역체제의 관세인하는 위에서 살펴본 협상방식이 고정되어 있는 것이 아니라 시대적 상황에 따라 변화, 발전되어 온 것과 마찬가지로 개별국가들이 처한 상황과 이해관계에 따라 다양한 방식으로 적용되어 왔음을 알 수 있다.

IV부

WTO: 과제

I have but one lamp by which my feet are guided, and that is the lamp of experience.
I know no way of judging the future but by the past.

-Patrick Henry, Speech in the Virginia Convention (1775)-

나의 길을 인도하는 것은 하나의 램프이다. 그것은 경험이라는 램프이다.
미래를 예측하는데 필요한 것은 오직 과거뿐이다.

-패트릭 헨리, 버지니아 전당대회 연설 중(1775)-

1장
왜곡

1. 덤핑(Dumping)

위에서 강조하였듯이 WTO를 중심으로 하는 현재의 다자간 무역체제는 자유무역의 확대를 통해 무역의 이익을 실현하기 위한 다수 국가들의 무수한 논의와 협상 의 결과로 만들어진 인내와 노력의 산물이다. 국가는 자국의 정책적 목표의 실현을 위해, 기업은 경제적 이익(이윤)을 극대화하기 위해 최대한의 노력을 경주하기 마련이다. 하지만 이러한 노력이 자신뿐만 아니라 경제를 이루는 전체 구성원들에게노 이익을 주기 위해서는 공정한 경쟁이 먼저 보장되어야 한다. 그렇지 않으면 일부 국가나 기업, 개인은 이익을 볼지 몰라도 세계 전체, 사회 전체적으로는 자원의 효율적 활용에 왜곡이 발생하고 그에 따라 경제적 이익도 감소하기 때문이다.

무역에 있어서도 무역의 이익을 극대화하기 위해서는 공정한 경쟁이 전제되어야 한다는 위의 일반적인 경제원리가 적용된다. 무역에서 공정하고 경쟁적인 시장메커니즘을 저해하는 주요한 요소 중 하나가 가격의 왜곡이다. 왜곡이 발생하면 자원의 효율적 배분이 저해되고 이는 경제적 이익의 감소를 가져온다. 따라서 왜곡을 줄이기 위한 방안이 필요하다. 가격의 왜곡은 기업 측면에서 발생할 수도 있고, 정부 측면에서 발생할 수도 있다. 전자의 대표적인 사례가 덤핑이고 후자의 사례는 보조금이라고 할 수 있다. 따라서 WTO에게 있어서 경제적 효율성과 무역의 이익을 향상시키기 위해 덤핑과 보조금으로 인한 왜곡현상을 줄이는 것이 우선적으로 해결해야 할 과제이다.

우선 덤핑에 대해 살펴보자. 덤핑은 수출기업이 수입국 시장에서 적정한 시장가격(일반적으로 수출국의 시장가격)에 비해 낮은 가격으로 판매하는 경우를 의미한다. 시장에서 형성되는 균형가격에 비해 낮게 판매하는 경우 경제적 왜곡 및 자원의 비효율적 배분 현상이 발생한다. 또한 덤핑을 통해 수입국 시장을 독점하게 될 경우 수입국의 국내산업은 심대한 피해를 입게 된다. 따라서 무역을 할 때 상대국 기업이 덤핑을 할 경우 이는 불공정 무역행위가 되고 이에 대한 적절한 조치가 필요하다.

더욱이 덤핑은 정부가 아닌 기업의 영업활동의 차원에서 발생한다. WTO협정이 정부 간의 권리와 의무에 대한 약속이라는 측면에서 볼 때 기업의 차원에서 이루어지는 덤핑은 이 점에서 특별한 성격을 갖는다. 왜냐하면 양허관세 및 수량제한금지원칙으로부터의 이탈은 정부의 정책적 의지에 따라 결정되지만 덤핑은 정부의 정책과는 상관없이 순전히 기업의 영업전략 또는 해외시장진출전략에 의해 결정되기 때문이다. 정부 간 협정인 WTO가 기업들의 영업활동을 통해 나타나는 덤핑에 대해 제재하고 규율할 수 있도록 한 것은 덤핑이 직접적으로는 정부의 행위가 아니다 하더라도 그만큼 덤핑이 자원의 효율적 배분에 왜곡을 가져오고 자유무역의 확대에 부정적 영향을 줄 수 있다는 점을 우려한 것이라고 할 수 있다. 수출국의 입장에서는 덤핑으로 인한 이점이 존재할 수도 있겠지만 이러한 덤핑의 폐해에 대해 대부분의 회원국이 공감대를 형성함으로써 반덤핑 관련 조항이 WTO협정에 포함되었다.

덤핑이 어떤 효과를 가져 오는지 예를 들어보자. A국과 B국은 양허관세 및 수량제한금지원칙을 준수하기로 협정을 체결하였다. 이에 따라 양 국 모두는 신의성실의 원칙을 지켜가며 자유무역을 통한 무역의 이익을 실현하기 위한 노력을 다하고 있다. 그러면 자유무역을 위한 완벽한 조건이 형성되었다고 할 수 있는가? 답은 '아니다.'이다. A국이 B국으로 신발을 수출하고 있다고 하자. B국의 신발에 대한 양허관세율은 30%이다. 협정은 두 국가의 정부가 체결하였지만 실제로 수출의 주체는 두 국가의 기업이다. 결국 A국의 수출은 실제로는 A국의 A′ 기업이 B국에 수출하는 것이다. A국에서의 국내신발가격은 달러로 환산했을 때 $50이다. A′ 신발기업의 이윤은 판매가격 $50의 20%인 $10이라고 하자. 관세율이 20%이므로 A′ 기업이 B국으로의 수출할 때 관세를 포함한 B국내 신발판매가격은 $60(=$50+$50×20%)가 된다. B국에서의 신발가격이 A국의 신발가격보다 $10 비싸기 때문에 B국의 B′ 신발기업은 A′ 기업에 비해서 가격경쟁력이 높고 시장점유율 측면에 있어서도 유리한 위치에 있을 것이다.

이제 A′ 기업은 B′ 기업과의 경쟁을 염두에 두고 B국으로의 수출확대방안을 찾고자 한다. A′ 기업의 입장에서는 B국이 신발에 대한 관세철폐를 통해 관세율을 현행 20%에서 0%로 인하해주면 가장 유리한 조건이 된다. 하지만 이를 위해서는 국가간 협상이 필요한데 단시일 내에 이를 기대하기란 쉽지 않다. 다른 방법으로는 비용 절감, 기술혁신 등 생산성향상 을 통한 생산비용의 감소로 판매가격을 인하할 수 있다. 하지만 이 또한 쉽지 않고 생산성 향상을 위한 노력은 단기적으로 효과를 내기도 쉽지 않다.

그러므로 A′ 기업이 손쉽게 취할 수 있는 선택은 국내가격보다 수출가격을 인하하여 B국에서 그 만큼 낮은 가격에 신발을 판매하는 것이다. 다시 말해 A′ 기업이 이윤율인 20%를 포기하고 원가인 $40에 B국으로 수출을 하게 되면 B국에서의 판매가격은 $48(=$40+$40×20%)가 될 것이다. 이제 수입된 A′ 기업의 신발가격이 B′ 기업의 신발가격보다 $2만큼 싸게 되어 B국 소비자들은 A′ 기업의 신발을 사게 될 것이다. B국에서 A′ 기업의 시장점유율은 점차 높아지고 더 나아가 B′ 기업이 퇴출되어 A′ 기업이 B국의 신발시장을 독점하게 되는 상황까지도 가능할 수 있다. A′ 기업은 단기간의 이윤을 포기하였지만 그 대신 장기적으로는 B시장에서의 시장점유율을 높이고 더 나아가 시장을 독점할 수 있는 전략적 우위를 점할 수 있다. 이렇게 국내가격(domestic price) 또는 적정가격(normal value)과 수출가격(export price)의 격차가 발생하는 소위 가격차별이 발생하게 되면 이를 '덤핑'이라고 한다.

그렇다면 이러한 A′ 기업의 덤핑을 통한 판매행위는 자유무역의 확대라는 차원에서 어떻게 평가할 수 있을까? 이윤의 극대화를 목표로 하는 기업의 입장에서는 자신이 생산한 상품의 가격을 자유롭게 정하는 것은 아무 문제가 없는 것처럼 보일 수 있다. 하지만 자유무역의 확대라는 차원에서 덤핑의 결과를 좀 더 깊이 들여다보면 문제의 심각성을 쉽게 알 수 있다.

위의 예에서 A′ 기업의 덤핑으로 인해 B국의 B′ 기업이 퇴출되고 A′ 기업이 B국의 신발시장을 독점하게 되었다. 이제 A′ 기업은 B국에서 독점적 위치를 갖고 있기 때문에 다른 기업들과의 경쟁에 대한 염려 없이 마음먹은 대로 신발가격을 인상해도 될 것이다. 결국 B국에서의 신발가격은 경쟁적 시장에서의 가격이 아닌 A′ 기업의 이윤을 극대화하는 독점시장가격으로 인상될 것이고 이 경우 B국의 신발 소비자들은 그 만큼 높은 가격을 지불해야하기 때문에 경제적 손실을 입게 된다.

물론 A′ 기업이 가격을 인상하면 다시 B국의 신발기업인 B′ 기업이 가격경쟁력을 회복하여 다시 시장에 진입할 수 있다. 이렇게 되면 A′ 기업은 장기적으로 독점적

이윤을 누리지 못하게 되고 결국 덤핑이라는 것도 그렇게 염려할 것이 아니라고 주장할 수 있다. 또한 덤핑을 통해 수입가격이 인하되면 수입국 소비자들이 보다 저렴한 가격에 수입상품을 구입할 수 있게 되어 소비자들에게도 유리한 측면이 있다고 주장할 수도 있다. 하지만 일단 기업이 새롭게 시장으로 진입하기 위해서는 초기 투자에 드는 비용이 예상보다 많이 들 수 있고 독점기업의 진입장벽 등으로 인해 생각보다 오랜 시간과 비용이 들 수 있다. 따라서 새로운 기업이 신발시장에 진입하여 독점기업과 경쟁을 시작한다는 것은 결코 쉽지 않은 일이다.

덤핑으로 인한 피해를 입는 국가들은 덤핑으로 인한 가격의 차이를 메꾸기 위해 관세인상, 수량제한을 실시한다든지 하는 국내산업 보호조치들을 시행할 가능성이 높다. 이는 자유무역을 저해하는 요인으로 작용한다. 이러한 점에서 덤핑을 개별기업의 이윤극대화 또는 시장점유를 위한 마케팅전략으로만 이해하는 것은 자유무역질서 전체적 차원에서 보면 부족한 해석이라고 할 수 있다.

이와 같이 WTO는 덤핑이 정부의 행위 또는 무역관련 조치가 아님에도 불구하고 그 폐해의 심각성을 인지하고 이에 대응하고자 노력하고 있다. WTO는 덤핑을 방지하기 위해 GATT 제6조와 반덤핑협정(Antidumping Agreement)에 반덤핑관세(anti-dumping duty)를 부과할 수 있는 근거조항을 두고 있다. 반덤핑관세는 양허관세와는 무관하게 독립적으로 부과할 수 있다. 물론 반덤핑관세가 보호무역조치로 활용되고 무분별하게 부과되는 것을 방지하기 위해 덤핑으로 인해 피해를 입었거나 피해가 예상되는 부문에 한정하여 반덤핑관세를 부과하도록 하고 있다. 부과되는 반덤핑관세율도 적정시장가격과 수출가격의 차이(덤핑마진율)을 상쇄할 만큼만 부과하도록 하고 있다. 이를 최소부과원칙(Lesser Duty Rule)이라고 한다. 또한 덤핑은 정부가 아닌 기업이 주체가 되는 만큼 WTO협정에서는 "반덤핑관세를 부과한다."라는 명시적 표현 대신 "덤핑수출로부터 자국을 보호할 권리를 갖는다."라는 우회적 표현을 사용하고 있다. 이는 덤핑의 실제적 주체인 기업이 정부간 협정인 반덤핑협정의 대상이 되는 어색한 상황을 피할 수 있도록 한다.

요약하면 덤핑은 무역을 할 때 기업의 불공정가격 수출로 인해 국가 간에 자의적인 상품가격의 차이가 발생하고 이로 인한 경제적 왜곡과 자원의 비효율적 사용이 발생한다. 수입국은 덤핑에 대응하기 위해 보호조치를 시행하게 되고 이러한 현상의 반복은 결국 무역의 확장을 저해하게 된다. 덤핑은 기업의 행위로 인해 나타나는 것이지만 WTO의 목표인 자유무역의 발전에 걸림돌이 되기 때문에 이를 규율하고 있다. 최근 여러 가지 다양한 형태로 변화되고 있는 덤핑을 방지하기 위한, 또한 덤핑방지를 빙자하여 임의적 보호무역조치를 시행하는 것을 제한하고자 하는 다자적 차원의 논의와 협상들이 활발하게 진행되고 있다.

참고: 덤핑이란?

일반적인 상거래에서 덤핑은 물건을 원가(原價) 이하의 싼 가격으로 파는 것을 말합니다. 하지만, 국제무역에서 덤핑은 자국(自國)에서 파는 가격보다 싸게 수출하는 무역행위를 의미하지요. 국제무역에서 덤핑을 판단하는 것은 무척 복잡합니다. 먼저 수출가격과 자국에서 파는 가격 사이에 차이가 있는지를 계산해야 하는데, 자국에서 팔리는 가격이 지역마다 상점마다 다를 경우 어떤 가격을 기준으로 삼아야 하는지 결정하기 힘들지요. 또 가격이 매일 변하니 어느 기간의 평균 가격으로 비교해야 하는지도 어려운 문제입니다. 따라서 덤핑 여부를 계산하는 데 국가 간 논란이 벌어질 가능성이 크지요. 경제학적 시각에서 보면, 덤핑이 나쁜 것인가에 대해서도 의문의 여지가 있지요. 물건을 싸게 수출하면 그것을 사서 쓰는 나라의 소비자 입장에서는 오히려 좋은 것이니까요. 상대국의 덤핑으로 피해를 보았다고 판단한 국가는 세계무역기구(WTO)에 제소할 수 있습니다. WTO에서 수출국이 덤핑을 했고 그 결과 수입국에 피해를 준 것으로 판정하면, 수입국은 반(反)덤핑 조치를 취할 수 있습니다. 상대방의 불공정무역행위에 대한 보복조치의 하나지요. 많은 나라가 덤핑을 이유로 상대국을 WTO에 제소하고, 반덤핑조치를 취하고 있습니다. 덤핑에 대한 객관적인 판단이 어렵고 경제적 의미도 분명치 않으므로, 많은 경우 반덤핑조치는 자국 산업을 보호하기 위한 보호무역정책으로 평가됩니다.

출처: 조선일보, 2009.4.17.일자.

2. 보조금(Subsidies)

위에서 살펴본 덤핑이 기업에 의한 가격의 왜곡이라고 한다면 보조금은 정부에 의한 가격의 왜곡이라고 할 수 있다. 보조금은 세금과 더불어 정부의 시장개입으로 인해 가격변동을 가져오는 전형적인 정책수단 중 하나로 자국 산업을 발전시키거나 장려하는 목적을 가지고 있기 때문에 보호무역조치로서 활용될 소지가 크다. 예를 들어 A국 A′ 기업은 B국에 신발을 수출한다. 덤핑의 사례와 같이 A′ 기업의 수출가격은 \$50, B국의 신발에 대한 양허관세율은 20%라고 하자. B국에서 A′ 기업의 신발가격은 \$60(=\$50+\$50×20%)이다. B국 신발기업인 B′ 기업의 신발가격은 \$50이다. A′ 기업의 신발가격이 $10 비싸기 때문에 A′ 기업은 B국 시장에서 가격경쟁력을 상실하고 수출이 어렵게 된다.

경제성장을 위해 수출의 역할이 크다고 판단한 A국 정부는 B국으로의 수출증대를 위한 정책적 방안을 고려하기 시작하였다고 하자. 이 중 하나의 방안이 A′ 기업에게 수출보조금을 지급하는 것이다. A국 정부가 A′ 기업에 대해 신발 한 켤레 당 $10의 수출보조금을 지급한다면 A′ 기업은 보조금만큼 가격인하의 여지가 생기기 때문에 $40의 가격으로 수출할 수 있다. 이제 B국에서의 A′ 기업 신발가격은 $48(=$40+$40×20%)로 B′ 기업의 신발보다 $2만큼 저렴하게 된다. A′ 기업은 B국 시장에서 가격경쟁력을 갖게 되고 이에 따라 수출도 증가할 것이다.

하지만 덤핑의 사례에서와 같이 B국의 B′ 기업은 A국 정부의 보조금정책으로 인해 자국시장을 잃게 될 위협에 처하게 된다. 이에 따라 B국은 자국기업을 보호하기 위해 관세율인상, 수량제한 등 자국 산업을 위한 보호조치를 실시할 명분과 여지가 커지게 된다. 결국 정부의 보조금정책은 덤핑과 같이 상품가격의 왜곡을 가져와 효율적인 자원의 배분을 저해하고 자유무역의 확대에도 부정적인 영향을 주게 된다.

보조금은 정부의 행위라는 데서 기업의 행위로 인한 덤핑보다는 WTO규정에 포함시키는 데 큰 이견이 없다. WTO는 보조금으로 인한 폐해를 방지하기 위해 '보조금 및 상계조치에 관한 협정'을 통해 보조금에 대한 규정을 명시하고 있다. 여기서 중요한 것은 WTO가 보조금을 정의하는데 있어 '특정성'(specificity)을 핵심적 요소로 보고 있다는 점이다. 특정성이란 정부의 지원이 일반적이고 포괄적이지 않고 소수의 특정기업 또는 산업에 시행되는 경우를 의미한다. 다시 말해 보조금은 특정성을 전제로 한다.

보조금은 크게 금지보조금(prohibited subsidies)과 허용보조금(actionable subsidies)으로 나눌 수 있다. 금지보조금은 금지의 의미를 나타내는 빨간색을 사용하여 적색보조금(red subsidies)이라고 한다. 금지보조금은 수출성과에 따라 지급하는 수출보조금과 수입상품을 대체하는 국산품의 사용 시 지급하는 수입대체보조금 등이 그 대표적인 예이다. 금지보조금은 정부의 개입으로 인한 가격의 왜곡이 발생하고 직접적으로 자유무역을 저해하는 요인으로 작용할 수 있기 때문에 WTO는 허용보조금에 비해 이를 엄격하게 금지하고 있다.

허용보조금은 주의를 나타내는 노란색을 활용하여 황색보조금(yellow subsidies)라고도 불리는데 연구개발, 낙후지역에 대한 지원, 구조조정에 필요한 지원 등 경제

개발을 위한 정부의 일반적인 지원을 포함한다. 허용보조금은 장기적으로 기업과 산업의 경쟁력을 향상시키는데 목적이 있다. 또한 직접적인 상품가격의 왜곡이 발생하지 않는다. 하지만 허용보조금이라도 아무 제한 없이 사용될 수 있는 것이 아니다. 허용보조금으로 인해 다른 회원국이 무역상 불이익을 받았다면 비위반제소 의 형식을 활용하여 WTO 제소 등 분쟁해결절차를 시작할 수 있도록 하고 있다. 비위반제소란 무역 상대방 국가가 WTO협정을 위반하지 않았다하더라도(비위반) 자국이 무역의 결과 심대한 무역상 피해가 발생하였거나 그 가능성이 현저할 때 WTO분쟁해결절차를 활용할 수 있도록 함으로써 그 구제의 길을 열어두는 제소행위이다. (하지만 비위반제소는 실효성이 없기 때문에 현실적으로 거의 활용되고 있지 않다.)

상대 국가의 보조금지급으로 인해 무역상 불이익을 받은 회원국은 두 가지 방법으로 이에 대응할 수 있다. 첫째 상대 국가에 대해 보조금지급의 감축 또는 중단을 요구할 수 있다. 더 나아가 만약 서로 경쟁하고 있는 제3국 시장에서 이러한 보조금지급으로 인해 경쟁에서 불리한 입장에 처하게 된다면 보조금 지급의 감축 또는 중단을 요구할 수 있다. 둘째 상대 국가의 보조금정책으로 손해를 입은 회원국은 자국 산업을 보호하고 무역상 불이익을 보전하기 위해 보조금의 영향을 상쇄할 만큼의 반보조금관세(anti-subsidies) 또는 상계관세(countervailing duties)를 부과할 수 있나.

위에서 설명한 보조금 관련 내용은 상품무역 중 공산품에만 적용되며 농산물 교역에는 적용되지 않는다. 농산물 보조금에 대한 내용은 농업협정에서 규정하고 있다. 대부분의 국가는 농산물에 대해 보조금을 지급하고 있고 그 규모도 막대하다. 특히 '보조금 및 상계조치에 관한 협정'에서 금지하고 있는 수출보조금의 경우 농산물에 대해서도 공산품의 경우와 같이 동일하게 적용할 경우 주요 농산물 생산국들의 반발이 거세고 부작용도 클 것으로 우려되고 있다. 이러한 이유로 농산물 보조금 관련 내용은 일반 공산물에서 따로 분류하여 '농산물협정'에서 규정하고 보다 느슨하게 규정하고 있는 것이 현실이다.

간단하게나마 농산물협정에서 규정하고 있는 농산물 관련 보조금 규정을 살펴보자. 농업협정에서는 회원국의 필요에 따라 특정농산물의 수출과 생산을 보조하기 위한 수출보조금 또는 생산보조금 등을 용인하고 있다. 하지만 우루과이라운드협상을 통해 농산물에 대해서도 수량제한금지, 예외 없는 관세화 등이 관철되는 등 자유무역을 위한 시도들이 이루어졌다. 민감한 사안 중 하나였던 보조금도 점진적으로 감축해야 할 필요성에 대해 공감대가 형성되었다.

각 회원국들은 보조금의 점진적 감축(물론 그 최종목적은 보조금의 완전한 철폐이지만)을 목표로 농산물의 품목별 수출보조금, 생산보조금 등의 규모를 정하도록 하였다. 이를 근거로 일정기간 동안 일정비율의 농산물 보조금을 점진적으로 감축하도록 하였다. 각 회원국들은 이 의무를 이행하면 보조금한도 내에서 수출보조금, 생산보조금 등을 지급할 수 있도록 하였다. 농산물 보조금 감축을 위한 이행기간은 2000년까지로 한정하고 그 이후의 감축에 대해서는 추후 협상에 맡기도록 하였다.

2001년 11월 카타르 도하에서 WTO출범 이후 첫 다자간 무역협상(도하개발아젠다, DDA)이 시작되어 농산물 보조금의 추가적 감축과 이행을 위한 협상이 시작되었다. 회원국들은 수출보조금을 추가적으로 감축, 2004년 6월까지 완전 철폐할 것을 원론적으로 합의하였다. 이외의 농산물관련 보호무역조치에 대한 협상도 진행하기로 하였으나 DDA가 뚜렷한 성과를 내지 못하고 공전되면서 농산물 보조금 관련 협상도 더 이상의 실제적인 진척이 이루어지지 않고 있는 상황이다.

참고1: DDA 협상의 활기, 나이로비에서 되찾을까.

올해로 세계무역기구(WTO)는 출범 20주년을 맞이했다. 금년 12월에는 제10차 WTO 각료회의가 아프리카 대륙 최초로 케냐 나이로비에서 개최될 예정이다. 올 한 해 동안 WTO는 출범 20주년 기념행사, DDA 작업계획 수립, 신규 회원국 가입협상, 각료회의 준비 등으로 매우 바쁜 시간을 보내고 있다. 특히 연말 각료회의를 앞두고 회원국들은 14년간 지속 중인 도하개발아젠다(DDA) 협상에서 어떻게든 진전을 이뤄내고자 다양한 경로의 협상을 진행 중에 있다.

현재 진행 중인 DDA 협상은 WTO가 낳은 최초의 다자간 무역협상이다. DDA 협상은 2001년 11월 카타르 수도 도하에서 열린 제4차 WTO 각료회의에서 정식 출범했으며, 농업, 비농산물, 서비스 시장의 개방, 반덤핑 등 다자간 무역규범 개선, 지적재산권, 환경 등 무역과 관련된 다양한 분야를 대상으로 한다. 협상의 목표는 무역자유화를 더욱 진전시키고 무역행위를 관장하는 다자 규범을 더욱 강화하는 것으로 분명하나, 협상에 참여하는 회원국들의 수(WTO 회원국은 161개국)와 각국의 복잡한 경제적 이해관계 등을 고려해 볼 때 칼로 무 자르듯 단칼에 협상을 마무리하기는 불가능에 가까운 것이 현실이다.

출범 당시의 목표대로라면 DDA 협상은 2004년 말까지 마치도록 되어 있었으나, 관세 및 보조금 감축방식 등을 놓고 회원국들의 이견이 좁혀지지 않아 협상시한을 넘겼고, 2008년 7월 잠정타협안이 제시되었으나, 인도, 중국이 농산물 분야 개도국 특별세이프가드 등과 관련한 동 타협안의 수용을 거부함에 따라 합의에 실패하고 교착상태에 빠지게 되었다.

이후 DDA 협상 장기표류로 다자무역체제가 위기를 맞을 수 있다는 인식하에 2011년 제8차 WTO 각료회의에서 DDA 협상 의제 중 합의 가능한 분야에서 우선적으로 협상 진전을 도모하기로 합의하고, 2013년 12월 인도네시아 발리에서 개최된 제9차 WTO 각료회의에서 DDA 협상 의제 중 무역원활화, 농업 일부, 면화, 개발·최빈개도국 등 4개 분야로 구성된 '발리패키지'를 타결했다. 이와 더불어 잔여 DDA 협상을 마무리하기 위한 작업계획 마련에 합의하고 금년 7월 그 시한을 앞두고 있다. 올 1월 다보스 통상장관회의에서 작업계획 관련 실행가능성을 고려해 목표수준을 조정하자는데 공감대를 형성하고 농업, 비농산물시장접근, 서비스 등 3대 협상분야를 중심으로 논의가 한창 진행 중이다.

그러나, 현재 미국 등 선진국들과 인도, 중국 등 신흥개도국들 간 농업 보조금 감축 논의가 전혀 진전이 없자 다른 협상 분야에서의 논의 역시 진전을 보지 못하고 있다. 즉 농업 보조금 이슈는 다른 문제 논의를 위한 선결 이슈가 된 것이다. 농업 보조금 관련, 미국은 신흥개도국들이 경제적 위상에 걸맞게 무역왜곡보조금을 감축해야 한다는 입장인 반면, 인도, 중국 등은 개도국 우대가 포함된 2008년까지의 기존 협상 결과를 존중할 것과 자신들의 추가 의무부담을 수용할 수 없다는 입장을 견지하고 있다.

기존 협상 결과에 따르면 많은 농업 보조금을 감축해야 하는 반면, 공산품 등 시장접근 분야에서는 별다른 이익을 볼 수 없는 미국으로서는 DDA 협상 타결보다 TPP, TTIP 등 거대 지역경제협정 및 FTA 등을 체결하여 무역시장 확보를 추진하는 것이 유리한 입장임은 자명하다. 최근 통과된 미국의 무역촉진권한(TPA) 법안도 DDA 협상을 타깃으로 했다기 보다는 TPP, TTIP 또는 WTO 복수국간 협상 등을 염두에 둔 것으로 보인다. 인도, 브라질 등도 미국이 농업 국내보조에서 희생 없이 신흥국 시장 확보에만 관심이 있다고 비판하면서, 농업 보조금 문제 해결 없이는 시장접근 등 다른 분야 논의가 무의미하다고 외치고 있다. 7월 작업계획 수립 시한이 불과 3주 정도 남은 현재에도 농업 국내보조 문제에서의 돌파구 마련이 여전히 요원한 상태로, 작업계획 수립이 7월 내 가능할 것이라고 보는 시각은 매우 적다.

그럼에도 불구하고, 이미 WTO 회원국들 사이에서는 목표수준을 낮춰 협상을 타결하자는데 공감대가 형성된 만큼 단순화 및 실행가능성을 염두에 두면서 농업·비농산물 시장접근과 관련해서는 우루과이라운드와 유사한 평균관세감축 방식에 대해, 그리고 농업 국내보조와 관련해서는 노르웨이, 호주, 캐나다 등의 새로운 제안서에 대한 논의가 이뤄지고 있다. 이러한 상황에서 제네바 협상가들의 눈은 이제 나이로비에 맞춰지고 있다. 7월 작업계획 시한을 놓친다면 자연스레 나이로비 각료회의가 새로운 시한이 될 것이다. 목표수준을 낮춰 실행가능 하면서도 다소 의미 있는 방안에 회원국들이 합의한다면 나이로비에서 작업계획을 수립하고 이를 바탕으로 DDA 협상을 타결하는 것이 전혀 불가능한 상황은 아니다. 다만, 이 과정에서 각국이 불편함을 어느 정도 감내할 의향이 있는지가 협상 타결의 관건이 될 것이다. 아제베도 WTO 사무총장이 늘 얘기하듯, 나이로비 각료회의가 DDA 협상 타결의 도약판이 되기를 기대해 본다.

출처: 대한변협신문. 2015.7.13.일자.

참고2: 도하라운드, 농업보조금 줄다리기

영국 시사주간지 이코노미스트는 최근호에서 도하 라운드가 농업에 대한 보조금을 둘러싼 입장 차이로 오는 12초 인도네시아 발리에서 열리는 회의에서도 타결되지 못할 가능성이 있다고 내다봤다. 이코노미스트는 인도가 개발도상국과 빈곤국의 좌장 역할을 맡아 농업보조금을 더 허용해야 한다는 주장을 주도하고 있다고 전했다. 세계무역기구(WTO)는 오는 12월3~6일 인도네시아 발리에서 제9차 각료회의를 열어 도하 라운드의 진척을 모색한다. 2년마다 열리는 각료회의는 WTO의 최고 의사결정 기구다. 도하 라운드는 WTO가 더 자유로운 무역체제 구축을 목표로 벌이고 있는 다자간 무역협상이다. 도하 라운드는 농업보조금, 지식재산권, 빈곤국 지원 등에 대한 선진국과 개도국 및 빈곤국의 이견이 좁혀지지 않아 2008년 이후 교착상태에 빠져 있다.

인도는 식량가격 상승에 대처하기 위해 농업보조금을 지급하는 등 식량주권 정책을 강화해왔다. 인도 정부가 지급하는 농업보조금은 WTO가 허용하는 범위를 넘어설 정도로 증가했고, 그러자 인도는 개도국 그룹과 함께 농업보조금 허용 한도를 변경할 것을 요구하고 있다. 인도는 지난해 11월 개도국 모임인 G33 명의로 감축 의무가 없는 농업보조금 항목에 농민정착과 농지개혁, 농촌개발 등에 지원하는 자금을 추가해야 한다는 등의 주장을 내놓았다. 미국과 유럽연합(EU)은 "농산물시장 질서는 물론 보조금 체계까지 왜곡시킬 수 있다"며 반대하고 있다.

인도가 농업보조금 허용 한도 확대를 요구하는 데에는 물론 내부의 정치적인 요인도 작용했다. 맘모한 싱 인도 총리는 협상에 응할 뜻이 있지만 내년 5월에 총선을 치러야 하고, 여당인 국민회의당(NCP)의 소냐 간디 대표는 식량안보법을 완화하는 움직임에 반대할 게 분명하다고 이코노미스트는 예상했다. 인도는 임시방편으로 '평화조항'을 제안하고 있다. WTO 농업협정 요건에 따라 지급되는 국내 보조금과 수출보조금에 대해서는 일정 기간 동안 제소를 당하지 않도록 하자는 것이다. 이코노미스트는 이에 대해 단기적인 해법에 지나지 않는다며 혜택을 장기적으로 주는 WTO에 맞춰 인도가 국내 제도를 개정해야 한다고 제안했다.

이코노미스트는 나아가 인도의 개도국 보호가 오히려 개도국에게 해를 끼친다고 주장했다. 이코노미스트는 "도하 라운드로 세계 무역이 촉진되면 생산이 연간 680억 달러 규모로 증가할 것"이라며 "이 가운데 상당 부분은 가난한 나라에 돌아갈 것"이라고 설명했다. 또 더 중요한 것은 도하 라운드가 결렬되면 WTO에 대한 신뢰가 훼손되고, 그렇게 되면 세계 무역질서에서 개도국이 더 불리해진다고 지적했다. WTO는 개도국이 세계 무역질서에서 더 큰 협상력을 발휘하도록 하는 기구라고 설명했다.

출처: 아시아경제, 2013.11.25.일자.

참고3: 직불제 예산 확대로 농민소득 보장을

농림축산식품부는 지난 18일, 올해보다 3.4%가 늘어난 14조 940억 원의 2015년 예산 및 기금운용계획안을 발표했다. 올해 다수 품목의 농산물 가격이 폭락해 농업소득의 감소가 예상되고, 내년에도 유사한 사태가 반복될 가능성이 높은 상황에서 농식품부의 내년도 예산 증가율 3.4%는 국가 전체 예산 증가율 5.7%에 크게 미치지 못한다. 농식품부 예산이 국가 전체 예산에서 차지하는 비중도 3.7%로 역대 최저치를 보였다.

농업예산 가운데 농가소득 증대에 기여할 수 있는 직불제 예산을 보면 순직불제 예산이 2014년 1조 2,923억 원에서 2015년 1조 6,396억 원으로 늘어났다. 그 대부분은 쌀 목표가격 인상에 따른 쌀소득보전 변동직불 증가액 2,953억 원이다. 경영이양 직접지불 예산은 감소했다. 친환경농산물 생산에 따른 농업소득이 관행농산물 생산소득보다 낮고, 그 영향으로 농민들도 친환경농산물 생산을 늘리려는 의지가 약해져 있는데도 친환경농업 직접지불 예산은 441억 원에서 508억 원으로 66억 원 늘어나는데 그쳤다. 조건불리지역 직접지불 예산은 395억 원에서 변동이 없다. 채소와 과일가격이 폭락하는데 밭작물의 손실이 커지고 있음에도 밭농업 직접지불 예산은 1,347억 원에서 1,128억 원으로 219억 원이나 감소했다. 영세농과 고령농가의 소득을 지원해 농촌인구를 유지시킬 수 있는 농가단위 소득안정직접지불 예산은 2014년 9억 원에서 내년에는 아예 없어지고 말았다.

WTO체제 수립 후 미국과 유럽 등 세계 각국은 WTO 농업협정에 따라 가격 보조 농업보조금을 축소하는 대신 그에 따른 농가소득 하락을 직접지불로 메워줬다. 미국이 최근 농산물 가격 상승으로 농업재정 지출을 대폭 줄여야 한다는 목소리가 커짐에도 불구하고 농업보호를 더욱 강화한 것을 주목해야 한다. 2014년 농업법에서 농업재정축소 요청에 부응해 가격이나 작황에 관계없이 지급되는 가격하락대응직불(Counter-Cyclical Payment)과 수입보전직불(Average Crop Revenue Election) 등 고정직불금을 없애기로 결정했다. 그러나 없어진 고정직불제 대신 가격손실보상제도(Price Loss Coverage)와 농업위험보상제도(Agricultural Risk Coverage)를 도입했다.

가격손실보상제도는 해당 품목의 전국 평균시장가격이 참조가격 아래로 떨어지면 발동되도록 하여 이름만 바뀌었을 뿐 가격하락대응직불과 같다. 농산물 시장가격 상승으로 참조가격이 기존보다 높아져 보전금 한도가 확대됐다. 농업위험보상제도도 종전의 수입보전직불이 주(州) 수준의 평균수입을 기준으로 하던 것을 농장 단위나 군 단위의 기준수입을 근거로 바꾸었을 뿐, 농가 실제수입이 일정수준 이하로 하락하는 경우 그 차액을 지불하는 점에서는 수입보전직불과 같다. 보험지원제도도 추가보상보험에 가입한 농가에 대해서는 경미한 손해에 대해서도 추가적으로 보상을 해주도록 하고 보험지원 정부예산액을 늘렸다.

한국의 농민과 농민단체들은 지난 이십여 년 간 직불제 예산을 늘려달라고 그야말로 노래 부르듯이 요구했다. 그럼에도 정부가 직불제를 확대하지 않는 이유가 무엇인가. 농민들의 목소리가 약해진 반면, 기획재정부가 재정부담을 이유로 농업예산 증가를 강하게 규제하고, 주류언론들도 직불금 부정사용 사례를 집중 보도하는 등 직불제에 대한 부정적 인식을 확산시킨 탓일 것이다. 그러나 식량위기 시대에 경지이용률을 110% 이하에서 140% 이상으로 높이고 식량자급률을 30~40%로 올리려면 농사짓는 농민들의 소득이 보장돼야 한다. WTO협정이란 조건 속에서 이를 달성할 방법은 직불제 예산 확대밖에 없다. 밭작물 직접지불을 확대해 채소, 과일 가격 폭락에 의한 농가 손실을 보상해줘야 한다. 조건불리지역 직접지불을 대폭 늘려 수도권 도시민들의 농촌 이주를 촉진해야 한다. 농가소득안정직불도 없앨 것이 아니라 대폭 확대해 영세농과 노령농가들도 농사짓고 살 수 있도록 해줘야 할 것이다. 국회의원들은 국회 예산안 심의과정에서 식량위기를 고려해 직불제 예산 증액을 이뤄내야 할 것이다.

출처: 한국농어민신문. 2014.9.30.일자.

참고4: WTO 수산보조금 포괄적 금지 배제 가능성 고조

세계무역기구(WTO) 수산보조금 협상에서 보조금에 대한 포괄적 금지원칙(Top-down approach) 대신 우리나라 등이 주장해온 개별적 금지원칙(Bottom-up approach)을 기초로 협상이 진행될 가능성이 높아졌다. 해양수산부는 지난 12~16일 스위스 제네바에서 열린 제27차 WTO/DDA 수산보조금 협상에서 15개의 협상 주요국가로 구성된 소규모 그룹회의를 활성화시켜 다음 달 의장의 통합협정문안 도출을 목표로 금지 또는 허용 보조금 목록 등 수산보조금 쟁점사안에 대한 본격적인 의견조율을 추진키로 했다고 밝혔다.

특히 이번 회의에서는 그간 뉴질랜드, 브라질 등 수산물 수출국가들이 주장해온 수산보조금 포괄적 금지원칙으로는 더 이상 논의의 진전을 이룰 수 없음에 공감대가 형성됐다. 이에 따라 우리나라 등이 주장해온 개별적 금지원칙을 기초로 하되, 연료, 미끼 지원, 어업인 저리융자 등 비용절감성 보조금을 금지보조금에 추가할 필요성이 집중 제기됐다. 특히 비용절감성 보조금 중에서도 어업경비 절감의 효과가 가장 큰 유류 보조금에 관심이 집중돼 노르웨이, 일본, 대만은 유류 보조금과 자원고갈간의 직접적 연관성이 없다고 주장한 반면, 브라질, 뉴질랜드는 이를 부인하는 등 회원국 간 의견이 명백히 대립돼 큰 진전이 없었다.

이에 대해 우리나라는 유류에 직접 보조금을 지급하거나 과세목적에 해당하는 자에 대해 면세하는 경우는 보조금이라고 볼 수 있으나, 과세목적과 무관한 자에 대해 면세하는 것이므로 보조금의 정의 자체에 해당되지 않는다는 의견을 분명히 했다. 또한 다수국이 자원고갈의 효과가 직접적인 잡는 어업만을 수산보조금 특별규율의 대상으로 할 것으로 요구한 만큼, 양식, 유통, 가공 보조금은 협상대상 자체에서 제외되거나 금지 보조금 목록에서 제외될 가능성이 높아졌다. 이번 회의까지 논의된 사항을 기초로 농업, 비농산물시장접근(NAMA) 등 여타 협상 그룹의 진전 상황에 따라 다음 달 말까지 의장의 수산보조금 협정문안이 도출될 것으로 예상된다.

한편 의장의 통합문안 도출 이후에는 소규모 그룹회의가 더욱 활성화될 것으로 예상돼 개별 보조금의 금지, 허용 여부에 대한 논의가 가속화 될 것으로 전망된다. 이에 따라 정부는 합리적인 협상논리를 강화하는 한편, 공조국가를 확대함으로써 금지보조금 최소화를 위해 적극 대처할 계획이다.

출처: 연합뉴스. 2006.6.22일자.

3. 정보의 비대칭성(Asymmetric Information)

덤핑과 보조금 외에 시장의 왜곡을 가져오는 또 하나의 요소는 정보의 비대칭성으로 인한 문제이다. 정보의 공유에 있어 정보를 소유한 측과 그렇지 못한 측간에 정보의 비대칭이 발생할 경우 자원이 효율적으로 배분되지 못하게 된다.

중고차 시장을 예로 들어 보자. 판매되는 중고차와 관련해서 중고차 판매자와 구매자가 가지고 있는 중고차에 대한 정보는 차이가 있을 수밖에 없다. 일반적으로 구매자보다는 자동차를 사용했던 판매자가 그 중고차에 대한 정확한 정보를 가지고 있을 것이다. 이 경우 중고차시장에서 중고차에 대한 정보가 정확하게 고시되는 메커니즘이 마련되지 않는다면 중고차 판매자는 자신의 중고차를 적정가격에 비해 높이 판매할 유인이 커지고 결국 중고차 구매자는 적정가격에 비해 좋지 않은 중고차를 매입할 가능성이 커지게 된다. 이러한 상황이 반복되게 되면 중고차 시장에서 구매자는 점점 이탈할 것이고 중고차의 적정가격도 인정받지 못하는 상황이 될 것이다. 이렇게 되면 양질의 중고차 판매자도 제값을 못 받게 되므로 중고차시장에서 이탈하게 된다. 결국 중고차 시장에는 소위 '레몬(결함이 있는 자동차)'이라고 부르는 좋지 않은 중고차만 매물로 나오고 실제로 거래도 제대로 성사되지 않는 상황이 될 것이다. 이는 중고차 시장의 시장기능을 마비시켜 자원의 효율적 배분을 저해하는 결과를 가져오게 된다. 따라서 중고차 시장이 효율적으로 운영되게 위해서는 중고차에 대한 정보가 판매자든 구매자든 동일하게 제공되어야 하며 그 정보에 대한 접근도 제약이 없어야 한다.

무역에 있어서도 무역관련 법률, 제도, 정책 등에 대한 정확한 정보가 투명하게 공유되지 않을 경우 정보의 비대칭이 발생한다. 정보접근에 제한이 있을 경우 경제주체들의 합리적 의사결정이 어렵게 되며 자유무역은 위축되고 무역의 이익을 충분히 실현하지 못할 가능성이 크다. WTO협정은 무역에 있어서의 정보의 비대칭문제를 해소하기 위해 회원국에 대해 무역에 영향을 미칠 수 있는 국내 법률, 제도, 규칙, 정책 등에 대한 내용을 누구든지 정확하게 인지할 수 있도록 발표(publication), 통지(notification)하도록 규정하고 있다. 회원국이 제공하는 무역관련 정보들은 WTO 웹사이트에 등록되고 누구든지 언제든 자유롭게 그 내용을 열람할 수 있다.

이를 '투명성(Transparency) 원칙'이라 하고 그 내용은 GATT 제10조에 명시되어 있다. 투명성원칙은 정보의 발표 및 통지에 머무르지 않는다. 무역분쟁해결절차가 진행될 경우 그 적절성과 절차적 타당성에 대한 신속한 검토와 시정조치가 가능하도록 국내적으로 사법적, 중재적, 행정적 차원의 기구 또는 절차를 마련하도록 규정하고 있다. 또한 이러한 기구나 절차는 정부의 영향으로부터 독립적이어야 한다. 특히 반덤핑협정, 상계조치협정 등 무역구제 관련 협정인 경우 보다 민감한 사항이라는 점을 이유로 투명성원칙을 보장하기 위한 보다 엄격하고 세밀한 조건들을 규정하고 있다.

아울러 WTO는 정보의 '투명성'을 시스템적으로 보장하기 위해 무역정책검토메커니즘(Trade Policy Review Mechanism, TPRM)을 도입하고 있다. TPRM은 각 회원국의 무역정책과 제도 등이 다자간 무역체제에 미치는 영향과 역할에 대해 WTO 차원의 정기적이고 집단적인 검토와 평가가 가능하도록 한 것이다. 하지만 이는 회원국들에게 어떤 강제조항을 이행하도록 하기 위한 것은 아니다. TPRM의 목적은 회원국들의 무역과 관련된 법률, 제도, 관습, 정책 등에 대한 깊은 이해를 통해 보다 수준 높은 투명성을 확보하고 정보의 비대칭문제를 최소화하는 데 있다.

참고1: WTO, 19~20일 제네바 본부서 한국 무역정책 검토

우리나라가 세계무역기구(WTO)로부터 무역정책 전반에 대한 검토를 받는다. 우리나라는 4년에 한 번씩 정례적으로 무역 정책 검토를 받고 있으며, 이번 검토는 WTO 가입 후 6번째다. 이시형 통상교섭조정관 등 정부 6개 부처 대표단은 오는 19~20일 스위스 제네바 WTO본부를 찾아 무역정책검토회의(TPRM)에 참석, 지난 4년간의 우리나라 무역정책 전반에 대한 검토를 받는다고 외교통상부가 12일 밝혔다. 우리나라에 대해서는 현재까지 20개국으로부터 500개에 이르는 사전질문이 접수돼 있으며, 자유무역협정(FTA) 정책과 관련된 질문이 대다수인 것으로 전해졌다.

이시형 통상교섭조정관은 이와 관련, 12일 서울 세종로 정부중앙청사에서 브리핑을 갖고 "WTO 회원국들이 한국의 무역정책에 대해 많은 관심을 나타내고 있다"며 "특히 우리가 지난 4년 사이에 활발하게 진행한 동시다발적인 FTA 정책이 WTO 체제와 합치하는지에 대한 의문이 많다"고 밝혔다. 정부는 이번 회의에서 미국발 재정위기와 금융위기의 영향을 아직 받고 있는 상황에서 금융・기업・노동・경쟁부문에 대한 지속적 구조 개혁 노력을 했고 외국인 투자 환경 개선 노력을 해왔다는 점을 강조할 예정이다.

특히 우리의 FTA정책이 WTO 의 다자체제를 훼손하는 것이 아니라 보완하는 것이라는 점을 분명히 할 계획이다. WTO는 회원국들의 무역정책이나 관행에 대해 2~6년 주기로 다자간 평가, 검토를 하고 있다. 세계 4대 교역국인 미국・유럽연합(EU)・중국・일본은 2년 주기로, 우리나라 등 5위부터 20

위까지의 교역국은 4년 주기로 점검을 받는다. 나머지 국가들에 대한 점검은 6년 주기로 이뤄진다.

출처: 뉴시스, 2012.9.12.일자.

참고2: 제6차 WTO 한국 무역정책검토회의 결과

9월 19일(수), 21일(금) 양일에 걸쳐 스위스 제네바 세계무역기구(WTO)에서 4년 만에 개최된 우리나라에 대한 무역정책검토회의(TPR: Trade Policy Review)에서 WTO 회원국들은 우리나라의 개방적 통상정책을 높게 평가하는 한편, 부진한 외국인 투자유치 촉진을 위한 조치 등을 촉구하였다. 2. 우리나라 대표단은 외교통상부, 기획재정부, 농림수산식품부, 지식경제부, 국토해양부, 문화체육관광부, 기술표준원 등의 관계부처 담당관들로 구성(수석대표: 이시형 외교통상부 통상교섭조정관)되었으며, 금번 회의에서는 지난 2008년 무역정책검토회의 이후의 우리나라 경제 및 대외 통상정책 진전 상황을 설명하였다.

구두 발언을 한 31개 WTO 회원국 대다수는 우리나라가 2008년 세계 금융위기를 보호주의 장벽을 쌓지 않고 적극적인 경기 부양책과 거시금융 조치, 그리고 활발한 자유무역협정(FTA) 체결 등 대외 개방을 통해 극복한 점을 모범적인 사례로서 높게 평가하였다.

특히 미국, EU, ASEAN, 인도, 칠레, 싱가포르 등 우리나라와 FTA를 체결한 나라들은 FTA 발효 후 양자간 교역이 비약적으로 확대・발전하고 있는 점을 높게 평가하였으며, 우리나라와 FTA를 협상 중인 나라들도 우리나라의 지속적인 대외 개방 노력에 기대감을 표명하였다. 또한 각국은 우리나라의 첨단 통관 시스템인 UNIPASS 등을 예시하면서 우리나라의 통관절차 간소화 및 선진화 수준이 세계 정상급임을 극찬하였다.

한편, WTO 회원국들은 우리나라의 서비스산업 생산성이 제조업의 절반 정도에 불과한 점, OECD 회원국 중 하위권 수준의 외국인 직접투자(FDI) 유치 실적 등을 지적하면서, 관련 분야의 규제 완화 및 추가적인 시장 개방 등의 필요성을 제기한바, 우리나라가 추진하고 있는 서비스산업 선진화 및 투자 환경 개선 노력을 더욱 가속화할 필요가 있을 것으로 보인다.

또한, WTO 회원국들은 우리나라 관세구조의 간소화, 농산물을 중심으로 높은 양허 관세율의 인하, 할당관세물량(TRQ) 소진율 제고를 위한 노력의 필요성 등을 제기하였다. 이에 대해 우리 측은 관세와 관련된 문제는 WTO DDA 협상의 성공적인 타결을 통해 해결될 수 있을 것이라고 하고, TRQ 제도는 투명하고 공정하게 운영되어 대부분의 품목은 소진율이 높으나, 일부 소진율이 낮은 품목은 국내 산업구조의 변화로 수요가 없었기 때문이라고 설명하였다.

대표단은 우리 정부가 WTO DDA 협상 등 다자주의를 통한 개방을 중시하고 있으며, 우리의 FTA는 다자주의와 보완관계에 있다고 설명한바, 각국은 우리나라가 FTA를 통해 이룬 시장개방을 다자체제인 WTO에 반영하도록 노력하는 것이 향후 과제인 것으로 언급하였다. 마지막으로 우리나라는 2013년 인도네시아 발리에서 개최될 제9차 WTO 각료회의를 계기로 DDA 협상이 의미 있는 결실을 맺을 수 있기를 바라며, 이를 위해 앞으로도 협상에 적극적, 건설적으로 참여할 것이라고 밝혔다. 금번 우리나라에 대한 무역정책검토회의 상세 내용은 추후 외교통상부 웹사이트에 게시할 예정이다.

출처: 외교통상부 다자통상국 보도자료, 2012.9.24.

2장
새로운 과제들

1. 배경

위에서 살펴보았듯이 GATT를 시작으로 한 다자간 무역체제는 상품무역에 대한 논의와 국제적 차원의 무역규범을 제정하기 위한 회원국 간 협상으로부터 시작되었다. 하지만 시간이 지나면서 선진국을 중심으로 서비스무역과 지적재산권에 대한 중요성이 부각되면서 이에 대한 논의도 함께 이루어지기 시작하였다. 서비스무역과 지적재산권 분야가 중요해지면서 GATT 회원국들 간에 기존 상품무역을 관장하는 상품협정을 포함하여 서비스, 지적재산권 등 보다 다양한 분야에 대한 무역규범이 필요하고 이에 대한 다자적 차원의 합의가 필요하다는 공감대가 형성되었다. 이에 따라 WTO협정문에는 상품무역에 대한 합의인 관세 및 무역에 관한 일반협정인 GATT 1994(부속서 1A) 외에 서비스무역에 관한 일반협정(General Agreement on Trade in Services, GATS)과 무역관련 지적재산권에 관한 협정(Trade-Related Aspects of Intellectual Property Rights, TRIPS)이 부속서(Annex) 1B, 1C로 각각 포함되었다.

서비스무역 및 지적재산권협정은 기본적으로는 기존 GATT의 기본원칙과 내용을 원용하는 것을 전제로 하였다. 하지만 현실적으로 서비스무역과 지적재산권의 경우 일반 상품무역과 동일한 수준의 원칙과 양허조건을 적용하기에는 무리가 있다. 상품무역의 자유화조치의 경우 관세인하 또는 수량제한금지 등은 단순하면서 명확한 기준설정이 가능하고 원칙의 적용 및 실현이 용이하다. 이에 비해 서비스의 경우 상품과 같이 관세를 부과하거나 수량을 제한하는 것이 쉽지 않고 무역자유화를 위한 명확한 기준 설정도 어렵다. 서비스산업의 세부분야마다 그 특성 및 개방정도가 다르기 때문에 그 기준설정이 상당히 복잡하고 명확하지 않은 사례가 많다.

또한 서비스의 경우 무역자유화를 실현하기 위해서는 서비스산업 관련 국내 법률의 개정 및 제정, 제도개선 등이 요구되는 경우가 많다. 이를 반대하는 국내 이해집단 등의 반발과 로비로 인해 서비스산업의 무역자유화를 위한 개방과 개혁에는 상당한 시간과 고충이 따르게 마련이다. 따라서 서비스무역과 관련된 무역협정은 상품무역에 비해 국가 간의 차이를 고려하여 일률적인 무역규범을 강제하지 않고 개별 국가의 상황에 맞추어 시장개방을 하도록 유도하고 있다고 할 수 있다.

지적재산권의 경우에도 지적재산권 보호를 위해서는 국내 법률의 제·개정, 제도개선 등이 필요하다. 이 경우 관련 이해당사자 또는 이익집단의 반발과 로비로 인해 지적재산권 보호를 위한 다자적 차원의 일반적 규범의 정립도 상당히 어려운 작업이 될 수밖에 없다. 또한 WTO 회원국들의 서비스산업 및 지적재산권 보호 등의 수준과 상황이 국가들마다 차이가 있고 특히 지적재산권의 보호를 보다 더 강화하고자 하는 선진국과 이에 미온적인 개도국 간의 이해관계가 상반된다. 따라서 상품무역에 적용되는 원칙과 내용들을 서비스 및 지적재산권 부문에 그대로 적용하기는 현실적으로 어렵다.

이러한 차원에서 WTO의 서비스무역에 관한 일반협정과 무역관련 지적재산권 협정은 위에서 언급한 현실적 제약조건 하에 상품무역의 기본원칙들을 최대한 반영하는 동시에 동 분야와 관련해서 회원국들 간에 서로 최대한 수용 또는 근접할 수 있는 공통분모를 찾아낸 협상결과라고 할 수 있다. 무역자유화의 측면에서 볼 때 서비스무역, 지적재산권 협정들의 내용 자체는 상품무역협정인 GATT에 비해 뒤떨어진다고 볼 수 있다. 하지만 서비스무역과 지적재산권 관련 내용을 다자적 무역체제의 핵심인 WTO협정에 포함시켰다는 그것만으로도 큰 의미가 있다. WTO는 향후 보다 높은 수준의 서비스무역의 자유화와 지적재산권의 보호를 위해 다자적 차원의 합의를 이끌어가야 할 과제를 안고 있다고 할 수 있다.

참고: 한국, GATT 가입 50주년…도약에서 답보로,

우리나라가 세계무역기구(WTO)의 전신인 '관세 및 무역에 관한 일반협정'(GATT)에 가입한지 오는 14일로 50년이 된다. 한국은 GATT 가입 이후 다자통상체제 안에서 많은 혜택을 받으며 놀라울 만한 성장을 이뤘다. 그러나 글로벌 금융위기를 계기로 보호무역주의가 퍼지면서 현재는 제자리걸음을 하는 상황이다. 한국무역협회는 10일 내놓은 '한국무역 GATT 가입 50년의 성과와 도전' 보고서에서 GATT 가입 후 50년을 5개 시기로 나눠 시기별 주요 내용과 성과를 분석했다.

1기(1967~1972년)는 GATT 가입과 함께 우리나라 수출품이 최혜국대우 혜택을 받으며 수출주도형 경제성장의 초석을 마련한 시기다. 한국은 1967년 4월 14일 GATT 가입이 승인되면서 71번째로 체제에 편입했다. 이후 우리나라 교역의 연평균 증가율은 25.8%로 세계교역 증가율 14.6%를 크게 웃돌았다. 수출 규모는 1967년 66위에서 1972년 44위로 22계단 도약했다.

2기(1973~1985년)는 도쿄라운드부터 우루과이라운드 개시 이전까지의 시기다. 도쿄라운드에서는 657개 항목에 대한 관세가 양허(일정 세율 이상으로 관세를 올리지 않도록 한 것) 됐다. 당시 관세 양허협상과 규범협상에 적극적으로 참여했던 우리나라 교역 증가율도 빠르게 증가하면서 1985년 세계 13위 수출국으로 부상했다.

3기(1986~2000년)는 우루과이라운드와 WTO가 출범한 때다. 우루과이라운드 협상의 결과로 1995년 1월 무역을 관할하는 최초의 국제기구인 WTO가 출범했다. WTO에서는 서비스무역에 관한 일반협정(GATS), 정보기술협정(ITA), 정부조달협정(GPA) 등 다양한 분야의 협정이 체결됐다. 이 시기 우리나라는 서비스교역 성장, 정보통신(IT) 제품 수출 증가 등의 성과를 거뒀고, 분쟁해결절차를 적극적으로 활용해 통상이익을 확보하려고 노력했다.

4기(2001~2007년)는 중국의 WTO 가입과 자유무역협정(FTA) 시대의 개막이라는 의미가 있는 시기다. 중국의 WTO 가입 이후 우리나라의 대(對) 중국 교역은 급격하게 증가했고 이로 인한 무역수지 흑자는 현재까지 이어지고 있다. 그러나 GATT에서 WTO로 이어진 다자간 통상은 도하개발아젠다(DDA) 협상이 더 이상의 진전이 이뤄지지 않으면서 한계에 부딪혔다. 이에 따라 세계의 관심은 다자주의에서 지역주의와 FTA 중심의 양자주의로 옮겨갔다. 우리도 2000년대 초부터 동시다발적인 FTA 체결 전략을 채택해 공세적인 무역자유화를 추진했다.

5기(2008년~현재)는 글로벌 금융위기 이후 세계교역이 둔화하고 신보호무역주의가 떠오른 시기다. DDA 협상은 여전히 답보상태에 머물렀고 세계교역마저 둔화하면서 더는 무역이 경제성장을 견인하지 못하는 상황에 이르렀다. 이로 인해 전 세계적으로 보호무역주의가 강화되면서 다자통상체제의 신뢰가 하락했다. 우리나라 교역도 2012~2016년 연평균 4.1% 감소했다. 다만 정보기술, 무역 원활화, 정부조달 등의 분야에서는 여전히 다자통상협상이 이어지고 있다.

보고서는 "다자통상체제는 DDA를 기점으로 큰 도전에 직면해 있지만, 세계화의 진전과 첨단과학기술의 발전 속에서 여전히 필요성이 증가하고 있다"고 지적했다. 이어 "우리나라는 GATT 가입 50년간 어떤 국가들보다 많은 혜택을 받은 최대수혜국으로서 다자통상협상에서 지속적인 무역자유화 논의를 선도하는 것이 중요하다"고 강조했다.

출처: 연합뉴스, 2017.4.10.일자.

2. 서비스무역협정

서비스무역협정(General Agreement on Trade in Services, GATS)은 서비스무역을 관장하는 최초의 다자간 무역협정으로 오랫동안의 논의 끝에 WTO의 출범과 함께 WTO협정에 포함되었다. 서비스무역은 일반 상품의 무역과는 다른 특성을 가지고 있기 때문에 GATS는 성공적인 서비스무역의 자유화를 위해 지속적이고 점진적인 자유화방식을 채택하였다. 서비스무역의 자유화는 회원국들의 경제적 이익을 증대하고 전체적 차원에서 의무와 권리의 균형을 이루는 것을 목적으로 하였다. GATS의 구조와 원칙은 기본적으로 GATT의 내용을 원용하였다.

예를 들어 GATS협정문에는 GATT협정문에서와 같이 최혜국대우원칙, 내국민대우원칙, 투명성원칙 등에 대한 규정이 포함되어 있다. 하지만 GATS의 경우 내국민대우원칙이 보다 중요한 의미를 갖는데 이는 상품무역은 관세, 수량제한 등 국경조치(border measures)가 주요 규율이 되는 반면 수량화하기 쉽지 않은 서비스무역의 경우 국경조치보다는 해당시장에 대한 접근(market access)이 중요한 관건이 되기 때문이다. 시장접근과 관련하여 외국 서비스업체와 국내 서비스업체 간 차별을 제한하는 것이 핵심적인 내용이 되기 때문에 내국민대우를 실질적으로 보장하기 위한 국내차원의 법적, 제도적 보장이 더 중요한 의미를 갖는다.

이를 위해 GATS의 경우 각 회원국들은 자국 서비스산업의 개방 및 자유화 조건과 이행기간을 포함하는 양허표를 WTO에 제출하도록 하고 있다. 각 회원국들은 이 양허표를 통해 공개적으로 또 공식적으로 어떤 서비스분야를 언제 얼마나 어떻게 개방할지에 대해 시장접근과 내국민대우원칙에 의거하여 다른 회원국들에게 투명하게 제시하여야 한다. 따라서 각 회원국의 양허표는 현재 각 국가가 처한 상황에서 서비스산업의 각 분야의 개방가능 정도와 수준을 나타낸다고 할 수 있다.

이러한 의미에서 GATS의 양허표는 GATT의 관세양허와 유사한 성격을 갖는다. GATT에서와 같이 GATS에 따른 양허는 한번 제출되면 다른 회원국들의 동의 또는 그에 상응하는 보상이 없는 한 철회할 수 없다. 다시 말해 기 양허된 서비스무역의 자유화 및 이행에 대한 조건과 기간은 철회할 수 없으며 또한 기 양허수준보다 후퇴할 수 없다. 하지만 반대로 서비스무역의 자유화 및 개방수준을 높이는 조치는 언제든 가능하다. 이는 서비스무역의 확대를 위해 시장개방에 역행하거나 무역자유화의 후퇴를 가져오는 무역조치를 방지하고 서비스무역의 확대와 발전을 독려하는 데 그 이유가 있다.

한편 GATS는 내국민대우원칙의 적용에 있어서도 GATT의 경우와 상이한 측면이 존재한다. GATS는 제17조에서 GATT와 같이 내국민대우원칙에 대해 규정하고 있다. 하지만 GATS에서 규정하고 있는 내국민대우원칙은 당사국이 WTO에 제출한 양허표에 명기된 서비스분야의 자유화 조건에만 기속된다. 그렇지 않은 경우라면 내국민대우원칙은 적용되지 않는다. 또한 GATS 제16조는 시장접근과 관련하여 당사국은 다른 회원국의 서비스 및 서비스공급자에 대해 양허표에 명시된 제약 및 조건 하에서 최혜국대우의 원칙을 따르도록 하고 있다. 시장접근과 관련하여 제16조 2항에서는 구체적으로 양허표에 명시한 경우에만 수량제한이나 외국인투자에 대한 제한을 할 수 있도록 하고 있다. 그리고 서비스무역과 관련하여 양허를 허용하지 않는 경우라도 다른 회원국의 서비스 및 서비스공급자에 대해 그 밖의 회원국의 동종 서비스와 서비스공급자에게 부여하는 대우보다 불리하지 않은 대우를 즉시 그리고 무조건적으로 부여하도록 하고 있다.

아울러 투명성원칙과 관련하여 GATS 제3조에서 당사국은 서비스무역협정에 영향을 미치는 모든 국내 조치에 대해 다른 회원국들에게 신속하게 공표하도록 하고 있다. 서비스산업은 다른 산업에 비해 국내의 법률, 제도, 정책에 따라 영향을 많이 받는다. 서비스무역의 발전을 위해서는 이에 대한 정보가 원활히 제공되어야 한다. 또한 서비스산업은 국내규제에 민감하기 때문에 GATS 제6조에서 서비스에 대한 규제가 합리적이고 객관적이며 공평한 방식으로 시행되도록 하고 필요 이상의 부담을 지우지 않도록 규정하고 있다.

물론 이러한 국내규제에 대한 GATS의 규정은 개별회원국 차원의 국가정책목표를 존중한다는 기본적 원칙을 전제로 한다. 또한 GATS도 GATT와 같이 기본원칙의 일반적 예외를 허용하고 있다. 지역무역협정에 대한 예외, 개도국에 대한 배려를 위한 예외 등이 그 예이다. 하지만 보조금, 세이프가드, 정부조달 등의 서비스분야에 대한 적용에 대해서는 최종 합의를 유보한 채 향후 계속 협상할 것을 합의한 상태이다.

일반적인 상품무역의 발전과 더불어 서비스무역의 자유화를 위한 WTO의 여정과 도전은 이미 시작되었다. 서비스무역은 GATS를 통해 더 큰 도약을 위한 발판을 마련하였다고 볼 수 있다. 하지만 앞에서 살펴보았듯이 서비스무역은 상품무역에 비해 국가 간, 산업 간 경쟁에 대한 민감도가 높고, 국내적으로도 법률, 제도, 정책의 조정과 변화가 필요하다. 그리고 이러한 조정과 변화에 따라 관련된 이해당사자, 이익단체들과의 의견조율이 필요한 경우가 많다. 이러한 이유들로 인해 서비스무역의 자유화는 상품무역에 비해 진전속도가 느리고 회원국들 간의 개방속도와 수준의 차이가 크다.

이러한 현실을 고려하여 GATS는 포지티브 방식에 의거한 서비스무역의 자유화를 허용하였고 회원국들은 자국의 상황을 고려한 양허를 허용하였다. 회원국은 양허표를 통해 서비스산업의 최대한의 개방수준을 약속하는 대신 점진적으로 그 자유화의 폭을 넓혀나갈 수 있게 되었다. 무역에서 차지하는 서비스의 비중과 중요성이 커짐에 따라 향후 WTO에서 서비스무역의 자유화에 대한 필요성과 요구가 증대될 것으로 예상된다. WTO는 보다 높은 수준의 서비스무역의 자유화를 위해 국가 간의 개방수준의 차이와 이해관계를 어떻게 조율해 나갈지 어려운 과제와 도전에 직면해 있다고 할 수 있다.

참고: 서비스무역에 관한 일반협정(GATS) ,상품무역에 'GATT'가 있다면, 서비스무역엔 'GATS'가 있다.

상품무역의 경우에는 상품만 국경을 이동하면 되지만, 서비스무역에 있어서는 경우에 따라 서비스뿐만 아니라 서비스 공급자나 서비스 소비자까지 국경을 이동한다는 점에서 더 많은 제약이 따른다. 이로 인해 세계 생산 · 고용에서의 서비스 비중은 60%가 넘지만, 세계 무역에서 서비스 비중은 20% 정도에 불과하다. WTO는 무역 자유화를 위한 다자간 무역규범들을 마련하고 있는데, 이 중 상품에 대한 무역규범이 '관세와 무역에 관한 일반협정(GATT)'이고, 서비스 교역에 대한 다자간 무역규범이 '서비스무역에 관한 일반협정(GATS)'이다.

"GATS는 서비스무역에 관한 최초의 다자간 규범으로, 금융, 통신, 유통 등 중요한 산업 분야의 안정적인 무역을 위한 기초토대를 마련했다는 점에서 의의가 있다." 1947년 GATT(General Agreement on Tariffs and Trade: 관세와 무역에 관한 일반협정) 설립 이후 국가 간 상품거래가 크게 증가해 온 것과 달리, 서비스 거래는 1970년 이전까지 주로 국내에서만 이루어져 왔다. 때문에 상품 분야에 있어서는 그동안 국제적으로 꾸준히 무역 자유화가 추진돼 왔지만, 서비스 분야에서는 대부분의 국가 특히 개도국들을 중심으로 상당한 무역 장벽이 유지돼 왔다. 1980년대 들어 서비스교역이 급격히 증가하는 추세를 보이자, 서비스무역장벽을 둘러싸고 많은 논란이 일기 시작했다. 마침내 1986년 9월 우루과이라운드(UR) 출범 당시 선진국들의 강력한 주장으로 서비스무역 자유화 문제를 협의키로 합의했다. 이후 1994년까지 진행된 UR 협상에서 서비스교역의 장벽을 제거하고 서비스교역의 자유화를 가속화하기 위한 다자간 규범으로 GATS(General Agreement on Trade in Services: 서비스무역에 관한 일반협정)가 제정됐다.

GATS는 총 6부 29개 조항과 8개의 분야별 부속서, 그리고 각국의 양허표로 구성돼 있다. GATS는 양자간 항공분야와 정부조달(government procurement) 부문을 제외하고 모든 서비스 분야에 적용된다. 협정문은 서비스 거래 방식을 크게 4가지 형태(mode)로 구분하고 있다. 모드 1(mode 1: cross-border supply, 국경간 공급)은 서비스 공급자(수출자)와 서비스 소비자(수입자)가 각각 자국에 있으면서 인터넷이나 우편 등을 통해 서비스만 국경을 넘어 이동하는 방식이다. 예를 들면 인터넷을 통한 경영컨설팅, 법률자문 서비스나, 국제화물운송, 통신서비스 등이 이에 해당한다. 모드 2(mode 2: consumption abroad, 해외소비)는 서비스 소비자(수입자)가 서비스 공급자(수출자)가 있는 국가로 이동해 서비스를 구매하는 방식이다. 예를 들면 해외유학, 해외의료진료, 해외관광 등이 이에 해당한다. 모드 3(mode 3: commercial presence, 상업적 주재)는 서비스 공급자(수출자)가 서비스 소비자(수입자)가 있는 국가로 자본을 가지고 이동해 서비스를 판매하는 방식이다. 예를 들면 외국 은행이 특정국에 법인이나 지사를 설립하고 그 나라에서 은행업을 수행하는 경우가 이에 해당한다. 마지막으로 모드 4(mode 4: movement of natural persons, 자연인의 이동)는 서비스 공급자(수출자)가 서비스 소비자(수입자)가 있는 국가로 이동해 서비스를 제공하는 방식이다. 예를 들면 건설인력이 해외에 가서 건물이나 도로 등을 건설하는 경우나, K팝 스타들이 해외공연을 가는 경우 등이 이에 해당한다.

회원국들이 지켜야 할 GATS 의무로는 크게 일반의무(general obligation)와 구체적 약속(specific commitment)이 있다. 일반의무(general obligations)는 모든 회원국과 서비스 분야에 자동적으로 적용되는데, 최혜국 대우, 투명성 조항 등이 이에 해당한다. '최혜국 대우'는 특정국에 부여하는 '특혜 대우'를 모든 회원국에 동일하게 적용해야 한다는 규정이다. 최혜국 대우를 엄격하게 준수하는 GATT와 달리, GATS에서는 최혜국 대우에 대한 예외를 상당히 광범위하게 인정하고 있다. UR에서 서비스무역이 논의되기 이전에는 서비스무역에 관한 국제 협정이 없었기 때문에 각국은 각 서비스 분야별로 상호주의에 입각한 협정을 맺고 거래해 왔다. 이와 같은 기존 관행을 감안해서 GATS는 최혜국 대우를 원칙으로 하면서도 최혜국 대우에 대한 예외조치를 광범위하게 인정하지 않을 수 없었다.

'구체적 약속(specific commitment)'은 개별 회원국들의 특정 서비스분야에 대한 '시장접근'과 '내국민 대우'에 관한 약속이다. 서비스무역에 있어서 시장접근과 내국민 대우는 특히 중요한 의미를 지닌다. 예컨대 유통분야에 있어서 상대국 시장에 현지법인의 설립이 가능한지의 여부(시장접근), 시장접근 후 진출국가의 유통업체와 비교해 차별조치를 받고 있는지의 여부(내국민 대우)가 자유화의 여부를 결정한다. 이러한 구체적 약속 내용은 개별 회원국의 양허표(country schedules)에 명시돼 있는데, 개별 국의 경제상황에 따라 상당한 편차를 보인다.

GATS는 서비스무역에 관한 최초의 다자간 규범으로, 금융, 통신, 유통 등 중요한 산업 분야의 안정적인 무역을 위한 기초토대를 마련했다는 점에서 의의가 있다. 그러나 서비스무역에 있어서 최혜국 대우의 광범위한 예외는 여전히 한계점으로 지적되고 있다. 또한 원격 의료나 교육 등과 같이 새롭게 등장하고 있는 서비스무역 분야를 커버하지 못한다는 미비점도 제기되고 있다. 이러한 상황에서 WTO의 다자간 협상이 장기간 정체 상태를 보이자, 작년부터 우리나라를 포함한 미국, EU, 일본 등

22개국은 '복수국간 서비스자유화 협정(TISA: Trade In Services Agreement)'을 위한 협상을 진행하고 있다.

우리나라는 현재 고용창출을 통한 내수활성화, 산업의 고부가가치화를 통한 선진국 진입 등 여러 가지 이유에서 서비스산업의 경쟁력 강화가 절실히 요구되는 상황이다. 다자간이든 복수국간이든 '서비스 자유화 협정'은 이미 경쟁력을 확보한 분야의 해외 진출을 촉진하고, 경쟁력이 없는 분야는 외부 경쟁 요소의 도입을 통해 경쟁력을 구축할 수 있는 계기로 활용 가능하다.

출처: 산업통상자원부. 함께하는 FTA. 2014.8월호

3. 무역관련 지적재산권협정(TRIPs)

우루과이라운드협상을 거치면서 서비스무역과 함께 중요한 협상과제로 떠오른 것이 지적재산권 보호문제이다. '지적재산권'이란 저작권, 특허, 상표, 의장 등 인간의 창의적 행위와 사고에 대해 법적 권리 또는 소유권을 인정해주는 것이다. 지적재산권에 대한 적절한 보호 없이는 효율적이고 자유로운 상품과 서비스의 무역이 어렵다.

예를 들어 A국의 A′ 기업이 혁신적인 기술개발을 통해 연비를 절반으로 줄일 수 있는 자동차를 개발하였다. A′ 기업은 A국에서 이 기술에 대한 특허를 인정받았다. 따라서 A국에서는 이 기술을 A′ 기업의 허락 없이 임의로 사용하여 동일한 또는 비슷한 자동차를 생산하게 되면 불법이 되고 법적인 제제를 받는다. 이제 A′ 기업은 자동차를 B국에 수출하고자 한다. B국의 자동차 소비자들도 A′ 기업의 자동차를 구입하기를 원한다. 그런데 B국은 A국과는 달리 A′ 기업이 개발한 연비절감기술특허에 대한 지적재산권 인정을 위한 법적제도가 마련되어 있지 않다. 연비절감기술은 최초로 개발하는 것에 비해 모방하기가 쉽다면 A′ 기업은 B국에 자동차를 수출하기를 꺼려할 수밖에 없다.

왜냐하면 자동차 수출이 시작되면 경쟁 자동차업체인 B국의 B′ 기업이 이 기술을 모방하여 비슷한 연비절감기술을 가진 자동차를 쉽게 생산할 수 있기 때문이다. 결국 B국에서 지적재산권 문제가 해결되기 전에는 A′ 기업의 자동차 수출은 어렵고 그만큼 자유무역의 발전은 저해될 수밖에 없다. 또한 B′ 기업이 A′ 기업의 기술을 모방하여 자국 내에서 동종의 자동차를 생산하게 되면 A국과 B국 간 무역분쟁으로

비화할 수 있다. 지적재산권 보호가 다자적 차원에서 보장되지 않는다면 A′ 기업은 수출만을 위해서라면 더 이상 연구개발을 위한 노력을 기울이지 않게 될 것이다.

물론 이와는 반대의 예도 생각해 볼 수 있다. A와 B국 간 무역관련 지적재산권에 대한 적절한 합의와 규정이 없다면 B′ 기업이 생산한 자동차를 A국으로 수출할 때 A국은 B′ 기업의 자동차가 A′ 기업의 기술을 도용한 것이라고 판단하고 B국으로부터의 수입을 제한할 수 있다. B국(기업)은 자국의 국내법상 아무런 하자 없이 생산한 자동차에 대해 A국이 임의로 수입제한을 실시한다고 WTO에 제소할 수 있다. 이렇게 지적재산권 보호의 미비로 인한 A국과 B국의 무역분쟁은 자유무역의 확대에 큰 걸림돌이 될 것임은 자명하다.

이러한 무역관련 지적재산권문제를 둘러싼 무역분쟁 등 자유무역에 부정적인 영향을 주는 문제점이 대두됨에 따라 회원국들 내에서 우루과이라운드 협상을 거치면서 지적재산권 보호와 관련된 다자적 차원의 합의가 필요하다는 공감대가 형성되었다. 이는 WTO의 '무역관련 지적재산권에 관한 협정(Agreement on Trade-Related Aspects of Intellectual Property Rights, TRIPs)' 체결로 이어지게 되었다. TRIPs의 목적은 협정 전문에 나와 있듯이 지적재산권의 효과적이고 적절한 보호를 통해 국제무역에 대한 왜곡과 장애를 줄이고 지적재산권을 시행하는 것 자체가 무역에 대한 장벽이 되지 않도록 하는 것이다.

전문에 나오는 이러한 협정의 목적은 제7조에 명시되어 있는 구체적인 목적들과도 부합한다. 제7조에서는 지적재산권의 보호와 시행이 기술혁신의 증진과 기술이전 및 전파에 기여하고 기술지식의 생산자와 사용자에게 상호이익이 되며 사회 및 경제복지에 기여하는 방법으로 권리와 의무의 균형에 기여하여야 함을 규정하고 있다. 이에 상응하는 규정으로 제8조에서는 지적재산권의 보호와 함께 지적재산권의 권리자에 의한 남용과 무역에 미치는 부정적 영향을 최소화하기 위해 회원국이 공중보건 및 다른 공공의 이익을 이유로 필요한 조치를 취할 수 있는 권리를 인정하고 있다. 또한 지적재산권의 남용을 방지하기 위해 협정 내에서의 필요한 조치를 취할 수 있도록 규정하고 있다.

TRIPs는 기존 지적재산권 관련 국제기구인 세계지적재산권기구(World Intellectual Property Organization, WIPO)의 협조 하에 무역과 관련된 지적재산권보호와 관련된 회원국들이 지켜야할 최소한의 규율을 마련하고 있다. 여기에는 협정의 위반 및 분쟁이 발생했을 때의 해결절차에 대한 최소한의 기준도 포함된다. TRIPs는 개도국에 대한 배려를 위해 개도국에 대해서는 협정이행을 위한 경과조치를 허용하고 있다. TRIPs는 제3조와 제4조에서 상품무역협정과 같이 내국민대우원칙 및 최혜국대우원칙 등을 원용하고 있다. 사전적으로 존재하던 WIPO의 지적재산권협약에서 예외로 인정받은 사항에 대해서는 TRIPs에서도 예외를 인정하도록 하고 있다. TRIPs에는 상품무역협정에서 예외를 인정하고 있는 세이프가드, 지역무역협정, 일반적 예외조항 등에 대한 규정이 없다. 이는 TRIPs가 향후 보완해야 할 사안이라고 할 수 있다.

지적재산권의 보호는 자유무역의 확대를 위해 필수불가결한 사항이다. 하지만 지적재산권의 남용과 불합리한 적용 또한 국가 간 기술이전과 경제발전 그리고 더 나아가 국제무역에 부정적 영향을 미치는 요소로 작용한다. 따라서 지적재산권이 가지고 있는 이 두 가지 상충되는 측면을 균형 있게 조율하는 것이 중요하다. TRIPs는 이러한 점을 고려하여 지적재산권의 보호와 동시에 활용의 경제적 이익을 극대화하기 위한 다자간 협상의 결과라고 볼 수 있다. 향후 국제무역에서 지적재산권 관련 이슈에 대한 위상이 더욱 커질 것으로 보여 이에 대응하는 다자적 차원의 논의와 조율이 더욱 필요할 것으로 예상된다.

참고: 특별기고-WTO의 교역관련지적재산권 협정

최근 선진국과의 통상거래에 관한 법률적 환경이 정부 간 교섭의 대상으로 되거나 중요한 연구과제로 등장하였다. 그 중에서도 특히 지적재산권 분야는 각국 간의 통상마찰의 초점으로 등장한 분야로서 이 분야에 대한 연구가 국내외적으로 활발히 진행되고 있다. 1980년대 이후 미국 행정부가 우리 한국에 대하여 시장개방압력과 함께 지적재산권의 보호를 적극적으로 요구하기까지는 지적재산권의 보호가 우리 국민들에게 비교적 생소한 용어였다. 우리 한국사회에서는 전통적으로 남의 창작결과에 대하여 대가를 지급하고 이용하여야 한다는 인식이 철저하지 못하였기 때문이다. 그러나 1986년 말 정부는 급변하는 국제통상환경에 대처하고 통상 선진국의 요청을 수용함으로써 종래의 특허법, 상표법, 실용신안법, 의장법, 저작권법 및 부정경쟁방지법을 대폭 개정하고 컴퓨터 프로그램보호법을 제정하는 한편 각종의 지적재산권에 관한 국제조약에 가입하였다.

전통적으로 지적재산권 보호는 각국 정부와 세계지적재산권기구(WIPO)나 국제연합교육과학문화기구(UNESCO)가 관장하는 사항으로 인식되어져 왔으나, 지적재산권호보가 국제교역에 미치는 영향이 크기 때문에 지적재산권보호에 관한 통일적인 협정마련이 절실히 요구되어 온 점을 감안하여 우루과이 라운드 협상에서는 WTO의 교역관련 지적 재산권 협정 (TRIPs)을 체결하였다. 지적재산권은 아이디어에 대한 법적인 권리를 의미하는 것으로서 지적소유권 또는 무체재산권이라고도 한다. 최근 기술혁신의 급속한 발전과 산업경제사회의 소프트화, 서비스화의 변혁에 의한 저작권, 특허권, 상표권이 가장 대표적인 예라고 할 것이다. 지적재산권은 또한 컴퓨터 소프트웨어, 집적회로 및 기술진보로 등장하는 모든 창조적인 노력에 의한 결과를 포함한다.

지적재산권이 저작권만을 지칭하고 특허권이나 상표권은 산업재산권 또는 공업소유권으로 분류하였던 과거의 관행과는 달리 WTO의 지적 재산권협정의 지적재산권 개념은 모든 창조적인 노력의 결과를 지칭하게 되었다. TRIPs는 이렇게 좁은 의미의 지적재산권과 공업소유권을 하나의 다자간협정으로 규율함과 동시에 국제적인 지적재산권의 보호수준을 획기적으로 향상시키고 있다. GATT의 우루과이라운드협상에서 개발도상국들은 지적재산권은 인류의 공동재산이라는 취지의 '인류공동유산론'을 주장하며 협정체결에 강력히 반발하였으며, 지적재산권에 관한 협정을 체결하는 경우에는 해적상품의 유통문제에 국한해야 하고 지적재산권 전반에 관한 문제는 WIPO에서 관장하여야 한다고 주장하였다. 이러한 개발도상국들의 저항에도 불구하고 TRIPs가 포괄적인 지적재산권협정으로 발전하게 된 것은 선진국들의 강력하고 치밀한 전략 에 힘입은 바가 크다.

WTO의 지적재산권 협정은 세 가지의 이념에 입각하고 있다. 첫째, 기술혁신의 촉진이다. 지적재산권 제도를 통해 권리자에게 독점권을 부여하는 주된 이유는 기술개발을 촉진하기 위한 것이라고 할 수 있다. 많은 시간과 비용이 소요되는 지적재산의 경우 투자비용을 회수하는 제도적인 장치가 마련되지 않고서는 누구도 시간이나 비용을 투자하지 않을 것이다. 두 번째 이념은 기술이전과 전파의 촉진이다. 기술개발을 통해 사회와 인류의 발전에 기여하기 위해서는 이를 공개하고 적절히 전파하지 않으면 안 된다. 세 번째 이념은 기술과 지식의 생산자와 이용자 간의 상호이익의 증진이다. 권리자의 보호를 증진하는 것이 TRIPs의 주요내용이기는 하지만 이것이 TRIPs이념의 전부는 아니다.

TRIPs는 지적재산권이 개인적 권리임을 인정하고 위조상품의 국제간 교역을 억제하고 있다. 또한 제품 및 기술개발을 포함하여 국가의 지적재산권 보호제도의 주요정책 목표를 존중하며, 건전하고 실행 가능한 기술적 기반의 창출이 가능하도록 하기 위해 법령과 규칙의 국내시행에 있어서 최대한의 융통성을 확보해야 하는 최빈국의 특수한 요구를 최대한 반영하고 있다. 이러한 주요 목적을 달성하기 위하여 GATT 1994 등 관련 국제협정과 세계지적재산권기구와의 상호협력을 정하고 있다.

다음으로 TRIPs는 지적재산권을 정의하지 않고 저작권 및 저작인접권, 상표권, 지리적표시권, 산업의장권, 특허권, 반도체 집적회로의 배치설계권, 영업비밀권을 지적재산권의 예로 들고 있다. TRIPs는 협상 시에 이른바 '국제협정 플러스 방식'을 채택하였다. 즉, 국제협상을 최저 보호수준으로 하여 보호수준을 향상시키자는 이른바, 최소보호수준의 원칙을 적용하고 있다. 따라서 회원국은 국내법으로 본 협정을 위배하지 않는 범위 내에서 더욱 강화된 보호를 실시할 수 있다. 강화된 보호를 하는 것은 각국의 재량사항이다. 회원국은 자신들의 고유한 법제도나 관행을 토대로 본 협정의 모든 규정을 이행하는 적절한 방법을 자유롭게 결정할 수 있다.

각 회원국은 지적재산권보호에 관하여 자국민에 대하여 부여하는 것과 똑같은 대우를 회원국의 국민에게 보장하여야 한다. 다만 회원국의 국민에게 파리협정, 베른협정, 로마협정 및 IPIC에서 규정하고 있는 예외조항들을 적용할 수 있으며 사법 또는 행정절차에 관하여도 예외가 인정된다. 예를 들면 송달을 위한 주소의 지정 또는 대리인의 선임 등에 관하여 외국인에 대한 특칙을 둘 수 있다. 이러한 예외조항은 이 협정과 상치하지 않는 법령, 규칙을 따르기 위해서 필요한 경우에만 허용되며, 그러한 예외가 위장된 무역의 제한으로 작용해서는 안 된다. 그 외로도 지적재산권의 보호와 관련하여 한 회원국이 다른 회원국의 국민에 대해 허용하는 모든 이익, 혜택, 특전 또는 면책 혜택은 즉시 조건 없이 다른 모든 회원국의 국민에게 부여하는 최혜국 대우의 원칙이 적용된다. 이 원칙은 WTO체제의 기본원칙으로 GATS에서도 채택되고 있다.다만 WTO 설립협정 시행 전에 발효된 지적재산권보호관련 국제협정으로부터 발생한 대우에 대하여는 최혜국대우의 적용을 면제하고 있기 때문에 예로 우리나라가 1986년 미국 및 유럽과 교환한 양해각서의 내용은 제3국에 대하여는 적용이 되지 않는다.

다음으로 지적재산권 협정이 요구하는 투명성은 GATT 1947 및 WTO(GATT 1994, GATS) 체제의 기본원칙이다. 이 원칙은 각 체약국의 모든 법집행절차가 기본적으로 투명하여야 한다는 것이다. 투명한 상태에서만 협정의 집행을 감시할 수 있고 협정의 실효성을 거둘 수 있기 때문이다. 이러한 투명성의 기본적인 목표는 모든 법집행절차의 예측가능성을 높이는 것이다. 투명성을 확보하기 위해서는 공개성, 명료성, 공정성이 보장되어야 하며, 이와 함께 검증가능성이 확보되어져야 한다.

WTO의 각종협정은 이른바 '완전협정'이다. 즉, 협정자체가 자기 완결적으로 (self-sufficient)되어 있기 때문에 그 협정만을 가지고 해석과 적용이 가능한 협정이다. 물론 완전협정이라 하더라도 원칙만을 규정하고 있기 때문에 구체적인 사항에 대하여는 각종 부속협정들을 두고 있다. 이에 반하여 TRIPs는 대표적인 불완전협정이다. 이 협정은 기존협정 플러스 방식을 채용함으로써 기존협정을 원용하고 있다. TRIPs는 4개의 기존협정을 준용하고 있는데 이는 산업재산권의 보호를 위한 파리협정, 어문 및 예술저작물의 보호에 관한 베른협정, 실연가, 음반저작자, 방송사업자의 보호에 관한 국제협정, 그리고 집적회로에 관한 지적재산권협정 등이다.

출처: 에너지데일리. 2004.8.9.일자.

3장
무역분쟁

1. GATT의 무역분쟁해결제도

무역에 있어서 무역분쟁의 발생은 필연적이다. 무역의 규모가 커지고 분야가 다양해질수록 무역분쟁의 횟수와 빈도는 더욱 커질 것이다. 따라서 적절한 무역분쟁해결을 위한 절차와 제도가 마련되어있지 않다면 자유무역은 저해될 수밖에 없다. 왜냐하면 무역분쟁해결절차가 투명하고 공정하게 진행되지 않는다면 무역분쟁과 연관된 국가들은 자구적 차원에서 임의적이고 자의적인 보호무역조치 또는 무역보복을 실시할 가능성이 크다. 이러한 조치들은 경제적 불확실성을 증대시켜 자유무역을 위축시킬 수밖에 없다. 자유무역을 추구하는 다자간 무역체제에서 무역분쟁해결제도가 필수적으로 요구됨은 이러한 이유에서이다.

1948년 GATT의 발효와 함께 무역분쟁해결을 위한 절차도 함께 마련되었다. 그것은 단순하고 강제적인 기속력이 없는 한계를 가진 채로 시작되었다. 먼저 GATT 제22조에서는 회원국이 상대국의 GATT규정의 위반으로 인한 피해를 입은 경우 먼저 당사국은 이 문제에 대해 상대국과 협의하도록 하고 있다. 만약 이러한 조정절차가 성공적이지 못할 경우에는 제23조에 의거 당사국은 상대국이 GATT조항을 위반했는지에 대해 상대국 외의 다른 회원국들에게 결정하도록 요구할 수 있다.

하지만 GATT의 무역분쟁해결제도는 결정적인 문제점을 가지고 있었다. 왜냐하면 무역분쟁해결절차가 일단 진행된다 하더라도 상대국이 GATT조항을 위반했는지를 결정하기 위해서는 회원국 모두의 지지(support) 또는 총의(consensus)가 있어야 하기 때문이다. 위의 경우에만 비로소 무역분쟁해결을 위한 GATT의 공식결정문(panel reports)을 채택할 수 있었다. 총의는 GATT체제의 가장 대표적인 의사결정방식으로 모든 회원국의 찬성 또는 동의를 통해 결정되는 방식이다. 이는 어느 한 회원국이라도 공식적으로 반대하면 결정이 유보됨을 의미한다. 현실적으로 회원국 모두의 지지 또는 총의를 얻기는 쉽지 않은 일이다. 더욱이 분쟁의 원인이 되고 있는 사안에 대해 회원국들(특히 강대국들)간에 이해관계가 엇갈리거나 정치, 경제적으로 민감한 이슈인 경우 GATT의 분쟁해결절차를 통한 패널보고서 채택은 더 어렵게 될 것이다. 따라서 GATT의 규정에 근거하여 무역구제를 받는 것은 실제로는 거의 불가능에 가까운 일이 될 가능성이 크다.

아니다 다를까 이러한 문제점으로 인해 GATT의 분쟁해결절차는 실질적으로 활용되지 못하였다. GATT체제 하에서는 국가 간 무역분쟁이 발생하면 피해 당사국은 GATT의 분쟁해결절차에 의존하기보다는 개별국가 차원에서 상대국에 대한 무역제재 또는 보복을 가하는 일이 빈번하였다. 또한 이러한 개별국가 차원의 무역제재 또는 보복은 상대국의 반발을 일으키고 다시 상대국의 무역보복을 초래하여 보복의 악순환에 빠지게 되는 상황을 가져왔다.

이러한 GATT의 무역분쟁해결제도에 대한 한계와 문제점을 인식한 회원국들은 보다 구속력 있는 새로운 규범에 근거한 무역분쟁해결제도에 대한 필요성을 공감하게 되었다. 이에 따라 우루과이라운드협상을 거치면서 출범한 WTO는 GATT체제 하의 문제점을 해소할 수 있는 무역분쟁해결절차 및 제도에 대한 합의를 이끌어낼 수 있었다. WTO의 무역분쟁에 관련된 내용은 부속서 2(Annex II), '분쟁해결규칙 및 절차에 관한 양해'(Understanding on Rules and Procedures Governing the Settlement of Disputes)에 규정되어 있다.

2. WTO의 무역분쟁해결제도

기존 GATT체제 하에서는 패널보고서 채택을 위해 총의가 필요하였기 때문에 실제로 패널보고서 채택이 이루어지는 것은 쉬운 일이 아니었다. 이에 따라 GATT의 무역분쟁해결제도는 유명무실해지게 되었음은 위에서 이야기 하였다. WTO협정에서는 이러한 한계를 극복하고 실제적이고 구속력 있는 분쟁해결절차 마련을 위해

소위 역총의(reverse consensus 또는 negative consensus) 방식의 패널보고서 채택 방안을 도입하였다.

역총의는 위에서 설명한 총의와는 반대의 개념으로 모든 회원국이 패널보고서 채택에 반대하지 않으면 패널보고서는 자동적으로 채택되도록 하는 것이다. 역총의 방식을 따르게 되면 일부 회원국(들)이 무역분쟁과 관련된 패널보고서에 대해서 반대를 하더라도 모든 회원국들이 반대하지 않는 한 패널보고서는 자동적으로 채택되고 법적 구속력을 갖게 된다. 이러한 역총의 방식으로 인해 WTO는 비로소 GATT 체제의 한계를 극복하고 무역분쟁해결을 위한 실제적이고 효과적인 방안을 확보하게 되었다.

예상대로 역총의 방식에 따른 분쟁해결절차의 도입에 따라 WTO규정위반 여부에 대한 판단 및 분쟁해결을 위한 패널결정(패널보고서)이 실제적으로 구속력을 갖게 되었다. 또한 패널의 결정을 이행하지 않는 상대국에 대해 당사국은 피해에 상응하는 무역제재조치를 취할 수 있는 권한을 부여받게 됨으로써 WTO의 무역분쟁해결제도는 GATT체제와는 달리 강력한 분쟁해결절차로 인정받게 되었다.

참고1: WTO의 분쟁해결기구

국가 간 무역분쟁 해결은 세계무역기구(WTO)가 수행하는 핵심 기능 가운데 하나입니다. WTO에서 분쟁해결은 분쟁해결기구(DSB · Dispute Settlements Body)에서 다루어집니다. 분쟁해결기구는 제소된 사건을 검토하기 위해 전문가 '패널'(법정)을 구성하는 권한과, 패널의 최종 판정을 채택 또는 거부할 수 있는 권한을 가지고 있습니다.

분쟁 해결 절차는 상소를 하지 않을 경우 보통은 약 1년이 소요됩니다. 그 과정을 살펴볼까요. WTO에서 승부를 가릴 수 있는 패널이 설치되기 이전에 분쟁 당사국 간 스스로 합의를 볼 기회를 갖기 위해 최대 60일간의 양자협의 과정이 있습니다. 우리나라의 캐나다산 쇠고기 수입 금지가 WTO 규정 위반이라며 캐나다가 우리를 WTO에 제소한 사건도 바로 이 단계를 끝낸 상태입니다. 하지만 양국이 합의를 보지 못했습니다. 만약 캐나다가 분쟁을 해결할 패널 설치를 요청하게 되면, WTO는 절차에 따라 다음 단계를 진행시킵니다.

제소국이 패널 설치를 요청하면 최대 45일 이내에 패널이 설치되고 패널위원이 임명됩니다. 패널의 최종 결과인 패널보고서는 패널위원이 임명된 이후 6개월 이내 제출되지요. 이후 WTO 회원국 전체에 최종 패널보고서가 회람되고, 이후 60일 이내 분쟁해결기구에서 최종 패널보고서의 채택 여부가 결정됩니다. 최종 패널보고서의 핵심 내용은 분쟁이 된 조치가 WTO 규정 위반인지 아닌지를 가리는 판정결과를 담고 있습니다. 때로는 위반조치를 어떻게 WTO 규범에 합치시킬 수 있는지에 대한 제안도 포함되지요. 하지만 판정 이후 분쟁 당사국 중 어느 한쪽이라도 최종 패널보고서에 대해 불만이 있으면 상소할 수 있습니다.

출처: 조선일보 2009.7.3.일자.

참고2: WTO 분쟁해결 제도의 성공과 도전

국제사회에는 여러 종류의 국제 재판소가 있다. 국가 간의 분쟁 일반을 국제법적으로 해결하는 국제사법재판소(ICJ)와 해양경계 획정, 어업과 같은 특화된 영역의 분쟁을 관할하는 국제해양법재판소가 대표적이다. 구 유고슬라비아나 르완다 등 특정 지역의 범죄 행위를 대상으로 하는 한시적 전범 재판소도 있다. 이렇듯 다양한 국제 재판소가 존재하지만, 1995년 세계무역기구(WTO)의 출범과 함께 설립된 WTO 분쟁해결 제도는 그중에서 가장 성공적이고 모범적으로 운영되고 있는 국제 법정으로 평가된다. 회원국의 재판 절차 의뢰 건수, 분쟁의 실질적 해결에 대한 당사국의 기대, 국제사회가 재판 결과에 부여하는 의미를 기준으로 판단할 때 WTO의 성과는 단연 돋보인다.

우선, WTO 분쟁해결 제도의 성공은 수치상으로도 확인된다. WTO는 출범 후 20년도 채 안된 기간 동안 500건에 가까운 분쟁을 다루었다. 이는 WTO 체제의 전신인 GATT 체제 47년간의 300건, ICJ 68년간의 162건과 비교되는 놀라운 활동 성과이다. WTO는 출범 후 첫 16년 동안에만 최소 1조 미국 달러 규모의 분쟁 사건에 관여한 것으로 추산되고 있다. 특히, WTO가 분쟁에서 내리는 판정은 분쟁 당사국은 물론, WTO의 모든 회원국과 학계로부터 그 권위와 높은 수준을 인정받고 있다.

각 회원국은 다른 회원국의 조치가 WTO 협정문이 보장하는 자국 이익을 침해한다고 판단할 경우 이를 WTO에 제소할 수 있다. 제소는 분쟁 당사국 간의 대화를 통해 양자적 해결 방안을 모색하는 협의 절차에서 시작된다. 하지만 현실적으로 협의 단계에서 그간의 누적된 이견과 분쟁이 해소되는 것을 기대하기는 어렵다. 양자 협의가 실패할 경우, 제소국은 1심인 패널 절차 개시를 요청할 수 있고, 패널의 결정에 대하여 일방이 불복할 경우 2심이자 최종심인 상소기구 절차가 진행된다. WTO에서 패소한 국가는 판정 결과를 충실히 이행하거나 상대 국가의 보복 조치를 감수해야 한다. 무역 전쟁이라고도 불리는 국가 간의 통상 분쟁이 상호 보복의 악순환으로 비화되지 않도록 관리하면서 적법절차에 따라 사법적 해결을 모색하는 것이 WTO 분쟁해결 제도의 궁극적인 목적인 것이다.

이렇듯 활발하게 운영되고 있는 WTO 분쟁해결 제도는 역설적으로 그간의 성공으로 인해 새로운 도전에 직면해 있는 상황이다. 전례 없는 분쟁 건수의 증가와 이에 따른 WTO의 과도한 업무 부담으로 분쟁 해결의 지연 현상이 심각해지고 있다. 호베르트 아제베도 WTO 사무총장은 얼마 전 모든 회원국을 대상으로 WTO 분쟁해결 제도가 당면한 구체적인 문제점을 설명한 바 있다. 그는 2012년 이래 불과 3년 동안 WTO 분쟁 건수가 두 배 증가하였다면서, 현재에도 30건에 달하는 분쟁이 진행 중이라고 지적하였다. 불과 7명인 상소기구 위원으로는 패널 사건의 2/3가 상소되고 매년 10여건의 상소가 예상되는 현실에 대응하기 어렵다고 밝혔다. WTO는 인력과 예산 확충, 상소기구 위원의 증원과 같은 근본적인 해결책을 회원국으로부터 기대하고 있는 것이다.

분쟁의 양적인 증가 뿐 아니라, 사실 관계와 법적 쟁점의 복잡성 증대, 제3자 참여국 확대 등도 WTO에 적지 않은 부담이 되고 있다. 게다가 개도국들은 어쩌다 한번 제기하는 자국의 분쟁이 WTO의 과도한 업무 부담으로 인하여 기약 없이 지연되고 있는 상황에 대해 불만을 표출하고 있다. 실제로, 2014년에는 중국과 아르헨티나가 자국이 당사국인 분쟁 절차에서 특히 지연 현상이 심각하다면서 WTO 사무국의 차별적인 제도 운영에 대한 의구심을 드러내기도 하였다. WTO 분쟁 하나하나가 수억에서 수십억 달러에 달하는 경제적 이익을 좌우하고, 각국의 산업 구조에도 지대한 영향을 미칠 수 있기 때문에, 각국은 승소에 총력을 기울이면서 분쟁 제도 개선 논의에 민감하게 반응하고 있는 것이다.

WTO 분쟁해결 제도가 계속해서 국제사회의 높은 기대에 부응할 수 있도록 WTO와 회원국의 적극적인 노력이 요구된다. WTO 사무국은 전문 인력 채용을 꾸준히 확대하면서 업무 수요에 유연하게 대처할 수 있는 조직 운영을 시도 중이다. 우리나라를 비롯하여 분쟁해결 제도를 활발하게 사용하는 회원국 사이에서도 분쟁해결의 기본 원칙과 절차를 규정하는 분쟁해결양해(DSU)를 지난 20년간의 제도 운영 경험에 비추어 개정하는 작업, 불필요한 주장이나 과도한 증거 제출을 자제하려는 시도 등이 논의되고 있다.

우리나라는 WTO 설립 이래 총 31건의 분쟁에 직접 당사자로 참여한 바 있다. 현재에도 2건의 분쟁에서 당사자이며, 14건에 있어서는 제3자 참여국으로서 통상 분쟁의 논의 동향을 면밀히 관찰하고 있다. WTO 체제의 주요 수혜국이자 적극적 참여국인 우리나라는 통상 분쟁의 효과적이고 신속한 해결을 위한 국제사회의 논의에 적극 동참해나갈 예정이다.

출처: 대한변협신문, 2015.3.16.일자.

참고3: 남정호의 직격인터뷰, 강대국이 분쟁 해결 기능에 개입하면 WTO 체제 무너져

지난 5월 이래 각국 통상 관계자들의 시선은 온통 한 한국 학자의 거취에 쏠렸다. 그를 세계무역기구(WTO)에서 몰아내려는 미국과 이에 반대하는 나머지 나라들 가운데 어느 쪽이 이기느냐에 따라 세계 무역질서가 요동칠 수 있기 때문이었다. 사건의 주인공은 지난 4 년간 WTO 상소기구 재판관으로 일한 뒤 연임을 앞뒀던 장승화(53) 서울대 교수. 미국을 제외한 다른 WTO 회원국 전부와 통상 관련 학자 모두는 그의 연임을 주장했다. 전・현직 WTO 재판관들의 연임 촉구 성명서가 꼬리를 물었고 미국을 비판하는 글이 세계 유수의 언론에 속속 게재됐다. 그럼에도 반대여론은 미국의 완강함을 꺾지 못해 장 교수는 결국 오는 9월 퇴임하게 됐다. 도대체 WTO에서는 무슨 일이 있었는가. 그간 침묵을 지켜온 그가 지난 20일 그간의 경과와 심경을 털어놨다. 미국 반대로 세계무역기구(WTO) 상소기구 재판관 재임명이 무산된 장승화 서울대 교수는 20일 "미국이 단기적 이익 때문에 전과 같은 리더십과 포용력을 발휘하지 못하는 게 안타깝다"고 지적했다.

"어찌 된 일인가."

"WTO 상소기구 재판관 임기는 4년으로 특별한 일이 없는 한 연임되는 게 관례다. 내 임기는 2012년 6월 시작해 올해 5월 말로 끝날 예정이라 진작 연임 의사를 밝혔다. 다른 나라는 모두 지지했는데 유독 미국만이 5월 중순 보도자료를 내며 연임에 반대했다. 다른 모든 국가가 'WTO의 독립성을 해치는 일'이라며 반발했지만 미국은 반대 입장을 고수했다. 결국 한국 정부도 재임명을 포기함으로써 지난 21일 후임자 선임 절차를 개시하기로 결정됐다."

"이런 일이 흔한가."

"전혀 그렇지 않다. 분쟁해결기구(DSB) 회의에서 발언하는 나라는 20여 개국 정도인데 이번에 미국을 성토한 나라는 50~60개국에 달했다. 한 번도 WTO에서 발언해 본 적이 없는 스리랑카 같은 국가도 '연임 반대는 말이 안 된다'고 했다. 유례없는 일이다."

"미국은 왜 반대했나."

"'판결 시 상소기구에 주어진 권한을 남용했다'는 게 명목상 이유다. 이와 관련해 3~4개 사례를 거론했는데 이들 사건에 나와 함께 참여해 똑같이 판결문을 작성한 인도 출신 재판관은 지난해 말 재임명에 성공했다. 그때에는 미국이 아무 말도 하지 않았다."

"그럼 왜 장 교수만 가지고 그러느냐."

"권한 남용은 표면적 이유라고 본다. WTO 주변에서는 판결 내용 또는 재판 절차와 관련된 WTO 상소기구에 대한 미국의 불만이 누적된 결과라는 얘기가 나온다. 이런 불만을 잘 들어주지 않자 의사표시의 방법으로 재임명 거부라는 카드를 선택했다는 것이다. 현재 한국과 미국 간에 세탁기 분쟁이 걸려 있다는 사실도 다른 이유가 될 수 있다. 이 사건은 미국 입장에서 보면 무척 중요하다. 세탁기 분쟁 자체도 의미 있지만 미국의 반덤핑 체제 일부가 잘못됐다는 판결이 나면 이와 관련된 모든 제품이 영향을 받게 된다. 이럴 경우 철강처럼 국내 정치적으로 목소리가 큰 분야도 직격탄을 맞게 된다. 모든 재판관은 출신국 관련 사건일지라도 중립을 지켜야 하는 게 원칙이다. 그럼에도 미국으로선 한국 출신 재판관이 이 사건에 관여한다는 것 자체에 부담을 느꼈을 거라는 설도 있다."

"WTO 상소기구 재판관에게는 '출신국 관련 사건에서는 제외한다'는 제척 규정이 없나."

"없다. 7명의 재판관은 한국 외에 미국・중국・유럽연합(EU)・인도・멕시코・모리셔스 출신으로 모두 국적과 상관없이 모든 재판에 들어갈 수 있다. 그래서 각국이 앞다퉈 자기 나라 재판관을 포함시키려 하는 거다."

"한국 관련 사건이 세 개 있다고 하던데."

"상소기구에 올라와 있는 세탁기 건 외에 1심 패널 단계에 포스코와 관련된 유정 강관 사건, 일본 도호쿠산 수산물 수입 문제, 그리고 우리 정부가 일부 일본 제품에 대해 반덤핑 관세를 부과한 것이 걸려 있다. 국익에 맞춰서 판결을 하는 건 아니지만 수출 의존도가 몹시 높은 한국으로서는 우리나라 출신 재판관이 있다는 게 의미가 있다."

"각 사건에 재판관 전원이 투입되나."

"사건별로 3명이 재판부를 이룬다. 그러나 매 사건이 같은 협정을 해석하고 적용하는 것인 데다 연관 사건이 계속 들어오기 마련이라 재판관 7명의 전원 합의로 마련된 내용을 바탕으로 3명이 최종 결정을 하게 된다. 따라서 사실상 7명 모두가 관여한다고 봐야 한다. 4년 전 처음 부임했을 때는 경험 없는 신참 대접을 받았지만 그간 성실히 일해온 데다 판사 경력 및 국제적 경험도 있어 2년이 지난 뒤부터는 나의 의견을 다른 재판관들도 존중하게 됐다."

"하버드대에서 공부해 미국에서 친숙하게 느끼지 않았을까."

"그러기에 4년 전 임명 당시 미국 입장에서는 기대 반, 우려 반이었을 것이다. 미국에서 공부하고 강의도 했던 터라 '우리 입장을 잘 이해해 줄 것'이라는 희망이 있지 않았을까. 하지만 소장학자 때에는 미국의 일방주의적 · 보호무역주의적 반덤핑 제도를 비판한 논문을 몇 개 썼었다. 이로 인해 미국 측에서 적잖게 걱정도 했다고 한다. 미국 입장에선 원칙대로 판단하고 강대국이라고 특별대우 하지 않는 재판관을 4년 더 놔둬서는 안 되겠다고 판단했을 수도 있다."

"미국에 대한 항의가 격렬했다고 하던데."

"일이 터지자 상소기구 재판관 7명 전원과 13명의 생존 전임 재판관 모두가 '판결 결과를 이유로 재임명에 반대하면 안 된다'는 성명서를 연달아 발표했다. 미국과 전 세계 통상 관련 학자들 역시 '말이 안 된다'는 반응을 보였으며 세계 유수의 언론들도 마찬가지였다. 특히 파이낸셜타임스(FT)는 이를 규탄하는 사설까지 게재했다. 사태가 이렇게 되면서 개인적으로는 소신 있는 판사로서 명예롭게 퇴진하는 셈이 됐다."

"미국 학자들은 어땠나."

"재임명을 반대한 건 미국 무역대표부(USTR)였지만 여기에 반발해 항의 성명을 쓰고 발표하는 데 가장 앞장선 건 미국인들이었다. 대표적인 인물이 상소기구 의장인 토머스 그레이엄 재판관이다. 자신의 조국이 반대했으니 얼마나 애매한 입장이었겠는가. 나와의 신뢰 관계 때문이기도 했겠지만 그 어려운 상황에서도 그레이엄 본인이 직접 미국이 잘못했다는 성명서 초안을 작성해 발표했다. 전임 재판관 13명의 이름으로 된 성명서 역시 미국 출신 짐 바커스가 초안을 쓰고 다 연락해 서명을 받아 발표한 것이다. 또 워싱턴포스트와 허핑턴포스트에 항의성 칼럼을 써서 올린 것도 모두 미국인 학자다. 이런 게 미국의 본모습인 것 같다."

사태의 심각성으로 FT는 이틀 연속 관련 기사와 사설을 실으며 미국의 독단적 행동을 비판했다. FT는 지난 5월 30일 "통상법 분야에서 존경받는 한국인 학자 장승화 교수의 임기가 미국의 반대로 끝나게 됐다"고 보도한 뒤 그 다음 날 사설 소제목으로 "WTO의 분쟁 해결 절차를 조정하려는 미국은 잘못됐다"고 규탄했다. 그러면서 "WTO에 대해 절대 해서는 안 되는 것은 이 기구의 권위를 훼손하는 일"이라고 지적했다. 횡포에 가까운 미국의 일방주의를 정면으로 비판한 것이다.

"특정국이 거부권을 행사할 수 있나."

"WTO의 전신은 몇몇 제2차 세계대전 연합국이 결성한 '관세와 무역에 관한 일반협정(GATT)'으로 이때부터 만장일치 전통이 지켜져 왔다. 이 전통 때문에 WTO도 만장일치를 뒤집을 수 없는 관행으로 여긴다. 그러나 유독 한 나라가 반대한다고 다수 안이 거부된다는 말은 아니다. 혼자 반대하고도 재판관 연임을 막을 수 있는 나라는 사실상 미국밖에 없다. 따라서 이번 사태를 계기로 '미국도 하는데 우리는 왜 못 하느냐'며 중국도 특정 사안에 반대하며 나설까 걱정이다. 이럴 경우 인도 · 브라질 · 러시아 역시 '우린 왜 안 되느냐'고 할 수 있다. 이렇게 되면 WTO 체제는 무너질 수밖에 없다. WTO 재판관의 연임 반대가 FT 사설로 취급될 정도로 중요한 건 이 때문이다."

"이번 미국의 조치에 대해 어떻게 생각하나."

"미 국무부 장학금을 받고 하버드대 로스쿨에서 박사 학위를 땄던지라 진심으로 미국에 대해 고마움을 느껴왔다. 그러기에 이번처럼 단기적인 산업 이익을 위해 옛날과 같은 리더십과 포용력을 발휘하지 못하는 데 대해 안타까움을 느낀다."

"이번 사태로 WTO가 영향을 받을 걸로 보나."

"현재 WTO의 가장 중요한 역할은 분쟁해결 기능이다. 이번 재임명 반대를 통해 미국과 같은 강대국은 얼마든지 분쟁 해결 기능에 영향을 미칠 수 있다는 점이 확인됐다. 이로써 공정한 분쟁 해결 기능이 의심받게 되면 WTO는 죽게 된다. 양국 간에 체결되는 자유무역협정(FTA)도 WTO라는 다자체제가 있기에 존재하는 것이다. 이번 사태로 WTO의 토대가 흔들릴 수 있다는 점이 가장 마음에 걸린다."

"안타까울 때는 없었나."

"4년 동안 최선을 다해 일했기에 개인적 회한은 없다. 다만 이번 일로 WTO와 같은 다자체제 내에서 한국 위상의 한계가 드러나 적잖은 좌절감을 느끼기도 했다. 만약 내가 한국이 아닌 중국이나 인도 출신이라면 미국도 반대를 못했을 거다. 또 우리 국익에 큰 영향을 줄 수 있는 자리로 '4년 전 이걸 어떻게 해서 얻어낸 건데 이리 쉽게 내줄 수 있나'라는 생각에 가슴이 아팠다."

"WTO 재판관 업무는 고됐나."

"WTO 본부는 한국과 7시간 시차의 스위스 제네바에 자리 잡고 있다. 이 때문에 제네바에 도착해 일찍 자도 새벽 1시에 깬다. 잠에서 깨면 밀린 일이 적잖아 그때부터 일하게 되고 일과 후 비즈니스 만찬까지 참석하면 밤 11시에 일이 끝난다. 그럴 경우 24시간 중 22시간 일하는 셈이다. 이 때문에 고시 공부할 때보다 그동안 일을 더 많이 한 것 같다. WTO 사무국에서 계산해보니 많을 때는 1년 중 120일 정도 제네바에 체류했다고 하더라. 그러다 보니 지난 4년간 학교에 빚을 진 느낌이다. 앞으로 갚아야 할 일이다."

"재임명 좌절과 관련해 특별히 조치해 둔 건 없나."

"미국의 반대로 물러나는 터라 WTO의 독립성과 공정성에 기여하는 방안을 생각했다. 그래서 우리 정부가 후임자 선정에 동의해주는 대신 재판관 임기를 6~7년으로 늘려 단임제로 하든지, 재임명에 반대할 수 있는 객관적 사유를 정리해 권고안으로 채택하는 방안을 추진하고 있다. 다수의 다른 회원국도 여기에 동조하기 때문에 이 안이 채택되지 않더라도 이번과 같은 일이 쉽게 재발하지는 않을 것이다."

"끝으로 남기고 싶은 이야기는."

"그간 한국은 남북 대치 상황 탓에 고고도미사일방어(THAAD · 사드) 체계 배치, 대북 금융제재 등 거의 모든 주요 안보 이슈를 미국과 상의해 왔다. 이로 인해 중요한 일이 터지면 그때마다 다른 사안과 연계해서 눈치를 봐 온 게 사실이다. 하지만 이제는 이런 단계에서 벗어나야 한다. 우리의 국력도 신장된 만큼 사안별로 대처하는 게 옳지 않나. 정당성과 명분이 있으면 상대가 미국이든 중국이든 우리의 목소리를 내야 한다. 일선 외교관들도 같은 생각이란 느낌을 받았다."

"향후 계획은."

"일단은 강의에 전념할 생각이다."

"앞으로도 국제기구에서 일할 기회가 많지 않겠나."

"글쎄… (한동안 머뭇거린 뒤) 만약 기회가 주어진다면 WTO 재판관으로서의 경험과 경력을 활용하는 게 좋을지 신중히 고려해 보겠다."

장승화 교수는…

서울대 법대 및 대학원 졸업. 서울지방법원 판사를 거쳐 미국 하버드대로 유학, 법학 박사 학위를 딴 뒤 하버드 · 예일 · 스탠퍼드대 로스쿨에서 방문교수로 강의했다. 이후 서울대 법대 교수로 재직하며 런던국제중재법정(LCIA)과 국제중재법원(ICC) 중재인으로 활약하다 2012년 한국인 최초로 WTO 상소기구 재판관에 뽑혔다. WTO 상소기구는 통상 분쟁과 관련한 최고 심판기구로 이 분야에서는 국제사법재판소(ICJ)와 같은 권위를 지닌다. 임명 당시 장 교수는 일본 재판관의 임기 만료로 생긴 자리를 일본 · 태국 후보와의 경합 끝에 차지했다.

출처: 중앙일보. 2016.7.29.일자.

4장
新통상의제

1. 개요

위에서 논의하였듯이 WTO가 논의하고 있는 공식적인 의제 외에도 당면하고 있는 과제는 다양하다. 우루과이라운드협상을 거치면서 회원국들은 우루과이라운드협상 이후의 새로운 의제로서 환경, 노동, 기술, 경쟁정책을 무역에 연계시킨 소위 4R(Green Round, Blue Round, Technology Round, Competition Round)을 포함시킨 신통상의제에 대한 새로운 협상(뉴라운드)의 필요성을 공감하였다. 이러한 필요성에 따라 1996년 싱가포르 WTO 1차 각료회의에서는 위 네 가지 의제 이외에 추가적으로 투자(IR, Investment Round), 부정부패(CR, Corruption Round)를 추가하여 WTO의 공식의제로 채택하는 것에 대해 논의하였다.

하지만 현재 '무역과 환경' 관련 의제를 제외하면 아직 WTO의 공식의제로 채택하는 데 있어 국가 간 이견이 존재하고 기존 의제에 대한 부담으로 인해 공식 채택되지 않은 상황이다. 왜냐하면 기존 우루과이라운드협상이 상호성을 전제로 전통적인 보호무역조치인 관세, 비관세장벽의 축소 및 철폐를 통해 무역자유화를 도모하는데 주요한 목적이 있기 때문에 다자적 협상을 통한 합의가 어느 정도 가능하다. 이에 반해 뉴라운드의 경우 환경, 노동, 경쟁정책 등에서 아직 열악한 수준에 있는 회원국들이 불이익을 받을 가능성이 크기 때문에 이로 인한 우려와 반발이 컸기 때문이다.

그렇다 하더라도 향후 DDA의 진전 및 기존 통상의제들에 대한 협상이 마무리되면 신통상의제에 대한 관심과 협상 필요성은 더욱 증가할 것으로 보인다. 〈표 5〉는 신통상의제의 주요내용을 정리한 것이다. 다음 절에서는 5부에서 다룰 무역과 환경, 무역과 기술관련 내용을 제외한 무역과 노동, 무역과 경쟁정책, 무역과 투자, 무역과 부정부패에 대한 좀 더 구체적으로 논의한다.

〈표 5〉 신통상의제의 개요

구분	주요 내용
무역과 환경	환경과 무역을 연계시키는 무역규범
무역과 노동	노조활동 제한 등 무역에 영향을 주는 노동조건과 연계
무역과 기술	기술인증, 표준, 적합성 검사 등의 기술조건과 무역과의 연계
무역과 경쟁정책	수출카르텔, 배타적 기업관행, 유통망 제한 등 각종 경쟁제한 요소의 철폐와 경쟁조건의 형평성과 무역을 연계
무역과 투자	공정한 국제투자여건 조성
무역과 부정부패	다자간 무역체제내의 공정한 경쟁을 왜곡시키는 정부의 부정부패 및 관행 제거

2. 무역과 노동

무역과 노동기준의 연계는 국제적으로 인정된 노동기준을 정하고 이러한 기준보다 낮은 기준이나 수준의 노동조건 하에서 생산된 상품을 수출하는 국가에 대하여 무역상 차별이나 제재를 가할 수 있는 근거를 다자간 무역체제 내에 마련하려는 일련의 움직임을 지칭한다. 최근 무역과 노동기준의 연계는 주로 미국, EU 등 이미 높은 수준의 노동기준이나 노동권이 인정되고 있는 일부 선진국들의 주도로 논의가 시작되었다.

선진국을 중심으로 노동기준을 무역과 연계시키려는 이유는 단순히 노동권의 강화라는 일반적 추세를 따른다는 것뿐만 아니라 중국, 인도, ASEAN 등 주요 개도국들이 저임금에 기초한 노동집약적 산업으로의 특화로 인해 선진국의 노동집약적 산업의 경쟁력 상실과 사양화 그리고 이로 인한 실업률 증가로 이어지고 있다는 현실적 문제를 바탕으로 하고 있다. 더 나아가 개도국이 낮은 노동조건을 활용하여 기존 선진국이 비교우위를 가지고 있던 자본집약적 산업으로의 진출도 가능하게 되면서 자본집약적 산업부문에서도 선진국의 실업이 증가하고 있다는 위기의식도 이러한 논의의 근거가 되고 있다.

예를 들어 미국은 오래전부터 무역과 노동기준의 연계를 주장하고 있는데 1890년 죄수 노동력을 이용한 상품의 수입을 금지하는 일방적 무역조치를 입법화하였다. 또한 1919년 미국의 주도로 세계노동기구(ILO)가 창설되었으며 이를 근거로 1948년 출범한 GATT 체제하에도 노동기준에 관한 조항이 포함되었다. GATT 제20조 (e)항에서는 죄수노동에 의해 생산된 제품에 대해서는 수입 규제가 가능하도록 규정하고 있다. 1994년 4월 GATT 체제 하의 마지막 각료회의였던 마라케시 각료회의에서 미국은 노동권 보호문제를 향후 WTO에서 다룰 수 있는 근거를 마련코자 했으나 개도국의 반대로 정식의제로 채택되지는 못하였다.

그러나 무역과 노동 연계에 대한 체계적인 분석이 필요하다는 것이 인정되어 1994년 6월 OECD 각료이사회는 무역과 노동기준에 관한 보고서를 작성할 것을 사무국에 지시하였고 1996년 5월 OECD 각료이사회에 동 보고서가 제출되었다. 향후 WTO에서도 근거로 활용하게 될 OECD의 무역과 노동기준에 관한 주요 내용은 다음과 같다.

먼저 핵심 노동기준으로는 인권적 성격이 강한 아동노동의 착취근절, 강제노동의 금지, 노동자의 권리와 관련된 결사의 자유, 단체교섭권, 고용상의 무차별 등으로 구분할 수 있다. 하지만 낮은 노동기준을 적용하는 국가가 높은 노동기준을 적용 국가에 비하여 수출경쟁력이 높다는 뚜렷한 증거는 없는 것으로 분석되었다. 하지만 일부 개도국은 수출자유지역에서 낮은 노동기준을 적용하여 수출경쟁력 향상을 꾀하고 있음이 확인되었다.

핵심 노동기준 준수를 위해 ILO 역할의 중요성이 강조되었고 노동기준 위반국가에 대한 제재보다는 개발원조 및 일반특혜관세(GSP)를 통한 인센티브 부여가 효과적이라는 의견이 주로 제시되었다. 개도국들의 입장에서는 당연히 무역과 노동기준 연계는 반대한다. 현재의 기준에 비해 보다 높은 노동기준을 적용하기 위해서는 기업의 입장에서는 비용이 추가적으로 들어갈 수밖에 없다. 이는 상품가격에 전가될 가능성이 크고 이에 따라 개도국의 가격경쟁력 즉 비교우위는 낮아지게 된다.

하지만 대부분의 국가들은 핵심 노동기준에 아동노동 착취의 근절, 강제노동금지 등이 포함되는 것에 대해서는 이견이 크지 않고 무역과 노동기준 간 상관관계는 좀 더 엄밀한 실증적 분석과 논의가 필요하다는 점에서 공감대를 형성하였다. 1996년

12월 싱가포르에서 개최된 WTO 각료회의 및 1998년 6월 ILO의 근로자 기본권선언 이후 아동노동착취 금지를 비롯한 핵심노동기준 보호를 위한 지역별 협력 및 논의가 활발해지고 있다.

무역과 노동기준 연계에 대한 논의는 노동자의 권익을 보호해야 한다는 원칙에는 동의하나 그 구체적 방안에 대한 무역과 노동기준의 연계에 있어서는 선진국과 개도국 간의 입장차이가 크고 무역과 노동기준의 상관관계도 확실하지 않아 WTO의 새로운 의제로 채택되기에는 상당히 오랜 시간과 논의가 필요할 것으로 보인다.

3. 무역과 경쟁정책

무역과 경쟁정책의 연계는 기본적으로 각 국가의 경쟁정책이 기업의 영업활동에 미치는 영향이 크고 이에 따라 무역의 왜곡이 발생할 가능성이 클 수 있다는 우려에서 시작되었다. 보다 구체적으로 무역과 경쟁정책의 연계는 다음과 같은 배경이 있다. 첫째, 세계시장의 통합현상이 가속화되면서 기존 국내기업 간 경쟁이 해외기업들과의 경쟁으로 확대되었기 때문이다. 기업의 영업활동이 국제화되고 다국적기업이 등장하면서 적어도 경제적 차원에서는 국경의 의미가 약화되었다. 세계시장에서는 상품의 국적보다 중요해지면서 상품의 가격과 질이 가격경쟁력을 바탕으로 한 무한 경쟁이 가속화되고 있다. 둘째, 국제 카르텔, 국제적 기업결합 등이 세계시장에 작지 않은 영향을 미치고 있다. 무역자유화를 위한 각국의 노력이 이와 같은 기업들의 반경쟁적 행위로 인해 위협받을 가능성이 있다. 이로 인해 보다 안정적이고 경쟁적인 기업환경을 만들기 위해 각 국가의 경쟁정책에 관한 다자적 차원의 협력이 필요하다. 셋째, 무역자유화의 개념이 과거에는 공산품에만 해당되는 것이었지만 이제는 공정한 경쟁여건까지 포함한다. 무역에 영향을 주는 모든 분야에 대해 소위 자유화를 이루려 한다고 할 수 있다. 넷째, 경쟁정책과 무역정책의 상호작용에 대해 국제적 관심이 증대되고 있다. 경쟁정책과 무역정책은 서로 영향을 미치며, 그에 대해 순기능과 역기능이 있다. 순기능적인 측면은 두 정책이 상호보완적으로 작동하여 무역자유화에 도움이 될 경우이다. 경쟁정책이 무역정책에 역기능을 할 경우가 있다. 경쟁을 제한하는 국내의 각기 다른 경쟁정책은 외국기업에 부정적인 영향을 줄 수 있다.

세계 주요 교역국들은 무역의 확대를 위해서는 경쟁적 시장의 보장이 필요하고 이를 위해서는 다자적 차원의 협력이 필요하다는 것을 이미 알고 있었다. 이에 따라 1947년 ITO의 출범과 함께 경쟁관련 규정을 포함하려 하였으나 ITO의 무산으로 아쉽게도 이 노력은 무산되었다. 하지만 이후 각종 국제기구들은 경쟁에 관한 규정을 다수 만들었다. 예를 들어 WTO의 서비스무역협정(GATS)에서는 독점 공급자의 독점적 지위남용금지, 정보제공 의무 등에 관해 규정하고 있다. 또한 지적재산권협정에서는 불합리하게 무역을 제한하는 지식재산권 남용을 금지한다.

선진국들은 효과적인 경쟁정책이 무역자유화를 위해 필요하다고 본다. 무역자유화의 개념이 공정한 경쟁여건에까지 확대됨에 따라 WTO차원에서 경쟁정책을 다루자고 주장하고 있다. 선진국들은 개도국들의 반경쟁적 행위와 이를 규제하지 않는 개도국정부들로 인해 자국 기업들이 피해를 보고 있다고 주장한다. 반면에 개도국들은 경쟁정책에 기본적으로 부정적인 태도를 보이고 있다. 현재는 경쟁관련 다자간 규범이 정립되어 있지 않은 상태이지만 경쟁정책에 대한 규칙이 마련될 경우, 경제성장 등을 위해 그 동안 묵인되어 온 기업들의 반경쟁적 행위는 보다 더 엄격하게 규제될 것이다. 향후 WTO에서는 경쟁정책에 대해 관심이 높은 선진국들을 중심으로 무역과 경쟁정책에 대한 논의가 보다 활발히 이루어질 것으로 보인다.

4. 무역과 투자

무역관련 투자조치(Trade-Related Investment Measures)는 국내에 직접 투자한 외국기업에 대해 국내 상품(부품) 구입 의무, 생산품 중 일정량의 수출 의무의 부과 등 외국인 투자와 관련하여 무역의 흐름을 제한시키거나 왜곡시키는 무역조치를 총칭하는 개념이다. 예를 들어 중국이 우리나라의 섬유공장을 유치하면서 의류에 필요한 원료의 상당 부분(예를 들어 50% 이상)을 중국산으로 구입하여야 하고, 생산량 중 일정량(예를 들어 30%)은 반드시 수출 또는 반대로 내수로 판매해야 한다는 의무를 부과하는 경우가 이에 해당한다.

이러한 무역과 투자조치의 연계는 기본적으로 주요 투자국인 미국을 비롯한 서구 선진국들이 자국투자의 보호와 이를 통한 무역의 확대를 위하여 투자조치의 무역제한 등을 방지하기 위한 데서 시작되었다. 무역관련 투자조치협정의 주요내용은 내국민대우와 수량제한금지이다. 즉 각국은 GATT 1994의 내국민대우의무와 수량제한철폐 의무에 위배되는 무역관련 투자조치를 취할 수 없다.

예를 들어 내국민대우의무에 위배되는 투자조치로는 국산품이나 국내에서 조달된 제품의 사용이나 구매강요, 수입품의 구매나 사용을 국산품의 수출과 연계하는 조치, 수입품의 구매 허용량을 수출실적에 비례시키는 조치 등이다. 수량제한철폐 의무에 위배되는 조치에는 국내생산에 필요한 제품수입의 제한 또는 최종재 수출실적과의 연계, 외화사용액을 규제시킴으로써 국내생산에 필요한 제품수입의 제한, 그리고 수출이나 수출을 위한 판매의 제한 등이다.

현재의 무역관련 투자조치협정은 자국의 해외투자기업을 보호해야 하는 입장인 선진국과 외국인기업의 유치를 통해 자국의 이익을 증대시키려는 입장에 있는 개도국 간의 타협의 산물이라고 할 수 있다. 따라서 현재의 무역관련 투자조치협정은 국제투자를 완벽하게 보호할 수 있는 수준까지는 이르지 못하였고 다만 투자제한적조치가 GATT 1994의 내국민대우의무와 수량제한철폐 의무에 위배되는 경우에만 문제시 되는 정도이다.

무역과 투자조치협정은 세계화의 진전과 소위 다국적 기업들의 공급사슬의 글로벌화가 가속화되면서 더욱 중요한 의미를 갖게 되었다. 특히 2000년대 이후 해외투자의 급격한 증가에 따라 현재 WTO에서는 가능한 무역과 관련 없이 순수한 해외투자를 촉진하고 공정한 투자활동을 보장할 수 있기 위한 논의가 활발하게 이루어지고 있다. 하지만 각 국가들은 국내적으로 기업 및 투자활동과 관련된 서로 다른 제도와 환경을 가지고 있어 이것을 어떻게 조율해갈지가 협상 타결의 관건이라고 할 수 있다.

5. 무역과 부정부패

무역과 부정부패의 연계는 기업들의 국제적 영업활동이 증가함에 따라 각 국가의 부패관행이 무역에 필요한 비용을 증가시키고 국가 간 공정한 경쟁을 저해하고 시장가격의 왜곡을 가져올 수 있다는 것을 전제로 하고 있다. 예를 들어 UN, OECD와 같은 국제기구들을 중심으로 기업들이 특정국가의 이해관계를 넘어 국제적인 영업활동 시 뇌물의 공여를 금지하기 위한 논의를 추진하고 있다. 이를 근거로 WTO도 정부조달 시 부패관행이 무역을 왜곡시키는 것으로 파악하고 정부조달의 투명성을 담보하기 위한 논의를 진행하고 있다. 1996년 12월 싱가포르에서 개최된 WTO각료회의에서 이와 관련하여 실무작업반 설치에 합의하였다. 이를 '부패라운드'라고 명명하고 있다. 하지만 WTO에 속하는 다수의 회원국들이 이에 반대하고 있어 이를 다자적 차원으로 확대 적용하는 현실적으로 어려운 실정이다.

V부

우리나라와 WTO

Nothing ventured, nothing gained.
호랑이굴에 들어가야 호랑이를 잡을 수 있다.

1장
우리나라와 WTO의 관계

우리나라는 지난 2011년 무역규모 1조 796억 달러로 처음으로 1조 달러를 돌파한 이후 2014년 1조 981억 달러까지 4년 연속 1조 달러 이상을 기록함으로써 명실상부한 무역규모 1조 달러 클럽에 이름을 올렸다. 무역규모가 1조 달러 이상이 되는 국가는 선진국인 미국, 독일, 일본, 프랑스, 네덜란드, 영국, 이탈리아 등과 경제규모가 큰 중국을 포함하여 8개국 정도로 1조 달러 클럽 가입은 소규모 개방경제인 우리나라로서는 중요한 의미일 수밖에 없으며 우리나라가 세계적으로도 무시할 수 없는 무역대국임을 의미한다고 할 수 있다.

2008년 글로벌 경제위기로 인해 이후 세계경제의 전반적인 침체와 무역규모의 축소로 2015년 이후 무역규모가 다시 1조 달러를 하회하고 있다가 2017년 다시 1조 519억 달러로 1조 달러를 회복하였다. 수출은 5,739억 달러로 이탈리아와 프랑스를 제치고 세계 6위로 올라섰다. GDP에서 무역이 차지하는 비중도 80% 내외에 이르는 등 무역이 우리나라 경제에서 차지하는 위상과 미치는 영향은 지대하다고 할 수 있다.

따라서 소규모 개방경제의 특성과 무역대국이라는 이중적 특성을 가진 우리나라에 있어서 자유무역의 확대와 세계무역질서를 주도하고 있는 다자간 무역체제의 중심축인 GATT/WTO 가입과 적극적인 협상참여는 필수불가결한 일이다. 이를 통해 빠르게 변화하는 국제무역질서와 세계경제환경에 선제적으로 대처하고 무역을 안정적으로 발전시키기는 것은 무엇보다 중요하다.

아울러 GATT/WTO 가입과 협상참여를 통해 유사한 이해관계를 가진 나라들과의 공조를 통해 우리의 입지와 협상력을 강화할 수 있다. 양자간 협상이 아닌 다자간협상의 상황에서는 미국, EU 등 선진국 일부 강대국들의 일방적인 독주를 견제할 수 있고 더 나아가서는 우리나라에게 유리한 무역규범과 질서를 이끌어낼 수 있는 기회를 얻을 수 있는 이점도 있다. 우리나라는 이미 1967년 GATT에 가입하였으며, 1995년 WTO의 설립에 따라 같은 해 1월 1일 창립회원국이 되었다. 우리나라는 GATT/WTO 가입과 적극적인 협상 및 활동을 통해 우리나라에게 유리하고 안정적인 무역환경을 조성해왔다. 다자간 무역체제의 발전과 더불어 우리나라는 시장개방과 무역자유화를 통해 세계시장에서 경제영토를 확대할 수 있는 좋은 기회를 제공받게 되었다.

위에서 이야기하였듯이 WTO는 회원국 간 무역에 관한 다자간 협상의 장을 제공하고 협상결과를 이행하기 위한 제도적 틀을 제공한다. 또한 협정의 이행과 관련된 회원국 간 분쟁해결을 위한 절차와 분쟁해결절차를 위한 특화된 기구(Dispute Settlement Body)를 제공한다. 무엇보다 중요한 WTO의 역할은 일부 국가들의 독주를 막을 수 있다는 것이다. WTO가 다자간 협상결과를 근거로 협정이행 및 분쟁해결과정을 통해 회원국의 국내법을 다자적 규범에 부합하도록 유도함으로써 특정국의 이해에 의해 국제무역질서가 주도되는 힘의 지배(rule of power)를 억제할 수 있기 때문이다. 이렇게 다자적 차원의 협상 및 규범에 의거한 무역질서가 확립되면 미국, EU 등 일부 선진국들의 일방적인 무역보복 또는 자국에 유리한 편향적인 무역규범을 강제할 수 있는 가능성이 줄어들기 때문에 다수의 국가들을 위한 예측가능하고 안정적인 무역환경 조성에 도움이 된다.

우리나라도 이러한 이점을 십분 활용하고 WTO에서의 입지를 강화하기 위해 노력해왔다. 하지만 이와 함께 무역규모와 비중이 큰 우리나라는 우리나라를 상대로 한 다른 회원국의 WTO제소에 좀 더 철저하게 대비해야 할 필요성이 증대하고 있다. 이를 위해 국내 법률, 규칙, 제도 등 기존 무역규정을 검토하고 다자적 규범에 부합하지 못하는 또는 비합리적인 법과 제도는 사전적인 검토와 개선을 통해 불필요한 분쟁 및 비용을 줄여갈 필요가 있다고 할 수 있다.

우리나라는 WTO에 인적, 재정적인 참여와 지원도 제공하고 있다. 우선 우리나라는 WTO에 분담금을 출연하고 있다. WTO 설립을 위한 마라케쉬협정 제7조에 따라 각 회원국들은 분담금(contribution)을 출연하게 되며, WTO는 연간 예산에 필요한 재원의 대부분을 회원국들이 갹출한 분담금을 통해 마련하고 있다. 개별 회원국의 분담금은 전 세계무역량에서 각국의 무역량이 차지하는 비중을 감안하여 결정된다. 무역량 비중에 따라 우리나라는 WTO 총예산(1억 9,720만 스위스 프랑,

2017년 기준)의 3.0%(595만 스위스 프랑)를 부담하고 있다. 이와 함께 개도국에 대한 기술지원을 위한 세계신탁기금에도 출연하고 있다. 2001년 11월 제4차 WTO각료회의를 통해 출범한 DDA협상은 개도국 지원사업 확대를 주요 목표 중 하나로 설정하였다. 이에 따라 2001년 12월 WTO 일반이사회는 개도국 지원사업에 필요한 재원 확보를 위해 DDA 세계신탁기금(DDA Global Trust Fund) 설립을 결정하였다. 우리나라는 이후 세계신탁기금에 매년 20만 달러 이상을 기여하여 왔다.

또한 우리나라 유수의 국제통상분야의 전문인력들이 WTO에서 주요한 역할을 하고 있다. 1995년에 김철수 전 산업통상자원부 장관이 WTO사무차장(1995~1999)을 역임하였다. 최근 2012년부터 2016년까지 장승화 서울대 법대 교수가 그리고 2017년 김종현 전 통상교섭본부장이 연이어 WTO상소기구 위원으로 활약하는 등 10여 명의 한국인이 WTO 분야별 위원회의 의장 및 패널/상소기구 위원으로 선출되어 활약해 오고 있다.

참고1: WTO를 활용하자.

세밑을 맞아 포스트 김정일 시대에 관한 이야기로 언론이 뜨겁다. 휴전선이 바로 코앞에 있는 상황이니 당연하다 싶다. 더욱이 천안함 사태와 연평도 포격 도발로 남북한이 극한 대치상황에서 발생한 김정일 국방위원장의 급작스러운 죽음이니 이후 북한에서 전개될 상황 변화에 대해 일반인인 나조차 궁금하기는 매한가지다. 중요한 일들이 세간의 주목을 받지 못한 채 역사 뒤편으로 사라졌다. 그중 하나가 바로 지난 12월 중순 스위스 제네바에서 열린 제8차 세계무역기구(WTO) 각료회의다. 153개 회원국 통상장관들이 모인 WTO 최고의사결정기구이자 세계무역에 있어 유엔총회와 같은 역할을 하는 WTO 각료회의가 이처럼 언론에 찬밥 신세가 된 적은 없다. 결과만을 중시하는 우리 사회의 고질적인 편견 때문일 것이다.

물론 이번 각료회의에서 특별한 성과가 있었던 것은 아니다. 그럼에도 WTO 각료회의를 찬밥 대우하기에는 아직 우리 형편이 그리 녹록치 않다. WTO 다자통상체제가 우리에게 얼마나 중요한지는 과거 우리의 통상경험이 생생히 말해준다. 미국은 지난 1988년 통상법 슈퍼 301조를 만들어 미국과의 무역에서 흑자를 기록하고 있는 상대국을 중심으로 우선협상대상국으로 지정하고 보복 조치와 함께 시장 개방 압력을 가했다. 당시 우리나라도 미국의 이 같은 일방적 조치에 굴복해 우선협상대상국 지정을 당하지 않으려고 자발적으로 농산물시장을 개방했다. 이후에도 한동안 미국의 눈치를 볼 수밖에 없었음은 물론이다.

중국과의 마늘 분쟁은 어땠는가. 중국산 저가 마늘 수입이 급증해 우리 마늘 재배 농가의 피해를 구제하려고 수입관세를 올렸으나 중국은 곧바로 한국산 휴대폰과 폴리에틸렌 수입을 잠정 중단하는 보복 조치를 취했다. 우리나라는 곧 바로 백기를 들고 중국으로부터 향후 3년간 수 만 톤의 마늘을 사주겠다는 약속을 할 수밖에 없었다. 그러나 이제는 상황이 다르다. 세계 무역의 규칙을 만들고 이를 감시하는 WTO가 있기 때문이다. 미국이나 중국 어느 누구라도 우리에게 불공정 무역 조치를 취한다면 우리도 과감히 WTO에 제소할 수 있다. 실제로 우리나라가 제소해 이긴 사례도 많다. 대표적인 예가 미국이 우리의 철강제품에 대해 내린 반덤핑 조치에 대해 우리가 WTO에 제소한 것으로 우리가 보기 좋게 승소해 미국이 반덤핑 조치를 철회했다.

이제는 아무리 강대국이라도 WTO 회원국인 이상 정해진 룰(rule)에 따라야 하며 그렇지 않으면 패소해 상당한 보상을 해줘야 한다. 이것이 바로 힘에 의한 것이 아닌 서로 합의한 룰에 기초해 움직이는 WTO 다자통상체제이다. 무역 1조 달러의 통상강국 대열에 합류한 우리나라에 이러한 다자통상체제는 여전히 중요하다. 특히 세계 경제가 여전히 불황인 상태에서 보호무역주의 움직임이 확산되는 조짐을 보이는 지금은 더욱 그렇다. 따라서 WTO 다자통상체제가 흔들리지 않고 한층 강화돼 각국의 보호조치를 효과적으로 제어할 수 있도록 우리가 힘을 보태야 한다.

이러한 차원에서 차기 WTO 각료회의를 개최하는 것도 좋은 방안이다. 사실 GATT(관세 · 무역에 관한 일반협정)/WTO 체제 아래서 시장개방의 가장 큰 혜택을 본 나라가 바로 우리다. 무역 1조 달러 달성을 계기로 차기 WTO 각료회의를 개최한다면 개도국의 개발이 중요 이슈인 DDA(도하 개발 어젠다) 협상의 취지에도 잘 부합한다. 다행히 차기 회의는 내년 말 개최하는 것으로만 돼 있을 뿐 아직 개최 장소는 결정되지 않았다. 한국에서 WTO 각료회의가 개최되기를 기대해본다.

출처: 서울경제. 2012.1.10.일자.

참고2: 보호무역, WTO가 방패다

미국 발(發) 금융위기가 실물경제에 전염되면서 세계 경제가 급격히 내려앉고 있다. 미국과 일본 · 유럽연합 등 주요 선진국의 경제가 최근 마이너스 성장으로 돌아섰으며, 중국 등 신흥 시장의 성장세도 뚝 떨어질 조짐이 뚜렷하다. 최근의 통계 자료에 의하면 우리나라도 11월 수출입 증가율이 모두 전년 동기 대비 두 자릿수 감소를 나타냈다. 이는 세계 실물경제의 침체가 심각한 수준이며 예상보다 경제위기가 빠른 속도로 진행되고 있음을 의미한다.

국제통화기금(IMF)과 경제협력개발기구(OECD) 등은 내년 세계경제 성장률 전망치를 하향 조정하고 있다. 미국 · 유럽연합(EU) · 일본 같은 선진국들이 내년에 모두 마이너스 성장을 할 것으로 예고하고 있다. 이런 현상은 제2차 세계대전 이후 처음이다. 또 세계 각국은 이미 큰 폭의 금리인하를 단행한 바 있으며, 엄청난 재정적자를 감수하면서까지 대대적인 경기부양책을 쏟아내고 있다. 그만큼 내년 경제가 힘들 것이란 방증이다.

세계 경제가 침체의 늪에 빠져들면 우리 경제는 더욱 어렵게 된다. 우리 경제성장에서 수출이 차지하는 비중이 65.7%로 내수(34.3%)보다 두 배나 크기 때문이다. 다행히 지난 7일 새벽(한국시간) 반가운 소식 하나가 국내로 날아들었다. 도하개발어젠다(DDA) 농업과 공산품 분야 세부원칙 수정안이 관련국에 전격 배포된 것이다. DDA 협상은 무역자유화를 통해 세계무역기구(WTO) 회원국의 경제성장을 촉진시키고자 2001년에 시작된 다자 간 무역협상이다. 지난 7년 동안 선진국과 개도국 간의 입장 차이로 겉 돌고 있다가 이번에 한 걸음 전진한 것이다.

이제 이번 수정안을 계기로 DDA 협상이 급물살을 타게 될지에 관심이 모이고 있다. 만일 연내에 농업과 공산품 분야의 세부원칙이 도출된다면 세계 경제 위기를 극복하는 데 중요한 활로가 만들어지기 때문이다. 자유무역은 대한민국 경제의 사활이 걸린 문제다. 지난달 세계 주요 20개국 정상들의 '1년 간 무역장벽 동결' 다짐에도 불구하고 벌써 자국 산업의 생존을 우선시하는 보호무역주의가 속속 고개를 들고 있다. 세계 각국이 1930년대 대공황의 교훈을 망각하고 있는 것이다. 당시 미국의 스무트-홀리(Smoot-Hawley) 관세법이 경쟁적 무역장벽을 촉발시켜 세계 경제는 더 큰 어려움에 처했었다.

현재 오바마 미국 대통령 당선인은 원칙적으로 자유무역에 찬성하고 있지만, 미 의회는 자국 산업의 보호를 위해 DDA의 조기 타결에 신중한 입장을 보이고 있다. 만일 미국이 보호무역주의로 흐른다면 유럽연합 등 다른 선진국도 유사한 방향으로 움직일 가능성이 있다. 현재로선 세계가 보호무역주의로 회귀하는 것을 막을 수 있는 가장 강력한 장치가 WTO다. 파스칼 라미 WTO 사무총장은 줄곧 "보호무역주의는 지구촌 전체를 빈곤에 몰아넣을 전쟁의 전주곡"이라며 "세계 각국은 그 유혹을 떨쳐야 한다."는 경고 메시지를 보내왔다. 그리고 세계 경제 위기에 대한 해법으로 DDA 협상의 조기 타결을 줄기차게 주장해 왔다. 지난 8일 로버트 졸릭 세계은행 총재는 "2009년이면 세계 무역에서 실제로 감소가 나타날 것이며, 이는 82년 이후 처음"이라고 전망했다. 절대 무역량이 줄어드는 엄혹한 상황이 우리 앞에 기다리고 있는 것이다.

한국은 어느 때보다 DDA 협상 타결이 절실하다. 세계 경제의 침체가 심화되고 보호무역 움직임이 강화되면서 자유무역을 유지하는 것이 절박한 과제로 등장했기 때문이다. 강대국들이 보호무역으로 돌아서면 양자 간 협상으로 풀기는 어렵다. 강대국의 힘의 논리가 우선할 수밖에 없기 때문이다. 우리로선 WTO를 지렛대 삼아 보호무역의 파고와 통상 마찰을 피해나갈 수밖에 없다. 새롭게 배포된 DDA 의장 초안이 우리에게 반가운 이유도 여기에 있다.

출처: 중앙일보. 2008.12.10.일자.

참고3: 중국과의 통상 분쟁 해결(김종훈 전 외교부 통상교섭본부장 기고문)

세계는 지금 중국을 'G2'라고 부르고, 중국이 막아서면 되는 일이 없을 지경이 됐다. 사드(고고도미사일방어체계) 배치와 관련해 중국에 진출한 우리 기업들이 중국 당국의 자의적 조치로 보고 있는 피해가 막대하다. 급기야 L기업은 매장을 전면 철수하기로 결정하고 매물로 내놓았다는 뉴스가 있었다. 그런데도 우리 정부의 이렇다 할 조치가 보이지 않아서 국민 된 입장에서 정부의 무기력이 원망스럽기까지 하다. 국제사회가 국내사회와 크게 다른 점 중 하나는 시비를 가릴 수 있는 강제 규범과 이를 집행할 수 있는 공권력이 없다는 것이다.

그러나 어려웠던 협상을 거쳐 1995년 출범한 세계무역기구(WTO)에는 회원국들이 합의한 분쟁해결 절차가 있다. 합의한 룰에 따라 교역을 하고 서로 다툼이 있으면 합의한 절차에 따라 중재 패널을 구성해 판정을 받자는 것이다. 국제통상 분야가 정치・안보 분야보다 법치 면에서 앞서가는 것을 보여주는 사례다. 많은 국민이 한・중 간 마늘분쟁을 기억하시리라. 2000년 우리나라가 중국산 냉동・초산 마늘에 긴급수입제한조치를 발동했을 때 중국 측은 우리 측에 휴대폰과 폴리에틸렌 수입중단 조치로 보복했다. 당시 우리 통상 당국자들은 중국이 WTO 가입국이 아니었던 점을 얼마나 아쉬워했던가. 중국이 WTO 회원국이었다면 WTO 규범에 따라 분쟁해결 절차를 발동해 우리 조치의 정당성과 중국 측 보복조치의 부당성을 적실하게 밝혀낼 수 있다고 생각했기 때문이다.

그런 중국이 2001년 WTO 회원국이 됐고, 연간 4조달러의 세계 최대 교역국이 됐다. 그만큼 세계 교역질서 정립을 위한 책임도 있는 것이다. 지금까지 WTO 회원국 간에는 529건의 제소가 있었고 그 중 369건에 대해 패널 설치가 있었다. 나머지 160건은 패널이 설치되기 전 양자적 합의가 있어 해결된 것들이다. 중국도 회원국이 된 이후 지난 17년간 15건을 제소하고, 39건의 제소를 당했었다. 미국・유럽연합(EU)・멕시코・캐나다 등이 중국을 제소했고 일본도 두 건을 제소했다. 아직까지 한・중 간에는 WTO 제소 건이 없다. 물론 우리 정부로서는 최대 교역상대국인 중국을 '법대로 하자'고 WTO에 제소하는 데 부담을 느끼고 신중히 검토해야 할 점들이 있을 것이다. 일각에서는 관세 및 무역에 관한 일반협정(GATT) 21조의 안보상 예외에 따른 중국 측의 안보침해 주장도 짚어봐야 한다고 한다. 사드 배치는 우리 기업이 기업 활동의 일환으로 한 것이 아니다. 또한 우리 기업들이 중국 시장에 내놓은 상품과 용역은 중국의 안보와는 무관한 것들이므로 이런 주장은 사리에 맞지 않다.

협상에 나서는 사람들은 늘 '모멘텀'을 생각한다. 일이 어떤 방향으로 움직일 수 있는 힘이 생겨 나올까를 가늠해보는 것이다. 지금 중국 사회의 의사결정 모습을 고려해본다면 조용한 설득으로 문제해결의 모멘텀이 생겨나기는 난망하다. 또한 우리 기업들이 중국 정부를 상대로 ISD를 제기하도록 기대하기도 어렵다. 아무리 둘러봐도 이 문제를 해결하기 위해서는 WTO 분쟁해결 절차를 시작하는 길밖에 없는 것으로 보인다. 우방 간에도 교역량과 상호투자가 왕성할수록 분쟁은 자주 발생한다. 미・EU 간도 그렇고 미・캐나다 간에도 마찬가지다. 대립된 입장이 서로 좋게 해결되지 않으면 상호 합의한 룰에 근거해 중재 판정을 받을 수밖에 없는 것이다.

중재 판정절차 진행 중에도 양자가 좋게 합의해 끝내는 경우도 많이 있다. 중국 정부에 우리 입장을 정확히 알리고 말미를 주자. 그리고 말미가 다할 때까지 좋은 소식이 없으면 WTO 분쟁해결 절차를 시작해야 한다. 그것도 싫으면 억울한 마음을 꾹 누르고 참고 살아가든지. 단 이 경우 우리 정부는 국민에게 왜 억울해도 참아야 하는지 설명해야 할 것이다.

출처: 파이낸셜뉴스. 2017.9.21.일자.

2장
도하개발아젠다(DDA)

1. DDA 전개과정

WTO의 도하개발아젠다 협상(Doha Development Agenda, DDA)은 2001년 11월 카타르의 수도인 도하에서 개최된 제4차 WTO 각료회의에서 시작되었다. DDA는 GATT체제 하의 8번의 다자간 무역협상을 포함하면 다자적 차원의 9번째 협상이고 WTO체제 하에서는 첫 번째 다자간 무역협상이다. GATT체제 하의 협상을 일컫는 '라운드(Round)' 대신 WTO의 무역협상부터는 다자간 무역체제가 개도국의 경제개발을 중시해야 한다는 개도국들의 주장을 반영하여 '개발 아젠다(development agenda)'라는 이름으로 협상을 시작하게 되었다.

DDA는 WTO가 출범하게 된 근거가 된 우루과이라운드협상을 통해 타결된 다양하고 포괄적인 분야의 무역자유화를 한걸음 더 전진시키기 위한 협상이다. 따라서 이전의 그 어떤 다자간 협상보다도 목표로 하는 무역자유화의 대상이 되는 포괄 범위가 넓어지고 그 개방수준도 높아졌다. 무역자유화를 위한 야심찬 목표 하에 시작된 DDA는 원래 2005년 이전에 협상을 일괄타결방식으로 종결할 예정이었다. '일괄타결방식(package deal)'이란 협상국들의 이해가 엇갈리는 모든 협상의제들을 협상테이블에 올려놓고 이해당사국 간 주고받기 방식으로 동시에 합의를 이끌어내어 협상을 타결 짓는 방식(Nothing is agreed, until everything is agreed.)이다.

그러나 농산물에 대한 수입국과 수출국 간 대립, 공산품 시장개방에 대한 선진국과 개도국 간의 갈등 등으로 인해 DDA는 협상에 난항을 겪으면서 십 수 년이 지난 현재까지도 타결을 짓지 못하고 있는 상황이다. DDA의 협상의제는 농산물 및 농산물을 제외한 나머지인 상품군인 비농산물(공산품, 임 · 수산물) 분야 및 서비스시장의 개방, 반덤핑, 보조금, 지역무역협정, 분쟁해결에 대한 기존 WTO협정의 개선, 그리고 관세행정 개선 등의 무역원활화, 환경, 개발 및 지적재산권 등 다양하고 광범위한 주제를 포함하고 있다.

이러한 다양한 협상의제에 대한 보다 효율적인 협상진행을 위해 분야별 협상그룹이 설치되어 협상을 진행시켜왔다. 농산물과 비농산물에 대해서는 우선 관세인하와 보조금 감축 등 시장개방의 정도를 정하는 자유화 세부원칙(modalities)에 합의하였다. 이에 따라 각국이 구체적인 관세인하 및 보조금 감축수준을 제시하는 이행계획서(C/S: Country Schedule)를 제출하고 이를 바탕으로 회원국들과의 협상을 통해 최종적인 합의를 도출하는 방식으로 협상이 진행되었다.

자유화세부원칙의 대강은 결정되었지만 이를 토대로 한 보다 세부적인 내용의 합의도출이 계속 미루어지면서 2003년 멕시코 칸쿤에서 개최된 제5차 WTO각료회의도 성과 없이 종료되었다. 하지만 2004년 8월 자유화세부원칙의 윤곽을 결정하는 기본골격합의(Framework Agreement)가 타결되면서 협상이 다시 활기를 되찾았다. 또한 소위 "싱가포르 이슈"라고 불리던 투자, 경쟁, 정부조달, 무역원활화의 네 가지 이슈에 대한 개도국들의 반발을 수용하여, 무역원활화를 제외한 나머지 세 가지 이슈에 대해서는 논의를 중단하고 무역원활화만을 정식 협상의제로 다루기로 합의하였다. 이에 따라 2005년 12월 홍콩에서 제6차 WTO각료회의가 개최되어 다시 한 번 협상의 진전을 위한 노력이 시도되었지만, 결국 자유화세부원칙 타결에는 이르지 못하였다.

2008년 7월 개최된 소규모 각료회의에서는 농산물 및 비농산물 부문의 관세인하와 농업보조금 감축수준을 포함한 잠정타협안이 도출될 수 있을 것으로 기대되었다. 하지만 개도국이 농산물의 수입 급증 시 긴급관세를 부과하는 메커니즘을 포함한 몇몇 쟁점에 대한 이견을 해소하지 못해 결국 합의에 실패하였다. 2009년 12월 제네바에서 개최된 제7차 WTO각료회의에서는 2010년 협상타결을 목표로 DDA 협상현황을 점검키로 하였으나 뚜렷한 진전이 없는 상황이 지속되었다.

DDA협상이 이렇다 할 성과 없이 계속 공전되자 DDA협상에 대한 회의와 실패가능성이 커지게 되고 다자간 무역체제 자체에 대한 회의와 우려가 증가하였다. 이에 협상이 완전히 결렬될 수 있다는 위협을 느낀 회원국들은 2011년 5월 APEC통상장관회의 및 OECD각료회의를 계기로 우선 타결가능성이 높은 분야를 중심으로 조기

수확방식을 통한 '소규모 패키지'의 구성을 위한 협의를 추진하기 시작하였다.

2011년 12월 회원국들은 스위스 제네바에서 개최된 제8차 WTO각료회의에서 이러한 새로운 협상방식의 도입을 재차 확인하고 차기 각료회의에서 가시적인 성과를 도출할 것을 합의하였다. 그 결과 2013년 12월 인도네시아 발리에서 개최된 제9차 WTO각료회의에서 DDA협상 의제 중 조기수확방식(Early harvest method)을 통한 발리패키지–무역원활화, 농업 일부(TRQ 관리방식 개선 등), 개도국·최빈개도국에 대한 우대(관련 조항 이행 개선 및 모니터링 메커니즘 설치) 등 3개 분야–에 대해서 일괄타결방식의 합의에 성공하였다.

우리나라는 특히 무역원활화 분야에서 싱글윈도우 등 핵심적인 조항을 제안하여 협상타결에 기여하였다. 무역원활화조치가 실현되면 향후 각국의 통관절차 개선을 통해 우리나라 기업의 수출입 여건이 개선되고 수출이 증대될 것으로 기대되고 있다. 제9차 각료회의 지침은 또한 2014년 말까지 post-Bali 작업계획 마련을 지시하고 있다. 이후 WTO 회원국들은 발리 패키지의 이행준비와 더불어 DDA의 향후 타결방식, 의제범위, 목표시한 등 차기협상에 대한 구상을 검토 중이다. 실제로 발리 패키지의 중요한 타결의제였던 무역원활화협정은 2017년 2월 22일 발효되었다. 발리 각료회의 이후 2015년과 2017년 각각 케냐 나이로비와 아르헨티나 부에노스아이레스에서 제10차, 제11차 각료회의가 열렸는데 이에 대해서는 6부에서 논의하고자 한다.

우리나라는 DDA협상의 성공적인 타결이 범세계적인 시장개방의 확대, 다자적 무역규범의 강화, 보다 자유롭고 예측 가능한 무역환경의 조성 등에 크게 기여할 것으로 기대하고 있다. 또한 DDA협상의 조속한 타결을 위해 양자 및 다자적 차원의 노력을 경주하고 있다. 현재 DDA협상의 주요쟁점은 농업과 비농산물 분야 협상이지만 우리나라는 이외에도 서비스, 규범, 무역원활화 등 협상 전반에 걸쳐 높은 수준의 개방 및 자유무역의 발전을 가져올 수 있는 결과가 도출될 수 있도록 노력하고 있다. 다음절에서는 우리나라 정부(산업통상자원부)에서 제시하고 있는 내용을 중심으로 주요 협상 분야별 이슈와 우리나라의 입장에 대해 정리하고자 한다.

참고1: DDA의 필요성(박지현 KIEP 전문연구원)

"세계 경제가 완전히 위기에서 벗어나지 못했다. 아시아에서는 경제 회복이 빠르게 이어지고 있지만, 경기부양으로 경제가 과열되게 둬서는 안 된다."…(중략) 그는 출구전략(과도하게 풀린 자금을 인플레이션 등 부작용을 일으키지 않고 회수하는 방법)과 관련, "아시아는 과열(overheating) 위험이 있지만 미국과 유럽연합(EU)은 상황이 다르다"며 "지역마다 상황에 맞게 출구전략을 전개해야 한다"고 말했다. 그는 "경제 위기 대응과 마찬가지로 출구전략도 조율해야 하고 그 일을 G20(주요 20개국)이 맡아야 한다."고 주장했다. 라미 총장은 "실업률 증가와 무역 불균형으로 앞으로 1~2년간 보호무역주의 압력이 높아질 가능성이 있다"며 "무역자유화를 위한 협상인 도하개발어젠다(DDA) 타결이 중요하다"고 강조했다.

작년 12월 초 스위스 제네바에서 열린 제7차 세계무역기구(WTO) 각료회의가 별다른 성과 없이 끝났습니다. 2005년 홍콩 각료회의 이후 4년 만에 회원국들이 모였지만 각료회의의 주요 단골 의제였던 DDA는 의제에서조차 제외되었지요. 과연 DDA 협상은 어떤 협상이기에 협상이 시작된 지 8년이 지나도록 아직 타결되지 않고 있으며, 세계 경제위기를 극복하기 위해서는 왜 DDA 협상 타결이 중요하다고 하는지, 또 DDA 협상이 타결되면 어떤 변화가 있는지 이에 대한 궁금증을 풀어보도록 하겠습니다.

먼저 DDA란 뜻이 무엇인지 궁금하지요? 2001년 11월 카타르의 수도 '도하(Doha)'에서 제4차 WTO 각료회의가 개최되었는데, 여기서 2004년 말 타결을 목표로 새로운 다자간 무역자유화 협상을 시작하기로 결정하고, 그 이름을 도하개발어젠다(Doha Development Agenda: DDA)로 부르기로 했습니다. 우리말로 번역하면 '도하개발 의제'인데 여기서 '개발'이라는 말이 포함된 것은 이번 다자(多者)간 무역자유화 협상은 다른 때와 달리 특히 개도국의 개발에 중점을 두어야 한다는 개도국들의 주장이 반영된 결과입니다. 사실 그 이전 다자간 무역자유화 협상은 우루과이라운드(UR) · 도쿄라운드와 같이 라운드가 붙었는데 이번에는 라운드 대신 개도국들이 원하는 '개발어젠다'라는 용어가 들어갔으니 그만큼 개도국들의 힘이 커졌다고 볼 수 있지요. 또한 DDA는 153개 WTO 회원국 모두에 획일적으로 적용되는 다자 차원의 시장 개방협상이라는 점에서 주로 관련된 두 국가 간 시장을 자유화하는 자유무역협정(FTA)과는 성격이 다릅니다.

DDA는 상품뿐 아니라 서비스나 지적재산권에 이르는 광범위한 분야의 시장 개방은 물론 관련 국제무역 규범을 대상으로 협상을 하고 있습니다. 어떤 품목의 관세를 얼마나 인하할지, 무역을 왜곡시키는 보조금을 어디까지 인정하고 언제까지 중단할지 등을 포함합니다. 또 어떤 서비스 교역을 자유화할 것인지, 지적재산권의 보호는 어떻게 할지 등도 협상 과제로 다룹니다. 최근 주목을 받고 있는 무역과 환경과의 관계나 무역과 개도국 개발과의 관계 등에 대해서도 협상을 하고 있지요. 이를 위해 DDA 안에 농업 · 비농산물 · 서비스 · 규범 · 무역원활화 · 무역환경 · 무역개발 등 9개 협상 분야가 설치돼 있습니다. 그야말로 교역이 되는 유 · 무형의 상품을 포함한 관련 제도까지 모두 협상 대상으로 하고 있다고 볼 수 있지요.

한 가지 재미있는 것은 DDA 협상이 '일괄 타결원칙(single undertaking)'이라는 협상방식을 취하고 있다는 점입니다. 일괄타결원칙이란 협상을 하고 있는 모든 분야에서 합의가 이루어져야만 협상이 타결되는 방식으로 만일 어느 한 분야에서라도 합의가 이루어지지 않으면 나머지 다른 분야가 합의되었다고 해도 전체 DDA가 합의되지 않은 것으로 본다는 것이지요. 예를 들어 농업 협상에서 합의가 이루어지지 않는다면 제조업이나 서비스, 그 밖의 무역 규범 등에서 합의가 이루어진다고 해도 DDA는 타결되지 않는 것이지요. 이런 점에서 '모든 것이 합의되기 전에는 어떤 것도 합의된 것이 아니다(Nothing is agreed until everything is agreed)'라는 협상의 기본 원칙에 매우 충실하다고 볼 수 있지요. 그러나 이 때문에 협상 타결이 그만큼 어려워지기도 합니다.

DDA가 타결되면 전 세계의 무역 장벽이 낮아져 무역이 그만큼 활성화되고 이로 인해 세계 경제 성장에 도움이 됩니다. 경제 성장은 소득 향상뿐 아니라 소비자에게 보다 다양한 제품을 선택할 수 있는 기회를 증대시키며, 생산자에게는 경쟁력 있는 상품을 특화함으로써 생산효율성을 높일 수 있게 합니다. 이러한 이유로 DDA 타결은 최근의 글로벌 경제위기 발생에 따라 침체된 세계 경제에 큰 활력을 불어넣을 수 있는 좋은 부양책이 될 수 있습니다. 우리나라의 입장에서 볼 때도 DDA 타결이 늦어질수록 시장을 확대할 수 있는 기회를 잃게 됩니다. 물론 경쟁력이 약한 산업 부문의 시장 개방 속도를 늦추는 면이 있기는 하지만 해외 무역 의존도가 높은 우리나라로서는 무역 자유화를 통한 안정적인 해외 시장 확보가 보다 중요하지요.

우리나라가 세계 10위의 무역국으로 성장한 배경에는 안정적인 해외 수출시장이 있었기 때문이라는 점도 무시할 수 없습니다. DDA 협상이 타결되면 153개 회원국 시장이 동시에 개방됩니다. 미국 피터슨경제연구소의 분석결과(2009년 8월)에 따르면 DDA 타결로 연간 전 세계 수출은 1,800억~5,200억 달러, 국내총생산(GDP)은 3,000억~7,000억 달러 증가할 것으로 예상됩니다. 우리나라의 경우도 DDA 협상 타결로 반도체 · 자동차 · 조선 · 전자 · 석유화학 · 철강 등 우리가 경쟁력을 가진 품목들의 수출 확대가 기대됩니다. 물론 경쟁력이 약한 농업 부문은 피해를 볼 수 있습니다. 그러나 전체적으로 우리나라에 득이 되는 것은 분명하지요. DDA가 타결되면 무역 규범이 보다 명확해져 분쟁이나 무역 거래비용이 감소됩니다. 우리나라의 경우 주요 무역 상대국들의 빈번한 반덤핑 조치로 피해를 입어왔는데, 반덤핑 협정이 개정되면 우리 기업들의 수출 환경이 상당히 개선될 것으로 보입니다. 반면 그 동안 우리가 상대적으로 소홀히 해왔던 지적재산권 분야에서도 보다 명확한 국제 규범이 만들어질 것이기 때문에 그동안 상대적으로 신경을 쓰지 않았던 저작권이나 특허에 대해서 앞으로 주의해야겠지요. 어찌 됐든 우리 사회나 국민들의 생활과 사고방식이 세계화되는 게 가장 큰 변화라고 할 수 있습니다.

출처: 조선일보. 2010.2.4.일자.

참고2: WTO의 새로운 장을 여는 무역원활화 협정

12월 3일부터 7일까지 인도네시아 발리에서 개최된 제9차 WTO(세계무역기구) 각료회의에서 무역원활화 협정을 비롯한 발리 패키지가 타결됐다. 예정된 폐회 시간을 넘겨 밤샘 협상을 하며 각료회의를 연장한 끝에 이루어낸 성과였다. 2001년 DDA(도하개발라운드) 출범 이후 12년 만에 거둔 수확이자 1995년 WTO 설립 이후 최초로 타결된 다자간 무역협상이기도 하다. 올해 9월 부임한 이래 협상을 주도해 온 브라질 출신의 아제베도(Azevedo) 사무총장은 "전 회원국이 힘을 합쳤고 전 세계가 다시 WTO 아래로 돌아왔다"고 평가했다. DDA 협상이 오랫동안 정체됨에 따라 무용론에 휩싸여 왔던 WTO에 대한 신뢰가 회복되는 순간이었다.

발리 패키지 중에서도 가장 핵심적인 것이 2004년에 DDA의 정식 의제로 채택된 무역원활화이다. 무역원활화는 통관과 관련된 제반 절차를 간소화, 표준화해 무역 관련 비용을 감소시키는 것을 의미한다. 특히 글로벌 분업 체제(global value chain)가 급속히 확대되고 있는 추세에서 무역원활화 조치들은 큰 의미를 갖는다. 국제상공회의소(ICC)에 따르면, 무역원활화 협정은 전 세계적으로 1조달러 이상의 수출 증가 및 2000만개 이상의 고용 창출 효과를 가져 올 것이라고 한다. 국내적으로도 상당한 GDP(국내총생산) 및 수출 증대 효과가 기대되는 것은 물론 무엇보다 복잡하고 불투명한 통관 절차가 개선됨에 따라 우리 기업의 애로 해소에 실질적인 도움이 될 것으로 생각된다.

무역원활화 협정은 구체적인 무역원활화 조치와 개도국 특별대우로 구성되는데, 무역원활화 조치 부분에서는 통관 절차를 간소화 하고 투명성을 강화하기 위한 각종 조치들을 규정하고 있다. 대표적인 예로 우리가 제안한 싱글윈도우 조항을 들 수 있는데, 이는 수출입 관련 서류를 한 번에 한 기관에 제출할 수 있는 단일서류접수창구를 의미한다. 개도국들이 싱글윈도우를 도입하게 되면, 수출입 신고를 위해 여러 기관을 방문할 필요가 없어져 무역업자의 편의가 크게 증대되고 물류비용도 절감될 것이다. 이 외에도 세관당국의 결정에 대한 불복 절차 보장, 통관 규정 및 절차의 인터넷을 통한 공표 등을 통해 투명성이 강화될 것이다.

또한, 무역원활화 협정은 개도국에 대한 특별대우로 이행 기간의 연장 뿐 아니라 선진국의 지원을 규정하고 있다. 이는 현실적으로 협정상 의무를 감당하기 어려운 개도국에 대한 배려인 동시에, 개도국의 협정 이행을 촉진하여 무역원활화의 효과 발생을 앞당기기 위한 것이기도 하다. 우리나라는 세계 최고수준의 통관 시스템을 갖추고 있는 만큼, 우리의 경험 공유 및 관세행정 기법전수 등을 통해 여타 개도국의 협정 이행을 도울 수 있을 것이다. OECD는 우리나라가 불복 절차, 서류 간소화, 자동화 등 다수의 무역원활화 분야에서 OECD 평균보다 상당히 우수한 조치들을 시행중인 것으로 평가한 바 있다.

이번 발리 패키지의 타결로, WTO는 다자무역체제가 여전히 건재하며 변화하는 세계 경제 환경에 맞는 새로운 무역규범을 제정할 능력이 있음을 보여줬다. 2001년 DDA 출범 이후 12년간의 정체에서 벗어나 WTO의 새로운 장이 열린 셈이다. DDA 협상이 지지부진한 동안 FTA와 같은 지역무역협정이 부상해 왔지만, 이들이 다자무역체제를 대체할 수는 없다. 전 세계 차원의 무역 규범을 제정, 이행하고 분쟁을 해결하는 국제기구는 WTO가 유일하기 때문이다.

하루 빨리 무역원활화 협정이 발효되어 세계 시장에서 뛰고 있는 우리 기업들이 혜택을 누리기를 기대한다. 그리고 무역원활화를 비롯한 발리 패키지의 성공이 불어넣은 활력을 바탕으로, DDA 협상의 추가적인 진전이 있기를 바란다. 다자무역체제의 수혜국이자 개방형 통상 국가를 지향하는 우리나라는 WTO를 지속적으로 지지하는 한편, 앞으로의 협상에서 최대한 우리의 이익을 확보할 수 있도록 적극 노력해 나갈 것이다.

출처: 산업통상자원부. 정책브리핑. 2013.12.24.

참고3: 자유무역의 역사: ② DDA란 무엇인가.

FTA는 많이 들어봤어도, DDA란 용어는 생소하다는 사람들이 많다. FTA와 DDA 모두 무역자유화를 위한 수단이다. 다만 FTA는 양국간 또는 몇몇 나라만 참여하는 무역자유화 협정인 반면, DDA는 WTO 159개 회원국이 참여하는 다자간 무역자유화 협정이라는 점에서 차이가 있다. DDA(Doha Development Agenda: 도하개발아젠다) 협상은 2002년 처음 개시됐다. WTO(세계무역기구)의 전신인 GATT(관세 및 무역에 관한 일반 협정) 시절 모두 8차례의 다자간 무역협상이 있었으며, 1993년에 타결된 8차 우루과이라운드(UR) 협상은 GATT 체제에서의 마지막 협상이 되었다. 1995년 WTO가 설립되고 나서 처음으로 진행된 협상이 바로 DDA이다. 따라서 DDA는 GATT 시절과 연결하면 제9차 다자간 무역협상인 셈이다. UR 협상 타결 당시 회원국들은 농산물과 서비스 분야의 시장개방 내용이 미흡하다고 판단하여 2000년부터 추가적인 협상을 시작하기로 합의했다. 그러나 많은 회원국들은 공산품분야에서도 아직 무역장벽이 많이 남아 있고, 세계화가 급속하게 진전됨에 따라 새로운 무역규범도 추가적으로 논의할 필요가 있다고 주장하였다.

이에 따라 WTO 회원국들은 1998년 5월 제네바에서 개최된 제2차 WTO 각료회의에서 폭넓은 분야에서의 무역자유화를 위한 새로운 다자간 무역협상을 준비하기로 합의했다. 지난해 12월 3~6일 인도네시아 발리에서 개최된 제9차 WTO 각료회의(사진 • 2014년 12월 3~6일)에서 무역 원활화, 농업 일부 의제와 개발 • 최빈개도국 등 3개 분야를 담은 '발리 패키지'가 극적으로 타결되면서 교착상태에 있던 DDA 협상에 중요한 모멘텀을 제공할 것으로 기대된다. 3년 반 동안의 논의를 거쳐 2001년 11월 카타르 수도 도하에서 개최된 제4차 각료회의에서 DDA 협상의 출범을 선언하는 각료선언문을 채택하게 되었다. 협상의 명칭에 기존 '라운드' 대신 '개발'이 붙은 것은 이전 협상들과 달리 개도국의 경제개발 문제에 특히 중점을 둘 것을 요구하는 개도국들의 의견이 반영됐기 때문이다. 이는 WTO라는 국제기구에서 개도국의 파워가 그만큼 신장되었다는 것을 방증하기도 한다.

이러한 배경에서 시작된 DDA 협상은 과거의 어느 다자간 무역협상보다 폭넓은 의제를 다루고 있다. 협상의제는 크게 ①농산물, 농산물을 제외한 나머지 상품(공산품 및 임수산물), 서비스 시장 개방, ②반덤핑, 보조금, 지역무역협정, 분쟁 해결 절차 개선, ③무역 원활화, 환경, 개발, 지적재산권 등 크게 세 그룹으로 나뉜다. 특히 DDA에서는 무역차원에서 개도국의 경제개발을 지원하는 방법을 중요한 주제로 논의하고 있는데, 개도국에 대한 우대조치를 강화하고, 기술협력사업을 확대하는 방안 등을 모색하고 있다. 이처럼 시장개방 문제와 함께 다수의 무역규범 관련 문제를 다루고 있으며, 개도국의 경제개발 지원에 초점을 두고 있다는 점에서 DDA 협상은 과거의 다자무역협상과 뚜렷하게 구별된다.

방대한 협상 의제를 효율적으로 다루기 위해, 지난 2002년부터 농산물, 비농산물(NAMA: non-agricultural market access), 서비스, 규범(반덤핑, 보조금, 지역협정), 환경, 지적재산권, 분쟁 해결, 무역 원활화, 개발 분야에 대한 협상 그룹이 설치되어 본격적인 협상이 진행됐다. 농산물과 비농산물에 대해서는 우선 관세와 보조금의 감축정도 등 시장개방의 정도를 정하는 자유화 세부원칙(modalities)에 합의하고, 이에 따라 각국이 구체적인 품목과 보조금 프로그램별 감축 수준을 제시하는 이행계획서를 제출해 이에 최종적으로 합의를 도출하는 방식으로 협상을 진행했다.

처음 협상을 출범시켰을 때의 목표는 2005년 이전에 모든 협상을 '일괄타결방식'으로 종료한다는 것이었다. '일괄타결방식'은 모든 분야에 대해 합의가 이루어졌을 때 비로소 최종적으로 협상을 타결하는 방식을 의미 한다(Nothing is agreed, until everything is agreed). 그러나 농산물에 대한 수입국과 수출국의 대립, 공산품 시장개방에 대한 선진국과 개도국간의 대립 등으로 인해 DDA 협상은 출범 이후 12년이란 장기간 동안 정체 상태를 보였다. DDA 협상이 지지부진해지자, 세계 각국은 무역자유화 수단으로 FTA와 같은 지역무역협정에 크게 의존하였다. 이 기간 동안 우리나라도 한・칠레 FTA, 한・미 FTA, 한・EU FTA 등을 체결하면서 기업들의 무역 환경 개선을 위해 주로 지역주의에 치중해 왔다.

그러나 마침내 오랜 침묵을 깨고 지난 2013년 12월 인도네시아 발리에서 개최된 제9차 WTO 각료회의에서 무역원활화, 농업 일부 의제와 개발・최빈개도국 등 3개 분야를 담은 '발리 패키지'가 극적으로 타결됐다. 예정된 폐회시간을 넘겨 밤샘 협상을 하면서 각료회의를 연장한 끝에 이뤄낸 성과라고 한다. DDA의 포괄적인 협상의제에 비하면 타결된 내용은 협소하다. 그간 WTO가 견지해 왔던 '일괄타결'을 포기하고 일부 분야만 '조기수확'한 셈이다. 그럼에도 불구하고, 이번 타결은 적지 않은 경제적 효과를 유발할 것으로 추산된다. 발리 패키지 중 가장 핵심적인 것이 무역원활화 협정인데, 통관절차 개선과 비관세장벽의 철폐를 통해 무역 거래 비용을 줄임으로써 전 세계적으로 1조 달러의 수출증가 효과와 2,000만 개 이상의 고용창출 효과를 창출할 것으로 추산된다(국제상공회의소(ICC) 분석 결과). 또한 이 패키지가 발효되면 우리나라의 실질 GDP는 약 1.5~3.9% 증가하고 수출은 4.3~7.4% 증가할 것으로 예상 된다(KIEP 분석 결과).

이번 발리 합의는 그동안 교착상태에 있던 DDA 협상에 중요한 모멘텀을 제공할 것으로 기대된다. 장기간 협상 정체로 인해 손상됐던 다자통상 체제에 대한 신뢰와 협상 타결에 대한 자신감이 이번 합의로 어느 정도 회복됐다. 그러나 발리 합의는 이제 겨우 시작에 불과하다. 앞으로 농업, 제조업, 서비스분야, 지식재산권과 규범 분야 등 굵직하고 복잡한 DDA 협상 의제를 포괄적으로 다뤄나가야 한다. 우리나라는 GDP 대비 무역 비중이 거의 100%에 이르는 통상 대국으로서 DDA 협상이 타결되면 가장 큰 수혜를 볼 수 있는 국가 가운데 하나이다. DDA가 최종적으로 타결되면 우리나라의 실질 GDP는 공산품 시장 확대를 통해 장기적으로 최대 2.49% 증가하고, 서비스 시장 확대를 통해 최대 2.04% 증가할 것으로 전망된다(KIEP 분석 결과). 따라서 우리는 DDA 협상을 지속적으로 지지해 나가는 한편, 앞으로의 협상에서 최대한 국익을 확보할 수 있도록 적극 노력해야 할 것이다.

출처: 산업통상자원부. 함께 하는 FTA. 2014.2월호.

참고4: 세계무역기구, "무역원활화협정" 발효 무역비용 14.3% 감소 기대

세계무역기구(WTO)는 22일(현지시각) 회원 가맹된 국가나 지역에서 통관 업무를 신속하게 만드는 '무역원활화협정(TFA: Trade Facilitation Agreement)'이 2017년 2월 22일부로 발효됐다고 발표했다. 세계무역기구는 이 같은 '무역원활화협정'은 전 세계에서 사업을 펼치고 있는 기업을 지원하려는 목적이며, 협정이 발효됨에 따라 무역에 드는 비용이 10% 이상 절감될 것으로 기대되고 있다. 무역원활화 협정은 세관절차와 수입품에 드는 세관 정보를 공표하고, 신청의 전자화를 진행한다. 수수료나 과징금도 사전에 알기 쉽게 하고, 세관이나 검역과 같은 복수 신청창구를 일원화한다는 내용이 주요 골자이다. 일본 등은 이미 이러한 통관 시스템을 구비, 시스템 자체를 수출화한다는 방침이다.

특히 도널드 트럼프 미국 대통령의 등장으로 보호주의 우려가 커지고 있는 가운데 무역의 사무 절차를 간소화 하는 등으로 '자유무역 체제'를 후원하는 효과도 기대된다. 이번 협정 발효로 선진국에 있어서는 자국 기업이 해외에서 사업을 펼치기 쉬워진다. 신흥국과 개발도상국은 무역과 투자를 유치할 수 있게 된다. 또 무역비용이 줄어들어 전 세계에서 1조 달러의 경제성장 효과가 기대된다는 시산도 있다.

호베르트 아제베두(DG Azevêdo) 세계무역기구 사무총장은 "세계무역기구는 역사적인 전환점을 맞았다."면서 이번 협정의 발효로 큰 개혁이 될 것이라고 강조했다. 세계무역기구의 시산으로 보면, 이번 협정발효로 세계 무역비용은 평균 14.3% 줄어들고, 세계경제는 오는 2030년까지 연간 0.5% 이상 성장할 것으로 기대된다. 호베르트 아제베두 사무총장은 최근 아프리카의 차드, 르완다, 중동 국가 등 4개국에서 협정 수락을 받아 총 112개국이 수락해 발효 요건이 충족됐다고 밝혔다. 이 협정은 WTO 가맹국. 지역 2/3 이상에 해당하는 110개국이 수락하면 발효되도록 돼 있다. 한편, 무역원활화 협정은 WTO의 새로운 다각적 무역교섭(DDA: 도하라운드) 분야 가운데 하나이다. 2013년 인도네시아에서 열린 공식 각료회의에서 합의했고, 2014년 세계무역기구 일반이사회에서 채택했다.

출처: WTO. 보도자료. 2017.2.22.(저자 번역)

2. DDA 농산물협상

농산물협상은 DDA협상 중 선진국과 개도국 간 이해가 엇갈리는 가장 민감한 분야 중 하나로 농업분야에서의 협상결과가 DDA협상 전체에 영향을 미칠 정도로 DDA협상 중 핵심 의제로 다루어지고 있다. 농산물협상은 도하각료회의가 개최되기 이전인 2000년부터 시작되었다. 이는 우루과이라운드협상 당시 농산물 무역의 자유화를 계속적으로 추진하기 위해 우루과이라운드협상 결과의 하나로 이미 합의한 내용에 따른 것으로 이를 기설정 의제라고 한다. 2001년 도하각료선언문에 따라 농산물협상은 정식으로 DDA의 한 분야로 포함되었다.

DDA가 개시된 도하각료회의에서 채택된 각료선언문에서는 농산물의 관세인하와 보조금의 감축수준 및 그 방식을 결정하는 자유화세부원칙을 2003년 3월말까지 합의하고 각국이 이 세부원칙에 따라 품목별 또는 보조금 프로그램별 감축이행계획을 작성한 이행계획서를 제출하도록 하였다. 그리고 다시 이를 다자적으로 검증한 뒤 전체협상을 2005년 이전까지 종결하도록 할 예정이었다. 그러나 농산물을 둘러싼 이해당사국들 간의 이해관계가 첨예하게 엇갈리면서 협상의 진전은 계속 늦어지게 되었고 2018년 현재까지도 세부원칙에 대한 합의가 이루어지지 않고 있다.

2002년부터 본격적으로 진행된 협상은 농업위원회특별회의를 중심으로 이루어졌다. 농업위원회특별회의는 2000년부터 농업위원회의 특별회기 형태로 계속 진행되어 온 협상을 그대로 유지한 것으로 농업협상그룹회의라고 한다. 2002년 12월 당시 농업위원회 특별회의에서는 자유화세부원칙에 대한 합의도출을 위해 그간의 논의를 바탕으로 전체협상 내용을 담은 문서(Overview Paper)를 회원국들에게 배포하였다. 또한, 당초 세부원칙 합의시한이었던 2003년 3월말 이전에 논의를 진전시키기 위해 2003년 2월 및 3월에는 각각 세부원칙 초안과 수정안을 배포하였다. 하지만 결국 합의시한을 맞추지는 못했다.

세부원칙에 대한 합의를 도출하기 위한 노력은 2003년 9월 멕시코 칸쿤에서 개최된 제5차 각료회의에서도 계속되었다. 그러나 관세와 보조금에 대한 감축수준은 고사하고 감축방식에 대해서조차 합의를 이루지 못한 상태로 각료회의는 종료되었다. 2004년 초 새로운 의장단이 구성된 이후 다시 협상이 본격화되었다. 세부원칙에 대한 합의가 어려울 것으로 예상하고 세부원칙합의를 위한 밑그림을 우선적으로 합의하는 방안을 추진하였다. 이를 통해 2004년 8월 기본골격에 대한 합의(Framework Agreement)를 이끌어내게 된다. 하지만 기본골격합의는 관세와 보조금의 감축을 위한 대강의 방식만을 규정한 것이라서 구체적인 감축공식과 감축수준을 정하는 작업은 계속 진행되었다.

이후 2005년 12월 홍콩에서 개최된 제6차 각료회의에서도 세부원칙에 대한 합의를 도출하지 못하였다. 물론, 홍콩각료회의에서는 수출보조금의 철폐시한에 대해 잠정적인 합의를 도출한 성과도 있었다. WTO는 2006년 6월말 제네바에서 소규모 각료회의를 개최하여 다시 세부원칙에 대한 합의를 도출하려 하였으나 아쉽게도 실패하였다. 2007년 초부터 WTO는 다시 협상을 재개하여 각종 비공식회의를 운용하면서 세부원칙 합의를 위한 기술적인 진전이 느리게나마 이루어졌다. 이러한 진전을 바탕으로 2007년 7월 세부원칙 초안을 배포하였으며, 2008년 2월, 5월, 7월 3차례에 거쳐 수정안을 작성, 배포하였다. 2008년 7월말 소규모 각료회의에서는 세부원칙 합의도출을 위해 집중적인 논의가 이루어졌으나 농산물 개도국 특별긴급관세(Special Safeguard) 등 쟁점이슈에 대한 인도, 미국 등 일부 국가 간 대립으로 최종합의에는 실패하였다. 그러나 그간 쟁점이 되어온 상당수 이슈에 대한 잠정타협안을 도출하는 등 향후 협상의 진전을 위한 기초를 마련하는 성과도 있었다.

각료회의 실패 이후 조속한 협상재개 필요성에 대해 각국의 공감대가 형성됨에 따라 2008년 10월부터 잔여 쟁점이슈에 대한 협상이 진행되어 2008년 12월 제4차 의장수정안을 도출하였으나 2008년 12월 각료회의 개최가 무산되면서 세부원칙 합의에 실패하였다. 2009년 9월 이후부터는 의장 주재 소규모 회의를 통해 세부원칙 관련 잔여쟁점 논의를 진행하는 한편 양허표 작성 등 기술적 논의를 병행 추진하고 있다. 개도국 긴급수입관세, 면화에 대한 보조금 감축 등 잔여쟁점의 경우 선진국, 개도국 간 이견이 상존하는 것은 사실이나 기술적 논의의 경우 일부 진전이 있었다.

이처럼 농산물협상이 난항을 겪고 있는 것은 그만큼 농산물을 둘러싼 이해당사국들 간의 입장차이가 크기 때문이다. 수입국과 수출국간 입장 차이가 있을 뿐만 아니라, 기본골격 합의와 이후 각종 의장문서를 통한 개도국에 대한 특혜대우의 확대를 계기로 그 입장차는 오히려 더 커졌다. 농산물협상그룹은 크게 수입선진국 그룹, 수출선진국 그룹, 수출개도국 및 수입개도국 그룹 등 네 개로 나눌 수 있다. 협상그룹이 네 개가 되게 되면 기존 선진국, 개도국 양 그룹 간의 협상의 경우의 수가 1개에서 6개의 조합으로 늘어나게 되어 모든 협상그룹 간 타협점을 찾아내는 것이 산술적으로는 몇 배로 어려워지게 된다. 또한 협상에 필요한 경우의 수가 늘어남은 물론, 각국은 자국의 상황에 따라 실제 협상 이슈별로 이러한 대강의 분류와는 또 다른 입장을 취하기도하기 때문에 타협점을 찾기가 더욱 어려워지게 되는 것이다.

실제로 EU, 일본, 스위스, 노르웨이 등 농업분야 수입선진국 그룹은 점진적인 자유화를 원하고 동시에 자국의 일부 민감한 농산물들을 보호하기 위해 일반적인 관세감축공식과 다른 방식을 적용하기를 희망하고 있다. 이에 비해 호주, 뉴질랜드 등 수출선진국들은 대폭적인 관세감축과 보조금 감축을 주장하고 있다. 미국은 자신들의 보조금 프로그램을 유지하기를 희망하면서도 관세감축에 있어서는 공세적인 입장을 취하고 있다. 개도국들은 선진국이 보조금을 대폭 감축할 것을 요구하면서 개도국에게는 상당 수준의 특혜가 필요하다는 입장을 공통적으로 견지하고 있다. 그러나 개도국 가운데서도 브라질, 아르헨티나, 태국과 같은 수출개도국들은 선진국이나 개도국 모두 상당한 수준의 시장개방이 필요하다는 입장이다. 이에 비해 우리나라를 포함한 인도와 중국 등 수입개도국들은 자국 농민 보호를 위해서 중요한 품목에 대해서는 특별히 예외적인 대우가 필요하다고 주장한다.

또한 자국의 입장을 보다 효과적으로 협상에 반영하기 위해 EU나 미국과 같은 큰 국가들을 제외한 여타 국가들은 동조그룹을 형성하기도 한다. 예를 들어 G10은 수입국그룹으로서, 수입선진국은 물론 우리나라, 대만, 이스라엘과 같은 수입개도국도 같이 참여하고 있다. 수출국그룹인 케언즈(Cairns)그룹은 기본적으로 수출국의 이익을 대변하고 있다. 하지만 내부적으로는 선진국과 개도국 간 입장차가 발생하고 개도국 중에도 일부 품목에 대한 민감성을 중요시하는 국가들이 생겨 상당수 이슈에서 보조를 맞추기 힘든 부분이 있는 것이 현실이다. 한편 G20라는 개도국그룹이 생겨 선진국의 보조금과 시장개방을 강력히 주장하고 있다. 더 나아가 G33라는 개도국그룹은 개도국의 특별한 품목에 대해서 관세감축의 예외를 주장하고 있다. 우리나라는 이해관계를 같이하고 있는 G10과 G33 그룹의 일원으로 참여하고 있으며 이들 국가들과의 공조를 통해 농산물분야에서 우리나라의 국익을 극대화하고자 노력하고 있다.

우리나라는 농업분야에서만큼은 각국의 민감성을 보호할 수 있는 점진적인 시장개방이 바람직하다는 기본적인 입장을 취하고 있다. 또한 국내 취약분야에 대한 보호장치 마련을 위해 적극적으로 협상에 참여하고 있다. 관세감축 폭에 있어 예외가 인정되는 민감품목(sensitive product) 및 특별품목(special product)을 최대한 확보하기 위해 노력하고 있다. 또한 농업개혁에 필요한 보조금 제도를 유지할 수 있도록 수입국그룹 및 개도국그룹들과 긴밀한 공조를 모색하고 WTO에 이와 관련된 제안서를 제출하는 등 적극적인 협상을 펼치고 있다.

우리나라는 WTO 기본원칙에 부합하는 공정하고 시장지향적인 농산물 무역체제의 수립이라는 농업분야의 장기목표 달성을 위해 노력하고 있다. 다만, 농업개방은 취약부문에 미치는 부정적 효과를 최소화하기 위해 점진적으로 진행되어야 하며 각 회원국의 특수한 사정과 비교역적 관심사항이 고려되어야 한다는 입장이다. 이를 위해 우리나라는 DDA의 농산물협상이 수입국이나 수출국을 비롯한 회원국 전체의 이해를 균형 있게 반영해야 하며, 특히 큰 이해가 걸려 있는 시장접근과 국내보조금 감축의 경우 각국의 상황을 고려하여 진행되어야 한다는 입장을 지속적으로 견지해 오고 있다.

참고1: 〈시론〉 시행착오가 허용되지 않는 농업통상문제

박근혜 정부가 공식 출범했다. 정부조직법 개편안의 지연 처리로 출발부터 파행을 겪고 있지만 그래도 국민행복시대를 열겠다는 취임 일성에 작은 희망을 품어본다. 그렇다고 식품위생기능을 이관한 근시안적인 정부조직개편에 동의하는 것은 아니다. 안전한 먹거리를 위해서 파종부터 재배, 수확, 가공 처리 및 최종소비사에 이르기까지 유통 등 전 과정에 대한 일관 감시체계가 확립돼야 한다.

이는 세계적으로 이미 컨센서스가 이루어진 상태이다. 그런데 이를 분리하여 위생을 강화하겠다니 이해하기가 어렵다. 이러한 의미에서 추후 더 깊은 논의를 통해 다양한 시각을 수렵할 필요가 있다. 그렇다고 해도 농업통상 만큼은 이러한 시행착오가 있어서는 안 된다. 이는 한번 결정되면 바꾸기란 거의 불가능하고 또한 두고두고 미래에 까지 영향을 주기 때문이다.

이러한 측면에서 박근혜 정부가 맞닥뜨린 최대의 농업통상문제는 쌀 협상이 될 것이다. 우리나라의 쌀은 지금까지 두 차례에 걸쳐 관세화를 유예해 왔다. 이에 따라 2014년까지는 일정 물량 이상의 쌀 수입은 사실상 금지돼 있다. 그러나 2015년부터는 쌀을 관세화해야 한다. 물론 일부에서는 관세화를 다시 유예할 수 있다고 주장하지만 이는 합리적인 주장이 아니다. 더욱이 유예에 따라 우리나라가 지불해야 될 대가를 생각한다면 더 이상의 관세화유예는 우리 쌀 농업의 미래를 위해서도 바람직하지 않다. 쌀 관세화시 제일 어려운 문제는 쌀 관세의 크기를 정하는 일이다. 물론 WTO 농업협정문에는 1986~1988년 대표적인 국내외 가격을 이용해 관세를 계산하라고 나와 있지만 당시 쌀 수입이 없었던 우리나라로서는 적절한 국제가격을 결정하는 것이 쉽지 않다. 이웃나라의 수입가격을 이용할 수 있지만 일본의 당시 수입가격은 주정용 쌀을 만들기 위한 낮은 품질의 쌀 수입이었기 때문에 이를 그대로 원용하는 데는 무리가 따른다. 국내가격을 정하는 것도 어렵기는 매 한가지다.

대표적인 국내도매가격을 사용하도록 돼 있지만 당시 우리나라에 대표적인 쌀 도매시장이 있었는지 의문이다. 정부가 양곡의 수급을 직접 조정하고 있었기 때문에 도매시장으로 볼 만한 시장이 있었는지 설령 있었다고 해도 당시 가격이 정부의 통제가격이 아닌 진정한 의미의 시장가격인지도 의문이다. 더구나 품질도 반영할 수 있도록 되어 있다. 이에 따라 쌀의 관세는 기술적으로 다양한 계산이 가능하고 높을수록 수입국에게는 유리하다. 결국 쌀 관세는 협상에 의해서 결정될 수밖에 없는 상황이고 높은 관세를 확보하기 위해 사전에 치밀한 국별 협상전략이 마련돼야 한다. 특히 쌀을 관세화할 경우 지금까지 미국과 중국, 호주, 태국 등 4개국에 할당된 약 20만 톤의 쌀 수입이 경쟁수입구조로 바뀌면서 4개국 간 한국 시장 확보를 위해 치열한 가격경쟁을 펼칠 것으로 예상된다. 미국은 잃어버리게 될 쿼터물량에 아쉬움이 클 것이며, 중국은 곡물순수입국으로 전환하면서 장기적으로 쌀 수출이 녹록치 않을 수도 있다. 이러한 국별 교역 및 경쟁구조의 변화를 효과적으로 활용해야 함은 물론이다. 농업통상 만큼은 시행착오가 허용되지 않음을 직시해야 한다.

출처: 농수축산신문, 2013. 3. 4일자.

참고2: DDA 농업협상에 대한 동상이몽(同床異夢)

보호무역주의를 방지하고 자유무역체제를 확산하기 위해 설립된 WTO가 올해 12월 케냐 나이로비에서 또 한 번 시험대에 오르게 될 전망이다. 2001년 DDA 협상이 출범한 이후 10년이 넘도록 가시적 성과를 거두지 못하다가, 2013년 인도네시아 발리에서 열린 제9차 WTO 각료회의에서 조기수확 이슈에 대해 극적으로 합의하면서 꺼져가는 다자무역체제의 불씨를 다시 살리는 계기가 되었다. 특히 2008년 금융위기, 2010년 유럽 재정위기로 보호무역 조치에 대한 유인이 높은 가운데 WTO 모든 회원국이 합의를 통해 향후 협상의 모멘텀을 확보한 것은 의미 있는 성과였다.

하지만, 이번 제10차 WTO 각료회의는 이전보다 더 어려운 협상이 될 것으로 예상된다. 2013년 발리 각료회의 당시 합의하지 못하고 미뤄두었던 까다로운 문제들이 여전히 숙제로 남아있으며, 미국 등 주요국들은 WTO 협상보다는 상대적으로 환태평양동반자협정(TPP), 범대서양무역투자동반자협정(TTIP) 등 메가 FTA 협상에 집중하면서 다자 협상에 대한 동력이 약화되었기 때문이다. 그러나 오랜 기간 DDA 협상이 타결되지 못하고 지지부진한 이면에는 DDA 농업협상을 바라보는 데 있어서 선진국과 개도국 간, 수출국과 수입국 간 견해차가 존재한다. 특히, 현재 다자무역체제, 즉 우루과이라운드(UR)에서 합의된 국제무역 규범에 대한 각국의 인식 차이가 크기 때문이다.

먼저, 현재 세계무역체제와 관련하여 인도, 중국 등 일부 개도국은 우루과이라운드가 가지고 있는 제도적 불균형으로 인해 개도국에게 공정한 경쟁 기회(level playing field)가 보장되지 못하고 있으며, 이번 DDA 협상은 개발(development) 의제가 핵심이 되어야 한다고 주장하고 있다. 다시 말해, 개도국의 열악한 현실을 고려한 개도국 우대(special and differential treatment)가 보장되어야 하며 기존의 제도적 불균형을 시정하는 계기로 삼아야 한다고 강조해왔다. 반면에, 미국 등 선진국은 최근 개도국의 농업생산 및 교역 비중이 늘어난 상황을 반영하여 중국, 인도 등 신흥개도국이 그에 걸맞은 기여를 해야 하며 일부 국가에게만 부담을 강요해서는 안 된다고 주장한다. 나아가 개도국 우대를 이유로 무역왜곡적인 조치들이 확대되어서는 안 된다고 지적하고 있다.

국내보조와 관련하여 구체적으로 설명하자면, 일부 개도국들은 UR 협정 당시 국내보조를 지급할 여력이 없어 감축대상보조(AMS) 상한을 부여받지 못하고 농업생산액의 10% 수준에 해당하는 최소허용보조(de minimis)만을 부여 받았다. 반면에, 선진국은 당시 지급하고 있던 국내보조를 감축대상보조 상한으로 부여받음으로써, 비록 단계적 감축의무를 지기는 하였지만 상당 규모의 국내보조를 합법적으로 활용할 수 있게 되었다. 또한 감축대상보조의 상당 부분을 생산비연계 직접지불제 등 허용보조 형태로 전환하여 국내적으로 보조를 지속하고 있다. 이에 대해 개도국들은 지속적으로 이러한 불균형을 시정해야 한다고 주장해 왔으며, 선진국은 개도국의 무역왜곡적인 국내보조가 최근 증가하고 있다고 지적하며, 이에 대한 규율이 필요하다고 강조하고 있다.

또한, 시장접근에 있어서 현 농업협정은 시장개방에 따른 수입 급증이나 가격 폭락에 대비한 구제조치로서 특별세이프가드(SSG)를 활용할 수 있도록 규정하고 있다. 하지만, 농업협정상 발동기준이 까다로워 개도국들은 실질적으로 발동요건을 충족하기 쉽지 않고 열악한 인프라로 인해 필요한 데이터를 실시간으로 수집하기도 어려워 시의적절한 대응이 불가능하다고 주장하고 있다. 오히려, 현행 특별세이프가드는 선진국들에 의해 대부분 활용되어 지고 있는 바, 개도국들은 이번 DDA 농업협상에서 개도국을 위한 활용가능하고 효과적인 특별세이프가드 메커니즘(SSM)을 마련해 줄 것을 요청하고 있다.

하지만, 수출국 및 선진국은 현 농업협정에서 특별세이프가드를 점진적으로 폐지하도록 규정하고 있으며, 개도국이 제시한 특별세이프가드 메커니즘은 발동 기준이 완화되어 정상무역을 저해하고 빈번한 발동으로 시장접근의 예측가능성을 떨어뜨릴 수 있다고 지적하며 특별세이프가드 확대에 반대하고 있다. DDA 농업협상의 광범위한 이슈와 복잡한 국가별 이해관계를 고려할 때 일부 이슈에 대한 단순화된 설명만 가지고 협상의 전반적인 모습까지 완벽하게 보여주지는 못하겠지만, DDA 협상을 둘러싼 그룹별 기본입장을 보여주는 데는 무리가 없을 것이라고 생각된다. 결국, 제10차 WTO 각료회의도 그동안 나타난 선진국과 개도국 간 시각차를 어떻게 좁혀 가느냐에 성패가 달려있다고 할 수 있다. 이번 케냐 나이로비에서 WTO가 다자무역체제의 신뢰를 제고하고 자유무역을 확대해 나갈 수 있을지 기대된다.

출처: 대한변협신문. 2015.5.11.일자.

3. DDA 비농산물협상

비농산물협상(Non-Agricultural Market Access: NAMA)의 이슈는 크게 (1) 관세인하, (2) 개도국에 대한 신축성 부여, (3) 비관세장벽 해소 등 크게 세 가지로 분류할 수 있다. 관세인하는 크게 관세감축공식을 적용할 때 감축되는 관세수준과 특정분야의 관세를 완전 철폐하는 분야별 시장자유화 논의로 나눌 수 있다. 관세감축공식에 의한 관세감축 수준에 대해서는 선진국과 개도국의 입장차를 얼마나 좁히는가가 협상의 관건이다. 선진국들은 수출시장 확대를 위해 개도국의 비농산물시장에 대한 대폭적인 개방을 요구하는 반면, 개도국들은 선진국에 비해 열악한 경제여건을 고려하고 국내 유치산업보호를 위한 소폭의 시장개방을 주장하고 있다. 한편, 분야별 자유화 협상도 진행되고 있는데 관세감축공식에 의한 관세인하가 이루어진 후 특정분야에 대한 추가적인 시장개방은 회원국들의 자발적인 참여를 원칙으로 하고 있다.

이와 함께, 전 세계 교역량 또는 생산량의 일정비율에 해당하는 국가들이 협상에 참여할 경우 무관세화 등의 협상결과의 효력이 관련 협상에 참여하지 않은 다른 모든 회원국에게도 동일하게 적용되도록 하기 위한 노력이 진행되고 있다. 특히 전기 · 전자, 자동차, 화학, 의약품 · 의료기기, 자전거, 산업용기계, 스포츠용품, 임산물, 수산물, 완구용품, 원자재, 공구, 섬유, 보석 총 14개 분야는 관심이 있는 일부 국가들의 주도하에 논의가 이루어지고 있지만 개도국의 소극적 입장으로 논의가 활발히 진행되지 못하고 있는 상황이다.

개도국에 대한 신축성 부여 관련 이슈는 개도국이 관세감축공식을 적용하는 경우 선진국에 비해 덜 감축하는 방안과 관세감축공식 적용 시 일정 분야에 대한 예외를 인정해주는 방안 등을 중심으로 논의가 이루어지고 있다. 이외에도, 역외 공통관세를 적용하는 관세동맹 및 추가적인 신축성 부여를 요구하는 개도국들에 대해 협상 전반의 균형을 저해하지 않는 수준에서 별도의 신축성 부여가 필요한지에 대한 논의도 전개되고 있다.

비관세장벽 해소 문제는 현재까지 시행되어온 비관세장벽에 대한 다자적 차원의 효과적 해소방안과 향후 새롭게 대두될 가능성이 높은 비관세장벽을 선제적으로 방지하기 위한 메커니즘 마련 등의 이슈로 나누어 볼 수 있다. 비관세장벽 관련 논의는 WTO사무국이 회원국들의 제안서를 바탕으로 협상문안의 기초가 될 수 있는 자료를 모으고 이러한 과정에서 복수국간 회의를 개최하여 회원국 간 의견교환의 기회를 마련하고 있다. 이를 토대로 전자, 자동차 분야의 비관세장벽 신속해결 메커니즘, 수출허가 투명성, 재제조품 및 화학제품의 비관세장벽 해소 등에 대한 협상이 진행되고 있다.

이러한 이슈들을 중심으로 비농산물협상의 경우에도 농산물협상의 방식과 동일하게 자유화세부원칙의 기본골격을 도출하고 주요 사안별 협상을 통해 전체 협상을 타결 짓는 과정으로 진행되어 왔다. DDA 개시 이후 2003년 칸쿤 제5차 각료회의의 실패로 협상이 중단되었다가 2004년 7월 협상을 위한 기본골격합의(Framework Agreement)가 도출되어 협상추진의 동력을 얻게 되었다. 기본골격합의의 주요사항은 현행 관세율이 높을수록 인하폭이 커지는 관세감축공식, 동 공식의 적용 시 개도국에게 대한 대우, 분야별 자유화협상 및 비관세장벽 해소 등에 대한 내용이다. 2005년 12월 제6차 홍콩 각료회의에서는 선진국과 개도국에 각각의 서로 다른 계수를 부여하는 관세감축공식, 다시 말해 스위스 공식을 바탕으로 모든 비농산물 품목에 대한 일괄감축방식을 채택하게 되어 협상의 바탕을 마련하게 되었다. 스위스 공식이란 일정한 계수가 관세 상한의 역할을 하면서 관세가 높을수록 감축률이 커지는 공식으로 GATT 제7차 다자간 협상인 도쿄라운드(1973년~1979년)에서 스위스가 제안하여 공산품 관세인하에 적용된 방식이다.

이후 2006년 6월 제네바 소규모 각료회의에서 회원국 간 농산물 분야의 시장접근 및 보조금 문제에 대한 이견을 좁히지 못해 비농산물 분야 협상도 심도 있는 논의를 진행하지 못하였다. 2007년 다보스 회의를 계기로 협상은 다시 재개되어 2007년 7월 비농산물협상그룹 의장이 협상세부원칙 초안을 제시하였고 이를 기초로 1차, 2차, 3차 수정안이 2008년 2월, 5월, 7월에 각각 제시되었다.

2008년 7월 협상세부원칙 3차 수정안의 회람 이후 개최된 소규모 각료회의에서는 협상세부원칙 합의를 위해 30여개 회원국 통상장관회의가 진행되었다. 이러한 논의결과를 바탕으로 협상세부원칙의 타협안이 제출되었다. 이렇게 비농산물 분야의 협상세부원칙에 대해서는 비록 공감대가 형성되었으나 농산물 분야의 협상 부진으로 실질적인 결실은 맺지 못하였다. 하지만 동 소규모 각료회의에서 얻은 소기의 성과를 잃지 않기 위해 DDA협상이 조속히 재개되어야 한다는 공감대가 형성되었다. 이러한 상황을 반영하여 비농산물협상은 2008년 10월 재개되었다. 2008년 12

월 개최예정이었던 DDA 소규모 각료회의에 대비하여 비농산물협상 세부원칙에 대한 4차 수정안이 제출되었으나 각료회의에서 채택되지 못하고 결국 다시 실패하였다.

2009년에는 주로 비관세장벽 이슈별 제안서 관련 논의와 함께 특정 이슈별로 비농산물협상그룹 의장 또는 주도국 주재로 개최되는 소규모 협상이 진행되었다. 하지만 주요 이슈에 대해 회원국들이 기존입장을 되풀이하면서 큰 진전을 거두지 못하였다. 2010년에도 비농산물협상은 비관세장벽 제안서 관련 논의를 위주로 진행되었으며 2008년 12월 이후 협상의 진행상황, 미결 이슈에 대한 보고서가 제출되었다. 2011년 중 시장접근협상에 있어서는 여전히 교착상태를 보였으며 비관세장벽협상에 있어서도 시장접근에 비해서는 논의의 진전을 보인 것으로 평가되었지만 실질적인 진전은 보지 못하였다. 2012년 비농산물협상그룹 전체회의가 개최되어 협상그룹 차원의 작업현황 검토 및 향후 작업방향에 대한 회원국 의견을 청취한 후 비공식협의가 진행되었으나 뚜렷한 결론을 도출하지 못한 채 교착상태가 지속되었다. 2013년에도 교착상황은 지속되었으나 2013년 12월 발리에서 열린 제9차 각료회의의 성공으로 향후 비농산물협상에서도 어느 정도 진전이 가능할 수 있을 것으로 기대되고 있다.

비농산물분야에서 상당한 수준의 경쟁력을 가진 우리나라는 비농산물협상이 타결되면 상당한 수혜를 입을 것으로 예상하고 있다. 우리나라는 공산품 주요수출국으로서 비농산물협상을 통해 비농산물 분야의 관세 · 비관세 장벽이 감축 또는 철폐되고 시장개방이 대폭 확대되면 비농산물 분야에서 획기적인 수출확대를 기대할 수 있다. 이러한 차원에서 우리나라는 각국의 평균 양허세율을 고려하지 않고 높은 관세일수록 더 많이 감축하는 이중계수의 스위스 공식과 같은 과감한 관세감축방식을 지지하고 있다. 또한 미양허품목에 대해서는 DDA개시 시점의 실행세율에 일정한 숫자(markup)를 더하여 기준세율을 책정하고 이를 관세감축공식을 통해 감축할 것을 주장하고 있다. 아울러 우리나라의 수출전략 및 경제성장 동력 창출에 중요한 역할을 하는 산업을 중심으로 분야별 자유화 논의에 적극적으로 참여하고 우리나라와 비슷한 입장을 가지고 있는 국가들과 공조그룹을 형성하여 우리나라의 국익을 확보하기 위해 노력하고 있다.

또한, 비관세장벽 해소가 도하각료선언의 중요한 지침(mandate) 중 하나라는 판단 하에 우리나라 기업의 해외시장진출에 걸림돌로 작용하고 있는 주요 비관세장벽 해소를 위한 논의에도 적극적으로 참여하고 있다. 한편, 취약한 산업분야에 대해서는 시장개방의 충격이 최소화되도록 협상전략을 모색 중이고 다양한 경로를 통해 우리나라의 입장을 관철시키기 위해 노력하고 있다. 예를 들어 우리나라는 비농산물 민감 품목 중 하나인 수산물에 대해서 그 민감성이 충분히 고려되어야 한다는 입장을 견지하고 있다. 아울러, WTO의 개도국과 최빈개도국 우대라는 기본원칙을 지지하면서 개도국들도 그 능력범위 내에서 비관세장벽 해소를 위해 적극적으로 동참할 것을 촉구하고 있다.

참고: 「세계무역기구 도하개발아젠다 정책 세미나」 개최: 농업/비농산물(NAMA)/서비스 분야의 DDA 협상 대응전략 점검

2015. 6.24일 산업통상자원부(장관: 윤상직)는「세계무역기구(이하 WTO) 도하개발아젠다(이하 DDA) 정책 세미나」를 개최, DDA 작업계획 관련 논의 동향과 우리나라의 분야별 대응 전략에 대해 논의했다. WTO 회원국은 올해 열리는 제10차 각료회의(12.15, 케냐 나이로비)에서 DDA 작업계획수립 등의 성과를 도출하기 위해 역량을 집중하고 있는 만큼, 이에 대비해 우리의 협상 전략을 재점검하기 위한 자리로 마련했다.

제9차 각료회의(2013. 12월)에서 '포스트(Post)-발리 DDA 작업계획'을 2014. 12월까지 수립하도록 합의하였으나, 논의가 지연되면서 WTO 특별 일반이사회(2014. 11. 27.) 결정으로 수립 시한을 2015. 7월로 재설정했다. 김종훈 국회의원(전 외교통상부 통상교섭본부장)은 축사에서 "전임 통상교섭본부장으로서 다자무역 자유화의 중요성을 누구보다 잘 알고 있다."라고 하면서, "재직 당시에 DDA 협상이 급물살을 타면서 타결이 예상되다가 마지막 순간에 좌초된 경험이 있다."라고 회고했다. 아울러, "다자간 협상은 이해관계가 복잡하여 협상 타결이 어렵고 타결된 후의 파급 효과도 크다."라고 전제하고, "준비에도 시간이 걸리고 협상 흐름을 놓치면 실기할 수 있으므로 정부가 대비를 잘 해야 한다."라고 강조했다.

김학도 산업통상자원부 통상교섭실장은 "WTO 회원국들이 목표수준을 하향 조정해 DDA 작업계획을 수립한다는데 공감대가 형성되어 있는 만큼, 금년 말 각료회의 계기에 DDA 작업계획 합의가 충분히 가능한 것으로 보인다."라고 전망하면서, "우리나라의 경우 2008년 이후 주요국과의 FTA 체결 등 시장개방 여건에 많은 변화가 있었으므로, DDA 대응전략을 재점검하여 우리 실익을 극대화하겠다."라고 앞으로의 계획을 말했다.

이번 세미나에서는 산업부의「WTO DDA 협상 동향」발표, 농업/비농산물(NAMA)/서비스 3개 분야에서 전문가의 주제발표와 패널토론, DDA 협상 전반에 대한 종합토론 순서로 진행한다. 산업부 박건수 통상정책심의관은 제네바에서 진행 중인 DDA 작업계획 논의 동향, 농업·비농산물(NAMA)·서비스의 분야별 쟁점 등을 소개했다.

농업(KIEP 서진교 무역통상실장 발표) 분야에서는 농업 국내보조, 관세감축방식과 관련된 핵심 쟁점과 주요국의 입장을 살펴보고, 우리나라의 국내보조 전망과 관세감축 모의실험에 따른 대응 방향을 논의했다. 앞으로 관세상한 적용 배제, 핵심 농산물에 대한 최소감축률 축소/배제 등 예외 확보를 위해 노력해야할 것이라고 제시했다.

비농산물(KIET 김수동 연구위원 발표) 분야에서는 관세감축방식에 따른 시나리오별 관세율 변화와 수출입 효과를 살펴보고, 평균관세감축방식, 미양허 품목의 추가 양허에 대한 대응 방향을 논의했다. 앞으로 관세감축에 따른 대일, 대중 수출입 효과, FTA 미체결 개도국 시장 등을 염두에 두고 평균관세감축방식 논의에 적극 참여할 것을 제시했다. 향후 구체적인 감축수준 논의에 대응한 시나리오 분석, 세번별로 민감품목을 반영한 차등적 감축률 적용 등 추가 작업 필요할 것으로 보인다. 서비스(KIET 고준성 선임연구위원 발표) 분야에서는 2000년 이후 최근까지 우리나라 서비스기업의 국별 해외진출 신규법인 수와 투자금액 등을 기초로 해외진출 유망 국가・업종을 도출하였으며, 앞으로 서비스협상은 중국・아세안 지역을 대상(타깃)으로, 특히 자유무역협정을(FTA)를 체결하지 않았거나 자유화 수준이 낮은 국가의 시장접근 개선을 중점 추진해야 할 것이라고 제시했다. 산업부는 세미나에서 논의한 내용을 반영하고 전문가・업계・관계부처와의 추가 협의를 거쳐 우리 입장을 정립, 제네바 협상에 대응해 나가기로 했다.

출처: 산업통상자원부 보도자료, 2015. 6.24

4. DDA 서비스협상

앞에서 이야기하였듯이 서비스무역의 비중과 중요성이 높아지면서 서비스무역에 대한 다자적 차원의 국제무역규범의 필요성이 급증하게 되었다. 이에 따라 우루과이라운드협상을 거치면서 서비스무역은 농산물분야와 함께 처음으로 시장개방 협상 분야로 포함되었다. 우루과이라운드협상을 통해 제정된 서비스무역에 관한 일반협정(GATS: General Agreement on Trade in Services)은 서비스무역에 대한 최초이자 유일한 다자무역규범으로 우루과이라운드 협상의 가장 중요한 성과의 하나이다.

서비스협상은 위에서 이야기하였듯이 DDA 개시 이전에 이미 GATT차원에서 협상이 진행되고 있었고 DDA협상과 관계없이 이미 GATS에 의거하여 주기적으로 협상을 하도록 규정되어 있는 소위 '기설정 의제'(built-in agenda)이다. DDA 개시에 따라 기존 서비스협정보다 폭넓고 자유로운 서비스무역을 위한 서비스협상이 DDA

의 한 분야로 포함되었다.

DDA의 서비스협상은 기본적으로 전체 12개 분야 155개 세부 업종을 대상으로 진행되는데 크게 두 가지 면에서 농업, 비농산물 등 다른 협상 분야와 차이점이 있다. 첫째, 회원국이 자국의 현실적 상황을 고려하여 원하는 분야만을 선택하여 개방할 수 있도록 하고 그 개방의 내용과 일정 등도 신축적으로 추진할 수 있도록 하는 '포지티브 방식(positive system)'을 취하고 있다. 둘째, 서비스협상은 각국이 스스로 개방할 서비스 업종과 그 폭과 일정에 대한 양허안을 작성, 제출하고 이를 근거로 상대국들에 대해 동일한 수준의 시장개방을 요구하는 절차로 협상을 반복하는 양자 간의 요청/제안방식(request/offer approach)을 채택하고 있다. 이러한 서비스분야 협상방식은 모든 상품에 대한 관세인하율이 일단 정해지면 일률적으로 적용되게 하는 공식(formula)접근방식을 취하는 상품분야와는 큰 차이가 있다.

이러한 원칙하에 각 회원국은 2002년 7월 시장개방요청서(request)를 상대국들에게 제출하였다. 그리고 이에 대해서 상대국들은 2003년 1차 시장개방계획안(offer)을, 2005년 다시 2차 시장개방계획안(revised offer)을 제출하면서 회원국 간 양자협상이 진행되어 왔다. 2005년 홍콩 각료회의에서는 기존의 양자 차원의 요청제안방식을 보완하기 위해 복수국간 요청제안방식이 도입되었다. 이는 동일한 서비스뷰야에 대한 관심이 높은 회원국들 간의 복수국간 협상으로 분야별로 더 회원국들의 시장개방을 요청하는 입장의 국가들의 그룹과 이들로부터 시장개방 요청을 받는 국가들의 그룹 간의 협상을 의미한다.

2008년 7월 소규모 각료회의 시 농산물, 비농산물 협상타결 실패로 DDA 서비스협상도 국내규제, 서비스 규범 등 기술적 이슈에 대한 논의만 진행되었다. 2009년 9월 뉴델리 비공식 각료회의 협의를 계기로 2009년 11월 서비스시장접근에 대한 협상이 재개되었고 현재 각국의 서비스시장개방안에 대한 협상이 진행되고 있다.

하지만 각 회원국이 이미 두 차례에 걸쳐 자국의 시장개방계획안을 제출하였기 때문에 농산물과 비농산물 협상이 진전되지 않고 있는 상황에서는 서비스협상도 더 진전되기 어려운 것이 현실이다. 이런 상황에서는 서비스협상을 진행하더라도 각국의 수정안 제출이 부진하거나 제출한다 하더라도 낮은 수준의 개방안이 제출될 우려가 있다. 따라서 3차 시장개방계획안 등 수정안을 중심으로 본격적인 서비스협상을 위해서는 결국 농산물과 비농산물 분야 협상의 진전이 전제되어야 할 것으로 보인다.

우리나라는 미국, EU, 일본, 호주 등 총 36개국에 대해 시장개방요청서(request)를 제출하였고, 25개국으로부터 양허요청서(offer)를 접수하였다. 우리나라는 주요 교역 상대국 및 우리 기업의 진출 가능성이 큰 개도국들에 대해서는 우리의 개방정도가 높고 비교적 경쟁력이 있다고 판단되는 건설, 유통, 금융, 통신, 해운 분야에 대한 시장개방요청서를 제출하였다. 대신 타 회원국들은 우리나라가 개방하지 않고 있거나 개방수준이 비교적 낮은 보건 의료, 교육, 우편 서비스 등에 대해 추가적인 시장개방을 요청하였다. 특히 개도국들을 중심으로 서비스 인력이동 분야의 제한 완화 및 추가 개방을 요청하였다.

우리나라는 서비스산업이 국민경제에서 차지하는 중요도와 그간의 자유화정책 등을 감안하여, 서비스협상에 적극적으로 참여한다는 입장이다. 구체적으로, 통신・유통・해운 등 경쟁력이 있는 분야에서는 해외진출 기반을 확보하기 위해 적극적으로 해외시장 개방을 요청하고, 시청각・법률・교육 등 분야에서는 중장기 경쟁력을 강화할 수 있도록 현실에 맞게 개방의 폭과 속도를 조절하는 방안을 추진하고 있다.

이를 위해 우리나라는 이미 서비스협상의 일정에 맞추어 제1, 2차 시장개방계획안을 제출하였다. 우리나라는 1차 계획안에는 법률, 부동산 중개, 국제 배달 등 20여개 업종에 대한 새로운 개방안을 제시하였다. 2차 계획안에서는 회계사, 건축사 등 일부 전문 기술직 계약서비스 공급자(Contractual Service Supplier)의 인력이동 자유화 계획안을 제시하였다.

우리나라는 농산물, 비농산물 협상에서 돌파구가 찾아져 DDA가 급진전되고 서비스협상에서도 제3차 시장개방계획안 제출시한이 설정되고 양허안에 협상이 진행될 경우를 대비하여 제3차 시장개방계획안 작성을 준비하고 있다. 관계부처 간 협의를 통해 우리나라가 이미 FTA 차원에서 개방을 추진하고 있는 분야 및 국내법상 실제 개방되어 있는 분야 등을 중심으로 이를 다자적으로 개방할지에 대해 심도 있게 검토하고 있다.

다자적으로 개방을 하는 것은 WTO 전체 회원국에 대한 약속이고 향후 이 양허를 철회하기 어렵기 때문에 신중한 고려가 필요하다. 아울러, 우리나라는 우리에게 상업적으로 의미가 큰 서비스 분야에 대해 타 회원국의 시장개방 요구를 강화할 계획이다. 우리나라는 그 동안 해운, 건설, 통신, 금융, 유통 등 소위 5대 인프라 서비스(infrastructure service)에 대한 타 회원국의 시장개방을 지속적으로 요구해 왔다.

현 단계에서 우리와 FTA를 체결하고 있지 않으면서, 상업적 이해관계가 높은 국가들에 우선순위를 두어 우리 관심분야에 대한 시장개방 요구를 앞으로 계속 강화해 나갈 계획이다.

한편 DDA 서비스협상에서 그 입지가 강화되고 있는 복수국간 서비스협상에도 대비하고 있다. 2013년 6월 제네바에서 개최된 복수국간서비스협정 회의에서 우리나라를 포함한 일본, 호주, 뉴질랜드, 미국, 캐나다, EU, 스위스, 노르웨이, 아이슬란드, 대만, 홍콩, 파키스탄, 멕시코, 코스타리카, 파나마, 콜롬비아, 페루, 칠레, 파라과이, 터키, 이스라엘(전 세계 서비스무역의 70% 이상을 차지) 등 22개 참여국은 협상에 필요한 국내절차 등을 완료함에 따라 현 단계부터 본격적인 협상을 진행해 나가기로 합의하였다. 또한 참여국들은 향후 협상 진행과정에서 여타 WTO 회원국의 참여도 적극 독려해 나가는 것에 대해서도 합의하였다. 〈표 6〉은 복수국간서비스협정을 정리한 것이다.

〈표 6〉 복수국간서비스협정 개요

명칭	복수국간서비스협정(Trade In Services Agreement)
개념	서비스분야 무역 자유화를 촉진하기 위한 협정
추진배경	DDA 협상 교착상태 장기화에 따라 서비스 교역 자유화에 관심이 많은 국가 중심으로 추진(미국, 호주 주도)
참여국	우리나라, 일본, 대만, 홍콩, 호주, 뉴질랜드, 파키스탄, 미국, 캐나다, 멕시코, 코스타리카, 파나마, 콜롬비아, 페루, 칠레, EU, 스위스, 노르웨이, 아이슬란드, 터키, 이스라엘, 파라과이, 리히텐슈타인 (전 세계 서비스 무역의 약 70%를 차지)
주요쟁점	• 적정한 자유화 수준 설정: WTO 출범 이후 각국의 FTA 체결로 인해 높아진 서비스 시장 개방수준을 어느 정도 반영할 것인지가 주요 쟁점임 현행 최선의 FTA 개방 수준 내에서 하고 민감한 부분은 예외로 인정하자는 데에 공감대가 형성되어 있는바 향후 양허협상을 통해 자유화 수준이 구체화될 예정임 • 다자화 추진방식: TISA는 WTO 체제를 보완하기 위한 것으로, 궁극적으로는 회원국을 WTO 전체로 확대하는 다자화가 주요 목표임 이와 관련하여 신규 회원국의 참여절차, TISA를 WTO 체제로 편입시키기 위한 절차 등이 논의 중 • 신규 및 개선된 규범의 도입: TISA에서는 WTO 서비스협정(GATS)의 골격과 주요 조항을 유지하면서도 투명성, 자연인의 이동, 정보통신, 해운 등 신규 또는 개선된 규범 도입을 위한 논의가 진행 중임

우리나라는 2012년 2월부터 진행된 동 협상의 준비단계에서부터 지속적으로 참여해 왔으며 동 협상에 참여하기 위한 통상절차법상 국내절차를 완료하였다. 정부는 향후에도 관계부처 간 긴밀한 협의 및 업계의 의견수렴을 통해 동 협상에 참여할 계획이며, 우리나라 서비스산업의 경쟁력 강화와 해외진출을 활성화하는 방향으로 협상에 참여할 예정이다.

참고: [경제기사야 놀~자] '서비스 시장'을 개방한다는 건 무슨 의미인가요? (강준구, KIEP 전문연구원)

'시장 개방'이라고 하면 흔히 상품 시장의 개방을 떠올리지만, 사실 상품 못지않게 중요한 것이 서비스 시장의 개방입니다. 그러나 서비스라는 게 눈에 보이는 것은 아니어서 "서비스 시장의 문을 열어준다"는 말이 정확히 무엇을 뜻하는지 얼른 이해가 되질 않지요. 서비스 시장 개방도 상품시장 개방과 같이 서비스의 자유로운 무역을 가로막고 있는 장애요인을 없애는 겁니다. 오늘은 서비스 무역이 어떻게 이루어지는지에 대해 알아보도록 하지요.

상품 무역은 물리적으로 일정한 형태를 가진 제품이 어떤 국가에서 생산이 되어 다양한 운송수단을 이용해 이를 소비하는 다른 나라로 옮겨지는 것을 말합니다. 부산이나 인천 항만에서 쉽게 볼 수 있는 컨테이너 선박에 가득 차 있는 상품들을 떠올려 보면 쉽게 알 수 있지요. 그러나 서비스는 형태가 없기 때문에 컨테이너 선박을 이용해서 수출하거나 수입할 수 없습니다. 그렇다면 서비스 수출입은 어떻게 이루어질까요?

세계무역기구(WTO)의 서비스무역에 관한 일반협정(GATS)에서는 서비스 무역을 '국경 간 공급', '해외 소비', '상업적 주재', '자연인의 이동' 등 네 가지 형태로 규정하고 있습니다. 여전히 어렵지요. 여러분이 잘 알고 있는 온라인 게임으로 WTO가 규정하고 있는 서비스 무역의 네 가지 형태를 알아보도록 하겠습니다.

우리나라의 온라인 게임업체가 자체 개발한 게임을 국내에 게임서버를 두고 인터넷을 통하여 중국의 소비자에게 공급해 중국 네티즌들에게 온라인 게임의 이용요금을 받는 경우를 생각해 보지요. 이처럼 서비스가 한 국가의 국경을 넘어 다른 국가로 공급되는 것을 서비스의 '국경 간 공급'이라고 합니다. 인터넷을 통한 원격 진료도 서비스의 국경 간 공급의 대표적인 사례가 되겠지요.

우리나라의 학생이 미국에 어학연수를 가서 미국업체의 온라인 게임을 이용하면서 요금을 내는 경우도 있을 수 있습니다. 이와 같이 게임이라는 서비스를 소비하는 주체인 개인이나 기업이 이를 공급하는 국가에 직접 가서 현지에서 서비스를 소비하는 형태를 서비스의 '해외 소비'라고 합니다. 일반 해외관광이나 해외 유학 또는 어학연수 등이 서비스 해외소비의 대표적인 예가 되겠지요.

그런데 서비스의 국경 간 공급이 여의치 않거나, 기업의 경영 전략상 온라인 게임업체가 중국에 직접 진출해서 기업을 설립한 후 중국 현지에 게임서버를 두고 서비스를 제공하는 경우도 있습니다. 이렇게 한 국가의 기업이 다른 국가에 들어가 자회사나 지사 등을 설립하여 서비스를 제공하는 것을 서비스의 '상업적 주재(駐在)'라고 합니다. 상업적 주재의 대표적인 예는 우리 주위에서 쉽게 볼 수 있는 외국계 대형 할인점이나 외국계 은행의 국내 지점 등이 있습니다.

마지막으로 우리나라의 온라인 게임을 만드는 프로그래머가 중국 기업에 채용되어 중국에서 온라인 게임을 개발하고 월급을 받는 경우가 있는데, 이처럼 개인이 다른 국가로 가서 직접 서비스를 제공하고 그에 대한 대가를 받는 것을 '자연인의 이동'이라고 합니다. 외국에 나가서 일하고 있는 패션모델, 컨설턴트는 자연인의 이동의 좋은 예가 됩니다.

이와 같은 서비스 무역의 제한은 보통 '국경 간 공급'과 '상업적 주재', 그리고 '자연인의 이동'에 집중되어 있습니다. 해외소비는 대개의 국가에서 제한을 두고 있지 않습니다. 왜냐하면 서비스의 해외소비를 제한한다고 해도 이를 막기가 어렵기 때문입니다. 예를 들면 어떤 국가가 병원서비스의 해외소비를 허용하지 않는다고 해도, 해외에 나가 있는 국민이 아파서 현지에서 병원에 가는 것을 막을 수는 없겠죠. 반면 해외소비 외의 다른 세 가지 서비스 무역은 자국 내로 들어오는 서비스 또는 서비스 인력에 관한 것이기 때문에 국내 산업과 고용 등에 영향을 줄 수 있습니다. 따라서 각국은 자국의 제반 여건을 고려하여 일정한 제한을 둡니다.

서비스 시장을 개방한다는 것은 이러한 제한을 부분적으로 없애거나 아니면 완전 철폐하는 것을 말합니다. 부분적 개방의 예를 들어 보지요. 우리나라는 종합지, 경제지, 스포츠지 등 일간 또는 주 3회 이상 발행하는 신문사에 대한 외국인 투자비율을 30% 미만으로 제한하고 있습니다. 결국 외국인이 우리나라에 신문사를 설립할 수는 있지만 투자지분이 30% 미만이기 때문에 신문사의 의사결정을 좌지우지할 수는 없지요. 이와 같은 경우가 서비스의 부분개방입니다. 반면 외국인이 국내에서 호텔이나 음식점을 설립하는 데 아무런 제한이 없습니다. 우리 국민이든 외국인이든 국내에서 마음대로 호텔이나 음식점을 설립할 수 있으며, 외국인은 우리 국민과 비교하여 어떠한 차별도 받지 않습니다. 이와 같은 경우는 서비스의 완전개방에 해당하지요.

다른 분야와 마찬가지로 서비스 시장 개방도 국가 전체의 사회적 후생을 증진시키거나 국내 서비스 산업의 발전을 위해 필요한 경우에 한해 이루어집니다. 서비스 시장이 개방됨으로써 외국의 서비스 기업이 국내로 많이 들어오게 되면 소비자들은 우수한 품질의 서비스를 저렴하게 이용할 수 있게 되고, 이로 인해 사회적 후생이 증가하게 됩니다. 또한 외국의 우수 서비스 기업이 국내로 들어오게 되면 국내 서비스 기업은 이들과 경쟁을 하는 과정에서 서비스 경쟁력을 높이는 데 힘을 쏟을 겁니다. 결과적으로 서비스 시장 개방은 국내 서비스 산업이 한 단계 더 발전할 수 있는 계기가 될 수 있습니다. 물론 공공성이 강조되는 서비스 분야에 대해서는 개방을 하지 않고 정부가 서비스 공급을 규제하는 경우가 많습니다. 예를 들면 우리나라의 초중등교육, 지상파방송, 우편업, 소방서 등이 공공성을 확보하기 위해 시장을 개방하지 않은 대표적인 경우입니다.

서비스시장의 양허와 철회

양허라는 말을 들어 보셨지요. WTO 전체 회원국에 대해 자국의 시장 개방을 약속하는 것을 '양허(commitment)'라고 합니다. 개방과 마찬가지 뜻이긴 한데, 양허는 개방 결정을 돌이키지 않겠다는 뜻까지 포함하고 있지요. 양허와 비슷하지만 차이가 있는 개념으로 '자발적 자유화'라는 것이 있습니다.

자발적 자유화는 말 그대로 스스로 결정해서 시장을 개방한 것이기 때문에 이후 국내 사정에 따라 개방한 것을 취소할 수도 있습니다. 따라서 자발적 자유화를 양허와 비교하면 시장개방은 같다고 해도, 구속력 면에서 자발적 자유화가 양허보다는 약합니다.

양허된 서비스를 취소하는 것을 '철회(withdrawal)'라고 합니다. WTO의 GATS 제21조 양허표 수정조항에 따르면, 각국은 양허의 발효일로부터 3년이 경과된 후 언제라도 양허표를 수정하거나 철회할 수 있도록 되어 있습니다. 그러나 실제 양허를 수정하거나 철회하기는 매우 어렵습니다. 왜냐하면 양허를 수정하거나 철회할 경우 이로 인해 영향을 받는 국가에 필요한 보상을 해주는 협상을 반드시 해야 하기 때문입니다. WTO 회원국은 150개국이 넘기 때문에 보상은 매우 큰 부담이 아닐 수 없습니다. 그러므로 아주 예외적인 중대한 사안이 아닌 이상, 보상을 동반하는 양허의 수정 또는 철회를 선택할 가능성은 매우 희박하다고 볼 수 있지요.

출처: 조선일보, 2009.8.28.일자.

5. DDA 규범협상

DDA 규범협상은 2001년 11월 도하각료회의에서 현행 반덤핑협정, 보조금협정 및 지역무역협정에 대한 기본원칙과 개념을 유지하면서 관련 규정을 명료화하고 개선하도록 하는 협상지침을 합의하였다. 이에 따라 규범협상은 위의 세 가지 분야별로 협상이 시작되었다. 이 중 반덤핑분야는 가장 활발하게 논의가 이루어져 온 분야로 개정의 필요가 있는 항목을 발굴하여 항목별로 구체적 개정문안을 검토하고 있다. 보조금분야는 협상주도그룹이 없어 협상이 부진한 상태이나, 2003년 수산보조금은 일반보조금과 다른 별도 규율체계가 필요하다는 점에 합의가 이루어진 후 보조금협상의 일환으로 수산보조금의 규율문제가 논의되고 있다.

2007년 11월 그동안 진행된 협상경과를 종합 고려하여 반덤핑협정 개정안, 보조금협정 개정안, 수산보조금에 대한 규정(보조금협정의 부속서로 첨부)을 제출하였다. 이후에는 동 문서를 중심으로 협상이 진행되어 왔고, 2008년, 2011년에는 특별한 진전사항 없이 협상 경과만을 기술, 정리한 의장 작업문서가 제출되었다. 그리고 2017년 12월 제11차 각료회의에서 수산보조금 관련해서는 2019년 제12차 각료회의까지 과잉어획(overfishing), 과잉능력(overcapacity), 불법·비보고·비규제(IUU) 어업 관련 수산보조금 금지를 위한 협상을 지속하기로 합의하고, 현행 WTO

보조금 협정상 통보의무를 수산보조금 관련해서도 이행할 것을 다시 약속했다.

반덤핑분야에서는 반덤핑 조치의 남용을 방지하기 위해 반덤핑협정의 실질적 개정을 통해 규정을 강화해야 한다는 입장(반덤핑 프렌즈)과 현행협정의 기본 틀 유지를 선호하며 절차적 문제 이외에 협정의 실질적 개정에는 소극적인 입장(미국)이 대립 중이다. 또한 최근 쟁점이 되고 있는 사안은 제로잉(zeroing) 문제라고 할 수 있다. '제로잉'이란 반덤핑 마진의 계산 시 마이너스의 마진을 '0' 으로 계산하여 결과적으로 평균마진율을 높이게 되는 방식이다. 미국은 제로잉이 그동안 관행적으로 사용되어 왔기 때문에 이것을 인정해야 한다는 입장인 반면 우리나라를 포함한 주요 수출국들은 제로잉이 덤핑을 위한 수단으로 악용되어 왔음을 주장하며 이를 금지해야한다고 주장하고 있다.

또한 우리나라는 WTO에서 허용하고 있는 반덤핑조치의 남용을 방지하기 위해 반덤핑협정을 강화하는 방향으로 협정이 개정되어야 한다는 입장을 견지하고 있다. 왜냐하면 현 WTO 반덤핑협정에 대해 일부 자의적 해석의 가능성이 남아있고, 수출업자에게 불리한 규정 등이 여전히 포함되어 있기 때문이다. 우리의 주요 관심 사항으로는 위에서 언급한 제로잉의 금지, 임의적인 재심절차로 인한 수출기업의 불이익을 막기 위한 규정의 제정, 일몰조항(반덤핑 조치 후 일정기간 경과 시 자동종료)의 의무화, 덤핑마진을 상쇄하기 위해 부과하는 반덤핑관세의 최소부과원칙의 의무적용 등이 있다.

일반보조금분야는 반덤핑협상에 비해 회원국 간 첨예한 대립이 없고 협상주도 그룹도 없어 이렇다 할 협상의 진전은 없는 상황이다. 다만 보조금의 정의, 특정성, 심각한 피해 등 현행협정 상 불명확한 부분을 좀 더 명확하게 하는 협상이 진행되어왔다. 일반 보조금과 관련하여 우리나라는 상계관세조치가 수입규제조치로 활용되지 않도록 관련 조항의 강화를 지지하고 있으며, 개도국에 대한 허용보조금 범위 확대에 대해서는 우리나라와의 경쟁관계를 감안하여 선진국과 함께 유보적인 입장을 견지하고 있다.

특히 수산보조금 분야에서는 규율방식과 관련하여 수산보조금을 원칙적으로 금지하자는 포괄적 금지방식(미국, 뉴질랜드, 호주, 칠레 등 주장)과 개별 보조금이 자원에 미치는 영향을 검토하여 금지하자는 개별적 금지방식(우리나라, 일본, 대만 등 주장) 간 대립이 지속되어왔다. 2007월 11월 제출된 의장문서는 후자를 채택하였고 이후에는 수산보조금 금지 범위에 대한 논의를 중심으로 협상이 진행되고 있다. 수산업분야의 경쟁력이 높은 주요 수산수출국들은 의장문서의 금지범위가 적절한 수준이라며 긍정적인 입장인 반면, 우리나라, 일본, 대만 등과 같은 수산수입국은 금지보조금의 범위가 지나치게 넓다고 이에 대한 개정을 주장하고 있다. 예를 들어 우리나라는 수산자원 고갈과 직접적으로 관련이 있는 보조금만을 금지하도록 하여 수산 보조금 금지범위의 최소화를 도모하고 있다.

마지막으로 지역무역협정 분야는 구체적인 기준(실체적 요건)보다는 투명성 증진(절차적 요건) 방안에 치중하여 협상이 진행되어 왔으며, 2006년 12월 지역협정 투명성에 대한 잠정규정이 일반이사회에서 채택되었다. 지역무역협정 분야는 회원국들 간 반덤핑, 보조금 협상에 비해 큰 이견이 없다. 우리나라는 WTO 차원의 지역무역협정에 대한 규율을 강화한다는 차원에서 관련규정 개선을 지지하고 있다. 특히 지역무역협정의 체결 시 이에 대한 통보 및 정보제공 등 절차 규정, '실질적인 모든 무역거래(substantially all the trade)' 요건의 명확화, 무역구제조치의 역내국 면제, 특혜원산지 기준 등에 관심을 가지고 있다

이렇듯 우리나라는 DDA 규범협상과 관련하여 반덤핑 분야에서는 반덤핑 프렌즈, 수산보조금 분야에서는 일본, 대만 등 우리나라와 이해관계가 비슷한 국가들과 공조하고 있다. 또한 우리나라 입장이 최대한 관철되도록 노력하기 위해 다수의 제안서를 제출하는 등 적극적으로 우리의 입장을 개진해 왔다. DDA협상의 전반적 부진과 더불어 최근에는 논의가 활발하지 않았으나, 향후 협상재개에 대비하여 우리 입장을 재점검하고 적절한 협상전략을 마련할 예정이다.

참고: WTO DDA 수산보조금 2월 협상 결과

금년도 첫 번째 WTO DDA(도하개발아젠다) 수산보조금 협상이 2월 7일부터 14일까지 스위스 제네바에서 개최되었다. 금번 회의에서는 일본, 캐나다, 모로코, 에콰도르, 아르헨티나 등이 각각 제출한 5개의 제안서들을 논의하고, 핵심쟁점인 유류보조금 문제도 별도의 소그룹을 구성하여 논의하였다. 금번회의는 금년 4월 의장 수정 텍스트 성안을 앞두고 긴박한 분위기에서 협상이 진행되었으나, 각 협상 그룹이 각각의 입장을 대변하는 제안서를 제출하여 서로 견제함으로써 큰 진전은 없었다.

FFG는 의장안과 유사한 개도국 대우에 관한 제안(에콰도르 · 페루 안, 아르헨티나 · 칠레 등 4개국안)을 지지함으로써 중국 등의 개도국 대우 확대 요구를 견제하였고, 중국, 인도, 브라질 등 개도국도 모로코 제안을 통하여 개도국 우대를 공해어업에까지 확대할 것을 계속 주장하였고, 우리의 공조국 중 일본, 캐나다가 각각 제안서를 제출하였으나, FFG와 개도국으로부터 협상목표가 낮다는 비판을

받았다.

특히, 2007년도 의장안의 금지보조금을 대폭 축소 등 의장안을 전면 수정하는 일본 제안에 대하여는 FFG 및 대다수 개도국으로부터 의장 수정텍스트 작성시한이 얼마 남지 않은 시점에서 의장초안의 대폭적인 구조변경을 시도하였다는 비판을 받았다. 최소허용보조를 주 내용으로 하는 캐나다 제안 등 각국 제안서에 대하여도 각국이 기존의 입장을 반복함으로써 큰 진전은 없었다.

다만, 우리나라, 일본 등이 계속 주장해 온 "소규모 어업에 대한 보조금을 모든 국가에 허용"하자는 요청에 대하여는 회원국 간 공감대가 확산되는 분위기도 있었으나, 그 기준(X톤 이하 어선 또는 총어획량의 X%) 및 허용정도에 대하여는 여전히 논란이 계속되었다. 특히, 그동안 어획능력을 직접 증가시키는 것으로 지목되어온 유류보조금에 대해서는 각국의 정치적 민감성이 재차 확인되었으며, 우리나라는 유류 보조금 금지 시 각국의 상이한 세금조치로 인하여 회원국 간 불공평한 결과가 초래된다는 문제를 집중 제기하였다.

농림수산식품부 관계자는 "금번 회의를 통해 주요 협상그룹간의 입장차가 아직도 크다는 점이 확인되었지만, 4월까지 새로운 의장안을 성안하기 위한 협상작업이 더욱 빨라질 것으로 예상된다."고 전했다. 한편, 차기 협상은 3월 7일 주간에 제네바에서 개최된다.

※ FFGs(11개국) : 미국, 호주, 뉴질랜드, 칠레, 에콰도르, 아이슬란드, 페루, 아르헨티나, 파키스탄, 노르웨이, 콜롬비아

※ 공조국(5개국) : 한국, 일본, EU, 대만, 캐나다

※ 일본 제안 : 항만기반시설, 소득보조를 금지보조금 항목에서 삭제, 유류보조는 금지보조금에 포함, 톤수 기준으로 한 소규모어업 일반예외 규정, 어획량을 고려 개도국 차등 대우 등

출처: 수산식품안전정보. 2011.2.16.

6. DDA 환경협상

DDA 환경협상은 환경 이슈에 대해 적극적인 정책을 실시해온 EU의 주도로 DDA협상의제에 포함되었고 2002년 1월 협상이 개시되었다. DDA 환경관련 이슈는 크게 협상의제와 검토의제가 있다. 협상의제는 무역환경위원회 특별회의(Committee on Trade and Environment Special Session)에서 다루어지고 검토의제는 무역환경위원회 정례회의(Regular Committee on Trade Environment)에서 논의된다.

협상의제는 (1) WTO규범과 다자간환경협약(Multilateral Environmental Agreement,

MEA) 상 특정무역의무(Specific Trade Obligation, STO)와의 관계, (2) WTO와 MEA 사무국 간 정보교환 정례화 및 옵저버 지위부여 기준 마련, (3) 환경상품 및 서비스에 대한 관세 및 비관세장벽의 감축 또는 철폐 등 세 가지로 구성된다. 아울러 검토의제에는 (1) 시장접근에 대한 환경조치의 효과 및 무역·환경·개발 모두에 도움이 되는 win-win-win 상황, (2) 지적재산권 협정(TRIPS agreement)의 환경관련 규정, (3) 환경목적의 라벨링 요건 등이 포함된다.

WTO규범과 MEA규범 상 STO와의 관계가 주요한 의제가 된 것은 국제사회에서 지구환경보호에 대한 관심이 높아지면서 이미 다수의 다자간환경협약(MEA)이 체결된 것에 기인한다. 이 중 약 20개의 다자간환경협약은 비당사국과의 수출입 제한, 라벨링, 에너지세 부과, 환경 보조금 등 무역규제를 포함하는 있기 때문에 WTO규범과의 충돌, 중복 문제가 발생할 여지가 있다. 이에 도하각료회의에서 회원국들은 환경협상을 통해 WTO규범과 특정무역의무(STO)를 포함하는 MEA와의 관계 정립에 대한 필요성에 대해 공감대를 형성하였다.

협상개시 이후, MEA에서의 STO를 규명하는 작업이 이루어졌으며 MEA의 협상 및 MEA상 STO의 이행과정에 대한 논의가 진행되었다. 그러나 WTO규범과 MEA 간 관계정립의 필요성에 대해 회원국 간 견해가 양극화됨에 따라 합의 도출에 난항을 겪고 있다. EU, 스위스 등은 WTO규범과 MEA 간 충돌가능성에 대비하여 규범 간 일반화된 원칙규정 및 분쟁해결을 위해 MEA의 전문적 의견 존중 등을 주장하고 있다. 반면, 미국, 호주, 개도국은 현재까지 양 규범 간 충돌사례가 없으므로 무역과 환경의 상호지지 강화 및 경험공유의 중요성을 확인하는 원론적 차원의 협상결과 도출을 주장하고 있다.

또한 WTO와 MEA 사무국 간 사전마찰 가능성을 줄일 수 있도록 하기 위해 양 기관 간 정보교환 정례화 및 옵저버 지위부여 기준 마련을 위한 절차적 문제를 논의 중이다. 그 동안의 회원국 간 논의를 반영하여 의장 텍스트 초안을 위한 기본요소에 대한 논의를 위주로 협상이 진행 중이다.

환경상품 및 서비스 자유화 문제와 관련하여 환경상품 자유화 협상은 2002년 3월 협상대상 환경상품을 어떻게 정의할 것인가에 대한 논의에서 출발하여, 특정상품의 환경상품 여부를 확인하는 방식으로 논의가 진행되었다. 2003년 7월 미국이 환경상품목록 제출방식에 관한 제안서를 제출한 이후 관련 논의가 본격화되었다. 협상대상 환경상품범위에 대한 접근법과 관련하여, 미국은 각국이 제출한 환경상품리스트를 기초로 합의리스트를 도출하는 리스트 방식을 제안하였다. 이에 반해 인도는 환경 프로젝트 수요에 따라 환경상품을 일시적으로 자유화할 수 있게 하는 프로젝트 방식을 제안하였다. 브라질은 특정국가가 자국의 리스트를 바탕으로 제안하면, 타방국가가 이를 수락하고 최혜국대우원칙에 기초해 여타 국가들에게도 적용되는 요청제안방식을 제안하였다. 하지만 선진국과 개도국 간 의견대립으로 합의 도출에 실패하였고 최근 기존의 접근법을 결합한 절충적 접근법이 대안으로 제시되어 논의가 진행 중이다.

우리나라는 WTO 기존 협정상 회원국의 권리 · 의무를 변경시킬 수 없다는 협상의 범위 내에서 WTO와 MEA 간 관계정립 및 일반원칙의 확인 필요성에 동의하는 입장이다. 특히 WTO와 MEA 간의 관계설정과 관련하여 선진국이 환경보호를 이유로 수입공산품에 대한 부당한 수입규제 조치를 취하는 것을 방지할 수 있도록 하는데 역점을 두고 있다. 또한 EU의 도하선언문 지침의 확대해석에 대해서는 유보적 입장을 취하고 있으며 특정무역의무의 범위확대에 대해서는 반대 입장을 취하고 있다. 정례적 정보교환 및 옵저버 참여가 상호간 효율성을 제고할 수 있다는 긍정적 측면을 토대로 동 의제에 접근중이다. 환경상품 및 서비스의 자유화 의제에 대해서는 우리나라 기업의 경쟁력이 취약한 부분까지 환경상품의 범위가 확장되는 것은 지양하고 있다.

환경상품의 정의와 관련하여서는 환경상품의 범위가 지나치게 확대될 경우 환경상품 · 서비스 무역자유화 시 무역수지에 부정적 영향을 줄 수 있으므로 이를 방지하기 위해 단일 최종환경용도 등 합리적 기준에 따라 환경상품범위를 제한하자는 입장을 가지고 있다. 하지만 동시에 장기적으로는 국내 환경수준 개선 및 환경상품의 수출기회 확대를 도모하기 위해 환경상품 자유화 논의에 참여하고 있다.

예를 들어 우리나라는 2005년 2월 '최종용도'와 '실제적 적용가능성'을 기준으로 환경상품리스트를 제안한 바 있다. 또한 2007년 4월에는 미국, EU, 일본, 대만, 스위스, 노르웨이, 캐나다, 뉴질랜드와 공동으로 기 제안된 리스트를 바탕으로 153개 상품군의 리스트를 제출하는 등 환경협상에 적극적으로 우리의 입장을 개진하고 있다. 특히 최근 2014년부터는 환경상품의 보다 자유로운 무역에 관심이 높은 EU를 포함한 17개국 등이 우선 협상을 시작하였고 현재 복수국간 협정의 실현을 위해 노력중이다. 하지만 아직까지 회원국 간 이견이 존재하여 타결에까지는 이르지 못하고 있다. 우리나라도 복수국간 환경협상에 참여하여 환경상품시장을 선점하기 위한 노력을 기울이고 있다.

참고: 산업통상자원부 보도자료. 「WTO 환경상품협정(EGA) 장관회의」 결과 (12. 3~4, 스위스 제네바)

세계무역기구(WTO) 환경상품협정(EGA: Environmental Goods Agreement) 협상 17개 참가국*들은 스위스 제네바에서 12.3(토)~4(일)간 개최된 환경상품협정(EGA) 장관 회의를 통해 협상 타결을 시도하였으나, 참가국의 이견으로 최종 합의에 이르지 못했다.(* 17개 참가국 : 한국, 미국, 유럽연합(EU), 중국, 일본, 호주, 캐나다, 뉴질랜드, 노르웨이, 스위스, 대만, 싱가포르, 홍콩, 코스타리카, 이스라엘, 터키, 아이슬란드)

환경상품협정(EGA) 협상은 기후변화 대응 및 환경보호를 위해 '14.7월 출범한 후, 18차례 협상을 통해 논의 대상을 304개 품목으로 축소하고, '16.9월 주요20개국정상회의(G20)에서 올해 말 협상 타결을 목표로 설정했지만, 참가국들간 관심품목 및 민감품목에 대한 입장차가 커서 관세철폐 대상 품목리스트를 확정하는데 합의하지 못했다.

우리 정부는 기후변화 대응 등을 위한 국제사회의 노력에 기여하고, 나아가 환경상품 기업의 경쟁력 및 수출여건 개선을 위해 환경상품협정(EGA) 협상에 적극 참여해왔으며, 이번 장관회의에는 이인호 산업통상자원부 통상차관보를 수석대표로 정부대표단이 참석해, 우리 기업이 경쟁력 있는 품목은 관세철폐 대상품목에 포함하고, 상업적 민감성 등이 있는 품목은 제외하도록 노력했다.

이번 회의에서 최종 합의에는 이르지 못했으나, 참가국들은 환경상품협정(EGA) 협상의 중요성에 대해 인식을 같이하고, 향후 성공적인 결과 도출을 위해 지속 노력하기로 했다. 정부는 앞으로 환경상품협정(EGA) 협상의 향방 및 주요국 동향을 점검하면서, 우리 입장을 적극 반영할 수 있도록 노력하기로 했다.

[참고] 주요 협상대상 품목

△APEC 54개 환경상품, △태양광 · 풍력 · 수력 · 지열 · 바이오매스 등 신재생에너지 제품, △펌프 · 밸브 · 파이프 등 수처리 제품, △미네랄울 · 유리섬유 등 단열재, △LED조명 · 컨덴싱보일러 · 고효율 전동기 등 에너지효율 제품, △목재 · 자전거 등 친환경 제품, △검사 · 측정기기 등이 포함

출처: 산업통상자원부 보도자료. 2016.12.5.

7. DDA 지적재산권협상

DDA협상에 있어 지적재산권 분야는 가장 논란이 많은 분야 중 하나이다. 포도주와 증류주의 지리적 표시(Geographical Indication, GI) 통보 및 등록을 위한 다자등록처 설립 문제, GI 특별보호대상확대 문제, 무역관련 지식재산권협정(Trade Related Intellectual Property Rights, TRIPs)과 생물다양성협약(Convention on Biological Diversity, CBD)과의 관계 등 주요 의제에 있어서 이론적이고 원칙적인 문제에서부터 선진국과 개도국 간, EU와 미국 간 등 회원국 간의 의견대립이 지속되고 있다.

특히 논란이 되고 있는 지리적 표시(GI)란 상품의 품질, 명성 등이 특정한 지리적 근원에서 비롯하는 경우 생산자와 소비자를 보호하기 위해 그 생산지를 지리적 표시로 알리는 것을 의미한다. 또한 GI 다자등록처 설립 문제는 지적재산권협정 제23조 4항에서 협상개시를 지시하고 있는 기설정 의제(built-in agenda)로서 DDA 협상의제에 포함되었다. EU, 스위스 등 유럽 국가들은 회원국들의 참여를 의무화하고 법적 구속력이 있는 다자등록처의 설립을 통해 GI를 보다 강력히 보호할 것을 주장하고 있다. 이들 국가들은 영어, 프랑스어, 스페인어 등 세계 주요 공용어의 발원지로서 식민지 역사를 통하여 여타 국가의 지명과 상품 이름 등에 적지 않은 영향을 끼쳐왔기 때문이다. 이에 반해 미국, 호주 등은 과도한 행정적 부담과 국내 지적재산권 보호체계와 상충되는 문제점을 들어 비구속적, 자발적인 다자등록처의 설립을 주장하고 있다.

GI 특별보호대상 확대문제는 현행 지적재산권협정 상 포도주와 증류주 등 GI 품목에 부여되고 있는 수준보다 높은 수준의 보호를 낙농업 제품 등 여타 품목에도 확대할 것인지에 대한 논의이다. EU, 스위스 등 유럽 국가들은 위에서와 마찬가지로 특별보호대상을 모든 품목에 대해 확대할 것을 주장하고 있다. 이에 대해 역시 같은 논리로 미국, 호주 등 국가들은 이에 반대하고 있다.

지적재산권 협정과 CBD와의 관계 문제 역시 유전자원(genetic resources) 보유국의 주권적 권리를 인정하는 CBD협정 내용의 반영을 위해 지적재산권협정 개정을 주장하는 개도국과 협정개정이 불필요하다는 선진국 입장이 대립하여 논의에 진전을 이루지 못하고 있다. 유전자원 부국인 인도, 페루, 브라질 등 개도국은 특허 개발에 사용된 유전자원의 출처공개를 특허를 위한 새로운 요건으로 추가해야 한다고 주장한다. 하지만 유전자원을 활용한 생명공학 기술이 발달한 선진국들은 출처공개 의무화에 반대하고 있다.

우리나라는 지리적 표시 보호대상 확대와 관련하여 기본적으로 유명 지리적 표시가 없어 보호대상 확대에 따른 실익이 없으므로 이를 반대하고 있다. 또한 지리적 표시관련 다자등록처 설립과 관련하여 포도주 및 증류주의 지리적 표시 보호에 따른 실익이 없고 구속적 다자등록체제 설립에 대한 행정적 부담이 크므로 비구속적이고 자발적인 성격의 다자등록체제 설립을 지지하고 있다. 이에 미국, 일본 등 14개국과 함께 비구속적 다자등록처 설립을 지지하는 공동제안서를 제출하는 등 이해관계를 같이 하는 국가들과의 공조를 통해 우리나라의 입장을 반영하기 위해 노력하고 있다. 향후에도 우리나라 기업 및 정부의 부담을 최소화하는 방향으로 합의가 도출될 수 있도록 협상에 적극 대응해 나갈 예정이다.

생물다양성 이슈와 관련하여서는 축적된 생명공학 기술수준에 비해 유전자원이 부족하므로 지적재산권협정의 개정보다는 국내법과 제도 등을 보완하여 동 문제를 해결하자는 입장이다. 또한 전통지식 및 민간전승물의 독자적 보호체계 설립과 관련해서는 중립적인 입장을 취하고 있다.

8. DDA 무역원활화협상

DDA 무역원활화협상은 통관절차를 개선하여 무역거래 비용을 줄이고 무역을 촉진하는 무역원활화 규범을 수립하는 것을 목표로 하고 있다. 이와 더불어, 개도국 특별대우, 기술지원 및 능력배양 등 개도국의 무역원활화를 위한 논의도 무역원활화협상의 다른 한 축을 형성하고 있다. 무역원활화협상은 특히 무역관련 통관 및 절차 등과 관련되어 있는 GATT 제5조 '통과의 자유', 제8조 '수출입 절차 및 수수료', 제10조 '무역규정의 공표 및 시행' 등의 내용을 중심으로 진행되고 있다.

무역원활화관련 이슈는 GATT의 도쿄라운드(1973~1979년)에서부터 협상의제로 논의되기 시작하였으며, 1996년 WTO 제1차 싱가포르 각료회의에서 투자, 경쟁, 정부조달의 투명성과 함께 무역원활화에 대한 분석 작업을 진행하도록 하였다. 이후 2004년 8월 합의된 기본골격합의문에서 싱가포르이슈 중 무역원활화부문만이 DDA협상의 정식 의제로 포함되었다. 무역원활화협상의 세부원칙을 담고 있는 기본골격합의문 부속서에는 GATT 제5, 8, 10조의 명확화 및 개선, 그리고 개도국 특별대우를 위한 내용이 대폭 포함되었다. 이에 따라 2005년부터 본격적인 협상이 시작되어 GATT 제5, 8, 10조 및 개도국 지원방안에 대한 전반적인 논의가 진행되었다.

우리나라, 미국, EU, 일본, 캐나다 등 무역원활화규범 제정을 지지하는 콜로라도 그룹(Colorado Group)이 GATT 제5, 8, 10조 관련 제안서를 제출하면서 회의를 주도해 나갔고, 아세안 및 아프리카 개도국은 핵심그룹(Core Group)을 형성하여 개도국 지원방안에 대한 논의가 중심이 되어야 함을 강조했다. 2005년 12월 홍콩 각료회의에서는 협상을 종결할 전반적인 시한에 유의하고, 이를 위하여 조속히(early enough) 조문화(text-based) 작업을 시작할 것을 합의하였다. 이에 따라, 2006년 이후 무역원활화 협상은 GATT 제5, 8, 10조와 관련하여 그간 제출된 제안서들을 토대로 조문화 협상개시를 위한 준비작업으로 진행되었다. 또한 그 동안 선진국, 중남미 개도국 그룹과 개도국 핵심그룹 간 입장이 현저히 대립되어온 개도국 지원방안과 관련하여 2007년부터는 양측 그룹에 속하지 않고 중립적인 위치에 있는 아르헨티나의 주도하에 개도국 지원방안 논의를 위한 공통된 토대를 마련하기 위해 노력하였다.

우리나라는 미국, 유럽연합, 일본, 캐나다 등 무역원활화규범 제정을 지지하는 콜로라도그룹의 일원으로 제안서 제출을 주도하며 협상에 적극 참여하고 있다. 우리나라는 GATT 제5, 8, 10조 관련 다수의 단독 및 공동 제안서를 제출하고 제안서 관련 워크숍 및 설명회를 개최하였다. 특히, 2006년에는 조문화 협상을 위한 준비작업 차원에서 단일서류접수창구(Single Window), 반출시간측정(Time Release Study), 위험관리(Risk Management) 3개 분야에 대한 제안서를 제출하였으며, 협상에서 제기되는 회원국들의 의견을 수렴하여 제안서를 수정하였다. 이밖에도 수수료 및 요금 등 5개 분야에서 공동제안국으로 참여하고 있다.

이와 같이 우리나라는 통관절차개선 등 무역원활화 규범화(text-based) 협상을 촉진시키기 위해 각 분야별 무역원활화관련 논의에 우리나라의 입장을 적극 반영해 나가고, 유사한 입장을 가진 그룹(콜로라도 그룹)을 중심으로 지지기반의 확대를 위해 다양한 활동을 전개하고 있다. 우리나라는 무역원활화협상의 조문화 작업을 촉진시키기 위한 각 분야별 이슈에 대한 논의에 적극 참여하고 각 이슈에 대한 우리나라 입장을 최대한 반영할 수 있도록 지속적으로 노력할 예정이다. 아울러, 무역원활화의 실질적 진전의 열쇠를 쥐고 있는 개도국들의 협상 참여를 제고하기 위해 노력하고 있다.

또한 무역원활화협정은 2013년 인도네시아 발리에서 개최된 제9차 각료회의에서 타결된 발리패키지에 포함되었고 이후 회원국 수의 2/3가 인준을 하게 되면 자동적으로 발효되게 되었다. 이에 따라 2017년 2월 22일 WTO 164개 회원국 중 2/3에 해당하는 112개국이 수락하여 무역원활화협정이 발효되게 되었다. 무역원활화협정의 발효에 따라 우리나라를 포함한 회원국들은 무역원활화협정의 내용을 이행하기 위한 절차를 진행하고 있다.

참고1: WTO 무역원활화협정 주요내용 및 영향

WTO 무역원활화협정(Trade Facilitation Agreement)이 지난 11월 27일 타결되어 관심을 모으고 있다. 무역원활화는 무역 관련 불필요하고 복잡한 절차, 관행, 인프라 등을 제거 또는 간소화함으로써 거래비용을 줄이고 효율성을 증대시켜 교역을 확대하는 모든 조치를 포함한다. 무역원활화는 1996년 제1차 WTO 각료회의에서 처음 논의되었으며, 2004년 8월 WTO 일반이사회에서 협상개시가 결정되었다. 이후 DDA협상이 중단되면서 무역원활화협상도 지지부진해졌으나, 2013년 12월 제9차 WTO 각료회의에서 '발리패키지' 협상이 타결되면서 무역원활화협상도 급물살을 타게 되었다. 협상 막판 인도의 반대로 진통을 겪기도 하였으나, 지난 11월 27일 잔여쟁점이 해결되면서 협정이 최종 타결되었다. 추후 동 협정은 WTO 회원국 2/3의 수락을 통해 2015년 7월경 발효될 예정이다.

무역원활화협정 체결은 우루과이라운드 이후 성공적으로 타결된 최초의 통상협상으로 새로운 통상이슈도 WTO 체제 내에서 국제규범화 될 수 있음을 보여주었다. 또한 '협약'차원에 그쳤던 기존의 무역원활화 조치들이 규범화되어 강제력을 가지게 되었다는 점에서도 의미가 있다. 우리나라는 여타 선진국들과 마찬가지로 무역원활화협정상의 제도를 대부분 시행 중이어서 개도국의 통관절차가 개선될 경우 협정 이행에 따른 추가부담 없이도 수출여건 개선 등의 혜택을 받을 수 있을 것으로 기대된다. 또한 이번 협정 타결은 우리나라의 선진화된 통관시스템 수출을 통해 우리기업이 '편안하게 수출할 수 있는 환경'을 조성하는 계기가 되어야 할 것이다.

출처: 산업통상자원부 보도참고자료. 2014.11.28.

참고2: 정부, 무역원활화협정 수락서 기탁…WTO 회원국 중 9번째

산업통상자원부는 우리나라가 30일 세계무역기구(WTO) 161개 회원국 중 9번째로 무역원활화협정(TFA)의 WTO 협정 편입을 위한 개정의정서 수락서를 WTO에 기탁했다고 밝혔다. TFA는 상품교역에 불필요한 관료주의적 장벽을 없애기 위한 WTO의 다자간 협정으로 통관절차 간소화와 통관정보의 투명성 강화 등을 골자로 하고 있다.

지난 2004년 8월 협상이 개시된 TFA는 2013년 12월 제9차 각료회의에서 기본적인 합의가 이뤄졌다. 정부는 작년11월 WTO 이사회에서 협정문이 채택되면서 의정서를 수락하기 위한 국내 비준절차를 밟아왔다. 의정서는 WTO 회원국의 3분의 2인 108개국이 수락하는 날에 발효된다. TFA가 발효되면 WTO 회원국, 특히 개발도상국의 통관절차가 개선되고 무역거래비용이 줄어 우리 기업의 수출에도 도움이 될 것으로 기대된다고 산업부는 설명했다.

2013년 국제상의(ICC)·피터슨연구소(PIIE)가 발표한 따르면 이번 협정 발효 시 전 세계적으로 1조 달러 규모 이상의 수출 증가와 2000만개 이상의 고용창출이 기대된다. 또 올해 경제협력개발기구(OECD)는 무역원활화 조치를 통해 저소득 국가는 14.5%, 중하소득 국가는 15.5%, 중상소득 국가는 13.7%, OECD 국가는 11.1%의 잠재적 무역비용 감소 효과를 거둘 수 있을 것으로 예상하기도 했다. 아울러 우리나라가 수락서를 조기에 제출함에 따라 WTO 중심의 다자통상체제의 신뢰 회복에도 도움이 될 것이란 전망이다.

출처: 이투데이. 2015.7.30.일자.

참고3: 무역원활화협정(TFA)이 빈곤 감소에 미치는 영향(Can trade help lift people out of poverty?)

▌요약

무역원활화란 국가 간 무역에 있어 형식주의를 탈피하고 세관절차를 간소화함으로써 전 세계적 무역이 가능하도록 하는 노력을 의미합니다. 제도 개혁을 통한 무역원활화 노력은 빈곤을 극복하는 데 기여할 수 있습니다. 연구에 따르면, 대표적으로 라틴 아메리카 국가들은 무역 개혁을 통하여 재화 및 상품에 대한 자국의 시장경쟁력을 높이고 사회간접자본에 대한 투자를 촉진할 수 있으며, 그를 통하여 경제 성장을 달성하고 일자리를 창출하게 됩니다.

▌본문

무역이 사람들을 빈곤에서 벗어나게 할 수 있을까요? 충분히 가능하며, 이제까지 그래왔습니다. 그러나 한편으로는 여전히 성장 및 발전을 이끌 수 있는 무역의 잠재력이 완전히 발휘되지 못하고 있기도 합니다. 많은 개발도상국이 세계 시장의 변두리에 남겨져 있으며, 특히 더 빈곤하고 규모가 작은 국가일수록 그러한 경향이 있습니다. 이 경우, 무역원활화 방안을 시행하는 것은 경제성장률을 높이는 훌륭한 기회가 되는데, 대개 개발도상국에서는 그러한 원활화 방안이 마련되지 않은 상태입니다.

무역 정책의 도전과제는 진화해왔습니다. 일부 품목을 제외하고, 대부분의 국가는 현재 상대적으로 낮은 관세를 부과하고 있습니다. 반면, 무역에 소요되는 비용들(예컨대: 국경 통관절차에서 제조업자들이 쓰는 비용)은 국제 무역에서 얻는 가치의 10%에 이릅니다. 2014년 세계무역기구(WTO: World Trade Organization)의 회원국은 이러한 비용을 줄이기 위한 중요한 걸음을 내딛었는데, 이것은 2013년 인도네시아 발리에서 합의한 무역원활화협정(TFA: Trade Facilitation Agreement) 시행을 결정한 것 입니다. 무역원활화협정은 어떻게 비용 감소로 이어지게 될까요? 이는 "무역원활화" 방안을 통하여 가능하게 됩니다.

무역원활화가 정확하게 의미하는 바는 무엇일까요? 간단히 말해서 무역원활화란 형식주의에서 탈피하고 세관절차를 간소화시킴으로써 세계무역을 활성화시키려는 노력을 의미합니다. 더 간단하게 말하자면, 기업이 보다 쉽게 초국경적 무역을 할 수 있도록 만드는 것입니다. 혁신, 성장, 그리고 일자리 창출에 관심이 있다면, 이는 매우 중요한 사항입니다. 또한 무역원활화는 빈곤 감소와 경제적 공정성의 강화와도 밀접한 연관이 있습니다. 세계무역에 있어 보다 중요한 역할을 수행하고자 하는 라틴아메리카 국가들의 경우, 무역원활화를 위한 개혁을 효과적으로 시행하는 것은 여러 수단들 중에서도 중요한 부분이 될 수 있습니다.

최근, 국제무역위원회(ITC)와 세계경제포럼(WEF)은 라틴 아메리카에서 가장 큰 경제규모를 가지고 있는 브라질이 어떻게 무역원활화 방안을 이행하는 방향으로 나아가야 할지에 대한 두 개의 보고서를 발행하기 위해 협력했습니다. 두 보고서 'Enabling Trade: Catalysing Trade Facilitation Agreement Implementation in Brazil' 과 'Enabling Trade: Increasing the Potential of Trade Reforms' 는 브라질 공공 및 민간부문이 보다 향상된 무역원활화를 통하여 얻게 될 이익을 강조합니다.

브라질의 경우, 수출과 수입에 소요되는 평균 기간은 각각 13일, 17일 입니다. 전 세계 평균적으로 수출에 21.8일, 수입에 24.6일이 소요되는 것을 고려했을 때, 이는 나쁘지 않은 수치입니다 (한편 개발도상국 평균은 각 22.8일, 26.1일 입니다.) 그러나 무역원활화협정의 시행은 관련 비용뿐 아니라 수입과 수출에 소요되는 기간을 보다 더 감축함으로써, 무역 흐름 및 경제 성장에 상당한 영향을 미치게 됩니다. 브라질의 싱크탱크 제툴리오바르 가스재단(FGA)에 따르면, 무역에 수반되는 통관 절차만 개선되어도 연간 15억 달러의 비용을 절약할 수 있고, 브라질의 국내총생산을 240억 달러(USD) 증가시킬 수 있습니다.

또 다른 사례들도 있습니다. 여러 곳의 사무실에 들르는 대신, 무역업자들이 국경 규제에 대한 형식상의 절차를 완료하기 위한 문서를 단일 창구로 제출할 수 있게 하는 '통관단일창구(Single Window) 시스템'이 있습니다. 무역 원활화 보고서는 기업들이 브라질에서 겪는 공급 체인에서의 장벽과 통관단일창구가 이러한 현재 상황을 개선시킬 수 있는 방법에 대하여 조사했습니다. 이와 관련하여, 브라질을 위하여 'Enabling Trade' 보고서를 작성한 파트너 중 하나인 베인 앤 컴퍼니(Bain & Company)는 다음과 같이 추정했습니다." 공급 체인에서 장벽으로 작용하는 2가지 주요 요소인 국경 행정과 교통 및 통신 사회간접자본을 세계 모범 실무 수준의 절반 정도로만 끌어올려도, 브라질에서 840억 달러

(USD)가 절약될 것입니다."

다른 라틴 아메리카 국가들 역시 통관단일창구 시스템을 포함한 무역원활화협정의 효과적 시행을 통하여 이러한 이익을 얻을 수 있으며, 실제로 많은 국가들이 시행을 위한 움직임을 보이고 있습니다. 보다 광범위하게, 무역원활화 시스템의 이점을 최대한으로 누리고자 한다면, 정부는 무역 참여 기업들이 매일 같이 마주하는 불필요한 비용들을 다루기 위하여 민간 부문 및 개발 정책을 포함하는 구조를 마련해야 합니다.

다르게 말하자면, 실질적이고 지속 가능한 성장을 가능하게 할 무역을 효과적으로 원활화시키기 위해서는 개인 및 기업 그리고 정부 대표자들 간의 협력이 필요합니다. 개혁과 무역 성장 간에는 선순환 구조가 형성될 수 있는데, 그 예로 올바른 정책은 가시적인 변화가 나타나게 하며 그러한 변화는 무역 관련 비용을 감소시키기 위한 지원을 뒷받침하게 됩니다. 라틴 아메리카 국가들은 무역과 투자를 위해 전통시장 개방을 통하여 세계 경제에 통합됨으로써 대규모 이익을 얻을 수 있다는 것에는 의심의 여지가 없습니다. 세계 경제에 통합 무역을 보장하기 위한 활동에는 일방적 조치(unilateral action)도 포함됩니다. 이를테면, 세계무역기구의 무역원활화협약에 대한 이행 및 비준은 무역 환경을 개선시킴으로써 여타의 구조적 개혁을 촉진 혹은 증폭시킬 수 있습니다.

무역 개혁을 통하여, 라틴아메리카 국가들은 재화 및 상품에 대한 그들의 시장경쟁력을 높일 수 있습니다. 보다 향상된 무역원활화는 사회간접자본에 대한 투자를 촉진할 수 있으며, 발전에 대한 원동력을 제공할 수 있는 잠재력을 가지고 있습니다. 무엇보다도 부가가치를 지닌 재화와 서비스의 생산 및 거래를 수월하게 함으로써 라틴 아메리카의 일자리 창출 및 생활수준의 향상에 기여할 수 있는데, 이는 원자재에 기반한 현재 라틴 아메리카의 경제성장 방식이 영원히 지속될 수 없다는 점을 고려했을 때 더욱 중요하다고 할 수 있습니다.

출처: http://bit.ly/2owmrOP, Arancha González, The Global Poverty Public Awareness Project in Korea 번역

9. DDA 분쟁해결협상

무역분쟁을 위한 절차 및 해결과 관련해서는 1995년 WTO 출범 당시 이미 4년 이내에 분쟁에 관한 협정(Understanding on Rules and Procedures Governing the Settlement of Disputes: DSU)에 대해 재검토를 하도록 규정하였다. 이에 따라 1998년부터 DSU 재검토 작업이 시작되었고 현재까지도 협상이 진행 중이다. 다만 DSU가 WTO 출범 이후 큰 문제없이 운용되어 온 것으로 평가되고 있기 때문에 이

러한 인식을 바탕으로 협상의 범위를 현행 분쟁해결제도의 근본적 개혁이 아닌 개선 및 명료화(improvement & clarification)로 한정하였다. 분쟁해결협상의 주요 쟁점은 분쟁해결기구 결정의 이행 및 이행이 미흡할 때의 보복조치에 적용되는 규정의 명확화, 분쟁해결절차의 신속성 제고, 패널심사 과정의 공개 등이 포함된다.

우리나라는 무역의존도가 높고 따라서 무역분쟁의 결과에 따른 경제적 여파가 큰 현실적 상황을 고려하여 분쟁해결협정의 개선 · 명료화를 통한 다자간 분쟁해결체제의 강화가 중요하다는 입장이다. 특히, 무역장벽에 대한 규율을 강화하고, 분쟁해결제도의 정당성 및 효율성을 제고하며, 패널판정의 신속한 이행확보에 중점을 두어 분쟁해결협정의 개정이 이루어질 수 있도록 노력하고 있다. 예를 들어 우리나라는 DSU의 개선 및 명료화를 통한 다자간 분쟁해결체제를 강화하는 것이 WTO회원국들의 전반적인 이해를 제고한다는 인식을 바탕으로, 2002년 5월 14개국과 공동으로 분쟁해결절차에 관한 공동서면제안서를 제출하였으며 2002년 7월에는 합리적 이행 기간 및 피해수준의 조기산정에 관한 서면제안서를, 2010년에는 효과적인 이행에 대한 제안서를, 그리고 2005년 및 2011년에는 파기환송에 관한 서면제안서를 제출하였다.

하지만 우리나라를 포함하여 대부분의 회원국들은 현행 분쟁해결제도의 전반적인 개정보다는 부분적인 절차개선을 추진하고 있는데 반해 EU는 개정안 패키지의 확대를 요구하고 있다. 또한 미국도 개도국들이 반대하고 있는 패널/상소기구 심의과정 공개 등과 같은 분쟁해결절차상의 투명성 강화와 패널/상소기구 심의과정에서의 유연성 제고를 위한 협정의 개정을 주장하고 있다. 이러한 개도국과 EU 및 미국 등 선진국 간의 의견대립으로 협상의 진전에 어려움을 겪고 있다.

10. DDA 개발협상

WTO협정에는 개도국이 국제무역질서의 일원으로 참여함으로써 무역의 이익 실현을 통한 경제성장이 가능할 수 있도록 개도국에게 특권을 부여하는 특별조항, 또는 개도국 우대조항(Special and Differential Treatment)들이 포함되어 있다. 이러한 개도국 우대조항에는 예를 들면 협정이나 약속의 이행기간 연장, 개도국의 무역기회를 증진시키기 위한 조치 등이 포함된다. 2001년 11월 도하 각료회의에서 회원국들은 개도국 우대조항을 보다 정확하고 실효적이고 운용 가능하도록 만들기 위한 검토 작업을 개시하는 데 합의하였다. 예를 들어 도하선언문은 이행관련 이슈 및 관심사항에 관한 결정과 함께 무역개발위원회가 개도국 우대조항 중 어떤 것들이 강제조항인지를 확인하고 현재 구속성이 없는 조항들을 강제조항으로 규정할 경우 어떤 영향이 있을지를 고려하도록 하였다.

이행관련 이슈 및 관심사항에 관한 결정은 무역개발위원회가 2002년 7월 전까지 위원회의 권고안을 일반이사회에 보고하도록 하였으나 회원국들의 요구로 시한이 2005년 7월 말로 연기되었다. 이후에도 수차례 협상시한을 연장하면서 무역개발위원회특별회의(Committee on Trade and Development Special Session, CTDSS)에서 협상을 진행하고 있다. CTDSS에서 주로 논의되고 있는 이슈는 개별협정 및 결정의 개도국 우대조항과 관련된 총 88개의 제안(협정별 제안, Agreement Specific Proposals)과 특정협정 또는 결정에 국한되지 않고 개도국 우대 전반에 걸쳐 공통적으로 관련되는 이슈(cross-cutting issues)인 모니터링 메커니즘으로 구분된다. 88개 제안 중 2003년 9월 칸쿤 각료회의 시까지 원칙적 합의가 이루어진 28개 제안 및 2005년 12월 홍콩에서 합의된 개도국관련 5개 제안과 섬유의류협정 종료로 논의가 불필요해진 2개 제안, 해당 협상그룹 및 위원회로 이관된 37개 제안을 제외한 16개 제안에 대해 논의가 진행 중이나 선진국과 개도국 간 입장차이로 인하여 뚜렷한 진전은 없는 상황이 지속되었다.

하지만 지난 2013년 12월 제9차 발리 각료회의에서 각료결정을 통하여 개발 · 최빈개도국 이슈와 관련 모니터링 메커니즘의 설치근거가 마련되었다. 또한 최빈개도국의 시장접근 지원을 위한 개도국 특혜원산지규정, 개도국 서비스협상 유예 운영방안, 개도국에 대한 관세 및 쿼터의 철폐 등 우대 패키지가 마련되었다. 하지만 회원국들에게 구체적 권리, 의무를 부여하기 보다는 개도국지원을 위한 회원국들의 노력을 촉구하는 내용으로 합의되었다. 우리나라는 DDA협상에서의 개발문제의 중요성을 인식하여 가능한 범위 내에서 기여방안을 적극적으로 모색하고 있다.

3장
복수국간 협정

1. 개요

WTO협정의 복수국간 무역협정(plurilateral trade agreement)들은 부속서 I. 상품, II. 서비스, III. 분쟁해결에 대한 다자간 무역협정들에 이어 부속서 IV에 포함되어 있다. 복수국간 무역협정이란 WTO 부속서에 포함된 다자간 무역협정(GATT, GATS 등)과 달리 동 협정에 가입한 회원국에 대해서만 법적 구속력을 갖는 협정이다. 이러한 복수국간 협정은 1995년 WTO 설립 당시에는 민간항공기협정, 정부조달협정, 국제낙농협정, 국제우육협정 등 네 가지가 있었으나 낙농 및 우육협정은 1997년 종료되었다. 이중 우리나라는 정부조달협정에만 참여하고 있다.

이 외에도 우루과이라운드협상 당시에는 진행되지 않고 있었지만 WTO출범 이후 특정 상품 및 서비스 분야에서 일부 회원국들 간에 이루어지고 있는 복수국간 협정이 진행 중이다. WTO는 정부조달협정, 민간기항공협정 외에 1996년 체결된 정보기술협정(Information Technology Agreement, ITA)과 같이 일부 회원국들(체결 당시 29개국)만이 참여하는 복수국간 협정을 인정하고 있다. 동 복수국간 협정은 기존 복수국간 협정과는 다른 측면이 있다. 예를 들면 정보기술협정은 기존 복수국간 협정과 같이 참여국들 사이에서만 IT제품 관세철폐의 의무를 지는 것이 아니라 협정의 발표 시 모든 WTO 회원국들 즉 복수국간 협정에 참여하지 않은 회원국들에게도 예외 없이 협정품목 관세철폐 혜택을 제공하도록 규정하고 있다.

또한 최근에는 우리나라를 포함하여 서비스무역 자유화에 관심이 많은 일부

WTO 회원국들을 중심으로 복수국간 서비스협정(Trade in Services Agreement, TISA)이 추진되고 있다. 복수국간 서비스협정은 엄밀히 말해 WTO협정의 틀에서 진행되는 협상이라기보다는 FTA와 같은 특혜무역협정의 일종으로 볼 수 있다. 다만, 복수국간 서비스협정은 추후 보다 많은 참여국을 확보하고 궁극적으로는 복수국간 서비스협정에서 합의된 내용이 향후 다자무역규범으로 확장되는 것을 목표로 추진 중이다. 마지막으로 복수국간 협성으로는 2014년 7월 협상출범 선언 이후 시작된 환경상품협정(Environmental Goods Agreement, EGA)을 들 수 있다. 요약하자면 최근까지 진행되고 있는 복수국간 협정은 WTO출범 당시 존재했던 민간항공기협정, 정부조달협정과 WTO출범 이후 새롭게 타결되거나 협상 진행 중인 정보기술협정, 서비스협정, 환경상품협정이 있다. 정보기술협정은 1996년 이미 타결을 이루었고 2015년 12월 제10차 나이로비 각료회의에서 관련 상품을 201개 추가하는데 합의하였다. 이에 따라 우리나라를 포함한 미국, 일본, 중국, 유럽연합(EU) 등 53개 참가국들은 국내 절차 완료를 전제로 2016년 7월 1일부터 매년 단계적으로 관세를 인하하기 시작해 이르면 2016년부터 최장 2023년까지 관세를 철폐할 예정이다. 서비스협정과 환경상품협정은 타결을 짓기 위한 관련 회원국들의 협상이 진행 중으로 향후 이 분야의 무역확대가 기대가 되고 있다. 우리나라의 경우 5개의 복수국간 협정 중 실익이 없는 민간항공기협정을 제외한 4개의 협정에 참여하고 있다.

참고: WTO 복수국간협정(Plurilateral Trade Agreement) 추진 동향과 전망

WTO 복수국간 협정(plurilateral agreement)이란 특정 의제에 관심을 갖고 있는 WTO의 일부 회원국들을 대상으로 하는 협정이다. DDA가 교착상태에 빠지자 최근 미국, EU 등 선진국은 복수국간 협정을 통해 통상의제를 제기하고 이를 주도하는 통상전략을 구사하고 있다. 이에 따라 WTO 출범과 함께 시작된 정부조달협정은 이미 개정이 완료되었으며, 정보기술협정, 환경상품협정 협상이 진행 중이다. 정부조달협정은 협정 참여국에만 협정 내용이 적용되는 복수국간협정으로 발효 이후 1997년부터 진행된 개정협상을 통해 2011년 개정 정부조달협정이 타결되어 2014년부터 일부 국가에 한해 개정 정부조달협정이 공식 발효되었다. 한국은 우루과이라운드협상 타결 직후인 1994년에 정부조달협정의 24번째 국가로 가입하여 1997년 발효하였고 개정 정부조달협정에 대해서도 발효를 완료하였다.

정보기술협정은 IT제품의 무관세화를 규정한 협상으로 WTO 각료선언 형태로 타결되어 1997년 정식 발효하였다. 정보기술협정 발효 후 회원국들은 정보기술협정 확대협상을 개시하여 품목확대 및 대상 범위(비관세 장벽 포함), 참여국 확대에 대한 논의를 시작하였으나 회원국 간 이견으로 합의 도출에 실패하여 현재까지 교착상태에 머물러 있다. 협상 주요국인 미국과 중국은 2014년 APEC 정상회의에서 양자합의를 완료하였으나 우리나라 · 대만 등은 미 · 중 합의사항에서 빠진 자국 관심품목의 반영을 주장하고 있어 중국이 이를 수용할지 여부가 향후 주요 협상 쟁점이다.

우리나라가 강점을 갖고 있는 주요 품목이 정보기술협정 확대협상 확대협상품목에 반영될 경우 이들 상품의 직접적인 수출 증가 효과와 기존 수입에 의존하고 있는 원료 및 부품의 단가 하락 영향으로 우리나라 IT 산업의 긍정적인 전후방 연관효과가 클 것으로 기대된다.

환경상품협정은 환경상품의 무역자유화를 목표로 관세 및 비관세 장벽 철폐를 위해 출범한 협정으로 2014.7월 협상출범 공동선언 이후 최근 6차 협상까지 655개의 품목이 검토되었다. 환경상품은 특성 상 중간재인 경우가 많고 환경 목적 이외의 용도를 지니는 다용도 상품일 가능성이 높아 용도표기(Ex-out)를 수반하므로 향후 협상에서 품목선정과 더불어 용도표기에 대한 구체적 논의가 필요한 상태이다. 우리나라도 협상 참여를 위한 국내 절차를 마무리하고 3차 협상부터 공식 참여해 환경편익성이 인정되는 품목 43개를 선정하여 제출하였다. 한편 2014년부터 민관 합동 TF가 구성 · 운영되고 있는데 이를 통해 적극적으로 업계의 의견을 수렴하고 대응방향을 점검해야 할 것이다.

향후에도 WTO 다자차원의 논의가 뚜렷한 진전을 보이지 못할 경우 DDA의 의제들이 복수국간협정의 형태로 진행될 가능성이 높다. 따라서 우리나라는 협정에 초기 단계부터 적극적으로 참여하여 우리에게 우호적인 협상 환경을 조성하기 위해 노력해야 할 것이다.

출처: 국제무역연구원. Trade Focus. 제14권 24호. 2015.

2. 정부조달협정

위에서 언급한 복수국간 협정 중 WTO의 출범과 함께 시작된 정부조달협정(Agreement on Government Procurement, GPA)은 정부조달시장 개방을 목적으로 WTO 일부 회원국 간 체결된 복수국간 협정으로 1996년 1월 발효되었다. 정부조달협정은 각국의 중앙 · 지방정부, 공기업, 공공기관 등 공공조달 시장을 협정 참여국끼리 개방하는 협정이다. 우리나라는 국내절차를 거쳐 1997년 1월 발효하였다. 정부조달협정 개정의정서는 제24조 제7항 (b)에 의거 협정발효 후 3년 이내 협정개선을 위한 협상개시를 규정하였다. 이에 따라 1997년 기존 정부조달협정의 개정을 위한 논의가 개시되었고 2004년 7월 양허확대를 위한 협상이 본격적으로 진행되어 2011년 12월 협상이 타결되었다. 그리고 2012년 3월 WTO 정부조달위원회에서 개정 정부조달협정을 최종 채택하였다.

정부조달협정의 참여국은 우리나라를 포함하여 미국, EU 및 EU 28개 회원국, 일본, 캐나다, 홍콩, 대만, 싱가포르, 스위스, 노르웨이, 이스라엘, 아루바(네덜란드령), 아이슬란드, 리히텐슈타인, 아르메니아 등 43개국이다(EU 및 EU 28개 회원국을 하나로 간주 시 15개 회원국임). EU의 경우 'EU 자체'가 하나의 가입국으로 간주되며, 2개의 양허 기관(EU이사회 및 EU위원회)의 물품, 서비스 및 건설서비스에 대하여 중앙정부 수준으로 개방하도록 되어있다.

WTO 이전 정부조달 부문은 최혜국 대우, 내국민 대우 등 비차별 원칙의 대표적인 예외 중 하나로서 각국이 자국의 중소기업 및 국내산업 보호, 전략산업 육성 등 정부정책 수행을 위해 개방하지 않은 대표적 분야이다. 하지만 정부조달시장의 규모가 2015년 1,000억 달러 이상에 이르고 있는 등 각국의 정부조달시장 개방 필요성과 요구가 이미 제기되었다. 또한 정부조달협정은 정부조달의 효율성과 투명성을 증가시키기 위해 체결되었으며, 회원국은 협정 부록상의 자국 양허표를 통해 개방범위를 결정하도록 하였다.

주요쟁점이었던 것은 중국, 우크라이나 등의 신규 가입 협상과 민영화 기준 및 중재절차에 대한 이슈이다. 공기업이 민영화되면, 정부조달협정이 적용되지 않게 되는데, 각국이 협정 적용을 회피하기 위한 목적으로 민영화를 남용하는 것을 방지하기 위하여 민영화 여부 판단의 기준 및 관련 분쟁발생 시 적용되는 중재절차 규정에 대한 합의를 중심으로 진행되었다. 개정 정부조달협정은 전체 회원국 중 2/3가 비준 수락서를 기탁한 후 30일이 지나면 발효되게 되어있다. 이미 2014년 6월 미국, EU를 포함하여 12개국이 비준 수락서를 기탁하여 이들 국가에 대해서는 개정 정부조달협정이 발효된 상태이다. 우리나라의 경우 2015년 12월 15일 개정 정부조달협정 발효를 위한 수락서를 세계무역기구(WTO)에 기탁함에 따라 2016년 1월 14일부터 발효되었다. 현재 개정 정부조달협정에는 우리나라를 비롯해 미국, EU, 일본, 캐나다, 뉴질랜드, 노르웨이, 대만, 홍콩, 리히텐슈타인, 아이슬란드, 싱가포르, 이스라엘, 몬테네그로, 아루바, 아르메니아, 스위스 등 17개국이 참여한다. 다시 말해 우리나라를 포함한 미국, 유럽 등 총 17개 국가의 정부 공공조달시장이 개방되게 되었다. 최대 1,000억 달러 규모의 해외정부 조달시장이 열린 셈이다.

3. 정보기술협정

다음으로 복수국간 무역협정 중 하나는 정보기술협정(Information Technology Agreement, ITA)으로 동 협정은 컴퓨터, 통신장비, 반도체 등 주요 IT제품 및 부품 203개에 대한 관세를 철폐하기 위한 협정이다. 기존 정보기술협정은 반도체 · 컴퓨터 · 전화기 등에 집중되었으나, 지속적인 협상을 통해 디스플레이 · 음향기기 · 영상기기 · 전기기기 등으로 제품의 범위를 확대하였다. 1996년 12월 싱가포르 각료회의에서 각료선언 형식으로 채택, 1997년 7월 발효되었다. 정보기술협정은 WTO 일부 회원국 간의 협정이지만 관세철폐 효과는 최혜국대우방식으로, 참여국들은 모든 회원국에게 협정 품목에 대한 무관세 혜택을 제공하도록 하고 있다. 2014년 현재 우리나라를 포함하여 미국, EU, 일본, 캐나다, 호주, 스위스, 중국, 대만 등 총 80개국이 정보기술협정에 참여 중이며, 참여국들은 전 세계 정보기술협정에서 규정하고 있는 IT 제품 교역의 97% 이상 포괄하고 있어 이 분야의 실질적인 다자간 무역협상으로 자리매김하고 있다.

정보기술협정의 주요 쟁점 사항으로는 무관세 대상 품목을 어떻게 할 것인가의 문제를 들 수 있는데 참가국별로 무관세화를 희망하는 품목의 범위가 달라, 최종 무관세화 품목대상을 결정하는 것이 협상의 주요 쟁점이다. 또한 관세철폐기간도 주요 의제로 논의되고 있는데 무관세화 대상으로 확정된 품목에 대한 관세철폐 방식 등이 그 주요의제이다. 기존 정보기술협정에서는 3년 간 4차례에 걸쳐 단계적으로 관세를 균등하게 감축하도록 하고 있다. 또한 국가별 민감품목 관세철폐기간 연장에 대해서도 논의 중인데 특히 무관세화 대상으로 결정된 품목이라 하더라도 참가국별 민감품목에 대해서는 관세철폐기간을 연장하는 방안에 대해 논의가 진행되었다.

더 나아가 기술발전과 신제품의 등장으로 기존 정보기술협정(1996년)을 보완하기 위해 정보기술협정의 확대협상이 2012년 5월부터 미국, 중국, EU, 일본 등 53개국을 중심으로 시작되었다. 이후 2015년 12월 제10차 각료회의에서 최종 타결했다. 이로서 반도체 제조 장비, 정보기술(IT) 소재(디스플레이용 필름·접착제 등), 현미경·렌즈 등 광학·영상기기, 심전계·자기공명영상(MRI) 등 의료기기 등 총 834개 정보기술상품(HS 10단위 기준)의 관세가 철폐 또는 인하되게 되는데 총 834개 품목

중 381개 품목(전체 품목의 46%)은 2016년 12월 1일 부터 즉시 관세가 철폐하며, 365개 품목은 3년간, 기타 품목은 5년 또는 7년간 단계적으로 관세를 철폐되게 된다.

향후 정보통신기술의 지속적인 발전과 새로운 상품의 개발이 이어질 것으로 예상됨에 따라 정보통신협정의 지속적인 개정과 확대가 이루어질 것으로 전망되고 있다. 특히 우리나라의 경우 정보통신상품의 수출에서 차지하는 비중이 크고 경쟁력에서 우위를 유지하고 있다는 점에서 정보통신협정의 활용이 필요성이 크다고 할 수 있다.

참고1: ITA 협상 타결, 1조달러 IT수출시장 추가 개방…침체에 빠진 수출 '숨통'

세계무역기구(WTO) 정보기술협정(ITA) 협상 타결로 1조 달러 규모의 IT시장이 추가로 개방됨에 따라 둔화되는 전 세계 교역에 활기를 불어넣을 것으로 전망된다. 특히 우리나라 수출에 활로를 열어주는 역할을 할 것이란 기대가 커지고 있다. 지난 24일(현지시간) 스위스 제네바 WTO 본부에서 최종 타결된 두 번 째 ITA 무관세화 품목 201개에는, 우리 기업들이 경쟁력을 가진 TV・라디오・카메라・모니터 부품, 광학용품, 셋톱박스, TV, 비디오, 카메라 등이 대거 포함돼 수출 확대에 기여할 것으로 정부와 업계에서는 예상하고 있다.

1997년 7월 처음 발효된 1차 ITA로 관세가 철폐된 203개 품목들이 완제품 위주였다면 추가로 이뤄진 이번 2차 ITA는 IT 부품과 주변기기가 주요 대상이다. 추가로 관세가 철폐될 201개 품목의 세계시장 규모는 연간 1조 달러(약 1150조 원)로 추산된다. 우리나라는 이들 품목에서 2013년 기준 1052억달러를 수출해 381억 달러의 무역흑자를 거뒀는데, 이는 전체 수출액의 19%를 차지했다. 특히 이번 ITA는 최대 수출 시장인 중국과 교역에서 우리나라에 유리한 여건을 조성할 것으로 기대된다.

산업통상자원부에 따르면 201개 중 94개 품목은 ITA 덕분에 중국 측 관세가 조만간 발효될 한중자유무역협정(FTA) 일정보다 앞당겨 철폐될 전망이다. 이 중에서도 반도체・디스플레이 제조기기, 인쇄기・복사기・팩스 부품, 특수목적용 TV카메라, 의료용 방전램프, X선 비파괴 시험기기, 전기식 유도용량・정전용량측정기기 등 25개는 경쟁력 격차가 커 중국이 한중 FTA에서는 관세 양허 대상에서 아예 제외했던 품목들이다. 하지만 이번 ITA로 관세를 철폐하지 않을 수 없게 됐다.

이번 ITA 협상에는 52개국이 참여했는데 한국, 중국, 일본, 미국, 유럽연합(EU) 등 주요 IT 강국들이 포함돼 전 세계 IT 교역의 90% 이상을 아우른다. ITA는 이들 국가 간에 IT 제품의 수출입 관세를 철폐하기 위한 다자간 FTA를 맺은 것과 마찬가지다. 하지만 ITA 무관세화 품목으로 지정되면 늦어도 7년 이내는 관세를 철폐해야 하기 때문에, 최장 20년 동안 관세를 철폐하는 FTA에 비해 무역 자유화 효과가 더욱 강력하다.

201개 품목은 올 하반기 국가별 관세철폐 기간을 정하기 위한 추가 협상을 거쳐 내년 7월부터 단계적으로 관세가 철폐될 예정이다. 우리나라는 1997년 7월 처음 발효된 ITA의 최대 수혜국으로 평가받는다. 1차 ITA 때는 203개 품목이 무관세화 대상이었는데, 이후 한국을 'IT 코리아'로 만드는 역할을 한 컴퓨터, 반도체, 휴대전화 등 주요 IT 제품이 포함됐다. 처음 발효될 때는 43개국이 참가했으나 이후 80개국으로 참가국이 늘어났다. 세계 IT 교역량은 ITA 발효 전인 1996년 1조 2,000억 달러에서 매년 평균 10%씩 늘어 2008년 4조 달러로 3배 이상으로 확대됐다.

한국무역협회에 따르면 우리나라 IT 수출액은 1996년 263억 달러에서 지난해 1,366억 달러로 5배 이상으로 증가했다. IT 수출액은 지난해 전체 수출액(5,727억 달러)의 24%를 차지했다. 올해 상반기는 전반적인 수출 부진 속에서도 IT 분야는 작년 같은 기간보다 2.1% 늘어난 667억 달러를 기록하며 수출의 버팀목 역할을 했다. 상반기 우리나라 전체 수출액은 2687억 달러로 작년보다 5.1% 감소했다. 세계 교역 둔화, 저유가, 엔화·유로화 약세 등 대외적인 교역 여건이 악화된 탓이지만, 경쟁력 약화 등 수출 성장을 유지할 내부 동력이 약화된 것도 원인으로 지적된다. 내수 침체와 맞물린 수출 감소로 경기 회복의 불씨가 꺼질 수 있다는 우려도 커지고 있다.

이번 ITA가 이 같은 분위기를 전환하는 데 일조할 것으로 정부와 업계는 기대하고 있다. 전체 수출의 4분의 1을 차지하는 IT 산업 성장에 탄력이 붙으면서 수출 회복의 돌파구 역할을 할 수 있다는 것이다. 정부는 품목별 세부협상에 차질 없이 대응하는 한편 기업들이 ITA의 활용도를 높일 수 있게 후속 대책 마련에 역점을 둘 방침이다. 김호철 산업부 세계무역기구과장은 "이번 ITA 201개 품목에는 수출 비중이 크고 관세 인하 여지 많은 품목들이 포함돼 수출 확대 등 실질적인 혜택을 클 것으로 본다."며 "남은 협상을 마무리하고 후속 대책을 마련하는 데 최선을 다할 것"이라고 말했다.

출처: 헤럴드경제. 2015.7.26.일자.

참고2: WTO 정보기술협정(ITA) 개정의 영향과 시사점

지난 7월 24일(현지시간) 스위스 제네바에 위치한 세계무역기구(WTO) 본부에서 세계무역사에 기록될 중요한 사건이 있었다. 미국, 중국, EU(유럽연합), 한국, 일본, 대만 등 52개국의 대사들이 모여 정보기술협정(ITA) 확대 협상 전체회의를 열고 새롭게 추가되는 201개 무세화 품목의 목록과 향후 일정에 대해 최종 합의한 것이다.

정보기술협정(ITA, Information Technology Agreement)은 컴퓨터, 반도체, 통신장비 등 주요 IT 제품 및 부품을 포함한 203개 품목에 대해 관세를 없애기로 한 다자간 협정으로서 1997년부터 발효됐다. WTO 주도로 정보기술관련 분야에 해당하는 물품에 대하여 관세장벽을 없애고 무역자유화를 통해 인류발전을 증대시킨다는 것을 목표로 추진된 협정이다. 현재 80여 개국이 ITA협정에 참여하고 있으며, 대상 품목(203개)에 대해 참가국들은 모든 WTO 회원국에게 무세화 혜택을 부여하고 있다. 그러나, 협정이 발효된 1997년 이후 IT산업이 빠르게 발전하였음에도 불구하고, ITA는 이러한 시대 변화와 IT 기술의 진보를 반영하지 못하는 문제점이 계속됐다. 2012년부터 이를 반영하여 관세철폐 품목을 확대하기 위한 ITA 확대 협상을 진행해왔으며, 처음 ITA 협정이 타결된 지 19년 만에 ITA 개정 협상이 최종 합의된 것이다.

이에 따라 무관세 혜택 품목은 기존 203개에서 이번에 201개가 늘어나 총 404개에 이르게 되었는데 전문가들의 예상대로 올해 하반기에 협상이 최종 타결이 된다면, 참가국들은 국내비준 절차를 거쳐 이르면 내년 하반기부터 해당 품목에 대한 관세를 단계적으로 철폐할 것으로 예상된다. 이번 협상에서는 특히 반도체, 영상기기, 광학기기, 계측기기, 전자기기 및 IT 소재, IT 제조장비, 전자 부품 등 연관 제품까지 관세 철폐 범위를 대규모로 확대한 것에 의의가 있다. 이에 따라 전 세계 IT 관련 제품의 연간 세계 교역량인 4조 달러의 4분의 1에 해당하는 1조 달러 이상의 IT 제품 시장이 무관세 적용을 받게 될 것으로 예측하고 있으며, 전 세계 IT 제품의 무역액도 연평균 약 8천억 달러 이상 증가하게 될 것으로 전망된다.

이번 ITA의 개정은 우리 무역업체들에게 여러 모로 큰 영향을 미칠 것으로 예상된다. 먼저 ITA 개정으로 추가로 무관세 혜택을 보게 되는 물품에 대해 수출의 증대를 기대할 수 있다. 특히 ITA협정은 FTA와 달리 관세절감을 받기 위한 복잡한 원산지 증명 절차가 불필요하며, 오로지 해당 물품이기만 하면 무관세 혜택을 주게 되기 때문에, 수출자는 훨씬 쉽게 무관세로 수출할 수 있게 된다. FTA보다 수출 증대 효과가 훨씬 높을 것으로 기대되는 이유다.

또한, 금번 개정 대상에는 각종 기기뿐만 아니라 IT 소재, IT 제조장비, 전자 부품 등 연관 제품을 다수 포함하고 있다. 이는 국내기업이 수입하는 자재에 대한 무관세 적용 범위가 넓어지게 돼 해당 자재를 수입하는 국내기업은 원가 절감 및 기업 이윤 증대 효과를 얻을 수 있고, 궁극적으로는 제품가격이 낮아지게 되는 등 소비자 후생 증대에도 도움이 될 수 있다. 특히, 과거에 쟁송 중이었거나, 현재 쟁송 중인 IT 제품에 대한 품목분류와 관련한 쟁송의 대부분은 ITA에 규정된 무관세 적용 대상 품목에 해당하는지에 대한 이견에 따른 관세율 분쟁이었으므로, 이번 개정으로 과거에 이견이 존재했던 다수의 물품이 추가적으로 무관세 혜택을 적용 받게 되어 관세율 분쟁에 따른 기업의 스트레스가 줄어들게 될 것으로 전망된다.

반면에 금번 협정 개정에 따른 부정적인 예상도 존재한다. 먼저, ITA협정 대상 품목은 복잡한 절차 없이도 참가국들이 모든 WTO 회원국에게 무관세를 적용하게 되므로 전 세계적으로 해당 품목에 대한 관세가 사라지는 효과가 발생한다. 따라서 금번에 추가된 품목의 경우 더 이상 한국 FTA에 의한 선점 효과를 누릴 수 없게 된다. 따라서 순수하게 기술 경쟁력과 가격 경쟁력만으로 경쟁하게 되어, 국가 간 경쟁이 치열해질 가능성이 있다. 둘째로, 금번 개정으로 추가되는 품목에 대해 관세 장벽이 사라지게 되어 특히 중국이나 일본 같은 경쟁국가의 물품이 무관세로 들어올 수 있게 된다는 점이다. 수입 물품에 비해 경쟁력이 낮은 국내 제품, 부품, 소재산업의 경우에는 심각한 타격을 받을 가능성이 높다. 셋째로, ITA 참가국 각국은 금번 개정에 의한 관세장벽의 완화에 따른 자국산업의 보호를 위해 신규 추가 품목에 대해서 환경, 에너지, 안전 규제나 복잡한 허가 절차 등의 비관세 장벽을 더욱 높일 가능성이 있다. 또한, ITA는 특정 품목에 한정하여 관세 절감해주는 것이므로 금번에 추가된 해당 품목에 포함되는지 여부와 관련한 새로운 품목분류 이슈가 발생될 것이며, 이에 따른 관세 쟁송도 발생할 수 있다. 특히 기업이 이러한 이슈를 사전에 충분히 준비해 놓지 않는 경우에는 몇 년 후에 심각한 어려움을 겪게 될 수도 있다.

아울러, 금번 ITA의 개정으로 인해 대규모의 물품에 대한 관세 수익이 추가로 사라지게 되는 만큼, 이에 따른 풍선효과로서 국가에서 세수확보를 위해 관세평가 및 부가세 추징에 대한 적용을 더욱 엄격하게 적용하는 등 다른 부분에서의 관세 징수 지침을 강화하여 기업에 부담을 줄 가능성이 있다. 물론, 금번 ITA협정의 개정은 해당 추가 품목과 관련한 한국 제품의 수출경쟁력을 고려할 때 전체적으로 한국의 수출에 긍정적인 효과 및 수출 증대를 가져올 것으로 예상된다.

다만, 앞서 언급한 바와 같이 ITA협정의 개정은 한국에 긍정적인 영향만 가져오는 것이 아니며, 부정적인 영향도 동시에 가져올 가능성이 높다. 따라서 정부관계자 및 기업담당자는 부정적인 영향에 따른 피해를 최소화하고 이익을 극대화하기 위해 ITA 개정 협정의 시행 전까지 준비를 튼튼히 해야 한다.

출처: 무역실무파티. 이재영, 이정 관세법인 관세사.

4. 복수국간 서비스협정

한편, 복수국간 서비스협정(Trade In Services Agreement, TISA)은 WTO 서비스협정의 내용을 넘어 서비스시장의 추가적 개방에 동의하는 일부 회원국들 간에 진행되고 있는 서비스분야 무역자유화를 촉진하기 위한 협정이다. DDA협상의 교착상태가 장기화됨에 따라 미국과 호주의 주도로 서비스무역 자유화에 관심이 많은 국가들을 중심으로 추진되었다. 참여국은 우리나라를 포함하여 일본, 대만, 홍콩, 호주, 뉴질랜드, 파키스탄, 미국, 캐나다, 멕시코, 코스타리카, 파나마, 콜롬비아, 페루, 칠레, EU, 스위스, 노르웨이, 아이슬란드, 터키, 이스라엘, 파라과이, 리히텐슈타인 등 23개 국으로 전 세계 서비스무역의 약 70%를 차지하고 있다.

주요 이슈로는 적정한 자유화수준의 설정 문제로 WTO 출범 이후 각국의 FTA 체결로 인해 높아진 서비스시장 개방수준을 어느 정도 반영할 것인지가 주요 쟁점으로 떠오르고 있다. 이와 관련하여 서비스시장의 개방을 현행 FTA에서 설정하고 있는 개방수준 내에서 하고 민감한 부분은 예외로 인정하자는 데에 공감대가 형성되고 있다. 향후 양허협상을 통해 자유화 수준이 구체화될 예정이다. 다자화 추진방식도 쟁점으로 떠오르고 있는데 복수국간 서비스협정은 WTO체제를 보완하기 위한 것으로, 궁극적으로는 회원국을 WTO 전체로 확대하는 다자화가 주요 목표이다.

이와 관련하여 신규 회원국의 참여절차, 복수국간 서비스협정을 WTO체제로 편입시키기 위한 절차 등이 논의되고 있다. 또한 복수국간 서비스협정에서는 WTO서비스협정의 골격과 주요 조항을 공유하면서도 투명성, 자연인의 이동, 정보통신, 해운 등 신규 또는 개선된 규범 도입을 위한 논의가 진행 중이다.

우리나라는 2012년 2월부터 진행된 동 협의의 준비단계에서 부터 지속 참여해 왔으며 동 협상에 참여하기 위한 통상절차법상 국내절차를 완료하였다. 우리나라는 향후 관계부처 간 긴밀한 협의 및 업계의 의견수렴을 통해 동 협상에 적극적으로 참여할 계획이다. 이를 통해 우리나라 서비스 산업의 경쟁력 강화와 해외진출을 활성화하는 데 도움을 받을 수 있을 것으로 예상된다.

참고: 복수국간 서비스무역협정(TISA) 협상 참여를 환영한다.

정부가 서비스분야 무역장벽을 없애기 위해 미국 유럽연합(EU) 일본 등 21개국이 논의하고 있는 복수국 간 서비스무역협정(TISA · Trade In Services Agreement) 협상 참여를 이달 중 공식 선언할 예정이라고 한다. 통상기능을 산업부로 넘긴 박근혜 정부가 새롭게 시도하는 첫 통상협상이다. TISA는 세계무역기구(WTO)의 다자간 무역협정인 도하개발아젠다(DDA) 협상이 10년 넘도록 지지부진하자 서비스 분야에서라도 교역 자유화를 이루자는 목적에서 시작된 협정이다. 다자간 협상 체제가 답보상태에 빠지면서 그동안 양자 간 자유무역협정(FTA) 중심으로 이뤄졌던 세계 무역 질서에 새로운 다자간 협상이 시동을 건 것이다. 특히 그 대상이 서비스산업이라는 점에서 각별한 의미가 있다고 하겠다.

대외경제연구원은 TISA 참여시 15년이 지나면 국내 서비스산업의 해외시장 진출 기회가 늘어나면서 실질 국내총생산(GDP)이 0.63~0.64%(83억~84억 달러) 증가할 것이라는 전망을 내놨다. 상호간에 시장이 개방되면서 서비스산업의 경쟁력이 한 단계 올라갈 수 있다는 얘기다. 그러나 뒤집어 말하면 국내 서비스산업이 그만큼 낙후됐다는 뜻도 된다. 실제로 서비스산업 생산성은 선진국의 60% 수준에 머물러 있고 관광 의료 등은 더욱 그런 상태다. 제조업이 이미 선진국 수준으로 올라선 것과 비교하면 더욱 그렇다. 서비스산업의 취업자당 생산성은 제조업의 절반에도 못 미치는 것이 현실이다.

서비스산업이 낙후된 것은 온갖 진입장벽과 보호 속에 안주한 것이 가장 큰 원인이다. 지금도 규제개혁에 대한 저항이 가장 많은 분야가 바로 서비스산업이다. 아니 새로운 규제를 더 도입하지 못해 난리다. 서비스산업 선진화를 아무리 외쳐봐야 번번이 실패하는 이유다. 제조업이 그랬듯이 서비스업도 개방 외에는 경쟁력을 높일 방도가 없다. 이미 개방된 유통업이 이를 입증한다. 의료 등 다른 서비스도 주저할 이유가 없다. 차제에 투자개방형 의료법인, U헬스 등도 과감하게 허용하자. 무역의 흐름도 복합 · 인프라 · 기술무역 쪽으로 가고 있다. TISA 협상 참여는 국내 서비스산업이 도약할 수 있는 기회다.

출처: 한국경제. 2013.6.10.일자.

5. 환경상품협정

마지막으로 환경상품협정(Environmental Goods Agreement, EGA)은 환경상품의 무역자유화를 목표로 관세 및 비관세 장벽 철폐를 위해 출범한 협정으로 2014년 7월 협상출범 공동선언 이후 2015년 5월까지 6차 협상이 완료되었다. 환경상품과 관련 서비스는 DDA의 협상의제로서 다자 차원에서 논의되고 있으나 협상이 뚜렷한 진전을 보이지 않는 가운데 선진국을 중심으로 WTO, OECD, APEC 등 주요 국제기구에서 관세인하 대상 선정 작업이 지속되었다. APEC은 환경상품이 WTO 협상의제로 채택되기 이전인 1990년대부터 논의를 진행하여 2012년 정상선언을 통해 54개 품목에 대한 관세율을 2015년까지 5%이하로 내리기로 합의한 바 있다. 또한 2013년 미국 오바마 행정부가 '기후변화 행동계획(Climate Change Action Plan)'을 통해 환경상품에 대한 WTO 복수국간협정을 제안하면서 WTO 차원의 논의가 본격화되었다.

당초 DDA 협상에서는 환경상품과 서비스가 동시에 논의되었으나 환경상품협정은 상품에만 한정된 협정으로 서비스에 대한 협상은 별도 논의될 예정이다. 2013년 11월 중국, 대만, 싱가포르, 홍콩, 코스타리카 등 5개국이 협상 참여의사를 표명하여 환경프렌즈그룹 9개국과 함께 2014년 7월 협상이 개시되고 이후 2015년 이스라엘, 터키, 아이슬란드가 가입하였다. 협상 참여국은 WTO 환경프렌즈그룹(한국, 미국, EU, 일본, 호주, 뉴질랜드, 스위스, 캐나다, 노르웨이)+8개국(중국, 대만, 싱가포르, 홍콩, 코스타리카, 이스라엘, 터키, 아이슬란드)등 17개국이다.

환경상품협정 협상은 1단계 사전협상 → 2단계 본격협상의 단계로 진행되며 최근 6차 협상까지 655개의 품목이 검토되었다. 우리나라는 통상절차법에 규정된 협상 전 절차를 완료한 이후 3차 사전협상부터 협상에 공식 참여하여 관심 품목리스트 제출하고 민관 TF를 통해 업계와 함께 공동 대응 중이다. 2014년 12월 환경편익성이 인정되는 품목 43개를 선정하여 제안하였다. 환경상품 교역량은 2002년 6,649억 달러에서 2013년 2조 38억 달러로 연평균 10.5%의 성장률을 기록하며 성장하였다. 환경상품의 주요 수출국인 EU와 미국이 전 세계 수출의 50% 이상을 차지하고 있으며 최근 중국의 환경상품 수출이 급격히 증가하여 수출시장 점유율도 2005년 5.9%에서 2013년 13.8%로 7.9%p 상승하였다.

우리나라는 세계 환경상품 수출시장의 약 3.8%(약 384억 달러)를 차지하였으며 2002~2013년 동안 연평균 18.5%의 성장률을 기록하며 급성장하였다. 환경상품협정 참여국의 환경상품 교역량은 세계 환경상품 교역량의 80% 이상을 차지하고 있어 환경상품협정의 관세인하효과가 미치는 영향이 클 것으로 기대되고 이다. 환경상품협정에 참여하고 있는 국가들이 세계 환경상품 시장에서 차지하는 비중은 82.6%(약 1조 6,544억 달러)에 달하고 협상 개시 이후에도 참여국이 늘고 있어 협정발효를 위한 기준 충족(critical mass)에도 긍정적 영향을 미칠 전망이다.

우리나라의 환경상품수출은 총 수출의 34.5%가 중국시장에 집중되어 있으며 그 외 신흥국으로의 수출도 활발하다. 최근 우리나라의 환경상품 무역은 수출 증가율이 수입 증가율을 상회하여 적자폭이 줄어들고 있는 것으로 나타나고 있다. 주요 수출국은 중국, 중남미, 동남아시아 등 신흥국인 반면 수입선은 선진국에 집중되어 있는 구조이다.

환경상품협정은 1단계 협상에서 각국의 관심품목을 제출해 이를 통합한 리스트를 회람하였으며 우리나라도 환경편익성이 인정되고 우리 산업경쟁력과 기술수준 제고에 기여할 수 있는 43개 품목 리스트를 제출하였다. 주요 수출시장인 중국에서 높은 관세율을 부과하고 있어 해당 품목에 대한 환경상품협정 차원의 양허가 이루어질 경우 우리 기업의 수출 확대가 기대된다. 對세계 수출 100억 달러 이상의 품목에 대한 분석 결과, 우리나라의 수출 1위 시장인 중국은 태양광 셀을 포함하고 있는 HS854140을 제외하고는 5% 이상의 높은 관세를 부과하고 있으며 이들 품목은 한·중 FTA에서 장기 또는 부분철폐 부문에 속한다. 對미국 수출은 한·미 FTA로 현재 무관세가 적용되고 있는 품목이 다수를 차지하고 있다.

환경상품협정은 WTO 일부 회원국만 참여하는 복수국간협정이지만 환경상품 및 참여국의 특성에서 비롯되는 쟁점사항이 존재한다. 환경상품은 특성 상 환경용도표기(Ex-out)를 수반하므로 품목선정과 더불어 용도표기에 대한 연구가 필요하다. 환경산업 및 환경상품에 대한 국제기준이 없으므로 협상참여국들은 2단계 본격협상을 통해 EGA의 대상 품목을 선정하게 되는데 이때 품목 분류의 기준으로 사용되는 HS코드는 상품의 용도를 정확히 반영하지 못하는 한계가 있다.

환경상품은 품목의 특성 상 중간재인 경우가 많고 환경 목적 이외의 용도를 지니는 다용도 상품일 가능성이 높아 각 국의 HS 최종단위에서 식별 가능하도록 용도를 명확히 표기해야 한다. 용도가 명확히 규정되지 않을 경우 수출입자의 혼란을 초래할 수 있고 일관된 세관행정에 문제가 발생해 협정 실효성이 떨어질 수 있으며, 용도표기에 따라 관세혜택이 달라지므로 품목선정과 더불어 용도표기가 주요 쟁점이 될 가능성이 높다. 발효기준 충족(Critical Mass)을 위해 협상 참여국, 특히 신흥국의 신규참여가 이루어질 가능성이 있으므로 협상 장기화에 대비해야 한다.

환경상품협정은 관세인하의 혜택이 WTO 전 회원국에게 돌아가는 협정이므로 협정 비참여국의 무임승차를 방지하기 위해 참여국의 교역량이 전 세계 교역에서 차지하는 비중이 특정 수준에 도달해야만 협정이 발효된다. 이와 동일한 발효방식을 택한 정보무역협정은 교역량 기준선을 90%로 설정하였는데 현재 환경상품협정 참여국의 교역량 비중은 약 80% 수준이므로 발효를 위해 인도, 브라질, 멕시코 등 신흥국의 참여가 필요할 수 있다.

신흥국 참여가 확대될 경우 협상에서 범용 상품군 포함을 두고 선진국과 신흥국의 의견차이로 협상이 장기화 될 가능성이 높다. 한편 신흥국의 참여 확대는 환경상품협정의 실효성을 높이는 계기로 작용할 것이다. 우리나라는 미국, EU와의 FTA를 체결하여 이미 대부분의 품목이 무관세로 거래되고 있는 만큼 멕시코, 브라질 등 우리나라가 아직 FTA를 체결하지 않은 신흥국의 참여는 환경상품 수출에 긍정적 영향을 미칠 것으로 기대된다.

단, 환경상품협정은 최혜국대우관세를 인하 · 철폐하는 협정인 만큼 최대 수출 · 수입 상대인 중국과의 협상에서 한-중 FTA에서 철폐가 이루어지지 않았던 품목에 대해 중국과 원만한 합의에 도달하기에는 어려울 전망이다. 환경상품협정이 1단계 사전협상을 거쳐 2단계 본격협상에 접어든 만큼 우리나라도 민관 TF 등을 활용해 업계 의견을 적극적으로 반영하고 협상 참여국과의 유대를 통한 최선의 양허확보 필요하다.

KIEP의 전망에 따르면 WTO 153개 리스트를 기준으로 환경상품협정이 발효될 경우 우리나라의 실질 GDP는 0.13% 증가하고 소비자 후생은 6억 9,328만 달러가 증가할 전망이다. 우리나라는 협상에 적극적인 자세로 참여하면서 협상 참여국 중 우리와 이해관계가 유사한 국가들과 함께 다자차원의 대응방안을 모색하는 전략마련이 필요하다.

최근 2016년 12월 환경상품협정 협상 17개 참가국들은 환경상품협정 장관회의를 통해 협상 타결을 시도하였으나, 참가국들 간 관심품목 및 민감품목에 대한 입장차가 커서 관세철폐 대상 품목리스트를 확정하는데 합의하지 못했다. 우리 정부는 기

4장
우리나라의 WTO 분쟁사례

이 장에서는 우리나라의 WTO 분쟁사례에 대해 소개하고 그 중요성과 의미에 대해 알아보고자 한다. 앞에서 언급하였듯이 GATT와 이를 승계한 WTO를 중심으로 한 다자적 무역질서는 자유무역의 효율성을 무기로 공고화되었고 이는 다시 세계무역의 발전에 필요한 제도적 준거와 시스템을 제공하여 왔다. 하지만 자유무역의 당위성이 늘 인정되어 온 것은 아니다. 경제위기가 발생할 경우 국내시장의 보호라든지 자국의 경제적 이익을 확보하기 위한 차별적, 선별적 무역조치시행 등 자유무역을 거스르는 보호무역의 흐름은 늘 있어왔다.

특히 2008년 글로벌 금융위기와 이이진 2010년 유럽재정위기 이후 세계경제의 침체, 부의 양극화 및 실업문제로 자유무역에 대한 반대 목소리는 더욱 높아지고 있다. 더 나아가 이러한 목소리가 정치적 의사결정에까지 영향을 미치는 단계에 이르고 있다. 미국의 경우 2016년 극단적인 미국 우선주의와 보호무역을 주장하는 도널드 트럼프(Donald Trump)가 대통령으로 당선되어 기존의 자유무역질서의 근간을 흔들정도로 큰 영향을 미치고 있다. 향후 적어도 트럼프의 재임기간만큼은 미국의 통상정책은 큰 틀에서 자유무역에서 보호무역으로의 회귀가 불가피할 것으로 예상된다. 영국의 경우에도 보호무역주의의 또 다른 형태인 고립주의가 현실화되었다. 영국에서는 지난 2016년 6월 23일 EU 탈퇴(Brexit)에 대한 국민투표가 이루어졌고 52%의 찬성률로 EU 탈퇴가 결정되었다. 이제 영국이 단일시장경제권인 EU에서 탈퇴하는 것은 시간문제가 되었다. 이처럼 최근 세계경제는 보호무역주의, 고립주의가 득세하고 있고 이는 그동안 불문율처럼 여겨지던 자유무역을 제한하는 변수로 작용할 가능성이 커지고 있는 것이다.

후변화 대응 등을 위한 국제사회의 노력에 기여하고, 나아가 환경상품 기업의 경쟁력 및 수출여건 개선을 위해 환경상품협정 협상에 적극 참여해왔다. 아직 최종 합의에는 이르지 못했으나 참가국들은 환경상품협정 협상의 중요성에 대해 인식을 같이 하고 향후 성공적인 결과 도출을 위해 지속적으로 노력해야 할 것으로 보인다.

참고: WTO 환경상품협정(EGA) 본격협상 단계로 진입: 10개 카테고리 580여개 품목(HS6 단위)으로 통합리스트 작성

세계무역기구(WTO) 17개 회원국이 2014.7월~2015.3월 간 5차례에 걸쳐 복수국간 환경상품협정(Environmental Goods Agreement, EGA) 1단계 사전협상을 진행한 결과, 10개 환경 카테고리의 580여 개 품목(HS6단위)으로 집계된 통합리스트가 회람되었다. 참가국들은 이번 회람된 통합리스트를 기초로 5월부터 본격적인 품목별 협상에 돌입할 예정으로, 본격 협상 단계에서는 환경적 신뢰성(environmental credibility)과 참여국 지지도(support)를 검토하여 무세화 대상 품목을 선별하게 된다.

올해 말 제10차 WTO 각료회의와 유엔기후변화협약(UNFCCC) 기후변화 당사국회의 계기에 환경상품 자유화 협상의 성과를 거두는 것을 목표로, 하계휴가 이전에 3차례(5월, 6월, 7월)에 걸쳐 집중적인 협상회의가 진행될 예정이다. 우리나라는 관계부처 · 관련업계 의견수렴을 통해 환경편익성이 인정되고 우리 산업경쟁력 및 기술수준 제고에 기여할 수 있는 43개 품목을 선정하여 제안품목 리스트를 제출하였다.

제안품목으로는 LED 조명, 탄소섬유, 가스보일러, 가스온수기, 손 건조기, 리튬이온축전지, 메탈실리콘 등이 포함되며, 앞으로 본격협상 과정에서 지지 가능한 품목을 추가 발굴해 나갈 계획이다. 산업통상자원부는 WTO 환경상품협정(EGA) 협상에 효과적으로 대응하기 위해 환경부와 공동으로 민관합동 TF(통상차관보 주재)를 구성 · 운영하고 있으며, 지난 4.3(금) 제2차 회의를 개최하여 1단계 사전협상 결과와 본격협상 대응전략을 점검하였다. 우리나라가 다자적 자유화를 지지하는 통상국가이며 녹색기후기금(GCF)을 유치한 기후변화 대응 선도국임을 감안, 앞으로도 환경상품 자유화 협상 진전에 적극적인 자세로 참여하면서, 민관 합동 TF 등을 통해 우리 협상 실익을 극대화 할 수 있는 품목별 협상전략을 구체화해 나갈 예정이다.

* 참가국: 협상 출범 당시 참가국인 한국, 미국, EU, 일본, 호주, 캐나다, 뉴질랜드, 노르웨이, 스위스, 중국, 대만, 싱가포르, 홍콩, 코스타리카 14개국과 신규 참여한 이스라엘, 터키, 아이슬란드 3개국

** 10개 환경카테고리: 대기오염 관리 / 고체 · 유해폐기물 관리 / 폐수관리 · 수처리 / 환경복원 · 정화 / 소음 진동제거 / 청정 · 재생가능에너지 / 에너지 효율성 / 친환경제품 / 환경측정분석 / 자원효율성

출처: 산업통상자원부 보도자료. 2015.5.6.

〈그림 1〉 WTO 분쟁해결절차

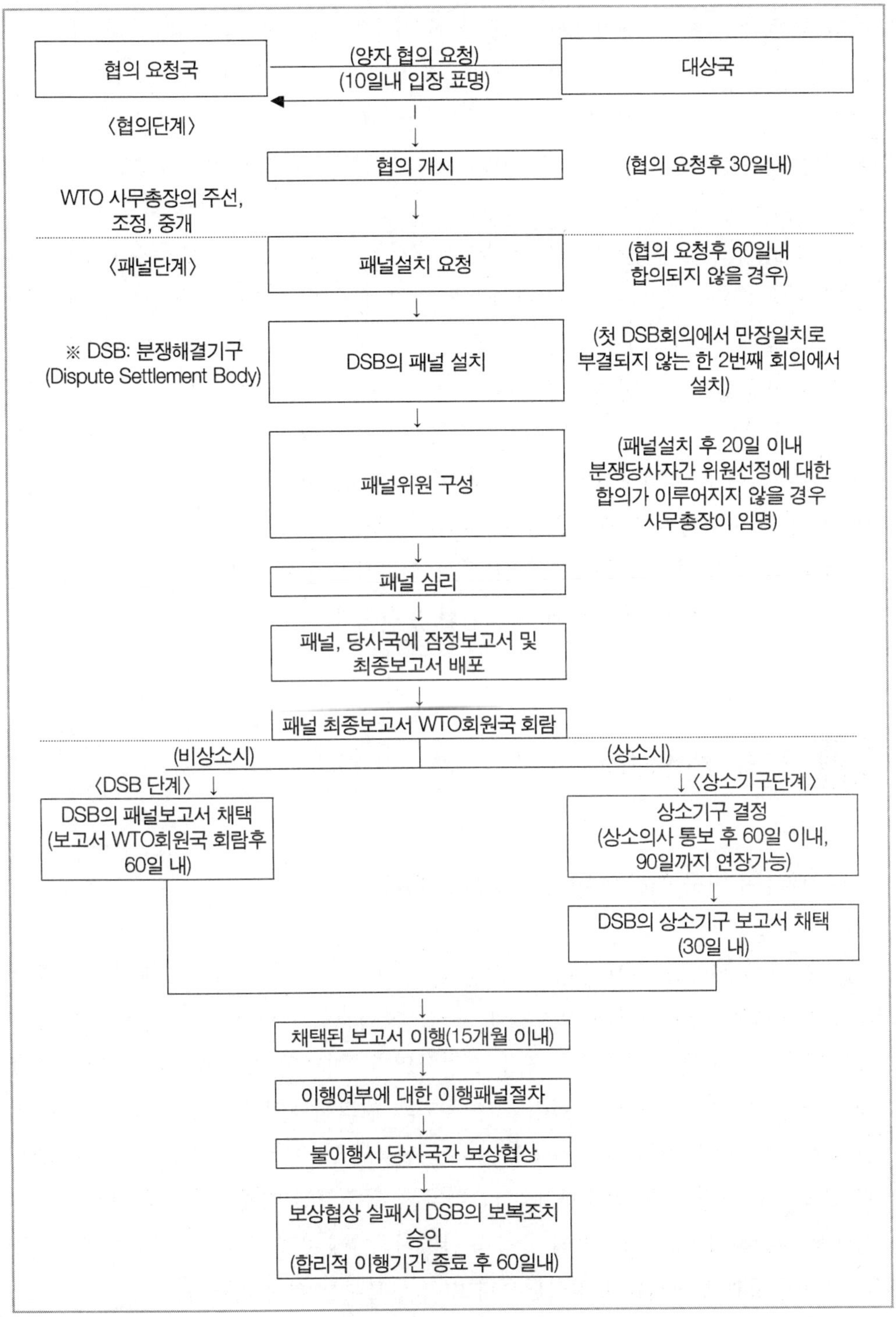

이렇듯 자유무역을 주창하던 미국의 급격한 정책적 변화로 인한 새로운 보호무역주의 흐름의 대두는 2000년대 중반 이후 감소 추세를 보이던 WTO 무역분쟁이 2012년 이후 다시 증가하는 것과 무관하지 않아 보인다. 2011년까지 한자리 수(8건)까지 감소세를 보이던 WTO 분쟁건수는 2012년 다시 27건으로 급증하였고 2013년 20건을 기록하였다. 2014년 14건, 2015년 13건, 2016년 16건, 2017년 15건 등으로 다시 감소하는 모습을 보이지만 2017년 이후 중국에 대한 시장경제국지위 인정 문제, 중국産 철강제품, 반도체 등에 대한 고율의 반덤핑관세부과와 같은 미·중 간 무역 갈등이 격화되는 등 WTO 분쟁은 언제든 다시 증가할 수 있는 상황이다.

WTO 분쟁은 각 국이 국익과 자존심을 놓고 대결하는 총성 없는 전쟁터이다. 동시에 그 판정결과의 실현에 강제성이 부여됨으로써 국제무역에 미치는 영향이 크다는 점에서 중요한 이슈가 되고 있다. 이러한 의미에서 대외개방과 무역을 통한 성장 전략을 추진해 온 우리나라에 있어서 WTO 분쟁에 대한 분석과 연구 그리고 적절한 대응방안은 필수적라고 하지 않을 수 없다. 아래에서는 우리나라의 GATT/WTO 분쟁 제소 및 피소 사례를 살펴보고 그 의미와 시사점에 대해 살펴보고자 한다. 우선 〈그림 1〉은 WTO 분쟁절차를 도표로 나타낸 것이다.

1. 주요 제소사례

1) 1991년 미국 DRAM 반덤핑 분쟁(DS99)

GATT체제 하였던 1991년 4월 미국 Micron사가 한국산 DRAM에 대해 반덤핑 조사를 신청함에 따라 미국의 상무부와 국제무역위원회는 이에 대한 덤핑여부 및 피해조사를 실시하였고 덤핑으로 최종 결정하였다. 미국의 경우 상무부는 덤핑의 존재 여부를 국제무역위원회는 덤핑과 피해 간의 인과관계의 존재여부 및 덤핑마진율을 조사한다. 이에 따라 미국 상무부는 1993년 4월 LG전자와 현대전자에 대한 반덤핑 관세를 부과하였다. 현대전자와 LG전자는 최종판정 이후 3차례에 걸친 연례재심에서 계속해서 미소 덤핑마진 판정을 받았다. 이에 우리 측은 세 번째 연례재심신청 시 반덤핑관세 철회를 요청하였으나 미국 상무부는 이를 기각하였다.

이에 우리나라는 1997년 8월 반덤핑관세 철회기각 판정에 대해 WTO에 제소하였다. 패널은 1999년 1월 미국 상무부 규정상 반덤핑조치 철회요건 중 일부가 WTO 반덤핑협정에 위배된다고 판정하였다. 양국은 패널 결정에 따라 1999년 11월까지 판정내용을 이행키로 합의하였다. 하지만 미국이 관련 조항의 삭제 약속에도 불구하고 반덤핑조치를 계속 유지키로 함에 따라 우리나라는 2004년 4월 WTO 분쟁해결기구에서 이행패널 설치를 요청하였다. 미국 상무부는 이 패널의 심리가 진행 중이던 2000년 9월 일몰재심을 통해 현대전자에 대한 반덤핑관세를 철회하였다. 이 제소 건은 우리나라가 GATT/WTO체제 하에서 최초로 제기한 제소 건으로 미국과의 분쟁에서 실질적인 승소를 했다는 점에서 의미가 크고 자의적이고 무분별한 반덤핑관세 부과에 경종을 울렸다는 데 의의가 있다.

2) 1999년 미국 스테인리스 반덤핑 분쟁(DS179)

미국은 1999년 5월과 7월 각각 포항제철(현 POSCO)의 스테인리스 후판(plate)과 스테인리스 판재(sheet)에 대해 반덤핑관세를 부과하였다. 이에 우리나라는 이 조치가 WTO 반덤핑협정에 위반된다고 판단하여 1999년 7월 WTO에 제소하였다. 이는 WTO 체제 이후 최초의 제소 건이다. 이에 패널은 2000년 12월 미국의 덤핑마진 계산방식에 문제점이 있다고 판단하고 미국 측 조치가 WTO 반덤핑협정에 위반된다고 판정하였다. 양국은 분쟁해결기구 회의를 통해 2001년 9월까지 판정내용을 이행하기로 합의하였다. 미국은 재조사를 통해 2001년 8월 우리나라 철강회사들의 스테인리스 후판 및 스테인리스 판재에 대한 덤핑마진을 하향조정하는 방식으로 패널의 판정내용을 이행하였다.

3) 2000년 미국 탄소강관 세이프가드 분쟁(DS202)

미국은 2000년 3월 우리나라 탄소강관 수입물량 중 연간 9천 톤을 초과하는 물량에 대해 세이프가드조치를 취하였다. 우리나라는 이 조치가 WTO 세이프가드협정 위반이라고 2000년 6월 WTO에 제소하였다. 패널은 2001년 10월 29일에 할당관세의 기본세율 적용 물량을 수출국간에 할당하는 과정에서 국별 과거 수출실적에 대한 고려 없이 일률적인 할당이 이루어졌고(GATT 제13조 위반), 미국 내 수입증가와 국내산업 피해간의 연관관계가 입증되지 않았으며(WTO 세이프가드협정 제4.2조(b) 위반), 세이프가드조치의 선결요건인 "예상치 못한 상황(unforeseen development)" 요건을 충족시키지 못하였고(GATT 제19조 위반), 세이프가드조치 시행 이전에 관련국에게 충분한 협의 기회를 제공하지 않았으며, 조치 대상국들에게 이 조치 이전 수준의 양허조건을 유지하려는 노력을 기울이지 않았으므로(세이프가드협정 제12.3조 및 제8.1조 위반) 미국 측의 조치가 WTO 협정을 위반하였다고 판정하였다.

하지만 양국의 상소에 따라 상소기구는 2002년 2월 미국의 세이프가드조치가 국내산업 보호를 위해 필요한 수준을 초과한다는 점 등을 이유로 추가적인 사항에 대해 WTO협정 위반판정을 내렸다. 판정내용의 이행기간에 대한 양측의 합의가 이루어지지 않아 우리나라는 2002년 4월 중재절차를 요청하였으며 2002년 7월 미국 측이 우리에게 양자적인 해결 모색을 제안하여 2002년 9일 판정내용을 이행키로 합의하였다. 이후 미국은 합의사항을 준수하였다.

4) 2000년 미국 Byrd 수정법 분쟁(DS217/234)

2000년 미국 의회는 반덤핑관세 및 상계관세 징수액을 미국 내 제소 당사자들에게 배분하는 것을 골자로 하는 미국 Byrd 법안을 상·하원에서 통과시켰고 2000년 10월 동 법안이 발효되었다. 우리나라는 2000년 12월 이를 WTO에 제소하였으며 EU, 일본, 브라질 등 총 10개국이 공동 제소국으로 참여하였다. 패널은 WTO협정상 덤핑 및 보조금 지급에 대해서는 반덤핑관세 및 상계관세 조치만이 허용되므로 Byrd 수정법은 WTO 반덤핑 및 보조금협정의 위반이라고 판정하고 이 법안의 폐지를 권고하였다. 상소기구도 2003년 1월 패널의 판정을 지지하였다.

판정내용 이행기간에 대해 공동제소국과 미국 간에 합의가 이루어지지 않아 중재절차에 따라 미국이 2003년 12월까지 의무를 이행하라는 판정이 내려졌으나 미국은 동 기간까지도 Byrd 수정법을 폐지하지 않았다. 이에 공동 제소국들은 2004년 1월 WTO 분쟁해결기구에 미국에 대한 양허정지를 요청하였다. 이후 양허정지수준에 대한 중재패널이 설치되어 2004년 8월 반덤핑·상계관세 징수액의 72% 수준의 양허정지를 허용하는 판결이 내려졌다. 우리나라는 EU, 일본, 캐나다, 멕시코, 인도, 브라질의 6개 공동 제소국와 함께 2004년 11월 WTO 분쟁해결기구 회의에서 미국에 대한 양허정지조치 승인을 획득하였다. 하지만 이후 미국 의회가 2006년 2월 Byrd 수정법을 2007년 10월까지 폐지하는 내용의 법안을 통과시킴으로써 이행 문제도 일단락되었다.

5) 2002년 미국 철강 세이프가드 분쟁(DS251)

미국은 2002년 3월 판재류 등 14개 철강제품에 대해 3년 간 추가관세를 부과하는 내용의 세이프가드조치를 발표하였다. 이에 우리나라는 2002년 3월 WTO에 제소하였으며, EU, 일본, 중국, 브라질 등 7개국이 공동 제소국으로 참여하였다. 패널은 2003년 7월 세이프가드조치의 선결요건인 '예상치 못한 상황의 발생(unforeseen development)'을 입증하지 못하였고(GATT 제19조 위반), 조치대상 중 일부는 조사기간 후반부에 수입이 감소하고 있음에도 세이프가드 조치를 취하였으며(세이프가드 협정 제2.1조 위반), 수입증가와 국내산업 피해간의 인과관계가 충분히 입증되지 않았고(세이프가드 협정 제2.1조 및 제4.2조(b) 위반), 멕시코와 캐나다로부터의 수입이 세이프가드 조사대상에는 포함되었으나 조치대상에서는 제외되어 동등성(parallelism)이 위배되었으므로(세이프가드 협정 제2.1조 및 제2.2조 위반), 미국의 조치가 WTO 세이프가드 협정에 위배된다고 판정하였다. 상소기구 역시 2003년 11월 패널의 주요 결정을 재확인하였으며 이에 미국은 2003년 12월 분쟁해결기구 회의 시 철강 세이프가드조치가 종결되었음을 선언하였다.

6) 2003년 미국 DRAM 상계관세 분쟁(DS296)

미국은 우리나라의 1997년 외환위기 이후 하이닉스 채권단의 구조조정 조치를 정부 보조금으로 간주하여 2003년 6월 하이닉스 DRAM에 대해 상계관세를 부과하였다. 이에 우리나라는 2003년 6월 30일 WTO에 제소하였다. 패널은 2004년 12월 공공기관으로서의 성격이 인정된 4개 금융기관을 제외한 채권은행들이 정부의 지시 또는 위임에 의해 하이닉스 구조조정에 참여하였다는 점이 입증되지 않았고(보조금협정 제1.1조(a)(1)(iv) 위반), 이에 근거하여 보조금의 여타 요건인 혜택 및 특정성의 요건도 충족되지 않았으며(보조금협정 제1.1조(b) 및 제2.1조 위반), 국내산업 피해 판정 시 하이닉스 DRAM 수입에 의한 피해와 다른 요인에 대한 피해가 제대로 구분되지 않았으므로(보조금협정 제15.5조 위반) 미국의 조치가 WTO 보조금협정에 위배된다고 판정하였다. 미국의 상소에 따라 상소기구는 2005년 6월 패널이 정부의 지시와 위임에 관해 여러 개별증거를 종합적으로 검토하지 않고 관련 사실 조사를 새로이 실시하였기 때문에 제출된 사실에 따라서만 판정을 내려야 한다는 패널의 검토기준을 위반하였다고 보고 패널의 판정을 번복하였다. 또한 '정부의 지시와 위임'에 관한 패널판정 번복에 따라 혜택과 특정성에 관한 패널판정 역시 번복하였다. 하지만 상소기구는 미국의 상계관세조치가 WTO협정에 합치하는지 여부에 대해서는 판정을 내리지 않았다.

7) 2003년 EU DRAM 상계관세 분쟁(DS299)

EU도 1997년 외환위기 이후 하이닉스에 대한 채권단의 구조조정 조치를 정부 보조금으로 간주하여 2003년 6월 하이닉스 DRAM에 대해 상계관세를 부과하였으며, 우리나라는 2003년 7월 이를 WTO에 제소하였다. 패널은 2005년 4월, 2001년 5월 구조조정 프로그램을 정부의 지시에 따른 것으로 간주한 것은 보조금협정 제1.1조(a)에 위배되고, 산업은행 등의 자금지원이 혜택(benefit)을 제공하였다는 것이 입증되지 않아 보조금협정 제1.1조(b)에 위배되며, EU가 5개 구조조정 프로그램 모두를 현금공여(grant)로 간주하여 상계관세율을 산정한 것은 보조금협정 제1.1조(b) 및 제14조 위배되고, 국내산업 피해판정 시 보조금으로 인한 피해와 기타 요인으로 인한 피해를 구분하지 않아 보조금협정 제15.5조를 위배하였다는 등의 이유로 EU의 조치 중 일부가 WTO 보조금협정을 위배하였다고 판정하였다. 다만, 수출보험공사의 수출보증 및 산업은행의 회사채 신속인수 등을 보조금으로 취급한 것과, EU가 이용 가능한 자료를 사용하여 사실관계를 부정적으로 유추한 것은 보조금협정 위반이 아니라고 판정하였다. 양국은 2006년 4월까지 판정을 이행키로 합의하였으며, EU는 2006년 4월 분쟁해결기구 회의 시 판정을 완전히 이행하였다고 선언하였다.

8) 2003년 EU 조선 보조금분쟁(DS301)

우리나라는 우리 조선업계와 경쟁하는 EU 역내 조선사에 대해서만 6%의 보조금을 지급하는 EU의 조치가 WTO협정 위반이라고 보고, 2003년 9월 이를 WTO에 제소하였다. 패널은 2005년 2월 EU 측의 조치가 일방적인 보복 조치를 엄격하게 금지하고 있는 WTO 분쟁해결절차규정 제23.1조에 위배된다고 판정하였다. EU는 2005년 6월분쟁해결기구 회의 시, 시효가 만료된 자국 조치를 갱신하지 않음으로써 판정을 이행하였다고 통지하였다. 이 분쟁에서 승소함으로써, 우리나라는 EU와의 조선 피제소 및 맞제소 분쟁에서 모두 승소하여 1990년대 후반부터 장기간 계속되어 온 한-EU 간 조선 분쟁을 성공적으로 마무리할 수 있었다.

9) 2004년 일본 김 수입할당(Quota) 분쟁(DS323)

우리나라는 일본의 김 수입할당제도가 예외적인 경우를 제외하고는 수량제한조치를 금지하고 있는 WTO협정에 위배된다고 보고, 2004년 12월 이를 WTO에 제소하였다. 우리나라는 WTO를 통한 김 수입할당조치 철폐를 추진하는 한편, 양자적 해결방안도 병행하여 모색하였다. 이후 일본이 2006년 1월 우리나라에 대한 김 수입할당물량을 향후 10년 간 2004년 물량의 5배(1,200만속)로 증량하기로 함에 따라 이 분쟁은 최종 타결되었다.

10) 2013년 한-미 세탁기 분쟁(DS464)

2012년 12월 미국 상무부는 우리나라 세탁기에 대해 반덤핑관세(삼성 9.29%, LG 13.02%) 및 상계관세(삼성 1.85%)를 부과하였다. 이에 대해 우리나라는 2013년 8월 WTO에 제소했으며 2016년 3월 패널판결에서 승소하였다. 이어 미국이 상소로 상소심이 진행되었는데 2017년 9월 상소심 판정으로 우리나라의 승소가 최종 확정되었다. WTO 한-미 세탁기 분쟁 상소심 최종판정 결과, 반덤핑 관련 쟁점 전부승소, 상계관세 관련 기존 패소쟁점에 대한 승소 등 유리한 결과를 도출해 대미국 수출여건 개선은 물론 최근 강화되고 있는 전 세계적 보호무역주의 강화 기조에 급제동이 걸릴 것으로 평가되고 있다.

상소심은 표적덤핑 판정, 표적 덤핑에 대한 제로잉 적용 등 반덤핑 관련 쟁점과, 보조금 계산방식, 보조금의 지역적 특정성 여부 등 상계관세 관련 쟁점에 대해 최종 판정을 내렸다. 반덤핑 관련 쟁점사안에서 상소기구는 미 상무부가 삼성 · 엘지

(LG)의 블랙 프라이데이 세일 판매를 표적덤핑(targeted dumping, 특정 시기, 장소, 구매자에 대해 덤핑이 발생하는 경우로서, WTO협정은 이 경우 해당 거래와 정상가격을 비교하여 덤핑률을 산정할 수 있도록 규정함)으로 판단한 것과, 제로잉(zeroing, 덤핑마진 산정 시 수출가격이 국내 정상가격보다 낮은 경우(덤핑)만 반영하고 수출가격이 국내 정상가격보다 높은 경우에는 이를 마진 계산 시 반영하지 않고 "0"으로 처리하여 최종 덤핑마진을 높게 부풀리는 방식)을 적용하여 고율의 반덤핑관세를 부과한 조치가 반덤핑협정에 위반된다고 판정하여, 우리 측의 손을 들어주었다.

상계관세의 경우 보조금 계산방식과 관련하여 패널 단계에서 우리 측이 패소했던 판정을 상소기구에서 우리 측이 최종 승소하는 등 우월한 분쟁결과가 도출되었다. 예를 들어 삼성전자의 전체 연구개발(R&D)지출에 대한 세액공제를 세탁기에 대한 보조금율 계산에 반영한 미국 상무부의 조치를 WTO 보조금협정 위반으로 판정했고 보조금 계산 시 삼성전자의 해외매출을 고려하지 않은 미국 상무부의 조치 또한 WTO 보조금협정 위반으로 판정하였다.

다만, '수도권 과밀억제권역' 이외 지역에 투자할 경우 세액공제를 제공하는 것은 '지역적 특정성'이 인정되는 것으로 판정하였고 이외 연구개발(R&D) 세액공제가 사실상 특정 기업에 지급된 보조금이라고 간주한 미국 상무부의 조치가 세계무역기구(WTO) 보조금 협정 위반이라는 패널의 판정도 확정되었다. 따라서 우리나라 정부가 삼성과 LG에 보조금을 지급했다는 이유로 미국이 부과하는 상계관세(원심 1.85%, 재심 34.77%)는 그 조치 자체가 종료될 것으로 예상하고 있다.

이 판정은 표적덤핑을 활용한 제로잉에 대해 한국이 최초로 WTO에 제소했고, 미국의 상계관세조치까지 제소대상에 포함한 포괄적 분쟁에서 유리한 결과를 끌어낸 것으로서 최근 전 세계적인 보호무역 추세에 선제적으로 대응한 사례라는 중요한 의미를 가진다고 할 수 있다. 이번 판정으로 인해 미국의 새로운 제로잉(zeroing) 방식(표적덤핑을 활용한 제로잉)도 WTO 협정위반이라는 최종 판정을 통해 어떠한 경우에도 제로잉은 금지된다는 원칙을 확립했다는데 의의가 있다.

미국은 판정 이행차원에서 기존 반덤핑 조사기법을 전면 수정(이번 분쟁에서 한국은 세탁기에 부과된 조치(as applied)뿐 아니라 미국의 제도 자체(as such)를 제소하여 승소함)해야 하므로 철강 등 우리 주력 산업의 보호무역주의 대응에도 긍정적 영향이 기대된다. 향후 미국은 이행기간을 최대 15개월로 제한하고 있는 WTO

협정에 따라 2017년 말까지는 상소기구 판정의 이행 일정을 제안하여야 할 것으로 보인다. 미국과의 세탁기 반덤핑, 상계관세 분쟁에서 동시에 승소함으로써 우리나라는 그동안 무역분쟁 과정에서 축적한 경험과 노하우를 우리 수출업계와 공유하여 전 세계 보호주의 대응에 민관이 공동으로 대응하는 토대를 마련할 수 있게 되었다고 평가되고 있다.

11) 2015년 한국산 유정용 강관에 대한 미국의 반덤핑관세(DS488)

2014년 7월 미국 상무부가 한국산 유정용강관(수출액 8억 달러)에 대해 고율의 반덤핑관세(현대하이스코 15.75%, 넥스틸 9.89%, 세아제강, 휴스틸, 아주베스틸, 일진 등 기타 12.82%)를 부과한데 대해, 정부는 업계의 요청에 따라 2014년 12월 WTO에 제소하였다. 이에 따라 2015년 1월 분쟁해결절차의 첫 단계인 양자협의가 열렸다. 양자협의에서 별도 합의에 이르지 못한 바, 2015년 4월 패널이 설치되었다.

제소와 관련 우리정부는 미 상무부가 덤핑 마진 계산방법과 조사절차 등에 있어 WTO 협정을 위반하였다고 판단했으며, 우리 정부가 승소할 경우 미국은 반덤핑관세 부과 조치를 시정할 의무가 발생한다. 미국 상무부는 우리나라 유정용강관의 약 98%가 미국으로 수출되므로 수출가격과 비교가능한 우리 내수가격이나 제3국 수출가격이 없어 구성가격(Constructed Value, 구성가격(CV) = 제조원가(COM) + 판매관리비(SG&A) + 이윤(Profit))에 의한 덤핑률을 산정해야 한다고 주장하고 있다. 우리 국내 기업의 이윤율이 아닌 다국적 기업의 높은 이윤율을 반영하면 상대적으로 고율의 덤핑마진을 산정하게 되는 것이다. 우리 정부는 이에 대해 미국 측이 반덤핑 조사과정에서 우리업계의 정당한 자료제출 기회를 보장하지 않고 고율의 반덤핑관세를 부과하는 등 WTO 반덤핑협정에서 보장하고 있는 절차적 방어권을 보장하지 않았다고 주장하고 있다. 산업통상자원부에 따르면 우리나라 유정용 강관의 대미 수출은 2013년 기준 89만 4천 톤으로(8.17억 달러), 우리가 분쟁에서 승소해 미국 측의 조치가 철폐할 경우, 철강업계는 연간 약 1억 달러의 반덤핑관세가 경감되고 매년 연례재심 조사절차에 대응해야 하는 부담도 해소될 것으로 기대된다고 조사되었다.

이후 2018년 1월 12일 미국이 한국산 유정용 강관에 부과한 반덤핑관세 조치가 부당하다는 세계무역기구(WTO)의 판결이 최종 확정됐다. 2017년 11월 WTO는 미국이 2014년 한국산 유정용 강관에 반덤핑관세 조치는 WTO협정에 위반된다는 취지로 판정하였고 이에 대해 미국이 상소하지 않음으로써 우리나라의 승소로 최종 확정되었다. WTO는 우리 측의 주장을 받아들여 미국이 구성가격에 의한 덤핑률을 산정하면서 우리 기업의 이윤율이 아닌 다국적 기업의 높은 이윤율을 사용하여 덤핑마진을 상향조정한 부분 등이 협정 위반이라고 판단했다. 분쟁결과가 확정됨에 따라 WTO 협정은 미국은 즉시 분쟁결과를 이행하거나, 즉시 이행이 현실적으로 어려운 경우 합리적 기간 내에 이행을 완료해야 한다.

2. 주요 피소 사례

1) 1997년 EU, 미국 주세분쟁(DS75/84)

EU와 미국은 소주보다 위스키에 대해 높은 세율을 부과하는 우리나라의 주세제도가 WTO협정을 위반하였다고 주장하며 각각 1997년 4월과 1997년 5월 WTO에 제소하였다. 패널은 1998년 7월일 우리나라의 주세제도가 WTO협정의 '내국민대우'의무에 위배된다고 판정하였으며, 상소기구도 1999년 1월 패널의 판정을 그대로 수용하였다. 이에 우리나라는 주세법을 개정하여 2007년 1월 WTO 분쟁해결기구 회의 시 판정내용 이행을 통보하였다. 이 주세분쟁은 우리나라가 최초로 피소된 사례로 패소로 인해 수입산 양주 등에 대한 주세와 국내산 소주 등에 대한 주세를 통일시키게 되는 결과를 가져오게 되었다. 무역분쟁의 결과 패널의 판정을 토대로 국내의 법률개정을 이행하는 첫 번째 사례가 되었다.

2) 1998년 EU 혼합분유 세이프가드 분쟁(DS98)

1990년대 중반 분유에 대한 고율관세를 회피하기 위한 혼합분유 수입이 급격히 증가하자, 우리나라는 무역위원회의 산업피해조사를 거쳐 1997년 3월 세이프가드 조치를 발동, 혼합분유 수입에 대한 수량제한을 시행하였다. EU는 산업피해조사의 적정성 및 수량제한조치의 불가피성 등에 대한 문제점을 들어 1997년 8월 이를

WTO에 제소하였다. 패널은 1999년 6월 국내산업 피해여부 판정 시 WTO세이프가드 협정상의 요건(제4.2조)에 대한 검토가 불충분하고, 수량제한 조치가 국내산업 보호에 필요한 수준을 초과하였다는 이유로 우리나라 수량제한조치가 WTO협정을 위배한다고 판정하였다. 상소기구도 1999년 12월 패널의 판정을 재확인하였다. 우리나라는 2005년 5월 긴급수입제한조치를 종료하여 판정내용을 이행하였다.

3) 1999년 미국, 호주 쇠고기 수입규제 분쟁(DS161/169)

미국과 호주는 각각 1999년 12월과 4월 우리나라의 수입쇠고기 전문판매점 제도, 수입쇠고기에 대한 표시제 등의 수입쇠고기에 대한 유통 상의 제약과 축산보조금 제도가 WTO협정에 위배된다며 이를 WTO에 제소하였다. 패널은 2000년 7월 우리나라 수입쇠고기 전문판매점 제도와 수입쇠고기에 대한 표시제도 등의 유통 상 제약은 내국민대우 조항에 위배되며 한우산업에 대한 보조금 계산방법도 WTO농업협정에 위배된다고 판정하였다. 상소기구는 2000년 12월 우리나라의 수입쇠고기 구분 판매제도가 WTO협정에 위배되는 것임을 재확인하였으나, 축산보조금과 관련해서는 우리나라가 보조금 감축약속을 위반했다고 판단할 충분한 근거가 없다는 이유로 패널의 판정을 번복하였다. 우리나라는 쇠고기 수입제도를 개선하여 2001년 9월 분쟁해결기구 회의에서 판정내용 이행을 통보하였다.

4) 1999년 미국 신공항건설공단 정부조달 분쟁(DS163)

미국은 1997년 9월 WTO정부조달협정위원회 회의에서 우리나라 신공항건설공단이 입찰과정에서 외국기업을 차별한 것은 WTO정부조달협정 위반이라고 주장하였다. 이 문제에 대한 협의를 양자적으로 제기해오다 미국은 1999년 2월 WTO에 제소하였다. 패널은 2000년 5월 인천국제공항 건설을 담당했던 신공항건설공단 등은 WTO정부조달협정 상의 양허기관이 아니므로 동 협정상의 의무가 발생하지 않으며, 따라서 동 기관들이 시행한 인천국제공항의 조달조치는 WTO협정 위반이 아니라고 판정하였다. 이 분쟁은 우리나라가 피소국으로서 승소한 최초의 사례로 WTO분쟁해결절차를 통해 여타 WTO 회원국의 부당한 통상압력을 해결할 수 있음을 보여준 사례로서 의미가 있다.

5) 2002년 EU 조선보조금 분쟁(DS273)

EU는 2002년 10월 1997년 외환위기 이후 우리나라 조선업계에 대한 구조조정 조치가 WTO협정에 위배되는 정부의 보조금이라 주장하며 이를 WTO에 제소하였다. 패널은 2004년 12월 일반금융기관들의 경우 정부의 위임 또는 지시를 받아 구조조정에 참가했다는 증거가 없고, 수출입은행 등 공공성이 인정된 6개 금융기관 역시 상업적 고려에 의해 구조조정 절차에 참가한 것이므로 대우조선 등에 대한 구조조정 조치가 WTO보조금협정상의 정부보조금이 아니라고 판정하였다. 아울러, 수출입은행이 각 조선사에 제공한 제작금융 및 선수금환급보증 중 일부는 수출보조금에 해당하나, 수출입은행 관련 법령 및 내부규정(legal regime), 제작금융 및 선수금환급보증 자체는 보조금협정에 위배되지 않는다고 판정하였다.

6) 2004년 인도네시아 제지 반덤핑 분쟁(DS312)

인도네시아는 2004년 6월 자국산 정보용지 및 백상지에 대한 우리나라 무역위원회의 반덤핑관세 부과 조치가 WTO반덤핑협정을 위반하였다고 주장하며 이를 WTO에 제소하였다. 패널은 2005년 7월 우리나라 무역위원회의 결정이 WTO반덤핑 협정에 위배되지 않는다고 판정하였다. 이 분쟁은 반덤핑 분야에서 우리나라가 제소된 첫 번째 사례이다. 다행히 WTO에서의 승소로 인해 우리나라 무역위원회 판정에 대한 대외공신력이 제고되고 향후 무역위원회의 무역구제조치에 대한 교역상대국의 추가적인 WTO제소를 억제할 수 있게 되었다.

3. 진행 중인 분쟁사례

1) 제소: 한국산 상품에 대한 미국의 반덤핑관세(DS539)

우리나라 정부는 2018년 2월 20일 철강, 변압기 수출과 관련해 미국이 '불리한 가용정보(AFA)'를 적용, 반덤핑 · 상계관세 부과 조치를 남발하는 것에 대해 반덤핑협정과 상계관세협정을 위반하였다고 WTO에 제소하였다. AFA(Adverse Facts Available)는 반덤핑 · 상계관세 조사 시 피조사 기업이 제출한 자료가 아니라 불리한 가용정보(제소자 주장 덤핑률 또는 보조금률 등)를 사용해 조치수준을 상향조정하는 조사기법이다.

미국은 2015년 8월 관세법을 개정한 이래 2016년 5월 도금강판 반덤핑 최종판정을 기점으로 현재까지 총 8건의 조사에 AFA를 적용하여 9.49~60.81%의 반덤핑 · 상계관세를 부과했다. 우리나라 정부는 그간 미국 측에 양자 및 다자채널을 통해 AFA 적용의 문제점을 지속 제기했으나 미국의 AFA 적용은 계속되었다. 또한 세탁기 · 태양광 제품에 대한 미국의 AFA 적용에 대해서도 향후 우리나라 정부는 적극적으로 대응해 갈 것으로 보인다.

2) 피소: 일본 수산물 금지 분쟁(DS495)

우리나라는 2013년 3월 후쿠시마 원전사고로 인한 인근 해역의 수산물 방사능오염 가능성을 들어 2013년 9월 이후 후쿠시마현 주변 8개현의 모든 수산물에 대해 수입을 금지했으며, 검사 기준 및 국내 방사능기준을 강화해 일본산 수산물에 적용하여왔다. 이에 2015년 5월 일본은 우리나라가 일본산 수산물 수입금지에 대해 WTO 검역 및 위생협정을 위반하였다고 WTO에 제소하였다. WTO협정을 근거로 60일 이내의 양국 간 협의에서도 성과가 없었기 때문에 이 문제는 정식으로 WTO 소위원회를 통해 분쟁 해결에 돌입하게 되었다. 일본은 다양한 경로로 우리나라 수입금지 해제를 요청해왔으며, 우리나라의 전문가들로 구성된 위원회를 통해 현장조사를 실시했지만 수입금지 해제에 대한 진전이 보이지 않자 WTO제소를 통해 정식 무역분쟁화 함으로써 우리나라를 압박하기 위한 것으로 분석되고 있다.

2018년 2월 22일 WTO는 패널 판정을 통해 사실 상 일본의 손을 들어주었다. WTO는 한국 정부의 첫 수입 금지 조치는 정당했다고 판정하였다. 하지만 지속적으로 수입 금지를 유지한 것은 WTO 협정에 위배된다고 밝혔다. WTO는 패널 보고서에서 후쿠시마 인근 8개현의 28가지 수산물에 대해 포괄적으로 수입을 금지한 조치는 '위생 및 식물위생조치의 적용에 관한 협정(SPS 협정)'에 어긋난다고 판단하였다. SPS는 과학적인 근거와 증명 없이 식품 안전을 이유로 수입을 금지하는 것을 금지하고 있기 때문이다. WTO는 2011년과 2013년, 한국이 일본 정부에 기타 핵종 검사(방사능 검사)를 추가로 요구한 것도 SPS 협정을 위반한 것으로 판단했다. WTO는 우리 측의 후쿠시마 인근 8개현의 수산물 수입금지 조치에 대한 해제를 권고하였다.

일본 산 수산물 수입재개에 대한 최종 판결은 상소심에서 결정되겠지만 우리나라는 상당히 어려운 상황에 놓이게 되었다. 일본 수산물 수입은 먹거리 안전에 관련된 민감한 사안인 만큼 냉철하고 객관적인 판단이 요구되고 있다. 방사능 오염 관련 일본 수산물에 대한 안전성이 완전하게 입증되지 않았다는 점에서 필요에 따라 각 국가와의 공조를 통한 대응을 강구하는 등 국익을 위해 냉철하게 대응할 필요가 있을 것으로 전망되고 있다.

5장
기타 WTO 관련 현안

1. 쌀시장 개방

WTO협정은 이전 공산품 중심의 교역을 토대로 한 GATT의 한계를 넘어 농산품의 자유무역을 위한 다자적 차원의 합의를 이끌어냈다. 회원국들은 우루과이라운드 협상을 통해 모든 농산물 시장을 개방하고 수량제한 등의 비관세장벽 철폐하는 등 예외 없는 관세화를 하는 데 합의하였다. 이에 따라 우리나라도 이전과 같이 쌀수입에 대한 수량제한을 폐지하는 대신 관세화를 요구받게 되었다. 쌀을 수입할 때 관세를 부과하게 되면 국내 판매가격이 높아져 수량제한의 효과와 같은 것으로 보일 수 있으나 수입량 자체를 제한하는 수량제한에 비해 정해진 관세만 납부하면 쌀을 얼마든지 수입할 수 있게 되므로 쌀시장을 개방하게 되는 것과 다름이 없다. 또한 추후 관세율의 인하압력이 있게 되면 국내산 쌀의 경쟁력을 더욱 악화될 것이다. 다시 말해 '쌀의 관세화'란 쌀을 수입할 경우 적용되는 관세 수준을 정하고 해당 관세를 납부하면 제한 없이 쌀을 수입할 수 있다는 의미이다.

우리나라의 경우 쌀이 농업에서 차지하는 중요성과 농업보호에 대한 국민적 정서의 고려, 생태보호와 식량안보 등 단순한 가격경쟁력과 시장논리를 넘어서는 농업의 가치를 인정하고 전략적 차원에서 보호해야 한다는 당위 등의 이유로 1995년 이후 20년에 걸쳐 두 번의 관세화유예를 통해 쌀시장 개방을 미뤄왔다. 우루과이라운드 협상 당시 우리나라는 2004년까지 관세화를 유예하는 대신 의무수입물량을 수입키로 하였다. 그리고 2004년 재협상을 통해 다시 한 번 2014년까지 10년 동안 관세화 유예를 연장하였다. 하지만 그 대가로 쌀 의무수입물량은 더욱 늘어나 1995년

5만 1천 톤, 2004년 20만 5천 톤, 2014년 40만 9천 톤의 쌀을 5% 관세율로 의무적으로 수입하여야 했다.

하지만 관세화유예 조치는 2014년 말로 종결되기 때문에 우리나라는 2015년 관세화를 통한 전면적인 쌀시장개방을 할지 그렇지 않으면 다시 한 번 WTO 회원국들로부터 관세화유예조치를 받기 위한 협상을 개시할지에 대한 선택의 기로에 직면하게 되었다. 2014년 기준 전 세계적으로 쌀시장을 개방하지 않은 나라는 우리나라와 필리핀뿐으로 더 이상의 관세화유예는 현실적으로 어렵고 설사 관세화유예를 받더라도 그 반대급부로 치러야할 비용이 크다는 판단 하에 우리나라는 2015년부터 쌀시장을 전면 개방키로 결정하였다. 만약 쌀시장을 개방하지 않으면 그 대가로 한해에만 40만 톤 이상의 쌀을 의무적으로 수입해야 한다. 이는 우리나라 쌀 생산량의 10%에 근접하는 양으로 유예연장에 따른 실익보다 부담이 더 클 수 있다. 실제로 쌀시장 개방에 웨이버(일시 의무면제)를 받은 필리핀은 추가요구 사항들을 들어주게 되면서 쌀산업에 더 큰 타격을 받고 있다. 이에 우리나라는 2014년 9월 WTO에 관세화유예조치 종료, 쌀시장 개방, 관세화 계획 및 조치에 대한 양허안을 제출하였다.

하지만 쌀시장 개방은 식량주권과도 직결되는 사안으로 정부는 농가피해를 최소화하기 위해 쌀산업 발전대책을 마련하기로 하였으나 농민단체들의 거센 반발이 예상되고 국민적 공감대 형성도 쉽지만은 않을 것으로 보인다. 이와 관련하여 우리나라 정부는 쌀산업 보호를 위해 수입쌀에 대해 513%의 고율의 관세율을 적용하고 수입물량이 과도하면 특별긴급관세(SSG, Special Safeguard)도 부과할 방침이다. 513%의 관세율은 WTO 농업협정 산식에 따라 1986~88년의 국내외 가격차(중국의 해당기간 쌀도매 평균가격과 우리나라의 해당기간 쌀도매 평균가격의 차이)로 계산된 관세상당치(Tariff Equivalent) 571%에서 우루과이라운드 협상 결과에 따른 품목별 최소감축률인 10%를 적용해 차감한 수치(571%−571%×1/10)이다. 하지만 우리나라가 설정한 513%의 관세율은 WTO에 통보한 것일 뿐 관련 주요국들과의 합의를 통해 WTO 차원의 최종관세율이 확정되게 된다. 우리나라 정부는 WTO 이해당사국들과의 협상에서 최대한 높은 관세율을 설정하여 쌀산업을 보호할 수 있기 위해 관련 협상에서 최대한의 노력을 기울여야 할 것이다.

국내 농민단체 등 일부 쌀시장개방에 반대하는 입장에서는 쌀시장 개방 이후 FTA와 환태평양경제동반자협정(TPP) 협상 등에서 쌀 관세율이 감축, 철폐될 수 있다는 우려를 제기하고 있다. 하지만 정부는 향후 체결될 모든 FTA에서 쌀은 우선적으로 양허를 제외할 것이며 TPP의 경우에도 쌀은 양허에서 제외한다는 방침을 세우고 있다는 입장이다. 향후 WTO에서 우리나라가 제출한 양허안에 대한 회원국들과의 협상이 어떻게 진행될지에 따라 쌀산업의 보호정도와 그 개방의 속도 그리고 그에 따른 쌀산업의 향방이 결정될 것으로 보인다.

참고: 쌀 수입 관련 기사

정부가 올해 수입할 밥쌀용 쌀에 대한 구매입찰 공고를 내고 본격적으로 수입 절차에 들어간다. 농림축산식품부는 오는 31일 한국농수산식품유통공사를 통해 밥쌀 3만 톤을 포함, 수입할 저율관세할당(TRQ) 쌀 4만 1천 톤에 대한 구매 입찰을 한다. 이에 대해 농민단체 등은 "밥쌀을 수입할 명분이 없다."며 거세게 반발하고 있다. 올해부터 수입쌀에 관세율 513%를 매겨 시장을 개방했기 때문에 밥쌀용 쌀을 의무적으로 수입해야하는 규정이 없어졌고, 수입쌀이 쌀값 하락을 주도한다는 등의 이유에서다.

수입쌀은 막걸리 같은 가공식품에 쓰이는 가공용 쌀과 밥상에 오르는 밥쌀용 쌀로 나뉜다. 우리나라는 우루과이라운드(UR) 협상이 타결되고 세계무역기구(WTO)가 출범한 1995년부터 2004년까지 10년간 관세화 유예에 따른 쌀 의무수입물량을 전량 가공용으로만 수입했다. 그러나 여러 수출국이 이의를 제기해 2004년 쌀 협상에서 관세화 유예를 연장하면서 밥쌀용 30% 수입 의무를 양허표에 명문화했다. 농식품부는 지난해 9월 WTO에 올해 1월 1일부터 수입쌀에 관세율 513%를 매겨 시장을 개방하겠다는 내용의 양허표 수정안을 제출했다. 그러면서 양허표에서 밥쌀용 수입 비중(30%) 등 쌀 개방 이전에 적용해온 저율관세물량의 용도 규정을 삭제했다. 쌀 관세화를 유예하면서 부담한 의무가 사라진 것이다. 이 때문에 더 이상 밥쌀용 쌀을 수입할 명분이 없어졌는데도 정부가 밥쌀 수입을 강행한다며 전국농민회총연맹(전농) 등 농민단체들의 반발이 이어지고 있다.

하지만 규정을 삭제한 것은 밥쌀을 전혀 수입하지 않겠다는 뜻이 아니라 국내 수요와 관계없이 무조건 30%를 수입하는 의무를 없앤다는 의미라는 게 농식품부의 설명이다. 또 미국, 중국, 호주, 태국, 베트남 5개국이 관세율 513%가 너무 높다고 이의를 제기해 협상 중인 가운데 513%를 방어하려면 밥쌀 수입이 어쩔 수 없다는 입장이다. 농식품부 관계자는 "국내산과 외국산 차별을 금지하는 '내국민대우 원칙' 등 WTO 일반원칙과 국내 수요 등을 고려하면 일정 수준의 밥쌀용 쌀 수입이 불가피하다."며 "가공용 쌀만 수입 · 유통하면 WTO 일반원칙을 위반할 소지가 있다."고 말했다.

그러나 이에 대해 농민단체들은 밥쌀 수입은 곧 협상카드를 포기한 것이라고 반박한다. 밥쌀 수입중단은 WTO 회원국으로서 정당한 권리로, WTO 쌀 협상에서 적극적으로 활용해야 할 전술이라는 것이다. 농민단체들은 밥쌀용 쌀 수입이 쌀값 폭락을 부채질할 것이라고 우려하며 정부의 밥쌀용 쌀 수입 방침에 거세게 반발하고 있다. 전국농민회총연맹, 전국여성농민회총연합, 전국쌀생산자협회는 24일 정부세종청사 앞에서 한 기자회견에서 "쌀 재고 부담이 큰 상황에서 밥쌀 수입은 쌀값 폭락에 기름을 부은 격"이라며 "특히 수입물량이 들어오는 시기가 벼 수확기와 겹쳐 쌀값 폭락은 걷잡을 수 없게 될 것"이라고 목소리를 높였다. 국내 쌀값이 지난 10년간 하락세를 보였는데, 이는 2005년 이후 쌀 의무수입물량의 30%를 밥쌀용으로 들여온 영향이라는 게 농민단체의 주장이다. 정부는 2005년부터 의무적으로 수입해야 하는 최소시장접근 물량으로 해마다 쌀 40만 8천 700 톤을 수입했다. 이 가운데 70%인 28만 여 톤이 가공용, 30%인 13만 여 톤이 밥쌀용이다. 미국산이 가장 큰 비중을 차지하는 수입 밥쌀은 가격이 국내산의 절반 수준이어서 국내 쌀값 하락을 이끈다는 지적이 있었다.

하지만 정부는 밥쌀 수입과 국내 쌀값은 별개의 문제라고 강조한다. 수입 밥쌀이 국내 전체 밥쌀 소비량에서 차지하는 비중이 매우 작고, 일반 소비자를 대상으로는 거의 유통되지 않아 애초에 시장이 다르다는 것이다. 농식품부 관계자는 "국내 쌀값이 높으면 수입쌀이 많이 팔리고 국내 쌀값이 낮으면 수입쌀이 덜 팔리는 시스템은 맞지만, 수입쌀값이 국내쌀값을 떨어뜨리는 것과는 무관하다."고 말했다. 이어 "우리나라에 들어오는 수입 밥쌀 물량이 국내 밥쌀 소비량의 2~3%에 불과해 한마디로 꼬리가 몸통을 흔들기는 어렵다."고 덧붙였다.

오는 31일에 하는 수입 밥쌀 3만 톤에 대한 구매 입찰에서 수입업체가 선정되면 올해 말이나 내년 초에 해당 물량이 국내에 들어온다. 이번 입찰 물량을 포함해 올해 수입하는 밥쌀은 513% 관세율을 적용받지 않는다. 관세화 유예에 따라 매년 5% 관세율로 수입을 허용해야 하는 시장접근물량 40만8천 700 톤 중 일부다. 이 저율관세할당(TRQ) 쌀은 지금까지 6차례 입찰을 통해 가공용 27만 4천 525톤이 낙찰됐으며 그 중 10만 9천 479톤이 국내에 도입됐다. 아직 올해 수입할 전체 밥쌀 물량은 확정되지 않았지만, 작년(12만 3천 톤)보다는 적게 들여온다는 게 정부 방침이다. 또 국내 벼 수확시기를 피해 여러 차례로 분산해 수입 밥쌀이 시장에 들어오도록 할 예정이다. 국내 쌀 시장에 주는 영향을 최소화하려는 취지다. 수입한 밥쌀용 쌀은 대형마트 등 일반 소매점에서 가정용으로는 거의 유통되지 않고 주로 음식점과 단체급식 등에 쓰인다. 농식품부 관계자는 "밥쌀용 쌀을 일부 수입하는 것은 513% 관세율 등 우리의 양허표 수정안을 관철하기 위한 것"이라며 "수입 쌀 도입이 국내 쌀 가격에 미치는 영향을 최소화하도록 판매 시기와 물량을 적절하게 조절해 나갈 계획"이라고 말했다. 정부와 농민단체의 갈등 심화도 불가피할 전망이다. 밥쌀 수입 추진에 따라 전농 등 농민단체도 오는 31일 전국농민대회를 여는 등 앞으로 전국 각지에서 밥쌀 수입을 저지하기 위한 투쟁을 이어간다는 방침이다.

출처: 연합뉴스, 2015.7.26.일자.

2. 기술무역장벽

기술무역장벽(또는 무역에 관한 기술장벽, Technical Barriers to Trade)은 국가간 서로 다른 표준, 기술 규정, 적합성 평가 절차 등을 채택, 적용함으로써 의도적이

건 그렇지 않건 상품 및 서비스의 자유로운 교역에 불필요한 장벽 또는 장애를 의미한다. 최근 관세 등 전통적 보호무역조치가 완화돼 온 반면 기술무역장벽은 다양한 형태로 강화되어 오고 있는 추세로 대표적인 비관세장벽(NTB, Non-Tariff Barriers)으로 자리 잡고 있어 다자적 차원에서 이 문제를 해결하기 위한 노력이 진행되고 있다. 예를 들어 WTO는 회원국이 기존 기술규제를 개정하거나 신규로 기술규제를 제정할 때 이로 인한 다른 교역국들의 혼란을 최소화하기 위해 의무적으로 통보하도록 규정하고 있다.

기술무역장벽의 이해를 위해서는 국제무역의 흐름에 대한 이해가 필요하다. 1차 세계대전과 연이은 대공황 및 2차 세계대전으로 인해 침체하였던 세계무역은 종전 후인 1947년 GATT의 출범 및 미국을 중심으로 한 자본주의의 발전과 더불어 본격적으로 활성화되기 시작되었다. 이후 GATT체제 하에서 8번에 걸친 다자간협상 및 1995년 WTO 출범을 통해 다자주의적 차원의 자유무역 확대가 지속적으로 이루어지고 있다. 다자주의적 협력을 통한 자유무역 확대로 인해 관세인하와 더불어 재화와 서비스 등의 상품뿐만 아니라 자본, 노동, 기술 등 생산요소의 국가 간 효율적 이동 및 배분이 가능하게 되었고 세계무역의 증가 및 경제성장에 긍정적인 영향을 주게 되었다.

자유무역의 확대는 상품의 품목 제한이나 관세를 이용한 개별 국가의 보호무역정책의 효과를 크게 감소시켰지만 동시에 급격한 대외개방으로 인한 국내산업의 피해에 대한 우려를 증가시켰다. 이로 인해 각 국가들은 새로운 보호무역정책으로서 수량제한 및 관세장벽 등의 전통적인 무역장벽 외에 소위 비관세장벽을 보다 적극적으로 이용하기 시작했다. 일반적으로 비관세장벽은 무역효과에 대한 정확한 측정이 어렵다. 또한 그 유형과 성격이 다양하여 보호무역 정책으로의 효과를 계량화하는 것에도 상당히 어려움이 따른다.

이러한 비관세장벽의 폐해를 최소화하기 위한 비관세장벽 관련 다자간 논의는 GATT의 제7차 도쿄라운드(1973~79년) 협상에서 최초로 이루어졌다. 이후 제8차 우루과이라운드(1986~93년) 협상을 통해 비로소 기술무역장벽(Technical Barriers to Trade: TBT)협정이 체결되었다. 비관세장벽이 세계무역에 있어 그 중요성이 점점 증가하면서 GATT/WTO, UNCTAD 그리고 OECD와 같은 국제기구를 통해 비관세장벽에 대한 논의가 비중 있게 다루어지게 되었다. 현재 WTO에서 규정한 비관세장벽 분야는 기술무역장벽협정, 무역관련 투자조치협정, 관세평가 이행협정, 선적

전 검사협정, 원산지규정협정, 수입허가절차협정으로 총 여섯 가지가 있다.

이렇듯 WTO의 비관세장벽분야의 부속협정 중 하나로 체결된 기술무역장벽협정은 포장, 표시, 라벨링을 포함한 기술규정과 관련된 국제기준이나 관행에 대한 준수를 의무화하거나 국제표준과 적합성평가 시스템 등이 국제무역에서 부정적인 영향을 주는 비관세장벽으로 작용되지 않도록 하는 것을 목표로 하고 있다. WTO 회원국들은 기술규정, 표준, 적합성평가 시스템을 제정하거나 개정할 때 기본적으로 내국민대우 원칙을 준수하여야한다. 또한 국제기준이나 관행을 기준으로 설정해야 하며 관련 내용을 WTO에 통보할 의무와 기술무역장벽 통보 문의에 대한 공식 질의처(Enquiry Point) 설치의 의무를 가진다. 협정에 따른 의무는 WTO 회원국들 간의 국가별 기술무역장벽에 대한 정보공유와 의견교류를 원활하게 하여 궁극적으로는 기술규제의 표준화 및 투명성 제고를 통한 다자주의적 국제무역의 원활화를 목표로 한다.

하지만 기술무역장벽협정에 따른 기술규제 설정 통보는 오히려 새로운 무역장벽에 대한 합법적인 허가 또는 허용을 의미할 수 있다는 반론도 존재한다. 이로 인해 비관세장벽의 일환인 기술무역장벽은 국제무역에서 보호무역적 요인으로 작용할 가능성을 내포하고 있다. 이에 따라 수출의존도가 높은 한국으로서는 다른 국가의 기술규제에 대한 정보를 신속하게 습득하고 이에 따른 적절한 대응 조치를 준비해야할 필요가 있다. 특히 1990년대 후반부터 발생한 다자간 협상의 부진 및 FTA와 같은 지역무역협정 체결의 확산과 더불어 자국 산업의 보호를 위한 비관세장벽의 일환으로 기술무역장벽을 이용하려는 경향이 나타나고 있다. 비관세장벽의 폐해를 줄이기 위한 목적으로 만든 협정이 오히려 보호주의적 조치로 사용될 가능성이 커지면서 기술무역장벽은 다자주의적 차원에서 뿐만 아니라 지역주의 차원에서도 그 중요성이 증대되었다.

기술무역장벽의 유형은 크게 기술규정(technical regulation), 표준(standard) 그리고 적합성 평가(conformity assessment) 등으로 구분할 수 있다. 기술규정의 경우는 적용가능한 행정규정이 포함되어 상품의 특성, 관련공정 그리고 생산방법을 규정하는 강제적인 문서로 이는 상품의 가격상승을 유발시켜 경쟁력을 떨어뜨리는 무역장벽이 될 가능성이 있다. 특히 기술규정의 일환인 라벨링(labelling)은 소비자 보호법에 따라 특정 라벨 부착의 의무화를 말하며 이는 특정 물품에 차별적이거나 통보국가 이외 다른 국가들에게 불리하게 작용될 수 있다. 기술규정의 유형은 크게 차별적 기준 적용, 상이한 표준 적용, 국제표준과의 불일치, 과도한 기술요건, 투명성 결여 등이 있다.

표준은 상품의 특성 또는 관련 공정 및 생산방법의 공통적이고 반복적인 사용을 규정하는 문서로 인정된 기관에 의하여 승인되고 그 준수가 강제성은 없다고 규정되어 있다. 하지만 정부의 적합성 평가절차 운영 또는 기술규정제정에 국민의 생명, 안전, 건강, 환경보호 등을 위해 활용되거나 소비자의 선호에 따라 강제성을 가지게 되면서 이 역시 무역장벽이 될 가능성이 있다.

적합성 평가는 기술규정 및 표준의 관련 요건 충족을 검사하기 위해 직접적 또는 간접적으로 사용되는 모든 절차를 말하며 적합성 평가의 종류에는 표본추출, 시험검사, 평가, 검증 및 적합성보증, 등록, 인정과 승인 그리고 이들의 결합을 포함한다. 적합성 평가 역시 적합성 평가 검사 절차로 인해 발생하는 비용과 소요되는 시간으로 인한 무역장벽이 발생할 가능성이 있다.

기술무역장벽 형태가 나타나는 특징을 종합적으로 살펴보면 개도국의 경우 적합성 평가에서의 검사지연 등으로 인한 불필요한 비용지출과 시간소요 그리고 인증절차의 불투명성 또는 국제표준과의 불일치 등으로 나타나는 반면, 선진국의 경우 과다한 기술요건, 상이한 기준의 적용, 상품표시부착과 같은 형태의 기술무역장벽이 나타난다. 또한 중동국가 및 일부 아시아 국가들의 경우 종교적인 이유로 할랄(halal)인증과 관련된 할랄 표시 부착과 검사에 대해 여타 국가들과는 다른 요건을 부가하는 사례도 있다.

위와 같은 기술무역장벽 사례들을 통해서 알 수 있듯이 기술무역장벽 협정에 따른 국가 별 기술규정 통보는 합법적인 무역장벽의 성격을 가진다. 이러한 이유로 최근 기술무역장벽에 관한 논의는 다자간 무역협상 뿐만 아니라 FTA 등 지역차원의 자유무역의 핵심 내용 중 하나로 다루어지고 있다. 우리나라와 같은 수출대국의 경우 다른 국가에서 통보하는 기술무역장벽에 대한 신속한 정보 습득과 정확한 이해를 통해 수출장벽에 대한 적절한 대응이 필요할 것으로 보인다.

참고1: 관세 이상으로 수출 걸림돌인 '기술규제' 해법은?

우리나라의 가구업체가 아르헨티나가 요구하는 기술규제 때문에 수출에 지장을 받고 있다고 합니다. 예전에는 주로 관세를 높여 수입을 제한하는 방법으로 자국 산업의 경쟁력을 보호했는데, 요즘은 까다로운 조건을 제시하는 방법으로 수입을 어렵게 한다는 것을 보여주는 예지요. 그렇다면 기술규제란 무엇이며, 어떻게 수출에 영향을 주는 것일까요?

일반적으로 기술규제란 정부가 사람의 안전 보호, 보건, 동식물의 보호, 환경 보호, 소비자 정보 제공, 소비자 기만행위 방지 등을 목적으로 어떤 상품에 대하여 특정 요건을 부과하는 것을 말합니다. 자동차를 예로 들어 볼까요. 정부는 자동차를 이용하는 사람의 안전 보호를 위하여 자동차에 에어백 장착을 의무화할 수 있습니다. 또한 환경 보호를 위해 자동차에서 나오는 배기가스 배출량을 일정 수준 이하로 낮출 것을 요구할 수도 있지요. 때로는 소비자가 자동차를 살 때 충분한 정보를 얻을 수 있도록 자동차의 에너지 효율성에 대한 정보표시 부착을 의무화할 수도 있습니다. 이와 같은 것이 모두 기술규제의 예입니다. 그런데 정부가 이러한 기술규제를 잘 지켜 상품이 생산되었는지를 파악하기 위해 모든 제품을 일일이 다 검사할 수는 없습니다. 시간도 오래 걸리고 비용 또한 많이 들어가기 때문이지요. 대신 정부가 인증하는 기관들이 불시에 임의적으로 제품의 몇몇 견본만 뽑아서 정부가 정한 기술규제가 제대로 지켜졌는지를 검사하는데, 이러한 시험인증절차도 기술규제의 범주에 속합니다.

기술규제가 위에서 언급한 대로 정당한 목적에 충실히 적용된다면 제품의 안전과 신뢰도를 높이는 등 제품 선진화에 크게 기여할 수 있는 장점이 있습니다. 하지만 실제 무역거래에서 이를 살펴보면, 각 나라들이 가진 기술규제가 제도, 환경, 문화적 차이 때문에 모두 다릅니다. 이 때문에 눈에 보이지 않는 무역장벽이 될 수도 있지요.

예를 들어 A국은 자국의 자동차 생산에 에어백 장착의무를 두고 있지 않지만 수출대상국인 B국에는 그러한 규정이 있다고 가정해 보지요. A국의 자동차 생산자 입장에서는 에어백을 장착해야 B국으로의 수출이 가능하기 때문에 자동차 생산에 추가비용이 들어갑니다. 수출에 걸림돌이 될 수 있지요. 만약 A국의 자동차 수출과 경쟁하는 C국이 있고, C국은 에어백 제조기술이 뛰어나 자동차를 만드는 비용만큼은 A국에 뒤지지만 에어백이 장착된 자동차를 만드는 비용은 A국보다 싸다고 하면 B국의 에어백 장착 규정은 A국의 자동차 수출에 결정적인 해가 될 수 있습니다.

결국 위의 기사는 아르헨티나 정부의 기술규제 인증절차가 우리나라와는 다르고, 또 이를 더욱 까다롭게 강화시키는 바람에 우리나라 수출업자들이 피해를 보고 있다는 것이지요. 이렇게 각국의 상이한 기술규제와 인증절차로 인해 발생할 수 있는 무역장벽을 '무역상 기술장벽'이라고 합니다. 이러한 무역상 기술장벽은 관세 이외의 방법으로 무역을 저해하는 것으로, 크게 보면 비관세장벽의 범주에 속합니다.

세계무역기구(WTO) 출범 이후에 수입품에 부과되는 관세는 낮아지는 추세입니다. 게다가 나라마다 FTA(자유무역협정)를 맺는 경우가 많아져, 이제는 관세를 가지고 국경을 막거나 자국의 해당 산업을 보호하는 데 한계가 있습니다. 이에 따라 관세를 대신해 무역상 기술장벽 등을 수단으로 하는 비관세장벽이 점차 늘어나고 있는 추세입니다. 비관세장벽은 관세와 같이 측정을 할 수 있는 수치가 존재하지 않는데다, 목적이 정당한지 여부에 대해 객관적 기준이 없이 주관적 해석에 의지를 하는 경우가 많습니다. 더욱이 규정 자체가 복잡하고 나라마다 달라 국가 간 협상도 어렵습니다. 이에 따라 비관세장벽은 관세 이상으로 국제무역에 부정적 영향을 주는 것으로 알려져 있습니다.

특히 요즘과 같이 글로벌 금융위기로 경제가 어려운 상황에서는 자국의 산업을 최대한 보호하고자 다양한 기술규제를 활용하여 무역을 규제하려는 사례가 늘어나고 있습니다. 2009년 WTO 보고서에 따르면 WTO 회원국들이 사용하고 있는 새로운 기술규제의 통보 건수가 계속 증가하고 있습니다. 특히 글로벌 경제위기가 시작된 2000년대 후반에 통보 건수가 급격히 증가하고 있다고 지적하고 있습니다. 국가별로 보았을 때, 이웃 중국이 2005년부터 신규 기술규제 통보건수가 급격히 늘어 2009년 10월 현재 WTO 회원국들 중 최다의 신규 기술규제 통보건수를 기록하고 있습니다. 미국, EU 등 주요 선진국들 또한 2000년대 후반부터 신규 기술규제 통보건수가 증가하고 있는 추세입니다.

기술규제는 제품의 선진화 추구라는 긍정적 측면이 있는 반면 활용 여하에 따라 눈에 보이지 않는 무역장벽이라는 부정적인 측면도 있습니다. 내수보다는 수출에 더 많이 의존하는 경제구조를 가지는 우리나라 입장에서는 무역에 대한 기술규제의 부정적 측면에 더 주목을 할 필요가 있고 이에 대한 연구와 준비를 많이 해 두어야 하겠지요. 특히, 우리나라의 주요 수출대상국인 중국, 미국, EU의 신규기술규제 건수가 점점 더 늘어나고 있다는 사실에 주목하여 적절한 대응 방안을 마련해 놓는 것이 필요한 시점이라 할 수 있습니다.

출처: 조선일보. 2009.11.27.일자.

참고2: 비관세장벽(Non-Tariff Barriers)

비관세장벽이란 정부가 자국 산업 보호를 위해 관세 이외의 방법으로 수입을 억제하려는 정책을 말합니다. 비관세장벽을 쌓는 방법은 여러 가지가 있습니다. 우선 수입에 대한 행정절차나 통관절차를 까다롭게 할 수 있습니다. 예를 들어 서류가 덜 갖춰졌다는 이유를 들어 수입물품의 통관을 미루는 경우가 있을 수 있지요. 또 앞에서 살펴보았던 무역상 기술장벽도 중요한 수단이 됩니다. 공산품의 기술 및 표준과 관련해 규제를 까다롭게 하거나, 제품의 안전기준을 대폭 강화하는 것이죠. 농축산물의 경우 사람의 건강을 위하는 목적으로 관련 기준을 까다롭게 하는데, 이 때문에 비관세장벽이 형성되기도 하지요. 예를 들어, 몇 년 전만 해도 우리나라가 미국산 쇠고기 수입과정에서 뼛조각이 발견되면 긴급 수입금지 조치를 내릴 수 있었습니다.

비관세장벽은 관세장벽 이상의 보호무역 효과를 발휘할 수 있습니다. 비관세장벽은 관세와는 달리 그 정도를 측정할 수 있는 확실한 방법이 없고, 나라마다 서로 다른 제도와 법률 때문에 일반 기업이 대처하기 힘든 성격을 가지고 있기 때문이지요. 따라서 비관세장벽에 의한 수출 피해를 측정하는 것도 어렵고, 이의를 제기하기도 쉽지 않습니다. 객관적 기준이 없이 주관적 판단에 따르는 경우가 많기 때문에 무역 마찰이 생겨도 대상국 간의 협상에 많은 어려움이 따릅니다.

출처: 조선일보. 2009.11.27.일자.

참고3: WTO의 무역에 대한 기술 장벽, 투자 조치 검사 협정

무역에 대한 기술 장벽에 관한 협정은 GATT의 동경라운드에서 별도로 체결된 복수국간무역협정의 하나로서 1980년 발효한 협약이다(우리나라는 1980년 10월 가입하였음). 이 협정은 협정가입국의 수가 미미하고(115개 GATT 회원국 중 38개국이 가입하였음) 지방정부 및 기술 규제를 담당하는 비정부기관은 이 협정을 이행해야 할 의무가 없었으며 동 협정의 적용 및 관할범위가 모호하였던 점 등을 우루과이 라운드 협상에서 대폭 개정하여 WTO의 협정으로 발효시켰다.

WTO의 무역에 대한 기술장벽에 관한 협정(Agreement on Technical Barriers to Trade: TBT)의 가장 중요한 내용은 동 협정의 적용 및 관할범위를 명확히 하였다는 점이다. 즉 동경라운드의 협정이 GATT의 회원국들 중에서도 별도로 이 협정에 가입 한 국가에만 적용되는 복수국간 협정이었던데 반하여 WTO협정은 다자간 협정으로서 모든 WTO 회원국에게 적용되며 이 WTO협정은 공산품과 농산품을 포함하는 모든 상품(서비스는 제외)에 적용되나 특별히 농산물이 가지는 위생・안전 및 물리적인 특성을 고려하여 농산물과 관련된 표준 및 기술규정은 「동・식물 위생협정」에서 관할토록 이관하였다.

또한 제법 및 제조방법(PPMs: Process and Production Methods)의 개념을 도입, 최종제품 뿐만 아니라 제조방법도 협정의 적용대상에 포함시킴으로써 최종 제품은 물론 제조 과정도 WTO의 협정에 따라 국제적으로 규제될 수 있다. 또 하나의 중요한 내용은 각국에서 기술규정 및 표준화제도 제정 시 일반원칙을 명시하도록 규정한 것으로서 회원국은 법과 제도의 합목적적인 이행에 필요한 것 이상으로 까다롭거나 난해한 기술규정 및 표준화 제도는 도입할 수 없으며 이러한 제도가 합목적적인 가의 여부는 환경보호, 국가이익, 인체의 건강이나 안전 등을 고려하여 결정된다.

이 협정에 따르면 지금까지 기술이나 표준 제도의 운용과정에서 이른바 위장된 무역제한수단으로 제기되었던 각종의 제도 등을 더 이상 활용할 수 없게 되었다. 예를 들어 한 때 문맹률이 90% 이상인 아프리카에서 수입되는 모든 화장품의 용기에 화장품에 대한 기술적 명세서의 내용을 영어, 불어 등 4개 국어로 인쇄도 아니고 각인 시킬 것을 요구했던 일이 있었는데 이러한 비합리적인 기술 규정은 WTO 협정상 당연히 위장된 무역 장벽으로 인정된다.

특정국가 국제 기준보다도 훨씬 엄격한 환경 보호를 위한 기술 규정을 유지하는 경우, 이것이 내외국간의 모든 제품에 대하여 무차별적으로 적용될 경우 물론 인정이 된다. 예를 들어, 서울에 청계천이 복원되고 난 뒤 청계천의 보호와 서울의 대기 오염을 막기 위하여 미국이나 유럽보다도 훨씬 높은 배기량 배출 기준을 정부가 적용시킬 경우 이것이 순수한 환경 보호의 목적으로 이루어지고 국내외의 모든 자동차에 무차별적으로 적용되는 경우, 그리고 그것이 과학적 근거를 가지고 있다면 WTO 협정에 위반되지 않고 수입자동차의 국내 진입을 제한할 수 있다. 이 협정의 이행 여부와 관련하여 우리나라는 최근에도 화학제품 등에 대한 기술 규제, 자동차 등 공산품에 대한 기술 규제 등에서 많은 국내 규정들이 과학적으로 타당성을 결여하거나 불필요한 무역 제한 조치 또는 수입품과 국산품과의 차별 적용에 따른 내국민 대우의 원칙을 위반하였다는 등의 비난을 받고 있다.

무역 관련 투자 조치(Trade-Related Investment Measures)란 국내에 직접 투자한 외국의 기업에게 국내 부품 사용 의무를 부과시키거나 생산품 중 일정량을 수출해야 한다는 의무를 부과하는 등 외국인 투자와 관련하여 무역의 흐름을 제한시키거나 왜곡시키는 투자유치국의 규제나 인센티브를 총칭하는 개념이다. 예로, 중국에서 한국의 섬유 공장을 유치하면서 원료의 상당 부분은 중국에서 중국산을 구입하여야 하고, 생산량 중 일정량은 반드시 수출해야 한다는 조건을 부과하는 경우가 이에 해당한다. 세계 최대의 투자국인 미국을 비롯한 서구 선진국들은 자국투자의 보호는 물론 이를 통한 무역의 확대를 촉진하기 위하여 투자조치의 무역제한 등을 방지할 수 있는 다자간 규범제정을 추진하여 우루과이 라운드 협상에서 무역관련 투자 조치에 관한 협정을 체결하였다. 무역 관련 투자 조치 협정의 주요내용은 내국민대우와 수량제한금지이다.

즉 각국은 GATT 1994의 내국민대우 의무와 수량제한철폐 의무에 상치되는 무역 관련 투자 조치를 취할 수 없게 되었다. 또한 협정 부속서에는 이러한 의무에 어긋나는 조치를 예시하고 있는데 내국민대우 의무에 저촉되는 투자조치로는 국산품이나 국내에서 조달된 제품의 사용이나 구매강요, 그리고 수입품의 구매나 사용을 국산품의 수출과 연계하는 조치, 즉 수입품의 구매 허용량을 수출실적에 비례시키는 조치 등이 있다. 수량제한철폐 의무에 저촉되는 조치에는 국내생산에 필요한 제품수입의 제한 또는 최종재 수출 실적과의 연계, 외화사용액을 규제시킴으로써 국내생산에 필요한 제품수입의 제한, 그리고 수출이나 수출을 위한 판매의 제한 등이 이에 해당된다.

출처: 에너지데일리. 2004.4.12.일자.

참고4: WTO의 무역에 대한 기술 장벽

무역에 대한 기술 장벽에 관한 협정은 GATT의 동경라운드에서 별도로 체결된 복수국간무역협정의 하나로서 1980년 발효한 협약이다(우리나라는 1980년 10월 가입하였음). 이 협정은 협정가입국의 수가 미미하고(115개 GATT 회원국 중 38개국이 가입하였음) 지방정부 및 기술 규제를 담당하는 비정부기관은 이 협정을 이행해야 할 의무가 없었으며 동 협정의 적용 및 관할범위가 모호하였던 점 등을 우루과이 라운드 협상에서 대폭 개정하여 WTO의 협정으로 발효시켰다.

WTO의 무역에 대한 기술장벽에 관한 협정(Agreement on Technical Barriers to Trade: TBT)의 가장 중요한 내용은 동 협정의 적용 및 관할범위를 명확히 하였다는 점이다. 즉 동경라운드의 협정이 GATT의 회원국들 중에서도 별도로 이 협정에 가입 한 국가에만 적용되는 복수국간 협정이었던데 반하여 WTO협정은 다자간 협정으로서 모든 WTO 회원국에게 적용되며 이 WTO협정은 공산품과 농산품을 포함하는 모든 상품(서비스는 제외)에 적용되나 특별히 농산물이 가지는 위생 · 안전 및 물리적인 특성을 고려하여 농산물과 관련된 표준 및 기술규정은 「동 · 식물 위생협정」에서 관할토록 이관하였다.

또한 제조 과정 및 방법(PPMs: Process and Production Methods)의 개념을 도입, 최종제품 뿐만

아니라 제조방법도 협정의 적용대상에 포함시킴으로써 최종 제품은 물론 제조 과정도 WTO의 협정에 따라 국제적으로 규제될 수 있다. 또 하나의 중요한 내용은 각국에서 기술규정 및 표준화제도 제정 시 일반원칙을 명시하도록 규정한 것으로서 회원국은 법과 제도의 합목적적인 이행에 필요한 것 이상으로 까다롭거나 난해한 기술규정 및 표준화 제도는 도입할 수 없으며 이러한 제도가 합목적적인 가의 여부는 환경보호, 국가이익, 인체의 건강이나 안전 등을 고려하여 결정된다.

이 협정에 따르면 지금까지 기술이나 표준 제도의 운용과정에서 이른바 위장된 무역제한수단으로 제기되었던 각종의 제도 등을 더 이상 활용할 수 없게 되었다. 예를 들어 한 때 문맹률이 90% 이상인 아프리카에서 수입되는 모든 화장품의 용기에 화장품에 대한 기술적 명세서의 내용을 영어, 불어 등 4개 국어로 인쇄도 아니고 각인 시킬 것을 요구했던 일이 있었는데 이러한 비합리적인 기술 규정은 WTO 협정상 당연히 위장된 무역 장벽으로 인정된다.

특정국가 국제 기준보다도 훨씬 엄격한 환경 보호를 위한 기술 규정을 유지하는 경우, 이것이 내외국간의 모든 제품에 대하여 무차별적으로 적용될 경우 물론 인정이 된다. 예를 들어, 서울에 청계천이 복원되고 난 뒤 청계천의 보호와 서울의 대기 오염을 막기 위하여 미국이나 유럽보다도 훨씬 높은 배기량 배출 기준을 정부가 적용시킬 경우 이것이 순수한 환경 보호의 목적으로 이루어지고 국내외의 모든 자동차에 무차별적으로 적용되는 경우, 그리고 그것이 과학적 근거를 가지고 있다면 WTO 협정에 위반되지 않고 수입자동차의 국내 진입을 제한할 수 있다.

이 협정의 이행 여부와 관련하여 우리나라는 최근에도 화학제품 등에 대한 기술 규제, 자동차 등 공산품에 대한 기술 규제 등에서 많은 국내 규정들이 과학적으로 타당성을 결여하거나 불필요한 무역제한 조치 또는 수입품과 국산품과의 차별 적용에 따른 내국민 대우의 원칙을 위반하였다는 등의 비난을 받고 있다.

출처: 에너지데일리, 2004.4.12.일자.

VI부

통상이슈 둘러보기

A smooth sea never made a skillful sailor.
평온한 바다는 결코 유능한 뱃사람을 만들 수 없다.

–영국 속담–

1장
투자자-국가 소송(ISDS)

투자자-국가소송제도(Investor-State Dispute Settlement, ISDS)란, 외국에 투자한 기업이 해당기업에게 불합리한 현지의 정책이나, 법으로 인한 재산적 피해를 실효적으로 보호하기 위하여 국제기구의 중재로 분쟁을 해결토록 한 제도를 말한다. 즉, 기업이 상대방 국가의 정책으로 이익을 침해당했을 때 해당 국가를 세계은행 산하의 국제상사분쟁재판소(ICSID)에 제소할 수 있도록 하는 제도다. 투자자-국가소송제도는 이미 오래전부터 인정되어온 제도로 특히 최근 다국적기업의 전 세계적 투자가 확대되면서 국가의 일방적인 정책으로부터 투자자를 보호하기 위한 목적에서 더욱 부각되었고 실제루 대부분의 지역무역협정인 FTA에도 포함되어 왔다. 우리나라의 경우에도 한미 FTA협정에 ISD조항이 포함되었는데 이를 미국의 국익에만 도움이 되는 독소조항이라고 비판하는 목소리가 줄어들지 않고 있다.

특히 지난 2012년 2월 외환은행을 매각하고 국내시장에서 철수한 미국계 사모펀드 론스타(Lone Star)는 외환은행 인수 및 매각 과정에서 우리나라 정부가 매각 승인을 지연했으며 자의적이고 차별적인 과세조치를 취해 손해를 봤다고 주장하며 2012년 11월 세계은행 산하 중재기구인 국제투자분쟁해결센터에 한국정부를 상대로 한 투자자-국가 간 소송(ISD)을 제기하였다. 이는 우리나라의 사실 상의 첫 투자자-국가 간 소송인데 첫 ISD소송이라는 의미 외에 이로 인해 ISD가 주는 부정적 인식이 더 강해지는 배경이 되었다.

하지만 론스타의 ISD소송은 한미 FTA의 ISD조항과는 별개의 문제이다. 론스타의 제소 이유는 론스타가 벨기에 소재 법인이므로 거주지국인 벨기에만이 과세권을 행사할 수 있고 한국에는 과세권이 없는데도 불구하고 한국정부가 한-벨기에 · 룩셈부르크 투자보장 협정의 이중과세금지규정을 위반하여 론스타에 대해 세금을 부과했다고 주장하고 있다.

ICSID가 2012년 론스타의 ISD 접수절차를 마친 후 중재재판단 구성을 시작으로 최종 판정까지 대략 3~4년 정도 소요될 것으로 보여 단심인 재판을 통해 2015년 말이면 결론이 날 것으로 예상되었으나 양 측 간의 증거보강을 위한 신경전이 지속되면서 이례적으로 판정이 지연되고 있는 실정이다. 론스타의 청구금액은 당초 43억 달러였다가 환율변동 등을 이유로 46억 7900만 달러로 증액된 것으로 알려지고 있다. 우리나라 정부는 2012년 5월 론스타의 ISD 제소 통보 이후 국무총리실 산하에 법무부, 기획재정부, 외교통상부, 금융감독위, 국세청 등이 참여한 TF팀을 꾸려 소송에 대비하고 있다. 정부는 국제중재재판부에서 론스타 주장의 부당성을 적극 제기하겠다는 입장이다. 만약 우리나라 정부가 패소할 경우 천문학적인 국고 손실도 큰 부담이지만 유사 소송을 부추길 수 있다는 우려가 제기되고 있다.

소송관련 주요 쟁점은 소송성립의 여부를 다투는 관할권 문제로 론스타가 이번 소송의 근거로 내세운 '한-벨기에 · 룩셈부르크 투자협정(BIT)'이 소송의 근거가 될 수 있는지에 대한 여부를 두고 논란이 일고 있다. 또한 론스타는 외환은행 매각 당시 우리나라 정부가 HSBC의 지분인수 승인신청을 미루어 HSBC가 인수를 포기, 이후 하나금융에 2조 원 가량 손해를 보고 팔게 되었다고 주장하고 있다. 론스타는 론스타가 벨기에에 만든 자회사들을 통해 외환은행 등에 투자, 매각 차익을 올렸기 때문에 '한-벨기에 · 룩셈부르크 투자협정(BIT)'에 따라 자회사가 투자협정의 보호를 받아야 한다고 주장하고 있다. 이에 반해 우리나라 정부는 자회사들이 실체가 없으므로 투자협정으로 보호할 대상이라 아니라는 입장으로 맞서고 있다. 론스타와의 ISD는 우리나라의 첫 ISD라는 점에서 승소여부에 따라 향후 외국인투자의 증가와 시장개방이 가속화될 경우 발생할 수 있는 투자자-국가 간 분쟁에 적지 않은 영향을 줄 것으로 예상되고 있다. 우리나라 정부는 이에 대한 만반의 준비와 승소를 위해 노력해야 할 것이다.

참고1: 론스타 상대 ISD 소송 대응예산 벌써 '바닥'

미국계 사모펀드 론스타가 한국 정부를 상대로 제기한 투자자국가소송(ISD)이 장기화하면서 법률자문비용 등에 투입되는 관련 예산도 빠르게 늘어나고 있다. 이미 200억 원을 훌쩍 넘었고, 소송 결과가 나올 때까지 최소한 400억 원은 필요할 전망이다. 정부가 단일 소송에 투입하는 비용으로는 사상 최대다. 비용을 아낄 수도 없다. 소송가액만 5조 원에 달하고, 소송에 질 경우엔 수백억 원에 달하는 론스타 측 소송비용도 한국 정부가 물어줘야 하기 때문이다.

6일 기획재정부에 따르면 정부는 지난주 '론스타 국제투자분쟁 중재 수행 및 대응 비용'으로 76억 2,000만 원을 긴급 편성해 집행하기로 했다. 올해 관련 예산으로 112억 3,400만 원을 편성했지만 상반기에 전부 써버렸기 때문이다. 한국 정부와 론스타 간 ISD는 LSF-KEB홀딩스 등 론스타의 벨기에 · 룩셈부르크 자회사 여덟 곳이 한국 정부가 2012년 외환은행 매각을 지연시키고 부당하게 세금을 매겨 46억 7,900만 달러(약 5조 2,652억 원) 상당의 손해를 봤다며 같은 해 11월 세계은행 산하 중재기구인 국제투자분쟁해결센터(ICSID)에 중재를 신청한 데서 비롯됐다. 지난 5월 첫 구두심리가 끝났고 최종 결과는 올해 말에 나올 예정이다.

정부의 ISD 대응을 위한 예비비 지출은 매년 반복되고 있다. 소관 부처인 법무부가 해당 소송의 예산을 적게 편성한 탓이다. 관련 예산이 처음으로 편성된 2013년에는 39억 6,000만 원을 책정했지만 결국 예산이 부족해 예비비로 7억 9,700만 원을 더 썼다. 지난해에도 처음에는 59억 5,000만 원을 편성했지만 추가로 예비비 46억 5,500만 원을 투입했다. 지금까지 관련 비용으로 265억 9,600만 원을 썼고 올해 책정된 예비비만 집행해도 총 비용은 342억 1,600만 원으로 불어난다. 기재부는 소송 결과가 나올 때까지 관련 비용이 적어도 400억 원은 넘을 것으로 전망하고 있다. 기재부 관계자는 "소송가액이 5조원을 넘기 때문에 소송비용을 아낄 수도 없는 상황"이라고 말했다.

ISD 대응 예산의 대부분은 법률자문비용으로 쓰인다. 법무부가 박주선 새정치민주연합 의원실에 제출한 자료에 따르면 지난해 관련 예산의 80% 이상을 법률 자문을 해주는 법무법인 태평양(국내)과 아널드앤드포터(국외)에 지급했다. 태평양 변호사 일곱 명에게 시간당 수당으로 44만원씩 줬다. 아널드앤드포터 변호사 일곱 명의 시간당 수당은 608달러(약 68만원)였다. 중재재판 진행을 위해선 별도의 행정비용도 지급해야 한다. 중재비용으로 분기마다 12만 5,000 달러(약 1억 4,000만 원)를 ICSID에 지급하고 있다. 중재인의 하루(8시간 기준) 보수인 3,000 달러(약 337만 원)도 한국 정부가 부담해야 한다. 재판 진행 중에도 돈이 들어간다. 재판에서 한국 정부를 위해 론스타 주장을 반박하는 보고서를 작성하고 직접 재판정에서 증언하는 전문가에게도 비용을 지급하고 있다. 시간당 400~750 달러(약 45만~84만 원) 수준이다.

지난해 말까지 종결된 ISD 356건 중 132건(37%)은 국가가 승소했다. 투자자가 승소해 해당 국가로부터 금전적 보상을 받은 경우는 89건(25%)이었다. 7건(2%)은 투자자가 승소했지만 금전적 보상을 받지 못했다. 화해로 끝난 경우는 101건(28%)이었다. 나머지 29건(8%)은 중재 절차가 중단됐다.

출처: 한국경제. 2015.7.6.일자.

참고2: '한국상대 ISD' 만수르, 2,400억 세금소송 패소

우리나라를 상대로 '투자자-국가 간 소송'(ISD)을 제기한 아랍에미리트(UAE) 왕족 셰이크 만수르 빈 자이드 알 나흐얀의 회사가 국내에 2,400억 원의 세금을 내야 한다는 대법원 판단이 나왔다. 대법원 1부(주심 고영한 대법관)는 만수르가 보유한 아부다비 국영 석유투자회사 'IPIC 인터내셔널 B.V.'가

서산세무서를 상대로 낸 법인세 부과처분 취소소송에서 원고 패소로 판결한 원심을 확정했다고 6일 밝혔다. 대법원 1부(주심 김소영 대법관)는 또 IPIC의 네덜란드 자회사 '하노칼 인터내셔널 B.V.'이 동울산세무서를 상대로 낸 법인세 경정거부처분 취소소송에서도 원고 패소를 확정했다. IPIC는 603억 원, 하노칼은 1,838억 원의 세금을 국내에 내야 한다는 취지다.

하노칼은 1999년 현대오일뱅크 주식 50%에 해당하는 1억 2,254만여 주를 6,127억 원에 취득했다. 하노칼은 2006년 2월 IPIC에 4,900여만 주를 팔았고, 그해 3월 현대오일뱅크의 국내주주인 현대중공업 등으로부터 현대오일뱅크 주식 4,900만주를 다시 매수했다. 이후 2010년 8월 현대오일뱅크 보통주 4,900만 주와 우선주 7,350만 주를 현대중공업에 1조 8,381억 원에 팔았다. 이 과정에서 발생한 양도소득에 매긴 세금 때문에 법정 공방이 시작됐다.

하노칼은 2006년 IPIC에 넘긴 주식이 한국과 네덜란드 간 조세의 이중과세회피, 탈세방지를 위한 협약의 적용을 받는다고 보고 법인세를 제외한 증권거래세 11억 원만 냈다. 네덜란드와의 조세협약에 따르면 재산 양도로 발생하는 이득은 양도인이 거주자로 돼 있는 나라에서만 과세하는데, 하노칼이 네덜란드 법인이라는 이유에서다. 그러나 대전국세청은 실질적 양도소득은 하노칼이 아닌 IPIC가 얻고, IPIC는 아부다비 정부가 100% 지분을 보유한 회사여서 네덜란드와 맺은 조세협약이 적용되지 않는다고 보고 법인세를 부과했다. 그러자 IPIC는 소송을 냈다. 하노칼은 또 2010년 현대중공업과 주식거래를 할 당시의 세금도 문제 삼았다. 현대중공업은 하노칼에 매매대금을 지급하면서 대금의 10%인 1,838억 원을 원천징수해 국세청에 냈는데, 하노칼은 이 부분도 한국-네덜란드 조세협약 적용대상이라며 환급 요청했다가 거절당하자 법정으로 사건을 가져갔다.

대법원은 주식취득과 양도과정에서 하노칼이 형식상 거래당사자 역할을 했을 뿐이고 실질적 주체는 IPIC라고 본 원심이 정당하다고 판단했다. IPIC가 하노칼을 내세워 주식거래를 한 것은 한국과 네덜란드간 조세조약의 적용을 받아 세금혜택을 받을 목적이라고 본 것이다. 대법원은 "국세기본법에 따르면 조세회피를 목적으로 형식상 이득자와 실질적인 이득자를 따로 두었으면 실질적 이득을 얻은 곳을 납세의무자로 봐야한다"며 "하노칼과 IPIC의 주식거래에는 한국과 네덜란드의 조세조약이 적용되지 않아 과세가 정당하다"고 밝혔다. IPIC와 하노칼은 항소심에서 패소하자 지난 5월 한・네덜란드 투자보호협정을 위반했다는 이유로 한국정부를 상대로 ISD를 제기한 바 있다.

출처: 국민일보. 2015.8.6.일자.

참고3: 자유무역의 역사: 양자간 투자협정(BIT)

글로벌화의 진전으로 국내 진입한 외국인 기업들도 많아졌고, 삼성전자, 현대자동차 등 우리기업들의 전 세계 시장에 대한 투자도 확대되고 있다. 투자협정(Investment Treaty)은 협정을 맺는 국가들 간에 이미 이루어진 투자를 보호하거나, 새로운 투자를 촉진할 목적으로 체결하는 협정을 말한다. 그 중에서 두 나라 간에 체결하는 협정을 양자간 투자협정(Bilateral Investment Treaty: BIT)이라 한다.

BIT는 투자협정 중에서 가장 보편적인 형태로 현재 전 세계적으로 약 2,600개가 존재하는 것으로 보고되고 있다.

BIT는 크게 두 가지 유형으로 분류된다. 먼저 투자의 설립 이후 단계에서 상대방 국가의 투자에 대한 비차별대우와 투자자산의 보호에 관한 내용을 담고 있는 투자보장협정이 있다. 이는 가장 전통적인 BIT로서 대부분의 BIT가 이 유형에 해당한다. 또 다른 유형으로 투자의 설립 이전 단계에서부터 비차별 대우를 하는, 즉 투자 자유화에 관한 내용까지 포괄하는 협정이 있다. 이미 이뤄진 투자를 보장하는 데에서 한 단계 더 나아가 투자자유화의 내용까지 담고 있다는 점에서 더 발전적인 형태로 평가된다. 투자 자유화의 내용을 담고 있는 대표적 BIT로서 미국이 체결하는 BIT, 캐나다가 체결하는 BIT, 한일간 BIT 등이 있다.

BIT의 이해를 돕기 위해, 우리나라와 일본 간에 체결된 BIT의 내용을 소개하면 다음과 같다. 우선, 양국은 투자가 성립되기 이전 단계부터 내외국인을 동등하게 대우해야 한다(내국민대우 원칙). 즉, 기업설립 전 단계부터 내외국인을 동등하게 대우하는 투자자유화의 내용을 담고 있다. 또한 투자 유치국은 자국이 외국 투자자에게 부여하는 대우 중 가장 좋은 대우를 상대국 투자자에게도 똑같이 부여해야 한다(최혜국대우 원칙).

공공목적을 위해 정부가 투자자의 자산을 국유화 또는 수용할 경우에는 국제법 기준에 따라 보상해야 한다. 외국인투자의 원금이나 이에 따른 과실의 국내외 송금도 보장해야 한다. 외국인투자자에 대해 재화나 서비스의 일정비율 이상을 수출하도록 의무를 부과하는 것도 원칙적으로 금지한다. 외국인투자자에게 일정비율 이상의 국산 재화나 서비스를 사용하도록 강제하는 것도 원칙적으로 금지한다.

한편 투자자와 고위 경영자, 전문 기술자 등 핵심적인 직원들은 일시적으로 투자와 관련된 업무를 위해 상대국에 입국하고 체류할 수 있도록 보장한다. 투자자와 투자유치국 정부 간 분쟁에 대해서는 외국인투자자가 투자 유치국 국내법원을 거치지 않고 세계은행 산하의 국제투자분쟁해결센터(ICSID) 등 국제 공인 중재기관에 제소할 수 있는 권한을 부여한다. 이렇듯 다양한 규정을 통해 한국과 일본 양국의 투자자나 투자는 상대국 시장에서 보호를 받게 된다.

한편, 최근 투자협정은 FTA의 일부 내용으로 포함되는 경향이 있다. 투자협정이 FTA를 구성하는 한 부분으로 본격적으로 도입된 것은 NAFTA(북미자유무역협정)부터로 알려져 있다. 그러나 모든 FTA가 투자협정을 포함하고 있는 것은 아니다. NAFTA 모델에 기초해서 체결된 FTA는 보통 투자협정을 포함하고 있다. FTA 내의 투자협정은 투자보호뿐만 아니라 당연히 투자자유화에 관한 내용까지 담고 있다. 반면, 투자협정을 포함하지 않는 FTA들도 있는데, 대표적인 것이 EU가 체결하는 FTA이다. 그렇다고 해서 EU가 체결한 FTA에 투자 관련 내용이 전혀 없는 것은 아니다. EU의 FTA에는 자본이동 조약에서 규정하고 있는 국가 간의 자유로운 자본 이동에 관한 내용을 담고 있다. 다만, 투자보호와 같은 투자협정의 고유한 내용들은 담고 있지 않은데, 투자협정에 대해서 EU는 기본적으로 각 회원국이 별도로 추진하는 것을 원칙으로 하고 있다.

세계 각국에서 체결되는 투자협정의 내용들은 시간이 흐르면서 발전 추세를 보이고 있다. 적용 범위가 확대되고 규정 내용이 명료화・투명화 되는 등 협정의 수준이 높아지고 있다. 또한 전통적인 투자보호 협정에서 한 단계 더 나아가 투자자유화를 포괄하는 협정으로 발전하는 양상을 보이고 있다. 개도국들도 선진국들과 투자협정을 체결하면서 이처럼 높은 수준의 협정을 수용하는 추세이며, 개도국들 간에 체결하는 투자협정에도 이러한 내용을 반영하는 경우도 있다. 공공의 이익 보호 차원에서 공공건강이나 안전, 환경, 노동 기준 등과 관련된 내용을 도입하는 경우도 확대되고 있다.

투자협정의 대표적인 효과로 투자 증진 효과를 들 수 있다. 앞에서 살펴본 것처럼 투자협정은 투자자 보호나 효과적인 분쟁해결 장치 등을 통해 투자자가 예측하지 못한 정책이나 제도의 변화에 따른 위험부담을 완화하는 기능을 한다. 기업들의 자유로운 투자활동을 보장하는 제도적 장치가 마련됨에 따라 기업들은 보다 안심하고 투자를 할 수 있게 되는 것이다. 특히 최근 체결되는 투자협정들은 전통적인 투자보호 뿐만 아니라 투자자유화의 내용까지 포함하고 있어 투자 촉진 효과가 더욱 크다.

에거와 파퍼마이르(Peter Egger and Michael Pfaffermayr, 2004)가 1982년부터 1997년까지 OECD 회원 19개국이 54개국과 체결한 BIT의 효과를 실증분석한 결과, BIT가 체결될 경우 체결국간 외국인직접투자(FDI)가 약 30% 증대되는 효과가 있음을 밝혔다. 또한 OECD(2006)는 1990~2004년간 데이터를 이용해 BIT의 효과를 분석했는데, BIT가 포함된 FTA가 체결될 경우 FDI 증대에 긍정적인 영향이 있다는 점을 확인했다. 즉, FTA를 통해 양국간 무역자유화가 이루어지는 환경에서 투자자유화의 확대나 투자보호의 강화는 양국간 투자를 한층 더 증진시키는 효과가 있는 것이다.

우리나라는 2014년 현재 93개국과 투자협정을 체결하고 있다. 지역별로 보면 독일, 영국, 프랑스 등 유럽지역 32개국, 일본, 중국, 태국 등 아시아 지역 17개국, 사우디아라비아, 이스라엘, 남아공 등 아프리카・중동 지역 26개국과 투자협정을 체결하고 있다. 또한 멕시코, 아르헨티나 등 미주지역 18개국과도 투자협정을 체결하고 있다. 이와 같은 협정을 통해 우리나라는 세계 93개국으로부터 외국인직접투자의 유치를 증대시킬 수 있다. 더불어 우리 기업들의 이들 국가들에 대한 해외직접투자도 촉진하는 효과도 누릴 수 있다.

출처: 함께하는 FTA. 2014.11월호.

참고4: 통신비 인하 정책, 글로벌 리스크 비화: FTA, WTO 등 국제분쟁 가능성

7월 A 통신사 2분기 콘퍼런스 콜에서 애널리스트가 질문이 아닌 주문을 던졌다. 애널리스트는 "정부의 통신비 인하 정책으로 투자자가 힘들어 하고 있다."면서 "정부에 강력하게 컴플레인(항의)해 달라."고 요청했다. 이에 앞서 B 통신사도 "정부와 민간 통신사가 상하관계냐" "주주는 우선순위가 아니냐."는 애널리스트들의 공세에 진땀을 흘려야 했다.

애널리스트의 잇따른 날선 발언은 정부 일방의 통신비 인하 정책에 대한 국내외 통신사 주주들의 불만이 예사롭지 않다는 방증이다. 이동통신 3사의 외국인 투자자 비중은 절반에 가까운 실정이다. 외국인 투자자는 정부의 통신비 정책으로 이통사 매출이 감소하고, 주가 하락을 이어질 것으로 우려하고 있다. 주가 하락 등 손실과 피해가 구체화되면 외국인 투자자가 한・미 자유무역협정(FTA)과 국제무역기구(WTO) 등 국제 협정을 근거로 투자자국가소송제(ISD)를 선택할 수 있다. 정부 일방의 통신비 정책이 자칫 국제 분쟁으로 비화될 가능성을 배제할 수 없게 됐다.

투자자국가소송제(ISD)는 투자 유치 국가의 불합리한 행정 제재 또는 대우에 대해 투자자가 세계은행 산하 국제상사분쟁재판소(ICSID) 등 제3자 분쟁조정기구를 통해 손해 배상을 청구할 수 있도록 하는 제도다. 선택약정할인율 25%, 보편요금제 등 인위적 가격 통제 정책은 ISD가 규정한 '공정・공평한 대우(Fair and Equitable Treatment)' 조항 위반에 해당된다.

한・미 자유무역협정(FTA)에 따르면 투자 유치국은 법률 체계에 구현된 적법 절차 원칙에 따라 투자자를 대우해야 하고, 법으로 보호해야 한다. 정부가 불합리한 행정 절차를 내세울 경우 투자자는 이에 대해 이의를 제기할 권리가 있다. 대형 로펌 변호사는 "불합리한 정부 정책으로 투자자가 손해를 보게 되면 ISD 제소에 따른 손해 배상 요건이 성립한다."면서 "이 경우 행정 절차에 불법성, 피해의 인과 관계, 정확한 피해액 규모 등을 따지는 일이 쟁점이 될 것"이라고 분석했다.

이뿐만이 아니다. 외국인 투자자는 세계무역기구(WTO)를 통한 이의 제기도 가능하다. WTO 서비스 무역에 관한 일반 협정에 따르면 회원국 간 서비스 무역에 영향을 미치는 조치는 합리적이고 객관적이며 공정해야 한다. 통신비 절감 대책이 이에 해당하는지 분쟁 조정 절차를 야기할 수 있다. 법조계와 증권가에 따르면 당장 해외 투자자가 ISD와 WTO 제소 등을 실행하려는 움직임은 보이지 않는다.

그러나 정부 통신비 정책이 차례로 실행되고 주가 하락이 현실화되면 주주 가치 훼손을 이유로 제소 가능성이 충분하다는 판단이다. 또 주가 하락이 지대할 경우 외국인 투자자가 공동으로 소송해야 한다는 공감대가 확산될 수 있다. ISD와 FTA 협정의 정당성 문제를 떠나 소송 가능성은 현실이다. 소송이 현실화될 경우 정부는 수백 억 원 대 소송비용을 지출해야 한다. 정부는 론스타 ISD에 대응해 지난해까지 395억 원을 지출했다. 자칫 패소할 경우 소송비용은 물론 국제 사회에서 정책 신뢰도에 심각한 타격이 불가피하다.

김홍식 하나금융투자 연구원은 "통신비 인하 정책 발표 이후 국내 법률 현황을 묻는 외국인 투자자가 늘고 있다."면서 "글로벌 기준과 상식을 벗어난 정부 요금 정책으로 외국인 투자자는 ISD 등 자구책을 강구할 수밖에 없을 것"이라고 진단했다. 일각에선 통신비 인하 규제가 ISD 분쟁 기준 가운데 '간접 수용의 예외' 기준에 부합하지 않는다는 주장도 있다.

한・미 FTA에 따르면 투자 유치국 정부는 원칙적으로 투자자의 재산권을 침해해선 안 되지만 공중보건, 안전, 환경 및 부동산 가격 안정화 등 정당한 공공복지 목적에 부합할 경우 예외를 인정한다. 그러나 법조계는 "정부 통신비 정책 가운데 취약계층 지원은 복지 성격이 명확하게 드러나지만 선택약정 할인율 25%와 보편요금제는 법정 다툼이 발생할 여지가 충분하다."고 말했다.

출처: 전자신문. 2017.08.28.일자.

2장
자유무역협정

자유무역협정(Free Trade Agreement: FTA)은 FTA는 회원국 간 상품, 서비스, 투자, 지재권, 정부조달 등에 대한 관세 및 비관세 장벽을 완화함으로써 상호간 교역 증진을 도모하는 특혜무역협정을 의미하며 특히 관세철폐에 주요 초점이 맞춰져 있다고 할 수 있다. FTA는 지역무역협정(Regional Trade Agreement, RTA) 중 하나로 RTA는 전 세계 대부분의 국가가 회원국으로 참여하는 WTO의 다자간무역협정에 반해 지역적으로 인접해있거나 경제적으로 밀접한 관계에 있는 국가들 사이에 맺는 양자간 또는 복수국 간 자유무역협정으로 FTA는 RTA의 50% 이상을 차지하는 등 주류를 이루고 있다.

FTA는 경제통합과 관련해서 많이 이야기되는데 경제통합의 첫 번째 단계가 FTA이기 때문이다. 일반적으로 경제통합은 자유무역협정, 관세동맹, 공동시장, 단일시장 등의 단계를 통해 보다 높은 수준의 경제통합체로 발전하게 된다. 2018년 6월 기준 WTO에서 발표한 자료를 통해 파악된 지역무역협정(RTA) 발효건수는 총 459건이며, 이 가운데 상품무역을 다룬 자유무역협정(FTA)은 55.1%인 253건으로 가장 많은 비중을 차지하고 있다. 시기별로 보면 지역무역협정은 1995년 WTO 출범 이후 급증하기 시작하여 전체 459건의 협정 중 95년 이후에만 전체의 89.1%에 해당하는 409건이 발효된 것으로 파악되고 있다. 이러한 현상은 WTO를 중심으로 하는 다자적 차원의 무역질서와 더불어 이해관계가 밀접한 양자간 또는 복수국 간의 지역무역협정을 통한 지역주의(regionalism)가 가속화되고 있음을 의미한다. 이러한 지역주의의 경향은 과거 GATT체제보다 현재의 WTO체제에서 오히려 급속도로 확산되는 경향을 보이고 있다.

이러한 FTA의 급증은 현재 진행 중인 DDA협상이 계속 지체되고 다자적 차원의 합의 도출에 난항을 겪고 있어 많은 국가들이 상대적으로 협상의 필요와 결과가 뚜렷한 양자간 또는 복수국간 지역협정에 의존하는 경향이 강해지고 있기 때문이다. FTA는 역내국간의 자유무역이 진전되는 효과를 가져 오지만 역외국에 대해서는 차별적 무역조치를 시행한다는 점에서 WTO에서 추구하고 있는 전 세계적 차원의 자유무역의 발전이라는 목표와 상충되는 부분이 있다. 다행스러운 것은 대부분의 FTA가 현 WTO협정보다 높은 수준의 시장개방과 무역자유화를 추구하는 소위 WTO+의 특성을 가지고 있다는 점이다. FTA가 다자적 차원의 국제무역질서에 역행하거나 저해하기보다는 WTO를 보완하고 WTO가 더 진전될 수 있는 자극제의 역할을 할 것으로 기대되고 있다.

우리나라는 GATT/WTO로 대표되는 다자적 무역체제의 가장 큰 수혜국으로 대외무역을 통해 경제성장을 이룬 전형적인 사례로 인정받고 있다. 향후 우리나라가 지속적인 경제발전을 위해서는 다자적 차원의 무역확대는 필수적이다. 하지만 현실적인 측면을 보면 FTA 등 지역무역협정의 중요성도 커지고 있다. 따라서 우리나라는 WTO를 통한 자유무역의 확대를 추구하는 동시에 양자 또는 복수국 간 FTA도 확대, 발전시켜야 할 필요가 있다. 특히 1992년 EU의 출범과 1994년 NAFTA의 발효를 계기로 FAT를 중심으로 한 지역주의가 세계적으로 확산되면서 FTA 역외국가로서의 피해를 최소화하고 나아가 글로벌시장에 적극적으로 도전하기 위해 FTA를 추진하게 되었다고 볼 수 있다.

주요 경쟁국들이 FTA를 앞 다투어 추진하고 있는 통상환경 하에서 우리나라가 기존 수출시장을 유지하고 새로운 시장에 진출하기 위해 FTA 확대에 전력을 다하는 것은 당연하다. WTO협상이 부진한 현 상황에서 경쟁국이 여타 국가와 먼저 FTA를 체결한다면 우리나라 상품은 상대적으로 높은 관세율 적용에 따른 가격경쟁력의 저하로 시장을 잃을 수 있기 때문이다. 따라서 우리나라 상품의 수출경쟁력을 유지하고 안정적인 해외시장을 확보하기 위해서는 주요국들과의 FTA 체결은 필수적이다.

우리나라 정부는 2003년 이래 칠레와의 FTA 체결을 시작으로 동시다발적으로 FTA를 추진해왔으며, 특히 거대경제권과 자원부국 및 주요 거점경제권을 중심으로 전략적인 FTA 확대전략을 통해 FTA 네트워크를 견실하게 구축해 나가고 있다. 이러한 노력의 결과 우리나라는 FTA의 낙후국에서 FTA를 주도하는 선도국 또는 허브국가로 발돋움하였다. 또한 FTA의 내용면에서는 FTA 체결효과를 극대화하기 위해 상품분야에서의 관세철폐 뿐만 아니라, 서비스, 투자, 정부조달, 지적재산권, 기술표준 등을 포함하는 높은 수준의 포괄적인 FTA를 지향하고 있다. 그리고 가능하면 WTO의 상품과 서비스관련 규정보다 높거나 적어도 일치하는 수준의 FTA 추진을 지향함으로써 다자주의를 보완하고 FTA를 통한 국내제도의 개선 및 선진화를 도모하고 있다.

우리나라 FTA의 연혁을 살펴보면 2004년 4월 칠레를 시작으로 싱가포르(2006년 3월), EFTA(2006년 9월), ASEAN(2007년 6월), 인도(2010년 1월), EU(2011년 7월), 페루(2011년 8월), 미국(2012년 3월), 터키(2015년 3월), 호주(2014년 12월), 캐나다(2015년 1월), 중국(2015년 12월), 뉴질랜드(2015년 12월), 베트남(2015년 12월), 콜롬비아(2016년 7월) 등 2017년 말 기준 15개 FTA, 52개국과의 FTA가 발효되었다. 또한 중미 5개국(파나마, 코스타리카, 온두라스, 엘살바도르, 니카라과)과 2017년 3월 FTA가 체결되어 발효를 앞두고 있다. 이외에도 한중일, RCEP, 인도네시아, GCC, 일본, 멕시코, 중미6개국 등과의 FTA 협상이 진행 중이다. 앞으로 FTA를 중심으로 한 지역주의는 WTO차원의 다자간무역체제와 함께 국가 간의 무역자유화와 시장개방을 통한 무역의 이익을 실현하는 두 개의 바퀴 중 하나로 기능할 것이며 우리나라도 이를 십분 활용할 필요가 있을 것이다.

WTO는 지구상에 있는 대부분의 모든 국가들이 참여하여 각 개별국가들의 개방수준과 자유화가 결정한다는 점에서 일단 합의가 이루어지면 새로운 다른 합의가 이루어지지 않는 한 각 국가들이 누릴 수 있는 무역의 이익은 고정 또는 영속적인 성격을 갖는다고 할 수 있다. 하지만 FTA의 경우는 이와는 달리 비록 특정 국가가 FTA를 통한 무역의 이익을 확보할 수 있다하더라도 이것은 영속적이지 못할 가능성이 크다. 왜냐하면 FTA는 특정 국가들 간의 무역 자유화이기 때문에 역외 국가들이 추후 역내 국가들과 다른 FTA를 체결하게 되면 그동안 누려올 수 있었던 무역의 이익이 상실될 수 있기 때문이다. 따라서 FTA는 역외 국가들의 통상정책의 변화와 FTA의 참여 여부에 따라 그 무역의 이익이 변화되게 된다고 할 수 있다.

예를 들어 우리나라가 미국과의 FTA를 통해 미국시장에서 일본상품과의 경쟁우위를 점할 수 있다하더라도 일본이 미국과 FTA를 체결하여 관세가 철폐되고 무역장벽이 제거되게 되면 시장의 우위는 사라질 가능성이 크게 된다고 할 수 있다. 실제로 향후 미국이 TPP에 다시 동참하게 되면 이는 미국과 일본의 FTA의 성격을 갖는다는 점에서 우리나라 상품이 기존 미국시장에서 누리고 있던 우위를 상실할 수 있는 여지가 커지게 된다.

FTA는 세계시장에서 경쟁국가에 비해 우위를 점하기 위한 노력의 일환이지만 다른 국가의 FTA 참여와 개방적인 통상정책의 시행 등이 이루어지게 되면 그동안 누리던 무역의 이익은 지속될 수 없다. 이러한 점에서 FTA를 통한 이익은 영속적이지 않고 가변적이고 상대적인 성격을 갖는다. 이는 우리나라가 기존 FTA를 많이 체결하였다고 하더라도 거기에 만족하지 않고 지속적으로 FTA정책을 확대, 심화해야 할 필요성이 있음을 의미한다.

기존 FTA의 경우에도 시간의 흘러감에 따라 통상환경의 변화와 개방수준의 확대 요구의 증대 등으로 인해 기존 FTA협정의 내용을 개정 보완되어야 할 필요성이 제기된다. 최근 발효된 베트남과의 FTA의 경우에도 기존 ASEAN과의 FTA협정의 내용만으로는 빠르게 증가하고 있는 우리나라와 베트남 간의 교역과 투자를 뒷받침하기 어렵고 한층 높은 수준의 상호개방과 무역자유화 등에 필요한 양국 간 개별 FTA 협정이 필요하다는 요구에 부응하기 위한 노력이다. 이 외에 말레이시아, 인도네시아 등 다른 ASEAN국가들과의 개별 FTA협상도 진행 중에 있는 것도 이러한 이유에서이다.

앞에서 언급하였듯이 우리나라는 GATT와 WTO로 대표되는 다자무역체제의 가장 큰 수혜국이다. 우리의 경제발전은 대외교역을 통해 성장을 이룬 전형적인 사례로 인용되고 있다. 또한 우리나라는 명실상부한 통상국가로서 지속적인 경제발전을 위해서는 교역의 확대가 필수적이다. 열린 세계시장이 우리의 경제적 생존과 직결되는 것이다. 최근의 세계 통상환경을 보면 FTA를 중심으로 한 지역주의(Regionalism)가 가속화되고 있는 상황이다. 이러한 지역주의의 경향은 과거 GATT체제보다 현재의 WTO 체제에서 오히려 급속도로 확산되는 경향을 보이고 있다. 각국의 FTA 체결경쟁은 현재 진행 중 DDA 협상이 의미 있는 합의 도출에 난항을 겪고 있는 상황에서 더욱 심화될 것으로 보인다. 이미 많은 국가들이 양자 간 지역협정에 의존하는 경향이 더욱 뚜렷해지고 있다.

이러한 상황에서 우리나라가 적극적으로 FTA를 추진해야 하는 이유는 크게 두 가지로 이야기할 수 있다. 우선 1992년 EU의 출범과 1994년 NAFTA의 발효를 계기로 지역주의가 세계적으로 확산되면서 FTA 네트워크 역외국가로서의 피해를 최소화하고, 나아가 이러한 도전에 적극적으로 대응하기 위해 FTA를 추진할 필요성이 제기되었다. 특히 우리나라의 대외경제 규모가 국내총생산(GDP)의 80% 이상을 차지하고 있는 점을 고려할 때 주요 경쟁국이 FTA를 앞 다투어 추진하고 있는 통상환경 하에서 우리나라가 기존 수출시장을 유지하고 새로운 시장에 진출하기 위해 FTA 확대에 전력을 다하는 것은 당연하다. 주요 교역국이 여타 국가와 먼저 FTA를 체결한다면 우리 상품은 고관세 적용에 따른 가격경쟁력의 저하로 점차 그 시장을 잃을 수밖에 없다. 따라서 우리 상품의 수출경쟁력을 유지하고 안정적인 해외시장을 확보하기 위해서는 주요 교역 국가들과의 FTA 체결이 필수적이다.

둘째로 보다 능동적인 시장개방과 자유화를 통해 국가 전반의 시스템을 선진화하고 경제체질을 강화하기 위해 FTA 추진이 필요하다. 우리나라 경제가 양적인 성장뿐만 아니라 질적인 발전을 통해 명실상부한 선진경제로 거듭나기 위해서는 FTA를 능동적, 공세적으로 활용할 필요가 있다. 전 세계적으로도 각국은 산업경쟁력과 국가경쟁력을 신장시키는 주요 정책수단으로서 FTA가 효과적임을 깨닫고 적극적으로 FTA 네트워크 구축에 나서고 있는 것이 이러한 사실을 방증하고 있다.

그럼 우리나라는 어떻게 FTA를 추진하고 있는가? 우리나라 정부는 2003년 이래 적극적으로 FTA를 추진해왔으며, 특히 거대경제권과 자원부국 및 주요 거점 경제권을 중심으로 전략적인 FTA 체결 확대 전략을 통한 FTA 네트워크를 구축해 나가고 있다. 동시다발적인 FTA 추진을 통해 그동안 지체된 FTA 체결 진도를 단기간 내에 만회하였으며, 현재 FTA 네트워크의 글로벌화를 위해 노력하고 있다. 이를 통해 우리 기업의 세계시장 확보를 지원하고, 동아시아 FTA 허브국가로 발돋움하려는 것이다. 또한 정부는 2003년 이래 거대경제권과 자원부국 및 주요 거점 경제권을 중심으로 FTA 네트워크를 구축함으로써 FTA 허브국가로 발전하는 것을 목표로 하였다.

글로벌 금융위기 이후에는 지속되고 있는 세계경제의 장기침체로 인한 교역량감소와 보호무역의 대두에 대응하기 위해 2013년 6월 발표한 '新통상로드맵'을 토대로 기존 FTA 네트워크를 활용하여 TPP와 RCEP 등 동아시아 지역경제 통합논의의 핵심축(linchpin) 역할을 수행하고 산업, 자원, 에너지 협력 등과의 연계를 통한 신흥국, 자원부국과의 상생형 FTA 추진이라는 새로운 FTA 추진 전략을 제시하였다. 앞으로도 적극적인 FTA 추진을 통하여 우리 기업의 세계시장 확보를 지원하고, 동아시아 FTA 중심국가의 역할을 해야 할 것이다.

내용면에서는 FTA 체결 효과를 극대화하기 위해 상품분야에서의 관세철폐 뿐만 아니라, 서비스, 투자, 정부조달, 지적재산권, 기술표준 등을 포함하는 포괄적인

FTA를 지향하고 있다. 또한 WTO의 상품과 서비스관련 규정에 일치하는 높은 수준의 FTA 추진을 지향함으로써 다자주의를 보완하고 FTA를 통해 국내제도의 개선 및 선진화를 도모하고 있다. FTA가 성공적으로 추진되기 위해서 정부는 2004년 6월 자유무역협정체결절차규정(대통령훈령)을 제정하여 FTA 추진과정의 투명성을 제고하고 FTA 추진과정에 각계 전문가와 업계의 이익을 최대한 반영하고 있다.

이처럼 우리나라뿐 아니라 전 세계적으로 FTA를 중심으로 한 지역주의의 움직임이 확산되고 있다. 이는 FTA를 통해 단지 역내 국가 간 특혜 관세와 각종 제도적 지원을 통한 안정적인 수출시장 확보, 해외직접투자 유치, 외교 및 안보 차원의 유대강화 등이 가능하기 때문만은 아니다. 이러한 다양한 효과를 통해 궁극적으로는 국가경제전반의 효율성과 생산성을 높여 성장잠재력을 향상시킬 수 있다고 믿기 때문이다.

FTA는 성장잠재력을 향상시키는 데 크게 세 가지 경로를 통해 기여할 수 있다. 첫 번째 경로는 관세철폐 등 무역장벽의 해소로 인한 무역창출이다. 무역은 앞에서 이야기 하였듯이 각 나라마다 노동생산성, 부존자원, 경제제도 등의 생산조건과 비교우위가 달라서 발생한다. 이런 상이한 조건으로 말미암아 상품이나 서비스의 국내가격과 국제가격이 달라지고, 각국이 이 가격 차이를 해소하는 과정에서 무역이 이뤄지는 것이다. 양국 간 무역이 늘어날수록 두 나라의 생산요소는 점점 더 효율적으로 배분된다. 각국이 비교 우위를 가진 상품과 서비스 중심으로 생산이 늘어나면서 자본, 노동, 기술 등의 생산요소가 숙련이나 규모의 효과 등을 통해 더욱 집약적으로 활용될 수 있다. 아울러, 이처럼 무역창출을 통해 자본이나 노동의 쓰임새가 개선되면 해당 생산요소를 보유한 경제주체들의 소득이 증가하고 이는 곧 경제성장으로 이어진다.

두 번째 경로는 투자 촉진이다. FTA로 무역이 늘어나면 생산의 전문화에 따른 규모의 효과로 자본의 한계생산성이 개선되어 투자의 기대수익률이 높아진다. 이는 곧 투자확대를 통해 경제성장에 기여한다. 양국의 무역구조가 다를 때는 산업간 분업을 통해 생산 전문화의 효과를 기대할 수 있다. 무역구조가 유사하고 경쟁적이더라도 역할 분담에 따른 산업내무역 확대 및 이에 따른 투자증가를 기대할 수 있다.

세 번째는 생산성제고 효과를 들 수 있다. FTA가 체결되면 일차적으로 무역확대와 투자촉진을 통해 생산성이 개선된다. 또한 직접적으로 무역증가를 초래하지 않는 제도개선, 기술협력 등의 비교역재 요인들도 생산성향상에 기여할 수 있다. 즉,

무역확대가 자본과 상품의 단순한 유입으로 끝나는 것이 아니라 무형자산인 인적자본의 증가, 기술변화, 외국인직접투자를 통한 기업 간, 혹은 산업 내 파급효과를 야기해 생산성을 높이는 것이다. 외국인직접투자가 경쟁을 촉진해 기술혁신을 유도하거나, 자본재와 중간재 수입이 자본축적의 효율성을 높이고, 경험에 의한 학습(learning by doing) 효과로 생산성이 향상되는 경우 등이 그 예일 것이다. 그 동안 우리나라 정부가 FTA 필요성을 강조 하면서 제시해 온 '수출 확대 및 주력시장 점유율 회복', '외국인직접투자 확대를 통한 산업구조 고부가가치화', '세계경제 블록화 및 글로벌 생산 네트워크화 대응', '서비스산업 경쟁력 확충과 혁신기반 마련' 등의 목표 역시 같은 맥락으로 볼 수 있다. 한계에 직면한 우리경제의 성장잠재력을 되살리기 위해서는 FTA 참여와 확대가 불가피하다고 판단한 것이다.

물론 이런 긍정적 전망에 대한 반론 역시 적지 않다. FTA를 통해 과연 기대하는 만큼의 성장이 가능할 것인가라는 근본적인 질문에서부터 성장의 과실을 어떻게 분배할 것인가에 이르기까지 그 반론의 종류도 다양하다. 정치적 판단이 엇갈리면서 현재의 통상정책 방향이 올바른지, 수정할 필요는 없는지 등의 질문들도 가능하다. 한 가지 분명한 것은 FTA가 유일한 답은 아니라는 점이다. 교역규모는 무역 당사국 양국의 비교우위를 결정하는 다양한 변수들의 영향을 받는다. FTA는 무역을 늘리고 생산성을 향상시키기 위한 여러 선택 중 하나일 뿐이다. 다만, 그 여러 변수들 중 부존자원이나 노동생산성과 같은 조건들은 짧은 기간 내에 원하는 만큼 갖추기가 어려워 무역확대를 위한 정책변수로 활용하기가 어려운 반면, FTA 체결과 같은 제도적 요인들은 각국의 정책적 의지에 따라 결정 가능하다는 점에서 상대적으로 접근이 좀 더 용이한 수단이라고 할 수 있다.

그렇다면 지난 10년 이상 진행되어 온 우리나라의 FTA정책은 성공적이었다고 할 수 있을까. FTA의 효과를 정량적으로 정확히 측정하기는 어려운 작업일 뿐만 아니라 충분한 데이터가 확보되지 않은 경우 그 신뢰성도 떨어지게 된다. 또한 경제에 영향을 미치는 다양한 변수들의 효과를 제거하고 순수하게 FTA의 효과만 따로 떼어 측정한다는 것도 거의 불가능에 가깝다. 따라서 FTA의 효과에 대해서는 좀 더 신중할 필요가 있으며 단지 무역량이 늘어난다고 해서 무역수지가 증가한다고 해서 이것을 단순히 FTA의 효과를 단정하는 것은 바람직하지 않다고 할 수 있다. FTA의 궁극적인 목표는 경제성장의 제고하는 차원에서 본다면 FTA가 경제성장에 얼마나 기여했는지를 직접적으로 분석하는 방법을 생각해볼 수 있지만 경제성장에 영향을 미치는 다양한 변수를 고려할 때 FTA만의 효과를 산정한다는 것은 어려운 일이다.

예를 들어 FTA의 효과를 알아보기 위해서는 경제성장에 영향을 미치는 대표적인 변수들, 예를 들어 무역의 확대, 투자촉진, 생산성향상 등의 변수에 FTA가 어떤 긍정적인 역할을 했는지 파악할 수 있다면 이를 통해 경제성장에 미치는 영향을 분석할 수 있다. 하지만 이러한 변수들의 경우에도 다른 설명 변수들과의 인과관계가 복잡하기 때문에 그 분석결과를 절대적으로 신뢰하기 어렵다. 또한 실증적 분석에 필요한 시계열 데이터가 충분하지 않다는 점도 문제점으로 제기된다. 우리나라가 발효한 FTA가 15건이 되지만 그 중 발효 후 10년 이상 관측치가 쌓인 FTA는 한-칠레 FTA, 한-싱가포르 FTA, 한-EFTA FTA 등 3개에 불과하고 5년 이상은 한-EU, 한-ASEAN, 한-인도 등 3개 FTA이고 나머지는 이제 겨우 1~4년간의 데이터가 쌓였을 뿐이다. 이런 상태에서는 실증적으로 신뢰할만한 분석 결과를 얻을 수가 없다. 또한 데이터의 부족 외에도 FTA 발효 후 충분한 기간이 지날 때까지는 외부변수 충격, 경기의 일시적 변동, 계절효과 등의 FTA 이외의 변수들이 FTA의 효과를 왜곡시킬 가능성이 높다. FTA를 통한 자본투자 등은 주로 중장기적으로 그 효과가 점진적으로 나타난다. 유럽 재정위기 확산, 신보호주의 부상 등 FTA와 무관한 대내외 환경변화의 영향력에 대해서도 고려가 필요하다.

따라서 우리가 참여 중인 FTA 수가 아직 많지 않고 발효 기간도 짧은 만큼 통계적으로 유의한 결과를 제시할 만큼의 데이터가 누적될 때 까지는 다양한 가능성에 대한 신중한 검토가 필요하다. 이제 겨우 2~3년 밖에 되지 않은 FTA를 두고 그 성공이나 실패 여부를 판단하는 것은 바람직하지 않다. 아울러, 글로벌 금융위기 이후 세계경제가 그 여파에서 완전히 벗어나지 않은 상황에서 미국경제나 EU경제 모두 정상적인 상황으로 판단하기에는 아직 이르다. FTA에 따른 시장개방 역시 아직 한창 진행 중이다. 각 FTA 및 전체적 차원의 FTA정책이 우리나라 경제에 미친 영향을 객관적이고 실증적으로 평가하고 판단하는 것은 향후 충분한 시간이 지난 후에 가능할 것이다.

이러한 제약이 있다하더라도 FTA의 긍정적 역할을 부인하기는 어렵다. 지난 10여 년 간 각 FTA 발효를 전후해 나타난 교역 및 투자의 변화 추이는 FTA가 우리나라 경제에 어느 정도 긍정적인 역할을 했다는 것을 짐작케 한다. 예를 들어 인도와 EU를 제외한 모든 FTA에 있어서 FTA 발효 후 상대방과의 수출규모는 對세계수출보다 더 빠른 속도로 늘어났다. 그 중에서도 對칠레 수출이 상대적으로 가장 큰 폭으로 증가하였다. 그리고 FTA 발효로 인해 수출과 수입의 총합인 총 교역액은 인도를 제외하면 모든 FTA에서 발효 이후 對세계교역보다 더 빠르게 늘었다는 점도 눈여겨 볼만하다. 또한 각 FTA 발효 이후 우리나라 총 교역에서 해당 국가와 교역이 차지하는 비중도 인도를 제외하면 FTA 발효 이후 증가하는 것으로 나타났다. 2004년 이후 줄곧 교역비중이 줄어들던 미국과 EU가 상승세로 바뀌었고 특히 ASEAN과의 교역비중이 2007년 이후 빠르게 커지고 있다.

그러나 투자 측면에서는 아직까지는 FTA 효과가 불분명해 보인다. 미국, EU 등 주요 FTA 파트너들과의 해외직접투자 및 외국인직접투자가 우리나라의 전체 해외직접투자 및 외국인직접투자에서 차지하는 비중의 추이는 FTA 발효 전후 크게 차이가 나타나지 않는다. 이는 직접투자의 경우 무역에 비해서는 단기적으로 FTA의 영향을 크게 받지 않는 것으로 보인다. 또한 생산성 향상의 경우에도 FTA 발효와 우리나라 기업의 생산성 사이에 대체로 긍정적인 상관관계가 존재하는 것으로 나타났다. 특히 우리나라가 체결한 FTA 숫자가 늘어날수록 그 효과가 더 커진다고 분석되고 있다. 다시 말해 FTA 발효가 수출확대 효과를 통해 생산성 향상에 기여하고, 특히 FTA 발효 후 시간이 지날수록 생산성 효과가 강화되고 있음을 보여준다.

아울러, 한-칠레 FTA보다 10년이나 앞서 거대 시장 미국과 NAFTA를 체결했던 멕시코의 경험에 대한 평가는 여러 가지 시사점을 제공한다. 1994년 NAFTA 창설 이후 2004년까지만 해도 멕시코 경제에 미친 NAFTA의 영향은 상당히 긍정적이라는 평가가 지배적이었다. 멕시코의 경우 경제위기를 반복하던 경제가 안정되었을 뿐 아니라 경제성장률, 소득 분배, 평균 임금 등 여러 거시경제지표에서 긍정적인 수치를 나타내었다. 예를 들어 빈곤층 비중은 1994년에 52.4%를 기록한 한 데 이어 페소화 위기 직후인 1996년 69.0%까지 치솟았지만 2004년에는 47.2%까지 떨어졌다. 극빈층 비중 역시 1994년 20.9%에서 2005년 15.4%로 크게 개선되었다. 1996년 78.이었던 실질임금지수도 2005년 99.8로 올라갔다. 실업률 역시 1995년 6.2%에서 2004년 3.9%로 낮아졌다. 그러나 그 후 10년이 지난 2014년에 평가한 NAFTA의 효과는 부정적이다. 2004년 47.2%까지 떨어졌던 빈곤층 비중이 2012년에는 52.3%으로 다시 높아졌고 2005년 99.8이었던 실질임금지수는 2012년 102.3으로 2.5p 증가하는데 그쳤다. 실업률도 2013년 이후 5%대로 올라섰다.

NAFTA 출범 이후 첫 10년 간 맞이했던 긍정적인 변화를 이어가지 못하면서 그 후의 10년간은 오히려 중남미 평균에도 크게 못 미치는 결과를 나타내었다. 유로존 출범 이후 경제통합 효과를 누리며 극도의 호황기를 맞이했던 남유럽 국가들이 자산버블이 꺼지면서 재정위기 상황에까지 내몰린 것도 비슷한 맥락에서 볼 수 있다. FTA는 성장과 고용을 이어가기 위한 여러 가지 방안 중 하나이고 다양한 제도적 선택 중 하나이다. 단기간에 무역확대의 기회를 제공하기는 하겠지만 그 긍정적 효과를 지속가능한 수준으로 확대 재생산하기 위해서는 FTA만으로는 부족하다. 따라서 보다 관심을 가져야 할 부분은 우리나라의 FTA 발효가 얼마나 큰 효과나 피해를 가져다 줬는가하는 단기적인 계산에 몰두하기 보다는 FTA를 활용하여 FTA의 다양한 효과를 극대화할 수 있는 경제구조와 체질로 변화해 가는 것이 더욱 중요하다고 볼 수 있다. 아래 〈표 7〉은 2017년 말 기준 우리나라의 FTA 현황을 정리한 것이다.

〈표 7〉 우리나라 FTA 현황(2017.12월 기준)

진행 단계	상대국	추진현황	의의
발효 (15건)	칠레	1999년 12월 협상 개시, 2003년 2월 서명, 2004년 4월 발효	최초의 FTA, 중남미시장 교두보
	싱가포르	2004년 1월 협상 개시, 2005년 8월 서명, 2006년 3월 발효	ASEAN시장 교두보
	EFTA (4개국)	2005년 1월 협상 개시, 2005년 12월 서명, 2006년 9월 발효 (EFTA 4개국: 스위스, 노르웨이, 아이슬란드, 리히텐슈타인)	유럽시장 교두보
	ASEAN (10개국)	2005년 2월 협상 개시, 2006년 8월 상품무역협정 서명, 2007년 6 월 발효, 2007년 11월 서비스협정 서명, 2009년 5월 발효, 2009년 6월 투자협정 서명, 2009년 9월 발효 (ASEAN 10개국: 말레이시아, 싱가포르, 베트남, 미얀마, 인도네시아, 필리핀, 브루나이, 라오스, 캄보디아, 태국)	거대경제권과 체결한 최초의 FTA
	인도	2006년 3월 협상 개시, 2009년 8월 서명, 2010년 1월 발효	BRICs 국가, 거대시장
	EU (28개국)	2007년 5월 협상 출범, 2009년 7월 협상 실질 타결, 2009.10.15 가서명, 2010.10.06 서명, 2011.07.01 잠정 발효, 2015년 12월 13일 전체 발효 *2011.7.1 이래 만 4년 5개월 간 잠정 적용 (EU 28개국: 오스트리아, 벨기에, 영국, 체코, 키프로스, 덴마크, 에스토니아, 핀란드, 프랑스, 독일, 그리스, 헝가리, 아일랜드, 이탈리아, 라트비아, 리투아니아, 룩셈부르크, 몰타, 네덜란드, 폴란드, 포르투갈, 슬로바키아, 슬로베니아, 스페인, 스웨덴, 불가리아, 루마니아, 크로아티아)	세계최대경제권 (GDP기준)

진행 단계	상대국	추진현황	의의
	페루	2009년 3월 협상 개시, 2010년 8월 협상 타결, 2010.11.15 가서명, 2011.03월.21 서명, 2011년 8월 1일 발효	자원부국, 중남미 진출 교두보
	미국	2006년 6월 협상 개시, 2007년 6월 협정 서명, 2010년 12월 추가 협상 타결, 2011년 10월 22일 "한 · 미 FTA이행법" 미 의회 상 · 하원 통과, 2011.11.22 비준동의안 및 14개 부수법안 국회 본회의 통과, 2012년 3월 15일 발효	거대 선진경제권
	터키 (기본협정 · 상품무역협정)	2008년 6월~2009년 5월 공동연구, 총 4차례 공식협상 개최(2010년 4월~2012년 3월), 2012년 8월 1일 기본협정 및 상품무역협정 서명, 2012년 11월 22일 비준동의안 국회 통과, 2013년 5월 1일 발효 * 서비스 · 투자 협정 미발효: 서명('15.2.26), 비준동의안 국회 통과('15.11.30)	유럽, 중앙아시아 진출 교두보
	호주	2009년 5월 한-호주 FTA 협상개시 선언, 총 7차례 협상 개최(2009년 5월, 8월, 11월/2010년 3월, 5월/2013년 11월, 12월), 2013.12.04 협상 타결 선언, 2014년 2월 10일 가서명, 2014.02.10 가서명, 2014.04.08일 공식서명, 2014.12.02 비준동의안 국회 본회의 통과, 2014년 12월 12일 발효	자원부국 및 오세아니아 주요시장
	캐나다	2005년 7월 협상개시 선언, 총 14차례 협상 개최(2005년 7월, 9월, 11월 / 2006년 2월, 4월, 6 월, 9월, 11월 / 2007년 1월, 4월, 10월, 11월 / 2008년 3월 / 2013 년 11월), 2014.03.11 협상타결 선언, 2014.06.12. 가서명, 2014.09.23 정식서명, 2014.12.02 비준동의안 국회 본회의 통과, 2015년 1월 1일 발효	북미 선진시장
	중국	2007년 3월~2010년 5월 산관학 공동연구 이후 민감분야 처리를 위한 실무협의, 2012년 5월 2일 협상개시 선언, 총 14차례 협상 개최(2012년 5월, 7월, 8월, 10월 / 2013년 4월, 7월, 9월, 11월 / 2014년 1월, 3월, 5 월, 7월, 9월,11월) 2014.11.10 협상 타결 선언, 2015.02.25. 가서명, 2015.06.01 정식서명, 2015.08.31 국회비준동의안 상정, 2015.11.30 비준동의안 국회통과, 2015년 12월 20일 발효	제1위 교역대상국
	뉴질랜드	2007년 2월~2008년 3월 민간공동연구, 총 4차례 공식협상 개최 (2009년 6월~2010년 5월)후 잠정중단, 2013년 12월 3일 공식협상 개시 선언, 총 5차례 협상개최(2014년 2월, 3월, 6월, 8월, 10월) 2014.11.15 협상 타결 선언, 2014.12.22 가서명, 2015.03.23 정식서명, 2015.11.30 비준동의안 국회 통과, 2015년 12월 20일 발효	오세아니아 주요 시장

진행 단계	상대국	추진현황	의의
	베트남	2011년 11월 공동연구보고서 완료, 2012년 8월 6일 협상개시 선언, 총 9차례 협상 개최(2012년 9월 / 2013년 5월, 10월 / 2014년 3월, 5월, 7~8월, 9~10월, 11월, 12월), 2014.12.10 협상 타결 선언, 2015.03.28 가서명, 2015.05.05 정식서 명, 2015.11.30 비준동의안 국회통과, 2015년 12월 20일 발효	우리나라의 제3위 투자대상국
	콜롬비아	2009년 3월~9월 민간공동연구, 총 6차례 공식협상 개최(2009년 12월 / 2010년 3월, 6월, 10월 / 2011년 10월 / 2012년 4월), 2012년 6월 25일 협상 타결 선언, 2012년 8월 31일 한-콜롬비아 FTA 가서명, 2013년 2월 21일 한-콜롬비아 FTA 정식 서명, 2016년 7월 15일 발효	자원 부국, 중남미 신흥시장
타결 (1건)	중미 (5개국)	2010년 10월 공동연구 개시, 2011년 4월 공동연구 보고서 완료. 2015년 6월 한중미FTA 협상 개시 공식 선언, 2015년 7월 한중미FTA 예비협의 총 7차례 협상 개최(2015년 9월, 11월/ 2016년 2월, 5월, 8월, 9월, 10월) 2016년 11월 실질 타결 선언, 2017년 3월 10일 가서명 (중미 5개국: 파나마, 코스타리카, 온두라스, 엘살바도르, 니카라과)	중미 신시장 창출
협상 진행 (4건)	한중일	2003년~2009년 민간공동연구, 2010년 5월~2011년 12월 산관학 공동연구, 2012년 5월 3국 정상 회의 시 "연내 협상개시 표" 합의, 2012년 11월 20일 협상개시 선언, 총 5차례 협상 개최(2013년 3 월, 7월~8월, 11월/ 2014년 3월, 9월, 11월), 총 5차례 실무협상 개 최(2014년 11월/ 2015년 4월, 7월, 12월/ 2016년 4월), 총 5차례 수석대표협상 개최(2015년 1월, 5월, 9월/ 2016년 1월, 6월)	동북아 경제통합 기반 마련
	RCEP	2011년 11월 ASEAN이 RCEP 작업계획 제시, 2012년 11월 20일 동아시아 정상회의 계기 협상개시 선언, 총 13차례 협상 개최(2013년 5월, 9월 / 2014년 1월, 3~4월, 6월, 12월/ 2015년 2월, 6월, 8월, 10월/ 2016년 2월, 4월, 6월) (RCEP : 한국, 중국, 일본, 호주, 뉴질랜드, ASEAN 10개국)	동아시아 경제통합 기여

진행 단계	상대국	추진현황	의의
	에콰도르 SECA	2012년 4월 통상교섭본부장 에콰도르 통상차관 면담 계기, 타당성연구 진행 합의, 2012.9월~2013년 6월 민간공동연구 실시, 2015년 2월 한・에콰도르 TA 추진가능성 검토 회의, 4월 한・에콰도르 TA 추진 관련 대국민 공청회, 8월 25일 한・에콰도르 SECA 협상 개시 선언(서울), 12월 예비협의 개최(뉴욕). 총 5차례 협상 개최(2016년 1월, 3월, 8월, 10월, 11월)	자원부국, 중남미 시장 진출 교두보
	이스라엘	2009년 8월 민간공동연구 개시, 2010년 8월 완료, 2016년 5월 한・이스라엘 FTA 협상개시 합의, 5차례 협상개최(2016년 6월, 12월/ 2017년 3월, 4월, 5월)	서부 중동지역 거점시장
개선 협상 (3건)	한・ASEAN 업그레이드	2016.7월 제14차 이행위원회 개최	교역확대 및 통상환경 반영
	한・인도 업그레이드	2016.10월 제1차 협상 개최	교역확대를 위한 주력수출 품목양허, 원산지기준 개선
	한・칠레 업그레이드	2016.11월 협상 개시 선언	통상환경 변화 반영
협상 재개, 여건 조성 (4건)	멕시코	2007년 12월 기존의 SECA를 FTA로 격상하여 협상 재개, 2008년 6 월 제2차 협상 개최 후 중단	북중미 시장 교두보
	GCC	2008년 7월 협상 개시, 2009년 7월 제3차 협상 개최 후 중단 (GCC 6개국: 사우디, 쿠웨이트, 아랍에미레이트, 카타르, 오만, 바 레인)	주요 석유산유국, 주요 건설 시장
	MERCOSUR (5개국)	2005년 5월~2006년 12월 정부 간 공동연구 완료(2007년 10월 연 구보고서 채택) (MERCOSUR 5개국: 브라질, 아르헨티나, 우루과이, 파라과이, 베네수엘라)	남미 최대시장
	EAEU	2016.8월 민간공동연구 완료 (EAEU: 러시아, 카자흐스탄, 벨라루스, 아르메니아, 키르기즈스탄)	성장잠재력과 지정학적 가치가 높은 신흥시장

이러한 의미에서 우리나라와 경쟁구도에 있는 중국과 일본의 FTA정책에 대해 알아볼 필요가 있다. 왜냐하면 중국과 일본의 FTA정책의 성격 및 그 성과에 따라 우리나라의 FTA를 통한 무역의 이익에도 큰 변화를 주고 그에 따른 대응방안도 필요하기 때문이다. 우선 중국의 경우 FTA정책에 있어서도 '축' 즉 힘의 중심으로서의 중국을 목표로 하고 있는 것으로 보인다. 우리나라가 경우 '허브' 즉 네트워크의 중심이라는 FTA정책의 목표가 있는 것과 차이점이 있다.

우리나라가 네트워크의 중심이라는 차원에서 다양한 FTA를 동시다발적으로 추진해왔다고 한다면 중국은 FTA를 통해 중국의 힘이 우위를 점할 수 있다고 판단될 때만 FTA를 추진해 온 것으로 보인다. 중국이 체결한 FTA의 경우 거대, 선진 경제권과의 FTA는 배제되고 있는 반면 대부분 소규모 경제권 또는 개발도상국들과의 FTA가 주를 이루고 있다. 중국의 FTA는 크게 세 가지 특성으로 나누어 볼 수 있다. 우선 홍콩, 대만 등 화인경제권과의 FTA를 들 수 있는데 이는 '하나의 중국(One China)'이라는 중국의 정책기조 연장선상에 있다고 할 수 있다. 다음으로 ASEAN, 파키스탄 등과의 FTA의 경우 중국과 역사적, 정치적, 경제적으로 밀접한 관계를 갖고 있거나 전략적 동맹 또는 역내 영향력 확대를 위한 목적으로 추진되는 FTA의 특성을 가지고 있다. 또한 중국은 이외에 경제성장을 뒷받침하기 위한 자원의 안정적 수입 및 확보를 위해 칠레, 페루, 뉴질랜드, 호주 등과 FTA를 체결하였다.

중국의 FTA는 비교적 낮은 개방수준을 보이고 있는데 이는 경제에 대한 정부의 통제가 아직 만연하고 시장의 자유화가 완전하지 않다는 점이 반영된 것이다. 특히 상품교역의 경우에 비해 서비스 분야의 경우 포지티브 방식을 통한 개방을 선택하고 그 개방도 수준의 경우에도 DDA 양허안과 유사하거나 일부 진전된 개방의 내용도 제한적이라는 점에서 자국 시장의 보호를 위한 색채가 강하다는 것을 알 수 있다. 예를 들어 중국의 FTA의 경우 우리나라의 최근 FTA에서 예외 없이 포함되고 있는 노동, 환경, 경쟁, 정부조달과 관련된 조항이 포함되지 않고 있다.

다음으로 일본의 경우 무역의존도가 우리나라와 중국에 비해 높지 않고 내수중심형 경제라는 특성을 갖고 있기 때문에 FTA를 통한 무역자유화에 대한 욕구와 기대가 크지 않았다고 할 수 있다. 2000년대 초반까지도 주로 WTO를 중심으로 한 다자적 통상질서에 의거한 무역자유화를 추진해왔다. 우리나라가 2004년에서야 처음으로 FTA를 체결하였듯이 일본도 2002년 싱가포르와의 FTA를 처음 체결하였다. 일본의 경우에도 스위스를 제외하면 FTA를 체결한 대부분의 국가는 ASEAN, 인도 등 개발도상국들이다. 또한 일본은 FTA라는 명칭대신 EPA(Economic Partnership Agreement, 경제동반자협정)이라는 명칭을 쓰고 있는데 이는 FTA가 주로 시장개방, 무역자유화에 의미를 두는 반면 EPA는 자유화보다는 다양한 분야의 경제협력에 보다 중요한 의미를 두고 있다는 데 차별성이 있다. 일본의 FTA의 개방수준은 일본의 경제적 수준에 비해 현저히 낮은 모습을 보이는데 이는 농업부문을 위시한 국내시장보호를 위한 일본정부의 정책적 우선순위에 기인하는 것으로 보인다.

또한 동아시아 외환위기 이후 역내 경제협력과 통합의 필요성이 증대되면서 2000년대 중반 이후 중국은 한중일 동북아 3국과 동남아시아 10개국의 ASEAN+3를 중심으로 하는 역내경제통합을 주장하였다. 이에 비해 일본의 경우 중국의 영향력을 견제하고 중국과의 동아시아 역내의 주도권 경쟁에서 우위를 점하기 위하여 ASEAN+3에 인도, 뉴질랜드, 호주를 포함하는 ASEAN+6의 역내경제통합을 주장하여 왔다. 이러한 일본의 정책기조는 ASEAN의 ASEAN+6에 대한 찬성여론이 높아지면서 결국 RCEP 협상이 개시되는 토대가 되었다.

일본의 소극적인 FTA정책은 2008년 글로벌 금융위기 세계적 경기침체와 더불어 일본경제의 장기불황, 경쟁국인 중국의 부상, 한국의 FTA를 통한 경쟁력 향상 등으로 인한 위기의식이 확대되면서 변화의 필요성이 대두되게 되었다. 이에 따라 2010년 이후 일본은 기존 소극적이고 보수적인 FTA정책에서 급선회하여 높은 수준의 FTA 추구, TPP의 전향적 참여, EU와의 EPA 적극적 추진, 농업부문의 개방 확대 등 기존과는 확연히 다른 FTA정책을 추진하기 위한 노력을 기울이고 있다고 할 수 있다.

이처럼 우리나라와 경쟁구도에 있는 중국과 일본의 FTA정책은 중국과 일본의 국가적 위상과 경제적 특성에 따라 정립되고 변화되고 있음을 알 수 있다. 중국과 일본이 기존에는 우리나라에 비해서는 상대적으로 소극적이고 보수적인 FTA정책을 시행해 왔다는 점에서 동시다발적인 FTA정책을 실시해 온 우리나라로서는 그동안 무역의 이익을 선점할 수 있었다고 할 수 있다. 하지만 향후 중국과 일본이 보다 공세적이고 적극적으로 FTA정책을 시행할 경우 경쟁의 심화로 인해 우리나라가 그동안 누려왔던 무역의 이익의 선점효과는 줄어들 가능성이 커질 것으로 보인다. 이에 대한 적절한 대응방안이 필요할 것이다.

참고1: FTA 반대 목소리는 큰데, 찬성 세력은 왜 조용할까요?

자유무역협정(FTA)이 이제 우리에게 더 이상 낯설지 않은 말이 되었습니다. 우리나라는 지난 2002년 칠레와의 FTA 협상을 타결한 이래 소위 '동시 다발적인 FTA 협상'을 추진했지요. 현재는 칠레 외에도 유럽자유무역연합(EFTA), 싱가포르, 아세안(ASEAN)과의 FTA를 발효시켰고 지난 2007년 4월에는 미국과의 FTA 협상도 마무리 지었습니다.

그런데 여러분도 잘 아시다시피 FTA를 추진할 때마다 이에 반대하는 사람들이 때로는 상당히 과격한 시위를 하기도 합니다. FTA 체결로 인해 이익을 보는 사람들도 있을 텐데 그들의 목소리는 거의 들리지 않지요. 그렇다면 정부는 FTA 체결로 피해를 보는 사람들이 있는데 왜 계속해서 FTA를 추진하는 것일까요? 그리고 FTA 체결로 인해 피해를 보는 사람들의 반대 목소리는 상당히 큰데, 왜 이익을 보는 사람들은 조용한 것일까요?

FTA는 국가 간 무역 장벽을 없애자는 겁니다. 체결국이 각자 잘 만들 수 있는 상품을 만들어 교환함으로써 서로 이익을 보자는 이유에서죠. 따라서 FTA를 체결하게 되면 상대적으로 경쟁력이 있는 산업은 시장이 상대국까지 확대돼 더 많은 물건을 팔아서 이익을 보게 됩니다. 하지만 상대적으로 경쟁력이 떨어지는 산업은 상대국에서 수입되는 저가(低價) 상품과 경쟁해야 돼 타격을 입게 되지요. 그러나 이런 산업별 이해득실은 고정된 것이 아니고, FTA마다 다르게 나타납니다. 예를 들면 우리나라와 일본이 FTA를 체결하게 되면 우리나라 자동차산업의 경쟁력이 일본에 뒤져 일본산(產) 자동차의 수입 증가가 우려됩니다. 반대로 아세안(ASEAN)과의 FTA에서는 우리 자동차의 수출이 늘어날 것으로 기대되지요.

그렇다면 자유무역협정 체결로 피해산업이 나타나는데 왜 정부는 계속해서 FTA를 추진하는 것일까요? FTA 추진이 산업별로는 엇갈린 영향을 주지만 국가 경제 전체적으로는 이익을 가져다주기 때문입니다. FTA 체결 이전에는 관세(關稅) 등 각종 장애물로 막혀 있었던 양국의 무역로(路)가 FTA 체결로 시원하게 뚫리게 되면 우선 수입비용이 감소돼 양국 간 무역이 증가하게 되지요. 소비자들도 수입품에 부과되던 관세가 없어지면서 이전보다 싼 값에 수입상품을 구입할 수 있게 됩니다. 또 상품 선택의 폭이 넓어져 소비자 후생이 증가하게 됩니다.

한·칠레 FTA의 예를 들어볼까요. 한·칠레 FTA는 지난 2004년 4월 발효되어 현재 만 5년이 지났지요. 그 동안 양국 간 무역은 19억 달러에서 72억 달러로 거의 4배가 증가했습니다. 또한 한·칠레 FTA 체결로 인해 소비자들이 다양한 칠레 와인을 값싸게 소비할 수 있게 되었지요. FTA로 시장이 개방되면 비(非)효율적인 산업이 외국과의 경쟁에 노출됩니다. 결과적으로 그 동안 관세 장벽 보호 아래에서 비효율적인 산업에 머물러 있었던 국내 자원이 보다 효율적으로 사용될 수 있는 산업으로 이동하게 됩니다.

이렇게 되면 동일한 양의 자원을 투입해 더 많은 생산을 할 수 있게 되어 우리의 소득도 증가하게 됩니다. 또한 자원 배분의 효율성에 따른 생산비의 하락은 제품가격에 반영되면서 전반적으로 물가가 떨어지고, 소비자 후생도 증가하고, 장기적으로는 국내 생산이 증가하면서 일자리도 그만큼 늘어나게 됩니다. 물론 그 과정에서 부작용도 있을 겁니다. 비효율적인 산업은 축소 조정될 수밖에 없고, 또한 구조조정 과정에서 일시적으로 실업이 증가할 수도 있지요. 앞서 설명한 것처럼 FTA는 한 국가 내에서 이익을 보는 산업과 피해를 보게 되는 산업을 동시에 만들어냅니다. 그러나 소비자들은 FTA 체결로 인해 더 값싸고 질 좋은 다양한 상품을 소비할 수 있게 되어 대개의 FTA에 대해서는 이득을 보는 집단에 속하게 됩니다.

그렇다면 FTA를 추진할 때 왜 항상 피해가 우려되는 산업에서는 반대의 목소리를 높이는 데 반해 이익을 보게 되는 산업과 소비자들은 조용한 걸까요? 이러한 현상을 설명하기 위해 여러 가지 이론이 제시되고 있지만 가장 대표적인 설명은 '피해는 특정 산업에 집중되는 반면 이익은 넓은 범위에 분산된다.'는 것입니다. 즉 피해산업의 경우 범위가 상대적으로 좁아 해당 산업에 종사하는 사람들이 느끼는 손실이 직접적이며 큽니다. 또 구성원들 간 조직화가 비교적 쉬운 반면 이익을 보게 되는 소비자에게 돌아가는 혜택은 보다 넓은 범위로 분산되어 개개 소비자들이 느낄 수 있는 이익이 상대적으로 작고 간접적이라는 것이지요. 또한 대상이 광범위하다보니 무임승차의 가능성도 커서 조직화도 상대적으로 어렵습니다. 또한 이익이 예상되는 산업은 자신들이 굳이 목소리를 높이지 않아도 정부가 FTA를 추진할 것이기 때문에 저절로 이익을 보게 된다고 생각해서 무임승차하게 되는 경향도 나타납니다.

그러나 FTA 추진으로 국익을 극대화하기 위해서는 FTA에 반대하는 사람뿐만 아니라 찬성하는 사람들도 자신들의 주장을 피력해서 전체적으로 균형된 의견이 FTA 협상에 반영되도록 하는 게 바람직합니다. 또 피해가 우려되는 산업이 있다고 해서 FTA를 무작정 반대하기보다는 어떻게 하면 피해를 줄이고 경쟁력 있는 산업으로 거듭날 것인가를 찾는 것이 합리적이겠지요. 정부도 피해산업이 합리적인 구조조정을 통해 어려움을 극복할 수 있도록 피해산업에 대한 효과적인 지원책을 제도로 뒷받침해 주어야 합니다.

출처: 조선일보. 2009.6.26.일자.

참고2: 메가 FTA 줄다리기: TPP와 RCEP

WTO 체제에서 최초의 다자간 무역협상으로서 2001년 시작된 도하개발어젠다(DDA)가 14년째 기약 없는 표류를 계속하고 있다. 그 사이 수많은 양자간 FTA가 체결됐으며 더 나아가 메가 FTA의 시대가 도래했다. 그 대표격인 미・일 주도의 TPP와 중국 주도의 RCEP은 단순히 경제적 측면뿐만 아니라 정치, 안보적 관점에서도 많은 시사점을 던지고 있다. 올해 초만 해도 미국과 일본은 TPP 협상의 조속한 마무리에 대해 자신했다. 오바마 대통령은 연두교서에서 중국의 글로벌 무역주도권을 견제하는 동시에 아시아태평양 재균형 정책의 축으로서 TPP에 강한 의지를 보였다.

장기집권에 성공한 아베 총리도 아베노믹스 '세 개의 화살(통화・재정・성장)' 정책에서 TPP를 통해 '세 번째 화살'을 쏠 준비를 마쳤다. 오바마 행정부는 TPA 조속처리 요청으로 의회를 압박했고 일부에서는 일본 총리 최초로 미 상・하원 합동연설을 위한 아베 총리의 방미에 맞춰 금방이라도 TPP가 타결될 것처럼 보도했다. 비록 이후의 일이지만 오바마 대통령은 TPP 협상을 방해하는 내용이 담긴 무역법 개정안에 대해 거부권 행사를 시사했고, 앞서 일본은 미・일 방위협력지침 개정 등에 대한 안보 공약의 대가로 미국에 협조할 것이 예측되는 등 TPP를 위한 양국 간 분위기는 매우 좋았다.

물론 아무런 장벽도 없었던 것은 아니다. 환율조작 방지 조항 삽입 여부, 신약을 비롯한 지식재산권 분야에서 선진국과 신흥국 간의 대립, 강제노동 문제, 미국 내 일자리 창출 및 경제발전 기여에 대한 회의적 시각, 투자자-국가소송제(ISD), 공중보건과 환경문제 등이 주요 장애물로 부상했으나, 협상 주도국인 미・일 간 미국산 쇠고기, 돼지고기, 쌀, 유제품, 설탕, 밀, 일본산 자동차에 대해 서로 한발 물러서면서 TPP 타결이 보다 현실화됐다.

오바마 대통령은 TPP 협상을 바탕으로 구속력 있는 노동, 환경기준과 강력한 지식재산권 보호, 시장진입 규제 완화와 관세 축소 등을 성공적으로 정착시킬 것이며 궁극적으로는 중국도 TPP에 가입할 가능성이 있다고 했다. ICTSD(International Centre for Trade and Sustainable Development) 창립자 청 슈아이후와 역시 중국의 협상 참가에 대해 말했지만 정작 중국의 속내는 다른데 있는 듯하다. 중국은 미국이 TPP에 참여하기로 한 때부터 강도 높은 비난을 해왔으며 지난해 11월 베이징에서 열린 아시아태평양경제협력체(APEC) 정상회의에서 베이징 로드맵 채택을 계기로 자국 중심의 아시아태평양 자유무역지대(Free Trade Area of the Asia-Pacific; 이하 FTAAP) 추진에 본격 돌입했다. 그러나, FTAAP보다 현실적인 TPP대항축은 사실 RCEP이다. FTAAP는 미국을 포함한 21개국의 그야말로 APEC 회원국 간의 메가 FTA인 반면 RCEP은 동남아시아국가연합(ASEAN) 10개국과 한중일, 호주, 뉴질랜드, 인도만을 포함하기 때문이다.

TPP가 머뭇거리는 사이 RCEP은 올해 11월 타결하기로 방침을 정한 것이 확인됐다. RCEP 참여국들은 11월 정상회의에서 또는 같은 달 마닐라에서 열리는 APEC 정상회의를 기점으로 협상을 타결할 방침이다. 최근 일본 교토에서 열린 8차 협상에서 관세철폐품목 비율인 자율화율에 대해 선진국(80%)과 신흥국(40%) 사이에 이견만 확인하고 별 소득 없이 막을 내린 것은 아쉬운 대목이나 여전히 연내타결을 목표로 사태 타개에 힘쓰고 있다. RCEP은 GDP지표에서는 20조 달러로 TPP의 27조 달러에 못 미치지만, 인구지표에선 TPP가 8억 명인 반면 중국과 인도를 모두 포함하고 있는 RCEP은 34억 명으로 TPP의 약 4배 이상에 달한다.

한국이 열강들 속 역사적 경험과 그 동안 쌓아온 협상능력을 십분 발휘해야 할 시기가 바로 지금의 메가 FTA시대다. 한국은 RCEP과 TPP 둘 사이에서 연미화중(聯美和中), 연미협중(聯美協中)의 외교능력을 보여줄 필요가 있다. RCEP과 TPP는 한국과의 무역규모가 둘 다 11조 달러 수준으로 비슷하나 이미 2012년 11월 협상개시 시점부터 참여하고 있는 RCEP과는 달리 TPP에는 최근에서야 사실상의 참여의사를 밝혔다. 한국은 일본이 TPP 참여의사를 밝힌 2013년 한・미 FTA의 여파로 인한 사회적 피로로 TPP 가입을 미처 고려하지 못했다.

RCEP과 TPP의 동시가입은 중국과 미국 사이 외교적 관점에서 볼 때에 매우 타당하다. 신중한 접근이 필요하지만 한국은 TPP 가입을 통해 동아시아 경제통합의 핵심축(Linchpin)역할 공고화, 누적원산지규정과 글로벌가치사슬의 활용, TPP를 통한 새로운 국제 표준 참여, 일본・멕시코와의 간접적 FTA, 한・일 공동의 해외개발 협력 강화 기회 제고 등 얻을 것이 많다.

물론 실(失)도 있다. 일본이 미국과의 TPP 협상에서 그러했듯 한국도 쌀시장 개방에 대한 압박을 강하게 받게 될 것이다. 일본을 필두로 기존 협상국들도 정치적 부담을 감수하며 TPP 협상에 임하고 있는 만큼 한국도 예외일 수 없다. 이미 쌀 관세화를 예고한 한국의 입장에서는 현행 513%의 쌀 수입관세율을 낮추는 것보다 의무수입량을 상향 조정하는 방향으로 TPP 참여를 모색할 필요가 있다. 한국은 다음 TPP 참여 기회로 미국과 일본이 협상타결을 선언한 직후를 예의주시하고 있다. 이는 비록 한국이 TPP 참여 준비가 잘 돼 있으나 지금 추가로 한국을 받아들일 경우 협상이 지연될 수 있다는 점 등을 반영한 것이다. 또 하나의 변수는 일본과의 역사문제다. 다만 TPP 참여는 실리를 바탕으로 한 외교안보와 통상의 투 트랙전략으로 임해야 할 전망이다.

출처: 함께하는 FTA, 2015.7월호.

참고3: 아세안, 연말 경제공동체 출범 '잰걸음'…90% 이상 진전

올해 말 동남아국가연합(아세안) 경제공동체(AEC) 출범을 위한 막바지 준비 작업이 속도를 내고 있다. 아세안은 22일부터 나흘간의 일정으로 말레이시아 쿠알라룸푸르에서 제47차 10개 회원국 경제장관회의를 열어 분야별 준비 상황과 이행 계획을 점검하고 있다. 23일 말레이시아 언론 등에 따르면 아세안은 지금까지 AEC 출범에 필요한 조치 가운데 약 91%를 이행했으며, 연말까지 이를 95%까지 끌어올릴 수 있을 것으로 예상했다.

무스타파 모하메드 말레이시아 통상장관은 "아세안의 경제 통합은 교역과 투자를 촉진해 역내 국내총생산(GDP) 규모를 현재 2조7천억 달러(약 3천223조 원)에서 2020년 4조 7천억 달러(약 5천 611조 원)로 키울 것"이라고 말했다. 아세안 회원국들은 단계적 관세 철폐 등 교역 활성화에는 이미 합의했다. 하지만, 경제규모 격차에 따른 무역 불균형 우려, 비관세 장벽 해결, 자유로운 인력 이동, 국가 간 사회기반시설 격차 해소 등 경제 통합의 과제가 여전히 남아있다.

이에 따라 아세안은 연말에 단일시장 출범을 일단 선언하고 2020년까지 실질적인 통합을 이루는 방안을 추진하고 있다. 아세안은 이번 회의에서 AEC 출범 이후 아세안의 지향점과 실행 계획을 담는 '경제비전 2025'의 수립 작업도 하고 있다. 또 동아시아 비즈니스 협의회, 동아시아 투자포럼 등 투자 유치를 위한 각종 행사도 개최한다. 회의 기간에 역내포괄적경제동반자협정(RCEP) 추진을 위한 경제장관 회의가 열린다. RCEP는 아세안 10개국과 한국, 중국, 일본, 호주, 뉴질랜드, 인도 총 16개국이 참여하는 아시아·태평양지역 경제 통합 협정이다. 아세안은 말레이시아, 인도네시아, 태국, 필리핀, 싱가포르, 브루나이, 베트남, 미얀마, 라오스, 캄보디아로 구성돼 있다.

출처: 연합뉴스. 2015.8.23.일자.

참고4: FTA 정책요약

▌왜 FTA를 추진하는가?

우리나라는 GATT(General Agreement on Tariffs and Trade)와 WTO(World Trade Organization)로 대표되는 다자무역체제의 가장 큰 수혜국이며, 우리의 경제발전은 대외교역을 통해 성장을 이룬 전형적인 사례로 인용되고 있습니다. 또한 우리나라는 명실상부한 통상국가로서 지속적인 경제발전을 위해서는 교역의 확대가 필수적입니다. 요컨대 열린 세계시장이 우리의 경제적 생존과 직결되는 것입니다. 최근의 세계 통상환경을 보면, 자유무역협정(FTA: Free Trade Agreement)을 중심으로 한 지역주의(Regionalism)가 가속화되고 있는 상황입니다. 이러한 지역주의의 경향은 과거 GATT체제보다 현재의 WTO 체제에서 오히려 급속도로 확산되는 경향을 보이고 있습니다. 각국의 FTA 체결 경쟁은 현재 진행 중인 도하개발어젠다(DDA) 협상이 의미 있는 합의 도출에 난항을 겪고 있어 많은 국가들이 양자간 지역협정에 의존하는 경향이 더욱 뚜렷해졌습니다.

이러한 상황에서 우리나라가 적극적으로 FTA를 추진해야 하는 이유를 크게 둘로 나누어 말씀드릴 수 있습니다. 우선 1992년 EU의 출범과 1994년 NAFTA의 발효를 계기로 지역주의가 세계적으로 확산되면서 FTA 네트워크 역외국가로서의 피해를 최소화하고, 나아가 이러한 도전에 적극적으로 대응하기 위해 FTA를 추진하게 되었다는 점을 지적할 수 있습니다. 특히 우리의 대외경제 규모가 국내총생산(GDP)의 80% 이상을 차지하고 있는 점을 고려할 때(2009년 국내총생산(GDP)에서 대외교역(수출+수입)이 차지하는 비중은 82.2%), 주요 경쟁국이 FTA를 앞 다투어 추진하고 있는 통상환경 하에서 우리나라가 기존 수출시장을 유지하고 새로운 시장에 진출하기 위해 FTA 확대에 전력을 다하는 것은 당연하다고 할 수 있겠습니다. 주요 교역국이 여타 국가와 먼저 FTA를 체결한다면 우리 상품은 고관세 적용에 따른 가격경쟁력의 저하로 점차 그 시장을 잃을 수밖에 없기 때문입니다. 따라서 우리 상품의 수출경쟁력을 유지하고 안정적인 해외시장을 확보하기 위해서는 주요 교역국가들과의 FTA 체결이 필수적입니다.

둘째로 보다 적극적인 측면에서, 능동적인 시장개방과 자유화를 통해 국가 전반의 시스템을 선진화하고 경제체질을 강화하기 위해 FTA 추진이 필요합니다. 우리 경제가 양적인 성장뿐만 아니라 질적인 발전을 통해 진정한 선진 경제로 거듭나기 위해서는 우리의 주요 통상정책으로 자리 잡은 FTA를 능동적 · 공세적으로 활용할 필요가 있는 것입니다. 전 세계적으로도 각국은 산업경쟁력과 국가경쟁력을 신장시키는 주요 정책수단으로서 FTA 및 이에 수반되는 무역자유화(trade liberalization)가 효과적임을 깨닫고 적극적으로 FTA 네트워크 구축에 나서고 있습니다.

어떻게 FTA를 추진하는가?

정부는 2003년 이래 적극적으로 FTA를 추진해왔으며, 특히 거대경제권과 자원부국 및 주요 거점 경제권을 중심으로 전략적인 FTA 체결확대 전략을 통한 FTA 네트워크를 구축해 나가고 있습니다. 동시다발적인 FTA 추진을 통해 그동안 지체된 FTA 체결 진도를 단기간 내에 만회하였으며, 현재 FTA 네트워크의 글로벌화를 위해 노력하고 있습니다. 이를 통해 우리 기업의 세계시장 확보를 지원하고, 동아시아 FTA 허브국가로 발돋음하려 합니다.

내용면에서는 FTA 체결 효과를 극대화하기 위해 상품분야에서의 관세철폐 뿐만 아니라, 서비스, 투자, 정부조달, 지적재산권, 기술표준 등을 포함하는 포괄적인 FTA를 지향하고 있습니다. 또한 WTO의 상품과 서비스관련 규정에 일치하는 높은 수준의 FTA 추진을 지향함으로써 다자주의를 보완하고, FTA를 통해 국내제도의 개선 및 선진화를 도모하고 있습니다.

이 모든 노력에도 불구하고 FTA가 성공적으로 추진되기 위해서는 무엇보다도 국민 여러분의 이해와 지지가 필요합니다. 이러한 인식 하에 정부는 2004년 6월 자유무역협정체결절차규정(대통령훈령)을 제정하여 FTA 추진과정의 투명성을 제고하고, FTA 추진과정에 각계 전문가와 업계의 이익을 최대한 반영하고 있습니다. 앞으로도 정부는 이해관계자의 의견을 구체적으로 듣고 이를 협상에 조화롭게 반영하기 위해 노력해 나가겠습니다.

▌우리나라의 FTA 추진현황은?

정부는 세계적인 FTA 확산추세에 대응하여 안정적인 해외시장을 확보하고 개방을 통해 우리 경제의 경쟁력을 강화하기 위해 FTA를 적극 추진한 결과 칠레, 싱가포르, EFTA, ASEAN, 인도, EU, 페루, 미국, 터키, 호주, 캐나다, 중국, 뉴질랜드, 베트남, 콜롬비아 등 52개국과의 FTA가 발효되었습니다. 현재 한중일, RCEP 등과 FTA 협상이 진행 중이며, 동아시아 내에서는 중국, 일본 등과의 FTA를 통해 동아시아 지역통합에 기여한다는 구상을 가지고 있습니다.

출처: FTA강국 KOREA. http://fta.go.kr/main/situation/kfta/psum/

3장
보호무역으로의 회귀

그동안 세계경제는 세계화의 급속한 진전과 자유무역을 통한 무역의 이익을 누려왔다. WTO를 중심으로 한 다자적 무역질서는 자유무역의 당위성을 토대로 더욱 공고화되었고 이는 다시 세계무역의 발전과 성장에 중요한 제도적 준거와 시스템을 제공하는 역할을 해왔다. 하지만 자유무역의 당위성이 늘 인정되어져 온 것은 아니다. 경제적 위기가 발생할 경우 이를 극복하기 위한 자국시장의 보호라든지 자국의 경제적 이익을 확보하기 위한 차별적, 선별적 무역조치 등 자유무역을 거스르는 개별국가들의 보호무역정책들은 늘 있어왔다. 하지만 자유무역주의가 지금까지 큰 문제없이 대세를 이룰 수 있었던 것은 미국, EU, 일본 등 세계경제와 무역에서 큰 비중을 차지하고 있는 주요 국가들의 통상정책이 자유무역을 기조로 이루어져 왔기 때문이다.

하지만 2008년 글로벌 금융위기 이후 세계경제의 장기침체와 부의 양극화 및 실업문제가 심화되고 세계화 및 시장개방으로 인한 이민의 증가와 이로 인한 자국민들의 상대적 박탈감과 불만이 자유무역의 반대로 나타나게 되었다. 이렇게 증가하는 자유무역과 시장개방의 반대기조에 편승한 정치적 의사결정이 현실화되고 있다. 미국의 경우 2016년 말 대선에서 예상과 달리 미국 우선주의와 공정무역으로 포장된 보호무역주의자인 공화당 도널드 트럼프가 대통령으로 당선되었다. 이에 따라 미국의 무역정책은 기존의 양자간 자유무역협정을 비롯하여 다자간 자유무역협정에 대해서까지도 부정적 의견으로 선회하는 등 보호무역주의가 힘을 얻고 있다.

영국의 경우에도 보호무역주의의 또 다른 형태인 고립주의가 대두되었다. 영국은 지난 2016년 6월 EU 탈퇴에 대한 국민투표가 이루어졌고 52%의 찬성률로 EU 탈퇴가 결정되었다. 소위 브렉시트(Brexit)로 불리는 영국의 EU 탈퇴문제는 국민투표를 전후로 한 상당기간 세계적인 초미의 관심사가 되었을 뿐만 아니라 향후에도 그 결과의 여파에 따라 중요한 이슈가 될 것으로 보인다. 왜냐하면 브렉시트는 단순히 영국의 EU 탈퇴라는 개별 주권국가의 결정이라는 차원에서 머무는 것이 아니다. 이것이 가져올 EU와 세계경제에 미칠 영향과 다른 EU회원국들의 탈퇴여론에 어떠한 영향을 줄지에 대해 예상이 어렵다. 또한 이로 인한 불확실성이 커지게 된다는 점에서 우려가 적지 않은 것이다. 향후 브렉시트는 보호무역주의, 고립주의의 상징으로 부각되고 자유무역을 제한하는 요소로 작용할 가능성이 크다고 할 수 있다.

EU는 비록 지역중심의 경제블록이지만 지구상에 현존하는 가장 높은 수준의 경제공동체로서 역내에서는 노동, 자본, 상품, 서비스의 자유로운 이동이 보장된다는 점에서 세계무역의 기조에 있어서 자유무역을 추동하는 중요한 역할을 하고 있다고 평가된다. 따라서 영국의 EU탈퇴는 제한된 지역에서나마 자유무역을 추진하고 있는 현존하는 가장 진화된 다자주의적 경제공동체에 대한 반발이자 이에 따른 공동체의 위기를 초래할 수 있다는 점에서 자유무역을 중심으로 한 세계무역질서에 균열을 가져올 수 있는 요인으로 작용할 가능성이 크다.

DDA를 중심으로 한 WTO의 다자간 무역협상이 지지부진한 가운데 정체되어 있는 자유무역의 기조를 다시 추동할 수 있는 대안으로 소위 메가 FTA 또는 다자간 FTA가 제기되고 있다고 할 수 있다. 호주, 일본을 중심으로 아시아, 태평양 지역 11개 국가가 포함된 환태평양경제동반자협정(TTP), 미국과 EU의 범대서양무역투자협정(TTIP) 등이 그 대표적인 사례가 될 것이다. 이들 메가 FTA는 비록 WTO의 전 지구적 차원의 다자적 협정은 아니다 하더라고 자유무역을 주도하고 있는 미국, EU, 일본 등이 주도하고 있다는 점에서 적어도 역내무역에 있어서만큼은 WTO의 한계를 극복하고 소위 WTO+ 차원에서 자유무역의 수준을 한 단계 제고할 수 있을 것으로 기대되고 있다.

미국의 보호무역주의의 대두와 영국의 EU탈퇴는 이러한 다자간 FTA에 제동을 걸 수 있고 이는 글로벌 금융위기 이후 위축되고 있는 다자적 차원의 자유무역기조를 더욱 위축시킬 수 있다. 이런 점에서 보호무역이 발흥하고 자유무역이 쇠퇴하게 되는 계기가 될 수 있는 우려가 제기되고 있다. 하지만 미국의 TPP 탈퇴 및 FTA 재협상 문제와 영국의 EU탈퇴가 기계적으로 자유무역의 쇠퇴와 보호무역의 도래를 가져올 것이라는 예상은 기우일 수도 있다. 왜냐하면 미국의 FTA 재협상은 FTA 자체를 부정하는 것이라기보다는 그 동안 신자유주의적 경제정책 하에 꾸준히 제기되어 온 양극화, 실업 문제와 관련하여 그동안의 FTA의 효과를 다시 재검토하고 이를 통해 미국의 국익을 극대화하겠다는 다분히 정치적인 제스처의 성격이 강하기 때문이다. 또한 영국이 EU탈퇴를 결정한 것도 영국이 자유무역 자체를 부정하기 때문이 아니라 영국 내 양극화, 이민자, EU내 분담금 문제, 영국과 유럽 대륙 간의 역사적, 국민 정서적 긴장 등 다양한 요소들이 복합적으로 작용한 것이라는 점을 간과해서는 안 된다. 왜냐하면 EU탈퇴를 주장한 세력조차도 이민자들의 자유로운 이동을 제외하고는 자본, 상품, 서비스의 자유로운 이동에 대해서는 기본적으로 반대하고 있지 않고 오히려 그동안 EU안에서 누려왔던 자유무역의 기조를 계속 유지하고자 하는 발언을 하고 있기 때문이다.

향후 우여곡절이 있겠지만 브렉시트가 완료시점까지 영국은 EU와의 협상에 있어서는 인력의 이동을 제외하면 기존의 자유화 수준을 유지하는 것을 목표로 협상을 추진할 것으로 보인다. 영국의 가장 큰 수출시장은 EU이고 특히 영국이 비교우위를 갖고 있는 항공기, 자동차, 금융 및 법률 서비스업 등은 EU와 같은 큰 시장이 절대적으로 필요하다. 자유무역의 지속 없이는 영국의 국익이 보장되기 어렵다는 점에서 EU시장을 확보하기 위한 노력을 불가피할 것으로 보인다. 또한 영국은 그동안 EU의 회원국으로 EU차원에서 다른 많은 나라들과 무역특혜협정 및 자유무역협정을 체결하였다. 따라서 세계 시장에서 EU의 깃발 아래 시장을 개척할 수 있었던 영국은 이제 개별적으로 이들 나라들과 다시 FTA 협상을 시작해야 할 부담을 갖게 되었다. 따라서 기존 EU차원에서 협정을 체결하고 있는 국가들과 우선적으로 새로운 개별국 차원의 FTA를 조속히 체결하여 기존 EU회원국으로서 유지하고 있었던 자유화의 수준을 유지하려는 정책적 노력을 추진할 것으로 예상된다.

오히려 영국의 EU탈퇴는 그동안 EU내부에 잠재되어 있던 문제점들을 공론화하고 개혁할 수 있는 기회로 활용될 수 있을 것이다. 영국이 EU에 대해 비판했던 것으로는 EU 집행부의 권한과 조직의 비대화, 관료화, 기업들의 경영활동을 제한하는 다양한 규제의 양산 및 강화, 현실과 개별적 상황을 도외시한 EU법률 하의 강제적 귀속 등이었는데 영국의 탈퇴로 인해 이러한 EU내의 문제들이 공론화된다면 EU의 개혁문제가 부각될 가능성이 커지게 될 것으로 보인다. 또한 더 나아가 영국의 EU탈퇴가 어느 정도 마무리되고 영국의 경제가 EU체제에서 벗어난 독자적 노선을 걷게 된다면 세계시장에서 EU와의 경쟁구도가 새롭게 구축될 것이고 이에 따라 양 진영 간의 경쟁이 가속화될 것이다. 이는 영국의 EU탈퇴가 단기적으로는 세계무역에 부정적인 영향을 줄 수 있지만 장기적으로는 경쟁을 통한 효율성의 증가로 인해 긍정적인 영향을 줄 가능성도 충분히 있다고 예상할 수 있다.

브렉시트가 현실화되면서 영국이 기존 EU 차원에서 체결했던 양자 간 FTA 상대국들과 재협상을 시작할 수 있는 시기와 내용에 대한 관심이 증대되고 있다. 하지만 영국이 EU로부터 완전히 탈퇴하기 전까지는 EU법에 구속되기 때문에 탈퇴 통보 후 EU와의 협상을 거쳐 또는 자동으로 탈퇴되기 이전까지 새로운 무역협정을 개시할 수 없다. 한편, 한-EU FTA를 비롯해서 영국이 EU 차원에서 체결했던 FTA는 영국-EU 간 탈퇴 협상이 시작되어야 상대국과의 재협상 시기와 방법이 제시될 것으로 예상되고 있다. 영국이 EU와의 협상이 완료되기 전까지는 그 외의 다른 국가들과의 FTA 협상은 현실적으로 동시에 수행하기 어렵기 때문에 우리나라와의 FTA협상은 EU와의 협상이 마무리되고 나서야 가능할 것으로 예상할 수 있다. 영국의 EU 탈퇴가 완료된 이후에야 한-영 FTA 추진이 가능하기 때문에 그 이전까지 영국은 한국산 수입품에 대해 한-EU FTA 특혜관세를 부여하게 될 것이다. 하지만 EU의 승인 하에 또는 협상 기한인 2년 후 자동으로 영국이 EU에서 탈퇴하는 시점부터는 영국은 한국산 수입품에 대해 새롭게 제정되는 자국의 MFN 실행관세율을 적용하게 될 것이다. 영국은 브렉시트로 인한 무역업체의 피해를 최소화하기 위해 새로운 MFN 실행관세율 제정 시 EU의 기존 MFN 실행관세율을 그대로 준용할 가능성이 클 것으로 예상된다.

다음으로 영국의 EU탈퇴 후 우리나라와 영국 간 FTA 추진 시나리오를 살펴보면 영국의 EU 탈퇴 이후 추진될 한-영 FTA의 내용 및 결과에 따라 우리나라의 對영국 수출은 상당히 달라질 것으로 예상된다. 만일 우리나라가 가장 원하는 형태로서 한-영 FTA가 한-EU FTA의 내용을 그대로 수용할 경우 영국은 모든 한국산 수입품에 대해 무관세를 적용하게 된다. 하지만 만약 영국이 한-EU FTA와 차별적인 한-영 FTA를 원할 경우 기존에 EU 차원에서 무관세 혜택을 받았던 품목에 대해 새로운 양허스케줄에 따라 관세가 부과될 가능성이 있게 된다. 하지만 영국이 EU 차원의 FTA 체결 상대국(총 53개 경제권)과 새로운 내용으로 협상을 진행하게 되면 많은 시간이 소요될 뿐 아니라 영국 스스로에게 이득이 크지 않을 것으로 전망되어 기존의 한-EU FTA의 내용을 큰 틀에서 그대로 수용할 가능성이 크다.

하지만 한-영 FTA 협상이 장기화될 경우 한국산 수입품에 대해서 영국의 MFN 실행세율이 부과되기 때문에 기업들의 입장에서는 관세 부담이 커지게 될 것이다.

우리나라의 경우 지금까지는 영국 시장에서 한-EU FTA를 통해 EU와의 FTA를 체결하지 못한 일본, 중국, 대만 등에 비해 관세 상 유리했으나, EU 탈퇴 이후 MFN 실행세율을 부과할 경우 이들 경쟁국들과 동등한 입장에서 경쟁해야 하기 때문에 한-영 FTA의 조속한 타결이 중요하다고 할 것이다.

최악의 시나리오인 한-영 FTA의 협상 장기화시 영향을 보면 영국의 對한국 수입 중 약 54%에 대해 한-EU FTA에서 적용되던 무관세 특혜가 사라지고 관세가 부과되게 된다. 만약 영국이 EU 수준의 MFN 실행세율을 부과하게 된다면 우리나라의 경우 특히 자동차 및 부품, 항공기 부품, 플라스틱 제품 및 합성수지, 고무제품 등의

〈표 8〉 한-영 FTA 협상 장기화 시 주요 관세 부담 현황(백만 유로, %)

품목	對한국 수입		탈퇴 이전	탈퇴~한-영 FTA 발효 이전	
	'13~'15 평균	비중	한-EU 특혜관세 ('16.7.1)	단순평균 관세율	가중평균 관세율
자동차	1,022.6	22.8	0	8.5	10.0
석유제품	496.1	11.1	0	1.9	0.0
무선통신기기	315.4	7.0	0	3.8	0.7
건전지 및 축전지	274.5	6.1	0	3.2	0.8
선박해양구조물 및 부품	246.6	5.5	0	1.5	0.1
컴퓨터	197.5	4.4	0	0.8	0.0
건설광산기계	157.0	3.5	0	0.6	0.4
자동차 부품	128.1	2.9	0	3.8	3.6
항공기 부품	118.7	2.6	0	3.0	3.1
플라스틱 제품	96.0	2.1	0	5.9	6.5
금은 및 백금	82.6	1.8	0	0.0	0.0
합성수지	79.1	1.8	0	4.3	5.3
철강판	78.6	1.8	0	0.0	0.0
고무제품	75.8	1.7	0	3.4	4.4
금속공장기계	51.3	1.1	0	2.3	2.6
소계	3,420	76.3			

주: 1) 영국이 새로 제정하는 MFN 실행세율을 2016년 현재 EU의 MFN 실행세율 수준으로 가정.
2) 가중평균 관세율은 2013~2015년 3개년 간 영국의 對한국 평균 수입금액으로 계산
자료: 관세청, 한국무역협회(K-stat)

관세부담이 클 것으로 예상된다. 〈표 8〉은 한-영 FTA 협상 장기화 시 주요 관세 부담 현황을 나타낸 것이다.

對영국 수출의 20% 이상을 차지하는 자동차에 대해 10% 관세가 적용 될 경우 수출기업에 큰 부담이 될 것으로 보인다. 특히, 영국이 EU와의 단일시장을 유지하면서 탈퇴가 완료되었음에도 불구하고 한-영 FTA 체결이 지연될 경우에는 가격경쟁력 측면에서 EU 자동차에 비해 매우 불리해질 것으로 예상된다. 따라서 브렉시트가 무역에 미치는 영향을 최소화하고 우리 기업의 불이익을 줄이기 위해서는 영국의 EU 탈퇴 후 최대한 빠른 시일 내에 한-EU FTA를 그대로 승계하는 방식으로 한-영 FTA를 체결하는 것을 최우선 목표로 해야 할 것으로 보인다.

참고: '세계화 역풍' 먹구름 드리워진 자유무역

올 하반기는 영국의 유럽연합(EU) 탈퇴 '브렉시트' 사태로 인해 세계경제가 혼란에 빠진 상태로 시작됐다. 당장 금융시장이 민감하게 반응해 금값과 원-달러 환율, 그리고 엔화가치가 뛰었으며, 주요 증시는 폭락했다. 전문가들은 브렉시트는 빙산의 일각에 불과하며, 이와 같은 현상은 전 세계적인 저성장과 고립주의 확산의 일례에 불과하다고 말한다. 비록 브렉시트 찬반 투표권은 영국인들에게만 주어졌으나, 이는 비단 영국만의 문제가 아니다. 타격은 EU 전체로 퍼지고 있다.

오늘날 EU는 경제난과 재정정책, 난민수용을 둘러싼 국가 간 갈등으로 심각한 분열 양상을 보이고 있어 브렉시트로 인해 결속력이 시험받고 있다. KOTRA는 브렉시트로 인해 EU 회원국 중 영국을 제외하고 가장 많이 타격을 받는 나라가 네덜란드가 될 것이라고 봤다. 국제금융센터의 보고서에 따르면, 네덜란드는 영국과의 교역의 비중이 높을 뿐만 아니라 합작기업 많아 부정적 영향이 상대적으로 더 클 것으로 분석됐다. 이에 네덜란드 내 전자제품 및 자동차 제품 생산량이 5% 이상 감소할 수 있다는 전망도 등장했다. 여기에 네덜란드 또한 EU를 탈퇴해야 한다는 여론이 커져 리스크가 증대될 전망이다.

네덜란드에서는 지난 4월에 있었던 EU-우크라이나 FTA 국민투표에서 61%가 반대해 EU의 회원국 중 네덜란드만이 유일하게 비준하지 않아 EU 정책에 대한 네덜란드의 반대여론이 명확하게 드러난 적이 있었다. 심지어 네덜란드는 그나마 EU에 우호적인 편이라는 조사결과도 등장했다. 퓨리서치센터에서 4월 4일부터 5월 12일에 걸쳐 EU의 주요 회원 10개국 시민들에게 EU에 대한 호감도 조사를 실시한 바에 따르면 전체 평균은 호감이 51%, 반감이 47%로 나타났다. EU에 대한 호감도가 72%로 가장 높은 나라는 EU기금의 최대 수혜국으로 꼽히는 폴란드였다.

그 다음은 헝가리(61%)와 이탈리아(58%)였으며, 그 외의 국가들에서는 호감과 반감의 차이가 10%p 이내로 비등비등하거나, 오히려 반감이 호감보다 높은 것으로 나타났다. 네덜란드는 호감이 51%, 반감이 46%로 평균에 가까운 수치를 나타냈으나, 이는 10개국 중 5번째의 순위였다. 다만 영국보다도 EU에 대한 비호감 응답이 많았던 스페인은 브렉시트 투표 이후인 6월 26일 실시된 총선에서 친EU정당이 우세를 보이며 고립주의 움직임에 경계감을 보였다. 최근 신흥국과 선진국을 가리지 않고 나타나는 현상이 바로 보호무역조치의 급증이다.

한국무역협회에 따르면 지난 5월 말 시점에서 우리나라에 가해진 수입규제는 총 182건(30개국)에 달한다. 이는 지난 2014년 상반기의 155건(24개국)에 비해 17.42% 증가한 수치다. 파이낸셜타임즈는 지난 6월 24일의 사설을 통해 최근 몇 년간 세계무역 성장률이 세계경제 성장률을 밑돌면서 도널드 트럼프와 같은 극단적인 보호무역주의자가 힘을 얻고 있다는 점에 우려를 표했다. 세계무역기구(WTO)의 G20 무역정책 보고서에 따르면 이들 국가의 신규 보호무역조치 건수는 또다시 역대 최고를 돌파했다. G20 국가들은 올해 5월 중순까지의 7개월 동안 145건의 보호무역조치를 도입했다. 그 중 89건이 반덤핑관세와 상계관세를 중심으로 한 전통적인 규제조치였다. 이를테면 미 상무부는 지난 6월 22일 중국제 철강 제품에 무려 522%에 달하는 반덤핑관세를 매겼다. 세계 금융위기가 일어난 2008년 이후에 G20이 도입한 보호무역조치는 1583건에 이르렀으며, 이 중의 75% 이상은 현재에도 유지되고 있는 것으로 분석됐다.

WTO에 따르면 1분기 기준 세계 무역액은 2010년 이후 처음 6조 달러대까지 내려왔다. 올해 1~3월 전 세계 주요 71개국 간의 무역액은 6조9450억 달러로 전년 동기의 7조5260억 달러보다 7.7% 감소했다. 파이낸셜타임즈는 보호무역조치가 경제학적 역할보다는 정치 안보 측면에서의 의미가 강하다고 지적하며, 각국 정부는 최저한이라도 분별을 가지고 발동을 자제해야 할 것이라 촉구했다. 미국의 경우 반덤핑정책의 법률적인 성격은 변하지 않을 것이나, 적어도 WTO에 제소된 케이스에 대해 극단적인 부분에 대해서는 양보해야 할 것이라고도 덧붙였다.

지난해 타결된 환태평양경제동반자협정(TPP)에 남은 최대의 장벽은 바로 올 하반기 치러질 미국의 대통령 선거다. 당장 대선에 참가하는 주요 후보들이 TPP를 반대하고 있기 때문이다. 민주당의 힐러리 클린턴 후보는 본래 TPP를 찬성해 왔으나 선거를 앞두고 입장을 선회했다. 전문가들은 이를 일시적인 정치적 입장 변화로 보며 크게 문제시하지 않았다. 오바마 대통령도 후보 경선 국면에서 한미 자유무역협정(FTA) 반대 등 보호무역성향을 보였으나, 집권 후 자유무역 정책 기조로 전환한 바 있기 때문이다. 그러나 고립주의를 걸고 나온 공화당의 도널드 트럼프 후보가 예상외의 돌풍을 일으키면서 정국은 급변했다. 그는 중국으로부터의 수입품에 45%의 관세를 매기고 북미자유무역협정과 한-미 FTA를 재협상하겠다며 보호무역주의를 주장했다. 그럼에도 불구하고 큰 인기를 끈 트럼프는 공화당의 대선 후보로 등극했다. 그는 현지 시간 28일 펜실베니아를 방문해 "정치인들이 세계화 정책을 맹렬히 추진해 일자리와 부, 공장들을 해외로 옮겼다"며 한-미 FTA에 대해서도 "미국의 대 한국 무역적자가 두 배로 늘었고 10만 개의 일자리가 사라졌다"고 맹공격을 퍼부었다. 또한 중국의 불법적인 보조금 지원 행위를 WTO에 제소할 것이라고도 덧붙였다.

그러나 미 상공회의소는 이와 같은 주장에 대해 "트럼프의 무역정책은 350만개의 일자리를 위협할 수 있다"며 "더 많은 비용을 지불하면서 일자리가 줄고 경제가 쇠락할 것"이라고 SNS를 통해 반박했다. 또한 최근 영국의 EU 탈퇴 결정이나 EU 각국으로부터의 독립 움직임 등은 이와 같은 추세가 비단 미국만의 일이 아니라는 것을 보여주고 있다. 그 간 브렉시트 찬성 운동 측에서는 '세계화로 인한 이민자 증가와 자유무역이 우리의 일자리를 위협한다.'는 주장이 대두돼 왔다. 한국무역협회 국제무역연구원 정혜선 연구원은 이와 같은 흐름을 경계하며 "우리 정부는 국제무대에서 브렉시트에 따른 보호무역주의 및 고립주의가 확산되지 않도록 국가 간 공조를 강화하는데 앞장서야 한다."고 당부했다.

출처: 주간무역. 2016.7월호.

4장
중국의 시장경제국지위 부여 문제

1989년 11월 냉전체제의 상징이었던 베를린 장벽이 무너지면서 소련을 비롯한 사회주의 국가들이 본격적으로 시장경제체제로 전환하였다. 이들 사회주의 국가들의 세계경제체제로의 편입 및 통합 문제가 중요한 이슈로 제기되었다. 이들 사회주의 국가들이 시장경제체제로 전환하였다고는 하지만 아직 많은 부분에서 국가주도의 경제시스템과 가격 통제 및 지지, 국영기업에 대한 지원 등 국가의 통제가 만연하고 온전한 시장경제체제를 갖추었다고 보기 어려운 부분이 존재한다고 볼 수 있다. 예를 들어 미국의 반덤핑법에서는 시장경제의 판단기준으로서 자원의 배분, 기업의 가격 및 생산 결정에 대한 정부의 영향력, 생산수단에 대한 정부의 지배력, 외국인 투자 허용 수준 등을 제시하고 있다. 따라서 이들 국가들과의 무역에 있어서도 일반적인 시장경제가 중심이 되는 국가들과의 무역질서를 적용하기에는 무리가 있다. 왜냐하면 상품가격이 국가에 의해 통제되거나 지지될 경우 WTO가 추구하는 핵심 가치인 무역을 통한 자원배분의 효율성(efficiency)과 공정성(fairness)가 훼손될 가능성이 크기 때문이다.

따라서 체제전환국가가 WTO에 가입할 경우 바로 시장경제국지위를 인정하는 것보다는 상당기간 동안 당사국이 국가의 개입과 가격 통제를 배제하고 정상적으로 가격의 기능이 작동할 수 있도록 유예기간을 두게 되는 것이 일반적이다. 시장경제국은 시장경제체제를 갖추고 있는 국가를 의미하는데 시장경제국지위의 부여는 상대방 국가가 당사국에 대해 시장경제국으로서 인정한다는 의미라고 할 수 있다. 시장경제국 인정 여부의 문제는 단순히 시장경제국으로 인정을 받느냐 그렇지 않느냐의 문제 이상의 의미를 가지고 있다. 왜냐하면 시장경제국지위 인정 문제가 무역에 있어서 덤핑판정과 반덤핑 관세율 산정에 있어 핵심적인 요소로 작용하기 때문이다. 덤핑판정 및 반덤핑 관세율 산정에 있어서 가장 중요한 요소가 덤핑마진율인데 덤핑마진율은 수출가격과 정상가격의 차이로 결정된다. 이때 수출가격은 정해져 있는 반면 정상가격의 경우 시장경제지위국으로 인정을 받지 못하게 되면 시장가격의 신뢰성이 낮다고 판단되어 일반적인 수출국의 국내 시장가격이 아닌 수입국이 산정한 소위 '구성가격'으로 산정되게 된다. 예를 들어 A국이 시장경제국지위를 가진 B국의 수입상품에 대해 덤핑으로 판정, 반덤핑관세를 부과할 겨우 B국의 내수시장가격을 기준으로 30%의 반덤핑관세를 부과할 수 있다면 비시장경제국인 C국의 경우 C국의 내수시장가격이 아닌 D국의 내수시장가격을 기준으로 산정하여 100%의 반덤핑관세도 부과할 수 있게 되는 것이다. 이처럼 구성가격을 활용하게 되면 수입국에 유리하게 덤핑마진율을 책정할 가능성이 크기 때문에 수출국의 입장에서는 시장경제국지위를 인정받을 필요성이 커진다고 할 수 있다.

이러한 시장경제국지위 인정 문제는 최근 중국에 대한 시장경제국지위 인정을 둘러싼 미국, EU와 중국 간의 통상 분쟁으로 이어질 가능성이 커지고 있다. 중국은 2001년 12월 11일 WTO에 가입하였는데 가입의정서 내용을 보면 가입 후 15년이 지나면 시장경제국지위를 인정하도록 하고 있다. 15년 이후라고 하면 바로 2016년 12월이 되는 것이다. 중국은 이미 시장경제국지위를 인정받지 못하는 것이 자국 수출에 심대한 부정적인 영향을 주고 있다는 것으로 판단하여 그동안 시장경제국지위를 위한 외교적인 노력을 기울여 왔다. 이미 중국은 양자 간 협상을 통해 우리나라를 포함한 80여 개국으로부터 시장경제국지위를 인정받은 상태이다. 하지만 중국의 주요 교역 대상국인 미국, EU, 일본, 인도 등은 시장경제국지위를 인정하지 않고 있는데 중국은 이로 인한 불이익이 상당히 크다고 인식하고 있는 것으로 보인다. 실제로 중국에 대한 반덤핑 제소 및 반덤핑관세 부과는 대부분 미국, EU가 시행하고 있다고 해도 과언이 아니다.

이미 중국의 시장경제국지위 부여의 시한이 지났지만 중국의 시장경제국지위는 결코 용이하지 않아 보인다. 글로벌 경기침체의 심화와 더불어 철강제품 등 중국의 저가제품으로 인해 자국 산업기반이 붕괴되고 실업이 증가할 수 있다는 우려 여론이 힘을 얻고 관련 기업들과 노동자 단체들의 반발이 예상되고 있는 상황에서 미국과 EU가 중국의 시장경제국지위를 인정하기란 어려운 일일 것이다. 가입의정서의 내용의 해석에 있어서도 양 진영 간 의견이 엇갈리고 있다. 중국은 관련 조항이 15년 후가 되면 중국에 대한 시장경제국지위가 자동적으로 부여된다는 것을 의미한다고 주장한다. 이에 반해 미국과 EU는 관련 조항이 내용이 자동부여를 강제하는 것이 아니라고 주장한다. 중국 정부의 시장 개입과 통제가 지속되고 있어 시장경제국지위 부여는 아직 시기상조이며 적절한 수준에 이르렀을 때에야 시장경제국지위가 가능하다는 입장이다.

이렇게 두 진영 간에 시장경제국지위 부여 여부의 문제를 놓고 통상마찰이 격화될 가능성이 크다. 중국은 자국의 시장경제국지위 부여 문제가 원만하게 해결되지 않을 경우 WTO에 제소할 방침까지도 고려하고 있는 것으로 보인다. 하지만 이 경우도 중국에게 유리하지는 않을 것으로 보이는데 WTO에 제소하더라도 중국이 시장경제국지위의 부합여부에 대한 기준을 만족하는지에 대한 입증 부담을 지게 될 가능성이 크기 때문이다. 이와 관련하여 미국과 EU의 행보가 주목을 받고 있다. 2016년에 들어와서 미국과 EU의 중국에 대한 덤핑 관련 조사가 급증하였는데 이는 고율의 반덤핑관세를 미리 부과해 놓음으로써 중국의 시장경제국지위가 불가피할 경우를 대비하고 있는 것으로 보인다. 또한 반덤핑을 포함한 무역구제조치를 쉽게 활용하고 여타의 수입규제조치도 확대하기 위한 관련 법 개정도 추진 중이다. 또한 한국인 출신으로 WTO의 상소기구의 상소위원 중 한명인 장승화 상소위원의 재임을 미국이 홀로 반대함으로써 재임이 무산되었다. WTO의 무역분쟁 해결절차는 2심제로 상소위원은 최종 결정을 내리는 대법관 같은 역할을 하는데 미국은 2016년 5월 31일자로 임기가 끝나는 장승화 위원에 대한 재임을 반대하였다. 그 이유로 장승화 위원이 최근 4건의 분쟁에 지나치게 학술적인 결정을 내렸다는데 두고 있다. 하지만 이러한 이유보다는 실제로 장승화 위원의 연임에 반해한 것은 중국의 시장경제국지위 인정을 앞둔 대비책이었다는 분석이다. 미국에 유리한 상소위원을 상소위원회에 앉힘으로써 중국의 WTO제소에 사전적으로 대비하기 위한 수순이라고 보는 것이다.

이처럼 중국에 대한 시장경제국지위 부여 문제는 당분간 중요한 통상이슈로 회자될 것으로 보인다. 특히 글로벌 경기침체와 더불어 수요가 감소하고 있는 상황에서 중국의 공급과잉과 밀어내기 수출여파는 미국과 EU의 산업계와 노동계에게 심대한 위협요소로 다가올 수밖에 없고 이러한 이해집단들의 목소리가 커지는 상황에서 미국, EU가 시장경제국지위를 쉽게 부여하기 어려운 상황이다. 또한 중국의 입장에서도 미국, EU의 이런 입장이 부당하다고 강하게 대응할 것으로 보여 향후 이로 인한 통상마찰과 충돌을 불가피할 것으로 보인다.

참고: "미국의 장승화 연임 반대는 WTO 근간 흔드는 일" WTO 전 상소위원 13명 긴급 성명

미국이 장승화 세계무역기구(WTO) 상소기구 위원(서울대 법학전문대학원 교수 · 사진)의 연임을 반대한 데 대해 국제사회의 비판이 거세지고 있다. WTO 상소기구 현직 위원들에 이어 전직 위원 13명이 성명서를 내고 미국의 행동에 우려를 나타냈다. 한국경제신문은 제임스 바쿠스 전 WTO 상소기구위원장 등 상소기구 전직 위원 13명이 1일 WTO 분쟁해결기구(DSB) 의장에게 보낸 성명서를 단독 입수했다. 성명에는 1995년 WTO 출범 이후 상소기구 위원을 지낸 18명 중 생존해 있는 13명 전원이 참여했다. 바쿠스 전 위원장 등 미국 출신 위원 3명도 포함됐다.

WTO의 통상분쟁 해결 절차는 2심제로 소위원회(패널) 조정이 1심, 상소기구 조정이 2심이다. 7명으로 구성된 WTO 상소기구 위원은 국가 간 무역분쟁에서 최종 결정을 내리는 '대법관'과 같은 역할을 한다. 장 위원은 2012년 한국인으로는 처음 WTO 상소기구 위원으로 선출됐다. 전직 위원들은 성명서에서 "지난 20여 년 간 상소기구 위원의 공정성과 독립성은 WTO 분쟁해결체제의 성공에 핵심적 요인이었다."며 "(미국의 행위는) 건너선 안 되는 '루비콘강'을 건너는 것과 같으며, 머지않아 WTO 체제를 위험에 빠뜨리고 근간을 뒤흔들 것"이라고 우려했다.

한국인 최초로 세계무역기구(WTO) 상소기구(무역분쟁 조정 최상위 기관)에 진출한 장승화 위원(서울대 법학전문대학원 교수)의 연임을 미국이 반대하고 나선 데 대해 WTO 내부에서도 반발이 나오는 등 파장이 확산되고 있다. 미국의 '돌출행동'은 올해 말 대통령선거를 앞두고 미국이 보호무역주의 기조로 돌아서고 있음을 보여주는 극명한 사례라는 게 통상 전문가들의 지적이다. 미국이 장 위원의 연임을 반대하는 이유에 대해 외교가에서는 미국이 한국산 세탁기에 대한 반덤핑 분쟁에서 패소해 WTO 상소 절차에 들어간 점을 주목한다.

미국은 지난 4월19일 WTO 분쟁해결기구(DSB) 소위원회(패널) 판정에 불복해 상소했다. 앞서 패널은 미국이 2013년 삼성전자 LG전자 등의 한국산 세탁기에 9~13%에 달하는 반덤핑 관세를 부과한 조치가 WTO 협정을 위반했다고 판정했다. 한국산 세탁기 사건은 미국의 제로잉과 표적덤핑을 결합한 반덤핑 관세제도가 WTO 상소기구에서 다뤄지는 첫 사례다. 제로잉은 수출가격이 내수가격보다 낮은 경우 반덤핑을 적용하는 방식이다. 또 표적덤핑은 특정 구매자, 시기, 지역에 집중적으로 덤핑 판매하는 것을 뜻한다. 통상당국 관계자는 "세탁기 분쟁은 미국의 제로잉 관행을 단번에 무너뜨릴 수 있어 파급력이 크다"며 "만약 상소기구가 한국의 손을 들어주면 이후 판결에 기준이 되는 만큼 미국 산업계가 절박하게 나서고 있다"고 설명했다.

결국 미국은 자국 산업 보호를 위해 유지하고 있는 제로잉 방식의 반덤핑 관세부과 제도가 WTO의 제지로 존폐 위기에 처하자 장 위원 연임 반대라는 극단적인 행동에 돌입했다는 게 통상 관계자들의 분석이다. 올 연말로 다가온 중국의 시장경제지위 인정을 둘러싼 분쟁에 대비하기 위한 포석이라는 지적도 있다. 상소기구 위원은 모두 7명이며 임기 4년에 한 번 연임할 수 있다. 연임하려면 모든 WTO 분쟁해결기구 회원국 동의가 필요해 미국이 반대하면 장 위원 연임은 불가능하다. 미국의 연임 반대에 WTO 전 · 현직 위원들이 일제히 나서 항의성명을 내고 있다. "(미국의 행위는) WTO의 자유무역체제를 위험에 빠뜨리고 근간을 뒤흔드는 것"이라는 게 이들 위원의 주장이다.

이들은 또 "상소기구 위원 중 한 명이 특정 사건에 관여했다는 이유만으로 WTO 회원국으로부터 배척을 받는다면 그 논리는 다른 상소기구 위원 6명에게도 마찬가지로 적용될 것"이라며 "상소기구의 판결과 권고는 위원 개인이 아니라 상소기구 차원에서 내린 결정이란 점을 간과한 행동"이라고 지적했다. 미국의 연임 반대가 버락 오바마 행정부 차원에서 심사숙고한 결정이었는지를 놓고는 의견이 분분하다. 미국 통상학계에서는 대체로 미국무역대표부(USTR)의 독단적인 돌출행동일 가능성이 높다고 보고 있다. 한 전직 고위 외교관료는 "만약 미국 정부 내에서 조율된 결정이 아니라면 한국 정부와 국제사회가 강력하게 부당함을 어필해 철회를 이끌어내야 한다."고 말했다.

출처: 한국경제신문. 2016.6.2.일자.

5장
DDA 2.0

2015년 12월 15~18일 아프리카 케냐의 수도인 나이로비에서 WTO 제 10차 각료회의가 개최되었다. 나이로비 각료회의는 아프리카 대륙에서 열리는 최초의 WTO 각료회의로서 개최 이전부터 최빈개도국을 포함한 개도국의 관심사항을 중심으로 최소한의 성과 도출이 불가피하다는 점에 공감대가 형성되었다고 할 수 있다. WTO 회원국들은 이번 제10차 각료회의를 통하여 농산물 수출경쟁과 개발 등 일부 분야에서 최소한의 합의를 도출하였다. 예를 들어 비교적 이견차가 크지 않은 농산물 수출경쟁을 중심으로 주요국의 이해가 적절히 반영된 각료결정이 도출되었다. 하지만 DDA 지속 여부 등 핵심 쟁점에 대해서는 선진국과 개도국의 기존 주장을 그대로 나열하는 임시방편 성격의 각료결정이 채택됨으로서 결국 나이로비 각료결정은 DDA의 결렬을 피하기 위한 최소한의 합의 및 임시봉합 성격의 합의로 평가할 수 있을 것으로 보인다.

나이로비 각료회의의 협상 경과와 내용을 좀 더 자세히 들여다보면 기존의 DDA 협상(DDA 1.0)이 그 실효성을 다한 것으로 평가될 수 있다. 왜냐하면 나이로비 각료회의는 DDA의 가장 중요한 핵심의제라고 할 수 있는 농업과 비농산물시장접근(NAMA) 등의 분야에서 여전히 선진국과 개도국 간 첨예한 의견대립으로 인해 전혀 타협점을 찾지 못하고 실질적인 DDA협상의 진전이 어려운 상황에서 DDA의 최종 결렬을 막기 위한 최소한의 성과를 도출했다는 데 그 의미가 있기 때문이다.

이에 따라 나이로비 각료회의에서는 WTO 20년의 평가, 나이로비 각료회의 성과, 나이로비 각료회의 이후 DDA 전개방향 등 크게 세 파트로 구성하여 협상을 진행하였다. WTO 20년의 평가 부분은 특별한 이견 없이 합의문안이 도출되었다. 가장 중요한 둘째 파트는 농산물 수출경쟁, SSM(개도국 특별세이프가드 메커니즘), 식량안보용 공공비축보조 등의 농업 분야, 무관세-무쿼터, 특혜 원산지, 서비스 웨이버, 면화 등 개도국 이슈, 개발 관련 개도국우대조항 신설 등 개발 이슈, 서비스 국내제도 투명성 강화, RTA WTO 통보 투명성 강화, 수산보조금 WTO 통보 투명성 강화 등의 투명성 이슈, 수산보조금(금지보조금) 규제 등 규제 이슈 등이 제기되었다. 이 중에서도 개발, 투명성, 규범 등 이슈에서는 선진국과 개도국 간 이견을 좁히지 못한 채 합의에 이르지 못하였다. 다만 수출보조금, 수출신용에 대한 철폐 및 제한 등 농업부문과 무관세-무쿼터를 제외한 개도국 이슈에서는 합의가 이루어졌다. 하지만 합의에 이른 경우에도 식량안보용 공공비축보조, SSM 등과 같이 기존의 합의를 재확인하는 경우나 선언적인 내용에 그치는 경우도 적지 않아 실질적인 자유화 조치 합의는 매우 제한적이라고 평가된다. 또한 DDA의 지속여부에 있어서는 DDA의 종료를 주장하는 선진국과 이의 지속을 주장하는 개도국의 입장이 대립하여 온전한 합의에 이르지 못하고 각자의 상반된 입장을 열거하는 형태로 논의를 마무리함으로써 이견을 임시적으로 봉합, DDA의 결렬을 막는 선에서 합의가 이루어졌다.

한편 나이로비 각료회의에서는 DDA 중단여부에 대해서는 결정되지는 않았지만 미국 등 선진국들이 기존 방식의 DDA에 대해 강하게 반대하고 있기 때문에 기존의 DDA는 더 이상 지속되기 어려울 것으로 보인다. 따라서 향후 새로운 의제와 협상방식을 가진 소위 DDA 2.0이 시작될 것으로 전망된다. 새로운 의제와 관련하여서는 아울러 미국, EU 등 선진국 진영이 강조하는 전자상거래, 경쟁, 노동 등의 이슈가 새로운 협상의제로 DDA에 추가될 수도 있다. 협상방식에 있어서도 기존의 일괄타결방식(single undertaking)보다는 세계 시장에서 일정한 교역비율 이상(예들 들어 90%)의 국가들이 합의를 도출한 후 그 합의를 근거로 자유무역을 확대하고 그 결과를 다자화하는 의사결정방식(critical mass 방식)이 도입될 수 있다. 이 경우 기존 일괄타결협상방식의 적용 시 교착상태에 빠져있던 기존 의제들뿐만 아니라 이외의 보다 세분화된 다른 의제들에서 보다 다양한 형태의 분야별 자유화 협상이 진행될 가능성이 커질 것이다. 또한 그동안 협상의 진척이 어려웠던 요인으로 회원국들이 선진국 진영 대 개도국 진영이라는 대치 국면으로 나뉘어져 타협이 어려웠다는 점이 제기되어 왔다. 이러한 대치 국면을 타개하기 위해 개도국의 세분화 논의가 진행될 가능성이 크다. 개도국 세분화 논의가 구체화될 경우 중국, 인도 등을 중심으로 주요 개도국들이 강하게 반발할 것으로 예상되지만 협상의 진전을 위한 개도국 세분화의 필요성은 공감대가 형성되고 있다. 따라서 향후 개도국 세분화가 현실화될 경우 우리나라는 이와 관련된 협상과 논의에 적극 참여하여 우리나라의 국익을 최대한 반영할 수 있기 위한 전략과 대비가 필요할 것으로 보인다.

나이로비 각료회의 최대 성과인 농산물 수출경쟁에서의 합의 도출로 인해 우리나라도 일부 농산물 수출정책이 제약을 받게 될 것으로 예상되고 있다. 보다 구체적으로는 선진국은 나이로비 협상 타결 즉시, 개도국은 선진국 보다 3년 긴 2018년 말까지 수출보조를 철폐하기로 하였다. 또한 수출물류비 보조의 경우는 이 보다 5년이 긴 2023년까지 말까지 철폐하는 것으로 합의가 되었다. 따라서 동 협상 결과에 의거 우리나라도 농산물 수출보조를 철폐해야 할 의무를 지게 되었다. 농산물 수출에 대해 직접적인 보조금을 지급하고 있지 않고 있어 영향이 없지만 수출물류비 보조의 경우 개도국우대에 의거 수출 농수산식품에 대해서 연간 약 300억 원 규모의 물류비를 지원하고 있는 것으로 알려져 있다. 따라서 우리나라는 2023년까지 수출물류비 보조를 철폐해야 한다. 특히 우리나라 농수산식품 수출업체는 대부분 영세한 규모로, 수출물류비 지원을 수출의 중요한 요인으로 생각하고 있어 2023년까지의 단계적 철폐에 대비한 수출기업단위의 맞춤형 대책이 필요할 것으로 보인다.

한편 나이로비 각료회의에서는 WTO체제 하에서 진행되어 온 복수국간 협상인 서비스복수국간협상(TiSA: Trade in Service Agreement), 환경상품협정(EGA: Environmental Good Agreement), 정보기술협정(ITA: Information and Technology Agreement) 확대 협상 등도 함께 추진되었다. 하지만 서비스복수국간협상과 환경상품협정은 협상 진전이 늦어져 나이로비 각료회의의 의제에서 제외되었다. 반면 ITA 확대협상(ITA II)은 대상품목에 대부분 합의하였고 나이로비 각료회의에서 타결되었다. ITA Ⅱ의 타결로 HS 6단위 기준 총 201개의 정보통신기술 관련 품목의 관세가 즉시철폐 또는 최장 9년간 균등 철폐되게 되었다. 정보기술협정 확대협상(ITA II)은 2016년 7월 1일 정식으로 발효되었다. ITA II 타결품목의 전 세계 무역액은 1.8조 달러로 전 세계 수출액의 10.2%를 차지하고 있으며 무역규모가 급격하게 확대되는 추세이다.

나이로비 각료회의에 이어 2017년 12.10~13일까지 아르헨티나 부에노스아이레스에서 제11차 각료회의가 열렸으나 선진국과 개도국 간 이견으로 각료선언 채택에 실패하였고 실제적으로 아무런 결론도 내지 못하고 끝났게 되었다. 주요 의제별로는 수산보조금, 전자상거래 분야에서 각료결정문이 채택된 반면 농업, 서비스, 투자원활화, 소상공인과 중소기업 분야에서는 성과 도출을 위한 활발한 논의가 있었지만 각료결정문 채택에 실패하였다. 수산보조금 관련해서는 2019년 제12차 각료회의까지 과잉어획(overfishing), 과잉능력(overcapacity), 불법・비보고・비규제(IUU) 어업 관련 수산보조금 금지를 위한 협상을 지속하기로 합의하였고 현행 WTO 보조금 협정상 통보의무를 수산보조금 관련해서도 이행할 것을 다시 약속했다. 전자상거래 관련해서는 WTO 논의를 지속하는 한편 전자적 전송물에 대한 무관세 관행을 2년 연장하기로 합의하였다.

제11차 각료회의에서는 보호무역주의 확산 등 WTO 다자무역체제가 도전을 받고 있는 현재 상황에 대한 우려와 극복 방안 등이 논의되었다. 보호무역주의 원인인 반무역정서 대응을 위해 WTO가 자유무역의 혜택을 충분히 누리지 못하는 계층과 개도국, 최빈국을 위한 포용적 무역이 그 대안으로 제시되었다. 또한 기존 협상방식 외에 복수국간 협상 방식, 무역원활화 협정 방식 등을 도입하고 디지털 경제의 확산 등 현실세계를 반영하는 새로운 의제의 채택에 대한 논의도 진행되었다. 하지만 미국의 反WTO 기조를 극복하지 못하고 대부분의 예상대로 큰 성과 없이 말의 잔치로 끝나는 상황이 되었다. 향후 WTO의 다자간 협상은 미국의 전향적인 태도 변화가 없다면 상당기간 어려움을 겪을 것으로 예상된다.

참고: ITA II 발효로 전 세계 ITA II 품목 무역액 확대

세계 53개국 간 201개 정보통신기술 제품의 관세를 철폐하는 개정 정보기술협정(이하 ITA II)이 오는 7월 1일 발효됨에 따라 국내기업의 IT 제품 수출이 확대될 것으로 기대된다. 한국무역협회(이하 무협) 국제무역연구원은 'ITA II이 발효 및 시사점' 보고서를 통해 ITA II 발효를 계기로 1조8천억 달러에 달하는 전 세계 ITA II 품목의 무역액이 확대될 것으로 전망했다. 또한 한국도 ITA II 참여국에 대한 타결품목 수출증가세가 전체 수출증가율을 상회해 수출확대에 긍정적일 것으로 진단했다. 국가별 분석 결과, 자유무역협정(이하 FTA) 미체결국 중에서는 대만, FTA 체결국 중에서는 양허제외・장기철폐 품목이 많은 중국 및 FTA 통관애로가 많은 아세안 참여국을 중심으로 ITA II 수혜가 예상된다.

대만의 경우 최근 수입수요가 증가하고 있는 광학기기, 레이저기기, 팬 등의 관세가 철폐돼 한국기업의 수출확대에 기여할 것으로 나타났으며 중국의 경우 올해에는 반도체, 제조장비, 전기계측기, 의료기기를 중심으로 관세 철폐 효과가 있는 것으로 분석됐으며 내년부터 2018년까지는 액정디바이스, 광학기기, 진공펌프 등의 수출이 유망할 것으로 보인다. 또한, 정보기술협정은 FTA와 비교해 원산지 증명서 제출, 사후검증대응, 서류 및 증빙관리 등의 추가업무 부담이 없어 수출기업의 활용이 쉽고 간편할 것으로 기대된다.

특히 한・아세안 FTA 체결국의 경우 FTA와 ITA II 과세철폐 품목이 중복된다면 통관절차가 상대적으로 간소한 ITA II 과세철폐 품목이 중복된다면 통관절차가 상대적으로 간소한 ITA II 활용이 유리할 것으로 예상된다. 이근화 국제무역연구원 연구원은 "ITA II는 FTA와 달리 바이어의 별도 요청이 없더라도 관세혜택을 받을 수 있는 장점이 있다"며 "한국기업이 중국으로 한 · 중 FTA 장기철폐 · 양허제외에 해당하는 IT 제품을 수출할 경우 기존 협정을 보완하는 측면에서 ITA II 협정세율을 적극 활용할 필요가 있다"고 강조했다.

출처: 산업일보, 2016.5.9.일자.

6장
무역규모 2조 달러 시대로

우리나라는 무역을 통해 경제발전을 성공적으로 달성한 대표적인 사례로 인정받고 있을 정도로 무역이 우리나라 경제에 미치는 영향은 지대하다. 경제성장의 중요한 요소인 자원과 기술이 절대적으로 부족했던 우리나라는 불과 몇 십 년 전만 해도 빈곤에서 벗어나지 못할 숙명에 처해진 나라로 취급되었다. 20세기 전반기 일제강점과 한국전쟁을 거치면서 우리나라의 경제는 수탈되고 파괴되어 스스로의 힘으로는 일어설 수 없을 것이라는 비관적 견해가 주류를 이루었다.

이러한 절망적 상황에서 우리나라 경제가 일어설 수 있었던 중요한 요인 중의 하나는 무역이었다. 무역은 무역의 이익을 통해 국가의 경제적 후생을 증가시킨다. 무역은 단기적인 차원의 경제적 이익뿐만 아니라 시간의 흐름에 따라 나타나는 소위 동태적 무역의 이익을 발생시킨다. 우리나라는 세계와의 무역을 통해 이러한 무역의 이익을 극대화함으로써 누구도 예상하지 못했던 빠른 경제성장을 이룩할 수 있었다. 무역을 통해 우리가 가지지 못하고 있었던 자원과 기술을 얻을 수 있었고 이를 우리가 가지고 있었던 양질의 인적자본과 결합하여 한강의 기적으로 승화시킬 수 있었다. 우리나라는 국제무역의 원리를 가장 잘 현실에 적용하여 성공한 사례라고 할 수 있다.

역사적으로 강국으로 군림했던 대부분의 나라들은 무역의 이익을 잘 활용한 나라들이었다. 예를 들어 대항해시대 이후 포르투갈, 스페인, 네덜란드, 영국 등이 비약적으로 발전할 수 있었던 중요한 요인 중 하나는 중국, 동남아시아, 인도 등 아시아 제국들과의 무역이었다. 무역을 통해 얻을 수 있었던 경제적 이익은 실로 막대했다. 유럽의 상인들은 아프리카를 돌아 수만리 항해 길을 거치는, 심지어 목숨을 잃을 수도 있는 험한 여정을 마다하지 않았다. 이러한 무역을 통한 경제적 이익을 바탕으로 유럽제국들은 산업혁명과 경제성장을 이룩할 수 있었다.

우리나라가 무역을 통해 경제성장의 토대를 마련할 수 있었던 중요한 요인은 자유무역을 근간으로 하는 다자간 무역체제의 발전이었다. 한 나라가 아무리 무역을 하려하더라도 자유로운 무역이 보장되지 않는다면 그만큼 그 나라의 무역활동은 위축되고 무역의 이익의 실현도 어려울 것이다. 1948년 GATT 출범 이후 세계무역질서는 기본적으로 다자간 무역체제를 통해 발전하였다. 그 전개과정을 살펴보면 다자간 무역체제를 통해 지속적으로 자유무역을 위한 노력들이 진행되었고 이러한 노력 덕분에 국제무역은 그 규모와 다양성 측면에서 비약적으로 발전하였다. 우리나라는 이러한 자유무역의 확대와 다자간 무역체제의 발전이라는 세계무역질서의 변화 속에서 무역을 통한 경제적 이익을 충분히 확보할 수 있었다. 자유무역의 확대는 우리나라 무역의 발전을 위한 토대를 마련해 주었던 것이다.

이처럼 우리나라는 무역을 통한 경제성장전략과 다자간 무역체제를 중심으로 한 자유무역의 확대라는 두 가지의 중요한 조건을 기반으로 무역의 발전과 이를 통한 경제성장을 이룩하였다. 2011년 무역규모 1조 달러를 달성하였고 2017년 수출규모가 세계 6위에 이르는 등 무역입국의 면모를 여실히 보여주고 있다. 하지만 한국의 무역은 새로운 도전에 직면해있다. 대외적으로는 2008년 글로벌 금융위기 이후 지속되고 있는 세계경제의 침체, 경제의 불안정성 및 불확실성의 증가, 선진국들의 보호무역주의로의 회귀 움직임, 중국, ASEAN 등 신흥개도국들의 추격, DDA를 중심으로 하는 다자간 무역협상의 공전 등 우리나라가 지금까지 겪지 못한 새로운 도전과 과제들이 앞에 놓여 있다. 대내적으로는 계속되는 경기침체, 잠재성장률의 지속적인 하락, 급속한 고령화, 상대적 빈부격차의 심화 등도 풀어야 할 과제로 대두되고 있다.

지난 50여 년 동안 우리가 누려왔던 경제성장의 조건들은 이제 더 이상 유효하지 않다. 앞으로 다가올 50년을 새로운 경제성장의 기간으로 삼기 위해서는 새로운 도약이 필요하다. 하지만 그 중심에는 여전히 무역이 있다. 새로운 세계경제환경에서도 무역을 통한 무역의 이익 확보는 우리에게는 필수불가결한 것이다. 다자간 무역협상의 정체로 인해 양자간 FTA뿐만 아니라 TPP, RCEP 등 복수국간 FTA 등의 지역무역협정이 빠르게 추진되고 있고 자유무역을 표방하면서도 국내산업을 보호하기 위한 보호무역적 조치들이 시행되는 등 국가 간 자국의 이익을 확보하려는 보이진 않지만 치열하면서도 냉엄한 무역전쟁이 벌어지고 있는 것이 현실이다. 이러한 국제무역환경의 변화에 적극적으로 대응하고 우리의 입장을 대변, 관철하기 위한 노력들이 진행되어야 한다.

우리나라가 FTA 허브국가를 표방하고 나선 것도 이러한 국제무역질서의 변화와 무관치 않다. 하지만 우리나라는 지역주의적 성향의 강화에 대응하면서도 WTO를 중심으로 한 다자간 무역체제의 발전에도 적극적으로 기여하고 DDA의 협상타결에도 대비해야 한다. DDA는 진행속도는 느리지만 타결이 되면 무역에 미치는 영향과 그 경제적 파장은 그 어떤 FTA보다도 크기 때문이다. 무역이 경제에 미치는 영향이 지대한 우리나라는 더욱 이러한 지역주의와 다자주의적 흐름에서 우리나라의 국익을 극대화할 수 있는 지점을 선점해야 할 것이다.

이전 50년 동안의 우리나라 경제의 중심에는 무역이 있었다. 마찬가지로 앞으로의 50년도 우리나라의 경제의 중심에는 무역이 있을 것이다. 그 무역을 통한 무역의 이익은 우리나라가 작지만 강한 나라로 발전할 수 있는 핵심적인 요소가 될 것이다. 무역 2조 달러시대가 얼마만큼 빨리 오느냐는 우리의 손에 달려있다.

참고1: 무역 2조 달러 시대를 앞당기려면: 윤상직, 산업통상자원부 장관 특별기고

일신우일신(日新又日新). 요즘 머릿속에서 가장 많이 맴도는 말이다. 중국 은나라 탕왕의 반명(盤銘)인 '구일신(苟日新) 일일신(日日新) 우일신(又日新)'에서 유래했는데, 진실로 새로워지기 위해서는 날마다 새로워져야 한다는 뜻이다. 탕왕은 이 말을 세숫대야에 새겨놓고 매일 아침 되뇌었다고 한다. 우리 무역도 이러해야 하지 않을까.

오늘은 '제51회 무역의 날'이다. 올 한 해는 만만치 않은 수출환경 속에서도 사상 최대 무역, 수출, 무역흑자라는 쾌거를 달성할 것으로 예상된다. 박근혜 정부가 출범한 작년 초부터 국정과제로 삼고 노력해 온 결과, 올해 중소중견기업의 수출 증가율은 5.7%로 1.6%에 그친 대기업보다 높아지면서 전체 수출 증가의 견인차 역할을 톡톡히 하고 있다. 그러나 가야 할 길이 아직 멀다. 수출입국 반세기, 무역 1조 달러를 넘어 '제2의 무역입국', 무역 2조 달러 시대를 열어야 한다. 중국의 기술 추격, 엔저 등 넘어야 할 산도 제법 많다. 그렇다면 이제 어떻게 해야 할 것인가. 우리 무역에서 창조경제를 실현해야 한다. 무역을 하는 주체와 방식, 시장, 품목 모두를 일신우일신해야 한다.

우선 주체와 방식이다. 우리 중소기업들이 내수시장에 머물지 않고 수출 역군으로 거듭나야 한다. 정부는 제품 경쟁력은 뛰어나지만 수출은 엄두도 못 내는 기업들에 퇴직 무역인력을 전담 멘토로 지정해 줄 생각이다. 이렇게 되면 서로 사정이 다른 기업들이 맞춤형 솔루션을 제공받을 수 있다. 누구나 손쉽게 해외시장 문을 두드릴 수 있도록 전문무역상사를 통한 간접수출과 전자상거래 수출, 역(逆)직구라는 새로운 수출 방식도 활성화할 것이다.

한국 수출의 근간인 제조업 경쟁력을 키우는 것도 중요하다. 이를 위해 2020년까지 1만개 중소중견기업을 스마트 공장으로 탈바꿈시킬 계획이다. 필요한 기술과 인력, 규제 개선은 패키지로 지원한다. 독일 지멘스 공장은 사물인터넷(IoT), 생산로봇 등을 활용해 제품 불량률을 100만개당 12개까지로 줄였다고 한다. 장밋빛 희망사항으로 들릴 수도 있지만, 우리는 세계적으로 우수한 제조업 기반과 정보기술(IT) 인프라, 뛰어난 인재가 있기 때문에 충분히 가능하다.

새로운 수출 시장을 개척하는 일도 중요하다. 무엇보다 우리 기업들이 자유무역협정(FTA)을 활용해 13억 인구의 거대 시장인 중국을 제2의 내수시장으로 삼을 수 있도록 '메이드 인 코리아(Made in Korea)' 제품의 수출뿐만 아니라 '인베스트 인 코리아(Invest in Korea)' 투자 유치에도 주력할 생각이다. 여건은 좋다. 중국인 유커(遊客・관광객)와 하이타오족(海淘・해외직구족)은 우리 화장품과 패션의류에 열광하고 있고, 올해 국내 게임업체와 유아용품업체는 중국으로부터 대규모 투자를 받았다. 이제 한국을 신제품의 테스트 베드를 넘어 중국시장 공략의 교두보로 선택하는 글로벌 기업도 많이 생겨날 것이다.

마지막으로 새로운 수출 품목, 먹거리 창출이다. 이미 한류는 'K팝'을 넘어 'K컬처'로 진화하고 있다. 드라마, 음악 등 문화 콘텐츠는 물론이고 우유, 인삼제품 등 안전한 고품질 농수산식품, 그리고 우리의 강점인 IT에 서비스를 결합한 디지털병원 등은 한국 무역의 새로운 블루오션이 될 수 있다. 무인항공기 등 차세대 신기술 개발과 헬스케어, 에너지저장장치(ESS) 등과 같이 제조업과 서비스를 융합한 신시장 창출에도 주력할 생각이다. 지난 반세기 우리는 수출입국의 기적을 이뤄냈다. 정부, 기업, 근로자 모두 머리를 맞대고 힘을 모아 다시 한 번 일신우일신한다면 '제2의 무역입국' 기적도 머지않다.

출처: 한국경제, 2014.12.4.일자.

참고2: 광복70년 무역70년, 세계6위 수출대국 '우뚝'

8월 15일 광복절, 다시 그 날이다. 하지만 올해 광복절의 의미는 여느 해와는 사뭇 다르다. 광복70년 '위대한 여정'을 거쳐 희망찬 미래를 향한 '새로운 도약'을 시작하는 해이기 때문이다. 격동의 현대사를 헤치며 경제, 사회, 문화 등 모든 면에서 눈부신 발전을 이뤄 온 대한민국. 정책브리핑은 광복70년을 분야별로 되돌아보고 미래 비전을 다함께 모색해 보는 릴레이 전문가 기고를 마련했다.

광복 이후 70년 동안 대한민국은 경제, 사회, 문화, 스포츠, 정치 모든 면에서 큰 발전을 이뤘다. 그 중에서도 경제발전은 가장 두드러진다. 그리고 광복 이후 경제발전은 사실상 무역이 견인해 왔다고 해도 지나치지 않다. 광복 이듬해인 1946년 대한민국의 수출은 354만1000 달러 수준이었다. 같은 해 수입은 원조 4,949만 6,000 달러를 포함해 6,075만 1,000 달러 규모였다(출처 한국산업경제 10년사, 한국산업은행 1956) 원조를 빼면 실질 수출입은 1,479만 6,000 달러에 그친다.

그로부터 69년이 지난 2014년 우리나라의 수출은 5,726억 6,500만 달러, 수입은 5,255억 1,500

만 달러로 수출과 수입을 합한 무역규모는 1조981억8000만 달러다. 수출은 16만 배, 수입은 4만 6,000 배, 전체 수출입 규모는 7만 4,000 배가 넘게 늘었다. 그 결과 대한민국은 수출금액을 기준으로 중국, 미국, 독일, 일본, 네덜란드에 이은 세계 6위에 올랐다. 또 수입은 미국, 중국, 독일, 일본, 영국, 프랑스, 홍콩, 네덜란드에 이어 세계 9위를 기록했다.

세계 200여개 국가 가운데 수출과 수입 모두 열 손가락 안에 드는 '무역대국'이 된 것이다. 광복 직후 대한민국이 변변한 생산시설은 물론 자원마저 없는 세계 최빈국이었다는 점을 생각하면 '기적'이라는 말이 과언이 아니다. 대한민국 무역의 발전을 시대적으로 구분하면 크게 ▲광복 이후부터 경제개발이 본격 시작된 1960년대 초까지의 태동기 ▲수출주도적인 1960년대 초부터 1970년대 말까지의 공업화기 ▲1980년대 초부터 1990년대 후반까지의 균형성장기 ▲1998년 이후 현재까지의 무역선진화기로 나눌 수 있다.

먼저 1945년부터 1960년대 초까지의 무역태동기에는 무역의 규모나 발전 속도 모두 보잘 것 없었다. 해방 이후 정치・사회적 혼란 속에 경제발전의 기반을 마련하기도 전에 1950년 한국전쟁이 터졌고 1960년대 초반까지 한국무역은 원조무역에 절대적으로 의존해야 했다. 1950년대 말까지 수출금액은 2000만 달러 안팎에 머물렀다. 1960년대로 넘어오면서 수출은 농수산물과 광산물 등 1차산품 중심으로 조금씩 늘어나기 시작했으나 여전히 1억 달러를 넘지 못했다. 수출시장은 일본과 홍콩 등 아시아지역이 전체 수출의 60%를 차지했다. 1964년 마침내 수출이 1억 달러를 돌파했다. 시골 여인네들의 머리카락을 잘라 만든 가발을 비롯해 돈 되는 건 모두 내다 팔았다 이 해에 우리나라의 수출 순위는 전 세계 159개 국 가운데 90위였다. 정부의 수출드라이브 정책이 본격 시작되면서 이후부터 대한민국의 수출은 '빛의 속도'로 질주하기 시작했다.

10년 후인 1974년 대한민국은 무역규모 100억 달러를 넘어섰다. 이 10년 동안 한국의 수출증가율은 연평균 43.7%였다. 같은 기간 세계 수출증가율이 16.9%였으니 무려 3배나 빠른 성장을 이어온 것이었다. 세계시장에서 수출순위는 40위로 높아졌다. 그리고 1977년 수출만으로 100억 달러를 돌파했다. 이 시기 수출품목과 시장의 다변화가 급격히 이뤄졌다. 수출품목은 1차산품에서 섬유, 신발, 합판, 가발 등 경공업제품으로 바뀌었고 주요 수출시장은 미국이었다. 1968년 미국에 대한 수출비중은 48.6%에 달했다. 1970년대 중반 정부는 중화학 육성 정책을 폈고 수출도 중화학 제품 비중이 높아지기 시작했다. 대한민국은 경공업 제품의 수출이 성숙기에 진입하는 가운데 중화학 제품 비중이 높아지는 균형성장기에 진입했다. 무역규모 100억 달러를 돌파한 지 9년만인 1983년 무역규모 500억 달러를 달성했다. 5년 뒤인 1988년에는 마침내 무역 1000억 달러 고지를 넘어섰다. 세계 수출순위는 12위로 높아졌다. 이후 1995년에는 수출 1000억 달러를 돌파했다.

그러나 한국경제에 힘든 나날들이 찾아왔다. 1997년 대한민국은 IMF 구제금융이라는 경제위기를 겪어야 했다. 외채가 1161억 달러인데 외환보유액이 88억7000만 달러에 불과했다. 위기를 극복한 힘은 수출이었다. 1999년 수출증가율은 8.6%, 2000년 수출증가율은 19.9%였다. 이어진 2000년대 초반의 IT 버블붕괴와 2008년의 글로벌 금융위기 역시 수출이 구원투수 역할을 했다. 무역선진화시기로 분류되는 이 무렵 수출은 또 한 번의 변화를 겪는다. 이제 주력 수출품목은 반도체, 액정디스플레이, 휴대폰 등 첨단 IT 제품과 고부가가치 선박, 자동차, 화학제품 등으로 바뀌었고 주요 시장도 지구촌 곳곳으로 다변화되었다. 이 무렵부터 한류 열풍이 일면서 게임, 드라마, 영화, 음악, 프랜차이즈 등 서비스 수출도 크게 활성화되기 시작했다. 2005년 무역 5000억 달러를 달성했고 6년 뒤인 2011년 12월 5일 대한민국은 마침내 무역 1조 달러 시대를 열었다. 대한민국은 세계에서 무역 1조 달러를 달성한 9번째 나라가 됐다. 광복 66년 만이었고 수출 1억 달러를 달성한지 47년 만이었으며 무역 1000억 달러를 달성한지 23년 만이었다. 식민지배에서 벗어났어도 변방을 떠돌아야 했던 대한민국이 당당히 세계경제의 주연으로 등극하는 순간이었다. 그리고 대한민국은 2014년까지 4년 연속 1조 달러 달성 시점을 매년 앞당겨 왔다. 이 같은 대한민국의 눈부신 무역발전은 세계에서 유례를 찾아보기 힘든 것이다. 왕조시대에 강제 개항을 당하고 식민 지배를 겪어야 했으며 6.25 동란으로 모든 것이 파괴됐던 나라가, 자원도 자본도 생산시설도 없던 나라가 불과 몇 십 년 만에 이룬 기적이라는 점에서 더욱 그렇다.

기적을 이룬 공로자들은 대한민국 국민 모두이다. 수출 드라이브를 위해 밤을 새워 정책을 입안하고 추진했던 정책결정권자들과 공무원들, 수출만이 살 길이라며 갯지렁이를 잡고 가발용 머리카락을 잘라 바쳤던 일반 국민들, 철야를 마다 않고 피땀 흘려 수출상품을 만들던 수많은 공원들, 1달러라도 벌기 위해 해외로 파견 나갔던 광부와 간호사와 군인과 건설 노동자들, 가방 하나 들고 온몸으로 세계시장을 누볐던 비즈니스맨들, 연구실에 박혀 기술개발에 구슬땀을 흘렸던 엔지니어들과 기업인들 모두가 승리자들이다. 그러나 광복 70년을 맞은 오늘 대한민국 무역은 위기에 직면해 있다. 세계경제는 저성장 국면에 진입했으며 지구촌 곳곳에 위기의 징후들이 산재해 있다. 후발국들은 무서운 속도로 추격해오고 있는 가운데 선진국들과의 경쟁은 치열해지고 있다. 심화되는 글로벌 화폐전쟁과 패권전쟁은 대한민국의 입지를 좁게 만들고 있다. 그 결과 경쟁국들에 비해 감소율이 낮다고는 하지만 2015년 들어 수출은 연속 마이너스 증가율을 기록하고 있다.

그래도 대한민국은 무역 2조 달러 시대를 향한 새로운 도전에 나서야 한다. 이를 위해 먼저, 자유무역협정(FTA) 체결을 통해 새롭게 개척한 경제영토를 잘 활용해야 한다. 2014년 말 현재 우리나라가 체결한 FTA 교역국 GDP가 세계에서 차지하는 비중은 73.5%에 달한다. 특히 한-중 FTA를 활용해 중국의 내수시장에 진출하고 신흥 시장의 개척을 통해 새로운 성장 동력을 확보해야 한다. 다음으로 과거 수출 드라이브를 통해 경공업의 수출기반을 마련했고 이후 중화학 산업 육성, IT 수출 지원에 나섰던 것처럼 제2의 수출 드라이브가 필요하다. 예를 들어 문화콘텐츠, 의료, 소프트웨어, 금융 등 서비스의 수출산업화 및 무역과 문화의 융합 등을 통해 새로운 수출상품 개발과 육성에 나서야 한다. 또 내수기업의 수출기업화 및 중소기업의 글로벌 경쟁력 강화를 위한 정책 지원이 확대되어야 한다. 이 밖에 무역의 새로운 툴로 떠오른 전자상거래를 활용하는 등 끊임없는 신시장 개척 노력이 필요하다. 예컨대 온라인 상담 활용이나 '역직구'를 통한 수출시장 개척 등은 무역의 대중화를 확산시키고 무역인구의 저변 확대를 통해 새로운 무역시대를 열게 된다. 무역 2조 달러의 고지가 바로 저기에 있다.

출처: 주간무역, 2015.8.13.

참고3: 한국에 쏟아지는 '수입규제'... 보호무역 파도가 다시 출렁인다.

1929년 대공황이 발발한 직후인 1930년 '스무트-할리(Smoot-Hawley) 관세'라고 널리 알려진 미국의 관세법이 발효됐습니다. 목적은 수입 제품과 경쟁하는 미국의 일자리와 농민을 보호하기 위해 외국 제품에 대한 관세 장벽을 높이는 것이었습니다. 미국이 관세 장벽을 쌓자마자 캐나다와 유럽 국가들도 미국에 대한 보복으로 관세를 올렸고, 이러한 보호무역 조치의 확산은 결과적으로 불황을 더욱 악화시켰습니다. 2008년 글로벌 금융 위기가 발생했을 당시에도 여러 국가가 가장 먼저 경계했던 점이 바로 보호무역주의의 확산 가능성이었습니다. 금융에서 시작된 경제 위기가 보호무역주의로 이어질 경우 더 큰 혼란과 파국이 예상됐기 때문입니다. 다행히도 당시 국가 간 공조를 통해 과거의 실수를 되풀이하지 않았습니다.

그런데 작년부터 다시 보호무역주의에 대한 경계주의보가 등장하고 미국 대통령 선거를 기점으로 미국발 보호무역 조치가 가시화됐습니다. 도널드 트럼프 미 대통령은 1920년대와 동일하게 미국의 일자리 감소 원인으로 무역을 지목하고, 미국 국내 통상법상 수입을 규제할 수 있는 모든 카드를 꺼내 들고 있습니다. 미국이 수입 규제 수단으로 가장 빈번하게 사용하는 반덤핑 · 상계관세 조치를 강화할 뿐 아니라 2001년 이후 16년 만에 긴급수입제한조치(세이프가드) 조사를 개시했습니다. 심지어 1960년대에 제정된 통상법(1962년 무역확대법 232조)에 따라 철강 제품 수입을 규제하기 위한 근거로 수입산 철강 제품이 미국의 국가 안보를 위협하는지를 조사하고 있습니다.

세계무역기구(WTO) 다자간무역협정은 수입국 입장에서 수출국의 국내 가격보다 낮은 가격으로 수출을 하는 기업의 덤핑(dumping)을 불공정 행위로 규정하고 있습니다. 따라서 수입국은 해당 수입품에 대해 덤핑 마진에 상응하는 반덤핑 관세를 부과할 수 있습니다. 정부의 보조금 지급도 불공정 행위로 규정해 수출 기업이 자국 정부로부터 보조금을 받아 수출할 경우 수입국은 해당 수입품에 대해 상계관세(countervailing)를 부과할 수 있습니다. 반덤핑 · 상계관세를 무역 구제(trade remedy)라고 일컫는 이유는 덤핑과 수출국의 보조금 지급 행위가 수입국 산업에 피해를 줬다는 사실이 입증됐을 때에만 그 피해를 구제하기 위해 부과되는 조치이기 때문입니다. 이 외에 덤핑이나 보조금과 같은 불공정 행위 없이 수입이 갑작스럽게 증가해 수입국 산업에 피해가 발생할 경우 해당 품목의 수입을 한시적으로 규제하는 세이프가드(safeguard)도 무역 구제 조치에 해당합니다.

이처럼 반덤핑 · 상계관세 부과와 세이프가드는 WTO 회원국의 정당한 조치이지만 자국 산업 보호를 위해 남용되는 경우가 많습니다. 개발도상국에서는 자국 산업을 육성하는 과정에서 수입을 규제하기 위한 수단으로 활용하는 측면이 강한 반면, 미국과 같은 선진국은 경기 부진 시 수입품과 경쟁하는 것을 피하기 위한 기업의 청원이 증가하고 정부가 규제 조치를 취하는 건수도 증가합니다. 이러한 이유로 WTO에서 집계하는 전 세계 반덤핑 · 상계관세 · 세이프가드 조사 개시 건수 추이가 보호무역주의 흐름의 지표로 자주 활용됩니다. WTO 집계에 따르면, 지난해 전 세계 반덤핑 · 상계관세 · 세이프가드 조사 개시 건수는 2002년 이후 최대 수치인 345건을 기록했습니다.

한국은 중국 다음으로 수입 규제를 많이 당하는 국가입니다. 무역협회 수입 규제 통합지원센터의 집계에 따르면, 10월 현재 한국에 대해 반덤핑·상계관세·세이프가드 규제 조치 또는 조사 중인 건수가 총 190건에 달합니다. 국가별로는 인도와 미국이 각각 31건으로 가장 큰 비중을 차지하고 있으며, 산업별로는 세계적인 공급 과잉 문제가 지속되고 있는 철강 제품에 수입 규제가 집중돼 있습니다.

한국에 대한 수입 규제와 관련해 최근 가장 눈에 띄는 특징은 미국의 규제 조치가 크게 증가한 것입니다. 1999년부터 2014년까지 미국이 한국에 대해 반덤핑 및 상계관세 조사를 개시한 건수가 연간 2건 이하였으나, 2015년 4건, 2016년 5건으로 증가한 이후 금년에는 10월까지 이미 8건을 기록하고 있습니다. 건수 자체가 증가한 것 이외에 대상 품목 범위가 확대되고 규제의 강도가 높아진 사실에 주목할 필요가 있습니다. 미국 내 보호무역 조치를 요구하는 기조가 여러 산업에 확산하면서 한동안 뜸했던 섬유 제품에 대한 반덤핑 조사가 시작되고 볼베어링 제품이 처음으로 미국으로부터 반덤핑 제소를 당했습니다. 게다가 미국은 최근 조사 당국의 재량권을 높이기 위해 반덤핑 절차법을 개정해 고율의 반덤핑 및 상계관세 부과 건수가 증가하고 있습니다.

우리 전체 수출에서 수입 규제 조치로 영향을 받는 수출의 비중만 본다면 그 심각성에 비해 크지 않아 보일 수 있습니다. 그렇지만 규제를 당한 개별 기업의 입장에서는 치명적일 수밖에 없습니다. 기본적으로 반덤핑·상계관세·세이프가드 조치는 해당 기업 차원에서 수입국 조사에 대응해야 하기 때문에 회계적·법률적 대응을 위한 상당한 비용 부담이 따릅니다. 이러한 이유로 중소기업은 대응 자체를 포기하고 신규 수출 시장을 개척해야 하는 사례도 있습니다. 일단 수입 규제를 위한 조사가 시작되면 수입국 산업에 피해가 없다는 판정을 받거나 최대한 규제 수위를 낮추기 위해 조사 당국의 요구에 충실하게 대응해야 합니다. 특히 최근에 미국 조사 기관이 수출기업의 자료 제공과 조사에 대한 협조가 불충분하다는 이유로 해당 기업에 불리한 정보를 이용해 고율의 반덤핑·상계관세를 부과하는 사례가 증가하고 있습니다.

수입국의 수입 규제 조치가 해당 WTO 협정에 위배되는 경우가 발생하면, 수출 기업 차원이 아니라 기업이 속한 국가의 정부가 WTO 분쟁 해결 절차를 통해 해당 수입국을 상대로 협정 위반에 대한 소를 제기할 수 있습니다. 1995년 이후 지금까지 500건 이상이 WTO 분쟁 해결 절차에 회부됐는데, 가장 빈번하게 문제가 제기되는 분야 중에 보조금 및 상계 조치에 관한 협정과 반덤핑 협정이 포함됩니다.

당분간 수입 규제 조치가 증가할 것으로 예상되며, 규제 타깃이 어떤 산업으로 확산할지 예측하기 힘든 상황입니다. 이러한 시기에 우리 기업들은 보호무역주의 파고를 헤쳐 나가고 피해를 최소화하기 위해 스스로 리스크 예측과 관리에 더욱 관심을 갖고 힘쓸 수밖에 없습니다. 또 정부 차원에서도 WTO 분쟁 해결 절차 활용 등 외교·정치적으로 가능한 모든 채널을 활용해 우리 기업을 지원해야 합니다.

출처: 조선비즈. 2017.10.30.일자. 제현정 한국무역협회 통상협력실 박사.

VII부

통상정책 둘러보기

知彼知己, 百戰不殆. 不知彼而知己, 一勝一負. 不知彼, 不知己, 每戰必殆.
(지피지기, 백전불태. 부지피이지기, 일승일부. 부지피, 부지기, 매전필태)

적을 알고 나를 알면 백 번 싸워도 위태롭지 않다. 적을 알지 못하고 나를 알면 한 번 이기고 한 번 진다. 적도 모르고 나도 모르면 싸울 때마다 반드시 위태롭다.

-『손자병법(孫子兵法)』 제3편 모공(謀攻)-

1장 우리나라의 통상정책 결정 및 관련 기관

1. 통상정책 결정과정

우리나라의 통상정책은 주로 행정부가 중심이 되어 입안, 시행되어 왔다고 할 수 있다. 보다 구체적으로는 현 문재인 정부 하에서는 산업통상자원부 내 통상교섭본부에서 주관하도록 하고 있다. 하지만 그 동안 행정부가 중심이 된 통상정책결정에 대해 국회와 시민단체 등을 중심으로 정부의 독주라는 비판이 지속적으로 제기되었다. 특히 2007년 한미 FTA의 체결과 2008년 광우병 사태를 겪으면서 국민정서를 무시하고 간과한 정부의 일방적이고 독선적 협상진행의 문제점이 더욱 부각되었다.

이러한 논란 속에 통상정책 결정과정을 법적으로 명시함으로써 국론분열과 이로 인한 비용과 비효율성을 최소화하고 통상정책의 투명성과 이에 대한 사회적 합의가 필요하다는 데 공감대가 형성되었다. 이에 따라 적지 않은 논의와 우여곡절을 거쳐 2011년 12월 '통상조약의 체결 절차 및 이행에 관한 법률안(소위 통상절차법)'이 국회를 통과하게 되었다.

기본적으로 통상절차법은 통상정책의 절차를 법적으로 명시함으로써 통상정책의 투명성과 정당성을 확보하도록 하고 있다. 또한 통상절차법은 통상조약체결계획의 중요사항을 변경하는 경우와 국내산업 또는 경제적 파급효과에 중대한 변화가 예상되는 경우 국회에 보고하도록 규정하여 그 동안 문제로 제기되어 왔던 정부의 통상독점권을 견제하고 정부가 시행하는 중요한 통상정책에 대해 국민의 대표기관인 국회가 감독할 수 있도록 하였다. 하지만 미국의 사례에서와 같이 의회가 정부의 통상정책에 대한 광범위하고 포괄적인 권한을 부여하고 있지 않아 국회의 견제와 개입이 한계가 있을 수밖에 없다는 비판이 존재한다.

통상절차법에는 통상협정 과정에서 국민과 이해단체의 의견을 수렴하기 위해 '공청회'를 의무적으로 개최하도록 하고 있다. 이는 국민의 의견을 무시한 채 정부정책을 진행하는 것을 견제하도록 한 것으로 절차적 정당성을 확보한다는 측면에서는 진전이 있지만 실제로 통상정책의 결정과정에서 공청회의 역할은 한계가 있을 수밖에 없다는 점에서 요식행위라는 비판의 소지도 없지 않다.

우리나라의 통상정책은 산업정책과 연결되어 수행되어야 한다는 점에서 정부 주도로 결정, 시행되어 나갈 수밖에 없는 상황으로 보인다. 하지만 그 과정에서 정책결정과정의 투명성을 높이고 정책적 효율성을 확보해 가는 노력이 필요할 것으로 보인다. 아래에서는 우리나라의 통상정책의 대표적인 두 개의 정부기관을 소개하고 이를 통해 통상정책과 시행에 대해 좀 더 구체적으로 이해할 수 있도록 한다.

참고1: 막 오른 한미FTA 협의...통상절차법 적극 활용하라

산업통상자원부와 미국 무역대표부(USTR)는 18일 한미 자유무역협정(FTA) 공동위원회 특별회기가 22일 서울에서 열린다고 발표했다. 한미 FTA 개정 여부를 논의하기 위한 양국 협상이 본격적으로 시작되는 셈이다. 벌써 협상에서 우위를 차지하기 위한 양국 간 물밑 힘겨루기가 한창이다. 미국 측은 "협정의 개정·수정 가능성 등을 검토하자"고 제안해 FTA 개정에 나설 방침임을 분명히 했다. 이에 맞서 우리 정부는 한미 FTA의 효과에 대한 분석부터 하자는 입장이다. 분석 결과에 따라서는 협정을 개정하지 않고도 양국의 이익 균형을 맞출 방법을 찾을 수 있다는 게 우리 정부의 생각이다.

앞으로의 협상 과정에서 미국은 한국의 대미 무역수지 흑자를 내세워 자동차·철강·법률서비스 시장개방 확대 등을 의제로 설정할 것으로 보인다. 하지만 이것이 한미 FTA 때문이라고 단정 짓기는 어렵다. 실제로 미 의회조사국은 최근 '한미관계 보고서'에서 "미국의 무역수지 적자는 한미 FTA가 아닌 다른 요인 때문에 증가했다"고 밝힌 바 있다. 따라서 우리 정부는 협상 과정에서 지난 5년간 한미 FTA의 효과를 철저히 분석한 것을 바탕으로 차분히 미국을 설득해나가야 할 것이다.

여기서 한 가지 우리가 눈여겨봐야 할 것은 통상절차법이다. 한미 양국은 국내 절차를 밟아야 본격 협상에 들어갈 수 있다. 우리 통상절차법에는 본격 협상에 앞서 경제적 타당성 검토와 공청회, 국회보고 등을 거치도록 돼 있다. 국회 비준에 앞서 재정·산업·고용 등에 대한 영향평가도 받아야 한다. 국회와의 협치가 필수적이라는 이야기다. 이를 잘 활용하면 무엇보다 우리 경제에 미치는 영향을 최소화할 수 있다. 또 통상 이외의 이슈를 걸러내는 장점도 있다. 이 법은 통상조약 체결절차와 이행에 관한 사항을 규정했기 때문에 혹시라도 미국이 협상 과정에서 주한미군 방위비 분담 같은 엉뚱한 문제를 끼워 넣는 것을 막을 수 있다.

이제 한미 FTA 협의는 피할 수 없는 상황이 됐다. 그렇다면 마지못해 응하기보다 적극적으로 대응 전략을 세워나가야 한다. 우리 정부는 통상절차법 등 국내 장치들을 잘 활용해서 관련 산업의 피해를 최소화하는 방안을 모색해야 할 것이다.

출처: 서울경제, 2017.8.18.일자.

참고2: 산업부, 농어업인 · 중소기업 이익 포용 신통상정책

산업통상자원부는 그간 FTA 양적 확대 중심의 통상정책에서 新통상정책으로 전환을 추진하겠다고 밝혔다. 백운규 산업부 장관은 29일 세종컨벤션센터에서 문재인 대통령 주재로 열린 '핵심정책토의'에서 이같이 보고했다. 이를 위해 산업부는 2022년까지 2만 5천 개의 내수 중소 · 중견기업을 수출기업화하고, 농어업경쟁력 향상을 위한 지원도 강화할 방침이다.

통상교섭본부를 중심으로 통상 현안 대응역량과 대국민 소통 · 서비스 기능을 대폭 강화하고, 올 하반기에 새정부의 새로운 통상정책을 마련할 계획이다. 아울러 미국의 한미 FTA 개정 요구, 중국의 사드 관련 조치 등 통상현안과 수입규제 등 보호무역주의 확산에 적극 대응하고 우리 기업의 피해 최소화에 힘쓰기로 했다. 산업부는 기존의 수급안정 · 저렴한 에너지 공급 중심 에너지정책방향을 국민 안전 · 쾌적한 환경을 균형있게 고려하는 새로운 패러다임으로 전환을 거듭 밝혔다.

신재생에너지 주민 수용성과 경제성을 확보, 발전 비중을 2030년까지 20%로 확대할 계획이다. 이를 위해 부처 간 협업을 통해 친환경 농장 · 양식장 및 유휴국유지 활용, 학교 태양광 보급 등 공동사업 확대한다는 구상이다. 또한 노후 석탄발전(7기) 조기폐지, 환경설비 개선 등을 통해 오염물질 배출량을 2030년까지 50% 감축할 계획이다. 이에 따라 신규 석탄발전소 추가진입을 금지하고 건설 중인 석탄발전소는 청정 LNG발전소로 전환을 적극 추진한다.

더불어 미래에너지로 전환을 신재생에너지, 신비즈니스, 원전해체산업 등 미래에너지 산업 육성기회로 적극 활용하고 이를 통해 양질의 일자리를 창출할 계획이다. 원전해체산업 민관협의회를 발족해 핵심기술개발 및 인력양성에 속도를 내기로 했다.

출처: 노컷뉴스, 2017.8.29.일자.

참고3: 넥스트 차이나 시대 대비…문재인표 'J축' 신통상전략 띄운다.

러시아와 남 · 북한, 일본, 동남아, 인도 등 이른바 'J축'을 중심으로 하는 문재인 대통령의 신(新) 통상 전략이 본격 추진된다. '넥스트 차이나' 시대를 대비하기 위한 것으로, 그 첫 시작점은 북방의 러시아다. 기획재정부는 21일 국무회의에서 '북방경제협력위원회 설치 및 운영에 관한 규정'을 의결했다고 밝혔다.

북방경제협력위는 새 정부가 동북아시아 등 유라시아(유럽+아시아) 지역 국가와 연계를 강화해 미래 성장 동력과 남・북한 통일 기반을 마련하겠다며 설치한 대통령 직속 기구다. 한・러 경제 협력과 신 북방 정책 추진을 위한 사실상의 정부 컨트롤타워다. 부총리급인 위원장은 문 대통령 대선 본부장을 지낸 더불어민주당 송영길 의원이 내정된 것으로 알려졌다. 송 의원은 지난 5월 대통령의 대(對)러시아 특사로 방러해 블라디미르 푸틴 대통령을 예방하고 두 나라 경제 협력을 위한 전담 기구를 설치하기로 합의한 바 있다. 한국 측 전담 기구가 바로 북방경제협력위다.

위원회는 기재부・외교부・통일부・산업통상자원부 등 4개 부처 장관과 김현철 청와대 경제보좌관 등 정부 위원 5명, 민간 위원 25명(최대) 등으로 구성할 예정이다. 주관 부처는 기재부이지만, 위원회 간사는 김 보좌관이 직접 맡는다. 위원회 안에 분야별 전문・특별위원회와 자문단, 지원단도 두기로 했다. 위원회는 앞으로 중국을 넘어서 문재인 정부의 신(新) 북방 정책을 전담할 핵심 기구 구실을 할 전망이다. 정부는 지난달 발표한 '국정 운영 5개년 계획'에서 한・중・일 등 동북아를 벗어나 북방・남방 지역을 번영의 축으로 삼기 위한 신 북방・남방 정책을 추진하겠다고 했다. 신 북방 정책은 나진-하산 물류 사업・철도・전력망 등 남・북・러 3각 협력 추진 기반 마련, 한・유라시아연합(EAEU) 자유무역협정(FTA) 추진, 중국 주도의 일대일로(一帶一路・신 실크로드) 구상 참여 등을 주요 전략으로 삼고 있다.

김현철 청와대 경제보좌관도 앞서 지난 4일 본지 인터뷰에서 "사드(고고도 미사일 방어 체계) 경제 보복 문제를 통해 과도한 중국 의존도가 한국 경제에 얼마나 타격을 미칠 수 있는가를 전 국민이 알았다"며 "새 정부는 '넥스트 차이나' 전략으로 중국 의존도를 줄이면서 새로운 시장을 개척하는 전략을 준비하고 있다"고 말했다. 그는 "'J노믹스(문재인 대통령의 경제 정책)'를 J를 본뜬 러시아, 북한, 일본, 동남아, 인도 등 'J축'이 새 정부의 글로벌 성장 전략의 새로운 축이 될 것"이라며 "이런 시장을 좀 더 강력히 공략하면서 중국에 대한 의존도를 전략적으로 낮추는 노력을 할 것"이라고 강조했다.

기재부는 이날 북방경제협력위 설치 안을 확정함에 따라 민간 위원 선임, 지원단 구성 등 후속 절차에 속도를 낼 방침이다. 위원회는 향후 북방 경제 협력 정책 기본 방향 및 중장기 기본 계획을 수립하고, 부처별 실행 계획과 추진 성과 등을 점검할 계획이다. 당장 다음 달 초로 예정한 한・러 경제공동위원회와 제3차 동방경제포럼(EEF)이 위원회가 선보이는 첫 무대가 될 전망이다. 문재인 대통령은 다음달 6・7일 러시아 블라디보스토크에서 개최하는 동방경제포럼에 참석해 경제 협력 방안 등을 논의할 예정이다.

출처: 이데일리, 2017.8.21.일자.

참고4: [권의종의 경제프리즘] CPTPP 가입, 더 이상 미룰 숙제 아니다

일본이 주도해 온 환태평양경제동반자협정(CPTPP)의 최종 서명이 이뤄졌다. 아시아 태평양지역을 아우르는 '메가 무역협정' 이다. 일본을 비롯해 호주, 뉴질랜드, 캐나다, 멕시코, 칠레, 페루, 싱가포르, 베트남, 말레이시아, 브루나이 등 11개국이 서명에 정식 참여했다. 미국이 빠지면서 앞에 CP, 즉

'포괄적이며 점진적(Comprehensive and Progressive)' 이라는 명칭이 부가되었다.

11개 회원국의 역내 인구만도 5억 명에 달한다. 국내총생산(GDP) 기준으로 전 세계의 13.5%를 점하는 비중이다. 대략 10조 달러의 관세장벽 철폐 효과가 기대된다는 추산이다. 규모면에서 28%의 북미자유무역협정(NAFTA), 31%의 역내포괄적 경제동반자협정(RCEP)에 이어 세 번째다. 하지만, 미국이 참여할 경우 37%로 세계 최대의 경제블록이 된다. 교역 물품의 95%에 대한 관세를 단계적으로 철폐한다는 내용이 협정에 담겨 있다. 강력한 경제공동체라는 평가다.

미국의 복귀 여부는 여전히 초미의 관심사다. 미국이 협상에 참여했을 때 요구했던 조항들이 협정문에 대부분 그대로 살아 있다. 지식재산권 등 일부 조항만 보류된 상태다. 미국은 이들 11개국과 함께 2015년 10월 아시아-태평양 지역을 아우르는 세계 최대의 무역협정인 TPP를 체결했다. 하지만 지난해 1월 도널드 트럼프 행정부의 출범과 함께 전격 탈퇴한 상태다.

그랬던 미국의 태도가 최근 들어 달라졌다. 트럼프 대통령은 미국에 좋은 조건이 제시된다면 복귀할 수 있다는 입장으로 선회했다. 영국 또한 유럽연합(EU)을 탈퇴한 뒤 CPTPP에 가입할 수 있다는 의사를 내비치고 있다. 대만, 인도네시아 등도 가입을 고민 중이라는 외신들의 보도다.

우리 정부는 올해 안에 가입 여부를 결정한다는 방침이다. 뒤늦은 가입이라 참여가 쉽지 않을 수 있다. 후발 주자로 들어가려면 11개국과 일일이 개별 협상을 벌여야하기 때문이다. 기존 회원국 입장에서는 한국의 참여에 따라 시장개방의 정도와 피해 규모가 나라별로 달라져 셈법이 한층 복잡해질 수 있다. 우리나라가 TPP를 주도하고 있는 일본과의 관계가 그리 좋지 않다는 점도 부담 요인이다.

어쨌거나 우리로서는 현실을 정확히 간파하고 이해득실을 면밀히 따져 참여 여부를 결정해야 하는 입장이다. 날로 심해지는 미국의 보호무역 장벽에 대응할 해법으로 다자간 무역협정이 급부상하는 최근의 통상흐름을 감안해야 한다. 그간 우리가 주력해온 FTA, 즉 국가 대 국가의 양자간 협상보다는 CPTPP와 같은 다자간 협상을 통해 다른 나라들과 연합군을 이뤄 대응해야 할 필요가 커지고 있다.

한미 FTA만 하더라도 미국이 개정을 요구하고, 이와는 별도로 한국산 제품에 보복성 관세를 물리면서 협상에 빨간불이 켜진 상태다. 우리가 미국과 함께 CPTPP에 포함되면 한미 FTA라는 1대1이 아닌 1대12의 다자 구도로 바뀌게 된다. 혼자 외롭게 싸우지 않아도 된다. 미국 입장에서는 양자간 협정 때보다 다자간 협정에서는 상대할 국가들이 많아져 자국의 이익만 강요하기 힘들어진다.

환경이 새로워진 만큼 우리의 입장도 달라져야 한다. 지난 날 이 협정에 참여를 추진했다가 일본을 의식해 포기했던 기억 따위는 말끔히 지워야 한다. CPTPP에 가입하여 자동차와 기초소재, 부품 등 일본 제품이 낮은 관세로 들어올 경우 내수 시장의 상당부분 잠식될 수 있다는 막연한 피해의식도 과감히 떨쳐야 한다. CPTPP 11개 회원국 중 일본과 멕시코를 제외한 9개국과 이미 양자 FTA를 체결해 관세가 상당 부분 철폐됐기 때문에 CPTPP가 발효되더라도 우리 경제에 미치는 부정적 영향이 크지 않다는 단편적 사고 또한 버려야 한다.

CPTPP에 가입하지 않을 경우 초래될 수 있는 제반 불리함까지 내다보는 넓은 혜안이 오히려 정부에게 요구되는 덕목이다. 일례를 들어보자, 일본은 글로벌 시장에서 우리와 수출품목이 상당부분 중복된다. 한국과는 FTA를 맺었지만 일본과는 맺지 않은 국가들, 이를테면 캐나다와의 경우를 보자. 지난해 일본은 캐나다에 우리나라보다 두 배나 많은 수출을 했다. 우리나라가 CPTPP에 가입하지 않을 경우 일본의 캐나다 수출량이 더 늘고 우리 몫까지 뺏기는 최악의 상황이 언제든 생겨날 수 있다. 이런 FTA의 선점 효과까지 정부는 염두에 둬야 한다.

차제에 CPTPP에 맞서 중국이 주도해온 RCEP에 대한 입장도 확실히 정리해 둘 필요가 크다. 중국을 겨냥한 미국의 수입규제 유탄을 맞고 있는 우리로서는 RCEP로 중국과 묶이게 되면 상당한 후폭풍이 불가피하다. 한·미 FTA 개정협상 등에서 미국 측의 압박수위가 거세질 게 분명하다. 미·중간 무역전쟁에서 등거리 통상관계가 필요한 만큼 미국의 복귀가 임박한 CPTPP 가입은 RCEP와 연계시켜 검토하는 게 바람직할 수 있다. 미국의 CPTPP 참여 의도에는 중국 견제의 목적이 무겁게 실려 있기 때문이다.

우리나라는 TTP에 2013년 처음 관심을 보인 후 5년째 저울질만 해왔다. 관련국들 눈치를 살피며 우왕좌왕을 반복했다. 지금도 정부는 '연내 결정하겠다'는 말만 되풀이 중이다. 충분한 검토야 의당 필요하겠지만 무작정 미룬다고 해결될 사안이 아니다. 정책의 요체는 타이밍과 스피드다. CPTPP 발효와 관련된 제반 동향을 면밀히 점검하고 통상절차법에 따라 국익을 극대화하는 방향에서 가입 여부를 조속히 결정지어야 한다. 선택의 시점은 벌써 코앞에 당도해 있다. 시간은 언제까지나 우리 편이 아니다.

출처: 금융소비자뉴스, 2018.03.10.일자.

2. 통상교섭본부

우리나라의 통상정책의 결정과 수행을 담당하는 정부기관은 통상교섭본부이다. 통상교섭본부는 외국과의 통상, 통상교섭 및 통상교섭에 관한 총괄·조정, 무역, 외국인 투자에 관한 기능을 수행하는 산업통상자원부의 하부조직이다. 통상교섭본부는 1998년 김대중 정권 하에서 통상정책과 협상을 전담하는 부서로 외교통상부 내 설치되었으나 2013년 박근혜 정부 하에서 폐지하고 그 업무를 외교부에서 산업통상자원부로 이관하였다. 하지만 통상정책의 컨트롤 타워의 부재로 인한 비판과 문제제기가 많아지면서 2017년 7월 문재인 정부 출범 이후 산업통상자원부 내 부서로 부활하였다.

현 정부의 통상교섭본부는 통상 관련 의견을 총괄, 조정하고 대외 통상 교섭을 진행하는 역할을 한다. 통상교섭본부장은 정부조직법의 직제상으로는 차관급이지만 실제적으로 대외협상 등 통상 분야에 있어서는 장관급(Minister of trade)으로 인정됨으로써 다시 대외장관으로서의 지위를 갖게 되었다. 통상기능의 전담부서인 통상교섭본부를 외교부대신 기존 산업부에 존치시킨 것은 글로벌 통상환경이 급변하는 상황에서 일관성 있는 정책 시행과 조직 안정이 필요하다는 이유가 컸던 것으로 보인다.

특히 통상 기능이 일반적인 외교업무가 아니라 산업적 연계성이 강하고 산업정책과의 조율과 조화가 필요하다는 점에서 산업통상자원부 내의 존치로 결정된 것으로 보인다. 또한 중요한 현안으로 떠오른 한-미 FTA 개정협상 논의를 잘 풀어가기 위한 조직 내의 안정이 시급하였기 때문이기도 하다. 초대 통상교섭본부장으로 참여정부 시절 통상교섭본부장을 지낸 김현종 교수가 임명된 것은 이를 잘 반영하고 있다. 김현종 교수는 한-미 FTA 협상을 주도했던 인물로 한-미 FTA 개정협상을 무리없이 잘 주도해나갈 수 있는 인물로 여겨지고 있고 또한 WTO 상소기구 상임위원으로 활동하는 등 급변하는 통상환경에 대처할 수 있는 적임자라는 평가를 받고 있다. 산업통상자원부 내의 통상교섭본부의 조직은 크게 통상정책국 및 통상협력국, 통상교섭실 및 무역투자실 등 2국 2실 체제로 구성되어 있다. 간단히 각 국과 실의 업무를 정리하면 아래 〈표 9〉와 같다.

〈표 9〉 통상교섭본부 조직 및 주요 업무

부서명	주요 업무
통상정책국	중장기 통상에 관한 정책의 수립 · 총괄 및 평가 통상조약의 체결절차 및 이행에 관한 사항 세계무역기구와 관련한 정책의 수립 · 시행 및 총괄 · 조정 세계무역기구의 서비스 무역, 지식재산권, 무역원활화 및 무역과 환경에 관한 회의와 그 분야 협상 및 협상의 총괄 미주 · 중남미 · 구주지역 국가와의 통상에 관한 정책의 수립 · 시행 및 총괄 · 조정
통상정책총괄과	중장기 통상에 관한 정책의 수립 · 총괄 및 평가 통상정책 자문기구의 운영 및 통상정책 협의체에 관한 업무 통상정보의 수입 및 통상홍보에 관한 사항 통상조약의 체결절차 및 이행에 관한 법률에 따른 통상조약의 체결절차 및 이행에 관한 사항
세계무역기구과	WTO DDA 협상 및 발리패키지 이행 대응 WTO 분야별 이사회/위원회 계기 무역현안 해결을 위한 양자 · 다자 차원 대응 쌀 관세화 유예 만료 관련 대응 정보기술협정 확대협상, 환경상품자유화 협상 등 분야별 복수국간 협상 대응

부서명	주요 업무
다자통상협력과	WTO의 서비스 무역, 지식재산권, 정부조달협정, 무역원활화 관련 대응 TISA(복수국간 서비스협정) 협상 참여 APEC 통상장관회의, OECD 각료회의(무역세션) 등 다자회의체 참여
미주통상과	미주 및 중남미 지역 국가와의 통상에 관한 정책의 수립 · 시행 총괄 미주지역 국가와의 통상장관 회담 등 통상분야 협의체 운영 미주지역 국가와의 통상교섭 및 통상교섭의 총괄 · 조정 미주지역 국가의 수입규제에 대한 국내 대응 미주 및 중남미 지역 국가와의 산업 · 자원 협력에 관한 사항
구주통상과	구주지역 국가와의 통상에 관한 정책의 수립 · 시행 총괄 구주지역 국가와의 통상장관 회담 등 통상분야 협의체 운영 구주지역 국가와의 통상교섭 및 통상교섭의 총괄 · 조정 구주지역 국가의 수입규제에 대한 국내 대응 구주지역 국가와의 산업 · 자원 협력에 관한 사항
통상협력국	신흥국 통상협력전략 수립 산업부 소관 국제개발원조(ODA) 지원 총괄 수입규제 국내 종합대책 수립 · 시행 중앙아 · CIS · 동북아 · 아주 · 중동아프리카지역에 대한 양자간 산업 · 자원 협력 동남아시아연합과의 통상 관련 협의체 운영 ADB 등 다자개발은행과 프로젝트 금융 협력 등
통상협력총괄과	신흥국 통상협력전략 수립 중앙아 · CIS지역 국가와의 통상협력 국제개발원조(ODA) 지원, 기업의 해외프로젝트 수주 지원 등 수입규제 국내 종합대책 수립 · 시행 ADB 등 다자개발은행과 프로젝트 금융 협력 등
동북아통상과	동북아지역 국가(중국, 일본 등)와의 통상교섭 및 통상정책의 총괄 · 조정 동북아지역 국가(중국, 일본 등)와의 통상장관회담 등 통상분야 협의체 운영 동북아지역 국가(중국, 일본 등)와의 산업자원 협력 및 주요 통상 현안 총괄
아주통상과	동남아 · 서남아 지역 국가와의 통상교섭 및 통상정책 총괄 · 조정 동남아 · 서남아 지역 국가와의 통상장관회담 등 통상분야 협의체 운영 동남아 · 서남아 지역 국가와의 산업자원 협력 및 주요 통상 현안 총괄
중동아프리카통상과	중동 · 아프리카 국가와의 통상협력 진흥정책 수립 중동 · 아프리카 국가와의 산업 · 자원 협력 및 통상협의체 운영 국내기업의 중동 · 아프리카 국가로의 투자 및 시장개척활동 지원 중동 · 아프리카 국가와의 민간경제협력 지원

부서명	주요 업무
통상교섭실	통상에 관한 조약 및 협정에 관한 업무의 기획 및 총괄 조정 자유무역협정(FTA)의 체결과 관련된 정책의 수립, 총괄, 조정 FTA 교섭 및 문안 합의, 국문본 작성, 서명의 총괄, 조정 FTA 체결과 관련된 국내 홍보대책의 수립, 시행 FTA 비준에 관한 업무 FTA 이행 및 개선 협상 FTA 각 분야 업무와 관련된 조사 및 연구 환태평양동반자협정(TPP) 대응방안 검토
자유무역협정 정책기획과	FTA체결과 관련된 정책의 수립, 총괄, 조정 FTA 관련 연구과제의 개발, 시행 및 관리 FTA에 관한 공동연구 FTA추진과 관련된 국회와의 협조 업무 FTA 체결절차의 운영에 관한 업무
자유무역협정 협상총괄과	FTA 협상의 총괄, 조정 FTA의 총칙 분야, 분쟁해결절차 분야, 협력 분야 교섭
자유무역협정이행과	FTA 이행기구 운영 업무 FTA 이행 및 개선과 관련된 홍보대책의 수립, 시행 FTA 이행에 관한 국내절차의 수행 체결된 FTA의 효과 분석 및 평가 FTA의 이행 및 개선 협상 업무 WTO협정의 운용업무 중 지역협정위원회에 관한 업무
통상법무과	우라나라와 관련한 WTO 분쟁 및 양자간 통상분쟁의 해결을 위한 법적 자문 우리나라의 주요 교역국 및 유럽연합의 통상법과 다자간 통상규범의 조사, 연구 통상에 관한 조약 및 협정의 교섭문안 심사, 서명 및 해석에 관한 사항 통상에 관한 조약 및 협정의 교섭 및 시행 통상법 자문 서비스 제공
자유무역협정상품과	FTA의 상품 분야 교섭에 관한 업무 FTA의 상품양허안의 수립·총괄·조정에 관한 업무 상품양허안 수립을 위한 국내 산업계 의견 수렴에 관한 업무 FTA의 무역구제 분야 교섭에 관한 업무 무역구제 분야 협상추진 방안 마련을 위한 국내의견 수렴에 관한 업무 FTA의 상품양허 분야의 경제적 효과 분석·평가에 관한 업무 FTA의 무역구제 분야의 경제적 효과 분석·평가에 관한 업무
자유무역협정 서비스투자과	FTA의 서비스·투자 분야 교섭에 관한 업무 FTA의 서비스·투자 분야 양허안·유보안의 수립·총괄·조정에 관한 업무 FTA의 환경·노동 분야 교섭에 관한 업무 FTA 서비스, 투자 분야의 업무와 관련된 경제적 효과 분석, 평가에 관한 업무

부서명	주요 업무
자유무역협정무역 규범과	FTA의 지식재산권 · 비관세장벽 · 정부조달 · 경쟁정책 · 전자상거래 관련 무역규범 분야 교섭에 관한 업무 FTA의 원산지 분야 교섭에 관한 업무 FTA의 위생 및 식물위생조치, 무역에 대한 기술장벽 및 기술적합성 상호인정 분야 교섭에 관한 업무
동아시아자유무역 협정추진기획단	한 · 중, 한 · 일, 한 · 중 · 일 FTA 및 역내 포괄적 경제동반자 협정의 체결과 관련된 정책의 수립 · 시행 및 총괄 · 조정 한 · 중, 한 · 일, 한 · 중 · 일 FTA 및 역내 포괄적 경제동반자 협정의 교섭 · 문안합의 · 국문본 작성 · 서명의 총괄 · 조정 한 · 중, 한 · 일, 한 · 중 · 일 FTA 및 역내 포괄적 경제동반자 협정과 관련된 민간자문회의 등의 구성 · 운영 한 · 중, 한 · 일, 한 · 중 · 일 FTA 및 역내 포괄적 경제동반자 협정의 체결과 관련된 국내 홍보대책의 수립 · 시행 한 · 중, 한 · 일, 한 · 중 · 일 FTA 및 역내 포괄적 경제동반자 협정의 체결과 관련된 절차의 운영 및 보완
무역투자실	무역투자진흥회의 운용 중소중견기업 수출경쟁력 강화 외국인 투자촉진 시책 수립(연간 법정계획) 해외진출기업의 국내복귀 지원 통상협정의 체결에 따른 활용정책 경제자유구역 활성화 정책 추진 자유무역지역 활성화 정책 추진
무역정책과	무역투자진흥회의 개최 무역의 날 개최 전자무역 활성화 추진 무역인력 양성 온라인 전자상거래 무역 활성화 대외무역법령 운용
무역진흥과	중소중견기업 수출경쟁력 강화 지원 해외마케팅 전략수립 및 세부계획 추진 국내 전시산업 진흥 해외정부조달시장 진출 지원 대한무역투자진흥공사(KOTRA)관련 법령운용 및 업무협조
수출입과	장 · 단기 수출입 전망, 수출입 동향 분석, 무역통계의 가공 · 관리 대외여건 변화에 따른 수출경쟁력의 실태 분석 및 대책 수립 환율 · 금융 · 유가 등 경제동향 분석 및 수출기업 지원방안 수립 무역보험에 관한 법령 · 제도의 연구 · 개선 원산지제도에 관한 정책의 수립 및 시행 원산지판정기준의 수립 및 운영

부서명	주요 업무
무역안보과	국제수출통제체제(WA, MTCR, NSG, AG)에 따른 전략물자 수출허가 대이란 제재 및 교역·투자 관리 전략물자 불법수출 관리 자율준수체제(Compliance Program) Kimberley Process, 수입목적확인서 발급
투자정책과	외국인 투자촉진 시책 수립(연간 법정계획) 외국인투자촉진법령 운용 외국인 투자환경 개선 헤드쿼터 및 R&D센터 등 고부가가치 투자유치 전략 수립 외국인 투자위원회 운영 외국인 투자기업 고충처리 외국인 학교 지원
투자유치과	투자 프로젝트 관리 외국인투자 인센티브제도(입지지원, 현금지원, 조세감면) 운영 외국인투자지역 지정 및 운영관리 국내외 투자유치활동 외국인투자 동향 및 통계업무
해외투자과	해외진출기업의 국내복귀 지원 우리기업의 해외진출 기반 구축 해외 M&A 활성화 OECD 다국적기업 가이드라인 NCP 운영 해외투자 통계
총괄기획과	통상조약 활용촉진을 위한 종합정책 수립 통상조약 국내대책위원회 및 활용촉진협의회 지원 통상협정에 대한 국회 비준동의의 지원 및 이와 관련한 관계 부처의 협의·조정 통상협정의 이행과 관련한 제도 선진화전략의 연구 및 법령의 제정·개정 통상협정과 관련한 인력양성 무역조정지원제도 개선 운영 통상협정과 관련한 동반성장 정책 수립
국내대책과	통상협정 국내보완대책 기획, 종합 통상협정 국내보완대책 관리, 점검 통상협정 이행법령 제·개정관리 통상협정의 이행상황평가 기체결 통상협정 효과분석

부서명	주요 업무
홍보협력과	통상협정 홍보대책의 총괄, 홍보 전략의 수립·집행 통상협정 협상 동향의 파악·분석 및 의견 수렴, 홍보자료의 작성·발간 통상협정의 체결과 관련된 국내외 언론동향의 분석 및 대응 통상협정과 관련된 여론조사 및 분석 통상협정과 관련된 시민단체·이해단체 등의 동향 분석 및 대응 통상협정의 체결과 관련된 갈등의 조정
활용촉진과	통상협정 체결에 따른 국내기업 이행 지원 총괄 통상협정 체결에 따른 기업의 활용확대 및 원산지관리 정책 총괄 통상협정 체결에 따른 업종별·지역별 지원 정책 총괄 통상협정이해확산, 활용제고 및 인력양성 위한 실무교육지원

참고1: [정인교칼럼] 부활한 통상교섭본부의 과제

지난 2013년 폐지된 통상교섭본부가 부활했지만 제 기능을 하려면 앞으로 상당한 시간이 필요할 것 같다. 10년 만에 복귀한 김현종 본부장이 적극적으로 조직을 정비하고 인력 확보를 위해 백방으로 노력하겠지만 통상교섭본부가 부활했다고 그동안 소극적 통상정책에 익숙했던 조직을 하루아침에 바꿔놓는 것은 쉽지 않을 것이다. 기존의 산업통상자원부 내 무역통상 체제가 취약했고 통상교섭본부 출범 시 겨우 4명의 인원만이 늘어났다. 한때 산업부로 전출해 왔던 외교부 소속의 통상 전문 인력도 대부분 복귀했다.

통상교섭본부가 채 자리도 잡기 전에 해결해야 할 통상 현안과 과제는 수두룩하다. 한미 자유무역협정(FTA) 개정협상에 대응해야 하고 고고도미사일방어체계(THAAD·사드) 배치 후 악화일로를 걷고 있는 중국의 무역 보복, 심각해지고 있는 보호무역주의는 당장 대응이 필요하며 문재인 정부의 통상정책 방향도 수립해야 한다. 김 본부장은 2007년 한미 FTA 협상의 주역이지만 당면한 통상 현안은 한미 FTA 협상과는 차원이 다른 고차방정식이다. 한미 FTA 협상은 민감한 협상 현안에 대한 정치적 결단을 얻어내는 것이 주효했다면 한미 FTA 개정협상은 도널드 트럼프 행정부의 포퓰리즘, 군사안보적 요소까지 겹친 고차방정식을 풀어야 하는 과제다.

한미 FTA를 지키는 것이 최선이지만 트럼프 대통령의 비즈니스식 정치 스타일로 보면 미국은 우리가 지키려는 것을 역이용할 것이다. 당장은 조직 정비와 미중 통상 현안 대응이 급선무이겠지만 보다 공세적인 통상전략 수립으로 우리나라가 활용할 수 있는 카드를 많이 만들어야 한다. 현 상황에서 고려해볼 수 있는 카드는 환태평양경제동반자협정(TPP) 가입과 한일 FTA 검토가 될 수 있다. 지난 정부가 TPP 참여 여부를 결정하지 못하고 있을 때 필자는 통상에 대한 당시 정부의 입장으로 봐 우리나라의 TPP 가입은 어려울 것으로 판단했고 덜컥 TPP 참여 결정을 해서는 안 된다고 주장했다. 그러나 적극적인 통상정책을 표방하는 김 본부장 체제에서는 가능할 수 있고 현재 미국이 TPP를 탈퇴한 상황에서 가입 여건은 전반적으로 개선됐다.

글로벌 FTA 네트워크를 구축한 우리나라의 FTA 정책에서 가장 취약한 부분이 바로 일본과의 FTA 실패다. 한일 간 정치 경제 사회적 특수성으로 협상에 애로가 여전하지만 그동안의 여건 변화로 보면 이제 일본과의 FTA를 공식적으로 협의해야 하는 시점이 되고 있다. 무엇보다 양국 모두 상당한 FTA 역량을 쌓았다. TPP에 대해 양국의 이해관계도 유리해지고 있다. 2004년 말 제6차 한일 FTA 협상이 파국을 맞았을 때 김 본부장은 한일 FTA를 접고 미국과의 FTA 추진을 당시 노무현 대통령에게 건의하고 협상을 타결해 오늘날 우리나라 FTA 네트워크의 핵심축을 쌓는 데 기여한 일등공신임에 틀림없다. 김 본부장은 저서에서 일본과의 FTA를 언급하면서 "첫 단추를 잘못 꿰었다"고 적었지만 이제 한일 FTA는 잘해야 열일곱 번째 이후 단추가 되므로 많이 늦었다.

통상정책에 관한 한 전 정부의 최대 실정은 산업부의 통상정책을 제조업에 한정시켰다는 것이다. 농업과 수산업은 각각 농림축산식품부와 해양수산부에, 서비스는 분야에 따라 기획재정부 · 문화체육관광부 · 미래창조과학부 등에 분산돼 있었다. 그렇다고 제조업 통상 정책을 제대로 한 것도 아니었다. 산업부 내의 역할관계에서 알 수 있듯이 제조업 담당국이 무역통상 담당국을 능가했기 때문이다. 지난 정부에서 타결한 한중 FTA에 이러한 점이 반영돼 있다. 중국이 매달리던 FTA가 '반쪽짜리 협정'으로 타결된 배경이다.

김 본부장이 취임사에서 "수세적 · 방어적 자세로 통상 업무를 해나간다면 우리는 구한말 때처럼 미래가 없다"고 한 점은 시사하는 바가 크다. 한미 FTA 협상에서 봤듯이 우리나라와 같이 중규모 국가의 통상정책은 범국가적 역량을 모을 때 결실을 볼 수 있다. 각 부처로 다원화된 통상정책 권한을 통상교섭본부로 집결시키지 않으면 적극적인 통상협상을 하기 어렵다. 차관이지만 "장관처럼 생각하고 행동"할 것이라는 김 본부장 체제의 통상교섭본부의 발전을 기대한다.

출처: 서울경제, 2017.8.15.일자.

참고2: 김현종 통상교섭본부장 "수세적인 통상 정책에서 탈피할 것"

김현종 산업통상자원부 통상교섭본부장이 방어적이고 수세적인 통상 정책에서 벗어나 산업과 에너지, 무역투자 정책까지 융합해 국부(國富)를 늘리는 방향으로 전환하겠다고 밝혔다. 한미 자유무역협정(FTA) 재협상 및 중국 사드 보복 조치에 대한 대응은 다양한 카드를 검토하되, 신중하게 접근한다는 전략이다.

김 본부장은 13일 세종청사에서 취임 후 첫 기자간담회를 갖고 "10년만에 통상교섭본부장으로 돌아와 보니, 그동안의 통상정책이 자유무역협정(FTA) 협상을 재탕, 삼탕하는 형태에 머물러 있었다"며 "(앞으로의 통상 정책은) 소용돌이치는 동북아라는 큰 환경을 본 후 산업, 에너지, 무역, 투자 정책을 섞고 묶어서 우리나라 국부를 늘릴 수 있는 프로젝트를 발굴하는 방향으로 전환해야 할 것"이라고 말했다. 이 같은 통상 정책 전환은 최근의 국제 통상 환경이 많이 달라졌다는 인식에 따른 것이다.

김 본부장은 "중국과 일본이 TPP(환태평양경제동반자협정)와 RCEP(역내포괄적경제동반자협정)

을 하면서 협상 경험과 노하우가 많이 쌓였다"며 "이제는 수세적인 대응 매뉴얼을 가지고는 격랑을 헤쳐나갈 수 없다. 게임플랜을 다시 짜야 한다"고 강조했다. 중국의 사드 보복에 대한 세계무역기구(WTO) 제소 여부는 신중하게 판단하겠다는 입장이다. 김 본부장은 "카드라는 것은 일단 쓰면 카드가 아니다. 제소할 것인가, 안 할 것인가는 옵션으로 항상 갖고 있지만 어떤 게 더 효율적이고 효과적일지 아주 세밀하게 검토해야 한다"고 말했다. 또 "플랜 A가 있으면 B, C도 있어야 한다. 승소한 다음 단계는 무엇인지 그런 것들을 다 생각하고 분석해야 한다"고 덧붙였다.

한중 FTA가 중국의 사드 보복을 제어하는 효과가 없다는 지적에는 "FTA는 만병통치약이 아니다"라며 "이런 위기를 기회로 전환할 힘도 키워야 하지 않겠나"라고 말했다. 또 중국과의 경제협력 방안으로 한국의 인천과 중국의 상해 등 자유무역구가 있는 도시 대 도시 간 FTA를 제안했다. 미국의 한미 FTA 개정 협상 요구와 관련해서는 "(우리의 한미 FTA 성과 분석 요구에 대한) 그쪽의 답을 기다리고 있다"며 "그렇지만 협상은 모든 가능성에 대비해야 하니까 준비는 계속하고 있다"고 밝혔다.

우리나라는 지난달 22일 서울에서 열린 한미 FTA 공동위원회 특별회기에서 미국의 무역적자 해소 요구에 대해 FTA 경제적 효과에 대한 공동 연구·분석을 먼저 하자고 제안한바 있다. 하지만 아직 미국 측 답은 받지 못한 상태다. 미국과 개정 협상에 언제 착수할 것이며, 협상 유불리를 어떻게 판단하느냐는 질문에는 "국운이 따라야 한다"며 즉답을 피했다.

김 본부장은 외교부에서 산업부로 옮긴 통상교섭본부장 자리에 돌아온 소회도 밝혔다. 그는 "산업부 직원들은 외교부와 좀 다르다. 순수하고 일을 시키면 잇몸으로라도 하고, 의리도 있어 제가 세종시로 이사 왔는데 마음이 많이 편하다"고 말했다. 자신이 포기한 WTO 상소기구 위원에 한국인 후임을 앉히는 문제에 대해서는 "어느 국제기구가 됐든 해외에 진출하는 게 굉장히 중요하고 노력하고 있다"고 덧붙였다.

출처: 전자신문. 2017.9.13.일자.

3. 무역위원회

우리나라의 무역위원회(Korea Trade Commission, KTC)는 무역구제를 담당하는 산업통상자원부 소속 기관이다. 무역구제란 앞에서 언급하였듯이 덤핑수입 및 외국 정부로부터 보조금을 지급받은 물품의 수입 또는 특정물품의 수입급증 등으로 우리나라의 국내 산업이 피해를 입거나 입을 우려가 있을 경우 이를 조사·판정하여 불공정 무역거래로 인한 산업 및 기업의 피해를 방지하는 것이다. 위원장(차관급) 1인, 상임위원 1인, 비상임위원 7인 등 총 9인의 위원으로 구성되며, 위원장 및 위원은 산업통상자원부 장관의 제청으로 대통령이 임명하고, 임기는 3년이며, 연임할 수 있다.

무역위원회는 WTO협정과 FTA협정 등에 위배되는 불공정한 무역행위와 수입 증가 등으로 인한 국내산업의 피해를 조사・구제하기 위해 1987년에 설립되었다. 설립 이후 무역위원회는 덤핑이나 부당한 보조금을 지급받은 외국 물품 수입으로 인한 국내산업 피해를 조사・판정하여 기획재정부에 덤핑방지관세 또는 상계관세 부과를 건의하고, 수입급증으로 인한 국내산업의 피해를 조사・판정하여 세이프가드 조치를 관계 중앙행정기관에 건의하는 역할을 수행한다. 또한 공정한 무역질서를 확립하기 위하여 지적재산권을 침해하거나 원산지 또는 품질 표시를 위반한 수출입품에 대해서는 조사・판정을 거쳐 시정조치와 과징금을 부과하는 업무도 겸하고 있다.

무역위원회는 제반 업무를 처리하기 위해 무역조사실을 두고 있고 무역조사실은 무역구제정책과, 산업피해조사과, 덤핑조사과, 불공정무역조사과의 4개과로 구성되어 있다. 아래 〈표 10〉은 무역위원회 조직 및 주요 업무를 정리한 것이다.

〈표 10〉 무역위원회 조직 및 주요 업무

부서명	주요 업무
무역조사실	무역위원회 제반 업무 처리 및 총괄
무역구제정책과	무역구제제도 운영 관련 기본정책의 수립・조정 무역위원회 운영, 무역구제법 운용 서울국제포럼 등 행사 개최 및 운영 무역구제 국제협력, 무역구제 분과 FTA 협상 대응, WTO/DDA 무역구제제도 홍보, 공정무역연구지 발간 무역구제포털사이트 운영, 무역구제 통계관리
산업피해조사과	덤핑방지관세 및 상계관세 부과신청에 따른 국내산업 피해 유무 조사개시 여부의 결정에 관한 사항 조사개시결정에 따른 국내산업 피해의 조사, 판정, 구제조치 및 구제조치의 재검토, 재심사에 관한 사항
덤핑조사과	반덤핑관세 부과신청에 따른 덤핑사실 및 덤핑률 조사 상계관세 부과신청에 따른 보조금 지급물품 수입사실 및 보조금율 조사
불공정무역조사과	불공정무역행위 조사 (특허권・상표권・실용신안권 등 지적재산권 전반에 대한 침해물품 조사, 원산지 표시의무 위반물품 조사, 수출입질서저해행위 조사, 품질허위과장표시 조사) 불공정무역행위 신고센터 운영, 지적재산권 자문단 운영

우리나라의 무역구제제도는 덤핑방지관세, 상계관세, 세이프가드, 불공정무역행위 조사, 국제무역규범 위반제도 조사 등으로 나누어 볼 수 있는데 아래 표는 이를 정리한 것이다.

1) 덤핑방지관세

개념	해외 수출자가 정상가격(자국 내 판매가격 등) 보다 낮은 가격으로 수출하여 국내산업에 피해를 주는 경우 이를 구제하기 위해 덤핑방지 관세 부과 등의 조치를 취하는 제도(관세법 제51조)
법적근거	• 국내법: 관세법, 불공정무역행위 조사 및 산업피해 구제에 관한 법률 • 국제법: GATT 제6조, WTO 반덤핑협정
조사내용	• 수입물량: 무역피해품목의 동종여부 및 수입증가 여부 • 피해의 존재: 국내산업의 실질적 피해를 받거나 받을 우려가 있는지 여부, 국내산업 발전이 실질적으로 지연되었는지 여부 • 인과관계: 수입증가와 피해의 인과관계
신청자격	• 덤핑수입에 관한 증빙자료 등을 갖춘 국내 생산자, 생산자단체 및 당해산업 관장 주무부장관이 신청(관세법 시행령 제59조) • 국내생산자는 관세법 시행규칙 제12조를 만족해야 함.
실적	1987~2017년까지 반덤핑조사신청은 국가 기준으로는 295건, 품목 기준으로는 161건의 조사신청이 있었고, 이중 각각 180건(61.0%), 102건(63.4%)에 대해 반덤핑관세를 부과함.

2) 상계관세

개념	정부 또는 공공기관에 의한 재정적 기여행위 또는 소득 · 가격지원 형태의 조치가 이루어지고, 이로 인한 혜택이 부여된 경우 보조금이 존재한다고 간주하며, 이 보조금이 특정 기업 또는 특정 산업에 제한적으로 제공된 경우 反보조금 조치로써 상계관세를 부과하는 제도(관세법 시행령 제72조)
법적근거	• 국내법: 관세법, 불공정무역행위 조사 및 산업피해구제에 관한 법률 • 국제법: 1994 GATT 제16조, WTO 보조금 및 상계조치에 관한 협정
보조금 유형	• 금지 보조금(Prohibited Subsidies): 법률상 또는 사실상 수출실적에 따라 지급되는 수출 보조금 수입품 대신 국내 상품의 사용을 조건으로 지급되는 수입대체 보조금 • 조치가능 보조금(Actionable Subsidies): 금지보조금을 제외한 모든 형태의 보조금
실적	현재까지 우리나라의 상계관세 관련 구제조사 및 조치는 없음

3) 세이프가드

개념	특정한 물품의 수입 증가로 국내 산업이 심각한 피해를 입고 있거나 입을 우려가 있을 경우 관련 국내 산업을 보호하기 위해 수입수량을 제한하거나 관세인상을 조치하는 수입구제조치. 공정무역에 대해 수입을 규제하는 제도로 덤핑 · 보조금 등 불공정무역을 규제하는 제도보다 발동요건이 엄격한 것이 특징(관세법 제65조)
법적근거	• 국내법: 불공정무역행위조사 및 산업피해구제에 관한 법률, 관세법 • 국제법: GATT 제 19조, WTO 세이프가드 협정
보조금 유형	• 금지 보조금(Prohibited Subsidies): 법률상 또는 사실상 수출실적에 따라 지급되는 수출보조금 수입품 대신 국내 상품의 사용을 조건으로 지급되는 수입대체 보조금 • 조치가능 보조금(Actionable Subsidies): 금지보조금을 제외한 모든 형태의 보조금
실적	1987~2017년까지 총 34건(품목 기준)이 제소되었고, 그 중 22건(64.7%)에 세이프가드조치를 발동
FTA와 양자세이프가드	FTA 체결로 인해 수입이 늘어난 품목에 대해서는 관세를 조치가 취해진 시점의 최혜국 실행 관세율을 적용하거나 관세 인하를 중지하는 조치를 취할 수 있음.

4) 불공정무역행위 조사

개념	지적재산권 침해, 원산지표시 위반물품 수출입 등 불공정한 무역행위를 조사하고 위반업체를 제재함으로써 공정무역질서를 확립하고 국내 산업을 보호하는 제도. 조사개시 후 판정까지 소요기간은 6개월 이내로, 법원 소송에 비해 단기간 저비용으로 신속한 권리보호가 가능
법적근거	불공정무역행위의 조사 및 산업피해 구제에 관한 법률
불공정무역행위의 유형	• 지적재산권침해행위: 보호대상 지적재산권의 종류로 산업재산권(특허권, 실용신안권, 상표권, 디자인권), 신지식재산권(영업비밀 등), 저작권을 모두 포함 • 원산지표시위반행위: 원산지 허위, 오인, 손상, 변경표시, 미표시 물품을 수출, 수입하는 행위 • 허위 · 과장 표시행위: 품질 등을 허위과장 표시하여 수출입하는 행위 • 수출입질서 저해행위: 수출입계약의 이행과 관련하여 계약내용이 현저하게 다른 물품 등의 수출입 또는 분쟁발생 등을 통해 우리나라의 대외 신용을 손상시켜 해당지역에 대한 수출 또는 수입에 지장을 주는 행위
위반업체에 대한 제재조치	조사신청 후 20일 이내에 조사개시를 결정하여 6개월 이내에 최종판정을 내리므로 즉각적이고 원천적인 제재조치가 가능. 무역위원회의 시정명령은 지적재산권의 존속기간 동안 효력이 미치는 원천적인 조치이며, 통관 이후 국내에서 판매되고 있는 물품에 대해서도 효력이 미침
시정명령	• 수출, 수입, 판매, 제조행위의 중지. • 당해 물품 등의 반입배제 및 폐기처분 • 정정광고 • 법 위반으로 무역위원회로부터 시정명령을 받은 사실의 공표 등 ※ 명령 위반 시 3년 이하의 징역 또는 3천만 원 이하의 벌금

과징금	(지재권) 최근 3년간 거래금액의 30% 이내 (원산지) 해당 물품 등의 수출입 신고금액의 10%, 상한 3억 원
실적	1987~2017년까지 총 278건에 대한 불공정무역행위 조사가 시행되었고, 그 중 119건(42.8%)에 대해 시정, 제재조치를 시행

5) 국제무역규범 위반제도 조사

개념	교역상대국의 무역에 관한 법령 · 제도 · 관행 등이 국제무역규범을 위반함에 따라 국내 산업이 피해를 입은 경우 관세조치 및 비관세조치 등 법령이 허용하는 보복조치를 취할 수 있는 제도
법적근거	• 국내법: 불공정무역행위조사 및 산업피해구제에 관한 법률 제25조의 2조 및 동법 시행령 제25조 • 국제법: WTO 협정 GATT 제23조 무효화 또는 침해 관련 조항
조사요건	교역상대국의 제도 및 관행(교역상대국의 법 · 정책 · 조치 등 포함)이 국제무역규범을 위반하고 당해물품 또는 서비스를 생산하는 국내 산업이 피해(국내외의 부정적 무역효과 포함)를 입거나 입을 우려가 있으며, 국제무역 규범위반사실과 산업피해 간에 인과관계가 있는 경우에 조사를 시행

참고: "거세지는 덤핑공세… 무역委 위상-역할 강화를"

불공정 무역으로부터 국내 시장과 기업을 보호하기 위해 1987년 출범한 무역위원회가 이달 1일자로 설립 30주년을 맞았다. 30년 사이 한국의 수출입 규모가 880억 달러에서 9,016억 달러(2016년 말 기준)로 확대되면서 한국 시장을 겨냥한 해외 기업의 덤핑 공세도 갈수록 거세지고 있다. 이 때문에 공정 경쟁 체제를 구축하기 위해 무역위의 역할과 위상 강화가 필요하다는 주문이 나온다. 국내 기업 간의 공정 경쟁을 공정거래위원회가 규율하는 것처럼 무역위가 국내 기업과 해외 기업의 공정 경쟁을 도모해 궁극적으로 소비자들에게 혜택이 돌아가게 하자는 것이다.

동아일보는 설립 30주년을 기념하기 위해 지난달 26일 서울 종로구 동아미디어센터 회의실에서 신희택 무역위원회 위원장(서울대 법학과 교수)과 역대 무역위원장인 이영란 숙명여대 법대 명예교수, 송상현 서울대 법대 명예교수, 박태호 서울대 국제대학원 교수 등이 참석한 가운데 무역위의 역할과 향후 나아갈 길에 대한 좌담회를 열었다.

참석자들은 30년간 무역위가 세계무역기구(WTO)가 인정하는 반덤핑규제, 세이프가드(긴급 수입제한) 등 규제 수단을 활용해 불공정 무역행위로부터 국내 기업을 지키는 역할을 충실히 했다고 입을 모았다. 박 교수는 "2004년 일본의 산업용 로봇에 4～10%의 반덤핑 관세를 부과하면서 한국 기업의 산업용 로봇 경쟁력을 지켜낸 것이 기억에 남는다."고 말했다. 2015년 중국산 저가 철강제품에 최대 33%의 반덤핑관세를 부과한 것이나 국내 기업의 특허권을 침해한 해외 제품의 국내 시장 반입을 막은 것도 성과로 꼽았다. 박 교수는 "무역위는 불공정 무역 방지와 함께 국내 산업의 미래를 지키는 데 결정적인 역할을 하고 있다."고 설명했다.

무역위의 중요성은 갈수록 커지고 있지만 무엇보다 무역위를 활용해야 할 기업들의 인식이 낮은 점은 문제로 꼽혔다. 이 교수는 "무역위가 조사해 보니 중소기업의 62%가 무역위의 기능이나 역할을 잘 모르는 것으로 나타났다."고 지적했다. 신 위원장은 "덤핑 수입으로 피해를 보는 중소기업이 무역구제 제도로 신속하게 구제를 받을 수 있는 길이 있는데 제대로 이용을 하지 못하는 측면이 있다."고 말했다.

국내 기업들의 경쟁력을 높이고 나아가 소비자들의 이익을 도모하기 위해 무역위의 위상 강화와 전문성 확보가 필요하다고 참석자들은 강조했다. 이 교수는 "국내 기업의 공정거래는 공정거래위원회가 맡고 있지만 국제 거래 질서는 무역위가 담당하고 있다. 두 기관의 역할이 비슷한데 위상은 큰 차이가 난다."고 말했다.

세계 11위 수준의 무역 규모에 비해 조사 인력이 턱없이 부족하다는 지적도 이어졌다. 국내 무역위는 45명이 조사 업무를 하고 있고, 그나마 일반 공무원이 순환직으로 근무하다 보니 전문성을 확보하기 어렵다는 것이다. 반면 미국은 500명이 넘는 인원이 무역구제 관련 업무를 하고 있다. 한국과 무역 규모가 비슷한 캐나다는 조사 인력이 한국보다 배 이상 많다. 송 교수는 "최근 부쩍 늘어난 지식재산권 침해, 반덤핑 조사에 대응하기 위해서는 변호사, 회계사 등 전문가들이 필요한데 현재 위상과 상황을 고려하면 이들을 활용하기가 쉽지 않다."고 아쉬워했다. 이들은 또 글로벌 무역 시장에서 인권 침해 및 노동법 위반, 환경오염 등을 감행한 제품을 다루는 문제에 대응하기 위해 관련 연구와 함께 인력을 육성해야 한다고 강조했다.

출처: dongA.com 2017.7.6.일자

2장
미국의 통상정책 결정 및 관련 기관

미국의 통상정책 결정과정을 알기위해서는 의회와 행정부 간의 무역에 관한 권한의 배분이 어떻게 이루어지는지를 이해하는 것이 중요하다. 미국은 다른 나라와는 달리 기본적으로 통상정책의 입안과 결정의 권한이 의회에게 주어져 있다. 미국 헌법 제1조 8항은 의회는 대외통상에 관한 규제와 관세 및 기타 수입과징금의 부과, 국제 상거래와 무역 규제 등에 관한 권한을 갖는다고 규정하고 있다.

하지만 실제로는 행정부(대통령)가 의회로부터 이러한 무역과 관련된 권한을 부여받고 있고 이에 따라 행정부의 영향력이 강화되어 온 특성이 있다. 이는 의회와 행정부 간의 역학관계 및 세계경제환경 및 통상질서의 변화에 따라 형성되어 온 측면이 강하다. 제1차 세계대전 당시 의회는 '적국과의 무역에 관한 법률(Trading With the Enemy Act)'을 통과시켰는데 이 법은 대통령에게 모든 국제교역과 금융 흐름을 규제할 수 있는 권한을 부여하는 것이었다. 심지어 국외자산을 동결하거나 압류할 수 있는 권한까지 부여되었다. 이 권한이 더욱 특별한 것은 적국과의 교역뿐만 아니라 모든 국제 상거래에 적용되기 때문이다. 그러나 이 법률 하의 권한은 국가 위기상황이나 전쟁 시에만 사용될 수 있는 권한으로 제한적으로 활용될 수 있었다. 이후 1930년대 이전까지는 의회가 직접 수입품에 관세를 책정하였다.

그러나 대공황의 여파로 인한 신속하고 탄력적인 관세율 조정을 위해 1934년 의회가 '상호 관세법(Reciprocal Tariff Act)'을 제정하여 대통령에게 관세를 감세할 수 있는 권한을 이양하였다. 1962년 무역확장법(Trade Expansion Act of 1962)을 통해 대통령에게 국가 안보를 강화하기 위해 필요하다면 관세를 올릴 수 있는 권한을 부여하였다. 최근 트럼프 정부가 동 법을 근거로 한국산 철강제품에 대한 고율의 관세를 부과할 움직임을 보이고 있다. 그 후 1974년까지 지속적으로 의회는 대통령에게 일정 범위 내에서 타국과 관세를 협상할 권한 및 의회 입법을 통하지 않고 선언을 통해 협상된 관세율을 시행할 권한 등을 부여하였다.

특히 1974년 무역법(Trade Act of 1974) 을 통해 의회는 국제무역협정의 입법 및 시행을 속행할 수 있는 무역촉진권한(Trade Promotion Authority: TPA)을 신설하였다. 이로서 의회로부터 주어진 구체적인 무역협정 혹은 무역촉진권한 안에서 대통령은 통상정책과 시행과 관련된 대부분의 권한과 영향력을 가질 수 있게 되었다. 1979년 도쿄라운드, 1993~1994년 우루과이라운드(UR) 협정 체결, 1994년 북미자유무역협정(NAFTA) 체결에서 대통령에게 강력한 교섭권한이 부여되었다. 우리나라와 미국 간 FTA의 경우에도 오바마 행정부에게 주어진 무역촉진권한의 시한 내에 타결된 것이다. 또한 동 법은 대통령에게 불공정한 무역 행위에 보복하기 위해 관세를 부과할 수 있는 권한을 부여하였다.

대통령에게 주어진 무역에 관한 권한은 헌법상 주어진 권한이 아니라 의회에서 법률을 통해 이양된 권한이기 때문에 대통령의 무역권한 행사는 제한을 받을 수 있다. 하지만 대통령이 의회에서 받은 권한의 범위를 월권했는가의 문제 등이 법원에서 다루어졌을 때 법원이 대통령의 손을 들어준 케이스들이 존재한다. 법원은 비록 헌법상 대통령에 무역규제 권한이 명시적으로 주어지지는 않았으나, 다양한 법률 및 법원 결정이 대통령에게 무역 관련한 권한을 주고 있음을 밝히고 있다.

따라서 미국의 경우 기본적으로 통상정책의 권한은 의회에 있지만 다양한 법률을 통해 대통령에게 무역에 관한 권한이 주어지고 있다. 물론 해당 권한은 제한이 있는 권한으로, 무역협정이나 법률상 주어진 무역촉진권한 밖에서 동 권리를 행사할 수 있는 권한은 허용하지 않고 있다. 하지만 그럼에도 불구하고 미국 통상정책의 결정과 그 시행은 실제적으로 또 현실적으로 대통령을 중심으로 한 행정부의 영향력과 권한이 증대되고 있다고 할 수 있다.

미국 행정부의 통상관련 기관을 살펴보면 크게 상무부, 미국무역대표부(USTR), 국제무역위원회(USITC) 등을 들 수 있다. 이 중 상무부는 통상문제에 있어 가장 포괄적인 권한을 가진 행정부처로서 특히 반덤핑 또는 상계관세의 부과결정 및 시행에 주도적인 역할을 하고 있다. 하지만 통상정책의 입안 및 결정과 관련해서는 USTR과 ITC의 역할이 크다고 할 수 있다. 아래에서는 두 기관에 대한 좀 더 자세한 설명을 하고자 한다.

우선 미국의 경우 우리나라의 통상교섭본부와 같은 역할을 하는 기관이 미국무역

대표부(Office of the United States Trade Representative, USTR)이다. USTR은 이름처럼 미국의 무역을 대표하는 기관으로 미국의 무역, 통상정책을 수립하고 집행하며 외국과의 협상을 주도하거나 지휘하는 일을 한다. 또한 USTR은 덤핑, 보조금 등 불공정무역행위에 관한 조사와 관련 상대국과의 협상, 보복조치 등을 집행한다.

USTR은 1962년의 '무역확대법'을 법적 근거로 하여 1963년 존 F. 케네디(John F. Kennedy) 대통령의 행정명령으로 설립되었다. 당시의 명칭은 무역교섭특별대표부(Office of the Special Trade Representative for Trade Negotiations)였다. 1974년의 통상법에 의하여 대통령 직속의 각료급 기관으로 격상되었으며, 그 후 1980년 지미 카터(Jimmy Carter) 대통령 당시에 지금의 USTR로 개칭되면서 그 권한이 강화되었다.

통상관련 정책시안을 상정할 때에는 60개 이상의 분야별 소위원회로 구성된 국장급의 '무역정책실무협의회(Trade Policy Staff Committee, TPSC)'에서 합의를 이루고, 만일 합의가 이루어지지 않을 경우가 있거나 특별히 중요하다고 생각되는 사안은 차관급의 '무역정책검토그룹(Trade Policy Review Group, TPRG)'을 거치게 되며, 마지막으로 대통령이 주재하는 국가경제위원회(National Economic Council, NEC)에 상정하게 된다. 현재 트럼프 대통령은 취임 후 국가무역위원회(National Trade Council, NTC)를 신설하여 관련 업무를 NTC로 이관, 전담하도록 하였다.

USTR은 미국의 국제무역, 상품무역, 직접투자 정책을 입안하거나 조정하고, 이와 관련된 타국과의 협상을 주도하거나 지도한다. 그리고 USTR은 무역 및 투자와 관련된 사안에 관하여 대통령의 가장 중요한 자문, 협상가, 대변인 역할을 수행한다. 또한 각종 다자 협상 및 양자 협상 이외에도 외국의 불공정무역관행에 대한 301조 관련 제소, 337조 및 201조의 수입규제관련 사안 등도 담당한다.

USTR은 산하에 무역정책위원회, 무역정책심사위원회, 무역정책결정위원회 등 3개의 위원회가 있다. 제네바, 브뤼셀 등 4개 지역에 사무소를 두고 있고, 아시아·태평양 경제협력체(APEC), WTO 담당부서 등 총 21개 부서에 모두 200여 명의 직원이 있다. 이처럼 USTR은 미국의 국익을 위해 무역, 투자를 총괄하는 부서이다. 또한 미국의 통상정책을 실제적으로 입안, 시행하는 기관으로 그 정책적 기조에 따라 세계무역질서에 미치는 영향이 크다고 할 수 있다. 예를 들어 USTR은 매년 4월 전 세계 주요 63개국의 국별 무역장벽보고서(National Trade Estimate Report on Foreign Trade Barriers: NTE)를 발표하는데 이 보고서는 해당 국가의 무역장벽에 대한 조사와 분석 그리고 미국 수출에 미치는 영향 등을 담고 있다. 따라서 본 보고서의 내용은 각 해당국가에 있어서 통상압박으로 다가올 수밖에 없다.

미국의 경우 우리나라의 통상교섭본부에 해당하는 기관이 USTR이듯이 한국무역위원회에 해당하는 기관이 미국 국제무역위원회(United States International Trade Commission, USITC, 보통 ITC로 부른다)이다. ITC는 USTR과 함께 미국의 통상 문제를 담당하는 중요한 기구 중 하나이다.

ITC는 1974년 통상법의 제정에 따라 종래의 미국 관세위원회를 개칭한 것이다. ITC는 관세문제, 특히 재무성의 수입 덤핑조사에 기초한 미국 국내 산업에의 피해 상황 조사와 국내업계의 신청에 의한 수입 구제를 위한 에스케이프 클로즈(escape clause) 발동요건이 주된 업무이다. 외국제품의 수입급증 등에 의한 피해구제의 제소를 받았을 경우 이를 조사한다. 조사결과 불공정무역거래로 인한 피해가 있다고 인정하면 관세인상, 관세할당, 수입수량 제한 등의 구체적인 피해구제조치를 대통령에게 권고한다. 대통령은 권고를 받은 후 60일 이내에 어떤 결정을 내리도록 의무화 되어 있다. 또한 특허권 침해 등 불공정 무역관행도 조사해 수입금지 명령을 내릴 수 있다.

한 가지 특이한 것은 ITC의 무역구제관련 업무는 다른 나라들과는 달리 미국 상무부(United States Department of Commerce)와 협업으로 이루어지는 메커니즘으로 되어 있다는 것이다. 반덤핑관세, 상계관세 부과에 대한 최종결정은 상무부에서 내리지만 그에 필요한 절차에서 피해의 여부를 결정하는 것은 ITC이다. 예를 들면 미국 상무부가 먼저 덤핑 등 불공정무역행위의 존재를 확인하고 외국 수입품에 대해 덤핑 및 상계관세율을 산정한다. 하지만 이것만으로는 반덤핑관세를 부과하지 못하는데 실제 부과를 위해서는 ITC의 피해여부에 대한 최종판정이 필요하다. ITC는 이 수입품으로 인해 미국 업계가 피해를 입었는지 여부를 예비 및 최종판정을 통해 두 차례에 걸쳐 판정하게 된다. 상무부가 설사 상계 및 덤핑관세를 산정, 부과하려 하더라도 ITC가 무피해 판정을 내리면 상무부의 결정은 자동적으로 무효가 되는 것이다.

결국 상무부는 반덤핑관세율의 산정 및 최종부과 등의 제한된 역할을 할뿐 실제로 그 덤핑으로 인한 피해의 여부에 대한 판정은 ITC가 관장함으로써 무역구제와 관련된 실제적 역할은 ITC에서 담당하고 있다고 할 수 있다.

참고1: "美, 무역적자 축소 대안으로 무기구매 확대 요구 가능성"

▌전문가가 미리 본 22일 한미 FTA 특별위원회

22일 열리는 한미 자유무역협정(FTA) 개정 논의를 위한 특별 공동위원회에 대해 전직 통상 고위관료들과 전문가들에게 전망을 들었다. 이들은 양측 정부가 상대방의 카드를 한 장이라도 더 파악하기 위해 치열한 탐색전을 벌일 것이라고 예상했다. 미국 측은 FTA 협정개정 압박을 무기로 우리 정부에 대(對) 한국 무역적자를 줄이기 위한 미국산 무기구매 확대 등 제3의 대안을 요구할 가능성이 크다고 봤다. 최근 FTA 개정협상을 둘러싼 한미 간의 불협화음이 북한에 잘못된 신호를 줄 수 있다는 우려도 커지고 있지만, 익명을 요구한 고위 통상관료는 "현재까지는 북미 관계 악화가 한미 통상문제에 영향을 미치지 않고 있다."고 밝혔다.

▌FTA 개정 협상 개시부터 단기 합의 어려울 것(최석영 전 FTA 교섭대표)

최석영 전 외교통상부 FTA 교섭대표는 특별 공동위원회가 "미국이 자동차와 정보통신(IT) 분야 등에서 한미 FTA 협정개정을 요구하면, 우리 정부가 논리적으로 반박하는 모습을 띠게 될 것"이라며 "FTA 협정개정 폭과 안건을 정하는 데서부터 양측 정부가 치열한 기 싸움을 벌일 것"이라고 관측했다. 최 전 대표는 "협정개정을 위한 양측 논의 과정이 단기간에 끝나지는 않을 것"이라고 예상했다. 미 행정부가 무역적자의 주요 원인으로 한미 FTA를 지목하고 있는 만큼 우리 정부가 FTA 개정에 동의한다면, 미국 측의 주장을 인정하는 것이 된다는 지적이다. 때문에 우리 정부의 협상 전략은 공동위에서 FTA 발효 이후 효과분석 등으로 호혜성을 강조하면서 FTA 개정 합의에 쉽사리 응하지 않을 것이라고 분석했다. 다만 최 전 대표는 "최근 미국에 맞서 우리 측은 '투자자-국가소송제'(ISD) 개정을 요구하자는 주장 등이 정치권에서 나오고 있다"며 "이런 움직임은 우리 측 카드를 섣불리 노출해 협상력을 떨어뜨릴 수 있다"고 우려했다.

▌미국 측 FTA 개정협상 데드라인은 내년 6월(고준성 산업연구원 선임연구위원)

고준성 산업연구원 국제산업통상연구본부 선임연구위원은 "미국의 한미 FTA 개정협상 데드라인은 무역촉진권한(TPA)이 끝나는 내년 6월"이라며 "미국은 아직 협상시한이 넉넉한 만큼 이번 공동위원회 개최를 시작으로 2차, 3차 회의를 연이어 개최하도록 유도하며 우리 정부를 전방위로 압박해나갈 것"이라고 전망했다. TPA는 헌법상 통상협상 권한을 가진 미 의회가 이를 행정부에 위임하는 것을 일컫는다. 내년 6월 30일까지인 TPA 기간이 끝나면 트럼프 행정부는 번번이 의회의 동의를 받아야 해 FTA 추가개정 등 통상협상을 추진하기가 어려워진다. 고 연구위원은 "2010년 6월 당시 이명박 대통령과 버락 오바마 미 대통령이 FTA 재협상을 선언한 이후 타결될 때까지 걸린 시간이 3개월 정도에 불과하다"며 "한미 FTA 전면개정이 아니라면 협상시한은 충분한 편"이라고 설명했다. 그는 "미국 측의 공동위 추가 개최요구를 우리 정부가 거부할 권한은 없다."며 "이번 공동위 결과물로는 미국의 협정개정 요구안과 향후 협상 타임테이블 등이 나올 수 있을 것"이라고 내다봤다.

▌미, FTA개정보다 무역적자 해소 더 원해(이동복 한국무역협회 통상연구실장)

이동복 한국무역협회 통상연구실장은 "미국이 이번 특별 공동위원회에서 협정개정보다는 미국의 무역적자를 해소하기 위한 제3의 대안을 우리 정부에 요구할 가능성이 크다."고 진단했다. 트럼프 행정부도 한미 FTA 개정으로 무역적자를 해소하기는 어렵다는 사실을 알고 있는 만큼 협정개정 압박은 결국 다른 이익을 얻어내기 위한 구실일 뿐이라는 설명이다. 이 실장은 "미국 측의 FTA 협정개정 요구는 협상용일 뿐 협정 문구를 고치는 게 미국의 전략이 아니다."라며 "미 무역적자를 완화하기 위해 우리 정부 측에 대미(對美) 수출억제, 미국산 자동차에 대한 공용차 수입, 미국산 무기구매 확대 등을 요구할 것으로 본다."고 분석했다. 그는 "결국 양국 공동위는 FTA 협정문 자체는 손대지 않는 수준에서 협의가 진행될 것"이라며 "우리 정부 측이 미국에 만족할 만한 방안만 내놓으면 FTA 개정협상 선언까지 이어지지 않을 것"이라고 예상했다.

출처: 한국일보. 2017.8.21.일자.

참고2: 트럼프의 USTR, WTO 무시전략…"美 주권 · 통상법 중시하겠다."

트럼프 미국 행정부가 세계무역기구(WTO)의 영향력을 축소하고 미국법을 중시하는 무역정책 청사진을 마련해 비상한 관심을 모으고 있다. 미국 무역대표부(USTR)는 2017년 무역정책의 의제와 방향을 담은 문서를 1일 의회에 제출했다. 월스트리트저널 등에 따르면 USTR은 무역정책에서 ▲ 미국의 주권을 적극 보호하고 ▲ 미국의 통상법을 발동하며 ▲ 교역국들의 시장 개방을 촉진하기 위해 모든 가용 수단을 활용하겠다는 입장을 분명히 했다.

이런 방향은 국제 통상 규범과 WTO의 권위를 존중한 오바마 전임 행정부의 노선에서 크게 벗어난 것으로, WTO를 부정적으로 보는 도널드 트럼프 대통령 본인의 의중이 여실히 반영된 셈이다. USTR은 '대통령의 무역정책 어젠더'에 대해 "트럼프 대통령은 새로운 접근방법을 촉구했고 행정부는 그 약속을 지킬 것"이라고 강조하고 공세적인 접근을 시사했다. 선거 유세 기간에 WTO를 '재앙'이라고 힐난한 바 있는 트럼프 대통령은 전날 양원 합동 연설에서 미국 노동자들과 기업들이 이용을 당하지 않도록 하겠다고 밝혔다. 그는 연설에서 "자유무역을 강력히 신봉하지만 자유무역은 공정해야 한다."고 강조했다.

무역정책 방향을 급선회한 배경에 대해 USTR은 "미국민들이 우리의 무역정책에 점점 좌절하는 것은 자유무역과 열린 시장을 믿지 않아서가 아니라 국제 통상법규의 프레임이 운용되는 방식을 거부하기 때문"이라고 했다. 이와 관련해 "미국민들은 WTO 판정이 아닌 미국법의 지배를 받는다."고 강조하면서 "트럼프 행정부는 무역정책 사안과 관련해 미국의 주권을 적극적으로 보호할 것"이라고 덧붙였다.

트럼프 행정부는 WTO가 때로 불공정 무역관행에 대한 미국의 효과적 대응 능력을 저해하는 판정을 내렸다고 직접적인 불만을 표시하면서 "앞으로는 이런 형태의 행동을 견제하기 위해 필요하다면 적극적인 행동을 취할 것"이라고 다짐하기도 했다. USTR은 중국과 한국, 멕시코 등 적자폭이 큰 무역

상대국들을 어떻게 대할지도 시사했다. 시장 개방을 거부하는 국가들에 대해서는 '호혜성'을 원칙으로 삼을 방침이라고 밝힌 것이다. 그러면서 1974년 제정된 통상법의 301조를 가용 수단의 하나로 언급했다. 301조는 미국산 상품을 차별하는 국가들에 징벌적 관세를 매길 수 있도록 한 규정이다.

301조는 1980년대에 일본을 비롯한 몇몇 교역국들을 상대로 집행된 적이 있지만 1995년 WTO가 출범한 이후로는 단 한 번도 발동된 적이 없다. USTR은 이를 "외국이 더욱 시장 친화적인 정책을 채택하도록 할 수 있는 강력한 수단"이라고 표현했다. 통상법 전문가들은 트럼프 행정부가 향후 WTO에 어떤 태도를 취할지는 WTO에 걸려 있는 2개의 무역분쟁 사안을 통해 구체적으로 드러날 수 있을 것이라고 지적했다.

2개의 사안이란 지난해 12월 자유시장경제 지위를 인정해주지 않은데 불만을 품은 중국이 미국과 유럽연합을 상대로 제소한 것과 알루미늄 업계에 대한 중국의 정부 보조금을 문제 삼은 전임 오바마 행정부의 제소를 가리키는 것이다. WTO 분쟁조정기구(DSB)가 이들 사안에 대한 최종 판결을 내기까지는 아직 상당한 시일이 남아있지만 만일 중국측 승소에 대해 미국이 무시하고 나선다면 WTO의 신뢰도는 큰 타격을 입을 수 있다.

출처: 연합뉴스, 2017.3.2.일자.

참고3: 美 USTR 대표 "한미FTA 개정 희망"

도널드 트럼프 미국 대통령이 한미 자유무역협정(FTA) 폐기 검토 발언을 꺼내 파장이 일었지만, 정작 재협상 실무를 담당하는 미무역대표부(USTR)는 폐기 대신 개정을 하는 쪽으로 나설 뜻을 밝혔다. 미국 내에서 한미 FTA 폐기에 반대하는 여론이 커지면서 트럼프 행정부가 이를 의식한 게 아니냐는 분석이 나온다. 5일(현지 시간) 멕시코 멕시코시티에서 북미자유무역협정(NAFTA) 2차 협상을 마친 로버트 라이트 하이저 USTR 대표는 한미 FTA에 대해 "한국과 지금 약간의 개정(Amendment)을 위한 협상을 하고 있으며, 성공적인 논의를 희망한다."고 밝혔다. 이는 "한미 FTA가 종료될 수 있느냐."는 질문에 대한 답변이다.

라이트 하이저 대표의 이번 언급은 트럼프 대통령의 한미 FTA 폐기 발언과 차이가 있다. 트럼프 대통령은 2일(현지 시간) 자신이 참모들에게 '한미 FTA 폐기 준비를 지시했다.'는 워싱턴포스트(WP) 보도에 대해 "폐기 여부를 다음 주부터 검토하겠다."고 말했다. 하지만 FTA 폐기 언급 이후 처음으로 나온 라이트 하이저 대표의 발언을 토대로 볼 때 미국이 여전히 한미 FTA의 일부 수정을 염두에 두고 있는 것으로 해석되고 있다. 미국 내에서 한미 FTA 폐기에 반대하는 목소리가 커지면서 트럼프 행정부가 부담을 느꼈다는 분석도 있다. 미 의회에서 무역협정을 담당하는 상원 재무위원회와 하원 조세무역위원회 소속 여야 의원 4명은 성명에서 "북한 실험에 따라 강력한 한미동맹이 필수적이고 중요하다는 점이 다시금 강조됐으며 한미 FTA는 그 동맹의 핵심적 요소"라며 이같이 밝혔다.

로버트 졸릭 전 세계은행 총재는 미국 월스트리트저널(WSJ) 기고문에서 "(한미 FTA 관련) 서울과의 싸움은 미국을 루저(loser)로 만들 것이다. 트럼프의 무역 정책이 빠르게 난파를 향해 가고 있다."고 경고했다. 일각에서는 미국이 한미 FTA를 완전히 포기했다는 정황이 확인되지 않았기 때문에 한국이 낙관하기는 이르다는 지적도 있다.

출처: dongA.com, 2017.9.7.일자.

참고4: 삼성전자 LG전자, 미국의 세탁기 보호무역조치에 공동대응

삼성전자와 LG전자가 미국 국제무역위원회(ITC)에서 열리는 세탁기 세이프가드 조사 공청회에서 공동으로 대응한다. 국제무역위원회는 7일 미국 워싱턴DC에서 수입산 가정용 세탁기의 세이프가드 조치를 놓고 공청회를 연다. 삼성전자와 LG전자가 세탁기를 낮은 가격에 판매해 현지기업들이 피해를 입고 있다며 미국 가전업체 월풀이 세이프가드 조치를 청원한 데 따른 것이다.

세이프가드는 해외업체가 미국에서 덤핑 등 행위로 제품을 저가에 판매해 공정무역을 해친다고 판단될 경우 국제무역위원회가 관세를 추가로 부과하는 등의 조치를 내릴 수 있는 제도다. 삼성전자와 LG전자는 중국에서 생산해 미국에 수출하는 세탁기가 최근 반덤핑관세를 부과받자 동남아에서 생산되는 제품을 대신 수출하며 타격을 만회했다. 월풀은 삼성전자와 LG전자의 이런 대응이 불공정행위라고 주장하며 세이프가드 조치를 요청했다.

삼성전자와 LG전자는 공청회에서 세이프가드 조치가 부당하다는 입장을 공동으로 내놓을 계획을 세우고 있다. 한국정부 관계자도 참석해 비슷한 의견을 전달할 것으로 알려졌다. 삼성전자와 LG전자는 국제무역위원회에 제출한 의견서에서도 미국의 세탁기 수요가 최근 증가해 판매량이 늘어난 것이며 현지 세탁기업체들이 실질적으로 타격을 입지 않았다는 입장을 내놓았다. 하지만 미국정부가 보호무역주의 기조를 강화하고 있어 결과를 예측하기 어렵다. 삼성전자와 LG전자는 상황이 불리해지자 미국에 대규모 세탁기 생산공장을 설립하는 계획도 내놓았다. 국제무역위원회는 공청회를 열어 삼성전자와 LG전자의 입장을 받은 뒤 10월까지 조사를 거쳐 세이프가드 실행 여부를 판단한다.

출처: 비즈니스포스트, 2017.9.7.일자.

참고5: 이것이 트럼프식 미국우선주의 통상정책? 미국 국내 통상법의 주요 현안: 301조부터 PMS까지

1974년 미국 통상법(US Trade Act of 1974) 163조에 근거해 매년 3월 1일 경 미국 무역대표부(USTR)는 연례보고서(Trade Policy Agenda and Annual Report)를 제출하고 있다. 보호무역을 앞세운 트럼프 행정부 첫 무역관련 보고서로, 총 336페이지 분량의 방대한 내용을 담고 있음에도 올해 보고서가 가장 눈길을 끄는 부분은 도입부의 '통상정책의제'였다. 트럼프 대통령이 유세 시설 내내 공언했던 미국 우선주의 통상 정책의 주요 내용들을 다시 4가지 최우선 과제(top priorities)로 분류하였는데 특히 많은 이들의 우려를 자아낸 대목은 두 번째 내용인, 통상 주권 수호를 위한 '미국 국내법의 강화와 적용' 이었다. 서문에서 언급한 PMS도 이러한 미국의 국내법에 근거한 것으로, 미국이 통상규제에 자국법을 활용한 것은 비단 위와 같은 오늘의 사례에 국한된 것이 아니다.

미국이 덤핑마진율을 계산하는 방식인 '제로잉'은 쉽게 말해 수출가격과 내수가격을 비교할 시에 수출가격이 내수가격보다 높으면 덤핑이 아닌 매우 정상적인 상황임에도 불구, 당시의 마진을 마이너스(-)로 계산하지 않고 무시하는 제로(0)로 계산하는 방식을 말한다. 이러한 제로잉 방식은 전 세계에서 미국만이 사용하는 관행으로써, 미국에 수출하는 국가들에 대하여 더 큰 덤핑마진에 근간한 반덤핑관세를 부과할 수 있다는 특징이 있다. 이 때문에 한국과 일본(DS322: US-Zeroing), EU(DS350: US-Continued Zeroing) 등 많은 WTO 회원국들이 이러한 미국 중심의 일방적 관행에 대해 WTO에 정식 제소한 경우도 많고, 특히 한국도 스테인리스 철강제품과 다이아몬드 절삭공구 등에 부과된 제로잉 관세에 대해 2009년 제소해 2011년 승소했던 기억이 있다(DS402: US Zeroing). 그럼에도 불구하고 미국의 제로잉 관행은 아직 완전히 사라지지 않고 미국 무역구제조치의 강력한 무기로 남아있다.

미국 정부가 덤핑여부를 조사할 때에 수입된 전체 물량 대신에 특정 구매자, 특정 시기 또는 특정 지역에서 판매된 물량에 대해서만 표적적으로 덤핑 마진을 산정하는 방식이다. 사례별로 판단하는 표적덤핑 방식은 정확한 제도의 부재로 많은 논란과 비판의 대상이 되고 있다. 특히 특정 시기를 겨냥해 덤핑 여부를 판단하고 마진을 계산하기 때문에 미국의 블랙프라이데이(미국에서 11월 마지막 목요일인 추수감사절 다음날의 금요일을 말하는데, 전통적으로 연중 최대의 세일이 이뤄지고 연말 쇼핑시즌의 시작을 알리는 날이다. 실제 이날부터 연말까지 세일 기간이 이어지면서, 미국 연간 소비의 약 20%가량을 이 기간이 차지하는 것으로 집계되고 있다.) 기간에 외국 업체가 미국 업체와 비슷한 할인율을 적용해 물건을 판매해도 덤핑으로 판단될 소지가 있다. 실제 한국 역시 2012년 이 기간에 판매한 세탁기에 대해 제로잉 및 표적덤핑을 당해 WTO에 제소, 2016년 최종 승소했던 바 있다.

전 세계 미국발 통상조치의 공포대상으로 널리 알려진 301조는 무역상대국의 불공적 무역 관행에 대한 보복조치를 규정한 미국의 국내 법규이다. 1974년 미국 통상법 301조부터 309조까지를 일반 301조로 통칭하며, 1988년 종합무역법(The Omnibus Foreign Trade and Competitiveness Act of 1988)에 의해 보복조항을 한층 강화한 310조를 슈퍼 301조라고 부르며, 미국의 특허권 상표권, 저작권 등 지적재산권을 보호하기 위한 조항이 바로 스페셜 301조다. 참고로 일반 301조나 슈퍼 301조는 모든 분야에 적용이 가능하다.

기본적으로 미국의 301조는 74년 최초 제정된 뒤, 84년 통상법의 수정으로 그 적용대상이 첨단기술, 서비스 및 투자로까지 확대되었으며, 88년에 슈퍼 301조로 개정되며 미국의 일방적 보복조치를 더욱 신속하고 강력하게 만들었다. 이것이 89년부터 90년까지 한시적으로 운용되다 91년 부시 행정부 하 폐기, 94년 클린턴 행정부에서 행정명령을 통해 부활했다. 한 가지 흥미로운 사실은 이러한 일방적 보복조치는 WTO 체제에서 엄격히 금지되고 있지만 301조 자체가 WTO 설립 이전에 생겨 이러한 구속력에서 보다 자유로울 수 있다는 것이다. 더욱 흥미로운 점은 1986년부터 94년까지 우루과이라운드(UR)가 진행되는 과정에서도 미국 의회가 나서 UR 협상과는 별개로 301조에 대해서는 그 어떤 변화도 강압할 수 없다고 사전에 못 박아 둔 사실이다. 미국의 301조는 EU에 의해 한차례 WTO에 제소(DS152: US-Section 301 Trade Act)된 적 있으나 최종 판결이 미국 국내법의 위법성 판정에 모호했고, 이후 가시적인 활용은 없지만 여전히 301조 조치를 위한 '불공정 무역관행'에 대한 해석이 매우 미국 주관적이어서 국제통상체제에 묘한 여운을 남기고 있다.

PMS란 특정 국가의 시장 상황이 비정상적이므로 해당 국가의 기업이 제출한 제조원가를 신뢰할 수 없고, 따라서 조사 당국(예를 들어 미국)이 재량껏 가격을 산정한 후 고율의 관세를 부과할 수 있게 하는 조치를 말한다. 미국은 지난 4월 한국 넥스틸(Nexteel)이 수출한 유정용강관(Oil Country Tubular Goods, OCTG)에 대해 24.92%라는 고율의 반덤핑관세를 부과했다.

작년 10월 8.04%에 불과했던 예비판정 당시의 관세율보다 3배 이상을 육박하는 고율로, 이는 미국 정부가 한국 정부의 전기료 가격조정정책을 구실로 삼아 PMS를 적용해 최종 덤핑마진을 산정했기 때문이다. 미국은 2015년 무역특혜연장법(Trade Preferences Extension Act) 504조를 통해 상무부가 PMS를 적용할 수 있는 재량권을 확대시켰던 바 있다. 이러한 미국의 PMS는 객관적 증거도 부재하고, 자의적 판단에 지나치게 근거하기에 향후 보호무역주의 조치의 강화와 더불어 많은 우려를 자아내고 있다.

최근 몇 년간 미국이 덤핑마진을 결정할 때에 AFA 조항을 많이 활용하는 추세가 눈에 띈다. 2015년 이후에는 247건 중 60건에 적용됐다. 특히 AFA 조항으로 근거해 적용된 덤핑 마진은 평균 50%가 넘고, 200%가 넘는 고율관세를 부과 받은 사례도 존재한다. AFA란 미국 상무부가 덤핑조사 대상 기업에게 덤핑여부를 판단하기 위한 자료를 요구한 다음 자료가 정확하거나 충분하지 않다고 다시 말해 조사 대상 업체가 성실하게 조사에 협조하지 않고 있다고 '자의적'으로 판단할 경우, 자신들이 적용할 수 있는 불리한 정보를 적용해 덤핑여부 및 마진 등을 계산하는 미국의 관행이다.

그러나 기업 측에선 미국의 자료 요청이 시기적으로 촉박하고, 이와는 별개로 상무부가 갖는 성실여부 및 자료의 정확성 등에 대한 자의적 재량권이 지나치게 커 반덤핑 협정 및 WTO 분쟁 판례에 위배된다는 지적이 많다.

출처: 함께하는 FTA, 2017.6월호.

참고6: 트럼프, 중국과 무역전쟁 포문 ... 통상법 301조, 슈퍼 301조란?

도널드 트럼프 미국 대통령이 중국과의 무역전쟁에 포문을 열면서 미국의 가장 큰 무기로 꼽히는 '통상법 301조'가 주목받고 있다. 트럼프 대통령은 14일(현지시간) 중국의 미국 기업 지식재산권 정책 침해 조사를 지시하는 내용의 대통령 메모에 서명했다. 트럼프 대통령은 이 메모에서 조사 개시 절차만 담은 통상법 302조만 언급했지만, 사실상 중국이 촉각을 곤두세우고 보고 있는 것은 통상법 301조의 적용 여부다. 통상법 301조는 1974년 제정한 통상법 가운데 불공정 교역에 대한 구제 관련 조항이다. 이 조항은 무역협정 위반이나 통상에 부담을 주는 차별적 행위 등 불공정 무역 관행을 행사하는 국가에 대해 미국 대통령이 단독으로 과세를 비롯한 각종 무역제재를 가할 수 있도록 허용하고 있다. 이와 함께 자주 거론되는 스페셜 301조는 지식재산권을 보호하기 위한 특별 조항으로, 미국 무역대표부(USTR)가 미국의 지식재산권에 부담되는 정책 또는 관행을 보유한 국가를 우선 감시대상국으로 선정・조사하도록 한 것이다.

가장 강력한 조치는 1989년부터 1990년까지 한시법 형태로 제정했던 슈퍼 301조다. 통상법 301조를 대폭 강화한 것으로 USTR이 무역관행을 의무적으로 검토하고 무역보복을 할 수 있도록 한 조치다. 트럼프 대통령이 집권하기 전까지 통상법 301조와 슈퍼 301조 등은 빈번하게 거론되는 법 조항이 아니었다. 미국이 1995년 세계무역기구(WTO)에 가입하고 WTO에 따라 무역 분쟁을 해결하기로 약속하면서 통상법 301조를 거의 적용되지 않았기 때문이다.

하지만 트럼프 대통령이 중국을 압박하기 위한 모든 카드를 찾는 상황에서 통상법 301조는 물론 슈퍼 301조까지 재등장할 수 있다는 불안이 커지고 있다. 현재 USTR을 이끄는 로버트 라이트하이저 대표는 대(對)중국 강경파이자 통상법 301조가 활발하게 적용되던 로널드 레이건 행정부 당시 USTR 부대표로 일했던 인물이다. 게다가 빌 클린턴 행정부에서 슈퍼 301조를 행정명령을 통해 3년간 부활시킨 전례도 있다. 미국이 통상법 301조를 적용하게 되면 중국과의 마찰은 불가피할 전망이다. 중국 상무부는 성명을 내고 "미국이 다자간 무역 규칙을 존중하지 않으며 양자 경제 및 무역 관계를 훼손하는 행동을 취한다면 중국은 절대 좌시하지 않을 것"이라고 반발했다.

출처: 국제신문. 2017.8.16.일자.

참고7: 트럼프의 '국가 안보' 관세폭탄, 세계 무역체계에 '핵폭탄' 우려

도널드 트럼프 미국 대통령의 국가안보 관세부과 조치가 기존 세계 무역체계를 위협하는 핵폭탄이 될 것이라는 우려의 목소리가 커지고 있다. 세계 최대의 경제대국인 미국이 일방적 관세부과를 정당화하기 위해 국가안보를 활용함으로써 향후 다른 나라들 역시 국가안보를 핑계로 보호무역 조치에 나설 가능성이 높아졌다는 지적이다. 또한 세계 주요 국가들이 미국의 국가안보 관세부과 조치를 세계무역기구(WTO)에 제소할 경우 WTO의 판결도 엄청난 후폭풍을 몰고 올 수 있다는 관측이다.

10일(현지시간) 폴리티코 등 미국 언론에 따르면 미 무역전문가들은 국가안보를 앞세운 트럼프 대통령의 철강과 알루미늄 관세부과 조치는 향후 다른 나라들의 모방행동을 촉발할 수 있다고 경고했다. 예컨대 인도가 식량안보의 이름으로 미국 농산물수입을 제한하고, 중국이 안보의 필요성을 앞세워 막대한 산업보조금을 지급하는 등 국가안보가 향후 보호무역 정책의 '전가의 보도'로 활용될 수 있다는 것이다. 이럴 경우 트럼프 대통령의 관세부과 결정은 미국의 농산물이나 자동차 수출을 가로막고, 미국 소비자들의 비용부담만 높이는 의도치 않은 결과로 이어질 수 있다는 우려가 커지고 있다. 또한 도미노식으로 전 세계적으로 보호무역 바람이 거세질 수 있다.

트럼프 대통령은 지난 8일 전 세계 주요 무역국 반발과 공화당의 철회 요청에도 불구, 수입산 철강과 알루미늄에 대한 각각 25%와 10% 관세를 부과하는 대통령 포고에 서명하면서 "불공정 무역 관행으로부터 철강과 알루미늄산업을 보호하는 것은 우리 국가 안보에 중요하다"고 주장했다. 하지만 게리 허프바우어 피터슨국제경제연구원 수석연구원은 "미국이 어느 국가도 생각지 않았던 방식으로 국가안보를 활용한 것은 국가안보 이해를 다루는 국가들이 세계 무역체계에서 특별한 조치로 생각하는 것의 완전한 왜곡"이라고 비판했다.

트럼프 대통령의 관세폭탄 강행 이후 세계 각국들은 우선 관세부과대상에서 제외되기 위한 로비에 주력하고 있다. 11일 현재까지 북미자유무역협정(NAFTA) 재협상 중인 캐나다와 멕시코, 트럼프 대통령이 동맹국이자 위대한 국가로 분류한 오스트레일리아까지 3개국이 관세부과 예외를 인정받았다. 트럼프 대통령의 관세부과 대통령 포고가 발효될 경우 예외를 인정받지 못한 국가들은 WTO 제소를 불사할 것으로 예상된다. 이럴 경우 WTO는 불가피하게 '무엇이 국가안보에 해당하고, 무엇이 국가안보에 해당하지 않는지'에 대한 판결을 내려야 한다.

사실 WTO의 규정은 만일 회원국이 국가안보가 위험하다고 판단할 경우 특별한 조치를 취할 수 있도록 허용하고 있다. 하지만 그동안 어느 국가도 국가안보를 무역조치의 명분으로 내세우지 않았던 상황이다. 무역전문가들은 향후 미국의 국가안보 관세부과 조치에 대한 WTO의 판결이 WTO의 존립 자체를 위협하고, 기존 국제무역 체계에 대한 핵폭탄이 될 수 있다고 지적하고 있다. 트럼프 행정부는 이미 WTO의 결정들이 미국의 주권을 침해하고 있다고 비판하며 WTO에 비판적인 시각을 견지하고 있는 상황이다. 허프바우어는 "WTO는 이전에 결코 국가안보 명분의 무역조치에 대한 판결을 하지 않았고, 그들은 만일 이를 한다면 그것은 WTO의 조종이 될 수 있다는 것을 알고 있다"고 지적했다.

트럼프 행정부는 WTO 규정 하에서 국가안보 관세부과 조치는 허용된다고 주장하고 있다. 하지만 미국의 무역·법률 전문가들은 트럼프 대통령이 NAFTA 재협상과, 캐나다와 멕시코의 관세부과 예외를 연계함으로써 국가안보 관세부과 조치의 논거를 약화시켰다고 지적했다. 미 상무부는 지난 1962년 제정된 무역확대법 제 232조에 따라 실시한 철강과 알루미늄 수입에 대한 국가안보 위협 조사에서 값싼 수입산 철강과 알루미늄의 홍수가 미국 산업을 위협, 미국 업체들이 국가위기 상황에서 국가방위와 중요한 산업의 수요를 충족할 수 없는 수준에 처해있다고 결론 내렸다.

짐 매티스 미 국방부 장관은 이 조사보고서에 포함된 국방부 의견을 통해 불공정한 무역과 미국 산업 기반에 대한 영향이 국가 안보에 위협을 제시한다는 상무부의 조사결과에 동의한다면서도 미군은 철강과 알루미늄 부족을 겪을 위험을 거의 없다고 밝혔다. 매티스 장관은 "미군의 철강과 알루미늄 필요수요는 미국 생산량의 단 3%"라며 "그러므로 국방부는 조사보고서의 조사결과가 국가방위 필요수요를 충족하는 데 필요한 철강이나 알루미늄을 획득하는 국방부의 프로그램에 영향을 미칠 것으로 생각지 않는다"고 덧붙였다. 미국이 스스로 제시한 국가안보 명분의 빈약함을 보여주는 대목이다. 마이클 프로먼 전 USTR 대표는 "미국과 다른 나라들이 그동안 국가안보 예외를 적용하지 않으려고 매우 조심했던 한 가지 이유는 정확하게 WTO가 필수적인 국가안보의 정의에 대한 판결을 내리는 것을 원치 않았기 때문"이라고 지적했다. 그는 이어 "트럼프의 국가안보 관세부과 조치에 대한 WTO의 도전은 글로벌 무역체계를 혹독한 시련의 한가운데로 몰아넣을 것"이라고 덧붙였다.

출처: 머니투데이. 2018.3.11.일자.

3장
EU와 일본의 통상정책 결정 및 관련 기관

1. EU

EU의 통상정책의 경우 EU 28개 회원국의 이해관계를 조율하면서 공통분모를 찾는 과정인 만큼 상당히 복잡하고 다양한 프로세스를 포함하고 있다. EU의 주요 통상정책 결정기관으로는 행정부격인 집행위원회, 최고의사결정기구인 각료이사회, 각 회원국의 민의를 대표하는 유럽의회, 사법재판소 등이 있고 주어진 권한 내에서 통상이슈를 처리하고 있다.

우선 집행위원회는 각료이사회의 결정을 집행하고 이사회에 각종 법안과 정책을 제안한다. 또한 통상협상, 무역구제조치의 시행 등 실제적으로 통상정책 결정과정의 주도적 역할을 담당하고 있다. 최고의사결정기관인 각료이사회는 반덤핑, 상계관세, 세이프가드 등 무역구제조치와 관련한 최종 결정권을 갖는다. 유럽의회는 의사결정권은 없지만 EU회원국 시민의 이해를 반영하는 역할을 한다는 차원에서 집행위원회가 제출하는 통상 관련 법안을 심의, 수정하고 통상관련 자문역할을 수행한다. 특히 유럽의회 산하 경제사회위원회는 EU의 통상정책 결정과정에서 각료이사회와 집행위원회에 관련 권고 및 자문을 주로 담당하는 역할을 하고 있다.

이렇듯 EU의 통상정책결정과정은 단독으로 결정되고 집행되기 어렵고 각료이사회, 집행위원회, 유럽의회 등 3개의 기관이 상호합의 및 협력을 통해 결정하는 특성을 가지고 있다. EU의 경우 역외국가에 대한 공동관세 부과, 무역구제조치 시행 등 회원국 28개국을 대표하여 공동통상정책을 채택, 운영하고 있다. 이 과정에서 대외통상교섭권을 집행위원회에 이관하여 추진토록 하고 있으며 회원국은 공동통상정책의 수립과정에 다양한 방식으로 참여하는 형식을 취하고 있다는 점이다. 또한 EU는 덤핑조사와 피해조사 담당 기관이 이원화되어 있는 미국과는 달리 집행위원회가 덤핑여부, 반덤핑관세율 및 피해조사를 같이 담당함으로서 반덤핑제도의 적용에 가장 큰 영향력을 발휘하고 있다. 이 경우 이원화되어 있는 경우에 비해 공정성 문제가 제기될 여지가 있으나 EU 역내 산업의 보호와 무역구제조치의 신속한 처리와 집행을 위해 시간이나 비용을 절약한다는 측면에서는 보다 더 효율적이라고 할 수 있다.

2. 일본

일본의 통상정책의 경우는 미국이나 EU와는 달리 재무성(Ministry of the Treasury), 경제산업성(Ministry of Economy, Trade and Industry), 외무성(Ministry of Foreign Affairs) 등 행정부가 정책의 수립과 집행에 중심적인 역할을 수행한다. 통상정책과 관련된 안건은 행정부 각 부처의 실무진에서 토의와 합의를 거쳐 결정되어 내각에 상정되고 특별한 이의가 없는 한 최종 결정된다.

일본의 경우 미국의 USTR이나 우리나라의 통상교섭본부와 같은 전담부서를 두지는 않고 있고 행정부처가 관련 업무를 분담하고 있는 형태를 가지고 있다. 예를 들어 외무성은 통상을 포함한 대외문제의 공식적인 창구의 역할을 하며, 경제산업성은 통상관련 행정업무를 담당하고 있다. 재무성은 반덤핑, 상계관세, 세이프가드 등 전반적인 국내경제와 관련된 통상업무에 직간접적으로 개입하고 있다. 또한 각 부처는 부처업무와 관련된 통상(대외)업무를 처리하기 위한 조직을 운영하고 있다. 각료회의는 부처 간 이견을 조정하는 역할을 수행하고 있다.

일본의 통상정책 결정과정의 특징은 행정부 내 특히 경제산업성의 전문 관료들이 큰 영향력을 갖고 있다는 점이다. 따라서 일본의 통상정책은 국내 산업정책과의 연계와 조화 속에 비교적 효율적으로 추진된다고 할 수 있다. 또한 의사결정 과정에서 합의가 중시되고 비공식적인 협의와 각종 민간부문과 경제단체연합회, JETRO, 각종 민간연구소 등 주요 통상관련 민간기관으로부터도 의견을 수렴, 참조하고 있다. 이처럼 일본은 의회나 사법부의 역할과 권한에 비해 행정부의 영향력이 강하고 통상정책의 결정권한이 상당히 집중되어 있다.

하나의 사례로 일본의 반덤핑제도 운영과정을 살펴보면 덤핑률 조사는 재무성 관세국에서, 산업피해조사는 경제산업성 무역국에서 담당하고 있다. 하지만 반덤핑조사의 필요 여부 및 관련 행정조치와 관련된 중요한 사안에 대해서는 재무성, 경제산업성 등의 각 부처 실무진 간 긴밀한 협조와 조율을 통해 결정한다는 차원에서 유기적인 체제를 갖고 있다고 할 수 있다. 아래 〈표 11〉은 위에서 살펴본 미국, EU, 일본의 통상정책 결정과정의 주요 담당부처에 대한 비교를 정리한 것이다.

〈표 11〉 미국, EU, 일본의 통상정책 결정과정의 주요 담당부처 비교

	미국	EU	일본
대외통상 결정권한	의회	각료이사회	행정부(전문관료)
반덤핑 및 상계관세부과	• 상무부(덤핑조사 및 결정) • USITC(피해조사)	• 각료이사회(최종보복조치 결정) • 집행위원회(통상규제조치 제안 및 조사담당)	• 대장성(덤핑률조사) • 경제산업성 (산업피해조사)
통상정책 개발, 집행 및 조정	• USTR	• 집행위원회	• 경제산업성
통상관련 국제협상주관	• USTR	• 집행위원회	• 외무성
관련부처 간 이해 조정	• TPSC • TPRG • NEC	• 각료이사회	• 각료회의
수입상황, 통상문제 연구 및 조사	• USITC • 상무성(조사)	• 집행위원회	• 일본무역진흥공사 (JETRO)
자문 및 감독	• USITC(자문) • 민간자문위원회(자문) • USTR(자문) • 의회(감독)	• 유럽의회(자문, 감독) • 경제사회위원회(자문)	• 경제대책 각료회의(자문) • 수상(감독)

위에서 이야기 한 바와 같이 미국, EU, 일본의 통상정책결정 기구의 비교를 해 보면 각 국가마다 조금씩 다른 특성을 보이는 것을 알 수 있다. 우선 대외통상정책의 결정권한 측면에서 볼 때 미국은 전통적으로 의회 중심형으로 행정부는 다만 통상정책을 집행하는 역할을 수행한다는 특성이 있다. 이는 다양한 산업, 기업, 이해집단들의 이해관계를 집약, 조정하는 의회의 역할이 통상 분야에도 적용, 작동되고 있

는 측면이 강하다는 것을 보여준다. 이에 비해 EU는 각료이사회, 일본은 행정부 중심형 통상정책 결정시스템으로 평가할 수 있다.

통상정책개발, 집행 및 조정, 그리고 통상관련 국제협상 주관은 미국과 EU의 경우 USTR과 집행위원회가 각각 담당하는 반면, 일본은 경제산업성이 통상정책개발, 집행 및 조정업무를 수행하며, 외무성은 통상관련 국제협상을 주관하고 있다고 할 수 있다. 무역구제조치의 경우에도 세 개 국가가 조금씩 다른 모습을 보이는데 예를 들어 미국의 경우 앞에서 이야기한 것과 같이 반덤핑 및 상계관세의 부과 등 무역구제조치는 ITC의 피해조사를 기초로 상무부가 덤핑조사 및 결정을 담당하는 구조로 되어있다. 반면, EU의 경우 집행위원회가 조사 및 통상규제조치의 제안을 하고, 각료이사회는 보복조치 등 최종결정을 담당한다. 일본은 덤핑률 조사는 대장성이 산업피해조사는 경제산업성이 각각 담당하고 있다.

관련부처 간 이해조정의 경우 미국은 TPSC, TPRG, NEC에서 담당하며, EU와 일본은 각료이사회와 각료회의에서 각각 조정역할을 담당하고 있다. 또한 수입상황과 통상문제 연구 및 조사는 EU와 일본의 경우 집행위원회와 JETRO에서 각각 주로 담당하는 반면, 미국의 경우에는 상무부가 조사기능을 하며, USITC가 이를 대신하여 주로 담당하는 구조를 가지고 있다. 통상정책의 자문 및 감독기능 측면을 비교하면, 미국의 경우에는 민간자문위원회와 USITC가 정책자문을, USTR은 행정부에 자문을, 의회는 전반적인 감독기능을 각각 수행하고 있다. EU의 경우에는 의회가 자문 및 감독기능을 경제사회위원회 등 각종 위원회가 필요에 따라 자문을 하며 일본은 경제정책 각료회의와 각종협의체의 자문을 받고, 내각의 수상이 감독하는 기능을 수행하고 있다.

참고: 지금이 EU의 위기다 (김흥종 대외경제정책연구원 유럽특임파견관 기고문)

한여름의 브뤼셀은 한산했다. 관광객으로 가득 찬 구시가지와 달리 유럽연합(EU)집행위원회가 자리하고 있는 유럽쿼터는 긴 여름잠에 빠져 있는 듯했다. 게으른 햇살이 텅 빈 거리를 비추는 가운데 바삐 걷고 있는 넥타이 정장 차림 직장인들과 길을 잘못 들어 두리번거리는 관광객들만 간간이 보일 뿐이다. 지난달 26일 비공개로 열린 EU・동아시아 라운드테이블 경제세미나는 이렇게 평온한 바깥 일상과 달리 열띤 토론과 긴장감 속에서 진행됐다.

가장 중요한 이슈는 혼란 속에서 헤매고 있는 세계교역질서를 어떻게 새로 정립하는가의 문제였다. △낮은 수준의 도하개발아젠다(DDA) 타결을 통해 다자주의로 복귀 △양자 자유무역협정(FTA)의 중단 없는 추진과 다자화 △이슈별 메가 FTA 추진 △투자협정 활성화 △아셈(ASEM · 아시아유럽정상회의) 같은 지역 간 협의체 활용 등 많은 방안이 나왔다. 하지만 궁극적으로 중요한 것은 최근 여러 나라에서 힘을 얻고 있는 신보호주의의 위협에 어떻게 대처하는 가였다. 대외개방과 자유무역은 지난 몇 십 년 동안 적어도 다자무역체제 안에서는 도전받지 않는 보편적 가치로 확고부동한 자리를 차지하고 있었다. 보편적 가치가 흔들리는 시점에서 작금의 혼란을 극복하려는 여러 방안이 힘을 얻기 위해서는 자국 이기주의의 근시안적 태도에서 벗어나야 한다는 공감대가 있어야 하며 그렇지 않다면 어떤 논의도 공허한 메아리에 지나지 않는다.

이런 배경을 놓고 본다면 그 누구보다도 EU는 더 어려운 상황에 빠져 있다. EU라는 존재 자체가 개방적 지역주의를 대표하고 있으며, 국가주의를 넘어선 초국가주의라는 상징성을 지니고 있다. 그렇기 때문에 내부적으로는 브렉시트(영국의 EU 탈퇴)같이 회원국이 걸어오는 거친 몸싸움을 이겨내야 하고 외부적으로는 가치를 공유하지 않는 세력의 위협에 대처해야 하는 상황이다.

EU의 통상정책도 개별 회원국의 이해관계를 넘어선 공동의 이해를 대변하고 있으며, 나아가 개방적 교역질서를 유지함으로써 비회원국과의 공존공영을 목표로 하고 있다. EU가 한 · EU FTA를 양자간 기본협정이라는 토대 위에 하나의 통상분야 기둥으로 이해하는 것도 통상정책의 철학적 근간을 유지하려는 노력의 일환이다. 베트남, 싱가포르, 그리고 협상이 막 끝난 EU · 일본 FTA에서도 같은 기조를 찾아볼 수 있다.

논의를 경제통상에서 더 넓혀보면 도전은 더욱 거세다. EU는 회원국 확대의 가장 중요한 효과는 보편적 가치의 확산이라고 주장해왔다. 가장 중요한 가입 기준은 유럽이 그동안 피 흘리며 발전시켜왔다고 주장하는 보편적 가치, 즉 민주주의와 인권, 법치며 이를 과거 공산권 전체주의 국가들에 이식시켜 평화와 번영을 확산한다는 것이다. 이 여름에 폴란드에서 전개되는 행정부의 사법부 장악 시도는 유럽적 가치인 법치주의의 근간을 훼손할 위험이 있다고 EU는 경고했다. 사법부 개혁이 아무리 수긍할 만하다고 하더라도 대통령이 사법부의 인사권을 행사한다면 법치가 아니라 인치가 될 것이라는 게 EU의 판단이다. EU와 폴란드가 삼권분립을 두고 대립하고 있다면, 헝가리 대통령과 조지 소로스의 대결은 칼 포퍼에게서 감명 받아 열린사회를 지향하는 소로스와 그가 열린사회의 적이라고 생각하는 헝가리 대통령 간의 가치 전쟁에 다름 아니다. 신규회원국의 대표 격이라 할 수 있는 이 두 나라의 최근 행보는 안 그래도 브렉시트로 휘청거리고 있는 EU의 내부에서 타오르는 유럽적 가치에 대한 도전이다. 가치의 혼란에 대한 명백한 해답은 아직 없다. “위기는 예전 것이 사라져가지만 새로운 것이 아직 태어나지 않은 가운데 있다.” 안토니오 그람시의 말을 빌린다면 지금이 EU의 위기다.

출처: 한경닷컴, 2017.8.17.일자.

에필로그

저자는 2017년 9월 26~28일 3일간 스위스 제네바 WTO에서 열린 WTO Public Forum에 참석한 바 있다. Opening session에 연사로 참석한 IMF 라가르드 총재는 무역의 중요성을 역설하면서 우리나라가 무역을 활용하여 경제성장을 이룬 가장 훌륭한 사례라고 이야기하였다. 대한민국 국민으로서 자랑스러운 마음이 들었다는 것을 부정할 수 없다. 라가르드 총재뿐만 아니라 경제학자들과 전문가들도 우리나라를 무역을 통해 경제성장을 이룬 가장 성공적이고 대표적인 사례로 뽑는데 주저하지 않는다. 그만큼 세계인들은 우리나라를 무역을 통해 성공한 나라라고 인식하고 그 성공 스토리를 부러워하고 배우려한다. 이처럼 무역은 지금의 우리나라가 있게 된 토대가 되었고 또한 우리나라가 경제적으로 성장하게 된 중요한 동력이 되어왔다.

하지만 우리나라는 현재 무역뿐만 아니라 정치, 경제, 사회, 외교, 국방 등 모든 측면에서 새로운 도전에 직면하고 있다. 안으로는 보수와 진보 간의 소모적이고 해묵은 이념적 정쟁으로부터 벗어나 좀 더 성숙하고 상대방을 포용할 수 있는 한 단계 높은 자유민주주의 사회로의 진전을 위한 노력이 필요하다. 또한 그동안 우리가 각고의 노력으로 쌓아온 기술력과 인적, 물적 자본을 새로운 성장을 위한 동력으로 활용해야 한다. 특히 향후 가장 큰 걸림돌로 다가올 고령화와 저출산 등으로 인한 저성장시대를 극복하기 위한 기업 및 산업을 포함한 사회 각 부문에서의 새로운 혁신 및 생산성 향상이 절실하다.

또한 안으로는 계층 간, 지역 간, 세대 간, 정규직과 비정규직 간 등의 사회적 격차와 소외의 심화로 인한 사회적 분열과 빈부격차 등의 문제를 극복하고 사회적 통합을 지속적으로 이루어가야 한다. 밖으로는 미국 트럼프 정부의 자국우선주의의 강화를 비롯한 날로 높아지고 있는 신 보호무역주의의 도래에 대응하고 세계시장을 선점하기 위한 국가 간, 기업 간 심화되고 있는 경쟁에서 승리하기 위한 노력을 더욱 경주하여야 한다. 최근 가장 심각한 문제로 떠오르고 있는 북한의 핵과 미사일 개발로 인한 안보문제는 우리나라의 생존의 문제로까지 다가오고 있다. 이에 대응하기 위한 국제사회와의 공조와 내부적 단결이 더욱 필요하다.

위와 같이 우리나라가 당면하고 있는 산적한 문제들이 각각 별개의 문제로 보이지만 실제로는 그렇지 않다고 할 수 있다. 우리가 지금 다루고 있는 무역문제만 하더라고 여러 가지 이슈들이 연결되어 있다는 것을 쉽게 이해할 수 있다. 우리나라의 무역이 지속적으로 성장하고 발전하기 위해서는 세계시장에서 살아남을 수 있는 경쟁력 있는 상품을 생산해야만 한다. 결국 핵심은 경쟁력이다. 경쟁력은 종국적으로는 가격과 품질 두 가지로 결정이 되게 된다.

우리나라가 과거에 주로 의지했던 방식은 주로 가격경쟁력에 주력하는 것이었다. 우리나라의 산업화 방식은 대규모 자본과 노동의 투자를 통한 규모의 경제와 평균비용의 절감을 활용하여 가격경쟁력을 확보하는 것이라고 할 수 있다. 하지만 이러한 방식은 경제발전의 단계에서 일정기간 유효할 뿐 지속가능하지는 않다. 우리나라는 이미 성장률의 하락과 정체로 인해 이러한 한계가 현실화되고 있다. 또한 대규모의 노동과 자본의 투입은 이미 한계에 이르렀다는 것이 대부분의 전문가들의 분석이다.

따라서 기존의 수출방식을 계속 고수하는 것은 바람직하지 않으며 한 단계 높은 경제적 수준으로 도약하기 위해서는 이를 넘어서는 경제구조와 수출방식이 필요하다. 경제성장은 궁극적으로 생산성 향상이 그 원천이 되며 생산성 향상은 자본과 노동의 투입뿐만 아니라 새로운 시장의 개척과 동시에 기업들의 끊임없는 새로운 혁신과 품질의 향상을 통해 가능하다. 우리나라는 향후 기존의 성장방식에서 벗어나 시장의 개척, 혁신 및 생산성 향상을 통한 가격 경쟁력 확보와 품질의 제고가 절실히 필요하다. 우리나라의 성장정책과 통상정책의 초점도 이에 맞추어져야 한다.

결국 무역도 다른 경제적 변수들과 같이 새로운 경제 환경에 맞추어 새롭게 변모하고 활로를 찾아야만 한다. 미래에도 여전히 무역은 우리나라 경제를 지탱하는 가장 중요한 축이 될 것이다. 무역을 통한 끊임없는 혁신과 도전이 우리나라를 보다 더 역동적이고 활력이 넘치는 나라로 변화시켜 나가도록 노력해야 한다. 이를 위해서는 각 분야에서 필요한 인적, 물적 인프라의 구축이 병행되어야 할 것이다. 특히 무역 분야에 필요한 인적자원의 구축을 위해서는 기존의 교과서 위주의 대학교육에서 벗어나 산, 관, 학의 유기적인 협력이 절실하다. 또한 인적자원의 구축을 위해 대학을 중심으로 기업과 국가에서 필요로 하는 수요에 맞추어 상무 분야에서 종사하는 실무인력부터 국가 간 통상협상 등을 담당할 수 있는 높은 수준의 통상전문가의 양성에까지 다양한 수요를 충분히 수용할 수 있는 교육 시스템을 구축해 나가는 것이 앞으로의 중요한 과제가 될 것이다.

본 저서가 이러한 무역인력 양성을 위한 기초적인 교과서 또는 교양서로서 활용되길 바란다. 또한 일반인들에도 무역을 이해하고 우리나라의 경제와 우리의 일상생활에서 무역이 어떠한 의미를 갖고 있는지 조금이나마 잘 이해할 수 있는 길잡이 역할을 할 수 있기를 바란다. 책의 내용 중 부지 간에 포함된 오류나 착오는 전적으로 저자의 책임이다. 앞으로도 지속적인 보완과 개정을 통해 빠르게 변화하고 있는 세계경제환경과 통상질서 그리고 그 가운데에서 무역이 가지는 의미를 이해하기 쉽게 전달하고자 노력할 것이다.

오랫동안 마음만으로 가지고 있었지 엄두를 못 내었는데 대학 강단에 선지 10년째 되는 올해에 드디어 본 저서의 집필을 마무리하고 출간할 수 있게 되었다. 우선 본 저서의 출판을 위해 여러 가지로 도와주신 도서출판 두남에 감사의 마음을 전한다. 또한 본 저서의 저술을 위해 한국연구재단의 지원이 있었다. 한국연구재단 측에 감사의 마음을 전한다. 한국연구재단의 재원도 국민의 세금으로 출연된 것이라는 측면에서 볼 때 궁극적으로 본 저서는 국민들이 낸 세금으로 만들어진 것이다.

집필을 시작한지 벌써 1년 반이 지났다. 여러 가지 바쁜 일정들로 집필을 잠시 놓기도 하고 다시 집필하고 하는 상황이 반복되었다. 마침 저자가 스위스에서 연구년을 보낼 수 있게 되어 좀 더 집필에 집중할 수 있는 여건과 환경이 주어졌고 이에 집필을 마무리할 수 있게 되니 다행스럽고 감사하다. 특히 자유무역과 국제협력의 다양한 활동과 교류가 진행되고 있는 스위스의 자유롭고 개방된 분위기와 환경은 본 저서를 마무리할 수 있는 또 하나의 인센티브가 되어 주었다.

집필을 시작할 때의 세계와 우리나라의 경제상황과 지금의 상황은 다르고 또 앞으로도 달라져 갈 것이다. 그것은 책에 담아야 할 내용과 고민거리도 더 많아지고 달라져야 한다는 의미이다. 하지만 그것을 다 담기에는 언제까지나 한계가 있기에 겸손한 마음으로 일단 여기에서 본 저서를 마무리하고자 한다. 아무쪼록 졸저이지만 이 책을 읽는 모든 무역학도들과 독자들이 무역과 세상 돌아가는 이치를 더 잘 이해하는데 조금이나마 도움이 되길 바라며 글을 마치고자 한다.

멀리 알프스가 보이는
베른대학 World Trade Institute에서
저자 씀

찾아보기

ㅂ

ㅅ

ㅇ

G

W

저자 소개

■ 나 희 량

〈주요 약력〉

서울대학교 경제학과 졸업(1996)
서울대학교 국제대학원 아시아지역학석사 수료(2002)
하와이주립대학(University of Hawaii at Manoa) 경제학석사(2004)
하와이주립대학(University of Hawaii at Manoa) 경제학박사(2007)
한국은행 조사역(1996~2000)
하와이주립대학 경제학과 조교 및 강사(2002~2007)
포스코경영연구소 지역연구센터 연구위원(2007~2008)
부산외국어대학교 국제무역학과 교수(2008~2012)
부산외국어대학교 동남아지역원 공동연구원(2010~2013)
서울대학교 아시아연구소 객원연구원(2017~2018)
University of Bern, World Trade Institute, Visiting professor(2017~2018)
부경대학교 국제통상학부 교수(2012~2018 현재)

〈주요 저서 및 논문〉

『아세안의 WTO 무역분쟁 연구』, 2018, 서울대 아시아연구소.
『말씀으로 다시 보는 한국교회』, 2018, 지식과 감성.
『동남아 도시화에 따른 한 동남아 경제협력 방안』 공저, 2015, 대외경제정책연구원.
『글로벌시대의 신무역학 개론』, 공저, 2015, 하린.
"원산지교차누적 효과 분석: 한-캐나다 FTA를 활용한 對미 자동차부품수입을 중심으로", 『무역학회지』 40(1), 2017.
"인도네시아 WTO 분쟁 연구: 통상정책 관련성을 중심으로", 『국제지역연구』 21(3), 2017.
"동남아시아의 WTO 분쟁 연구: 글로벌 통상환경의 변화에 따른 특성 및 과제를 중심으로", 『동남아시아연구』 26(4), 2016.
"Effects of Urbanization on Economic Growth of Southeast Asia: based on the Williamson's Hypothesis", 『국제지역연구』 20(3), 2016.
"우리나라 FTA 원산지결정기준의 엄격성 분석: 국가 및 산업별 특성을 중심으로", 『무역학회지』 41(3), 2016.
외 국제통상 및 아세안 관련 논저 다수

쉽게 읽는 무역과 WTO 이야기

초 판 1쇄 발행 —— 2018년 8월 30일
초 판 2쇄 발행 —— 2019년 8월 5일
초 판 3쇄 발행 —— 2021년 2월 5일
지은이 —— 나 희 량
펴낸이 —— 전 두 표
펴낸곳 —— 도서출판 두남
서울시 강동구 성내로6길 34-16 두남빌딩
신 고 : 제25100-1988-9호
TEL : 02) 478-2065~7, 2311
FAX : 02) 478-2068
E-mail : dunam1@unitel.co.kr
http://www.dunam.co.kr

정가 27,000원

ISBN 978-89-6414-812-9 93320